MINISTRO LUÍS ROBERTO BARROSO
5 ANOS DE SUPREMO TRIBUNAL FEDERAL

HOMENAGEM DE SEUS ASSESSORES

RENATA SARAIVA

ALINE OSORIO

ESTÊVÃO GOMES

RAFAEL GAIA EDAIS PEPE

Coordenadores

Prefácio

Carlos Ayres Britto

MINISTRO LUÍS ROBERTO BARROSO
5 ANOS DE SUPREMO TRIBUNAL FEDERAL

HOMENAGEM DE SEUS ASSESSORES

Belo Horizonte

Fórum
CONHECIMENTO JURÍDICO

2018

© 2018 Editora Fórum Ltda.

É proibida a reprodução total ou parcial desta obra, por qualquer meio eletrônico, inclusive por processos xerográficos, sem autorização expressa do Editor.

Conselho Editorial

Adilson Abreu Dallari
Alécia Paolucci Nogueira Bicalho
Alexandre Coutinho Pagliarini
André Ramos Tavares
Carlos Ayres Britto
Carlos Mário da Silva Velloso
Cármen Lúcia Antunes Rocha
Cesar Augusto Guimarães Pereira
Clovis Beznos
Cristiana Fortini
Dinorá Adelaide Musetti Grotti
Diogo de Figueiredo Moreira Neto
Egon Bockmann Moreira
Emerson Gabardo
Fabrício Motta
Fernando Rossi
Flávio Henrique Unes Pereira

Floriano de Azevedo Marques Neto
Gustavo Justino de Oliveira
Inês Virgínia Prado Soares
Jorge Ulisses Jacoby Fernandes
Juarez Freitas
Luciano Ferraz
Lúcio Delfino
Marcia Carla Pereira Ribeiro
Márcio Cammarosano
Marcos Ehrhardt Jr.
Maria Sylvia Zanella Di Pietro
Ney José de Freitas
Oswaldo Othon de Pontes Saraiva Filho
Paulo Modesto
Romeu Felipe Bacellar Filho
Sérgio Guerra
Walber de Moura Agra

Luís Cláudio Rodrigues Ferreira
Presidente e Editor

Coordenação editorial: Leonardo Eustáquio Siqueira Araújo

Av. Afonso Pena, 2770 – 15º andar – Savassi – CEP 30130-012
Belo Horizonte – Minas Gerais – Tel.: (31) 2121.4900 / 2121.4949
www.editoraforum.com.br – editoraforum@editoraforum.com.br

Dados Internacionais de Catalogação na Publicação (CIP) de acordo com ISBD

M665	Ministro Luís Roberto Barroso: 5 anos de Supremo Tribunal Federal: homenagem de seus assessores / Renata Saraiva ... [et al.]. - Belo Horizonte : Fórum, 2018.
2018-537	465 p. ; 17cm x 24cm. ISBN: 978-85-450-0525-4
	1. Direito. 2. Supremo Tribunal Federal - STF. 3. Ministro Luís Roberto Barroso. I. Saraiva, Renata. II. Osorio, Aline. III. Gomes, Estêvão. IV. Pepe, Rafael Gaia Edais. V. Título.
	CDD 342 CDU 342

Elaborado por Vagner Rodolfo da Silva - CRB-8/9410

Informação bibliográfica deste livro, conforme a NBR 6023:2002 da Associação Brasileira de Normas Técnicas (ABNT):

SARAIVA, Renata et al. *Ministro Luís Roberto Barroso*: 5 anos de Supremo Tribunal Federal: homenagem de seus assessores. Belo Horizonte: Fórum, 2018. 465 p. ISBN 978-85-450-0525-4.

Agradecemos a todos os amigos que prontamente aceitaram o convite para prestar essa merecida homenagem ao nosso querido Ministro Luís Roberto Barroso.

É a qualidade do argumento e não o volume de palavras que faz a diferença.

Luís Roberto Barroso

SUMÁRIO

PREFÁCIO – HONRA AO MÉRITO...19

INTRODUÇÃO.. 21

NOTA DOS COORDENADORES 23

PARTE I
CASOS EMBLEMÁTICOS

CAPÍTULO 1

EXECUÇÃO PENAL E IGUALDADE: ANÁLISE DO AGREG NO TRABALHO
EXTERNO NA EXECUÇÃO PENAL Nº 2/DF, REL. MIN. LUÍS ROBERTO BARROSO

CAROLINA ABREU... 27

1.1 Introdução 27

1.2 Dos antecedentes do julgamento do AgREG no Trabalho Externo na Execução Penal
nº 2/DF, Rel. Min. Luís Roberto Barroso 29

1.3 A definição da tese jurídica 31

1.4 Execução penal e a opção pela igualdade 34

Referências 35

CAPÍTULO 2

IMPEACHMENT E JURISDIÇÃO CONSTITUCIONAL: O JULGAMENTO DA
ADPF Nº 378

ALINE OSORIO.. 37

2.1 Introdução 37

2.2 *Impeachment* e design institucional.. 39

2.3 Possibilidades e limites do controle judicial do processo de *impeachment* 45

2.3.1 Controle jurisdicional processual do *impeachment*.. 46

2.3.2 Controle jurisdicional material do *impeachment* 48

2.4 O julgamento da ADPF nº 378 pelo Supremo Tribunal Federal............................ 52

2.4.1 O objeto da ADPF nº 378: controle procedimental do rito do *impeachment* 52

2.4.2	Uma análise crítica do julgamento da ADPF nº 378	54
a)	O debate quanto ao direito à apresentação de defesa prévia	56
b)	O debate quanto às candidaturas avulsas para a formação da comissão especial	57
c)	O debate quanto ao voto aberto para a formação da comissão especial	59
d)	O debate quanto aos papéis da Câmara e do Senado no processo de *impeachment*	62
2.5	Conclusão	67
	Referências	68

CAPÍTULO 3

AS DOAÇÕES DE PESSOAS JURÍDICAS A CAMPANHAS ELEITORAIS E PARTIDOS POLÍTICOS: UMA ANÁLISE PRAGMATISTA DA DECISÃO DO SUPREMO TRIBUNAL FEDERAL

LEONARDO CUNHA	71
3.1 Nota prévia	71
3.2 Introdução	72
3.3 A Ação Direta de Inconstitucionalidade nº 4.650	73
3.4 Premissas teóricas: uma breve exposição sobre o pragmatismo jurídico	76
3.5 Monitoramento das consequências	77
3.5.1 Reações legislativas	78
3.5.2 Eleições de 2016	80
3.6 Conclusões	81
Referências	82

CAPÍTULO 4

IDAS E VINDAS DA FIDELIDADE PARTIDÁRIA: COMENTÁRIOS AO VOTO DO MINISTRO LUÍS ROBERTO BARROSO NA ADI Nº 5.081

ESTÊVÃO GOMES	85
4.1 Introdução e palavras ao homenageado	85
4.2 Idas e vindas da fidelidade partidária: a ADI nº 5.081	86
4.3 O voto do Ministro Luís Roberto Barroso e as contribuições trazidas pelos demais Ministros	89
4.4 Comentários ao voto	94
4.5 Conclusão	97
Referências	97

CAPÍTULO 5

FORO POR PRERROGATIVA DE FUNÇÃO E SUA RELAÇÃO COM A QUESTÃO CRIMINAL CONTEMPORÂNEA: A RELEVÂNCIA DA QUESTÃO DE ORDEM NA AÇÃO PENAL 937

ADRIANA CRUZ	99
5.1 Introdução	99
5.2 O foro por prerrogativa de função	103
5.3 A Questão de Ordem na Ação Penal nº 937	106

5.3.1	O caso	106
5.3.2	Da orientação jurídica preconizada no voto	107
5.4	O foro por prerrogativa de função e sua relação com a questão criminal contemporânea	109
5.5	Conclusão	112
	Referências	113

CAPÍTULO 6

DESCRIMINALIZAÇÃO DO ABORTO: UMA ANÁLISE DA LEGITIMIDADE DEMOCRÁTICA DO SUPREMO TRIBUNAL FEDERAL A PARTIR DO JULGAMENTO DO HC Nº 124.306

CRISTINA TELLES		115
6.1	Introdução	115
6.2	O julgamento do HC nº 124.306	118
6.3	Os dias (e meses) seguintes ao julgamento	122
6.4	Legitimidade democrática da atuação do Supremo Tribunal Federal	128
6.4.1	A defesa substancialista da jurisdição constitucional: controle judicial da criminalização do aborto como medida de proteção e composição de direitos fundamentais consagrados na CF/1988	129
6.4.2	A defesa procedimentalista da jurisdição constitucional: controle judicial da criminalização do aborto como garantia do procedimento democrático e dos direitos necessários ao seu desenvolvimento.	132
6.4.3	A defesa deliberativa da jurisdição constitucional: controle judicial da criminalização do aborto em sede de julgamento não vinculante, sem repercussão geral, como incentivo e aprimoramento à deliberação pública do tema	139
6.5	Conclusão	144
	Referências	145

CAPÍTULO 7

O TRATAMENTO SOCIAL DOS TRANSEXUAIS NO BRASIL

RODRIGO BRANDÃO		149
7.1	Introdução	149
7.2	A proteção legal aos transexuais ainda incipiente no Brasil. A superação do paradigma da patologização dos transexuais e a recente Resolução nº 1/2018, do Conselho Federal de Psicologia	152
7.3	O início do julgamento do Recurso Extraordinário nº 845.779 (tema nº 778 da repercussão geral – tratamento social e uso de banheiros por transexuais)	154
7.4	O Recurso Extraordinário nº 670.422 e a Ação Direta de Inconstitucionalidade nº 4.275 (alteração do registro civil de transexuais)	156
7.5	Conclusão: cenário e perspectivas sobre a proteção aos direitos dos transexuais no Brasil	158
	Referências	161

CAPÍTULO 8

O STF E O SISTEMA PRISIONAL BRASILEIRO: A TUTELA DE UMA MINORIA INVISÍVEL

CARINA LELLIS... 163

8.1   Introdução 163

8.2   Breves notas a respeito da situação dos presídios brasileiros............................165

8.3   Decisões do STF a respeito do sistema prisional 168

8.3.1 RE nº 592.581: possibilidade de o Poder Judiciário impor à Administração Pública realização de obras em presídios...168

8.3.2 ADPF nº 347: o estado de coisas inconstitucional do sistema prisional brasileiro 169

8.3.3 RE nº 580.252: o Estado tem o dever de indenizar os danos morais causados ao preso..171

8.3.4 RE nº 641.320/RS e Súmula Vinculante nº 56: o condenado não pode ser submetido a regime mais grave que o estabelecido na sentença 172

8.4   Conclusão 174

        Referências 177

CAPÍTULO 9

RESERVA DE VAGAS PARA NEGROS EM CONCURSOS PÚBLICOS: O POTENCIAL TRANSFORMADOR DAS AÇÕES AFIRMATIVAS

LUÍSA LACERDA.. 179

9.1   Introdução 179

9.2   Ações afirmativas e o princípio da igualdade: da igualdade formal às políticas de diferença...181

9.3   Concurso público e princípio da eficiência: o elemento diversidade como reforço à representatividade das instituições 186

9.4   Proporcionalidade: cotas no ensino superior e a alegada dupla vantagem a seus beneficiários 187

9.5   Critérios de identificação dos beneficiários: autoidentificação ou heteroidentificação 190

9.6   Conclusão 191

        Referências 191

CAPÍTULO 10

A TEORIA DE TOGA: COMENTÁRIOS À ADI Nº 4.983

ALONSO FREIRE 193

10.1   Introdução 193

10.2   O caso 194

10.3   Ética animal..196

10.4   Consideração das capacidades institucionais..198

10.5   Argumentos incompletamente teorizados... 200

10.6   Proporcionalidade.. 205

10.7   Conclusões... 207

        Referências 208

CAPÍTULO 11

ATÉ ONDE VAI O DIREITO DE PUNIR? NOTAS SOBRE A DESCRIMINALIZAÇÃO DO PORTE E DO PLANTIO DE DROGAS PARA CONSUMO PESSOAL

MARCELO COSTENARO CAVALI... 209

11.1　Ao Ministro Luís Roberto Barroso 209

11.2　O Poder Judiciário e os limites materiais do legislador penal 210

11.3　O papel do Supremo Tribunal Federal...211

11.4　O voto proferido no RE nº 635.659 e seu cotejo jurisprudencial e dogmático 212

11.5　Perspectivas..216

　　　Referências 219

CAPÍTULO 12

ESPERANÇA, SAÚDE E DIREITO: O CASO DA PÍLULA DO CÂNCER

CIRO GRYNBERG... 221

　　　Introdução 221

　　　Palavra ao homenageado 221

　　　Apresentação do tema 221

　　　Parte I – A ordem constitucional da saúde 225

　　　O sistema constitucional de saúde 225

　　　As ponderações entre liberdade e igualdade na determinação do conceito jurídico de saúde 226

　　　Parte II – O caso da Pílula do Câncer: o voto do Min. Luís Roberto Barroso na ADI nº 5.501 230

　　　O direito à saúde, o regime de proteção de saúde e o uso de substância sem registro sanitário 230

　　　A violação ao direito a saúde pela Lei nº 13.269/2016: a exigência constitucional de restrição à circulação de substâncias sem a realização de testes de segurança sanitária 234

　　　Conclusão 234

　　　Referências 236

CAPÍTULO 13

REGIME SUCESSÓRIO DAS UNIÕES ESTÁVEIS HETERO E HOMOAFETIVAS

LUIS FELIPE SAMPAIO... 239

13.1　Barroso no STF: cinco anos e muitas mudanças... 239

13.2　Contextualização do tema e dos julgamentos 240

13.2.1　Circunstâncias demográfico-econômicas 240

13.2.2　Longo tempo de existência da controvérsia 242

13.2.3　Silêncio prolongado do STF sobre o tema 243

13.3　Análise dos votos condutores do julgamento dos recursos 243

13.3.1　Direito Sucessório, família, casamento e a Constituição de 1988 244

13.3.2　Idas e vindas da legislação infraconstitucional sobre sucessões................. 245

13.3.3　Diferenças entre entidades familiares e a proteção à segurança jurídica...................... 246

13.3.4 Dignidade da pessoa humana, proporcionalidade, proibição de proteção deficiente e vedação ao retrocesso 248

13.4 Considerações finais 250

Referências 250

CAPÍTULO 14
EXECUÇÃO DA PENA APÓS CONDENAÇÃO EM 2º GRAU
FABRÍCIO ANTONIO SOARES 251

14.1 Introdução 251

14.2 Princípio da presunção de inocência 251

14.3 A oscilação da jurisprudência do STF na matéria.. 252

14.3.1 De 1988 até 2009... 252

14.3.2 De 2009 até 2016 254

14.3.3 De 2016 em diante 255

14.4 Voto do Relator Ministro Teori Zavascki no HC nº 126.292.................................... 255

14.5 Voto do Min. Luís Roberto Barroso – fundamentos práticos.................................. 257

14.6 Mudanças na prescrição penal... 258

14.7 Fundamentos jurídicos do voto do Ministro Barroso 259

14.8 As Ações Declaratórias de Constitucionalidade nº 43 e nº 44 e o art. 283 do CPP. Repercussão geral no ARE nº 964.246 261

14.9 Critérios para análise pelo juiz de primeira instância 263

Referências 266

CAPÍTULO 15
O MANDADO DE SEGURANÇA Nº 34.448/DF
E A PEC DO NOVO REGIME FISCAL
PEDRO HENRIQUE R. SALES 267

15.1 Introdução 267

15.2 A *ratio decidendi* do MS nº 34.448/DF 269

a) Linhas gerais do Novo Regime Fiscal... 269

b) Os argumentos dos impetrantes... 271

c) As diretrizes da decisão: refutações valorativas.. 272

d) As diretrizes da decisão: refutações normativas 274

15.3 Conclusão 275

Referências 276

CAPÍTULO 16
ENSINO RELIGIOSO NAS ESCOLAS PÚBLICAS (ADI Nº 4.439/DF): COMENTÁRIOS AO VOTO DO MINISTRO LUÍS ROBERTO BARROSO
THIAGO MAGALHÃES PIRES 279

16.1 O homenageado / introdução... 279

16.2 A ADI nº 4.439/DF 280

16.3 O voto do Ministro Luís Roberto Barroso... 281

16.4	Comentários ao voto	282
a)	A volta dos que não foram: o art. 210, §1º, da Constituição	282
b)	Exige-se um ensino religioso... que não seja religioso?	284
c)	A exigência de neutralidade	287
d)	A aplicação do princípio da laicidade	288
e)	A solução possível	291
16.5	Conclusão	294
	Referências	294

CAPÍTULO 17

A ADI Nº 4.481/PR E OS AVANÇOS NO COMBATE À GUERRA FISCAL

NINA PENCAK 297

17.1	Introdução: sobre o homenageado e a escolha do tema	297
17.2	O federalismo fiscal pós-1988 e a guerra fiscal de ICMS	298
17.3	A segurança jurídica dos contribuintes e a ADI nº 4.481/PR	302
17.4	Conclusão	306
	Referências	307

CAPÍTULO 18

O PRAZO DECADENCIAL EM MATÉRIA PREVIDENCIÁRIA – RE Nº 626.489. A PRIMEIRA RELATORIA DO MINISTRO LUÍS ROBERTO BARROSO NO PLENÁRIO DO STF

MARCELO LEONARDO TAVARES 309

18.1	Introdução	309
18.2	O caso	310
18.3	A afirmação da natureza fundamental do benefício previdenciário	312
18.4	A constitucionalidade da decadência para rever o ato concessório	313
18.5	A incidência do prazo nos benefícios concedidos anteriormente à vigência da MP nº 1.523-9/1997	314
18.6	Conclusão	318

PARTE II

CONSTITUCIONALIZAÇÃO DOS RAMOS DO DIREITO

CAPÍTULO 1

REFLEXÕES SOBRE O SISTEMA DE JUSTIÇA CRIMINAL

ANDRE LUIZ SILVA ARAUJO 321

1.1	Introdução	321
1.2	O uso inadequado do *habeas corpus*	322
1.3	O combate à corrupção	325
	Referências	331

CAPÍTULO 2

CONSTITUCIONALIZAÇÃO DO DIREITO TRIBUTÁRIO E O SUPREMO TRIBUNAL FEDERAL: APORTES DOUTRINÁRIOS E JURISPRUDENCIAIS PARA UM DIREITO TRIBUTÁRIO RENOVADO

MARCUS VINICIUS BARBOSA 333

2.1   Introdução 333

2.2   Aportes doutrinários 336

2.2.1   Constitucionalização do Direito 336

2.2.2   Constitucionalização do Direito Tributário 342

2.2.3   A contribuição teórica e prática do Ministro Luís Roberto Barroso para a Constitucionalização do Direito Tributário 346

2.3   Aportes jurisprudenciais 347

2.3.1   ADI nº 5.135: protesto de CDA 347

2.3.2   RE nº 723.651: IPI na importação por não contribuinte 352

2.3.3   ADIs nºs 2.390, 2.386, 2.397 e 2.856 e RE nº 601.314: sigilo bancário e administração tributária 359

2.4   Conclusão 363

       Referências 363

CAPÍTULO 3

A CONSTITUCIONALIZAÇÃO DO DIREITO ADMINISTRATIVO À LUZ DA JURISPRUDÊNCIA DO STF: CASOS EMBLEMÁTICOS JULGADOS APÓS O INGRESSO DO MINISTRO LUÍS ROBERTO BARROSO NA CORTE

MARLUCE FLEURY FLORES 367

3.1   Introdução 367

3.2   O papel do juiz na constitucionalização do direito 368

3.3   Os casos emblemáticos em matéria de Direito de Administrativo julgados pelo STF nos últimos cinco anos 371

3.3.1   Quanto ao controle judicial dos atos administrativos e das políticas públicas 371

3.3.2   Quanto às controvérsias relativas a concursos públicos 373

3.3.3   Quanto às controvérsias relativas à responsabilidade civil do Estado 374

3.3.4   Quanto aos direitos dos servidores públicos 376

3.4   Conclusão 377

       Referências 379

CAPÍTULO 4

ALGORITMO OU DESTINO: A CONSTITUCIONALIZAÇÃO DO DIREITO DO TRABALHO A PARTIR DOS VOTOS DO MINISTRO LUÍS ROBERTO BARROSO

TERESA MELO 381

4.1   Nota prévia 381

4.2   Introdução 382

4.3   Constitucionalização do Direito do Trabalho: a contribuição do Ministro Luís Roberto Barroso 384

4.4	Conclusão: o que está por vir	394
	Referências	397

CAPÍTULO 5
A EXTRADIÇÃO Nº 1462/DF: O MINISTRO LUÍS ROBERTO BARROSO E O DIREITO INTERNACIONAL

PAULO CESAR VILLELA SOUTO LOPES RODRIGUES		399
5.1	Introdução	399
5.1.1	A relação do Ministro Luís Roberto Barroso com o Direito Internacional	400
5.1.2	O direito da nacionalidade no quadro geral do Direito e como tema de Direito Internacional	401
5.2	O caso concreto examinado pela Primeira Turma	407
5.2.1	O Mandado de Segurança nº 33.864/DF	407
5.2.2	A Extradição nº 1462/DF	408
5.3	Conclusões	411
	Referências	411

PARTE III
MUDANÇAS INSTITUCIONAIS NO SUPREMO TRIBUNAL FEDERAL

CAPÍTULO 1
O CARÁTER COMPARATIVO-DISCRICIONÁRIO DO JUÍZO DE REPERCUSSÃO GERAL: INEXIGIBILIDADE DE SUA MOTIVAÇÃO ANALÍTICA

FREDERICO MONTEDONIO REGO		415
1.1	Nota prévia	415
1.2	O conceito ontológico de repercussão geral	416
1.3	A relevância inerente a todas as questões jurídicas	416
1.4	O caráter comparativo da repercussão geral	418
1.5	O papel construtivo do STF na definição do que tem repercussão geral	418
1.6	A inexigibilidade de motivação analítica para negar repercussão geral	419
1.7	O caráter inevitavelmente discricionário do juízo de repercussão geral	421
1.7.1	Discricionariedade vs. conceitos jurídicos indeterminados	422
1.7.2	Discricionariedade vs. vinculação	423
1.7.3	Conceitos normativos discricionários vs. cláusulas gerais (Engisch)	424
1.8	O controle possível sobre o juízo discricionário de repercussão geral	426
1.9	Conclusão	429
	Referências	429

CAPÍTULO 2
O SUPREMO TRIBUNAL FEDERAL: UM TRIBUNAL DE TESES

PATRÍCIA PERRONE CAMPOS MELLO		431
2.1	Palavras iniciais: o Ministro e o Professor	431

2.2	Introdução	432
2.3	Os diferentes modelos colegiados de decisão	434
2.4	O modelo colegiado de decisão do Supremo Tribunal Federal	437
2.5	A introdução da votação das teses no STF	439
2.6	O encontro do STF com a teoria dos precedentes	442
2.7	Conclusão	445
	Referências	446

CAPÍTULO 3

REFLEXÕES SOBRE A EVOLUÇÃO DO FUNCIONAMENTO DO SUPREMO TRIBUNAL FEDERAL

RAFAEL GAIA EDAIS PEPE		449
3.1	Nota prévia: sobre o homenageado	449
3.2	Introdução	449
3.3	Parte I: Celeridade processual	451
3.4	Parte II: Dinâmica das sessões de julgamento do Plenário	454
3.5	Parte III: Excesso de litigiosidade	458
3.6	Conclusão	460
	Referências	461

SOBRE OS AUTORES	463

PREFÁCIO

HONRA AO MÉRITO

Luís Roberto Barroso é ministro do Supremo Tribunal Federal. Um ministro à beira dos cinco anos de ininterrupto exercício. Período, esse, de plena correspondência à avaliação positiva que Sua Excelência recebeu do Senado Federal quanto aos requisitos de investidura no cargo: os requisitos da notabilidade do saber jurídico e da reputação ilibada. Depois disso, e já no desempenho da judicatura, cuida-se de pessoa que tem dado exuberantes demonstrações de atualidade cognitiva e vocação para a magistratura mesma. Este último predicado a se traduzir na absoluta equidistância das partes processuais, no exame rigorosamente objetivo do Direito, na coragem para ser independente. Seja a independência política em face dos outros dois Poderes, seja a independência técnica perante os próprios colegas ou pares de ofício judicante. Tudo isso envolto numa depurada atmosfera de serenidade e sensatez como virtudes necessárias à ideia-força de que a um cargo objetivamente central da República há de corresponder uma postura subjetiva de inabalável centralidade. *Conditio sine qua non* para a busca de uma atuação colegiada de preservação da própria identidade do todo institucional em que o Supremo consiste.

Não me dou por satisfeito com a indicação desse extenso rol de superlativos méritos subjetivos. É que tenho acompanhado toda a trajetória de vida do Ministro, por um tempo que me habilita a nele identificar muitas outras virtudes de exponencial envergadura. São mais de trinta anos de convivência pessoal, acadêmica, profissional e cívica, a desembocar no firme testemunho de que se trata de pessoa em que talento e cultura são assim como olho e pálpebra. Que fala e escreve com o mesmo e encantador desembaraço e até mesmo sedução. Que celebra incessantemente o mais espontâneo casamento por amor entre sentimento e pensamento; que transpira devoção à causa pública em vigor parelho daquele entusiasmo com que todo ateniense do Século de Péricles dizia de si para si: "Não participo da vida pública porque sou livre. Eu sou livre porque participo da vida pública". Modo exemplar de ser que ainda se estrutura na convergente e límpida felicidade da esposa Tereza e dos filhos Luna e Bernardo.

Uma derradeira e igualmente sincera lembrança: Luís Roberto Barroso é tão descobridor de talentos quanto idolatrado mentor. Estão aí seus discípulos da maior compleição intelectual e reconhecimento público, de que servem de exemplo Daniel Sarmento, Eduardo Mendonça, Ana Paula de Barcellos, Gustavo Binenbojm, Patrícia

Perrone, Rodrigo Brandão, Felipe Monnerat, Ademar Borges, Renata Saraiva, Carlos Alexandre, Estêvão Gomes Corrêa dos Santos, Aline Osorio, todos entusiásticos seguidores da refinada doutrina do seu admirável predecessor. Assim como está aqui, nesta oportuna e qualificada coletânea de artigos jurídicos, parte dos seus antigos e atuais assistentes de trabalho.

Honra ao mérito do Ministro Luís Roberto Barroso, portanto, é o que tenho a dizer como revelação do verdadeiro motivo da edição deste livro que o tem como destinatário. Ele como destinatário do mais alto merecimento, eu como prefaciador agradecidíssimo pelo privilégio de participar deste mutirão dos que têm no homenageado uma definitiva referência ética, cívica, científica e humanista.

Carlos Ayres Britto
Ex-Ministro do Supremo Tribunal Federal

INTRODUÇÃO

Viver é subir a bordo de uma embarcação que passa por muitos portos, por mares calmos e mares revoltos. É preciso ter velas e âncoras. Velas para ir em busca do próprio destino, com determinação e coragem. E âncoras para parar e aguardar o momento próprio quando não seja a hora de lançar-se ao mar.

Luís Roberto Barroso

Dizem que algumas pessoas têm sorte na vida. Eu acho que posso me considerar uma delas. A vida, em sua imensa generosidade, me permitiu conhecer o Luís Roberto Barroso ainda quando era apenas uma menina, estagiária, numa outra vida, como ele mesmo costuma dizer. O advogado e professor Barroso, já na época em que o conheci, encantava a todos, e comigo não foi diferente. Para a minha surpresa e alegria, anos mais tarde fui honrada com um convite para trabalhar no escritório que ele inaugurava em Brasília.

De lá para cá, posso dizer que já percorremos um longo caminho. Primeiro no escritório, onde pude testemunhar sua dedicação, disciplina e competência. Depois, nos últimos cinco anos, do outro lado do balcão, no Supremo Tribunal Federal (STF), onde "de camarote" tenho testemunhado seu empenho em "empurrar a história".

E foi assim, me lembrando de todos os momentos desafiadores que temos passado juntos, que surgiu a ideia da realização deste livro, que nada mais é do que uma homenagem para deixar registrado todo o esplendor deste primeiro quinquênio do Ministro Luís Roberto Barroso na Suprema Corte.

É com muito orgulho e pouca modéstia que eu afirmo que este trabalho reúne o que se tem de melhor no Direito Constitucional atualmente. Não só pelas ideias e votos do Ministro Barroso, que são uma demonstração de compreensão da realidade contemporânea combinados com conhecimento da Constituição e das leis, como por terem sido escritos pela equipe mais talentosa, dedicada e "bacana" que alguém pode ter tido a sorte de coordenar.

Trata-se de uma coletânea de artigos de todos os assessores e juízes brilhantes que trabalham e ou já trabalharam conosco desde 26 de junho de 2013. Pela ordem são os queridos: Carolina Abreu, Aline Osorio, Leonardo Cunha, Estêvão Gomes, Adriana Cruz, Cristina Telles, Rodrigo Brandão, Carina Lellis, Luísa Lacerda, Alonso Freire, Marcelo Cavali, Ciro Grynberg, Luis Felipe Sampaio, Fabrício Antônio Soares, Pedro Henrique Sales, Thiago Magalhães Pires, Nina Pencak, Marcelo Leonardo Tavares, Andre Luiz Silva Araujo, Marcus Vinicius Barbosa, Marluce Fleury Flores, Teresa Melo, Paulo Cesar Villela Souto Lopes Rodrigues, Frederico Montedonio Rego, Patrícia Perrone Campos Mello, Rafael Gaia Edais Pepe.

Nota-se pela qualidade dos artigos que se trata de uma geração de juristas de primeira linha, que, ao lado do Ministro Barroso, está ajudando a construir a história do Direito Constitucional no Brasil, defendendo a efetividade da Constituição e a ampliação do papel do Poder Judiciário.

O livro está dividido em três partes: *i*) casos emblemáticos; *ii*) constitucionalização dos ramos do Direito; e *iii*) mudanças institucionais no Supremo Tribunal Federal.

Na primeira parte, os autores escolheram alguns julgados do STF que demonstram a efetividade plena da Constituição, os avanços importantes que o Poder Judiciário tem produzido na democracia brasileira e nos direitos fundamentais e desenvolveram seus trabalhos com a profundidade de quem ajudou a construir a jurisprudência e o apuro técnico irrepreensível dos eternos alunos do Professor Barroso.

Na segunda parte, os trabalhos foram divididos por ramos do Direito: Penal, Tributário, Administrativo, do Trabalho e Internacional. Também inspirados em importantes decisões da Suprema Corte, os autores pretenderam aqui aprofundar o estudo da Constituição nas principais áreas do Direito, percorrendo com proficiência os temas mais complexos do constitucionalismo contemporâneo.

Por fim, na terceira parte, os artigos trataram das propostas de mudanças institucionais que o Ministro Barroso tem apresentado para enfrentar muitos dos problemas do STF. O primeiro trabalho apresenta algumas sugestões para o aperfeiçoamento do instituto da repercussão geral e propõe algumas ideias para aperfeiçoá-lo. O segundo discute a recente atribuição conferida ao Supremo Tribunal Federal de Corte de precedentes em matéria constitucional. E o terceiro e último, mas não menos importante, apresenta as propostas do Ministro Barroso para debelar a "crise de funcionalidade" que atinge a mais alta Corte do país, separando-as em três conjuntos: medidas ligadas à celeridade processual, medidas ligadas à dinâmica das sessões, medidas ligadas ao excesso de litigiosidade.

O Professor Barroso gosta de dizer que sua grande vocação na vida é descobrir, entre seus alunos, os que são virtuosos, que farão a diferença, que irão longe. Este livro nada mais é do que demonstração disso. Trata-se de uma homenagem dos seus assessores, a maioria ex-alunos, cujos talentos foram descobertos por ele e poderão ser facilmente verificados nos trabalhos que se seguem.

É com muita honra e alegria, portanto, que eu convido todos a se deliciarem com este presente mais que merecido pelos cinco anos no Supremo Tribunal Federal do Ministro Luís Roberto Barroso.

Renata Saraiva

NOTA DOS COORDENADORES

O Professor e Ministro Luís Roberto Barroso é um exemplo de comprometimento com a democracia, o avanço das instituições e a proteção intransigente dos direitos fundamentais. A sua carreira acadêmica e profissional já evidenciava essa vocação, revelada a todo o país a partir do seu ingresso no Supremo Tribunal Federal, em junho de 2013. Ao longo dos últimos cinco anos, o Ministro Barroso tornou-se, para a comunidade jurídica e para a população em geral, um símbolo da ética, do combate à corrupção e da defesa das minorias.

A trajetória do Ministro Luís Roberto Barroso é marcada, desde os seus primeiros passos na academia, pela sua disposição em conferir efetividade à Constituição, em especial aos direitos fundamentais nela reconhecidos. Não à toa, em recente palestra na Universidade de Harvard, o Professor Mark Tushnet comparou-o ao grandioso juiz William J. Brennan Jr. da Suprema Corte norte-americana. Tal qual Brennan, o Ministro Luís Roberto Barroso se destaca por seu profundo compromisso com a igualdade, bem como com a conquista de uma sociedade justa, democrática e fundada na dignidade humana. Tal compromisso se reflete nos seus votos em casos emblemáticos: (i) a constitucionalidade de cotas para negros em concursos públicos; (ii) a descriminalização das drogas; (iii) a garantia de direitos sucessórios iguais no casamento e na união estável, inclusive homoafetiva; (iv) o direito de transexuais a serem tratados de acordo com a sua identidade de gênero; (v) a inconstitucionalidade da criminalização do aborto; (vi) a drástica redução do foro privilegiado; (vii) a inconstitucionalidade do modelo então vigente de financiamento empresarial de campanhas; entre muitos outros votos que são analisados detidamente neste livro.

Durante esses cinco anos desde sua posse, os autores deste livro – seus assessores – têm tido a honra de acompanhar de perto o esforço incansável de Luís Roberto Barroso para tornar o Brasil um lugar melhor, sem perder, no entanto, a ternura. O que ele nos ensina, na verdade, vai muito além do Direito: com ele aprendemos que é possível viver para fazer o bem, com dedicação, coragem e empatia. Não havia melhor forma de agradecê-lo, portanto, do que coordenar este livro, que busca demonstrar a forma como ele tem influenciado positivamente a trajetória do Supremo Tribunal Federal e do país.

A Luís Roberto Barroso, nosso muito obrigado.

Renata, Aline, Estêvão e Rafael

PARTE I

CASOS EMBLEMÁTICOS

CAPÍTULO 1

EXECUÇÃO PENAL E IGUALDADE: ANÁLISE DO AGREG NO TRABALHO EXTERNO NA EXECUÇÃO PENAL Nº 2/DF, REL. MIN. LUÍS ROBERTO BARROSO

CAROLINA ABREU

1.1 Introdução

O convite para participar desta justa e merecida homenagem ao Ministro Luís Roberto Barroso encheu-me de alegria e de saudade. Alegria por haver vivenciado momentos tão singulares e ricos intelectualmente; saudade do contato fraterno e diário com o Ministro e colegas do Gabinete – muitos dos quais já conhecidos do período em que integrei a assessoria do querido Ministro Ayres Britto.

A escolha do caso a ser comentado, contudo, se mostrou mais difícil do que aparentemente deveria ser. Muito embora me parecesse óbvia a opção pelo Mensalão – inclusive em razão da minha trajetória no Supremo Tribunal Federal e, especificamente, no gabinete do Ministro Luís Roberto Barroso, – a definição a respeito do recurso ou incidente a ser examinado não foi tão imediata.

Muitas foram as questões analisadas pelo Ministro Luís Roberto Barroso antes mesmo de ser sorteado relator do Mensalão, em 17 de junho de 2014, em decorrência da suspeição declarada pelo Ministro Joaquim Barbosa, com apoio no art. 97 do Código de Processo Penal e no art. 277 do Regimento Interno do Supremo Tribunal Federal, nos autos da EP nº 01/DF.

Desde a opção pela postura de autocontenção no julgamento dos embargos de declaração – ressalvada apenas para corrigir contradições internas ao acórdão da AP nº 470 decorrentes do sistema de votação adotado na fase da dosimetria da pena[1] – até o

---

[1] Em questão de ordem resolvida durante o julgamento do mérito da AP 470/MG, Rel. Min. Joaquim Barbosa, o Plenário do Supremo Tribunal Federal, por maioria de votos, deliberou que os ministros que tivessem votado pela absolvição não votariam na fase da dosimetria da pena. Essa sistemática, somada àquela de adesão ao

reconhecimento do cabimento dos embargos infringentes e da possibilidade de execução imediata das condenações que se tornaram definitivas, diversas foram as contribuições teóricas do Ministro para a consolidação da resposta do Supremo Tribunal Federal ao caso comumente identificado como marco para a ruptura do paradigma de impunidade da criminalidade do colarinho branco.

No julgamento dos embargos infringentes, por exemplo, o Ministro Luís Roberto Barroso (i) considerou que teria havido exacerbação inconsistente das penas aplicadas aos condenados pelo delito de quadrilha, motivada pelo impulso de superar a prescrição pela pena concreta e de se alterar artificialmente o regime inicial de cumprimento da pena[2] e (ii) integrou o bloco majoritário segundo o qual *(a)* o recebimento da vantagem indevida por interposta pessoa corresponderia à consumação do crime de corrupção passiva, na modalidade "receber indiretamente"; e *(b)* o ato que gera o produto do crime de corrupção passiva teria de ser distinto daquele que constitui a lavagem de dinheiro[3] para a caracterização de eventual concurso entre os crimes do art. 317 do CP e 1º, V, da Lei nº 9.613/98, na redação vigente na data dos fatos.

A par da relevância dessas questões e dos debates ocorridos no Plenário do Supremo Tribunal Federal por oportunidade dos respectivos julgamentos, o artigo se concentra naquela que foi a primeira deliberação colegiada na fase de execução das penas impostas na AP nº 470/MG, Relator Ministro Joaquim Barbosa.

No julgamento do AgREG no Trabalho Externo na Execução Penal nº 2/DF, Rel. Min. Luís Roberto Barroso, o Tribunal Pleno decidiu, por maioria significativa de votos, que a exigência de cumprimento de 1/6 da pena para a obtenção de trabalho externo não se aplica aos condenados a regime inicial semiaberto.

A opção pela análise do julgamento do AgREG no Trabalho Externo na Execução Penal nº 2/DF, Rel. Min. Luís Roberto Barroso, decorre, inicialmente, do interesse histórico pela primeira manifestação do Plenário do Tribunal sobre um incidente na execução da AP nº 470/MG, Rel. Min. Joaquim Barbosa.

Após o extenso e conflitivo julgamento do mérito da Ação Penal nº 470/DF e do exaurimento da fase recursal – que produziu, relativamente a alguns condenados, alterações significativas nas penas definitivamente aplicadas –, passou-se a *especular* a respeito do *comportamento* da Corte na condução da execução das condenações, difundindo-se, via de regra, a ideia de que a preservação do *legado do mensalão* dependeria do grau de sofrimento que seria infligido aos apenados.

Nesse contexto, apesar da simplicidade da questão dogmática implicada no caso, a decisão tomada pelo Plenário do Supremo Tribunal Federal a partir do voto do Ministro

---

voto do Ministro Relator ou ao voto do Ministro Revisor, implicou a valoração discrepante dos mesmos fatos, considerados distintos corréus. Em sede de embargos de declaração, o Plenário do Supremo Tribunal Federal, na linha do voto do Ministro Luís Roberto Barroso, reconheceu que "a eventual existência de valorações objetivamente discrepantes para fatos iguais ou similares pode caracterizar a ocorrência de contradição interna. A supressão dessa circunstância, longe de significar renovação do julgamento, traduz-se em dever imposto pelo princípio da isonomia em caráter geral e, de forma mais específica, pelo direito fundamental à individualização da pena. Quando um mesmo órgão jurisdicional aplica sanções diversas para as mesmas condutas, sobretudo em um mesmo processo, é impossível deixar de considerar que um elemento aleatório terá ingressado no juízo de fixação das penas individuais" (trecho do voto-vista proferido pelo Ministro Luís Roberto Barroso nos embargos de declaração opostos por João Cláudio Genu).

[2] *V.g.*, AP nº 470 EI – SÉTIMOS, Relator para o acórdão Ministro Luís Roberto Barroso.

[3] AP nº 470 EI – SEXTOS, Relator para o acórdão, Ministro Luís Roberto Barroso.

Luís Roberto Barroso foi de grande relevância para a enunciação da orientação geral de que o controle da criminalidade do colarinho branco não passa pela criação de exceções ou de soluções de ocasião.

"Hard cases make bad law", sempre dizia o Ministro. E a preocupação com as consequências de deliberações sobre questões tão sensíveis, como aquelas relacionadas à execução penal, foi uma constante nesse caso. Além do pragmatismo e do uso da realidade do sistema punitivo como vetor interpretativo, o voto ao final vencedor foi estruturado sobre a premissa de que a tese jurídica definida pelo Tribunal – *nos seus fundamentos e nas suas consequências* – deveria ser universalizável, dada a sua evidente repercussão sobre os processos de execução penal em geral.

Pois bem. O artigo está dividido em três partes. Na primeira, apresenta os fatos mais relevantes que antecederam o julgamento do AgREG no Trabalho Externo na Execução Penal nº 2/DF, Rel. Min. Luís Roberto Barroso. Na segunda parte, passa-se ao exame do voto do Ministro e do resultado da deliberação Plenária a respeito dos requisitos para o trabalho externo aos condenados em regime semiaberto. Ao final, são feitas considerações sobre a opção teórica assumida pelo Tribunal.

1.2 Dos antecedentes do julgamento do AgREG no Trabalho Externo na Execução Penal nº 2/DF, Rel. Min. Luís Roberto Barroso

No julgamento da 11ª QO na AP nº 470/MG, Rel. Min. Joaquim Barbosa, o Plenário do Supremo Tribunal Federal decidiu pela delegação ao Juízo da Execução Penal do Distrito Federal da competência para a prática dos atos necessários à execução do acórdão condenatório, ressalvados "eventuais pedidos de reconhecimento do direito ao indulto, à anistia, à graça, ao livramento condicional ou questões referentes à mudança de regime de cumprimento de pena, por qualquer motivo, os quais deverão ser dirigidos diretamente a esta Corte, assim como outros pedidos de natureza excepcional, em que o juízo entenda conveniente ou necessário o pronunciamento do Supremo Tribunal Federal".[4]

Nesse contexto, ainda no início da execução das penas impostas na AP nº 470/MG, Rel. Min. Joaquim Barbosa, os Juízes das Varas de Execuções passaram a decidir – observados os distintos procedimentos locais de controle da higidez das propostas de trabalho – pedidos de autorização de trabalho externo, deduzidos por condenados ao cumprimento da pena em regime inicial semiaberto.

Condenados que cumpriam pena no Distrito Federal, em Pernambuco e em Minas Gerais foram autorizados pelos Juízes da Execução das respectivas unidades da federação, com base em jurisprudência vintenária do Superior Tribunal de Justiça, a realizar atividade laboral fora da unidade prisional destinada aos presos em regime semiaberto.

No entanto, a análise do pedido formulado por José Dirceu foi sobrestada pelo Juízo das Execuções Penais do Distrito Federal,[5] após a publicação de matéria jornalística

---

[4] DÉCIMA PRIMEIRA QUESTÃO DE ORDEM NA AÇÃO PENAL Nº 470 MINAS GERAIS, Rel. Min. Joaquim Barbosa, Disponível em: <http://redir.stf.jus.br/paginadorpub/paginador.jsp?docTP=TP&docID=5296988>. Acesso em: 28 jan. 2018.

[5] Tratava-se, em verdade, do segundo pedido de autorização de trabalho externo apresentado pelo condenado. O primeiro, objeto de intensa repercussão midiática, não chegou a ser examinado pela Vara de Execuções Criminais do Distrito Federal em razão de pedido de desistência formulado pela defesa.

a respeito de alegada conversa telefônica entre o condenado e o então Secretário da Indústria, Comércio e Mineração da Bahia. O magistrado entendeu que o exame do requerimento de trabalho externo dependeria da conclusão da apuração a respeito de possível prática de infração disciplinar.

A suspensão da tramitação do pedido de trabalho externo foi questionada por José Dirceu no Supremo Tribunal Federal. O ministro Ricardo Lewandowski, no exercício da Presidência do Tribunal, no período de férias forenses, acolheu a insurgência da defesa e determinou ao Juízo das Execuções que, diante das conclusões da autoridade administrativa quanto à não comprovação da prática de falta disciplinar pelo condenado, examinasse o pedido de autorização de trabalho externo.

Na sequência, contudo, o Ministro Joaquim Barbosa, relator da execução penal nº 2, suspendeu os efeitos da decisão proferida pelo Ministro Presidente e determinou a remessa dos autos à Procuradoria-Geral da República para manifestação a respeito de eventuais providências necessárias ao esclarecimento dos fatos[6] – inclusive sobre incomum requerimento apresentado pelo Ministério Público do Distrito Federal e Territórios de expedição de ofício às empresas de telefonia celular do DF para a identificação das chamadas telefônicas eventualmente efetuadas e/ou recebidas em extensa área territorial, abrangente, por exemplo, da região do Palácio do Planalto, a fim de verificar se teria havido efetiva comunicação entre o sentenciado e o meio externo.

Com a juntada aos autos da promoção ministerial pela manifesta irrazoabilidade da diligência requerida pelo Ministério Público do Distrito Federal e pela ausência de outros meios, além daqueles usados no âmbito do procedimento administrativo, para a apuração do suposto fato, o Ministro Joaquim Barbosa proferiu decisão indeferindo o pedido de autorização de realização de trabalho externo.

De forma objetiva, o indeferimento do trabalho externo foi motivado por uma tríade de razões, a saber: *(a)* não cumprimento de requisito objetivo previsto na Lei de Execuções Penais; *(b)* inidoneidade da proposta de trabalho oferecida por escritório de advocacia; e *(c)* desnecessidade de concessão de trabalho externo ao apenado que desempenha atividade laboral no interior da unidade prisional.

Relativamente ao primeiro fundamento, a decisão estabeleceu que o cumprimento mínimo de 1/6 da pena deveria ser observado para a realização de trabalho externo por condenado que cumpre pena em regime semiaberto. Na concepção do ministro Joaquim Barbosa, a orientação do Superior Tribunal de Justiça sobre a matéria, cotidianamente reproduzida por Juízes da Execução Penal, violaria a literalidade do art. 37 da Lei nº 7.210/84.

O segundo fundamento da decisão foi o de que a proposta de trabalho oferecida por empregador privado não estaria contemplada pela legislação, na medida em que, além de inviabilizar a fiscalização estatal, poderia gerar arranjos "entre amigos", o que, na concepção do então relator, parecia ser o caso.

Por fim, a decisão considerou que o trabalho externo seria desnecessário para fins de ressocialização daquele condenado que, no interior da unidade prisional, desempenha atividade laboral.

---

[6] O Ministério Público do Distrito Federal e Territórios havia requerido a expedição de ofício às empresas de telefonia celular do DF para a identificação das chamadas telefônicas eventualmente efetuadas e/ou recebidas em extensa área, abrangente, por exemplo, da região do Palácio do Planalto, a fim de verificar se teria havido efetiva comunicação entre o sentenciado e o meio externo.

Em sede de agravo regimental, o então recorrente, em linhas gerais, decidiu-se que *(a)* o art. 37 da Lei de Execuções Penais somente se aplicaria aos condenados em regime fechado; *(b)* a decisão agravada contrariaria a jurisprudência consolidada no âmbito do Superior Tribunal de Justiça sobre a questão; *(c)* a idoneidade da proposta teria sido aferida pela Vara de Execuções Penais, após entrevista do candidato a empregador, análise dos documentos requeridos e de visita ao local de trabalho; e *(d)* conforme compromisso assumido pelo empregador perante a Vara de Execuções Penais do Distrito Federal, inexistiria qualquer óbice à fiscalização do trabalho.

A Procuradoria-Geral da República opinou pelo provimento do agravo regimental por considerar acertada a orientação do Superior Tribunal de Justiça quanto à inexigibilidade do cumprimento de 1/6 da pena para a concessão do trabalho externo ao condenado em regime semiaberto e inexistente qualquer indício de irregularidade na proposta de trabalho constante dos autos. Além disso, chamou a atenção para o fato de que a manutenção da decisão agravada implicaria situação de desigualdade entre o então agravante e os demais condenados que cumpriam pena no Distrito Federal. Isso porque tanto o Juízo das Execuções quanto a Corte local partilhariam da compreensão de que não se poderia impor ao condenado em regime semiaberto cumprimento prévio de 1/6 da pena para fins de autorização de trabalho externo.

Pois bem. Passados alguns dias da juntada do parecer da Procuradoria-Geral da República pela reforma da decisão agravada, os autos da Execução Penal nº 02/DF, assim como todo o acervo vinculado à AP nº 470/MG, foram redistribuídos ao Ministro Luís Roberto Barroso, em razão da suspeição declarada pelo Ministro Joaquim Barbosa nos autos da Execução Penal nº 01/DF.

No referido acervo, além do agravo regimental pendente de julgamento na Execução Penal nº 02, havia outros 7 (sete) agravos regimentais sobre a mesma questão, interpostos das decisões com que o Ministro Joaquim Barbosa – entendendo exigível o cumprimento prévio de 1/6 da pena – revogara o trabalho externo deferido por Juízes da Execução aos condenados vinculados às Execuções Penais nº 3, 11, 12, 16, 17, 19 e 20.

Esse conjunto de agravos regimentais foi apresentado em mesa para julgamento em 20.06.2014 e, na sequência, foi incluído na pauta do Plenário de 25.06.2014.

Feita essa breve síntese dos fatos mais relevantes que antecederam o julgamento do AgREG no Trabalho Externo na Execução Penal nº 2/DF, Rel. Min. Luís Roberto Barroso, passa-se ao exame da decisão proferida pelo Tribunal Pleno.

1.3 A definição da tese jurídica

A memória fática do caso retratada no item anterior indica o cenário conflitivo que antecedeu o julgamento do AgREG no Trabalho Externo na Execução Penal nº 2/DF, Rel. Min. Luís Roberto Barroso, e explica, parcialmente, a brevidade na liberação da causa para julgamento pelo Plenário do Supremo Tribunal Federal.

Mas o *incômodo* vivenciado pelo Tribunal durante o vai e vem de decisões e de mudanças abruptas de entendimento sobre questão tão sensível não foi a única razão da disposição do novo relator em submeter a matéria ao colegiado. A desigualdade que, voluntária ou involuntariamente, havia se estabelecido entre os condenados na AP nº 470/MG e os demais apenados que cumpriam pena no Distrito Federal, em Pernambuco e em Minas Gerais[7] e a repercussão da causa sobre as execuções em curso no país foram decisivas para a priorização do caso, conforme o Ministro Luís Roberto Barroso fez questão de salientar no voto que proferiu.

Além de justificar a necessidade de rápida deliberação sobre a matéria implicada na causa, essas questões foram estruturantes das duas premissas do voto do relator: (a) a de não criar exceções em favor ou em desfavor dos condenados na AP nº 470/MG; e (b) a de produzir um resultado (tese jurídica) aplicável às execuções em geral.

O voto foi dividido em duas partes. A primeira foi dedicada ao exame da exigibilidade ou não do cumprimento de 1/6 da pena para a autorização de trabalho externo aos condenados em regime inicial semiaberto. A segunda examinou, considerando o caso concreto, a idoneidade da proposta formulada por empregador privado e a presença ou não dos requisitos subjetivos para a admissão do trabalho externo.

Na primeira parte do voto, após breve digressão a respeito dos regimes de cumprimento de pena definidos pela legislação de regência, o relator tratou da crise do sistema penitenciário nacional para destacar que a sensação difusa de impunidade verificada na sociedade brasileira conviveria com um dos maiores sistemas penitenciários do mundo.[8]

Se essa aparente contradição somente se explica pela função latente do sistema de justiça criminal,[9] no caso, sua consideração foi importante para difundir a percepção de que qualquer tentativa de restringir mais gravosamente os direitos dos condenados na AP nº 470/MG produziria maior efeito sobre a multidão de presos, composta majoritariamente por jovens pobres e negros acusados de crimes cometidos sem violência ou grave ameaça à pessoa.

Além disso, antes de passar ao exame da legislação propriamente dita, o relator destacou que, em que pese a necessidade de repressão penal e punição para a proteção de direitos humanos de todos, a consideração da realidade do sistema punitivo no Brasil deveria levar juízes e tribunais a prestigiarem "os entendimentos razoáveis que não sobrecarreguem ainda mais o sistema, tampouco imponham aos apenados situações mais gravosas do que as que decorrem da lei e das condenações que sofreram".

Assim, afirmou o relator, a opção teórica do Tribunal deveria expressar a melhor interpretação dos dispositivos legais pertinentes tanto do ponto de vista de lógica jurídica quanto do ponto de vista pragmático.

Nesse sentido, apesar de consignar a plausibilidade da tese defendida na decisão agravada, o relator destacou, incialmente, que a jurisprudência do Superior Tribunal de Justiça – amplamente replicada pelos Tribunais Estaduais – estaria consolidada no

---

[7] Unidades da federação em que os condenados alcançados pelas decisões proferidas pelo Ministro Joaquim Barbosa cumpriam pena.

[8] Em 2014, o Brasil ocupava o 4º lugar no *ranking* de pessoas presas (cf. Diagnóstico de pessoas presas no Brasil. Disponível em: <http://www.cnj.jus.br/images/imprensa/diagnostico_de_pessoas_presas_correcao.pdf?>. Acesso em: 28 jan. 2018). Atualmente, mesmo sem considerar os presos domiciliares, o Brasil ocupa a 3ª posição nesse mesmo *ranking* (conforme os dados consolidados no Levantamento Nacional de Informações Penitenciárias de 2015 e 2016. Disponível em: <https://download.uol.com.br/fernandorodrigues/infopen-relat-2016.pdf>. Acesso em: 28 jan. 2018.

[9] Cf. BARATTA, Alessandro. *Criminologia Crítica e Crítica ao Direito Penal*. Rio de Janeiro: Revan, 2002; ZAFFARONI, Eugenio Raúl. *Em busca das penas perdidas*: a perda de legitimidade do sistema penal. Trad. Vânia Romano Pedrosa e Amir Lopes da Conceição. Rio de Janeiro: Revan, 2001; ZAFFARONI, Eugenio Raúl; BATISTA, Nil et al. *Direito Penal brasileiro* vol. 1. 4. ed. Rio de Janeiro: Revan, 2011; ANDRADE, Vera Regina Pereira de. *A ilusão de segurança jurídica*: do controle da violência à violência do controle. Porto Alegre: Livraria do Advogado, 1997.

sentido da desnecessidade do cumprimento de 1/6 da pena para a autorização de trabalho externo ao condenado em regime inicial semiaberto.

Nesse cenário, o indeferimento do trabalho externo aos apenados na AP nº 470/STF implicaria substanciosa alteração da jurisprudência vigente desde a década de 1990, em um contexto em que o regime semiaberto, conforme dados do Conselho Nacional de Justiça, se caracterizava – como ainda hoje se caracteriza – pela indiscriminada falta de vagas e de oportunidades de trabalho interno e externo.

Com efeito, apesar de expressar corrente minoritária na doutrina, a universalização da tese da decisão impugnada agravaria a já caótica situação do regime semiaberto brasileiro, impactando diretamente milhares de condenados cuja única oportunidade de reinclusão social é justamente o trabalho externo prestado para entes públicos ou empregadores privados, mediante convênios ou propostas intermediadas por parentes ou pessoas da comunidade.

Embora do ponto de vista pragmático a manutenção da orientação do Superior Tribunal de Justiça fosse mais razoável, o voto proferido pelo relator não deixou de examinar qual seria a melhor interpretação dos dispositivos legais referentes ao trabalho externo.

Após pontuar as três teses identificadas na doutrina especializada, a decisão acabou por adotar aquela majoritariamente encontrada na revisão da literatura, no sentido de que o art. 37 da Lei nº 7.210/84 aplica-se apenas aos condenados em regime fechado, sendo o trabalho externo no regime semiaberto disciplinado pelo art. 35, §2º, do Código Penal, que não impõe ao condenado a observância de qualquer requisito temporal.

Assim, ao concluir a primeira parte do voto, o relator consignou que tanto do ponto de vista pragmático quanto do ponto de vista lógico-jurídico a manutenção da opção teórica restritiva assumida pela decisão agravada não se justificaria. E assim o fez para propor à Corte a tese de que a exigência objetiva de prévio cumprimento de 1/6 da pena para a autorização de trabalho externo não se aplica aos condenados a regime inicial semiaberto.

Essa tese foi acolhida pela maioria dos ministros presentes à sessão, vencido o Ministro Celso de Mello, que defendeu a aplicabilidade do requisito temporal do art. 37 da Lei de Execuções Penais.

Após a enunciação da tese jurídica, a Corte passou a decidir o caso concreto da proposta de emprego oferecida por empregador particular.

Nessa segunda parte do voto, o relator passou ao exame da proposta de trabalho constante dos autos e das condições pessoais do condenado. De forma objetiva, ponderou que, diante da ausência de tratamento legal específico, a autorização de trabalho externo pressupunha (a) a compatibilidade entre as condições pessoais do condenado e as exigências de responsabilidade próprias à saída desvigiada da unidade prisional e (b) a idoneidade da proposta de trabalho.

A partir do exame dessas condicionantes, o Tribunal, na linha do voto do relator, entendeu que, inexistindo vedação legal ao trabalho externo em empresa privada, inexistia óbice à autorização pleiteada, notadamente diante do controle prévio da adequação da proposta de trabalho, realizado pela Vara de Execuções do Distrito Federal, e do compromisso de fiscalização prestado, nesse procedimento de controle, pelo candidato a empregador.

Ao depois, o Tribunal ainda deliberou pela aplicação, monocraticamente pelo relator, da tese jurídica aos demais agravos regimentais pendentes de julgamento, observadas ainda as condicionantes relativas à idoneidade da proposta de trabalho e às condições pessoais dos então agravantes.

Além do resultado expressivo, o julgamento do AgReg no trabalho externo na Execução Penal nº 2/DF foi marcado pela ausência de divergências e apartes acirrados e de ânimos exaltados. O Plenário do Tribunal, naquele momento, parecia disposto a explicitar o desconforto com a situação calamitosa do sistema penitenciário e com soluções tendentes a ampliar o descontrole sobre a situação jurídica daquele que, na época, correspondia ao terceiro sistema prisional em número de presos.

1.4 Execução penal e a opção pela igualdade

A análise do precedente demonstra que a questão de direito examinada pelo Tribunal não guardava complexidade. A relevância do caso estava vinculada, na época, aos possíveis efeitos deletérios da decisão do Tribunal sobre os processos de execução em geral e à *tônica* que seria aplicada à execução dos condenados na AP nº 470/MG, Rel. Min. Joaquim Barbosa.

Nesse sentido, a opção pelo respeito à igualdade entre os condenados na AP nº 470 e os condenados em geral – mediante a definição de tese jurídica universalizável e não excepcional – foi essencial para demonstrar que, mesmo em um ambiente relativamente esgarçado pela vocalização de expectativas sociais através de finalidades inalcançáveis pelo sistema de justiça criminal, a aplicação das normas vigentes, a partir de interpretações razoáveis e vinculadas à realidade, é justamente o que garante o *avanço civilizatório* que eventualmente se queira creditar ao Direito Penal. Afinal, conforme salientado pelo Ministro Luís Roberto Barroso no voto condutor do acórdão do AgReg no trabalho externo na Execução Penal nº 2/DF, o "maior legado da AP nº 470 será a percepção de que a lei deve valer indistintamente para todos, poderosos e despossuídos. Criar exceções no cumprimento das penas, para mais ou para menos, representaria um passo atrás no avanço que esse processo representa".

As premissas externadas no voto do Ministro Luís Roberto Barroso, decorrentes do princípio da igualdade, revelam, assim, a preocupação em reinserir no debate público a consideração de que não é a lei penal e o seu recrudescimento ocasional, mediante interpretações excepcionais e direcionadas a esse ou àquele resultado pontual, que propiciarão as mudanças legitimamente pretendidas pela sociedade.[10]

A orientação geral – imposta pelo princípio da igualdade – de que não é a partir da supressão de direitos e de interpretações casuísticas que se avançará no controle da criminalidade sintetiza a relevância, na época, do resultado do julgamento do AgReg na

---

[10] O *déficit preventivo* do sistema punitivo, aliás, já havia sido objeto de consideração do Ministro Luís Roberto Barroso, em sua primeira manifestação nos autos da AP nº 470/MG, cuando ponderou, ressaltando outros casos de criminalidade relacionados ao sistema político-eleitoral, que "a imensa energia jurisdicional dispendida no julgamento da AP 470 terá sido em vão se não forem tomadas providências urgentes de reforma do modelo político, tanto do sistema eleitoral quanto do sistema partidário" (trecho do voto proferido no julgamento dos DÉCIMOS TERCEIROS EMB. DECL. JULG. NA AÇÃO PENAL 470/MG, Rel. Min. Joaquim Barbosa. Disponível em: http://redir.stf.jus.br/paginadorpub/paginador.jsp?docTP=TP&docID=233225800>. Acesso em: 28 jan. 2018.

Execução Penal nº 2/DF, Rel. Min. Luís Roberto Barroso, e revela a importância presente dessas discussões.

No cenário atual, em que discursos que conferem ao Direito Penal e às agências do sistema de justiça criminal a indesejável centralidade na refundação da moralidade pública passam a dividir espaço na *agenda* nacional com o início da execução das penas fixadas em ações penais correlatas à Operação Lava-Jato, o precedente do Supremo Tribunal Federal constituiu importante marco; em primeiro lugar, na consideração de que a aplicação séria das leis vigentes, sem casuísmos e interpretações excepcionais, é – ou ao menos deveria ser – o *legado* da atuação do sistema punitivo. Em segundo lugar, revela ser possível desmistificar a noção comum de que os "bons juízes"[11] devem ser medidos pela régua da *severidade* das condenações e das fixadas, na medida em que, parafraseando o Ministro Luís Roberto Barroso, basta que se enuncie que é para isto que serve a Constituição: para que o direito de alguns não seja atropelado pelo interesse de milhões.[12]

Referências

ANDRADE, Vera Regina Pereira de. *A ilusão de segurança jurídica*: do controle da violência à violência do controle. Porto Alegre: Livraria do Advogado, 1997.

BARATTA, Alessandro. *Criminologia Crítica e Crítica ao Direito Penal*. Rio de Janeiro: Revan, 2002.

BRASIL. Conselho Nacional de Justiça. Diagnóstico de pessoas presas no Brasil. Disponível em: <http://www.cnj.jus.br/images/imprensa/diagnostico_de_pessoas_presas_correcao.pdf>. Acesso em: 28 jan. 2018.

Brasil. Ministério da Justiça. Levantamento Nacional de Informações Penitenciárias de 2015 e 2016. Disponível em: <https://download.uol.com.br/fernandorodrigues/infopen-relat-2016.pdf>. Acesso em: 28 jan. 2018.

BRASIL. Supremo Tribunal Federal. SÉTIMOS EMBARGOS INFRINGENTES NA AP 470/MG, Relator para o acórdão Ministro Luís Roberto Barroso. Disponível em: <http://redir.stf.jus.br/paginadorpub/paginador.jsp?docTP=TP&docID=6555591>. Acesso em: 28 jan. 2018.

BRASIL. Supremo Tribunal Federal. 11ª QUESTÃO DE ORDEM NA AP 470/MG, Rel. Min. Joaquim Barbosa. Disponível em: <http://redir.stf.jus.br/paginadorpub/paginador.jsp?docTP=TP&docID=5296988>. Acesso em: 28 jan. 2018.

BRASIL. Supremo Tribunal Federal. AGRAVO REGIMENTAL NO TRABALHO EXTERNO NA EXECUÇÃO PENAL Nº 2/DF, Rel. Min. Luís Roberto Barroso. Disponível em: <http://redir.stf.jus.br/paginadorpub/paginador.jsp?docTP=TP&docID=7087412>. Acesso em: 28 jan. 2018.

BRASIL. Supremo Tribunal Federal. SEXTOS EMBARGOS INFRINGENTES NA AP 470/MG, Relator para o acórdão Ministro Luís Roberto Barroso. Disponível em: <http://redir.stf.jus.br/paginadorpub/paginador.jsp?docTP=TP&docID=6556191>. Acesso em: 28 jan. 2018.

BRASIL. Supremo Tribunal Federal. DÉCIMOS TERCEIROS EMB. DECL. JULG. NA AÇÃO PENAL 470/MG, Rel. Min. Joaquim Barbosa. Disponível em: <http://redir.stf.jus.br/paginadorpub/paginador.jsp?docTP=TP&docID=233225800>. Acesso em: 28 jan. 2018.

BRASIL. Supremo Tribunal Federal. VIGÉSIMO SEXTO AG. REG. NA AÇÃO PENAL 470/MG, Relator Min. Luís Roberto Barroso. Disponível em: <http://redir.stf.jus.br/paginadorpub/paginador.jsp?docTP=TP&docID=5276407>. Acesso em: 28 jan. 2018.

---

[11] Confira-se a ainda atual análise dos "bons juízes" feita por Maria Lúcia Karam no texto "A esquerda punitiva". In: *Revista discursos sediciosos* – crime, direito e sociedade, Rio de Janeiro, n. 1, ano 1, p. 79-92, 1º semestre 1996.

[12] Confira-se o voto condutor do acórdão no VIGÉSIMO SEXTO A. G. REG. NA AÇÃO PENAL 470/MG, Relator Min. Luís Roberto Barroso. Disponível em: <http://redir.stf.jus.br/paginadorpub/paginador.jsp?docTP=TP&docID=5276407>. Acesso em: 28 jan. 2018.

KARAM, Maria Lúcia. A esquerda punitiva. In: *Revista discursos sediciosos* – crime, direito e sociedade, Rio de Janeiro, n. 1, ano 1, p. 79-92, 1º semestre 1996.

ZAFFARONI, Eugenio Raúl. *Em busca das penas perdidas*: a perda de legitimidade do sistema penal. Trad. Vânia Romano Pedrosa e Amir Lopes da Conceição. Rio de Janeiro: Revan, 2001.

ZAFFARONI, Eugenio Raúl; BATISTA, Nil et al. *Direito Penal brasileiro* vol. 1. 4. ed. Rio de Janeiro: Revan, 2011.

Informação bibliográfica deste texto, conforme a NBR 6023:2002 da Associação Brasileira de Normas Técnicas (ABNT):

ABREU, Carolina. Execução penal e igualdade: análise do AgREG no trabalho externo na Execução Penal nº 2/DF, Rel. Min. Luís Roberto Barroso. In: SARAIVA, Renata et al. *Ministro Luís Roberto Barroso*: 5 anos de Supremo Tribunal Federal: homenagem de seus assessores. Belo Horizonte: Fórum, 2018. p. 27-36. ISBN 978-85-450-0525-4.

CAPÍTULO 2

IMPEACHMENT E JURISDIÇÃO CONSTITUCIONAL: O JULGAMENTO DA ADPF Nº 378

ALINE OSORIO

2.1 Introdução

Um *impeachment* presidencial jamais é um evento banal em uma democracia. O julgamento de um presidente produz verdadeiro "terremoto político"[1] e conduz, muito frequentemente, à convulsão e à polarização do país. O caso de Dilma Rousseff ilustra perfeitamente essa dinâmica: durante os nove meses que transcorreram desde a abertura do processo pelo Deputado Eduardo Cunha, em 2 de dezembro de 2015, até a votação no plenário do Senado pela cassação do mandato da Presidente Dilma, em 31 de agosto de 2016, tudo no país girou em torno do *impeachment*. E o Brasil se dividiu entre quem era favorável e quem se opunha à destituição da Presidente. Tornou-se difícil discutir o tema de forma racional e desapaixonada. O muro de um quilômetro de extensão, erguido no gramado central da Esplanada dos Ministérios em Brasília para dividir os manifestantes, é símbolo do espírito predominante nesse período.

Em meio a esse clima de grande hostilidade e tensão, o Supremo Tribunal Federal foi chamado a intervir. No dia seguinte à abertura do processo, o Partido Comunista do Brasil propôs a Arguição de Descumprimento de Preceito Fundamental (ADPF) nº 378, com o objetivo de discutir a compatibilidade do rito de *impeachment* de Presidente da República com a Constituição de 1988. Em homenagem aos cinco anos da posse do Ministro Luís Roberto Barroso no STF, escolhi examinar criticamente o julgamento dessa ação. Apesar de o Ministro não ter sido o relator original do caso, o seu voto obteve a

---

[1] BAUMGARTNER, Jody C. Introduction: Comparative Presidential Impeachment. In: BAUMGARTNER, Jody C.; KADA, Naoko (Org.). *Checking Executive Power*: Presidential impeachment in comparative perspective. Praeger Publishers, 2003, p. 1.

adesão da maioria do Tribunal. Em minha opinião, além da inegável importância desse precedente para o país, a atuação de Luís Roberto Barroso no julgamento da ADPF nº 378 evidencia algumas de suas qualidades como magistrado: independência, equilíbrio e compromisso com o país.

Eu tive a honra e o privilégio de integrar a assessoria do Ministro Luís Roberto Barroso no STF de 2015 até 2017 – e continuo tendo a sorte de tê-lo em minha vida como um querido amigo, mentor intelectual e eterno professor. Acompanhando-o de perto, é impossível não admirar a sua vontade de fazer o bem e o que é certo, bem como o seu empenho em cumprir, da melhor forma possível, os seus múltiplos papéis: de ministro do Supremo, de professor e de cidadão verdadeiramente preocupado com o Brasil. O período do *impeachment* foi especialmente conturbado para o Tribunal. No entanto, a vida no gabinete sempre foi fácil. O nosso ambiente de trabalho traduzia a leveza, o alto astral e a abertura ao diálogo que caracterizam a personalidade do Ministro Barroso. Poucos chefes são capazes de despertar o carinho e a admiração que ele conquistou de seus assessores e servidores.

Lembro vivamente os dias que antecederam o julgamento da ADPF. A ação foi distribuída ao Ministro Edson Fachin, que logo suspendeu liminarmente a tramitação do processo de *impeachment* na Câmara até o julgamento e submeteu o caso ao Plenário. Poucos dias depois, o Ministro Lewandowski, então Presidente do STF, incluiu a ADPF em pauta. O Ministro Barroso tinha pouquíssimos dias para analisá-la e elaborar o seu voto. Preparamos um documento com uma análise pormenorizada dos diversos pedidos e possíveis soluções jurídicas. Recuperamos os registros históricos do processo de *impeachment* do Presidente Fernando Collor e os examinamos minuciosamente. Como é de costume, após o estudo do processo, o Ministro se reuniu em sua sala com todos os seus assessores e discutiu longamente cada um dos pedidos e seus fundamentos. O debate continuou madrugada adentro e nos dias e noites que se seguiram. O Ministro ouviu a opinião de cada um dos assessores e, a partir das discussões, decidiu que adotaria como diretriz para a solução do caso a manutenção do rito adotado no *impeachment* de Collor. Eram sete horas da manhã do primeiro dia do julgamento e ainda estávamos todos no gabinete pesquisando e ajudando o Ministro a revisar a minuta que ele havia preparado.

A necessidade de intervenção do Tribunal parecia evidente: pairavam diversas dúvidas quanto ao rito aplicável ao processo de impedimento da Presidente e vários atos praticados pelo Deputado Eduardo Cunha na condução do processo já haviam sido questionados no STF.[2] O Supremo corria o risco de ser chamado a funcionar no *impeachment* como árbitro de futebol, apitando cada lance da partida. Era preciso dar segurança jurídica ao processo. Mas a posição do Tribunal era delicada. À época, pesquisa apontou que 65% da população declarava ser favorável ao *impeachment*.[3] Dada a polarização e as visões apaixonadas em torno do tema, qualquer decisão corria o risco de ser entendida como uma tomada de posição política do Supremo sobre o mérito do *impeachment*, ainda que se limitasse a definir as regras que deveriam ser seguidas.

---

[2] Os Ministros Rosa Weber e Teori Zavascki já haviam concedido medidas cautelares em mandados de segurança para suspender ato do Presidente da Câmara dos Deputados que estabelecia normas para o processamento de pedidos de *impeachment* (Questão de Ordem nº 105, de 2015) (STF, MS 33837 MC, Relator Min. Teori Zavascki, j. em 12.10.2015; STF, MS 33838 MC, Relator Min. Rosa Weber, j. em 13.10.2015).

[3] Disponível em: <http://www1.folha.uol.com.br/poder/2015/12/1714133-cunha-deflara-processo-de-impeachment-contra-dlma.shtml>.

Ainda assim, o Ministro Barroso jamais hesitou: quando, após muito estudo e discussão, concluiu qual seria a decisão mais acertada à luz da Constituição, concluiu o seu voto e o apresentou em plenário. "Aqui, fazemos o que é certo, justo e legítimo", como ele gosta de repetir.

Preocupado apenas em encontrar a melhor solução jurídica para cada um dos questionamentos, o Ministro Barroso proferiu um voto equidistante da acirrada disputa política que marcava o contexto. Ao votar no sentido de que caberia ao Senado instaurar ou não o processo, após a autorização da Câmara dos Deputados, desagradou os grupos favoráveis ao *impeachment*. Por outro lado, ao afirmar o quórum de maioria simples, e não de dois terços, para a instauração do processo e consequente afastamento da Presidente, gerou reações negativas daqueles contrários ao impedimento. Mais do que independência e coragem, Barroso demonstrou equilíbrio. Sua posição era clara: ao STF caberia fixar as regras do jogo de acordo com a Constituição e a Lei, mas a decisão de mérito, sobre a destituição ou não da Presidente, ficaria exclusivamente a cargo dos parlamentares.

Porém, como era de se esperar, a decisão foi recebida por alguns com críticas severas e ataques pessoais: um pedido de *impeachment* contra o próprio Ministro Barroso chegou a ser protocolado na Câmara dos Deputados. Meses depois, no julgamento dos embargos de declaração opostos pela mesa da Câmara contra o acórdão do STF, o Ministro reafirmou o seu voto na ADPF e o seu compromisso com a Constituição e o país: "[n]ós vivemos a bênção de servir ao país sem qualquer outro interesse que não seja dar o melhor de si, mesmo em meio às incompreensões mais ásperas". O Ministro lembrou que crises são um teste de resistência para as constituições: nesses momentos, é preciso "preservar os seus valores e propósitos, conter o arbítrio e o voluntarismo, mesmo quando se apresentam atalhos tentadores e promessas de soluções instantâneas".

Neste estudo, examino com algum grau de detalhamento o julgamento da ADPF nº 378. O meu objetivo não é fazer um relato objetivo do caso, nem apresentar a decisão proferida pela Corte como a única solução possível. Pretendo, em verdade, analisar criticamente não apenas o conteúdo da decisão, mas o próprio mecanismo do *impeachment* e a possibilidade de intervenção do STF no controle de constitucionalidade do processo. Para tanto, o artigo que se segue é estruturado em três partes. A primeira discute, em linhas gerais, o instituto jurídico do *impeachment*, bem como as consequências de determinados desenhos institucionais sobre o grau de proteção institucional conferido ao presidente. Já a segunda parte trata das possibilidades e limites do controle jurisdicional do processo de *impeachment* pelo Supremo Tribunal Federal. Por fim, a terceira parte é dedicada à apreciação dos principais aspectos e controvérsias do julgamento da ADPF nº 378.

2.2 *Impeachment* e design institucional

O *impeachment* é um mecanismo de controle republicano voltado a impedir o uso abusivo e arbitrário de elevados cargos públicos, por meio da destituição de seus ocupantes.[4] Especialmente em relação ao Presidente da República, o instituto envolve

---

[4] Confira-se: BAZAN, Elizabeth B.; HENNING, Anna C. Impeachment: an Overview of Constitutional Provisions, Procedure, and Practice, report, November 22, 2010; Washington D.C. Disponível em: <digital.library.unt.edu/ark:/67531/metadc31311/>.

uma equação sensível. De um lado, o *impeachment* é garantia do princípio republicano, assegurando a possibilidade de responsabilização política do Presidente pelos atos que pratique. Trata-se de uma válvula de escape que permite que o presidente seja removido do cargo antes do término do mandato, em razão de condutas abusivas que, por sua especial gravidade, coloquem em risco a credibilidade e a estabilidade das instituições democráticas.

De outro lado, o processo por crime de responsabilidade envolve uma tensão com o princípio democrático. A investidura na Presidência após a vitória nas urnas garante especial legitimação popular ao ocupante do cargo. Esse *pedigree* democrático do mandato presidencial tem, pelo menos, dois desdobramentos. Em primeiro lugar, em regra, a competência para o processo e o julgamento do Presidente é atribuída ao Congresso, por ser este órgão igualmente representativo da vontade do povo e responsável (*accountable*) politicamente perante o eleitorado. Em segundo lugar, o *impeachment* deve ser manejado com grande cautela e moderação. "O poder de instaurar o processo de *impeachment* de um presidente é uma arma nuclear constitucional que somente deve ser usada nas mais graves emergências", alertou Ronald Dworkin, considerando o risco de que parlamentares possam utilizá-lo como ferramenta puramente partidária para processar e destituir um presidente devidamente eleito.[5]

É certo que o próprio desenho constitucional do *impeachment* pode oferecer salvaguardas destinadas a impedir que o processo seja simples expressão da disputa político-partidária ordinária. No caso brasileiro, são exemplos a exigência de participação das duas Casas do parlamento e o quórum de dois terços tanto para que a Câmara dos Deputados autorize a instauração do processo quanto para a condenação pelo Senado Federal. No entanto, o *design* do instrumento não o imuniza contra eventual utilização ilegítima. Amplas maiorias parlamentares podem tanto se valer do *impeachment* para destituir ilegitimamente um presidente quando este não tenha praticado atos suficientemente graves que justifiquem a medida drástica quanto para impedir a instauração do processo ainda quando a prática do crime de responsabilidade seja evidente.

Um dos fatores que contribui para esses riscos é a relativa imprecisão quanto à caracterização das condutas que justificam o acionamento dessa arma nuclear. No Brasil, a Constituição de 1988 traz uma previsão ampla e genérica de seis "tipos" ensejadores de *impeachment*, estabelecendo que "são crimes de responsabilidade atos de Presidente da República que atentem contra a Constituição Federal e, especialmente, contra: I – a existência da União; II – o livre exercício do Poder Legislativo, do Poder Judiciário, do Ministério Público e dos Poderes constitucionais das unidades da Federação; III – o exercício dos direitos políticos, individuais e sociais; IV – a segurança interna do País; V – a probidade na administração; VI – a lei orçamentária; VII – o cumprimento das leis e das decisões judiciais" (art. 85).

O texto constitucional, é verdade, exige lei especial para a definição das condutas que configuram crimes de responsabilidade. No entanto, até hoje, o Congresso Nacional não editou referida lei, de modo que a Lei nº 1.079/1950, promulgada sob a égide da Constituição de 1946, foi considerada recepcionada em seus aspectos centrais pela

---

[5] DWORKIN, Ronald. A Kind of Coup. *The New York Review of Books*, Jan. 14, 1999. Disponível em: <http://www.nybooks.com/articles/1999/01/14/a-kind-of-coup/>.

Constituição de 1988. Embora a Lei nº 1.079/1950 tenha definido com maior precisão as condutas ensejadoras de *impeachment*, há ainda ampla margem de apreciação por parte do Congresso. Isso se dá por dois fatores principais. Primeiro, em razão da textura aberta de diversos tipos previstos na lei. De acordo com a Lei nº 1.079/1950, são crimes de responsabilidade, por exemplo, "proceder de modo incompatível com a dignidade, a honra e o decoro do cargo" e "infringir, patentemente, e de qualquer modo, dispositivo da lei orçamentária". Segundo, porque a própria Constituição Federal definiu que o órgão julgador no processo de *impeachment* seria o Senado Federal, após autorização da Câmara dos Deputados, de modo que o juízo de subsunção dos fatos imputados aos tipos previstos na lei é feito numa dinâmica político-congressual, de natureza eminentemente política, que sequer exige motivação.

Essa abertura não é, porém, uma particularidade brasileira, mas um traço comum das previsões relativas ao *impeachment* em diversas jurisdições. A Constituição norte-americana, que serviu de inspiração para o modelo brasileiro, previu a possibilidade de *impeachment* e condenação do Presidente por "traição, suborno, ou outros altos crimes e delitos" (no original, "Treason, Bribery, or other high Crimes and Misdemeanors"). Até hoje, porém, não há consenso nos EUA sobre o que significam altos crimes e delitos. Discute-se se altos crimes exigiriam ofensas propriamente criminais (posição defendida, entre outros, por Mark Tushnet[6]) ou se, diversamente, abusos ou violações sem caráter criminal satisfariam a exigência (posição defendida, entre outros, por Raul Berger[7] e Cass Sunstein[8]). Discute-se também se o adjetivo "*high*" se refere à gravidade e periculosidade da conduta (posição defendida por Michael Gerhardt[9]) ou à necessidade de que ela esteja relacionada ao exercício do mandato (posição defendida por Noah Feldman e Jacob Weisberg[10]). Essas controvérsias jamais foram pacificadas.

O único consenso nos EUA é que a simples má-administração não justifica a destituição do Presidente do cargo.[11] Além de essa possibilidade ter sido expressamente afastada pelos *Framers* da constituição norte-americana, ela teria o potencial de desequilibrar a separação de poderes em um sistema presidencial: "as consequências de longo prazo de tratar desentendimentos sobre políticas públicas como fundamentos para o *impeachment* são aterrorizantes para a estabilidade de um sistema presidencial de governo".[12] A solução para a má-administração seria a realização de eleições periódicas, e não o *impeachment*.

O que seriam, afinal, infrações passíveis de *impeachment*? O congressista norte-americano Gerald Ford chegou a definir uma ofensa autorizadora de abertura do processo de *impeachment* simplesmente como "o que quer que a maioria da Câmara

---

6 Disponível em: <https://www.washingtonpost.com/news/the-fix/wp/2018/01/27/could-lying-about-attempting-to-fire-mueller-put-trump-in-even-more-hot-water/?utm_term=.f039f0cb6cd0>.

7 BERGER, Raoul. *Impeachment*: The Constitutional Problems, Enlarged Edition. Harvard University Press, 1999.

8 SUNSTEIN, Cass R. *Impeachment*: A Citizen's Guide. Harvard University Press, 2017.

9 GERHARDT, Michael. Putting the Law of Impeachment in Perspective. *Saint Louis University Law Journal*, v. 43, p. 906.

10 FELDMAN, Noah; WEISBERT, Jacob. What are Impeachable Offenses? The New York Review of Books, 64, n. 14, 2017. Disponível em: <http://www.nybooks.com/articles/2017/09/28/donald-trump-impeachable-offenses/>.

11 Veja, entre outros: SUNSTEIN, Cass R. *Impeachment*: A Citizen's Guide, *Op. cit.*; FELDMAN, Noah; WEISBERT, Jacob. What are Impeachable Offenses? *Op. cit.*

12 FELDMAN, Noah; WEISBERT, Jacob. What are Impeachable Offenses? *Op. cit.*

dos Deputados considere que seja em um dado momento da história", e a condenação como resultado da prática "de qualquer ofensa ou ofensas que dois terços da outra casa [o Senado] considerar suficientemente séria para requerer a destituição do acusado do cargo".[13] Essa afirmação, ainda que questionável, revela um aspecto muitas vezes negligenciado no estudo do instituto do *impeachment*: o papel fundamental que variáveis institucionais como os sistemas eleitoral e partidário, e seus contextos específicos de seu funcionamento, desempenham no processo. Ainda que, idealmente, o *impeachment* tenha sido concebido como um instrumento *apartidário* para remover do cargo um presidente que tenha abusado de seu poder e cometido infrações graves no exercício do mandato, pretender excluir a influência das preferências e estratégias partidárias do cálculo do *impeachment* somente pode funcionar como um argumento normativo.[14] Descritivamente, a dinâmica partidária é fator fundamental para o sucesso ou fracasso de qualquer tentativa de destituição de um presidente.

Como alertou Stephen Gardbaum, constitucionalistas tendem a fechar os olhos para o fato de que "Constituições não são escritas, nem as instituições que criam operam, em um vácuo político".[15] Assim, mais do que as previsões constitucionais e legais relativas ao *impeachment*, o sistema de partidos e o funcionamento da política partidária no país – incluindo, *e.g.*, o grau de disciplina partidária, a formação de coalizões, o grau de institucionalização dos partidos[16] – definem, em grande medida, o grau de dificuldade enfrentado e os incentivos existentes para levar o processo de *impeachment* adiante. Da mesma forma, essas variáveis influenciam diretamente o grau de proteção institucional que o sistema oferece ao presidente da república contra tentativas de destituição. Essa dinâmica fica muito evidente no caso norte-americano.

Nos Estados Unidos, o sistema bipartidário em funcionamento, somado ao fato de que é extremamente raro que o partido político do presidente detenha menos de um terço das cadeiras do Senado, confere garantias institucionais suficientes para a estabilidade do mandato presidencial e garante que o presidente somente será destituído quando o *impeachment* for utilizado como uma ferramenta apartidária para removê-lo do cargo em razão da prática de infrações graves. Afinal, mesmo que a maioria da Câmara dos Deputados decida instaurar o processo, para que o presidente seja condenado e destituído do cargo, pelo quórum de dois terços, é preciso que parcela dos membros de seu próprio partido vote pela condenação. E, como intuitivo, isso somente acontecerá quando o presidente cometer infrações de tal gravidade que conduzam parte relevante do seu partido a entender que a remoção do presidente é necessária para a preservação da credibilidade do partido, da instituição presidencial e da própria democracia. Um cenário alternativo, em que membros do partido de um presidente impopular decidam destituí-lo para aumentar chances de vitória na eleição presidencial subsequente, é plausível, mas absolutamente improvável no cenário norte-americano atual. Portanto, independentemente das disputas acadêmicas em torno do que sejam ofensas passíveis de *impeachment*, a combinação de um modelo bipartidário com a exigência de quórum

---

[13] Declaração do representante Gerald Ford, 116 Cong. Rec. H11913 (April 15, 1970).

[14] BAUMGARTNER, Jody C. Introduction: Comparative Presidential Impeachment, *Op. cit.*, p. 4.

[15] GARDBAUM, Stephen. Political Parties, Voting Systems, and the Separation of Powers. In: *American Journal of Comparative Law*, v. 65, n. 2, 2017.

[16] BAUMGARTNER, Jody C. Introduction: Comparative Presidential Impeachment, *Op. Cit.*, p. 11.

constitucional qualificado para a condenação no processo de impedimento produz, nos Estados Unidos, um sistema em que a destituição de um presidente é reservada a situações extremas e raras. Não à toa, em toda a história norte-americana, nenhum presidente foi condenado em processo de *impeachment*. Apenas os Presidentes Andrew Johnson e Bill Clinton tiveram o processo instaurado após decisão da Câmara dos Deputados (o mesmo teria ocorrido no caso do Presidente Richard Nixon não fosse sua renúncia), mas ambos foram absolvidos pelo Senado.

No Brasil, diversamente, um sistema presidencialista multipartidário extremamente fragmentado, somado à presença relativamente pequena do partido do presidente no parlamento, dificulta a formação de uma coalização estável no Congresso capaz de garantir a governabilidade em bases programáticas. Para que se tenha uma ideia, o país conta hoje com cerca de 25 partidos com representação no Congresso e 35 partidos políticos registrados.[17] E o partido de Dilma Rousseff, embora possuísse uma das maiores bancadas nas duas casas do parlamento no início de seu segundo mandato, tinha apenas pouco mais de 15% das cadeiras na Câmara dos Deputados e cerca de 17% das cadeiras no Senado Federal.[18] Por conta desse desenho institucional, denominado "presidencialismo de coalizão",[19] o modelo brasileiro torna-se incapaz de oferecer grau de proteção equivalente ao norte-americano contra tentativas de destituir por meio do *impeachment* um presidente que não tenha suficiente apoiamento congressual.

No Brasil, a falta de "apoio parlamentar estruturado e disciplinado"[20] para governar e implementar políticas públicas produz crises de governabilidade e governança.[21] Nesse cenário, é *possível* que o *impeachment* seja utilizado como instrumento partidário para remover do cargo um presidente insuficientemente popular que tenha perdido sustentação no Congresso, de forma semelhante ao voto de confiança, típico do sistema parlamentar. Essa possibilidade não deve ser descartada. Na história do país, dois presidentes perderam o mandato em processos de *impeachment*: Fernando Collor, em 1992, e Dilma Rousseff, em 2016. No caso de Fernando Collor, não houve disputa quanto à robustez da imputação de crime de responsabilidade (foram colhidos indícios suficientes da prática de corrupção na CPI PC Farias) e, assim, o processo transcorreu de forma célere e sem sobressaltos. Já o caso de Dilma Rousseff gerou diversos questionamentos jurídicos e políticos quanto à higidez e validade da acusação da prática de crime de responsabilidade. Apesar dessa diferença, os processos tiveram algumas semelhanças.

Primeiro, ambos os presidentes foram incapazes de formar coalizões estáveis no parlamento. Aparentemente, isso não é coincidência. Recentemente, tem-se verificado um padrão de "colapsos presidenciais" nos países latino-americanos: várias presidências foram interrompidas antes do término dos respectivos mandatos, principalmente por

---

[17] Disponível em: <http://www.tse.jus.br/partidos/partidos-politicos/registrados-no-tse>.

[18] Disponível em: <http://www2.camara.leg.br/camaranoticias/noticias/POLITICA/475427-AVALIACAO-PARCIAL-APONTA-PT-E-PMDB-COMO-MAIORES-BANCADAS-DA-CAMARA-EM-2015.html> e <http://g1.globo.com/politica/noticia/2015/01/senado-mantem-maioria-governista-mas-tera-oposicao-reforcada.html>. Acesso em: 02 fev. 2018.

[19] ABRANCHES, Sérgio H. H. de. Presidencialismo de coalizão: o dilema institucional brasileiro. *Dados – Revista de Ciências Sociais*, Rio de Janeiro, vol. 31, n. 1, p. 5-34, 1988.

[20] LIMONGI, Fernando. Presidencialismo e Governo de Coalizão. In: AVRITZER, Leonardo; ANASTASIA, Fátima (Org.). *Reforma política no Brasil*. Belo Horizonte: UFMG, 2007, p. 256.

[21] ABRANCHES, Sérgio. Crises Políticas no Presidencialismo de coalizão. Ensaios ecopolítica. Disponível em: <https://www.academia.edu/19768666/Crises_pol%C3%ADticas_no_presidencialismo_de_coaliz%C3%A3o>.

meio de *impeachments*. Além dos casos brasileiros, há exemplos no Equador (Abdalá Bucaram, 1997; Lucio Gutiérrez, 2005); Paraguai (Raúl Cubas, 1999; Fernando Lugo, 2012) e Venezuela (Carlos Andrés Pérez, 1993).[22] O estudo comparativo desses casos sugere que a perda da base de sustentação do presidente no Congresso é uma das variáveis mais importantes das interrupções presidenciais.[23]

Segundo, além da fragilidade do apoio no Congresso, nos casos de Collor e Dilma, o país atravessava crise econômica, e o *impeachment* contava com relevante apoio popular. Esses fatores, apesar de relevantes, parecem não definir o destino de um presidente no país. No caso do Presidente Michel Temer, que possui ampla base de sustentação parlamentar, os relevantes indícios de corrupção contra ele, a sua baixíssima aprovação popular (em janeiro de 2018, Temer tinha aprovação de 6% e rejeição de 70% da população[24]), e a crise econômica persistente não foram suficientes sequer para que a Câmara dos Deputados, por meio de seu Presidente, decidisse pela abertura de um dos mais de 20 pedidos de *impeachment* contra Temer. Não bastasse, Michel Temer foi o primeiro presidente brasileiro a ser denunciado (duas vezes!) pela prática de crime comum no exercício do mandato, mas a Câmara dos Deputados não autorizou a instauração do processo perante o STF.

Nesse contexto, dois ministros do Supremo Tribunal Federal, de convicções ideológicas bastante diferentes, já reconheceram publicamente que parece ter se operado uma mutação constitucional do *impeachment* no Brasil. O instituto estaria se aproximando da moção de desconfiança, instrumento meramente político de destituição do chefe de governo pelo parlamento como expressão da desaprovação da sua gestão e da perda de apoio, sem exigir a prática de qualquer ato infracional.[25] Para Luís Roberto Barroso, no caso de Dilma Rousseff "se utilizou um instrumento parlamentarista para a destituição de um chefe de governo no modelo presidencial, e portanto houve um abalo institucional. (…) A destituição de um presidente da República por perda de sustentação política e não por corrupção é uma figura do parlamentarismo e não do presidencialismo".[26] Já Gilmar Mendes, discutindo o exaurimento do modelo de presidencialismo de coalizão no país, concluiu que os "congressistas 'parlamentarizaram' o processo para solucionar crises de governabilidade, não para afastar presidentes que tenham efetivamente cometido crimes de responsabilidade".[27]

Embora essa utilização *parlamentarizada* do *impeachment* possa ter o benefício de evitar que crises momentâneas de governo se convertam em crises de regime,[28] sua legitimidade ainda não foi definitivamente assentada. As consequências dessa adaptação

---

[22] PÉREZ-LIÑÁN, Aníbal. *Presidential Impeachment and the New Political Instability in Latin America* (Cambridge Studies in Comparative Politics). Cambridge University Press, 2010.

[23] *Id.*

[24] Disponível em: <https://g1.globo.com/politica/noticia/governo-temer-tem-aprovacao-de-6-e-reprovacao-de-70-diz-datafolha.ghtml>.

[25] CHEIBUB, Jose Antonio. *Presidentialism, Parliamentarism, and Democracy.* New York: Cambridge University Press, 2007.

[26] Disponível em: <http://politica.estadao.com.br/noticias/geral,barroso-diz-que-impeachment-deixou-sequelas,70001869860>.

[27] Disponível em: <https://www.conjur.com.br/2017-out-09/parlamentarizaram-impeachment-resolver-crise-avalia-gilmar>.

[28] LINZ, Juan J. *The Breakdown of Democratic Regimes*: Crisis, Breakdown and Reequilibration. An Introduction. Johns Hopkins University Press, 1978.

funcional do sistema presidencial para a dinâmica da separação de poderes e para a própria democracia ainda não são claras e devem ser mais cuidadosamente estudadas. Verificada a mutação, um caminho possível seria promover reformas institucionais que aumentem o grau de imparcialidade do processo (*e.g.*, a exigência de convocação de novas eleições diretas imediatamente após a destituição presidencial) ou, no mínimo, que garantam maior transparência e sinceridade ao processo, sem exigir que parlamentares sejam obrigados a dar roupagem de crime de responsabilidade à sua mera insatisfação com o governo. Essa análise mais aprofundada, porém, não constitui objeto do presente trabalho. Para as finalidades deste artigo, é necessário examinar, em linhas gerais, o papel do Poder Judiciário no controle do processo de *impeachment*, bem como a influência das variáveis institucionais já narradas sobre o grau de deferência devido aos atos e juízos formulados pelos parlamentares.

2.3 Possibilidades e limites do controle judicial do processo de *impeachment*

O tema do controle jurisdicional do processo de *impeachment* ainda não foi objeto de investigação profunda no Brasil.[29] Embora este trabalho não seja capaz de preencher esse vácuo, pretende-se contribuir para a melhor compreensão do tema a partir da categorização das hipóteses de intervenção judicial e da construção de parâmetros para calibrar o grau de ativismo/deferência do Poder Judiciário no exercício do controle sobre o processo de *impeachment*.

Antes, porém, é preciso destacar que a própria possibilidade de controle judicial de processos de *impeachment* não é ponto pacífico. O fato de a Constituição conferir a outro poder, o Poder Legislativo, a competência exclusiva para autorização, processo e julgamento do *impeachment* poderia ser entendido como uma vedação a qualquer intervenção judicial. Nos Estados Unidos, por exemplo, a posição predominante na doutrina e na jurisprudência é a de que o Poder Judiciário não pode intervir sobre *nenhum* aspecto do processo de impedimento, material ou procedimental, tendo em vista se tratar de uma típica "questão política".[30] Segundo Michael Gerhardt, "[n]enhuma área

---

[29] Sobre o tema, destaca-se o clássico trabalho de Paulo Brossard (*O Impeachment*: Aspectos da Responsabilidade Política do Presidente da República. São Paulo: Saraiva, 1992). Análises mais recentes da questão podem ser encontradas em: GALINDO, Bruno. *Impeachment*: à luz do Constitucionalismo Contemporâneo. Curitiba: Juruá, 2016; BAHIA, Alexandre Gustavo M. F. de Moraes et al. *O Impeachment e o Supremo Tribunal Federal*: História e Teoria Constitucional Brasileira. Florianópolis: Empório do Direito, 2016.

[30] A doutrina das questões políticas foi formulada pela Suprema Corte norte-americana como uma autorrestrição à sua própria competência jurisdicional, decorrente de limitações impostas pelo texto constitucional e pela ideia de separação de poderes, bem como de considerações de prudência. Desde o julgamento do caso *Baker v. Carr*, uma questão pode ser reconhecida como "política" e, logo, insuscetível de controle judicial, quando: (i) o texto constitucional confere, expressamente, a outro Poder a competência exclusiva para tratar do tema (*e.g.*, a constituição dos EUA confere ao Senado o poder exclusivo de julgar os processos de *impeachment*); (ii) não há *standards* que possam ser empregados pelo Judiciário para solucionar a questão; (iii) não é possível ao Judiciário resolver a questão sem tomar uma decisão de "política pública" não sujeita à discrição judicial; (iv) a decisão pelo Judiciário implicar necessariamente desrespeito à decisão de outro Poder; (v) houver uma necessidade extraordinária de aderir de forma incondicional a uma decisão política tomada; ou, ainda, (vi) a prolação de decisões divergentes sobre uma mesma questão por diferentes Poderes tiver potencial disruptivo. Em *Nixon v. U.S.*, caso em que um juiz federal questionou a compatibilidade com a constituição de norma processual do *impeachment* movido contra ele, a Suprema Corte dos EUA reconheceu o *impeachment* como uma

do direito constitucional precisa ser mais insindicável do que o *impeachment*.[31] Essa interpretação mais radical, que é contestada até mesmo no cenário norte-americano, não se aplica ao Brasil.

Entre nós, desde o início da vigência da Constituição de 1988, a questão parece superada em favor do cabimento de intervenção judicial, ainda que limitada aos aspectos processuais. Tanto no caso do impedimento de Fernando Collor quanto no de Dilma Rousseff, o Supremo Tribunal Federal interviu de forma intensa sobre aspectos procedimentais do julgamento. Consolidou-se na jurisprudência do STF a seguinte visão: por um lado, a autorização prévia para instauração do processo pela Câmara dos Deputados e a decisão final de condenação pelo Senado são "medidas de natureza predominantemente política – cujo mérito é insuscetível de controle judicial", mas, por outro, cabe ao Supremo analisar "a regularidade do processo de *'impeachment'*, sempre que, no desenvolvimento dele, se alegue violação ou ameaça ao direito das partes"[32] e, acrescente-se, às normas constitucionais. A esse respeito, o voto do Ministro Celso de Mello na ADPF nº 378 ressaltou que "a questão deixa de ser política, quando há um direito subjetivo ou um princípio constitucional a ser amparado", de modo que, nessas hipóteses, "a prática do *'judicial review'* – ao contrário do que muitos erroneamente supõem e afirmam – não pode ser considerada um gesto de indevida interferência jurisdicional na esfera orgânica do Poder Legislativo".

Para fins didáticos, é possível, então, esboçar uma classificação das hipóteses de escrutínio judicial sobre o processo de *impeachment*. Há que se distinguir, primeiramente, o controle jurisdicional processual e o controle jurisdicional material. Cada uma dessas categorias, por sua vez, pode ser subdividida em duas modalidades, como se verá adiante.

2.3.1 Controle jurisdicional processual do *impeachment*

O *controle jurisdicional processual* do *impeachment* pode se apresentar sob duas modalidades principais, em função do parâmetro de controle: *(i)* a violação de regra expressa da Constituição referente ao processo de *impeachment*, e *(ii)* a violação de princípios constitucionais. Ambas as modalidades de controle procedimental são plenamente cabíveis no contexto brasileiro.

Na primeira modalidade, relativa à alegação de *violação de regra constitucional expressa*, o controle judicial se dá pela aferição da compatibilidade de norma ou de ato concreto praticado durante processo com a regra constitucional. No cenário brasileiro, esse tipo de controle é especialmente relevante, dado que a Constituição de 1988 exige lei especial para regular o processo, mas, diante da inação do parlamento, permanece vigente lei editada em 1950 de acordo com a Constituição de 1946, que permanece

---

questão "política", insuscetível de controle judicial, por considerar que (i) a Constituição conferiu ao Congresso a competência exclusiva e final de interpretar o conteúdo do poder de *impeachment*; (ii) não há *standards* que possam ser empregados pelo Judiciário para solucionar a questão; e (iii) não faria sentido expor o país aos caos enquanto se aguarda o julgamento pela Suprema Corte, ou o rejulgamento do caso pelo Senado, no caso de invalidação judicial.

[31] GERHARDT, Michael J. Rediscovering Nonjusticiability: Judicial Review of Impeachments after Nixon. In: *Duke Law Journal*, vol. 44, n. 2 (1994), p. 233.

[32] MS 20941, Rel. Min. Aldir Passarinho, Rel. p/ Acórdão Min. Sepúlveda Pertence, j. em 09.02.1990.

defasada em relação à Constituição de 1988. É imperativo, assim, se proceder à "filtragem constitucional" da Lei nº 1.079/1950, aferindo-se a compatibilidade de seus preceitos com a nova ordem vigente. A título exemplificativo, como se verá adiante, na ADPF nº 378, o STF decidiu que os dispositivos da Lei nº 1.079/1950 que definem a Câmara dos Deputados como "tribunal de pronúncia" são textualmente incompatíveis com a regra que confere à Câmara meramente o papel de autorizar a instauração do processo contra o Presidente da República (art. 51, I, CF/1988).

Também se pode cogitar da violação de regra constitucional por atos concretos praticados no âmbito do parlamento. Isso ocorreria, por exemplo, se o Senado condenasse o Presidente por crime de responsabilidade sem respeitar o quórum constitucional de dois terços (art. 52, I, c/c parágrafo único, CF/1988). Em todas as hipóteses de violação de regra expressa da Constituição, demanda-se um controle jurisdicional rigoroso e intenso e, consequentemente, um grau de deferência mínimo (quando não nulo) em relação aos atos e decisões do Poder Legislativo.

A segunda modalidade de controle processual diz respeito aos casos de *violação a princípios constitucionais*, como o devido processo legal, a segurança jurídica, a publicidade e a democracia. Nesse caso, o STF controla a correção constitucional de interpretações da Lei nº 1.079/1950, dos regimentos internos das Casas Legislativas e de atos concretos à luz de princípios previstos na Constituição. Em diversas ocasiões, o Supremo assentou a inafastabilidade da sua jurisdição para garantir que o processamento do *impeachment* se dê de acordo com o devido processo legal (no caso Collor, *e.g.*, nos MS 20.941 e MS 21.564). Na ADPF nº 378, por exemplo, o Relator Ministro Edson Fachin assentou que o processo de *impeachment* é passível de controle por parte do STF para "amparar as garantias judiciais do contraditório e do devido processo legal". Esse controle é especialmente relevante dada a extrema gravidade do impedimento de um presidente: como apontou o Ministro Teori Zavascki, "em processo de tamanha magnitude institucional, que põe a juízo o mais elevado cargo do Estado e do Governo da Nação, é pressuposto elementar a observância do devido processo legal, formado e desenvolvido à base de um procedimento cuja validade esteja fora de qualquer dúvida de ordem jurídica" (MC no MS 33.837, decisão de 12.10.2015).

Conforme será demonstrado adiante, diversos pedidos da ADPF nº 378 questionaram a compatibilidade de preceitos da Lei nº 1.079/1950, do regimento interno da Câmara dos Deputados e de atos praticados pelo Deputado Eduardo Cunha com princípios constitucionais. São exemplos: o direito do acusado de se manifestar por último em cada etapa do processo (por violação ao devido processo legal), bem como a constitucionalidade de votação secreta (por violação ao princípio da publicidade) e da formação de candidaturas avulsas para a formação da comissão especial na Câmara dos Deputados (por violação ao princípio da autonomia partidária). É preciso ressaltar, contudo, que nessa segunda modalidade o escrutínio jurisdicional é necessariamente menos intenso e mais deferente às interpretações conferidas pelos órgãos democraticamente eleitos em comparação com a primeira modalidade. Em regra, a tarefa do Judiciário deve estar limitada a expurgar interpretações evidentemente inconstitucionais, adotando-se de resto o parâmetro da autocontenção. A invalidação de norma ou ato deve ocorrer apenas quando a interpretação adotada comprometer de forma grave o princípio constitucional, impondo-se ao STF um ônus argumentativo maior para exercer o controle jurisdicional. O grau de deferência deve ser dosado, ademais, de acordo com a fundamentalidade do princípio tido como violado, justificando-se um maior ativismo quando estiverem em jogo direitos fundamentais básicos.

2.3.2 Controle jurisdicional material do *impeachment*

O *controle jurisdicional material* do processo de *impeachment* também pode se apresentar sob duas modalidades principais: *(i)* o controle de constitucionalidade material das normas infraconstitucionais definidoras dos crimes de responsabilidade; e *(ii)* o controle do mérito propriamente dito da acusação e do julgamento do processo de *impeachment*. Porém, conforme se argumentará adiante, apenas a primeira delas deve ser admitida.

A primeira modalidade, referente ao *controle material das normas infraconstitucionais definidoras do impeachment*, ou, em outras palavras, à aferição da correspondência entre as modalidades de conduta passíveis de processo por crime de responsabilidade previstas na Lei nº 1.079/1950 com as figuras típicas delineadas na Constituição, não apresenta maiores dificuldades no contexto brasileiro. Diferentemente do que ocorre nos Estados Unidos, a Constituição brasileira tanto define as categorias de atos atentatórios à Constituição que justificam a decretação do *impeachment* (art. 85) como também exige que lei especial regulamente essas hipóteses constitucionais, promovendo a respectiva tipificação das condutas (art. 85, parágrafo único). Nessa medida, a Constituição estabelece limites materiais (uma moldura) para o exercício da competência atribuída ao legislador ordinário de tipificar os crimes de responsabilidade que não podem ser ignorados pelo legislador. Como esclareceu o Ministro Luís Roberto Barroso, em estudo publicado em 1998, quando ainda exercia a advocacia: "os crimes de responsabilidade se submetem, no direito brasileiro, a um regime de tipologia constitucional estrita, cabendo ao legislador ordinário tão somente explicitar e minudenciar práticas que se subsumam aos tipos constitucionais".[33]

Portanto, a Lei nº 1.079/1950, como qualquer outra lei pré-constitucional, se submete a um juízo sobre a sua compatibilidade com a nova ordem vigente. E a eventual revogação de tipos definidores de crimes de responsabilidade previstos em lei por uma nova Constituição pode ser declarada pelo STF tanto na via do controle concentrado (ADPF) como na via do controle difuso. Essa espécie de controle jurisdicional material dos dispositivos legais que definem os crimes de responsabilidade pode, eventualmente, interferir em processos de *impeachment* já instaurados. Isso porque, como parece evidente, o Congresso Nacional tem a competência exclusiva para processar e julgar o Presidente da República por crime de responsabilidade, mas apenas com base em tipos legais que os definam em consonância com o conteúdo substancial previsto no art. 85 da Constituição. Um exemplo de incompatibilidade textual ou semântico-gramatical da lei com a Constituição é o art. 11 da Lei nº 1.079/50, que define os crimes contra "a guarda e o legal emprego dos dinheiros públicos", em consonância com a Constituição de 1946, que estabelecia no inciso VII de seu art. 89 essa figura típica do crime de

---

[33] BARROSO, Luís Roberto. Impeachment – Crime de responsabilidade – Exoneração do cargo. *Revista de Direito Administrativo*, Rio de Janeiro, v. 212, p. 161-174, abr. 1998. Disponível em: <http://bibliotecadigital.fgv.br/ojs/index.php/rda/article/view/47174/45642>.

responsabilidade empregando redação idêntica. A Constituição de 1988, contudo, não inclui os crimes contra "a guarda e o legal emprego de dinheiros públicos" no catálogo de crimes de responsabilidade, de modo que o dispositivo da Lei nº 1.079 foi claramente revogado pela nova Constituição. O controle jurisdicional em casos como esse deve ser particularmente intenso, não havendo qualquer grau de discricionariedade: cabe ao Poder Judiciário garantir que a lei tenha plena consonância com as hipóteses previstas no texto constitucional.

A admissibilidade, em tese, do controle jurisdicional da constitucionalidade material dos dispositivos legais que tipificam os crimes de responsabilidade não afasta a necessidade de reconhecer que há diferentes graus de intensidade e de deferência ao legislador envolvidos no exercício desse controle pelo STF. Mais complexa é a hipótese de controle de constitucionalidade material das normas infraconstitucionais definidoras dos crimes de responsabilidade com base em princípios constitucionais tradicionalmente dirigidos à limitação do poder do legislador de criar tipos penais comuns, como o princípio da taxatividade. A tese defendida com bastante sofisticação por parte da doutrina brasileira no sentido de equiparar a exigência de definição dos crimes comuns e de responsabilidade com o mesmo nível de precisão, certeza e determinação[34] não angariou maior consenso na doutrina e tampouco foi acolhida na jurisprudência do STF. Enquanto em matéria penal o princípio da legalidade recomenda a redução drástica do grau de criatividade judicial na definição do sentido da norma incriminadora, o componente parcialmente político do julgamento realizado no processo de *impeachment* é compatível com a existência de tipos definidores dos crimes de responsabilidade que se valham de conceitos dotados de maior abertura semântica e menor grau de determinação quando comparado aos tipos penais comuns.

Já a segunda modalidade de controle material do processo de *impeachment* – o *controle do mérito propriamente dito da acusação e da condenação* – tem a pretensão de revisar judicialmente o próprio mérito da acusação formulada contra o Presidente da República, seja sob o prisma da verificação da ocorrência ou não dos fatos a ele imputados, seja sob a ótica da procedência ou não da acusação.[35] Esse tipo de controle, que tem como objeto o juízo de subsunção que o Congresso faz dos fatos às normas que autorizam a destituição do Presidente do cargo, tem sido peremptoriamente rejeitado pelo STF.[36]

---

[34] TAVAREZ, Juarez; PRADO, Geraldo. *Parecer*. Disponível em: <https://www.jota.info/wp-content/uploads/2015/12/Juarez-Tavarez.pdf>.

[35] A melhor expressão da pretensão dirigida ao STF de revisão judicial do mérito do processo de *impeachment* pode ser encontrada no abrangente mandado de segurança (MS 34.441) impetrado contra o julgamento do Senado que, em 31 de agosto de 2016, condenou a Presidente Dilma Rousseff por crime de responsabilidade e a destituiu do cargo. Nessa impetração, a então ex-Presidente Dilma Rousseff, além de defender a ocorrência de violação ao princípio do devido processo legal em diferentes dimensões e a ocorrência de desvio de poder na condução do processo, pretendia invalidar o processo de *impeachment* que culminou na sua destituição do cargo com base no argumento de que nenhum dos dois fatos que lhe foram imputados poderia se subsumir às disposições normativas que tipificam os crimes de responsabilidade. O mérito desse mandado não chegou a ser julgado pelo Plenário do STF, mas teve a medida liminar indeferida pelo então Ministro Relator, Teori Zavascki. V., STF, MS 34441 MC, Relator Min. Teori Zavascki, j. em 20.10.2016.

[36] A respeito, confira-se, entre outros: MS 20.941, j. 09.02.1990 ("Preliminar de falta de jurisdição do Poder Judiciário para conhecer do pedido: rejeição, por maioria de votos, sob o fundamento de que, embora a autorização prévia para a sua instauração e a decisão final sejam medidas de natureza predominantemente política – cujo mérito é insusceptível de controle judicial – a esse cabe submeter a regularidade do processo de *impeachment*, sempre que, no desenvolvimento dele, se alegue violação ou ameaça ao direito das partes..."); MS 30.672 AgR ("III – O direito a ser amparado pela via mandamental diz respeito à observância do regular processamento legal da denúncia

Há razões de três ordens que justificam a impossibilidade de intervenção judicial nessa hipótese: (i) razões relacionadas à separação de poderes, (ii) razões decorrentes do desenho institucional adotado e (iii) razões prudenciais. Em *primeiro lugar*, a revisão, pelo Supremo Tribunal Federal, do mérito da decisão de *impeachment* teria o potencial de ferir gravemente a separação de poderes. O julgamento por crime de responsabilidade é um mecanismo de freio e contrapeso, de controle do exercício da chefia do Poder Executivo. A Constituição, como se disse, decidiu conferir esse controle – *i.e.*, a competência para o processo e julgamento do *impeachment* –, exclusivamente ao Senado Federal, e não ao Poder Judiciário, órgão que tem como função típica a atividade de julgar. Portanto, quis o constituinte que o órgão judicante, responsável pela decisão final quanto à destituição presidencial, fosse o Senado, no exercício de função atípica. E mais: não há previsão de possibilidade de recurso ou revisão judicial. Assim, qualquer tentativa do STF de intervir diretamente no juízo de subsunção realizado pelo Senado equivaleria à usurpação da competência de outro Poder e, logo, a uma interferência indevida no esquema da separação de poderes. Como destacou o Ministro Teori Zavascki, "[o] juiz constitucional dessa matéria é o Senado Federal, que, previamente autorizado pela Câmara dos Deputados, assume o papel de tribunal de instância definitiva, cuja decisão de mérito é insuscetível de reexame, mesmo pelo Supremo Tribunal Federal".[37]

Em segundo lugar, a impossibilidade de controle judicial do *impeachment* é reforçada por considerações de desenho e capacidades institucionais. Sendo o Senado o órgão judicante, é razoável concluir que a Constituição levou em conta, pelo menos, dois elementos. De um lado, a legitimidade democrática do órgão responsável pela destituição de um Presidente eleito, decorrente do fato de os senadores serem escolhidos igualmente pelo voto popular. De outro lado, desejou inserir no juízo de procedência ou improcedência da acusação um componente necessariamente político, relativo à análise da conveniência e oportunidade da remoção do chefe do Poder Executivo. No entanto, a Constituição claramente não pretendeu que esse juízo político fosse formulado à margem de parâmetros jurídicos. Como forma de assegurar a juridicidade do processo, determinou que o julgamento do processo de *impeachment* no Senado Federal fosse presidido pelo Presidente do Supremo Tribunal Federal (art. 52, parágrafo único, CF/88). Com essa escolha, o texto constitucional parece ter limitado o papel do Poder Judiciário no processo de *impeachment* à garantia da justiça procedimental.

Finalmente, há fundamentos de ordem prudencial para a recusa ao controle jurisdicional do mérito do processo de *impeachment*. Revisar o julgamento realizado pelo Senado traz diversos riscos. Primeiro, o risco de descumprimento, já que a intervenção judicial implica necessariamente desrespeito à decisão de outro Poder. Segundo, o risco de agravamento da instabilidade institucional. Um *impeachment*, por si, é uma crise, capaz de produzir abalos significativos para a vida nacional e para a credibilidade internacional do país. Idas e vindas no comando do país, geradas pela prolação de decisões divergentes quanto ao *impeachment* por poderes diversos, tenderiam a agravar

---

[no processo de *impeachment*]. IV – Questões referentes à sua conveniência ou ao seu mérito não competem ao Poder Judiciário, sob pena de substituir-se ao Legislativo na análise eminentemente política que envolvem essas controvérsias"); e ADPF nº 378 ("O conteúdo do juízo exclusivamente político no procedimento de *impeachment* é imune à intervenção do Poder Judiciário, não sendo passível de ser reformado, sindicado ou tisnado pelo Supremo Tribunal Federal, que não deve adentrar no mérito da deliberação parlamentar").

[37] STF, MS 34.193 MC, Relator Min. Teori Zavascki, j. em 11.05.2016.

esse cenário, com consequências indesejadas. Essas preocupações foram manifestadas pelo Ministro Teori Zavascki, em decisão monocrática em mandado de segurança impetrado pela Presidente Dilma Rousseff após a condenação pelo Senado, em que reafirmou a impossibilidade de controle judicial do mérito do processo de *impeachment*: "dúvidas não há sobre as avassaladoras consequências que uma intervenção judicial volúvel poderia gerar no ambiente institucional do País (...) Seriam também enormes as implicações para a credibilidade das instituições brasileiras no cenário mundial promover, mais uma vez – e agora por via judicial – alteração substantiva e brusca no comando da Nação".[38]

Terceiro, o risco de politização indevida e de prejuízo à reputação do Tribunal. Dada a sensibilidade e o caráter divisivo de processos de *impeachment*, decisões do STF sobre o mérito do processo seriam facilmente percebidas como um posicionamento político, quando não partidário, da Corte, em prejuízo de sua respeitabilidade e de seu capital institucional. Como destacou o Ministro Luís Roberto Barroso no contexto do *impeachment* da Presidente Dilma Rousseff, "independentemente de qualquer juízo de mérito sobre justiça ou não da decisão parlamentar, o STF não interveio nessa deliberação um pouco pela crença de que, em um país dividido politicamente, não caberia a ele fazer escolhas políticas".[39]

Em síntese, a jurisprudência do STF admite a possibilidade de intervenção da jurisdição constitucional para a definição das regras procedimentais aplicáveis ao processo de *impeachment*. O parâmetro de controle adotado para o controle jurisdicional do processo de *impeachment* pode apresentar diferentes graus de densidade normativa: (i) regras constitucionais expressas – *i.e.*, a atribuição do Senado para instaurar o processo e consequentemente determinar o afastamento do presidente; e (ii) princípios constitucionais – *i.e.*, devido processo legal, publicidade, imparcialidade, etc. A intensidade do controle jurisdicional se apresenta tanto maior quanto mais elevada for a densidade normativa do parâmetro de controle. Por outro lado, quanto menor a densidade normativa do parâmetro em face do qual se identifica a suposta inconstitucionalidade, maior será o ônus argumentativo imposto ao STF para exercer o controle jurisdicional.

O controle jurisdicional de mérito do processo de *impeachment* pode se apresentar sob duas modalidades básicas: (i) o controle da constitucionalidade dos tipos definidores dos crimes de responsabilidade; (ii) o controle da juridicidade do próprio mérito da acusação dirigida ao Presidente da República – *i.e.*, controle da ocorrência ou não dos fatos imputados ou da correção do juízo de subsunção dos fatos aos tipos que definem os crimes de responsabilidade. A primeira modalidade é admissível: o STF pode declarar não recepcionado determinado crime de responsabilidade previsto em lei, definindo, assim, a moldura normativa dentro da qual o Senado desenvolverá livremente sua competência constitucional. Entretanto, esse controle da constitucionalidade dos tipos que definem os crimes de responsabilidade não deve importar, com o mesmo grau de rigidez, os parâmetros normativos de controle típicos do Direito Penal, considerando a presença de um componente político no julgamento do Presidente por crime de responsabilidade e a necessidade de manter certo espaço de discricionariedade interpretativa ao Senado nesse

---

[38] STF, MS 34441 MC, Relator Min. Teori Zavascki, j. em 20.10.2016.

[39] Disponível em: <https://g1.globo.com/politica/noticia/processo-de-impeachment-gerou-cicatriz-e-sociedade-ainda-esta-dividida-diz-barroso.ghtml>. Acesso em: 9 jan. 2018.

tipo de julgamento. Já a segunda modalidade de controle jurisdicional – o controle do próprio mérito da acusação dirigida ao Presidente da República – tem sido corretamente considerada inviável pelo STF.

Feita a análise da possibilidade de intervenção jurisdicional procedimental e material no processo de *impeachment*, cabe passar, finalmente, ao exame do julgamento da ADPF nº 378.

2.4 O julgamento da ADPF nº 378 pelo Supremo Tribunal Federal

2.4.1 O objeto da ADPF nº 378: controle procedimental do rito do *impeachment*

A abertura do processo de *impeachment* contra a Presidente Dilma Rousseff pelo Deputado Eduardo Cunha, então Presidente da Câmara dos Deputados, em 2 de dezembro de 2015, foi cercada de controvérsias. Dois meses antes, Eduardo Cunha foi denunciado por corrupção e lavagem de dinheiro perante o STF, em razão de alegado recebimento de propina em esquema na Petrobras. Cunha foi ainda alvo de representação por quebra de decoro parlamentar, em razão de ter mentido em CPI sobre a manutenção de contas no exterior. Em dezembro, horas após o Partido dos Trabalhadores (PT) anunciar que permitiria o prosseguimento da representação contra o deputado no Conselho de Ética e Decoro Parlamentar da Câmara dos Deputados, Cunha acolheu um dos pedidos de *impeachment* apresentados contra Dilma Rousseff, formulado por Hélio Bicudo, Miguel Reale Júnior e Janaina Paschoal.

No dia seguinte, o Partido Comunista do Brasil (PCdoB) ajuizou a ADPF nº 378, objetivando a realização de uma filtragem constitucional da Lei nº 1.079/1950, que define crimes de responsabilidade e disciplina o processo de julgamento de tais delitos, de modo a torná-la compatível com o devido processo legal, o princípio democrático, a separação de poderes e as normas constitucionais sobre o processo de apuração de crimes de responsabilidade. Com isso, pretendia afastar as dúvidas quanto ao rito aplicável ao processo de *impeachment* do Presidente da República, evitando-se a judicialização de cada uma das fases do processo. A ação pedia a adoção de várias providências para sanar as alegadas lesões a preceitos fundamentais da Constituição Federal decorrentes da manutenção na ordem jurídica de textos normativos e interpretações relativos ao processo de impedimento incompatíveis com o texto da Constituição de 1988.

Foram formulados, inicialmente, 11 pedidos, todos relacionados ao controle jurisdicional processual do *impeachment*. Alguns desses pedidos, na linha da classificação proposta no item anterior, se enquadravam, nos seus aspectos centrais, como violações de regras expressas da Constituição pela Lei nº 1.079/1950. Os mais relevantes deles diziam respeito à definição dos papéis da Câmara e do Senado Federal no processo de *impeachment*. É o caso do pedido de interpretação conforme a constituição do art. 24 da Lei nº 1.079/1950 para se fixar que ao Senado caberia decidir pela instauração ou não do processo, levado em conta que, diversamente da Constituição de 1946, que conferia à Câmara a competência de formular a acusação, a Constituição de 1988 limitou o papel dessa Casa ao juízo de autorização da instauração do processo. Também podem ser enquadrados nessa categoria – violações de regras expressas da Constituição – os pedidos de não recepção dos dispositivos da Lei nº 1.079 que (1) qualificam a Câmara dos Deputados como "tribunal de pronúncia" e conferem a ela o poder de declarar a "procedência da acusação" (arts. 23, §§1º e 5º, 80 e 81), de modo incompatível com a função autorizativa da Câmara, bem como que (2) permitem o afastamento do Presidente antes da instauração do processo pelo Senado.

Outros questionamentos se ajustavam ao segundo nível de controle processual, referente à análise da compatibilidade de interpretações da lei e do regimento interno com princípios constitucionais. Nesse ponto, um primeiro grupo de pedidos buscava que as garantias inerentes ao processo penal e ao processo administrativo-sancionador fossem igualmente aplicadas ao processo de *impeachment*, sob o fundamento de que isso seria exigido pelo princípio constitucional do devido processo legal, bem como pelo Pacto de São José da Costa Rica e pela jurisprudência da Corte Interamericana de Direitos Humanos. São exemplos os pedidos de fixar interpretação segundo a qual o acusado possui: (i) direito à apresentação de defesa prévia antes da abertura do processo de *impeachment* pelo Presidente da Câmara dos Deputados; (ii) direito de falar por último em toda a atividade probatória; (iii) direito de sua manifestação constituir o último ato de instrução; (iv) garantia de ser julgado por Senadores imparciais, apartados da função acusatória; e (v) garantia de que a acusação somente será aberta pelo Presidente da Câmara dos Deputados se ele não incidir em qualquer das hipóteses de impedimento ou suspeição.

Já um segundo grupo de pedidos alegava violação à reserva de lei especial, extraída do art. 85, parágrafo único, da Constituição, para fins de: (i) afastar a aplicação do regimento interno da Câmara e do Senado ao processo de *impeachment* e (ii) afastar a possibilidade de formação especial com representantes de blocos partidários (conforme prevê o regimento interno da Câmara dos Deputados), uma vez que a Lei nº 1.079 somente teria previsão de participação de partidos.

No Supremo Tribunal Federal, o processo foi distribuído ao Ministro Edson Fachin, que deu início imediato à instrução. Paralelamente, o processo de *impeachment* tramitava na Câmara. O Presidente Eduardo Cunha determinou a criação de comissão especial responsável por emitir parecer sobre a denúncia, bem como solicitou aos líderes partidários que indicassem os seus integrantes. Ao verificar, porém, que o líder do PMDB teria indicado deputados para compor a comissão contrários ao *impeachment*, deputados dissidentes reivindicaram o direito de lançar uma chapa alternativa, de inclinação favorável ao impedimento da Presidente. Cunha então adiou a votação para instalação da comissão especial para permitir que chapas avulsas concorressem. Duas chapas foram formadas: uma oficial e outra pró-*impeachment*. No dia da votação, 08.12.2016, Cunha determinou, ainda, que a escolha dos integrantes da comissão especial fosse feita por voto secreto, o que gerou protestos e tumulto na casa legislativa. Ao final, a chapa de oposição ao governo sagrou-se vencedora.

Esses eventos motivaram a apresentação, no mesmo dia, de duas medidas cautelares incidentais à ADPF pelo PCdoB, que, além de reiterar o pedido para que fosse anulada a decisão de recebimento da denúncia pela inobservância do direito de defesa prévia da Presidente, adicionaram dois novos pedidos: (ii) a Comissão Especial na Câmara deveria ser composta por membros indicados pelos partidos, sem possibilidade de chapas avulsas; e (iii) a eleição da Comissão deveria se dar por meio de voto aberto. Ao final daquela noite, o Ministro Edson Fachin deferiu medida cautelar em que submeteu o processo ao Plenário do STF, garantindo que a ação seria incluída em pauta para julgamento na primeira sessão ordinária da semana subsequente, bem como suspendeu temporariamente a instalação da comissão especial até a decisão do STF.

2.4.2 Uma análise crítica do julgamento da ADPF nº 378

Muito embora a ADPF nº 378 (incluindo as duas cautelares incidentais) tivesse um objeto mais amplo, apenas quatro dos treze pedidos formulados possuíam maior significado político e potencial de influenciar, de fato, o processo de *impeachment*: (i) o reconhecimento do direito à apresentação de defesa prévia pelo acusado antes do recebimento da denúncia pelo Presidente da Câmara dos Deputados; (ii) a impossibilidade de candidaturas avulsas para a formação da comissão especial da Câmara dos Deputados, responsável por examinar a denúncia; (iii) a impossibilidade de votação secreta para eleição dessa comissão especial; e (iv) a definição dos papéis da Câmara e do Senado Federal no processo de *impeachment*, em especial se o Senado poderia decidir pela não instauração do processo e, em caso positivo, qual seria o quórum aplicável a esta deliberação. Não à toa, eles foram os principais pontos debatidos pelo STF no julgamento.

Caso o Supremo deferisse qualquer um dos três primeiros pedidos, isso levaria à anulação dos atos já praticados pela Câmara dos Deputados, o que poderia ser visto como uma derrota não apenas para os defensores do *impeachment*, mas especialmente para o Presidente da Câmara, Eduardo Cunha. A possibilidade de chapas avulsas e o voto secreto eram entendidos como particularmente relevantes, pois determinariam se a comissão especial teria uma composição com tendências mais favoráveis ou contrárias à Presidente. Apesar disso, o efeito de decisões sobre essas questões parecia ser mais simbólico do que prático: o processo ainda estava em estágio muito preliminar, e a comissão especial desempenha papel predominantemente instrutório e opinativo. O ponto realmente crítico, sobre o qual os dois lados se mobilizaram mais intensamente, era o quarto pedido, referente à repartição constitucional de atribuições entre a Câmara e o Senado no processo. Segundo os cálculos políticos do momento, governistas pareciam acreditar na possibilidade de barrar o *impeachment* preliminarmente no Senado, com auxílio do Presidente Renan Calheiros.

Em clima de grande expectativa, em 16 de dezembro, o julgamento da ADPF nº 378 se iniciou no Supremo Tribunal Federal. A primeira sessão foi tomada pelas sustentações orais e pelo voto do relator originário, o Ministro Edson Fachin, que apresentou um longo voto, de quase cem páginas, em que fixou, preliminarmente, o integral conhecimento da ação,[40] bem como algumas premissas que serviriam de guia para sua análise. Em especial, o Ministro assentou a possibilidade de controle judicial da "estrita legalidade procedimental" do processo de *impeachment*, a fim de que o processo "se desenvolva dentro dos estritos limites do devido processo legal".

---

[40] O cabimento da ADPF no caso era controvertido. Era preciso ao STF enfrentar as questões de: (i) cumprimento do requisito da subsidiariedade (seria possível, *e.g.*, manejar o mandado de segurança), (ii) possibilidade de uso da ADPF para impugnar preceitos do Regimento Interno da Câmara dos Deputados, norma editada após a Constituição de 1988, (iii) a possibilidade de cumulação na ADPF de pedidos de superação de omissão inconstitucional. A tendência de flexibilização no cabimento de ações de controle concentrado de constitucionalidade é abordada por Estêvão Gomes Corrêa dos Santos em trabalho nesta coletânea ("Idas e Vindas da Fidelidade Partidária: Comentários ao Voto do Ministro Luís Roberto Barroso na ADI nº 5.081").

Na sequência, o Ministro Fachin votou pelo deferimento de apenas três dos treze pedidos. Por entender que o procedimento deve respeito às garantias do devido processo legal previstas na Constituição Federal e na Convenção Americana de Direitos Humanos, julgou procedentes os pedidos para que fosse fixada a interpretação de que o acusado tem direito: (i) a falar por último em toda a atividade probatória e (iii) a que sua manifestação constitua o último ato de instrução em cada fase processual (perante a Câmara e o Senado). Ademais, (iii) declarou a não recepção dos artigos da Lei nº 1.079/1950, que, de forma contrária à letra expressa da Constituição, permitiam o afastamento do Presidente antes da instauração do processo pelo Senado (art. 23, §5º), definiam a Câmara como tribunal de pronúncia (art. 80, *caput*, *ab initio*) e permitiam a essa casa declarar a procedência da acusação (art. 81). Sua decisão rejeitou, assim, os principais pedidos formulados na ADPF: (i) negou a existência de um direito à defesa prévia, (ii) validou a possibilidade de apresentação de candidaturas avulsas para a eleição da comissão especial, (iii) declarou a constitucionalidade de eleição secreta dos membros da comissão e (iv) assentou que, após a autorização pela Câmara, o Senado é *obrigado* a instaurar o processo de *impeachment*. Como se verá, em relação aos três últimos pontos, a maioria do Plenário divergiu do relator, na linha do voto do Ministro Luís Roberto Barroso.

No dia seguinte, o julgamento foi retomado pelo STF com o voto divergente do Ministro Luís Roberto Barroso. O Ministro Barroso também estabeleceu algumas premissas em seu voto. Em primeiro lugar, explicitou sua compreensão de que o papel do Supremo no processo de *impeachment* limita-se a definir, com clareza, o rito aplicável, de modo a assegurar que ele transcorra de acordo com as regras do jogo e sem quaisquer casuísmos. A ideia era conferir segurança jurídica ao processo, evitando-se a necessidade de intervenção constante do Judiciário a cada etapa de seu desdobramento. Em segundo lugar, o Ministro definiu que adotaria como diretriz para a solução do caso a manutenção do rito aplicado no *impeachment* do ex-Presidente Fernando Collor de Mello, em 1992. Isso significava que, em relação a matérias já apreciadas pelo STF nos mandados de segurança impetrados à época, o Ministro manteria a jurisprudência fixada, salvo alterações pontuais para adequar o rito com normas editadas posteriormente. Já quanto às questões não judicializadas, o Ministro aplicaria estritamente as regras procedimentais *efetivamente* seguidas no caso Collor.

Ao final do julgamento, prevaleceu o voto do ministro Luís Roberto Barroso, no sentido de negar o direito à defesa prévia (por unanimidade); impedir a apresentação de candidaturas ou chapas avulsas para a formação da comissão especial (por 7 votos a 4); definir que a votação para a formação de tal comissão somente pode se dar por voto aberto (por 6 votos a 5); e afirmar a competência do Senado para deliberar sobre a instauração ou não do processo, em votação do Plenário (por 8 votos a 3), por maioria simples de votos (vencidos os ministros Marco Aurélio e Edson Fachin, que acolhiam o pedido do autor de definir quórum de 2/3). Em relação a esses temas, o Min. Barroso apontou que no caso do Presidente Fernando Collor (i) não houve defesa prévia, (ii) os membros da comissão especial foram eleitos por chapa única, formada a partir de indicações dos líderes partidários, (iii) a eleição dos membros da comissão foi aberta (simbólica) e (iv) o Senado realizou uma análise prévia sobre o recebimento (ou não) da denúncia, de modo que o afastamento do Presidente se deu apenas após votação nominal do Plenário pela instauração do processo, por quórum de maioria simples.

Na sequência, analiso, criticamente, as discussões e divergências a respeito das quatro questões principais decididas na ADPF nº 378, contrapondo os votos do Ministro Edson Fachin, relator originário, e do Ministro Luís Roberto Barroso, redator para o acórdão.

a) O debate quanto ao direito à apresentação de defesa prévia

Na ADPF nº 378, pediu-se que o STF fixasse o entendimento de que é necessária a apresentação de defesa prévia pelo acusado antes de o Presidente da Câmara dos Deputados decidir receber a denúncia e dar início ao processamento do *impeachment* perante a Casa. Segundo alegou o PCdoB, essa seria uma exigência do princípio da ampla defesa, decorrente tanto da gravidade institucional da abertura do processo de *impeachment* quanto do fato de que o STF teria reconhecido ao Presidente da Câmara um papel mais ativo nesse estágio, abrangendo a possibilidade de promover a rejeição preliminar da acusação, total ou parcialmente.[41]

O Min. Fachin indeferiu o pedido, afastando a alegação de violação ao princípio do devido processo legal. De acordo com o relator, "o recebimento operado pelo Presidente da Câmara configura juízo sumário da admissibilidade da denúncia para fins de deliberação colegiada", que "não encerra de forma definitiva o juízo de admissibilidade da denúncia". Para ele, o contraditório deve ser assegurado por meio do oferecimento de oportunidade ao acusado para manifestar-se previamente à aprovação do parecer da Comissão Especial, em âmbito colegiado, já que é nesse momento "em que se julgará, para fins do processo instaurado (*sic*) na Câmara, a admissão definitiva da denúncia". Nesse ponto, não houve nenhuma divergência na Corte. O Min. Luís Roberto Barroso acompanhou o Min. Fachin, ressaltando que a defesa prévia é, em verdade, exceção, e não a regra no processo penal, de modo que não há violação à garantia da ampla defesa desde que o acusado tenha posteriormente oportunidades de manifestação em ampla instrução processual.

Embora a decisão da Corte pareça acertada nesse ponto, é preciso reconhecer que o pedido do autor apresentava certa razoabilidade e até algum sentido prático no sistema atual, em que o Presidente da Câmara é competente para realizar o exame liminar da denúncia popular, o que abrange um juízo de admissibilidade das acusações. Na decisão de recebimento da denúncia contra a Presidente Dilma Rousseff, por exemplo, o Presidente da Câmara Eduardo Cunha rejeitou as acusações relacionadas a fatos anteriores ao segundo mandato, bem como aquelas "embasadas praticamente em ilações e suposições" de que a "Presidente tenha sido conivente com atos de corrupção".[42] Essa decisão, portanto, restringiu o objeto da acusação a ser analisada pela Câmara dos Deputados. Imagina-se, assim, que a garantia de um direito à apresentação de defesa prévia poderia conferir ao Presidente a oportunidade de se contrapor às acusações e, no limite, impedir o recebimento da denúncia, evitando-se o abalo institucional que decorre

---

[41] MS 20941, Red. p/ Acórdão Min. Sepúlveda Pertence, j. 09.02.1990; MS 30672, Rel. Min. Ricardo Lewandowski, j. 15.09.2011.

[42] CÂMARA DOS DEPUTADOS, Decisão da Presidência de 02.12.2015, Diário da Câmara dos Deputados – Suplemento – 04.12.2015, Página 3720.

desse ato. Portanto, o direito à defesa prévia realizaria, em maior extensão, o princípio da ampla defesa. Disso, porém, não decorre a necessidade de intervenção do STF. O pedido se enquadra na segunda modalidade de controle jurisdicional processual, relativa à violação de princípios constitucionais, em que o escrutínio é necessariamente menos intenso e a tarefa do Judiciário deve estar, em regra, limitada a expurgar interpretações claramente inconstitucionais. Desse modo, o fato de o Presidente ter assegurado o direito de se manifestar previamente à aprovação do parecer da Comissão Especial quanto à admissibilidade da acusação assegura, razoavelmente, a garantia da ampla defesa, afastando-se a necessidade de intervenção judicial.

b) O debate quanto às candidaturas avulsas para a formação da comissão especial

Em razão das controvérsias em torno da formação da Comissão Especial na Câmara dos Deputados, o PCdoB apresentou medida cautelar incidental à ADPF nº 378 com o objetivo de garantir que a eleição dos membros da Comissão Especial observasse a regra de indicação dos partidos, por meio das lideranças partidárias, sem admitir candidaturas avulsas. Segundo alegou, a admissão de candidaturas avulsas implicaria violação à autonomia partidária (CF/1988, art. 17, §1º), tendo em vista que o plenário tomaria para si a competência de escolher, entre os membros de cada partido, aqueles que participariam da comissão, retirando da própria agremiação a possibilidade de, por meio de sua liderança, indicar integrantes que expressassem as posições do partido. Argumentou, ainda, que a admissão de chapas concorrentes chancelaria a quebra da fidelidade partidária, na medida em que prestigiaria visões dissidentes que não representam a convicção do partido, mas encontram eco no plenário.

Esse pedido incidental foi igualmente rejeitado pelo Ministro Edson Fachin. O Relator defendeu a existência de uma diretriz constitucional de deferência em relação às decisões do Congresso quanto à sua auto-organização, especialmente no que se refere à formação de suas comissões, "desde que respeitados o devido processo legal e os direitos das minorias parlamentares". Segundo o Min. Fachin, o que é exigido pela lei quanto à escolha de membros da comissão especial é a participação de todos os partidos, o que seria cumprido tanto no caso de indicação pelos líderes partidários quanto na hipótese de concorrência entre as chapas oficial e avulsa. Assim sendo, concluiu não ser possível ao Poder Judiciário "tolher uma opção legitimamente feita pela Câmara dos Deputados no pleno exercício de uma liberdade política que lhe é conferida pela ordem constitucional".

No entanto, prevaleceu no Tribunal a posição do Ministro Luís Roberto Barroso no sentido de que a comissão especial deveria ser formada por deputados indicados pelos líderes dos respectivos partidos ou blocos partidários, não sendo admitidas candidaturas avulsas. Acompanharam-no nesse ponto os Ministros Rosa Weber, Teori Zavascki, Luiz Fux, Cármen Lúcia, Marco Aurélio e Ricardo Lewandowski. Em seu voto, o Ministro Barroso assinalou que a participação nas comissões é direito dos partidos ou blocos, proporcionalmente à sua representação na Casa, e não propriamente dos deputados, de modo que deve caber a cada agremiação a escolha de seus representantes. Segundo afirmou, abrir uma disputa entre candidatos de um mesmo partido, permitindo-se que a decisão sobre quais deles devem compor a comissão seja atribuída às demais agremiações, constitui grave violação à autonomia partidária. Como ilustrou o Ministro Barroso em seu voto nos EDs, "quem escolhe o representante é o representado, e não terceiros"; por isso, o "representante do Brasil na ONU é indicado pelo Brasil, não pelos outros países; o representante do Corinthians na Federação Paulista é indicado pelo Corinthians, e não pelos demais clubes, seus adversários; o representante de Copacabana no Conselho dos Bairros é indicado por Copacabana, e não pelos outros bairros, com interesses conflitantes".

A maior dificuldade quanto à questão das candidaturas avulsas era a alegada contradição com o art. 19 da Lei nº 1.079/1950, que dispõe que o pedido de *impeachment* será despachado a "comissão especial *eleita*". A ideia de eleição, além de ferir a autonomia partidária, contrariaria o modelo geral estabelecido pelo regimento interno da Câmara para a formação de comissões, que prevê a indicação dos integrantes pelos líderes partidários, sem qualquer votação subsequente pela Casa. Segundo o Ministro Barroso, para melhor harmonizar esses preceitos seria possível interpretar a palavra "eleita" como escolhida, e não como votada. No entanto, como no caso do *impeachment* de Collor a chapa única formada pelos nomes indicados pelos líderes foi submetida à ratificação pelo Plenário da Câmara dos Deputados em eleição simbólica, o Ministro propôs a manutenção do rito utilizado em 1992. Esclareceu-se, contudo, que a deliberação pelo Plenário estaria limitada a confirmar ou não as indicações feitas pelos líderes.

Como se vê, a divergência entre os votos dos Ministros Edson Fachin e Luís Roberto Barroso se deu especialmente quanto ao grau de deferência jurisdicional à decisão da Câmara de permitir as candidaturas avulsas. Para o Ministro Fachin, essa é uma questão de organização interna da Casa legislativa. E, assim, desde que cumprido o requisito da proporcionalidade, o fato de os membros de um partido na comissão especial serem definidos, de forma heterônoma, pelos demais partidos não ofenderia qualquer norma constitucional. Embora essa seja uma posição respeitável, entendo, porém, que a gravidade da violação à autonomia partidária produzida pela admissão das chapas avulsas justifica a decisão da maioria do Tribunal.

Os partidos políticos, enquanto "unidades coletivas básicas em que se decompõe a preferência da sociedade",[43] são um mecanismo para garantir que haja uma identidade entre as vontades dos representantes e as vontades dos representados, e, logo, para a preservação da soberania popular. Para isso, todavia, é necessário que os partidos sejam aptos a vincular, de algum modo, os eleitos à plataforma que os elegeu, ressalvada sua liberdade de consciência e expressão. A coesão, que é a imagem que conecta os membros de um mesmo partido e distingue um partido dos demais,[44] se manifesta no comportamento parlamentar dos membros do partido e é fortalecida pela atuação das lideranças partidárias.

No caso da comissão especial responsável por proferir parecer sobre o *impeachment*, não há dúvida de que a regra de indicação dos membros pelas lideranças é forma de assegurar que a composição da comissão reflita os posicionamentos dos respectivos

---

[43] TAVARES, Jose Antônio Giusti. *Sistemas Eleitorais nas Democracias Contemporâneas*: teoria, instituições e práticas. Rio de Janeiro: Relume-Dumará, 1994, p. 156.

[44] LATTMAN-WELTMAN, Fernando. As identidades partidárias, a crise política atual, e o que a democracia tem com isso. *Desigualdade & Diversidade: Revista de Ciências Sociais da PUC-Rio*, Rio de Janeiro, n. 1, p. 71-82, jul./dez. 2007.

partidos políticos a respeito do processo. É, assim, medida que melhor realiza a garantia constitucional de proporcionalidade na representação partidária. Já a possibilidade de apresentação de chapas avulsas com eleição por todo o Plenário da Casa não apenas distorce a proporcionalidade como também afeta gravemente a autonomia partidária. Afinal, parlamentares dissidentes, representantes de visões minoritárias dentro de seus partidos, podem obter um lugar na comissão especial não por um processo de disputa interna ao seu partido, mas pela decisão de outros partidos, com interesses conflitantes e mesmo opostos. Portanto, embora o pedido se enquadre na segunda modalidade de controle jurisdicional processual, baseada na violação de princípios, dada a relevância do princípio restringido (a autonomia partidária) e a especial intensidade da violação produzida (que retira do partido o poder de escolher seus próprios representantes na comissão especial), justifica-se o escrutínio jurisdicional mais rigoroso.

Não se deve, porém, interpretar a rejeição de candidaturas avulsas com uma medida de fortalecimento de "caciques" partidários. A decisão não impede que haja disputa dentro do partido, inclusive com a realização de votação entre seus próprios membros, a aumentar o grau de democracia interna da sigla. Em verdade, o próprio caso da formação da comissão especial do *impeachment* ilustra que há mecanismos políticos internos para corrigir eventual indicação autoritária por parte dos líderes, que não guarde sintonia com a vontade da maioria do partido. À época, o líder do PMDB na Câmara era Leonardo Picciani, deputado aliado ao Planalto. Após formar lista para compor a comissão especial com deputados majoritariamente contrários ao *impeachment*, desagradando parte do seu partido, Picciani foi destituído da liderança.[45] O parlamentar somente foi reeleito líder da sigla após garantir que contemplaria deputados de todas as alas do PMDB na comissão especial.[46]

c) O debate quanto ao voto aberto para a formação da comissão especial

No que se refere à forma de votação para eleição da Comissão Especial, igualmente por meio de medida cautelar incidental à ADPF nº 378, o autor defendeu que a deliberação não poderia se dar por voto secreto, conforme havia sido definido pelo Presidente da Câmara, Eduardo Cunha. Segundo alegou, o STF teria fixado no MS 33908, de relatoria do Min. Edson Fachin, o entendimento de que a regra geral prevista na Constituição é de que as deliberações das Casas Legislativas se deem por voto aberto, de modo que exceções à publicidade devem estar expressa e taxativamente previstas no texto constitucional. Como resultado, para o PCdoB, muito embora a Lei nº 1.079/1950 não defina a forma de votação dos membros da comissão especial do *impeachment*, a eleição secreta seria inconstitucional na ausência de previsão expressa na Constituição.

O Ministro Edson Fachin, porém, não acolheu o pedido. Embora tenha considerado correta a premissa de que a publicidade deve ser a regra geral nas votações do Congresso, e que o sigilo do voto deve ser admitido somente em hipóteses "excepcionalíssimas", concluiu que "no presente caso não há ofensa à Constituição no fato de o Regimento

---

[45] Disponível em: <http://g1.globo.com/politica/noticia/2015/12/deputado-diz-que-pmdb-vai-protocolar-indicacao-de-novo-lider.html>.

[46] Disponível em: <http://politica.estadao.com.br/noticias/geral,de-volta-a-lideranca-do-pmdb--picciani-diz-que-fara-nova-escalacao-para-comissao-do-impeachment,10000005242>.

Interno da Câmara dos Deputados propiciar a interpretação segundo a qual teria estabelecido a votação secreta para a constituição da referida comissão". Isso porque, em primeiro lugar, o art. 58 da Constituição conferiria liberdade ao parlamento para conformação das comissões em geral nos regimentos internos de cada um das Casas. E, em segundo lugar, não se deve interpretar o silêncio da Constituição como uma vedação à criação de novas hipóteses de voto secreto não previstas no texto constitucional. Para o Ministro, as exceções ao voto aberto estabelecidas na Constituição atendem a um princípio implícito, de preservação da liberdade de consciência do parlamentar. Assim, seria constitucional a definição de nova hipótese de votação secreta que atenda ao "princípio implícito informador das exceções expressas". Nesse caso, considerando a razoabilidade da interpretação pela Câmara dos Deputados, que impôs voto secreto para a definição dos membros da comissão especial do *impeachment*, o Ministro Edson Fachin entendeu que não caberia ao Judiciário reformar a opção da Câmara dos Deputados, em homenagem à separação de poderes.

Diversamente, o voto condutor, do Ministro Luís Roberto Barroso, concluiu que no processo de *impeachment* não há lugar para votação secreta na formação da comissão especial. Diversamente do alegado pelo autor, o Ministro Barroso afirmou não considerar que a Constituição tenha definido taxativamente as hipóteses de votação sigilosa no Congresso. Contudo, afirmou que a votação aberta é a regra geral que decorre dos princípios democrático, representativo, republicano e da publicidade, de modo que o voto secreto, de caráter absolutamente excepcional, não poderia ser aplicado à comissão especial do *impeachment*, por três fundamentos principais. Em primeiro lugar, pela ausência de previsão *expressa* e *específica* na Constituição, na Lei nº 1.079/1950 ou no Regimento Interno da Câmara. Embora o Ministro tenha reconhecido a existência da regra regimental que permite votação por escrutínio secreto "nas demais eleições" (art. 188, III, parte final), considerou que não se pode estender hipótese inespecífica de votação secreta prevista no RI/CD, por analogia, à eleição para a Comissão Especial de *impeachment*. O sigilo, que afastaria a regra geral da publicidade, somente pode se dar em hipóteses especificamente previstas. Em segundo lugar, o Ministro Barroso afirmou que o sigilo do escrutínio é incompatível com a natureza e a gravidade do processo por crime de responsabilidade, dada a incidência com especial vigor dos princípios democrático, representativo e republicano. O voto aberto funcionaria nesse caso como mecanismo de garantir o controle social sobre o procedimento de impedimento do Presidente da República. Em terceiro lugar, o Ministro considerou o fato de a eleição da comissão especial no processo de *impeachment* do Presidente Collor, em 1992, ter adotado o voto aberto (simbólico) como uma razão adicional para a manutenção do mesmo procedimento, prestigiando-se a segurança jurídica. Acompanharam o voto do Ministro Luís Roberto Barroso os Ministros Rosa Weber, Luiz Fux, Cármen Lúcia, Marco Aurélio e Ricardo Lewandowski.

A discussão sobre a forma de votação, se aberta ou secreta, na eleição para a formação da comissão especial do *impeachment* é, sem dúvida, a mais complexa do julgamento. Um ponto de consenso entre os Ministros Fachin e Barroso diz respeito à ausência de taxatividade quanto às hipóteses constitucionais de voto secreto. Ambos os Ministros pareceram concordar com a ideia de que normas infraconstitucionais podem estabelecer novas situações em que terá lugar o voto secreto, desde que preenchidas determinadas condições. A divergência entre eles se dá justamente quanto às condições que permitiriam afastar a regra do voto aberto.

Uma primeira condição, adotada por ambos os Ministros, diz respeito à natureza da deliberação: o voto secreto somente pode ser instituído fora das hipóteses previstas na Constituição quando os parlamentares estiverem exercendo função eleitoral, *i.e.*, de promover a escolha de um ou alguns entre vários candidatos para ocupar determinada posição. Esse condicionamento seria extraído das hipóteses de votação secreta no texto constitucional. Atualmente, a Constituição Federal possui apenas três previsões de voto secreto em deliberações do Congresso Nacional: (i) a competência do Senado para aprovar a indicação de magistrados, ministros do TCU, Governador de Território, Presidente e diretores do BACEN e PGR (art. 52, III), (ii) a competência do Senado para aprovar a escolha de chefes de missão diplomática em caráter permanente (art. 52, IV), e (iii) a competência do Senado para aprovar a exoneração do PGR antes do término de seu mandato (art. 52, XI). Há outras quatro hipóteses constitucionais de escrutínio sigiloso em deliberações fora das Casas Legislativas, quais sejam: (i) eleição dos integrantes da justiça de paz (art. 98, II); (ii) eleição de parte dos membros do TSE (art. 119, I); (iii) eleição de parte dos membros dos TREs (art. 120, §1º, I); e (iv) eleição do Corregedor nacional do CNMP (art. 130-A, §3º). Com se vê, todas essas hipóteses de deliberações secretas envolvem eleições.

E qual é a *ratio* por trás dessas previsões de voto secreto? Como apontou o Min. Fachin, elas atendem a um princípio de preservação da consciência do parlamentar. Nos casos de exercício de função eleitoral, é razoável admitir que a Constituição optou por garantir a independência do congressista, permitindo-lhe manifestar de forma autônoma suas preferências, sem influências indevidas ou temor de represálias. É, assim, possível que a mesma *ratio* se aplique a outros casos de eleições pelo Congresso, não antevistos pela Constituição. Tanto é verdade que o Regimento Interno da Câmara dos Deputados prevê inúmeras regras de eleição por escrutínio secreto – *e.g.*, eleição dos membros da Mesa (art. 7º), de membros do Conselho de Ética (art. 21-E, §1º) e da Presidência e Vice-Presidência das Comissões (art. 39, §3º) – sem que haja questionamento sobre a legitimidade dessas opções. Portanto, deve-se concluir que apenas na hipótese de exercício de função eleitoral pelos Congressistas (*i.e.*, em indicações e nomeações) não há reserva absoluta de Constituição para instituir voto secreto. No campo das deliberações parlamentares propriamente ditas, relacionadas ao processo legislativo – *e.g.*, votação de projeto de lei – ou à função de pesos e contrapesos – *e.g.*, votação em processos de perda de mandato parlamentar – somente pode haver votação secreta nas hipóteses expressamente previstas no texto constitucional.

Para o Ministro Edson Fachin, porém, essa seria a única condição: desde que a imposição de novos casos de voto secreto pudesse ser justificada à luz do princípio implícito de garantir a preservação da consciência do parlamentar, não caberia ao Judiciário intervir. Já em relação ao voto do Ministro Barroso, é possível extrair outros dois critérios, que decorreriam diretamente do reconhecimento da excepcionalidade das votações secretas na ordem constitucional brasileira, à luz dos princípios democrático, da publicidade, do regime republicano e do sistema representativo. Primeiro: a necessidade de previsão expressa e específica na lei ou no regimento interno. Previsões genéricas, como a do inciso III do art. 188 do Regimento Interno da Câmara,[47] ou decisões

---

[47] RI/CD, art. 188, III "A votação por escrutínio secreto far-se-á (...) nos seguintes casos: (...) para eleição do Presidente e demais membros da Mesa Diretora, do Presidente e Vice-Presidentes de Comissões Permanentes e Temporárias, dos membros da Câmara que irão compor a Comissão Representativa do Congresso Nacional e dos 2 (dois) cidadãos que irão integrar o Conselho da República *e nas demais eleições*".

unipessoais do Presidente da Câmara dos Deputados não poderiam excepcionar a regra geral de votação aberta no âmbito do Congresso Nacional.

Segundo: a necessidade de promover, em cada caso, uma ponderação entre os princípios que justificam o sigilo e aqueles que justificam a publicidade do voto. Veja-se que há um *trade-off* entre independência, de um lado, e transparência e *accountability*, de outro. Se a votação secreta pode ser capaz de afastar pressões indevidas sobre o parlamentar (que assume, neste caso, posição de eleitor) e garantir que ele possa expressar de forma voluntária e autônoma as suas preferências, ao mesmo tempo, o sigilo impossibilita tanto o controle dos cidadãos quanto o controle do próprio partido sobre a sua atuação. Realizando essa ponderação no caso em discussão, o Ministro Barroso entendeu que os interesses de independência que justificariam o voto secreto são largamente superados pela especial necessidade de transparência e controle popular da atuação dos representantes, bem como pela incidência potencializada dos princípios democrático, representativo e republicano em processos de *impeachment*. Assim, o escrutínio sigiloso seria incompatível com a natureza e a gravidade do processo por crime de responsabilidade.

A grande dificuldade nessa discussão, portanto, é mensurar a margem de ação do parlamento para definir o voto secreto na eleição da comissão especial, bem como a deferência devida pelo Poder Judiciário a essa decisão. Ainda que se trate de exercício de função eleitoral interna e que, portanto, haja, no caso, maior margem de configuração normativa quanto à admissibilidade do voto secreto, entendo que o Supremo acertou no ponto: a fundamentalidade dos princípios envolvidos (democrático, representativo e republicano) e a magnitude institucional do processo de *impeachment* justificam uma postura mais proativa no sentido de garantir que todas as fases do processo se desenvolvam da forma mais transparente possível. Apesar disso, como a votação nesse caso se limita a ratificar ou não as escolhas dos líderes partidários, a relevância prática da exigência do voto aberto é bastante reduzida.

d) O debate quanto aos papéis da Câmara e do Senado no processo de *impeachment*

Por fim, a ADPF nº 378 discutiu os papéis da Câmara dos Deputados e do Senado Federal no *impeachment*, em especial a natureza da decisão do Senado sobre a instauração do processo. O requerente apontou que a Constituição atribui expressamente à Câmara dos Deputados a função de *autorizar* (art. 51, I) e ao Senado Federal, a de *instaurar* (art. 86, II, §1º), *processar* e *julgar* (art. 52, I) o processo de *impeachment*. A autorização da Câmara dos Deputados seria, assim, mera condição de procedibilidade, de modo que ao Senado Federal caberia a decisão de instaurá-lo ou não, por meio de um juízo prévio sobre a justa causa da denúncia, e não de mero exercício de função protocolar de recebimento físico do processo vindo da Câmara. Tal compreensão decorreria não apenas de regras expressas previstas na Constituição, mas também da gravidade da consequência jurídica decorrente da instauração – a suspensão do Presidente do exercício de suas funções. Segundo argumenta, o próprio STF teria reconhecido que a denúncia poderia ser rejeitada pelo Senado no MS 21.564.[48] Por esses motivos, pediu ao STF que fixasse a interpretação segundo a qual o processo de *impeachment*, autorizado pela Câmara, pode ou não ser instaurado pelo Plenário do Senado, por quórum de 2/3. Em relação ao quórum qualificado, o autor defendeu o afastamento da maioria simples prevista no art. 47 da Lei nº 1079/1950, igualmente em razão da imensa gravidade da principal consequência decorrente da instauração do processo de *impeachment*: o afastamento de Presidente eleito diretamente pelo povo.

O Ministro Edson Fachin rejeitou o pedido. O relator defendeu a impossibilidade de o Senado Federal realizar um juízo de admissibilidade do processo de *impeachment*, entendendo que, após a autorização da Câmara dos Deputados, o Senado Federal fica *obrigado* a processar e julgar o Presidente da República. Vale transcrever a integralidade da sua argumentação sobre o ponto:

> O pedido não merece acolhimento. Entre as atividades desempenhadas pelo Senado Federal quando do recebimento da autorização para instauração de processo de crime de responsabilidade está a que recebe o libelo da comissão acusadora. Trata-se, em verdade, de peça formulada pela comissão acusadora, cuja competência não foi delimitada pela Lei 1.079/50. Em seu silêncio, a constituição dessa comissão deve observar o disposto no art. 58 da CR, facultando-se, pois, ao Senado, por meio de seu regimento ou por ato de que resulte a criação da comissão.
>
> Nesse sentido, o regimento interno do Senado Federal, em seus arts. 380 e 381, dispõe que:
>
> Art. 380. Para julgamento dos crimes de responsabilidade das autoridades indicadas no art. 377, obedecer-se-ão as seguintes normas:
>
> I – recebida pela Mesa do Senado a autorização da Câmara para instauração do processo, nos casos previstos no art. 377, I, ou a denúncia do crime, nos demais casos, será o documento lido no Período do Expediente da sessão seguinte;
>
> II – na mesma sessão em que se fizer a leitura, será eleita comissão, constituída por um quarto da composição do Senado, obedecida a proporcionalidade das representações partidárias ou dos blocos parlamentares, e que ficará responsável pelo processo;
>
> III – a comissão encerrará seu trabalho com o fornecimento do libelo acusatório, que será anexado ao processo e entregue ao Presidente do Senado Federal, para remessa, em original, ao Presidente do Supremo Tribunal Federal, com a comunicação do dia designado para o julgamento; (…)
>
> Art. 381. Instaurado o processo, o Presidente da República ficará suspenso de suas funções (Const., art. 86, §1º, II). Parágrafo único. Se, decorrido o prazo de cento e oitenta dias, o julgamento não estiver concluído, cessará o afastamento do Presidente da República, sem prejuízo do regular prosseguimento do processo (art. 86, §2º, CRFB/88).
>
> Observe-se que, da leitura dos dispositivos regimentais, cuja incidência, nesta fase do rito, é justificada pelo art. 24, caput, da Lei 1.079/50 e pelo art. 58 da Constituição de 1988, inexiste competência do Senado para rejeitar a autorização expedida pela Câmara dos Deputados. Nem poderia. O comando constitucional é claro ao indicar, no art. 86, que

---

[48] A respeito, conferir: "No procedimento de admissibilidade da denúncia, a Câmara dos Deputados profere juízo político. Deve ser concedido ao acusado prazo para defesa, defesa que decorre do princípio inscrito no art. 5º, LV, da Constituição, observadas, entretanto, as limitações do fato de a acusação somente materializar-se com a instauração 59 do processo, no Senado. *Neste, é que a denúncia será recebida, ou não*, dado que, na Câmara ocorre, apenas, a admissibilidade da acusação, a partir da edição de um juízo político, em que a Câmara verificará se a acusação é consistente, se tem ela base em alegações e fundamentos plausíveis, ou se a notícia do fato reprovável tem razoável procedência, não sendo a acusação simplesmente fruto de quizílias ou desavenças políticas" (grifou-se).

"admitida a acusação contra do Presidente da República, será ele submetido a julgamento". Como se observa da leitura do Texto, não há faculdade da Mesa do Senado quando recebe a autorização: deve ela instaurar o procedimento.

Com essas considerações, dando interpretação conforme ao art. 24 apenas para reconhecer que a Câmara envia ao Senado a autorização para instauração de processo, indefiro os pedidos cautelares formulados nos itens "g" e "h".

Portanto, o Ministro Fachin expõe apenas *dois* fundamentos para a impossibilidade de o Senado realizar um juízo de admissibilidade do processo. Em primeiro lugar, os arts. 380 e 381 do regimento interno do Senado não teriam conferido à Casa competência para rejeitar a autorização expedida pela Câmara: recebida a autorização, seria constituída comissão especial responsável pelo fornecimento do libelo acusatório. Em segundo lugar, a Constituição, em seu art. 86, ao afirmar que "admitida a acusação contra do Presidente da República, será ele submetido a julgamento", teria tornado a instauração do processo obrigatória após a autorização pela Câmara.

O Ministro Luís Roberto Barroso mais uma vez divergiu do relator, sendo acompanhado pelos Ministros Teori Zavascki, Rosa Weber, Luiz Fux, Cármen Lúcia, Marco Aurélio, Celso de Mello e Ricardo Lewandowski. O Tribunal definiu, por ampla maioria, que, apresentada a denúncia contra o Presidente da República por crime de responsabilidade, à Câmara dos Deputados cabe apenas autorizar a instauração de processo, exercendo um juízo político sobre os fatos narrados, que constitui condição para o prosseguimento da denúncia. Já ao Senado compete "processar e julgar" o Presidente, locução que abrange a realização de um juízo inicial de instauração ou não do processo, isto é, de recebimento ou não da denúncia. Como resultado, o Senado Federal pode, após a autorização dada pela Câmara dos Deputados, decidir não instaurar o processo de *impeachment*. Ou seja, a autorização da Câmara não vincula o Senado, de modo que não é obrigatória a instauração do processo. Segundo o voto do Ministro Barroso, há três conjuntos de fundamentos que justificam esse entendimento.

Em *primeiro lugar*, a hermenêutica constitucional aponta que esta é a única interpretação possível à luz da Constituição de 1988, a partir dos elementos literal, histórico, sistemático e lógico de interpretação. O elemento histórico demonstra que a Lei nº 1.079/1950 foi editada na vigência da Constituição de 1946, quando a Câmara dos Deputados tinha um papel ampliado no processo de *impeachment* em comparação com a Constituição de 1988. Na CF/1946, cabia à Câmara dos Deputados "a declaração (...) da procedência ou improcedência da acusação" (art. 59, I) e, da declaração já decorria a suspensão do Presidente do exercício de suas funções (art. 88), competindo ao Senado apenas "julgar" o Presidente (art. 62, I). Na CF/1988, diversamente, cabe à Câmara dos Deputados apenas "autorizar, por dois terços de seus membros, a instauração de processo" (art. 51, I), cujo afastamento, porém, só se dá "após a instauração do processo pelo Senado Federal" (art. 86, §1º, II), órgão ao qual compete "processar e julgar" o Presidente (art. 52, I).

Já o elemento literal corrobora o maior destaque conferido pela CF/1988 ao papel do Senado Federal no *impeachment*. Com efeito, dos textos dos arts. 51, I, e 52, I, da Carta, infere-se que a Câmara apenas autoriza a instauração do processo, não o instaura, muito menos determina que o Senado o faça. O art. 86, por sua vez, não impõe a vinculação do Senado à deliberação da Câmara. A forma imperativa da expressão "será ele submetido a julgamento" não retira do Senado a possibilidade de rejeitar a autorização da Câmara, pois (1) o "julgamento" compreende todas as fases do processo, inclusive um juízo preliminar sobre o recebimento da denúncia, (2) "não se pode dar força vinculante a algo que a Constituição denominou de 'autorização'" (e não de "determinação"), e (3) não se pode determinar a volta do regime das Constituições de 1946, 1967 e 1969, em interpretação *retrospectiva* que esvaziaria a competência privativa do Senado para "processar" o *impeachment*.

O elemento sistemático também confirma tais papéis das casas legislativas, já que (1) no bicameralismo adotado pelo art. 44 da Constituição não há relação de subordinação entre as Casas, não se podendo conceber que um órgão constitucional (Senado) tenha papel meramente homologatório do trabalho de outro (Câmara); (2) para atos menos gravosos, como a derrubada do veto presidencial, exige-se deliberação das duas Casas parlamentares, em sessão conjunta, de modo que não faz sentido que a suspensão de todas as funções do Presidente da República possa ser determinada por votação apenas da Câmara dos Deputados; e (3) a expressão "processar e julgar" é utilizada pela Constituição em diversas passagens (*e.g.*, arts. 52, I e II; 102, I; 105, I; 108, I; 109; 114; 124; e 125, §§4º e 5º) e, em todas essas hipóteses, confere-se ao órgão judicante uma análise preliminar quanto à aptidão da demanda. Por fim, o elemento lógico reforça o entendimento, pois não faria sentido a Constituição de 1988 ter transferido a suspensão do Presidente da República de suas funções para o momento após a instauração do processo pelo Senado se a instauração consistisse em ato meramente burocrático e vinculado à autorização concedida pela Câmara.

Em *segundo lugar*, a possibilidade de o Senado instaurar ou não o processo decorreria do princípio da segurança jurídica, tendo em vista que: (i) o STF manifestou esse entendimento à época do *impeachment* do Presidente Collor, em atuação tanto jurisdicional (no MS 21.564, ainda que em *obiter dictum*) como administrativa, em sessão convocada pelo Presidente do STF, Min. Sydney Sanches, em que se previu todo o rito do *impeachment* no âmbito do Senado; e (ii) durante o *impeachment* de Collor, o Senado Federal adotou integralmente o rito previsto pelo STF na sessão administrativa, publicando-o inclusive no Diário Oficial de 08.10.1992. Em *terceiro lugar*, atribuir ao Senado a competência para proceder ao juízo de admissibilidade significa garantir a observância às regras do jogo, uma vez que o rito fixado pelo STF em 1992 foi *efetivamente* seguido pelo Senado no julgamento do impedimento do ex-presidente Collor, que somente foi afastado após a aprovação, pelo Plenário do Senado pelo quórum de maioria simples, do parecer da Comissão Especial pela instauração do processo.

Os fundamentos da corrente majoritária parecem demonstrar, com bastante clareza, que diversos dispositivos da Lei nº 1.079/1950 (arts. 22, *caput*, 2ª parte, e §§1º, 2º, 3º e 4º; 23, *caput* e §§1º, 4º e 5º; 80, 1ª parte; e 81) que tratam dos papéis da Câmara dos Deputados e do Senado Federal, ainda à luz da conformação da Constituição de 1946, não foram recepcionados pela Constituição de 1988. O controle jurisdicional do STF nessas hipóteses se enquadra, em seus aspectos centrais, na primeira modalidade, relativa à alegação de *violação de regras constitucionais*. A análise sistemática dos arts. 51, I, 52, I, e 86, §1º, II, da Constituição é expressa em, de um lado, atribuir ao Senado a competência mais ampla de processar e julgar o Presidente da República pela prática de crimes de responsabilidade, somente se autorizando a suspensão do presidente de suas funções após a instauração do processo *pelo* Senado, e, de outro, conferir à Câmara papel meramente autorizativo da instauração do processo de *impeachment*. Nesse caso, como visto, demanda-se um controle jurisdicional rigoroso e intenso e, consequentemente, um grau de deferência mínimo em relação aos atos e decisões do Poder Legislativo que contrariem a literalidade de regras constitucionais.

Além disso, como demonstrado pelo voto do Ministro Barroso, há diversos outros fundamentos que reforçam a necessidade de intervenção do STF nesse caso. O principal deles, que não foi enfrentado no voto do Ministro relator, é o de que o rito que garante ao Senado Federal um juízo prévio de admissibilidade foi fixado em 1992 pelo próprio Supremo Tribunal Federal, reunido em sessão administrativa e com a especial participação do Ministro Celso de Mello, bem como foi o procedimento efetivamente seguido no caso do *impeachment* Collor. Algumas passagens de entrevista com o Ministro Sydney Sanches, presidente do STF à época do *impeachment* de Collor, são bastante ilustrativas:

> Agora, o processo que realmente me tomou mais tempo, me preocupou mais, foi o do impeachment. (...) Porque eu ia presidir um foro político para julgar um crime político praticado por um cidadão político e que ia ser julgado por políticos, necessariamente, de partido. E, mais: a Constituição de 46, em cuja época foi aprovada a Lei do Impeachment, que é de 1950 (...) O sistema era diferente. A memória pode falhar, mas a Câmara não só autorizava como processava o presidente da República. E só depois na hora do julgamento é que ia pro Senado. E a Constituição era assim, também, a de 46 e a de 67 e 69 também. Com a Constituição de 88, a Câmara passou a apenas autorizar a instauração do processo e o Senado passou a receber a denúncia, isto é, admitir a denúncia, processar a denúncia e julgar a denúncia. Então, isso alterava em boa parte a Lei do Impeachment. E, aí, tivemos que decidir, numa sessão administrativa lá do Supremo, se esta lei (...) [e]ra aproveitável ainda, para aquele processo de impeachment ou se estava inteiramente revogada. E a conclusão que nós chegamos é que estava parcialmente revogada (...). Então, tivemos que adaptar um roteiro que observasse o roteiro da lei enquanto não conflitava com a nova Constituição. Porque na parte que conflitava com a nova Constituição, estava revogado. Então organizamos um roteiro em sessão administrativa. O ministro Celso de Mello foi quem nos ajudou muito, porque ele é um grande processualista em processo penal e conhece muito o processo de impeachment, também, e ajudou a fazer o roteiro. Submeti o roteiro à aprovação administrativa do Supremo (...) E, aí, já levei o roteiro pronto, dizendo pros senadores: "Olha, a lei foi parcialmente revogada, e o que pode ser entregue aos senhores senadores e ao acusado e à acusação e à imprensa é o roteiro que nós vamos observar. *Agora, isso não resultou da nossa interpretação. É da Lei do Impeachment em confronto com a Constituição atual.* Em parte, ela estava revogada e, em parte, ela não estava. Nós, aqui, estamos mantendo o roteiro da lei, enquanto não entrou em conflito com a Constituição nova", expliquei.[49]

Portanto, para se afastar da interpretação mais evidente a partir dos elementos literal, sistemático, histórico e lógico da Constituição de 1988, que, ademais, foi adotada no processo de *impeachment* do Presidente Collor de Mello, em 1992, impõe-se um ônus argumentativo elevadíssimo, do qual o voto do Ministro Edson Fachin não se desincumbiu. É claro que seria possível argumentar que o modelo de repartição de competências entre as Casas Legislativas criado pela Constituição é ruim, e que alterar o rito adotado no caso Collor para que a autorização da Câmara implique

---

[49] FONTAINHA, Fernando de Castro; MATTOS, Marco Aurélio Vannucchi Leme de; SATO, Leonardo Seiichi Sasada (Org.). *História oral do Supremo (1988-2013)*, v. 5: Sydney Sanches. Rio de Janeiro: Escola de Direito do Rio de Janeiro da Fundação Getulio Vargas, 2015. 190 p. p. 119-122.

imediatamente a instauração do processo e a suspensão do Presidente de suas funções seria melhor do ponto de vista institucional. Nesse sentido, por exemplo, os professores Diego Werneck Arguelhes e Thomaz Pereira argumentaram que garantir ao Senado a possibilidade de decidir pela não instauração do processo "trivializa a cautela constitucional do afastamento, ao mesmo tempo em que infantiliza a Câmara. Permite ao presidente converter apoio político no Senado – ou pressão sobre os senadores – em irresponsabilidade política, mesmo se dois terços dos deputados já tiverem visto ali traços de crimes de responsabilidade".[50] Fato, porém, é que foi esse o desenho institucional traçado pelo texto constitucional, levando em consideração a necessidade de garantir proteção institucional reforçada ao Presidente da República, de modo a garantir que ele só seja suspenso de suas funções após deliberação das duas Casas do parlamento. Nesse ponto, portanto, a atuação do Supremo Tribunal Federal na ADPF nº 378 estava plenamente justificada, o que não impede, é claro, uma futura alteração da sistemática via emenda constitucional.

2.5 Conclusão

O julgamento da ADPF nº 378 será lembrado como um dos mais importantes capítulos da história do Supremo Tribunal Federal. Independentemente de eventuais divergências quanto ao resultado do julgamento em relação a pontos específicos da ampla ADPF submetida ao escrutínio do STF, não há dúvida de que a sua atuação foi essencial para assegurar que a Constituição e as regras do jogo democrático não seriam subvertidas durante o processo de apuração da prática de crime de responsabilidade pela Presidente Dilma Rousseff. Em um momento tão conturbado na vida nacional, o Supremo, sob a liderança do Ministro Luís Roberto Barroso, conferiu previsibilidade, segurança e estabilidade ao processo de *impeachment* que se iniciava.

Não custa, porém, lembrar que a intervenção da jurisdição constitucional se limitou a controlar a legitimidade do procedimento do *impeachment*, adotando posição de deferência em relação ao mérito das decisões tomadas pela Câmara dos Deputados e pelo Senado Federal, que culminaram na condenação da Presidente Dilma Rousseff pela prática de crimes de responsabilidade. Também é importante registrar que, apesar da resistência ao resultado da ADPF nº 378 manifestada por parcela dos parlamentares à época do julgamento, a experiência posterior demonstrou que a solução definitiva pelo STF das grandes controvérsias que cercavam os aspectos processuais do *impeachment*, logo nos primeiros momentos desse longo e conturbado processo, não cerceou em nenhum sentido o livre desempenho das competências constitucionais atribuídas à Câmara dos Deputados e ao Senado Federal. Pelo contrário, a intervenção do Supremo conferiu clareza às regras do jogo e desestimulou a multiplicidade de questionamentos pontuais ao longo do processo, o que poderia contribuir para agravar a crise política na qual o país se via mergulhado. O resultado desse julgamento expressa não apenas a relevância da função moderadora que o STF pode desempenhar em momentos de

---

[50] ARGUELHES, Diego; PEREIRA, Thomaz. Fachin tem razão: é preciso mudar o rito do caso Collor. In: FALCÃO, Joaquim; ARGUELHES, Diego; PEREIRA, Thomaz (Org.). *Impeachment de Dilma Rousseff*: Entre o Congresso e o Supremo. Belo Horizonte: Letramento, 2017.

crise, mas também o equilíbrio e a prudência que conduziram a intervenção do STF no processo de *impeachment* da Presidente Dilma Rousseff.

Referências

ABRANCHES, Sérgio H. H. de. Presidencialismo de coalizão: o dilema institucional brasileiro. *Dados – Revista de Ciências Sociais*, Rio de Janeiro, vol. 31, n. 1, p. 5-34, 1988.

ABRANCHES, Sérgio. Crises Políticas no Presidencialismo de coalizão. *Ensaios Ecopolítica*. Disponível em: <https://www.academia.edu/19768666/Crises_pol%C3%ADticas_no_presidencialismo_de_coaliz%C3%A3o>.

BAHIA, Alexandre Gustavo M. F. de Moraes et al. *O Impeachment e o Supremo Tribunal Federal*: História e Teoria Constitucional Brasileira. Florianópolis: Empório do Direito, 2016.

BAUMGARTNER, Jody C. Introduction: Comparative Presidential Impeachment. In: BAUMGARTNER, Jody C.; KADA, Naoko (Org.). *Checking Executive Power*: Presidential impeachment in comparative perspective. Praeger Publishers, 2003

BAZAN, Elizabeth B.; HENNING, Anna C. Impeachment: An Overview of Constitutional Provisions, Procedure, and Practice, report, November 22, 2010; Washington D.C. Disponível em: <digital.library.unt.edu/ark:/67531/metadc31311/>.

BARROSO, Luís Roberto. Impeachment – Crime de responsabilidade – Exoneração do cargo. *Revista de Direito Administrativo*, Rio de Janeiro, v. 212, p. 161-174, abr. 1998. Disponível em: <http://bibliotecadigital.fgv.br/ojs/index.php/rda/article/view/47174/45642>.

BARROSO, Luís Roberto; BENVINDO, Juliano Zaiden; OSORIO, Aline. Developments in Brazilian Constitutional Law: The Year 2016 in Review. *International Journal of Constitutional Law*, v. 15, n. 2, 2017.

BERGER, Raoul. *Impeachment*: The Constitutional Problems, Enlarged Edition. Harvard University Press, 1999.

BROSSARD, Paulo. *O Impeachment*: Aspectos da Responsabilidade Política do Presidente da República. São Paulo: Saraiva, 1992.

CHEIBUB, Jose Antonio. *Presidentialism, Parliamentarism, and Democracy*. New York: Cambridge University Press, 2007.

DWORKIN, Ronald. A Kind of Coup. *The New York Review of Books*, Jan. 14, 1999. Disponível em: <http://www.nybooks.com/articles/1999/01/14/a-kind-of-coup/>.

FALCÃO, Joaquim; ARGUELHES, Diego; PEREIRA, Thomaz (Org.). *Impeachment de Dilma Rousseff*: entre o Congresso e o Supremo. Belo Horizonte: Letramento, 2017.

FELDMAN, Noah; WEISBERT, Jacob. What are Impeachable Offenses? *The New York Review of Books*, 64, n. 14, 2017. Disponível em: <http://www.nybooks.com/articles/2017/09/28/donald-trump-impeachable-offenses/>.

FONTAINHA, Fernando de Castro; MATTOS, Marco Aurélio Vannucchi Leme de; SATO, Leonardo Seiichi Sasada (Org.). *História oral do Supremo (1988-2013)*, v. 5: Sydney Sanches. Rio de Janeiro: Escola de Direito do Rio de Janeiro da Fundação Getulio Vargas, 2015.

GALINDO, Bruno. *Impeachment*: à luz do Constitucionalismo Contemporâneo. Curitiba: Juruá, 2016.

GERHARDT, Michael. Putting the Law of Impeachment in Perspective, *Saint Louis University Law Journal*, v. 43.

Gerhardt, Michael J. Rediscovering Nonjusticiability: Judicial Review of Impeachments after Nixon. *Duke Law Journal*, vol. 44, n. 2, 1994.

LATTMAN-WELTMAN, Fernando. As identidades partidárias, a crise política atual, e o que a democracia tem com isso. *Desigualdade & Diversidade*: Revista de Ciências Sociais da PUC-Rio. Rio de Janeiro, n. 1, p. 71-82, jul./dez. 2007.

LIMONGI, Fernando. Presidencialismo e Governo de Coalizão. In: AVRITZER, Leonardo; ANASTASIA, Fátima (Org.) *Reforma política no Brasil*. Belo Horizonte: UFMG, 2007, p. 256.

LINZ, Juan J. *The Breakdown of Democratic Regimes*: Crisis, Breakdown and Reequilibration. An Introduction. Johns Hopkins University Press, 1978.

PÉREZ-LIÑÁN, Aníbal. *Presidential Impeachment and the New Political Instability in Latin America* (Cambridge Studies in Comparative Politics). Cambridge University Press, 2010.

SUNSTEIN, Cass R. *Impeachment*: A Citizen's Guide. Harvard University Press, 2017.

TAVARES, Jose Antônio Giusti. *Sistemas Eleitorais nas Democracias Contemporâneas*: teoria, instituições e práticas. Rio de Janeiro: Relume-Dumará, 1994.

TAVAREZ, Juarez; PRADO, Geraldo. *Parecer*. Disponível em: <https://www.jota.info/wp-content/uploads/2015/12/Juarez-Tavarez.pdf>.

WECHSLER, Herbert. Toward Neutral Principles of Constitutional Law. *Harvard Law Review*, v. 73, n. 1, 1959.

Informação bibliográfica deste texto, conforme a NBR 6023:2002 da Associação Brasileira de Normas Técnicas (ABNT):

OSORIO, Aline. *Impeachment* e jurisdição constitucional: o julgamento da ADPF nº 378. In: SARAIVA, Renata et al. *Ministro Luís Roberto Barroso*: 5 anos de Supremo Tribunal Federal: homenagem de seus assessores. Belo Horizonte: Fórum, 2018. p. 37-69. ISBN 978-85-450-0525-4.

CAPÍTULO 3

AS DOAÇÕES DE PESSOAS JURÍDICAS A CAMPANHAS ELEITORAIS E PARTIDOS POLÍTICOS: UMA ANÁLISE PRAGMATISTA DA DECISÃO DO SUPREMO TRIBUNAL FEDERAL[1]

LEONARDO CUNHA

Everyday pragmatism is the mindset denoted by the popular usage of the word "pragmatism", meaning practical and business-like, "no-nonsense", disdainful of abstract theory and intellectual pretension, contemptuous of moralizers and utopian dreamers.[2]

3.1 Nota prévia

Tenho a honra de ser aluno de Luís Roberto Barroso desde meu primeiro contato com o Direito Constitucional, em 2006, quando iniciei a graduação na Universidade do Estado do Rio de Janeiro. De lá para cá, aconteceu o que já se previa: o advogado notável, que inspirou gerações de ilustres publicistas a seguirem seus passos, tornou-se Ministro do Supremo Tribunal Federal. De minha parte, sou feliz em continuar sendo seu aluno: no mestrado, na assessoria e na vida. O convívio, agora diário, só aumenta a admiração. Sua atitude simples e atenciosa traz leveza para as horas de trabalho. Sua obstinação em fazer o bem faz com que seja um privilégio a tentativa de ajudá-lo a "empurrar a história quando ela emperra".[3]

---

[1] A elaboração deste trabalho contou com o auxílio, em pesquisa, da estagiária Maria Clara Cunha Farias.

[2] POSNER, Richard A. *Law, Pragmatism and Democracy*. Cambrigde: Harvard University Press, 2008, p. 50.

[3] BARROSO, Luís Roberto. A razão sem voto: a função representativa e majoritária das cortes constitucionais. *Revista Brasileira de Políticas Públicas*, Brasília, v. 5, nº especial, p. 23-50, 2015.

3.2 Introdução

Após a edição da Constituição de 1988, a legislação brasileira historicamente permitiu que as pessoas jurídicas de direito privado contribuíssem financeiramente para campanhas eleitorais e partidos políticos. Esse cenário se modificou após o julgamento, pelo Supremo Tribunal Federal, da Ação Direta de Constitucionalidade nº 4.650, sob a relatoria do Min. Luiz Fux. Na ocasião, a corte reconheceu a inconstitucionalidade do modelo de financiamento até então vigente, que teria conduzido o país a um contexto de captura do processo político pelo poder econômico exercido pelas pessoas jurídicas. Essa mudança de paradigma tinha a clara intenção de contribuir para que as chances de um candidato ser bem-sucedido nas urnas estivessem mais conectadas com a sua representatividade perante os eleitores do que com a sua capacidade de atrair financiamento.

O objetivo do presente trabalho é realizar análise crítica da decisão proferida pelo Supremo Tribunal Federal na Ação Direta de Inconstitucionalidade nº 4.650, com enfoque na contribuição dada pelo Ministro Luís Roberto Barroso. Para realizar essa tarefa, elegeu-se como marco teórico o pragmatismo jurídico. A opção se justifica em virtude de a maior parte dos ministros que participaram do julgamento terem incorporado raciocínio que: (i) rejeitou concepções aprioristas a respeito da estruturação do modelo de financiamento político no Brasil, declarando a inconstitucionalidade de regras que vinham sendo aplicáveis de forma consistente por longo período de tempo; (ii) considerou diversos elementos concretos, relativos ao contexto político-eleitoral no país, como fundamentos para a tomada de decisão; e (iii) levou em conta as consequências práticas a serem produzidas pela análise de constitucionalidade. Como se verá adiante, essas são as características que os estudiosos do tema vêm atribuindo a um raciocínio tipicamente pragmatista.

O trabalho seguirá o seguinte roteiro. No capítulo subsequente, serão expostas as circunstâncias inerentes à Ação Direta de Inconstitucionalidade nº 4.650 e ao seu julgamento pelo Supremo Tribunal Federal. Nesse ponto, serão destacadas as contribuições feitas pelo Ministro Luís Roberto Barroso, que proferiu voto em que reconheceu a procedência parcial do pedido, aderindo à posição majoritária perfilhada pelo relator, Ministro Luiz Fux. Logo em seguida, serão brevemente desenvolvidas algumas notas teóricas a respeito do pragmatismo jurídico, na medida necessária para se comprovar a tese de que a decisão proferida pelo Supremo Tribunal Federal incorporou, de forma especialmente relevante, um juízo pragmatista.

Estabelecendo-se essa premissa, será possível passar, no tópico seguinte, ao ponto central do trabalho. Com a adoção de método pragmatista, serão abordados indicadores aptos a fornecer indícios de resposta à seguinte pergunta: as antecipações de prognósticos realizadas por ocasião do julgamento da Ação Direta de Inconstitucionalidade nº 4.650 se confirmaram na prática? Em outras palavras: os dados existentes geram indícios de que a proibição a que pessoas jurídicas contribuam para campanhas eleitorais e partidos políticos está funcionando no contexto brasileiro? Para o desempenho dessa tarefa, serão analisados aspectos relativos à evolução legislativa posterior à conclusão do julgamento e dados relativos às eleições municipais ocorridas nos anos de 2012, a última em que as doações feitas por pessoas jurídicas foram permitidas, em âmbito municipal, e em 2016, a primeira realizada com a aplicação do entendimento do Supremo Tribunal Federal sobre a matéria.

Exposto o roteiro do trabalho, torna-se possível, desde logo, adiantar a conclusão em tom otimista: do ponto de vista contextual, a decisão proferida na Ação Direta de Inconstitucionalidade nº 4.650 foi adequada à realidade brasileira e produziu avanços quanto à qualidade da representação política. Sabe-se, naturalmente, que muitas das vicissitudes que emperram o processo democrático no Brasil ainda persistem. Sustenta-se, no entanto, que essa circunstância não deve impedir que se reconheça nessa decisão um passo decisivo em busca de um sistema eleitoral que retrate de forma mais fidedigna os anseios dos cidadãos. Passa-se, então, ao desenvolvimento das ideias até aqui expostas.

3.3 A Ação Direta de Inconstitucionalidade nº 4.650

A Ação Direta de Inconstitucionalidade nº 4.650 foi ajuizada em 05.09.2011 pelo Conselho Federal da Ordem dos Advogados do Brasil. Pleiteou-se a suspensão cautelar da eficácia de normas jurídicas extraídas das Leis nº 9.504/1997 e nº 9.096/1995,[4] nas partes em que autorizavam as pessoas jurídicas a doarem para campanhas eleitorais e partidos políticos. No mérito, pediu-se: (i) a declaração de inconstitucionalidade, sem redução de texto, dessas mesmas normas jurídicas, com a modulação dos efeitos da decisão

---

[4] Na petição inicial, pede-se a declaração de inconstitucionalidade do art. 23, I e II, do art. 24, na parte em que permitia doação por pessoas jurídicas a campanhas eleitorais, e do art. 81, *caput* e §1º, todos da Lei nº 9.504/1997; além do art. 31, na parte em que autoriza doações de pessoas jurídicas a partidos políticos; das expressões "ou pessoas jurídicas", contida no art. 38, III, e "e jurídicas", contida no art. 39, *caput* e §5º, todos da Lei nº 9.096/1995. Confira-se a transcrição desses dispositivos:
Lei nº 9.504/1997: "Art. 23 – A partir do registro dos comitês financeiros, pessoas físicas poderão fazer doações em dinheiro ou estimáveis em dinheiro para campanhas eleitorais, obedecido o disposto nesta Lei. §1º – As doações e contribuições de que trata este artigo ficam limitadas: I – no caso de pessoa física, a dez por cento dos rendimentos brutos auferidos no ano anterior à eleição; II – no caso em que o candidato utilize recursos próprios, ao valor máximo de gastos estabelecido pelo seu partido, na forma desta Lei. (...) Art. 24. É vedado, a partido e candidato, receber direta ou indiretamente doação em dinheiro ou estimável em dinheiro, inclusive por meio de publicidade de qualquer espécie, procedente de: I – entidade ou governo estrangeiro; II – órgão da administração pública direta e indireta ou fundação mantida com recursos provenientes do Poder Público; III – concessionário ou permissionário de serviço público; IV – entidade de direito privado que receba, na condição de beneficiária, contribuição compulsória em virtude de disposição legal; V – entidade de utilidade pública; VI – entidade de classe ou sindical; VII – pessoa jurídica sem fins lucrativos que receba recursos do exterior; VIII – entidades beneficentes e religiosas; IX – entidades esportivas que recebam recursos públicos; IX – entidades esportivas; X – organizações não governamentais que recebam recursos públicos; XI – organizações da sociedade civil de interesse público. Parágrafo único. Não se incluem nas vedações de que trata este artigo as cooperativas cujos cooperados não sejam concessionários ou permissionários de serviços públicos, desde que não estejam sendo beneficiadas com recursos públicos, observado o disposto no art. 81. (...) Art. 81. As doações e contribuições de pessoas jurídicas para campanhas eleitorais poderão ser feitas a partir do registro dos comitês financeiros dos partidos ou coligações. §1º As doações e contribuições de que trata este artigo ficam limitadas a dois por cento do faturamento bruto do ano anterior à eleição".
Lei nº 9.096/1995: "Art. 31. É vedado ao partido receber, direta ou indiretamente, sob qualquer forma ou pretexto, contribuição ou auxílio pecuniário ou estimável em dinheiro, inclusive através de publicidade de qualquer espécie, procedente de: I – entidade ou governo estrangeiros; II – autoridade ou órgãos públicos, ressalvadas as dotações referidas no art. 38; III – autarquias, empresas públicas ou concessionárias de serviços públicos, sociedades de economia mista e fundações instituídas em virtude de lei e para cujos recursos concorram órgãos ou entidades governamentais; IV – entidade de classe ou sindical. (...) "Art. 38. O Fundo Especial de Assistência Financeira aos Partidos Políticos (Fundo Partidário) é constituído por: (...) III – doações de pessoa física ou jurídica, efetuadas por intermédio de depósitos bancários diretamente na conta do Fundo Partidário; (...) "Art. 39. Ressalvado o disposto no art. 31, o partido político pode receber doações de pessoas físicas e jurídicas para constituição de seus fundos. (...) §5º Em ano eleitoral, os partidos políticos poderão aplicar ou distribuir pelas diversas eleições os recursos financeiros recebidos de pessoas físicas e jurídicas, observando-se o disposto no §1º do art. 23, no art. 24 e no §1º do art. 81 da Lei nº 9.504, de 30 de setembro de 1997, e os critérios definidos pelos respectivos órgãos de direção e pelas normas estatutárias".

para preservar doações feitas de acordo com as regras então vigentes;[5] (ii) a declaração de inconstitucionalidade, sem pronúncia de nulidade, de outras normas jurídicas[6] que estipulavam limites às doações a campanhas eleitorais e partidos políticos e ao uso de recursos próprios pelos candidatos em campanhas eleitorais, conferindo-lhes, no entanto, eficácia prospectiva por até 24 (vinte e quatro) meses, de modo a evitar lacunas; e, por fim, (iii) a realização de apelo ao legislador, para que fossem estabelecidos limites uniformes para as doações feitas por cada pessoa física a campanhas eleitorais e a partidos políticos e ao uso de recursos próprios pelos candidatos em campanhas eleitorais, "em patamar baixo o suficiente para não comprometer a igualdade nas eleições", no prazo de 18 (dezoito) meses, sob pena de se atribuir ao Tribunal Superior Eleitoral a competência para disciplinar provisoriamente esses temas.

Segundo registrou a petição inicial, as regras que disciplinavam o financiamento de campanhas eleitorais e partidos políticos então vigentes violariam os princípios democrático, republicano, da igualdade substancial e da proporcionalidade, em sua dimensão de vedação à proteção insuficiente. Para sustentar essa tese, a Ordem dos Advogados do Brasil articulou os seguintes argumentos centrais: (i) as pessoas jurídicas e naturais com acesso a grande volume de recursos financeiros exerceriam influência desmedida no resultado das eleições e, por via de consequência, seriam desigualmente favorecidas nas decisões tomadas pelos eleitos; (ii) a influência das pessoas jurídicas no processo político-eleitoral seria ilegítima, porque elas não seriam titulares de direitos políticos.

Designado relator, o Ministro Luiz Fux, decidiu submeter o caso diretamente à apreciação do colegiado, sem avaliar o pedido cautelar.[7] As manifestações processuais que se seguiram adotaram teses em múltiplos sentidos, o que evidencia complexidade do tema. A Presidência da República, o Advogado-Geral da União,[8] a Câmara dos Deputados e o Senado Federal[9] reputaram válidas as normas jurídicas impugnadas. Em sentido contrário, a Procuradoria-Geral da República defendeu a procedência do pedido.

---

[5] Trata-se de pedido formulado com fundamento no art. 27 da Lei nº 9.868/1999: "ao declarar a inconstitucionalidade de lei ou ato normativo, e tendo em vista razões de segurança jurídica ou de excepcional interesse social, poderá o Supremo Tribunal Federal, por maioria de dois terços de seus membros, restringir os efeitos daquela declaração ou decidir que ela só tenha eficácia a partir de seu trânsito em julgado ou de outro momento que venha a ser fixado".

[6] Na petição inicial, pede-se a declaração de inconstitucionalidade do art. 23, §1º, I e II, da Lei nº 9.504/1997 e do art. 39, §5º, da Lei nº 9.096/1995, à exceção da expressão "e jurídicas". Confira-se a transcrição desses dispositivos: "Lei nº 9.504/1997: "Art. 23. Pessoas físicas poderão fazer doações em dinheiro ou estimáveis em dinheiro para campanhas eleitorais, obedecido o disposto nesta Lei. §1º As doações e contribuições de que trata este artigo ficam limitadas: I – no caso de pessoa física, a dez por cento dos rendimentos brutos auferidos no ano anterior à eleição; II – no caso em que o candidato utilize recursos próprios, ao valor máximo de gastos estabelecido pelo seu partido, na forma desta Lei".

[7] Adotou-se o rito previsto no art. 12 da Lei nº 9.868/1998: "havendo pedido de medida cautelar, o relator, em face da relevância da matéria e de seu especial significado para a ordem social e a segurança jurídica, poderá, após a prestação das informações, no prazo de dez dias, e a manifestação do Advogado-Geral da União e do Procurador-Geral da República, sucessivamente, no prazo de cinco dias, submeter o processo diretamente ao Tribunal, que terá a faculdade de julgar definitivamente a ação".

[8] O Advogado-Geral da União, em regra, deverá defender a validade do ato impugnado, nos termos do art. 103, §3º, da Constituição: "quando o Supremo Tribunal Federal apreciar a inconstitucionalidade, em tese, de norma legal ou ato normativo, citará, previamente, o Advogado-Geral da União, que defenderá o ato ou texto impugnado".

[9] Curiosamente, o Senado assumiu a inadequação do modelo atual de doações a campanhas eleitorais e partidos políticos, consignando em suas informações que "as razões apresentadas [pela OAB] são efetivamente verdadeiras, constituindo-se em evidências *prima facie* da inadequação do regramento atual face às expectativas da população e aos objetivos do processo eleitoral" (p. 3). Entretanto, afirmou que não deveria ser declarada a inconstitucionalidade do sistema de financiamento eleitoral até então vigente, sob o argumento de que o Poder Legislativo seria o melhor espaço para o debate sobre um novo sistema.

Realizou-se audiência pública que contou com a participação de jornalistas, deputados federais, acadêmicos, ex-ministros do Tribunal Superior Eleitoral e representantes de órgãos públicos, partidos políticos, entidades de classe e organizações da sociedade civil. Embora nem todos os 30 (trinta) expositores tenham assumido orientação clara quanto à procedência do pedido, é possível afirmar que a maioria deles apresentou argumentos que favoreciam o seu acolhimento. Dos 6 (seis) *amici curiae*[10] cuja participação foi admitida, a maior parte pretendeu convencer os membros do Supremo Tribunal Federal de que as normas impugnadas eram inválidas.

O julgamento foi iniciado em 11.12.2013 e concluído em 17.09.2015, tendo sido interrompido por pedidos de vista dos ministros Teori Zavascki, entre 12.12.2013 e 02.04.2014, e Gilmar Mendes, entre 02.04.2014 e 16.09.2015. O pedido foi julgado parcialmente procedente, por maioria,[11] tendo sido declarada a inconstitucionalidade das normas jurídicas que autorizavam as contribuições de pessoas jurídicas a campanhas eleitorais.[12]

O Supremo Tribunal Federal acolheu o argumento de que "os limites previstos pela legislação de regência para a doação de pessoas jurídicas para as campanhas eleitorais se afigura assaz insuficiente a coibir, ou, ao menos, amainar, a captura do político pelo poder econômico, de maneira a criar indesejada 'plutocratização' do processo político".[13] Por outro lado, a ementa do julgado registrou que "os critérios normativos vigentes relativos à doação a campanhas eleitorais feitas por pessoas naturais, bem como o uso próprio de recursos pelos próprios candidatos, não vulneram os princípios fundamentais democrático, republicano e da igualdade política". De forma coerente, não foi acolhido o pedido de convocação ao legislador para o estabelecimento de novas regras sobre esse tema. O pedido de modulação dos efeitos da declaração de inconstitucionalidade foi rejeitado.[14] A ata de julgamento registrou que a decisão seria aplicável às eleições de 2016, independentemente da publicação do acórdão.

Em voto proferido na sessão plenária realizada em 12.12.2013, o Ministro Luís Roberto Barroso seguiu a proposta do relator, filiando-se à orientação que se tornou majoritária. Em síntese, os fundamentos de seu voto foram os seguintes: (i) necessidade de aproximação entre a sociedade civil e a classe política, como pressuposto para o regime democrático; (ii) ausência de atribuição de cidadania às pessoas jurídicas, de acordo com o sentido dado a esse termo pela Constituição; e (iii) violação aos princípios democrático e republicano em caso de se permitir o financiamento do processo eleitoral por pessoas jurídicas de direito privado, já que o peso do dinheiro nesse processo seria capaz de desfigurar a representação de interesses.

---

[10] Atuaram na condição de *amici curiae* as seguintes entidades: Secretaria Executiva do Comitê Nacional do Movimento de Combate à Corrupção Eleitoral (SE-MCCE), Partido Socialista dos Trabalhadores Unificado (PSTU), Conferência Nacional dos Bispos do Brasil (CNBB), Instituto dos Advogados Brasileiros (IAB), Instituto de Pesquisa, Direitos e Movimentos Sociais (IPDMS) e Clínica de Direitos Fundamentais da Faculdade de Direito da Universidade do Estado do Rio de Janeiro (Clínica UERJ Direitos).

[11] Vencidos os Ministros Teori Zavascki, Gilmar Mendes e Celso de Mello, que julgavam improcedente o pedido.

[12] A ementa do acórdão assim registrou: "19. Ação direta de inconstitucionalidade julgada parcialmente procedente para assentar apenas e tão somente a inconstitucionalidade parcial sem redução de texto do art. 31 da Lei nº 9.096/95, na parte em que autoriza, a contrario sensu, a realização de doações por pessoas jurídicas a partidos políticos, e pela declaração de inconstitucionalidade das expressões "ou pessoa jurídica", constante no art. 38, inciso III, e 'e jurídicas', inserta no art. 39, caput e §5º, todos os preceitos da Lei nº 9.096/95".

[13] Item nº 7 da ementa do acórdão.

[14] No julgamento da Ação Direta de Inconstitucionalidade nº 4.650, o pedido de modulação temporal dos efeitos da decisão foi rejeitado por não se ter atingido o quórum exigido pelo art. 27 da Lei nº 9.868/1999.

Assim relatado o contexto em que proferida a decisão do Supremo Tribunal Federal na Ação Direta de Inconstitucionalidade nº 4.650, pode-se passar a tratar do pragmatismo jurídico, marco teórico eleito para a sua análise crítica.

3.4 Premissas teóricas: uma breve exposição sobre o pragmatismo jurídico

Não se pode falar que exista apenas um pragmatismo jurídico: esse é um rótulo que engloba diversas teorias, que apresentam similitudes e diferenças entre si. Entre os estudiosos brasileiros do tema,[15] vem recebendo crescente adesão a ideia, que decorre de notável esforço teórico de sistematização,[16] de que as teorias classicamente associadas ao pragmatismo jurídico apresentam os seguintes pontos de contato: (i) o *antifundacionalismo*, porque rejeitam a ideia de que existem verdades estáticas ou imutáveis, assumindo que as formulações teóricas estarão sujeitas a crítica permanente; (ii) o *consequencialismo*, porque enfatizam as consequências futuras, casuísticas e sistêmicas, geradas pelas decisões; e (iii) o *contextualismo*, porque demandam a avaliação do contexto social, cultural, histórico, político e econômico em que a decisão se insere.

Embora não seja possível explorar neste trabalho as variações existentes entre as diversas teorias pragmatistas, faz-se o registro de que a mais célebre delas é o *pragmatismo cotidiano*, cuja formulação se atribui a Richard Posner. Em uma proposição que expressa os três elementos típicos do discurso pragmatista, trata-se de teoria que se traduz na "disposição de basear a atuação judicial em fatos e consequências, não em conceitualismos e generalizações".[17]

Não se sustenta aqui que o intérprete pragmatista possa, mesmo em busca de uma decisão que produza as melhores consequências possíveis, ignorar os textos legais e precedentes, ou mesmo abandonar os métodos tradicionais de interpretação. Acredita-se que o pragmatismo jurídico deve ser acomodado em espaços de indeterminação normativa, nos quais o operador do Direito deverá voltar suas atenções para selecionar, dentre possíveis soluções para um determinado caso, aquela que produza os melhores resultados sistêmicos.[18] O discurso jurídico atual, aliás, é inundado por argumentação tipicamente consequencialista. Ocorre que, na maior parte das vezes, em vez de se confessar como tal, a preocupação com as consequências da decisão assume roupagem de tese formal ou normativa.

Assentadas essas premissas teóricas, não é difícil enunciar a tese que se pretende demonstrar no presente tópico: a decisão proferida pelo Supremo Tribunal Federal na Ação Direta de Inconstitucionalidade nº 4.650 foi fortemente influenciada por

---

[15] MENDONÇA, José Vicente Santos de. *Direito constitucional econômico*: a intervenção do Estado na economia à luz da razão público e do pragmatismo. Belo Horizonte: Fórum, 2014; BINENBOJM, Gustavo. *Poder de Polícia, Ordenação, Regulação*: Transformações Político-Jurídicas, Econômicas e Institucionais do Direito Administrativo Ordenador. Belo Horizonte: Fórum, 2016. MAGALHÃES, Andrea. *Jurisprudência da crise*: uma perspectiva pragmática. Rio de Janeiro: Lumen Juris, 2017.

[16] POGREBINSCHI, Thamy. *Pragmatismo*: teoria social e política, 2005, p. 23-72.

[17] POSNER, Richard A. *A problemática da teoria moral e jurídica*. São Paulo: Martins Fontes, 2012.

[18] MENDONÇA, José Vicente Santos de. *Direito Constitucional Econômico*: a intervenção do Estado na economia à luz da razão pública e do pragmatismo, 2014, p.122: "Nos casos em que os precedentes e as normas legais são claros, um juiz pragmatista vai atuar de modo idêntico a um não pragmatista. E isso responde pela maioria absoluta das hipóteses".

considerações pragmatistas. Com efeito, embora o instrumental teórico pragmatista não tenha sido formalmente incorporado ao teor do acórdão, a análise da linha argumentativa acolhida pelos ministros que aderiram à tese vencedora chama a atenção pela incorporação de discurso fortemente antifundacionalista, consequencialista e contextualista. Veja-se a seguir de que forma cada um desses elementos se fez presente nas razões de decidir adotadas pelo Supremo Tribunal Federal.

O *antifundacionalismo* manifestou-se na rejeição do modelo de financiamento eleitoral adotado pelo Brasil há mais de quinze anos, o qual viabilizou o financiamento de candidatos e partidos políticos por pessoas jurídicas – notadamente as de direito privado, com finalidades lucrativas. O *contextualismo*, por sua vez, talvez seja o elemento mais presente na decisão: a maior parte dos ministros citou estatísticas oficiais que denunciavam que, no Brasil, o processo político eleitoral havia sido cooptado pelo poder econômico. Acredita-se que o *consequencialismo*, mesmo que não tenha sido expressamente mencionado nas decisões, tenha sido um componente relevante no julgamento. Diante de um retrato que revelava a absoluta disfuncionalidade do processo eleitoral, soa bastante provável que os ministros que aderiram à tese vencedora no julgamento tenham realizado, ainda que de forma não explícita, um exercício de prognoses, ao final do qual chegaram à conclusão de que o país teria maior qualidade na representação política caso as pessoas jurídicas fossem proibidas de verter recursos para candidatos e partidos políticos.

Chega-se, então, à indagação que dá razão de ser ao presente trabalho: as consequências antecipadas por ocasião do julgamento se concretizaram? Adotando um raciocínio tipicamente pragmatista, preocupado com as consequências práticas de determinada ação, o próximo tópico busca responder a esse questionamento a partir de dados sobre o processo eleitoral no Brasil.

3.5 Monitoramento das consequências

Antes de se passar à análise dos dados propriamente ditos, vale fazer uma ressalva: a empreitada a que se dedica este trabalho é arriscada, não só pelas dificuldades inerentes à mensuração matemática do sucesso prático de uma decisão judicial, mas também porque não será possível captar se as conclusões alcançadas serão duradouras. Com efeito, não há significativo distanciamento temporal entre a data em que a decisão do Supremo Tribunal Federal começou a produzir efeitos e a realização da pesquisa prévia à redação deste trabalho. Nesse período, aliás, foi realizada apenas uma eleição em que se aplicou o entendimento que resultou do julgamento da Ação Direta de Inconstitucionalidade nº 4.650. Sendo assim, é plenamente aplicável aqui uma das lições mais básicas da estatística: sendo reduzido o espaço amostral, maior é a margem para erro.

Ciente desses riscos, os tópicos seguintes serão dedicados a avaliar em que medida as consequências práticas advindas a partir do julgamento da Ação Direta de Inconstitucionalidade nº 4.650 correspondem àquelas esperadas a partir da prolação da decisão pelo Supremo Tribunal Federal. Para tanto, foram selecionados dois indicadores: (i) o monitoramento de reações legislativas; e (ii) o confronto de dados relativos ao financiamento de campanhas nas eleições de 2016 com aqueles relativos ao pleito anterior em âmbito municipal, realizado em 2012. Confira-se a seguir exposição detalhada de cada um desses itens.

3.5.1 Reações legislativas

Uma decisão judicial que altera as regras do jogo democrático de forma tão significativa tende a gerar vigorosa reação por parte do Poder Legislativo. Essa consideração não significa dizer que, ao se declarar parcialmente a inconstitucionalidade do regime jurídico de financiamento eleitoral instituído pelo legislador, o Supremo Tribunal Federal tenha extrapolado suas funções. Muito pelo contrário: acredita-se que essa decisão cumpre duplamente o papel esperado das cortes constitucionais, porque protege direitos fundamentais e, ao mesmo tempo, assegura as regras do jogo democrático.

Esse cenário é ainda mais grave quando os membros do Poder Legislativo são potencialmente autointeressados em viabilizar o financiamento privado de candidatos e campanhas políticas. Como o exercício do mandato lhes garante acesso facilitado a fontes privadas de financiamento – o que, diga-se, nem sempre é feito de forma republicana –, parece lícito supor que havia relevantes incentivos para que os parlamentares buscassem a perpetuação da forma de financiamento tradicionalmente adotada. Assim, do ponto de vista consequencialista, um dos aspectos a serem considerados pela corte constitucional que produz uma decisão ativista é, exatamente, o potencial que ela tem de ser revista pelo Poder Legislativo. Sendo assim, justifica-se a análise do conteúdo das reações legislativas à decisão como termômetro de seu sucesso.

Desde que proferida a decisão final na Ação Direta de Inconstitucionalidade nº 4.650, a disciplina legal sobre o financiamento a candidatos e partidos políticos foi modificada em duas oportunidades. Com a edição da Lei nº 13.165/2015, que passou a vigorar em 29.09.2015 – apenas doze dias após a conclusão do julgamento –, o Código Eleitoral (Lei nº 9.504/1997) foi adaptado para refletir a decisão na Ação Direta de Inconstitucionalidade nº 4.650: o art. 81 da Lei nº 9.504/1997, que anteriormente estipulava regras aplicáveis às doações feitas por pessoas jurídicas a campanhas eleitorais, foi revogado. A redação aprovada pelo Poder Legislativo viabilizava que doações provenientes de pessoas jurídicas para campanhas eleitorais fossem feitas por intermédio de partidos políticos. No entanto, por sugestões do Ministério da Justiça e da Advocacia-Geral da União, que tiveram por fundamento a decisão proferida pelo Supremo Tribunal Federal, os dispositivos em questão[19] foram vetados pela Presidente da República.[20]

---

[19] "Art. 24-A. É vedado ao candidato receber doação em dinheiro ou estimável em dinheiro, inclusive por meio de publicidade de qualquer espécie, procedente de pessoa jurídica. Parágrafo único. Não se consideram doações para os fins deste artigo as transferências ou repasses de recursos de partidos ou comitês para os candidatos. Art. 24-B. Doações e contribuições de pessoas jurídicas para campanhas eleitorais poderão ser feitas para os partidos políticos a partir do registro dos comitês financeiros dos partidos ou coligações. §1º As doações e contribuições de que trata este artigo não poderão ultrapassar nenhum dos seguintes limites: I – 28% (dois por cento) do faturamento bruto do ano anterior à eleição, somadas todas as doações feitas pelo mesmo doador, até o máximo de R$ 20.000.000,00 (vinte milhões de reais); II – 0,5% (cinco décimos por cento) do faturamento bruto, somadas todas as doações feitas para um mesmo partido. §2º A doação de quantia acima dos limites fixados neste artigo sujeita a pessoa jurídica ao pagamento de multa no valor de cinco vezes a quantia em excesso. §3º Sem prejuízo do disposto no §2º, a pessoa jurídica que ultrapassar o limite fixado no §1º estará sujeita à proibição de participar de licitações públicas e de celebrar contratos com o poder público pelo período de cinco anos por determinação da Justiça Eleitoral, em processo no qual seja assegurada ampla defesa. §4º As representações propostas objetivando a aplicação das sanções previstas nos §§2º e 3º observarão o rito previsto no art. 22 da Lei Complementar nº 64, de 18 de maio de 1990, e o prazo de recurso contra as decisões proferidas com base neste artigo será de três dias, a contar da data da publicação do julgamento no Diário Oficial".

[20] Mensagem nº 358, de 29 de setembro de 2015.

Além disso, a Lei nº 13.165/2015, com o declarado objetivo de baratear as campanhas eleitorais, estabeleceu limites de gastos para campanhas eleitorais, os quais, em regra, variavam em função dos gastos declarados em eleições anteriores.[21] Essa regra, logicamente, forçou sensível redução em relação aos valores empregados em campanhas eleitorais anteriores. No entanto, esses parâmetros foram revistos pela Lei nº 13.488/2017, que estipulou nova forma de cálculo dos montantes máximos a serem gastos em campanhas eleitorais, os quais, em regra, passaram a variar em função do número de eleitores registrados para votação. Com as novas regras em vigor, espera-se que, nas eleições subsequentes, haja aumento no volume de recursos financeiros utilizado para o financiamento dos pleitos.

Além disso, a Lei nº 13.165/2015 preocupou-se em estabelecer teto para o uso de recursos dos próprios candidatos para o custeio de campanhas. Para tanto, inseriu na Lei nº 9.504/1997 o §1º-A, que viabilizava o autofinanciamento desde que o montante empregado não superasse o limite de gastos estabelecido na Lei nº 9.504/1997 para o cargo ao qual concorria o candidato.[22] Essas regras foram revogadas pela Lei nº 13.488/2017, que, provavelmente em busca de minimizar possíveis vantagens de que poderiam gozar candidatos ricos o bastante para financiar suas próprias campanhas políticas, passou a submeter as contribuições de candidatos para suas próprias campanhas ao mesmo limite aplicável às pessoas físicas em geral: 10% dos rendimentos brutos auferidos no ano anterior à eleição, tal qual estabelecido no art. 23, §1º, da Lei nº 9.504/1997.[23]

Ainda no que diz respeito ao financiamento de campanhas eleitorais, a Lei nº 13.488/2017 ampliou o emprego de verbas públicas para o financiamento de campanhas eleitorais, com a criação do Fundo Especial de Financiamento de Campanhas – FEFC, composto por recursos da União, a ser distribuídos com base em critérios que privilegiam os partidos políticos com representação parlamentar.[24] Estima-se que, em 2018, a União aporte no fundo especial recentemente criado aproximadamente 1,7 bilhão de reais.[25]

---

[21] Lei nº 13.188/2015: "Art. 5º O limite de gastos nas campanhas eleitorais dos candidatos às eleições para Presidente da República, Governador e Prefeito será definido com base nos gastos declarados, na respectiva circunscrição, na eleição para os mesmos cargos imediatamente anterior à promulgação desta Lei, observado o seguinte: I – para o primeiro turno das eleições, o limite será de: a) 70% (setenta por cento) do maior gasto declarado para o cargo, na circunscrição eleitoral em que houve apenas um turno; b) 50% (cinquenta por cento) do maior gasto declarado para o cargo, na circunscrição eleitoral em que houve dois turnos; II – para o segundo turno das eleições, onde houver, o limite de gastos será de 30% (trinta por cento) do valor previsto no inciso I. Parágrafo único. Nos Municípios de até dez mil eleitores, o limite de gastos será de R$ 100.000,00 (cem mil reais) para Prefeito e de R$ 10.000,00 (dez mil reais) para Vereador, ou o estabelecido no caput se for maior. Art. 6º O limite de gastos nas campanhas eleitorais dos candidatos às eleições para Senador, Deputado Federal, Deputado Estadual, Deputado Distrital e Vereador será de 70% (setenta por cento) do maior gasto contratado na circunscrição para o respectivo cargo na eleição imediatamente anterior à publicação desta Lei".

[22] Lei nº 9.504/1997: "Art. 23 (…) §1º-A O candidato poderá usar recursos próprios em sua campanha até o limite de gastos estabelecido nesta Lei para o cargo ao qual concorre".

[23] Lei nº 9.504/1997: "Art. 23. Pessoas físicas poderão fazer doações em dinheiro ou estimáveis em dinheiro para campanhas eleitorais, obedecido o disposto nesta Lei. §1º As doações e contribuições de que trata este artigo ficam limitadas a 10% (dez por cento) dos rendimentos brutos auferidos pelo doador no ano anterior à eleição".

[24] Lei nº 9.504/1997: "Art. 16-D. Os recursos do Fundo Especial de Financiamento de Campanha (FEFC), para o primeiro turno das eleições, serão distribuídos entre os partidos políticos, obedecidos os seguintes critérios: I – 2% (dois por cento), divididos igualitariamente entre todos os partidos com estatutos registrados no Tribunal Superior Eleitoral; II – 35% (trinta e cinco por cento), divididos entre os partidos que tenham pelo menos um representante na Câmara dos Deputados, na proporção do percentual de votos por eles obtidos na última eleição geral para a Câmara dos Deputados; III – 48% (quarenta e oito por cento), divididos entre os partidos, na proporção do número de representantes na Câmara dos Deputados, consideradas as legendas dos titulares; IV – 15% (quinze por cento), divididos entre os partidos, na proporção do número de representantes no Senado Federal, consideradas as legendas dos titulares".

[25] BBC Brasil. *Entenda o novo fundo público para campanhas eleitorais aprovado na Câmara*. Disponível em: <http://www.bbc.com/portuguese/brasil-41507850#orb-banner>. Acesso em: 2 fev. 2018.

O legislador buscou, ainda, facilitar a arrecadação de recursos a partir de contribuições de pessoas físicas, permitindo expressamente a doação de recursos financeiros por meio de "instituições que promovam técnicas e serviços de financiamento coletivo por meio de sítios na internet" – prática denominada *crowdfunding*. Além disso, viabilizou a "promoção de eventos de arrecadação realizados diretamente pelo candidato ou pelo partido político" (art. 23, §4º, V, do Código Eleitoral, incluído pela Lei nº 13.488/2017) e possibilitou a comercialização de bens e serviços.

No plano constitucional, registra-se uma tentativa, até o momento não concluída, de *backlash* – isto é, de superação parcial pelo Poder Legislativo, via emenda constitucional, da decisão proferida pelo Supremo Tribunal Federal na Ação Direta de Inconstitucionalidade nº 4.650. Trata-se da proposta de emenda constitucional nº 113C/2015, por meio da qual se pretende inserir no art. 17 da Constituição disposições que autorizam expressamente o recebimento, por partidos políticos, de "doações de recursos financeiros ou de bens estimáveis em dinheiro de pessoas físicas ou jurídicas". A proposição atualmente tramita perante o Senado Federal.

Assim enunciado o cenário legislativo posterior à decisão proferida na Ação Direta de Inconstitucionalidade nº 4.650, passa-se a abordar, sob perspectiva comparativa, os dados relativos às eleições municipais de 2012 e 2016.

3.5.2 Eleições de 2016

Neste ponto do trabalho, passa-se a avaliar se as consequências antecipadas por ocasião do julgamento da Ação Direta de Inconstitucionalidade nº 4.650 se confirmaram nas eleições de 2016. Para o desempenho dessa tarefa, o método adotado consiste na confrontação dos dados disponíveis a respeito das eleições municipais ocorridas nos anos de 2012 e 2016, especificamente quanto aos recursos recebidos (i) pelos prefeitos eleitos em capitais e (ii) pelos partidos políticos. Todos os dados utilizados no presente estudo foram extraídos de repositório oficial, no sítio do Tribunal Superior Eleitoral. Optou-se por utilizar os dados relativos aos candidatos a prefeito que venceram as eleições em capitais, por serem representativos da realidade que se pretende retratar e, ao mesmo tempo, possíveis de serem compilados com facilidade.

No que diz respeito ao recebimento de valores pelos candidatos, a análise dos dados demonstra que um dos principais prognósticos feitos pelos ministros que aderiram à posição majoritária no julgamento da Ação Direta de Inconstitucionalidade nº 4.650 confirmou-se: o valor total de recursos arrecadados diminuiu. Com efeito, nas eleições de 2012, os candidatos a prefeitos que venceram as eleições nas capitais arrecadaram o total de R$ 214.120.493,70, dos quais aproximadamente 15,44% constituíam recursos provenientes de doações feitas por pessoas jurídicas. Em 2016, sem a possibilidade de financiamento do processo eleitoral por pessoas jurídicas, o montante total de recursos arrecadado caiu para R$ 88.290.005,74, com redução de cerca de 58,77%. Os recursos recebidos por partidos políticos retratam de forma ainda mais fiel essa realidade. Nas eleições de 2012, somaram R$ 947.431.926,30 – sendo 92,16% provenientes de doações feitas por pessoas jurídicas. Nas eleições de 2016, caíram para R$ 196.767.408,97, com redução de aproximadamente 79,23%.

Outro aspecto relevante da realidade diz respeito ao aumento das doações feitas por pessoas físicas para candidatos. Os candidatos a prefeito que se sagraram vencedores em capitais receberam de pessoas físicas, em 2012, R$ 8.076.698,94, e, em 2016, R$ 1.113.285.505,89, o que representa crescimento de 137,8%. O valor doado por pessoas físicas para partidos políticos, por outro lado, experimentou redução de 31%: em 2012, foi de R$ 42.405.431,27, e, em 2016, R$ 1.365.492,00.

Os dados revelam, ainda, aumento nominal e relativo da importância dos recursos provenientes de partidos políticos. Em 2012, os candidatos a prefeito que se sagraram vencedores nas eleições ocorridas em capitais receberam de partidos políticos R$ 16.616.435,80, equivalentes a 7,76% do total de recursos recebidos. Em 2016, esse valor saltou para R$ 41.581.824,49, que correspondem a 47,10% do total de recursos recebidos.

Além disso, cresceu, ainda que discretamente, o emprego de recursos dos próprios candidatos no financiamento de suas campanhas. Em 2012, as cifras relativas ao autofinanciamento de candidatos que venceram as eleições para prefeito nas capitais somaram R$ 13.551.743,82; em 2016, R$ 15.855.985,75. Houve aumento de aproximadamente 17%. Alguns casos, no entanto, a vultuosidade dos montantes empregados pelos candidatos em suas próprias campanhas despertou atenção, em especial diante da probabilidade de que pessoas com maior disponibilidade de recursos financeiros tenham vantagens comparativas no processo eleitoral. O campeão no uso de recursos próprios foi João Dória, eleito Prefeito de São Paulo, que doou para sua própria campanha R$ 4.444.100,00.

Assim expostos os dados referentes às eleições de 2012 e 2016, pode-se enunciar as conclusões alcançadas pelo presente trabalho.

3.6 Conclusões

Avaliando o cenário legislativo atual, verifica-se que o Poder Legislativo não reverteu a decisão do Supremo Tribunal Federal, mas buscou alternativa que propiciasse uma redução não tão drástica dos gastos em campanhas políticas quanto a experimentada em 2018. Esse novo caminho se deu por meio do emprego de verbas públicas, em saída que veículos jornalísticos consideram ser consequência direta da decisão proferida pelo Supremo Tribunal Federal na Ação Direta de Inconstitucionalidade nº 4.650. Destaca-se, ainda, como consequência da relativa escassez de recursos experimentada em 2016, a tendência do Poder Legislativo de normatizar instrumentos alternativos de arrecadação, como o *crowdfunding* e a promoção de eventos para arrecadação de fundos.

Por outro lado, a comparação entre os dados disponíveis, relativamente às eleições municipais realizadas em 2012 e 2016, gera indícios de que a decisão do Supremo Tribunal Federal tenha contribuído para o barateamento das campanhas políticas no Brasil, reduzindo, por via de consequência, a margem de vantagem decorrente da capacidade do candidato de atrair financiamento para o sucesso nas urnas. Dessa forma, a vontade do eleitor tende a ser melhor manifestada na eleição de seus representantes. No entanto, com a criação do Fundo Especial de Financiamento de Campanhas pela Lei nº 13.488/2017, espera-se que o volume de recursos empregados em campanhas volte a subir, embora não haja a tendência à reprodução de um modelo de captura do processo político pelo poder econômico exercido por pessoas jurídicas.

Mesmo que as doações efetivadas por pessoas físicas para campanhas eleitorais também possam ser feitas de modo irregular, há uma tendência de que a impossibilidade de uso de recursos vertidos por pessoas jurídicas tenha feito com que os candidatos voltem sua atenção para conseguir financiamento a partir do engajamento e da contribuição de pessoas físicas. Assim, ao menos em tese, a realização de doações por um maior número de pessoas físicas representa um aumento da quantidade de pessoas engajadas o bastante nos processos eleitorais para doarem para o candidato de sua preferência, o que favorece a qualidade da representação política.

Não se ignora, contudo, o risco de que pessoas mais ricas sejam privilegiadas nesse processo, porque o limite de doações de 10% (dez por cento) dos rendimentos brutos máximos auferidos no ano anterior, sem limite máximo, tende a dar a elas maior capacidade de influir no resultado do processo eleitoral. Essa circunstância parece desfavorável à promoção de igualdade entre os candidatos e à redução da dependência econômica, porque cria vantagens para os candidatos mais ricos. Talvez por isso a legislação eleitoral tenha sido alterada para submeter o uso de recursos próprios pelos candidatos aos mesmos limites aplicáveis às doações feitas por qualquer pessoa física.

Referências

BARROSO, Luís Roberto. A razão sem voto: a função representativa e majoritária das cortes constitucionais. *Revista Brasileira de Políticas Públicas*, Brasília, v. 5, nº especial, p. 23-50, 2015.

_____. Contramajoritário, representativo e iluminista: os papeis dos tribunais constitucionais nas democracias contemporâneas. *Revista Direito e Práxis, Ahead of print*, Rio de Janeiro, 2017. Disponível em: <http://www.e-publicacoes.uerj.br/index.php/revistaceaju/article/viewFile/30806/21752>. Acesso: em 2 fev. 2018. DOI: 10.1590/2179-8966/2017/30806.

BINENBOJM, Gustavo. *Poder de Polícia, Ordenação, Regulação*: Transformações Político-Jurídicas, Econômicas e Institucionais do Direito Administrativo Ordenador. Belo Horizonte: Fórum, 2016.

BBC Brasil. *Entenda o novo fundo público para campanhas eleitorais aprovado na Câmara*. Disponível em: <http://www.bbc.com/portuguese/brasil-41507850#orb-banner>. Acesso em: 2 fev. 2018.

BRASIL. Lei nº 9.868, de 10 de novembro de 1999. *Diário Oficial [da] República Federativa do Brasil*, Poder Executivo, Brasília, DF, 11 de novembro de 1999. Seção 1, p. 1.

BRASIL. Lei nº 9.504, de 30 de setembro de 1997. *Diário Oficial [da] República Federativa do Brasil*, Poder Executivo, Brasília, DF, 01 de outubro de 1997. Seção 1, p. 21801.

BRASIL. Lei nº 13.165, de 29 de setembro de 2015. *Diário Oficial [da] República Federativa do Brasil*, Poder Executivo, Brasília, DF, 29 de setembro de 2015. Seção 1, p. 1, Edição Extra.

BRASIL. Mensagem nº 358, de 29 de setembro de 2015. Presidência da República, Subchefia para Assuntos Jurídicos. Disponível em: <http://www.planalto.gov.br/ccivil_03/_ato2015-2018/2015/Msg/VEP-358.htm>. Acesso em: 2 fev. 2018.

BRASIL. Lei nº 13.488, de 6 de outubro de 2017. *Diário Oficial [da] República Federativa do Brasil*, Poder Executivo, Brasília, DF, 6 de outubro de 2017. Seção 1, p. 1.

BRASIL. Supremo Tribunal Federal. Ação Direta de Inconstitucionalidade: ADI 4.650. Requerente: Conselho Federal da Ordem dos Advogados do Brasil. Intimados: Presidente da República e Congresso Nacional. Relator: Ministro Luiz Fux. Brasília, 25 de setembro de 2015.

MAGALHÃES, Andrea. *Jurisprudência da crise*: uma perspectiva pragmática. Rio de Janeiro: Lumen Juris, 2017.

MENDONÇA, José Vicente Santos de. *Direito constitucional econômico*: a intervenção do Estado na economia à luz da razão público e do pragmatismo. Belo Horizonte: Fórum, 2014. 490 p.

POGREBINSCHI, Thamy. *Pragmatismo*: teoria social e política. Rio de Janeiro: Relume Dumará, 2005, 200 p.

POSNER, Richard A. *A problemática da teoria moral e jurídica*. São Paulo: Martins Fontes, 2012. 507 p.

_____. *Law, Pragmatism and Democracy.* Cambrigde, Massachusetts: Harvard University Press, 2008. 387 p.

TRIBUNAL SUPERIOR ELEITORAL. *Divulgação de Candidaturas e Contas Eleitorais.* Disponível em: <http://divulgacandcontas.tse.jus.br>. Acesso em: 2 fev. 2018.

TRIBUNAL SUPERIOR ELEITORAL. *Relatório das Eleições 2012.* Disponível em: <http://www.tse.jus.br/eleitor-e-eleicoes/eleicoes/eleicoes-anteriores/eleicoes-2012/eleicoes-2012>. Acesso em: 2 fev. 2018.

Informação bibliográfica deste texto, conforme a NBR 6023:2002 da Associação Brasileira de Normas Técnicas (ABNT):

CUNHA, Leonardo. As doações de pessoas jurídicas a campanhas eleitorais e partidos políticos: uma análise pragmatista da decisão do Supremo Tribunal Federal. In: SARAIVA, Renata et al. *Ministro Luís Roberto Barroso*: 5 anos de Supremo Tribunal Federal: homenagem de seus assessores. Belo Horizonte: Fórum, 2018. p. 71-83. ISBN 978-85-450-0525-4.

CAPÍTULO 4

IDAS E VINDAS DA FIDELIDADE PARTIDÁRIA: COMENTÁRIOS AO VOTO DO MINISTRO LUÍS ROBERTO BARROSO NA ADI Nº 5.081

ESTÊVÃO GOMES

4.1 Introdução e palavras ao homenageado

Homenagens são um prato cheio para clichês. Ninguém é convidado para homenagear alguém sem que se espere uma sequência de elogios eloquentes e bem elaborados. Não vou fugir à regra. Afinal, falar do Professor e Ministro Luís Roberto Barroso é descrever uma parcela importante da minha própria vida no Direito. De uma maneira ou de outra, nossos caminhos se cruzaram ao longo de muitos anos. Foram quatro anos de convívio na graduação e no mestrado em Direito na UERJ, onde aprendi a admirar o Professor Luís Roberto Barroso. Dois anos como estagiário em seu antigo escritório, onde aprendi a admirar o advogado Luís Roberto Barroso. E mais dois anos e meio como seu assessor no Supremo Tribunal Federal, onde aprendi a admirar o Ministro Luís Roberto Barroso. Considero-me um privilegiado por ter acompanhado de perto a sua brilhante atuação na academia, na advocacia e no exercício da magistratura.

Foram muitas as lições aprendidas durante esses anos. Porém, entre suas famosas frases,[1] tenho especial predileção pela seguinte: "Ninguém é bom demais, ninguém é bom sozinho e é preciso agradecer". Não há dúvidas de que aprendi essas três lições com o Ministro: reconheça que você não é o centro do universo, que o seu sucesso tem grande parcela de contribuição de outras pessoas e agradeça a quem lhe ajudou ao longo do caminho. Nesse espírito, aproveito o espaço para agradecer ao Ministro e Professor

---

[1] Uma parcela significativa das frases foi compilada no seguinte livro: MIGALHAS. *Migalhas de Luís Roberto Barroso*. Vol. 1. Rio de Janeiro: Migalhas, 2016.

por todos os seus ensinamentos, no direito e na vida, que contribuíram para que eu me tornasse um profissional e uma pessoa melhor.

Passo agora ao objeto principal desse artigo. Comentar o voto na ADI nº 5.081 é uma tarefa fácil. É possível que esse julgado seja uma das últimas questões com repercussões políticas em que houve unanimidade no Supremo Tribunal Federal antes do início do período de turbulência política e econômica que assolou – e em alguma medida ainda assola – o país. A ação tem como objeto a constitucionalidade da aplicação da fidelidade partidária aos cargos eletivos do sistema majoritário. Em outras palavras, discute-se se senadores e Chefes do Poder Executivo municipal, estadual e federal se submetem ao regime de fidelidade partidária definido pela Resolução nº 22.610/2007 do Tribunal Superior Eleitoral. Por unanimidade, a Corte decidiu pela inaplicabilidade da fidelidade partidária aos cargos eletivos do sistema majoritário, com fundamento na soberania popular e na lógica diferenciada do sistema majoritário em comparação com o sistema proporcional (art. 1º, parágrafo único; e art. 14, *caput*, da Constituição).

Como não poderia ser diferente, inspirado pelo homenageado, esse artigo será dividido em três partes. Na primeira, farei um resumo das questões jurídicas trazidas pelas partes no processo. Na segunda, descrevo o voto do relator, os argumentos relevantes e os principais pontos ressaltados pelos demais Ministros que o acompanharam. Por fim, na última parte, trago algumas breves reflexões para o debate do tema.

4.2 Idas e vindas da fidelidade partidária: a ADI nº 5.081

A Ação Direta de Inconstitucionalidade (ADI) nº 5.081 foi proposta pela Procuradoria-Geral da República em face dos arts. 10 e 13 da Resolução nº 22.610/2007 do Tribunal Superior Eleitoral. Em síntese, ambos os artigos determinam a aplicação da regra da fidelidade partidária, com a consequente perda de mandato, aos cargos eletivos do sistema proporcional e majoritário. Com a ação, a requerente pretendia limitar a incidência da regra somente aos cargos do sistema proporcional, uma vez que, segundo alegou, a extensão aos cargos majoritários violaria o sistema eleitoral e o estatuto constitucional dos congressistas (arts. 14, *caput*; 46, *caput*; 55, *caput*; e os parágrafos do art. 77, da Constituição).

A ADI nº 5.081 não pode ser perfeitamente entendida sem antes recorrer ao histórico da fidelidade partidária na jurisprudência do Supremo Tribunal Federal. A posição clássica da Corte, sedimentada no Mandado de Segurança nº 20.927, julgado em 1989, negava a existência de qualquer penalidade para a migração partidária de parlamentares. Com isso, os congressistas que desejassem mudar de partido político poderiam livremente realizar a troca e, ao mesmo tempo, manter os seus cargos. Esse entendimento permaneceu inalterado até 2007. Nesse ano, após o julgamento dos Mandados de Segurança nº 26.602, nº 26.603 e 26.604, a Corte, modificando a sua jurisprudência consolidada, pronunciou-se no sentido de que os cargos eletivos do sistema proporcional pertencem ao partido político e não ao parlamentar. Dessa forma, eventual mudança de agremiação partidária, após a diplomação, gera a perda do mandato e a consequente retenção pelo respectivo partido, com a exceção das hipóteses em que há justa causa na migração (incorporação ou fusão de partido, criação de novo partido, alteração substancial do programa partidário e grave discriminação pessoal).

Após a decisão, o Tribunal Superior Eleitoral, por ordem do STF, regulamentou a fidelidade partidária por meio da Resolução nº 22.610/2007. A resolução, contudo, foi objeto de outras duas ações diretas de inconstitucionalidade (ADIs nº 3.999 e nº 4.086), em que se questionou a competência do TSE para dispor sobre a perda de mandato por infidelidade partidária. Novamente, por maioria, a Corte reconheceu a competência do TSE e declarou a constitucionalidade da Resolução nº 22.610/2007. Em mais um capítulo da fidelidade partidária na jurisprudência do Supremo, a mesma resolução voltou a ser objeto de ataque na ADI nº 5.081.

Além da questão de mérito (i.e.: saber se a fidelidade partidária estende-se aos cargos majoritários), a presente ação também enfrentou uma importante questão preliminar, que passou um tanto quanto despercebida durante o julgamento, em parte razão da evidente relevância e transcendência da questão central. Poderia o Supremo Tribunal Federal, tendo declarado a constitucionalidade de um ato normativo, analisar novamente a sua legitimidade constitucional em face de outros dispositivos da Constituição? A coisa julgada e a causa de pedir aberta no controle abstrato não seriam suficientes para impedir a análise de questões constitucionais não apreciadas sobre o respectivo ato normativo? Em outras palavras, a declaração de constitucionalidade formal seria um empecilho à análise da constitucionalidade material?

A Procuradoria-Geral da República respondeu negativamente às perguntas. De acordo com a PGR, as ADIs nº 3.999 e nº 4.086 apenas analisaram a constitucionalidade *formal* da resolução, enquanto a ADI nº 5.081 postula a inconstitucionalidade *material* de determinados dispositivos do ato normativo. A Advocacia-Geral da União, por outro lado, argumentou que a constitucionalidade da resolução foi apreciada sob o ponto de vista material e formal e, portanto, a ação não deveria ser conhecida.

No mérito, os seguintes argumentos foram apresentados pela PGR em favor da procedência da ação: (i) a decisão dos Mandados de Segurança nº 22.602, nº 22.603 e nº 22.604 restringiu-se aos cargos do sistema proporcional, tendo como base a obrigatoriedade de filiação partidária para a disputa eleitoral e a natureza do sistema eleitoral proporcional; (ii) o sistema majoritário não possui a mesma lógica do sistema proporcional, em que o partido possui protagonismo no processo eleitoral; e (iii) a perda do mandato no sistema majoritário não seria necessariamente benéfica ao partido, pois o suplente ou vice não precisam pertencer à mesma legenda partidária do antigo titular do cargo.

Em resposta, a Advocacia-Geral da União argumentou que tanto a obrigação de filiação partidária (art. 14, §3º, V, da Constituição) quanto o dever de fidelidade partidária (art. 17, §1º, da Constituição) incidem igualmente para os cargos eletivos do sistema proporcional e majoritário, de modo que os mesmos fundamentos válidos a justificar a aplicação da regra ao sistema proporcional são suficientes à sua extensão ao sistema majoritário. Dois outros argumentos também foram empregados para justificar a legitimidade constitucional da Resolução nº 22.610/2007: (i) a centralidade dos partidos políticos no sistema eleitoral brasileiro; e (ii) o fato de os candidatos do sistema majoritário serem beneficiados pela estrutura oferecida pelas agremiações partidária (e.g.: fundo partidário, espaço de rádio e de televisão para propaganda, coligações partidárias).

O julgamento ocorreu em 27 de maio de 2015, sessão em que o relator votou pela procedência do pedido e foi acompanhado pela unanimidade dos nove Ministros então integrantes da Corte (Celso de Mello, Marco Aurélio, Gilmar Mendes, Ricardo

Lewandowski, Carmen Lúcia, Dias Toffoli, Luiz Fux, Rosa Weber e Teori Zavascki). Foram declarados inconstitucionais o termo "ou vice", constante do art. 10 da Resolução nº 22.610/2007, e a expressão "e, após 16 (dezesseis) de outubro corrente, quanto a eleitos pelo sistema majoritário", inscrita no art. 13, além de conferida a Constituição ao termo "suplente", constante do art. 10. Fixou-se, por fim, a seguinte tese: "A perda do mandato em razão de mudança de partido por candidato eleito pelo sistema proporcional decorre logicamente da Constituição, para que se preserve a soberania popular e as escolhas feitas pelo eleitor. A mesma lógica não se aplica aos candidatos eleitos pelo sistema majoritário, sob pena de violação da soberania popular e das escolhas feitas pelo eleitor".

Antes de passar à análise do voto do relator, menciono, desde já, duas circunstâncias interessantes que permearam a decisão. Em *primeiro lugar*, a ADI nº 5.081 foi uma das primeiras decisões em controle abstrato em que o STF, por sugestão do Ministro Luís Roberto Barroso, adotou a sistemática de resumo do julgamento em uma tese jurídica, curta e objetiva, como a citada. Apesar de não existir qualquer obrigação legal, como ocorre nas hipóteses de recurso extraordinário com repercussão geral (art. 543-A, §7º, CPC/1973 e art. 1.035, §11, CPC/2015), a explicitação da tese jurídica em uma proposição simples tem o objetivo, entre outros, de auxiliar as demais instâncias, a Administração Pública e a população em geral a entender os fundamentos que levaram a decisão do tribunal em controle concentrado de constitucionalidade.[2] A medida passou a ser replicada em outros casos e, atualmente, as teses jurídicas podem ser encontradas de forma catalogada no *site* do Supremo Tribunal Federal.[3]

Em *segundo lugar*, a decisão na ADI nº 5.081, de natureza abstrata, gerou benefícios concretos e imediatos a pelo menos uma senadora da República: Marta Suplicy. Em 28 de abril de 2015, a então senadora havia se desfiliado do Partido dos Trabalhadores (PT), após 34 anos, em razão de supostos cerceamentos a sua atividade parlamentar e, em suas palavras, por não conseguir conviver com os escândalos de corrupção em que o partido estaria envolvido.[4] Posteriormente, a senadora filiou-se ao Partido do Movimento Democrático Brasileiro (PMDB). Antes da decisão do STF na ADI nº 5.081, o PT tinha direito de reter o mandato da senadora, dado que as regras da fidelidade partidária aplicavam-se ao sistema majoritário. Após o julgado, contudo, a senadora não sofreu qualquer penalidade por trocar de partido. À época, esse detalhe passou relativamente despercebido pelo público e pela imprensa,[5] o que, junto com a unanimidade não muito

---

[2] Nas palavras do Ministro Barroso durante os debates da ADI Nº 5.081: "Eu tenho por hábito, Presidente, como Vossa Excelência bem sabe – e até com apoio de Vossa Excelência e outros colegas –, sempre explicitar qual foi a tese jurídica que embasou a construção do meu raciocínio. Em matéria de repercussão geral, eu entendo que essa é uma exigência legal. A gente ter uma súmula, acho que é o termo da lei. Aqui não há uma exigência legal. Mas eu me lembro, Ministro Marco Aurélio, do tempo em que era advogado, como o sistema de votação no Supremo é agregativo, cada um traz o seu voto, e, com frequência, a ementa era feita pelo Relator, e expressava a posição do Relator, eu, mais de uma vez, flagrei situações em que a ementa não refletia o que efetivamente havia sido deliberado".

[3] As teses em controle concentrado podem ser acessadas no seguinte link: <http://www.stf.jus.br/portal/jurisprudencia/menuTese.asp?tese=TCC>.

[4] Agência Brasil. Marta Suplicy deixa o PT e diz que não tem como conviver com corrupção. Disponível em: <http://agenciabrasil.ebc.com.br/politica/noticia/2015-04/marta-suplicy-deixa-o-pt-e-diz-que-nao-tem-como-conviver-com-corrupcao>. Acesso em: 29 jan. 2018.

[5] Essa circunstância, contudo, foi notada pelo Ministro Dias Toffoli, então Presidente do TSE: "Eu queria louvar o Ministro Relator, Luís Roberto Barroso, por trazer esse tema, neste momento, e louvar Vossa Excelência por tê-lo pautado. Por quê? Porque, ontem mesmo, foi protocolado no Tribunal Superior Eleitoral um pedido do Partido dos Trabalhadores em relação à mudança de partido da Senadora Marta Suplicy, que teve milhões de votos

comum em julgamentos envolvendo questões políticas, pode ser entendido como um indício da diferença do ambiente político-institucional em que o Tribunal tomou a decisão. É difícil imaginar, no cenário atual, que um fato semelhante passasse sem ser notado.

4.3 O voto do Ministro Luís Roberto Barroso e as contribuições trazidas pelos demais Ministros

Inicialmente, o relator resolveu a questão preliminar acerca do cabimento da ação. Como já comentado, discutia-se se a declaração de constitucionalidade formal da Resolução nº 22.610/2007 nas ADIs nº 3.999 e nº 4.086 impediria a análise da legitimidade constitucional dos arts. 10 e 13 do mesmo ato normativo em uma nova ação direta de inconstitucionalidade. De um lado, o cabimento da ação foi defendido pelo argumento de que as ADIs anteriores confirmaram tão somente a competência do TSE para editar a resolução. De outro, argumentou-se que a causa de pedir aberta em controle concentrado vedaria a reanálise de ato normativo já declarado constitucional pelo STF. Haveria, portanto, impedimento de novo juízo de constitucionalidade da norma impugnada?

A resposta foi negativa. Como as ADIs nº 3.999 e nº 4.086 apenas analisaram a constitucionalidade formal da resolução e não trataram, de maneira específica, da extensão da fidelidade partidária ao sistema majoritário, o fato de a causa de pedir ser aberta nas ações declaratórias de constitucionalidade não constitui fundamento suficiente para negar cabimento à ação. Do contrário, haveria um aumento desmedido do escopo da coisa julgada, de modo a restringir a própria jurisdição constitucional do Supremo. Nas palavras do Ministro, "a validade formal do diploma legal não garante imunidade a vícios de natureza material, e não se pode realisticamente supor que o Tribunal irá antever todos os possíveis vícios de inconstitucionalidade material nestas hipóteses".

Embora sem muito destaque nos debates, a preliminar de cabimento da ação foi acompanhada por unanimidade pelos demais membros do colegiado. Apenas os Ministros Gilmar Mendes e Marco Aurélio mencionaram expressamente a questão no plenário. O Ministro Luiz Fux, por outro lado, analisou a preliminar somente em seu voto escrito.[6]

Conhecido por ter uma atenção especial aos ritos e tradições do STF, assim como, em suas palavras, às "balizas objetivas do processo", o Ministro Marco Aurélio relembrou que seu voto nas ADIs nº 3.999 e nº 4.086 havia destacado expressamente a circunstância de as ações não tratarem de fidelidade partidária, mas apenas da competência do TSE para editar resolução sobre o tema. Na mesma linha, o Ministro Gilmar Mendes, ao acompanhar o relator na preliminar, reforçou que o tema não havia sido tratado nas

---

em São Paulo". O Ministro Marco Aurélio também se manifestou sobre o tema: "Este julgamento é uma avant-première do caso que está submetido ao Tribunal Superior Eleitoral, envolvendo o Partido dos Trabalhadores e a ex-Prefeita, hoje Senadora da República, Marta Suplicy, que, a esta altura, deve estar de alma lavada, para dizer o mínimo".

[6] Na dinâmica dos julgamentos do Supremo, uma parcela dos Ministros costuma elaborar votos orais, de menor extensão, e posteriormente juntar votos escritos com argumentação mais detalhada sobre a questão jurídica posta em decisão. Essa sistemática é tradicionalmente utilizada para agilizar os trabalhos do plenário. Inclusive, essa é a praxe do Ministro Barroso nos casos de sua relatoria: exposição oral e resumida do voto e posterior juntada do inteiro teor.

ADIs anteriores. Assinalou, ainda, que a reanálise do tema seria possível mesmo se houvesse declaração de inconstitucionalidade da resolução em sua integralidade. Por sua vez, o Ministro Luiz Fux utilizou dois argumentos em favor do cabimento: (i) o fato de o pronunciamento nas ADIs ter se restringido somente a aspectos formais e não substanciais; e, (ii) ainda que assim não fosse, um novo pronunciamento da Corte seria possível, em razão de possível mutação constitucional a ensejar mudança da interpretação da norma constitucional em discussão.

Nesse ponto, a decisão foi importante para consolidar o entendimento no sentido de que o Tribunal, caso analise a constitucionalidade formal de uma lei, não se vincula quanto à constitucionalidade material. Tal compreensão já havia sido discutida, de forma lateral, na ADI nº 2.182, em que ficou assentado o entendimento de que a impugnação formal de diploma legislativo em controle abstrato não obriga a sua análise no plano material, que, por sua vez, pode ser apreciada em outra ação direta de inconstitucionalidade específica sobre o tema.[7]

No mérito, o voto foi dividido em quatro partes. Na primeira, fez-se uma breve descrição e diagnóstico do sistema eleitoral brasileiro, sendo definidos os conceitos de sistema majoritário e proporcional. Um destaque especial foi dado à disfunção do sistema proporcional, tratado como uma "usina de problemas". De acordo com o relator, a fórmula produz, ao menos, três problemas: (i) eleva o custo das campanhas, já que o candidato deve realizar campanha em todo o território do Estado, em vez de distritos restritos; (ii) como quase a totalidade dos candidatos é eleita por transferência de votos, e não votação própria, na maioria das vezes os eleitores simplesmente não sabem em quem estão votando; (iii) os candidatos dentro do mesmo partido são adversários pelas vagas obtidas pelo quociente eleitoral, o que contribui para tornar o debate mais personalizado do que programático.[8] Em resumo, "o sistema é caríssimo, o eleitor não sabe quem elegeu e o debate público não é programático, mas personalizado".

A segunda parte centrou-se no sistema partidário brasileiro, marcado, como destacado pelo relator, por uma história turbulenta e acidentada. Foi conferida especial atenção às disfunções do sistema, sendo duas as mais importantes. A previsão de direito a recursos do fundo partidário e de acesso gratuito à propaganda política no rádio e na TV (art. 17, §7º, da Constituição) foi apontada como a principal causa da pulverização de partidos políticos. De acordo com o Ministro, o sistema partidário brasileiro seria identificado pela "multiplicação de partidos de baixa consistência ideológica e nenhuma

---

[7] Confira-se a ementa do julgado: EMENTA: AÇÃO DIRETA DE INCONSTITUCIONALIDADE. 1. QUESTÃO DE ORDEM: PEDIDO ÚNICO DE DECLARAÇÃO DE INCONSTITUCIONALIDADE FORMAL DE LEI. IMPOSSIBILIDADE DE EXAMINAR A CONSTITUCIONALIDADE MATERIAL. 2. MÉRITO: ART. 65 DA CONSTITUIÇÃO DA REPÚBLICA. INCONSTITUCIONALIDADE FORMAL DA LEI 8.429/1992 (LEI DE IM-PROBIDADE ADMINISTRATIVA): INEXISTÊNCIA. 1. Questão de ordem resolvida no sentido da impossibilidade de se examinar a constitucionalidade material dos dispositivos da Lei 8.429/1992 dada a circunstância de o pedido da ação direta de inconstitucionalidade se limitar única e exclusivamente à declaração de inconstitucionalidade formal da lei, sem qualquer argumentação relativa a eventuais vícios materiais de constitucionalidade da norma. 2. Iniciado o projeto de lei na Câmara de Deputados, cabia a esta o encaminhamento à sanção do Presidente da República depois de examinada a emenda apresentada pelo Senado da República. O substitutivo aprovado no Senado da República, atuando como Casa revisora, não caracterizou novo projeto de lei a exigir uma segunda revisão. 3. Ação direta de inconstitucionalidade improcedente.

[8] Uma análise mais detalhada das propostas de reforma política defendidas pelo Ministro Luís Roberto Barroso pode ser encontrada no artigo "Reforma Política no Brasil: os consensos possíveis e o caminho do meio". Disponível em: <http://www.luisrobertobarroso.com.br/wp-content/uploads/2017/09/reforma-politica-portugues.pdf>. Acesso em: 31 jan. 2018.

identificação popular", o que dá origem às denominadas "legendas de aluguel": agremiações políticas cuja única finalidade é servir como moeda de troca em eventuais coligações partidárias. Não é sem motivo que, atualmente, existem 35 partidos políticos registrados no Tribunal Superior Eleitoral, muitos deles com uma clara sobreposição de programas ideológicos. Por exemplo, não se imagina que o Partido Comunista Brasileiro (PCB) e o Partido Comunista do Brasil (PCdoB) tenham divergências programáticas muito profundas. O mesmo poderia ser dito do Partido Verde (PV) e do Partido Ecológico Nacional (PEN), ambos com agendas nominalmente semelhantes. Partidos políticos no Brasil parecem não só "embalagens para qualquer produto", como menciona o relator, mas, em verdade, embalagens com o mesmo produto.

Em seguida, foca-se no problema da infidelidade partidária. Por que a migração partidária ocorre com tanta frequência no sistema eleitoral brasileiro? A resposta, como explica o relator, é explicada pelo sistema proporcional. Como os candidatos são eleitos numa equação que envolve a quantidade individual de votos obtidos e a quantidade de votos do partido, escolhe-se a agremiação partidária de acordo com o seu potencial de eleição.

Se por um lado os candidatos são incentivados a procurar os partidos que potencializam a probabilidade de eleição, a estrutura do sistema eleitoral também incentivava os partidos a buscar parlamentares em outras agremiações. O art. 47, §3º, da Lei nº 9.504/97, antes das alterações da Lei nº 11.300/2006, dispunha que a representação partidária na Câmara dos Deputados na data de início da legislatura em curso seria considerada para fins de divisão do tempo da propaganda eleitoral no rádio e na TV. Esse dispositivo induzia a troca de partidos entre a eleição e a posse do parlamentar. Com isso, os candidatos eleitos eram computados, para fins de cálculo de horário eleitoral gratuito, como membros das agremiações em que ingressaram, não daquelas pelos quais foram eleitos.

A combinação do sistema proporcional com o arcabouço legislativo do sistema eleitoral era explosiva e gerava efeitos perversos. Conforme mencionado no voto, entre 1995 e 2007, ano do julgamento dos Mandados de Segurança nº 22.602, nº 22.603 e nº 22.604, 581 deputados trocaram 810 vezes de partidos. Esses números representam o grande fluxo migratório no sistema partidário durante o período.

Após explicar as origens do problema, na terceira parte, o voto analisa a decisão nos Mandados de Segurança nº 22.602, nº 22.603 e nº 22.604, que constituem um marco na jurisprudência do Supremo Tribunal Federal. Para fins de resolução da ação de constitucionalidade, os principais pontos destacados do julgado foram os seguintes: (i) a decisão teve como pano de fundo o sistema proporcional, uma vez que foi oriunda de mandados de segurança impetrados contra a negativa do presidente da Câmara dos Deputados em dar posse a deputados suplentes em substituição a parlamentares infiéis, conforme determinado pelo Tribunal Superior Eleitoral, após a Consulta nº 1.398/2007; (ii) após o julgado, a Resolução nº 22.610/2007 do TSE somente estendeu a infidelidade partidária aos cargos do sistema majoritário em razão da Consulta nº 1.407/2007, em que o TSE decidiu que o mesmo conjunto de argumentos que levou o STF a vedar a infidelidade no sistema proporcional também seria aplicável ao sistema majoritário. Em suma, o relator destacou que "a Resolução nº 22.610/2007 acabou por disciplinar a perda de mandato para todos os cargos eletivos, indo além dos fundamentos dos citados mandados de segurança, que se ativeram à hipótese do sistema proporcional".

Por fim, a parte final do voto é dedicada a demonstrar que a fidelidade partidária é inadequada à lógica do sistema majoritário e, caso aplicada, violaria a soberania popular. Antes de desenvolver o argumento, contudo, o relator faz uma observação precisa e necessária: não há nenhuma regra de fidelidade partidária disposta na Constituição de 1988, tal como existia na Constituição de 1969, que previa a perda de mandato de deputados e senadores nas hipóteses de migração partidária injustificada. A decisão do STF nos mandados de segurança apenas aplicou-se ao sistema proporcional por derivar da lógica dessa fórmula eleitoral e por ser um caminho para garantir a vontade do eleitor. O sistema proporcional cria uma vinculação entre o cargo eletivo e o partido político, na medida em que os cargos são distribuídos em conformidade com o quociente eleitoral obtido pela agremiação partidária. Em última análise, a infidelidade constituiu uma afronta não só ao partido político, mas, sobretudo, à soberania popular, que resta violada pela migração partidária. O fenômeno da infidelidade acabava por distorcer a lógica do sistema eleitoral proporcional e reduzir ainda mais a já combalida legitimidade democrática dos parlamentares. Conforme apontado pelo relator em importante passagem:

> Este cenário representava clara deturpação da vontade política do eleitor, pois o amplo êxodo partidário alterava a divisão de forças estabelecida ao final das eleições, tendendo a inflar os partidos integrantes da base aliada em detrimento dos de oposição. É absolutamente incoerente que determinado parlamentar seja eleito em razão dos votos dados à legenda ou a um correligionário com votação extraordinária e, durante seu mandato (muitas vezes logo no seu início), migre para outro partido que em nada colaborou para a sua eleição. A infidelidade partidária, principalmente na proporção assumida no Brasil, representava completo desvirtuamento do sistema proporcional, da democracia representativa e da soberania popular. Portanto, veio em boa hora a alteração da jurisprudência do Supremo Tribunal Federal, pois a regra da fidelidade partidária busca corrigir graves problemas do sistema.

Os problemas do sistema proporcional, contudo, não se refletem no sistema majoritário. *Primeiro*, não há quociente eleitoral nem transferência de votos nesse modelo. Os candidatos são eleitos de acordo com a quantidade de votos obtidos e não dependem da quantidade de votos do partido. Em outras palavras, a lógica do sistema é inteiramente diferente. *Segundo*, a regra da fidelidade partidária não é um corolário da soberania popular, como ocorre no sistema proporcional. Pelo contrário, caso aplicada, a vontade do eleitor seria *lesada* e não garantida. Por outro lado, mesmo que a perda de mandato seja empregada, não é certo que o mandato seria devolvido ao partido político de origem. O relator utiliza dois exemplos para justificar essas afirmativas. Caso uma Senadora da República mude de partido político fora das exceções permitidas, a perda de mandato seria decretada e a suplente assumiria o cargo. A questão é: a suplente não recebeu sequer um voto e não precisa ser necessariamente filiada ao mesmo partido da titular. Como essa medida poderia respeitar a soberania popular? No caso dos Chefes do Poder Executivo, a situação é semelhante: em caso de perda de mandato, o vice assume o cargo do titular. Ocorre que o vice sequer precisa pertencer ao mesmo partido do titular e, por conta das coligações partidárias, normalmente não é. Como essa medida poderia ser adequada para devolver o cargo ao partido político que o conquistou pelo voto? Além de prejudicial à soberania popular, a perda do mandato nessas hipóteses aparenta ser medida inteiramente inadequada às finalidades da fidelidade partidária: aperfeiçoar o modelo eleitoral brasileiro e a democracia representativa.

Um trecho do debate entre a Ministra Cármen Lúcia e o Ministro Luís Roberto Barroso, após a exposição do voto, parece comprovar ainda mais a inadequação da medida, com destaque para leveza e humor característicos do Ministro Barroso na condução dos debates no plenário:

> A SENHORA MINISTRA CÁRMEN LÚCIA – Ministro Dias Toffoli, Vossa Excelência me permite? Se a Presidente da República, um Governador ou se um Prefeito mudasse de partido e perdesse o cargo, pelo nosso sistema, iria o Vice. E se o Vice também mudasse de partido? O povo eleitor iria saber, afinal, o que está acontecendo?
> O SENHOR MINISTRO LUÍS ROBERTO BARROSO (RELATOR) – Iria acabar o presidente do Tribunal de Justiça, sem nenhum voto, sendo o governador.
> (...)
> O SENHOR MINISTRO LUÍS ROBERTO BARROSO (RELATOR) – Ministro Lewandowski, aumentaram as suas chances.

Ainda durante os debates, o Ministro Dias Toffoli apontou o equívoco da adoção da fidelidade partidária no sistema majoritário, usando como exemplo o caso específico da Senadora Marta Suplicy, que, como comentado anteriormente, havia recentemente pedido desfiliação do Partido dos Trabalhadores. O partido, então, requereu a perda do mandato no Tribunal Superior Eleitoral, com base na Resolução nº 22.610/2007. Confira a explicação do Ministro para a inadequação da medida de perda do mandado nessa hipótese:

> O SENHOR MINISTRO DIAS TOFFOLI:
> (...)
> Mas, já que eu falei do caso específico da Senadora Marta Suplicy, vejam, também que, neste caso, nós temos a seguinte situação: ela foi candidata pelo Partido dos Trabalhadores. O seu primeiro suplente é de outro partido, Antônio Carlos Rodrigues, hoje Ministro das Cidades. E o segundo suplente é do PT. Então o pedido faz a seguinte ginástica: a vaga é do PT e ela tem que perder o mandato, por quê? Porque o primeiro suplente não está no exercício porque é Ministro, e o segundo suplente é do Partido dos Trabalhadores. Então esse segundo suplente vai assumir o mandato. Mas e o primeiro suplente como é que fica, se ele deixa o Ministério, pois tem um direito, foi diplomado como tal, como primeiro suplente, não como segundo, e é de outro partido?
> Imaginem se não fosse essa a solução e a solução fosse de que o partido pudesse, então, requerer o mandato quando aquele que foi eleito pelo partido a cargo majoritário saísse de seu partido para um outro. Como é que ficariam essas situações em que vices e suplentes não são do mesmo partido? Ou, no caso de senador, que tem primeiro e segundo suplente? Seriam inúmeras situações extremamente complexas, Senhor Presidente.

Em um último comentário, o voto responde ao argumento de que os partidos também são essenciais para a eleição dos cargos majoritários, por proporcionarem a estrutura suficiente de arrecadação de recursos, propaganda eleitoral e alianças políticas, elementos essenciais nas campanhas políticas. De acordo com o Ministro, não se nega a importância dos partidos no sistema eleitoral brasileiro. Porém, essa centralidade não pode violar a soberania popular. Afinal, a vontade do povo constitui a legitimidade final do sistema político, já que, nos termos do art. 1º, parágrafo único, da Constituição, todo poder emana do povo, que o exerce pelos seus representantes eleitos. Nas palavras do relator: "Se a soberania popular integra o núcleo essencial do princípio democrático, não se afigura legítimo estender, por construção jurisprudencial, a regra da fidelidade partidária ao sistema majoritário, por implicar desvirtuamento da vontade popular vocalizada nas eleições".

Foram essas as ideias expressas no voto do Ministro Luís Roberto Barroso. Com a habitual clareza e objetividade na exposição, o voto expõe as mazelas do sistema eleitoral e partidário brasileiro e desenha soluções, ainda que pontuais, para aperfeiçoar o sistema. Por fim, em síntese, conclui que estender a penalidade de perda de cargo no sistema majoritário no caso de infidelidade partidária subverte a lógica do sistema e viola a soberania popular.

Após expor os principais fundamentos do voto do relator e as contribuições trazidas pelos demais Ministros, faço a seguir breves comentários sobre pontos relevantes da decisão.

4.4 Comentários ao voto

A ADI nº 5.081 inaugurou uma tendência que seria acentuada nos julgamentos seguintes da Corte, especialmente no período entre 2015 e 2016, momento em que o STF foi chamado a resolver uma série de questões relacionadas às crises econômica e política. Essa tendência está diretamente relacionada a certa flexibilização no cabimento de ações de controle concentrado de constitucionalidade. Como comentado no capítulo anterior, a preliminar de cabimento na presente ação, apesar de bastante discutida pelos interessados, não chegou a ser sequer objeto de debate no plenário e tampouco foi ressaltada nos votos escritos dos demais Ministros. Esse comportamento demonstra que o Tribunal tem tratado as questões preliminares de maneira menos rigorosa quando presente discussão de interesse público de grande relevância e transcendência, em que o estabelecimento de um diálogo entre os poderes ou a interferência do Supremo Tribunal Federal é imprescindível para o adequado funcionamento das instituições. Há vários exemplos que comprovam a afirmativa. A título exemplificativo, cito dois casos em que a Corte caminhou nessa direção.

Na ADPF nº 378, debateu-se a compatibilidade do rito de *impeachment* previsto na Lei nº 1.079/1950 com a Constituição. Entre os diversos pedidos da inicial, pretendia-se discutir a constitucionalidade de normas do Regimento Interno da Câmara dos Deputados (RI/CD), posteriores à Constituição de 1988, e cumular pedidos de afirmação de não recepção da Lei nº 1.079/1950, de declaração de inconstitucionalidade das normas do RI/CD e de superação de omissão inconstitucional. Além disso, duas medidas cautelares incidentais foram postuladas com a finalidade de determinar: (i) a anulação do recebimento do pedido de *impeachment* pelo Presidente da Câmara dos Deputados; (ii) as regras para a eleição dos deputados integrantes da comissão especial (votação aberta, vedação a candidaturas avulsas, entre outros).

Em princípio, esses pedidos não poderiam ser postulados em ação de descumprimento de preceito fundamental, dado que não se coadunam com os três pressupostos da ADPF: (i) ameaça ou violação a preceito fundamental, (ii) ato estatal ou equiparável capaz de provocá-la, e (iii) inexistência de qualquer outro meio eficaz de sanar a lesividade (subsidiariedade). Apesar disso, a Corte conheceu da ação. A justificativa para a flexibilização dos pressupostos da ADPF estava na necessidade de analisar todos os pedidos conjuntamente, de modo a conferir segurança jurídica ao rito do *impeachment*. Em síntese, o fato de existir questão de interesse público de grande relevância e transcendência permitiu certa redução no rigor das preliminares de cabimento.

Em sentido semelhante, na ADPF nº 388, discutiu-se se membro do Ministério Público poderia ser nomeado para exercer cargo de Ministro de Estado. À época, a Presidente da República nomeara Wellington César Lima e Silva, membro do *parquet*, para exercer o cargo de Ministro da Justiça. Preliminarmente, a questão relevante era saber se a ação preenchia o requisito de subsidiariedade, pressuposto para o ajuizamento de ação de descumprimento de preceito fundamental (art. 4º, §1º, Lei nº 9.882/1999). Como o ato havia sido questionado em ação popular dias antes do ajuizamento da ADPF, a jurisprudência tradicional do Supremo impediria o conhecimento da ação, uma vez que claramente havia outro meio eficaz de sanar a lesividade. Porém, como a matéria de fundo era sensível, a preliminar foi superada sem muita divergência pelo plenário, com a exceção dos Ministros Marco Aurélio e Luiz Edson Fachin. Com a finalidade de resolver questão relevante, portanto, a Corte agiu de forma menos rigorosa para analisar o mérito da ação.

É certo que a análise da questão preliminar na ADI nº 5.081, embora controversa, não significou uma relativização dos pressupostos de cabimento tão profunda quanto nas ADPFs mencionadas. Entretanto, a postura dos membros da Corte em relação ao recebimento de ações de controle de constitucionalidade parece ser a mesma, seguindo uma tendência de flexibilização dos requisitos em favorecimento do mérito.

A questão é saber se esse comportamento da Corte deve ou não ser criticado. Não há uma única resposta a essa pergunta. Por um lado, a relativização de questões formais parece ser a inclinação da legislação processual brasileira, representada pela adoção do princípio da primazia da decisão de mérito como norma fundamental do processo civil (arts. 4º e 6º do CPC/2015). Na mesma linha, o art. 1.029, §3º, do CPC/2015 autoriza ao Supremo Tribunal Federal desconsiderar vício formal de recurso tempestivo, regra processual que privilegia o papel da Corte na análise de questões relevantes, ainda que levadas ao conhecimento do Tribunal de forma inadequada. Por outro lado, a flexibilização dos pressupostos de cabimento para alguns casos – e não para outros – aparenta violar a segurança jurídica e a isonomia, na medida em que dificulta aos jurisdicionados não somente prever como será o comportamento do Tribunal, mas também autoriza o tratamento distinto a questões idênticas. Ninguém discorda que um determinado nível de previsibilidade e isonomia seja esperado da Corte.

No mérito, a ADI nº 5.081 significou uma correção de rumos de um entendimento controverso do Supremo. Afinal, a regra da fidelidade partidária não se encontra expressa em nenhum dispositivo da Constituição. A exigência de fidelidade constava no art. 35, V, da Constituição de 1969, mas não foi reproduzida na Constituição de 1988. O único artigo que trata do tema, parcialmente empregado na fundamentação dos mandados de segurança, é o art. 17, §1º, que somente confere autonomia aos partidos para estabelecer normas de fidelidade e disciplina partidárias. Aparentemente, o dispositivo não possui densidade normativa suficiente para que se dele extraia uma regra de perda de mandato ao parlamentar infiel. Ademais, a centralidade dos partidos políticos na ordem constitucional, apesar de verdadeira, também não parece constituir fundamento bastante para estabelecer a penalidade de perda de mandato, considerando que a jurisprudência do

Tribunal era pacífica no sentido de que as hipóteses de perda de mandato previstas no art. 55 da Constituição constituíam rol exaustivo e deveriam ser interpretadas de forma restrita.

Fica claro pela leitura dos votos nos Mandados de Segurança nº 22.602, nº 22.603 e nº 22.604 que a intenção da Corte era contribuir para o aperfeiçoamento e a melhoria do sistema eleitoral. É evidente que o fenômeno da infidelidade partidária causava uma série de problemas ao nosso já combalido sistema, conforme destacado pelo Ministro Barroso em seu voto. A solução, portanto, foi estabelecer, de forma criativa e bem-intencionada, uma regra que vedasse a prática, ainda que para isso fosse necessária uma interpretação elástica da Constituição. Porém, seria o papel da Corte corrigir o problema por meio de uma decisão de fundamentação, no mínimo, duvidosa?

A resposta a essa pergunta é complexa e não será tratada em profundidade nesses breves comentários. O homenageado, contudo, possui uma opinião sobre o assunto. De acordo com o Ministro Luís Roberto Barroso, as cortes constitucionais exercem basicamente três papéis: contramajoritário, majoritário (ou representativo) e iluminista.[9] A função contramajoritária constitui o papel tradicional das cortes constitucionais: declarar a incompatibilidade de normas editadas pelo Poder Legislativo em desacordo com a Constituição. A função representativa, por outro lado, confere ao Tribunal legitimidade para proferir decisões que estejam alinhadas ao sentimento popular. Por fim, a função iluminista encerra a qualidade do Tribunal de "empurrar a história quando ela emperra",[10] ao proferir decisões que não são necessariamente contramajoritárias ou representativas, mas que promovem avanços sociais relevantes. Utilizando essas categorias, o Ministro classifica a decisão de exigência de fidelidade partidária a parlamentares como *representativa*, uma vez que teria atendido anseio social não garantido pelo Congresso. Portanto, no seu entendimento, os Mandados de Segurança nº 22.602, nº 22.603 e nº 22.604, ainda que empregando teses arrojadas, garantiram um sentimento popular contrário às trocas constantes de agremiações partidárias pelos parlamentares.

Particularmente, penso que decisões do Supremo em questões relacionadas ao sistema eleitoral e partidário, especialmente direcionadas a contribuir no aperfeiçoamento do sistema e gerar "minirreformas" eleitorais, tendem a gerar efeitos sistêmicos negativos. Dois argumentos sustentam a minha afirmação.

Em *primeiro lugar*, como o Tribunal não constitui o espaço adequado para reformas amplas no sistema eleitoral e partidário, decisões pontuais até auxiliam a resolver um dos problemas, mas, ao mesmo tempo, incentivam a criação de outros. Por exemplo, no caso da exigência de fidelidade partidária, a consequência não esperada da decisão foi o aumento na quantidade de partidos políticos. Como a criação de novo partido constitui uma das exceções ao regime de fidelidade (art. 1º, §1º, Resolução nº 22.610/2007), a partir de 2007, houve uma intensa expansão da já inchada estrutura partidária brasileira. Entre 2011 e 2015, 8 (oito) novas agremiações foram criadas, o que representou um aumento de quase 30% no número de partidos então existentes. A pretexto de resolver uma falha do sistema (i.e.: infidelidade partidária), o Tribunal acabou por acentuar ainda mais um

---

[9] BARROSO, Luís Roberto. A razão sem voto: o Supremo Tribunal Federal e o governo da maioria. *Revista Brasileira de Políticas Públicas*, Brasília, número especial, v. 5, 2015, p. 36-46.

[10] *Ibid.*, p. 42.

dos problemas do sistema partidário brasileiro: a pulverização de partidos políticos com pouca identidade ideológica e programática.

Em *segundo lugar*, as elites políticas e partidárias costumam contornar as decisões da Corte, de modo a garantir que os seus projetos de poder sejam implementados independentemente das medidas restritivas criadas pelo Tribunal. É claro que esse argumento poderia ser utilizado para *toda* decisão do Supremo. Porém, em matéria eleitoral, o incentivo de superar entendimentos do STF é maior, uma vez que os interesses em jogo são mais caros aos congressistas. Um exemplo contundente é a Emenda Constitucional nº 91, de 18 de fevereiro de 2016, que garantiu aos detentores de mandato eletivo uma janela de 30 (trinta) dias para mudança de partido político, sem que haja perda de mandato e sem que a desfiliação fosse considerada para fins de distribuição de recursos do Fundo Partidário e de propaganda eleitoral. Trata-se de situação única em que uma emenda constitucional não altera *nenhum* dispositivo do texto da Constituição ou do ADCT, mas somente autoriza medida antes vedada pela Suprema Corte. A emenda, portanto, foi utilizada como meio de driblar a decisão do Supremo que vedava a fidelidade partidária.

Em que pese os argumentos contrários à implementação da fidelidade partidária via decisão judicial, fica claro que a ADI nº 5.081 está no rol de decisões importantes do Supremo Tribunal Federal em matéria eleitoral. Além disso, a ADI constitui uma correção importante de rumo da jurisprudência da Corte. Ao não estender o regime da fidelidade partidária aos cargos majoritários, a Corte evitou a criação de embaraços ainda maiores à soberania popular e à lógica do sistema eleitoral brasileiro.

4.5 Conclusão

Não é novidade afirmar que o sistema eleitoral e partidário brasileiro necessita de reformas. Porém, as reformas necessárias não devem ser feitas em conta-gotas pelo Poder Judiciário. Uma mudança real e sistemática na estrutura partidária brasileira somente ocorrerá no momento em que o Congresso, por meio de alterações legislativas profundas, consiga tirar as ideias do papel e colocá-las em prática. Enquanto isso não acontecer, decisões como a dos Mandados de Segurança nº 22.602, nº 22.603 e nº 22.604, embora bem-intencionadas, dificilmente resolverão os problemas do sistema.

Nesse contexto, a ADI nº 5.081 serviu como um importante freio de arrumação. Sem essa decisão, é possível que senadores e chefes do Poder Executivo federal, estadual e municipal perdessem seus mandatos ao trocarem de partido, medida que não só seria incompatível com a lógica do sistema majoritário, mas violaria frontalmente a soberania popular. Entre idas e vindas da fidelidade partidária, a ADI nº 5.081 demonstrou-se uma decisão acertada no auxílio da estabilização do sistema eleitoral e partidário brasileiro.

Referências

BARROSO, Luís Roberto. *Reforma Política no Brasil*: os consensos possíveis e o caminho do meio. Disponível em: <http://www.luisrobertobarroso.com.br/wp-content/uploads/2017/09/reforma-politica-portugues.pdf>. Acesso em: 31 jan. 2018.

_____. A razão sem voto: o Supremo Tribunal Federal e o governo da maioria. *Revista Brasileira de Políticas Públicas*, Brasília, número especial, v. 5, p. 36-46, 2015.

BRASIL. Supremo Tribunal Federal. Ação de Descumprimento de Preceito Fundamental: ADPF 378. Requerente: Partido Comunista do Brasil. Intimados: Câmara dos Deputados e Presidência da República. Relator para o acórdão: Ministro Luís Roberto Barroso.

BRASIL. Supremo Tribunal Federal. Ação de Descumprimento de Preceito Fundamental: ADPF nº 388. Requerente: Partido Popular Socialista. Intimado: Presidente da República. Relator: Ministro Gilmar Mendes.

BRASIL. Supremo Tribunal Federal. Ação Direta de Inconstitucionalidade: ADI nº 5.081. Requerente: Procuradoria-Geral da República. Intimado: Tribunal Superior Eleitoral. Relator: Ministro Luís Roberto Barroso.

BRASIL. Supremo Tribunal Federal. Ação Direta de Inconstitucionalidade: ADI nº 2.182. Requerente: Partido Trabalhista Nacional. Intimados: Presidente da República e Congresso Nacional. Relatora para o acórdão: Ministra Cármen Lúcia.

MIGALHAS. *Migalhas de Luís Roberto Barroso*. Vol. 1. Rio de Janeiro: Migalhas, 2016.

Informação bibliográfica deste texto, conforme a NBR 6023:2002 da Associação Brasileira de Normas Técnicas (ABNT):

GOMES, Estêvão. Idas e vindas da fidelidade partidária: comentários ao voto do Ministro Luís Roberto Barroso na ADI nº 5.081. In: SARAIVA, Renata et al. *Ministro Luís Roberto Barroso*: 5 anos de Supremo Tribunal Federal: homenagem de seus assessores. Belo Horizonte: Fórum, 2018. p. 85-98. ISBN 978-85-450-0525-4.

CAPÍTULO 5

FORO POR PRERROGATIVA DE FUNÇÃO E SUA RELAÇÃO COM A QUESTÃO CRIMINAL CONTEMPORÂNEA: A RELEVÂNCIA DA QUESTÃO DE ORDEM NA AÇÃO PENAL 937[1]

ADRIANA CRUZ

5.1 Introdução

O exercício da jurisdição penal no Brasil contemporâneo envolve o desafio de se ter de operar com ferramentas anacrônicas para o seu tempo. O Código Penal brasileiro é de dezembro de 1940 e sua parte geral, reformada de modo mais significativo em 1984, já não contempla questões relevantes para a aplicação do direito material do século XXI. Temas como a responsabilidade penal da pessoa jurídica,[2] por exemplo,

---

[1] Algumas considerações apresentadas neste texto sobre a questão criminal contemporânea estão desenvolvidas em CRUZ, Adriana Alves dos Santos. *Compliance penal nos partidos políticos: possibilidades e limites.* (288 p.). Tese de Doutorado – Departamento de Direito, Universidade do Estado do Rio de Janeiro. Rio de Janeiro, 2018.

[2] A Constituição Federal (BRASIL, 1988) introduziu a responsabilidade penal da pessoa jurídica relativamente a atividades consideradas lesivas ao meio ambiente (art. 225, §3º), o que foi condensado no plano infraconstitucional pela edição da Lei nº 9.605/1998. A redação do art. 173, §5º, da Constituição Federal abriria flanco, também, para que o legislador ordinário pudesse vir a estabelecer sua responsabilização penal por atos praticados contra a ordem econômico-financeira e contra a economia popular. A natureza penal da responsabilidade relativamente aos danos ambientais e sua ampliação para os delitos econômico-financeiros, porém, não é imune a divergências doutrinárias. Para alguns, a responsabilidade penal da pessoa jurídica sequer foi autorizada pelo texto constitucional brasileiro; para outros, há base constitucional para essa espécie de responsabilização, não só para os crimes contra o meio ambiente, conforme posto de forma mais explícita no texto, mas também para atos contra a ordem econômica, financeira e economia popular. A produção sobre o tema é abundante. Entre aqueles que reconhecem a opção do constituinte de encampar a responsabilidade penal da pessoa jurídica, inclusive no que tange ao art. 173, §5º, da Constituição Federal, cf. MACHADO (2014); ROTHENBURG (1995); SCHECAIRA (2011); SILVA (2017, p. 856). Não identificam base constitucional para a responsabilização penal da pessoa jurídica, *e.g.* BITTENCOURT (2012, p. 87-98); CERNICHIARO (1995, p. 262); CRETELLA JUNIOR (1993, p. 3989-4045); DOTTI (1995); SANTOS (2008, p. 432-3).

acolhido pela Constituição Federal de 1988 relativamente aos crimes ambientais e, para alguns doutrinadores, também para aqueles praticados contra a ordem econômico-financeira e contra a economia popular, carecem de critérios de imputação e parâmetros de culpabilidade legalmente sistematizados. O processo penal não apresenta quadro diverso. Embora seu Código tenha sido objeto de reformas mais recentes, foi estruturado na origem como instrumento de um Estado ditatorial, com o primado da tutela social.[3]

Como anota Denis Sampaio[4] a atual legislação processual penal contém dispositivos que reforçam o direito à informação e reação, mas tem-se em matéria probatória muito mais "um contraditório sobre as provas (argumentação sobre a prova) e não um contraditório para a prova (prova argumentada)". A garantia do contraditório e da ampla defesa, com os meios e recursos a ela inerentes, demanda esforço interpretativo dos aplicadores, com as consequências que decorrem da diversidade de pronunciamentos. Questões que deveriam ser inequívocas para aplicadores e destinatários das normas são, com incômoda frequência, objeto de controvérsias que geram, para todos, insegurança. Mais do que a regular e saudável renovação de visões que o transcurso do tempo impõe sobre os institutos, identifica-se, em algumas situações, a ausência da estabilidade necessária a uma aplicação isonômica do Direito. Os debates que envolvem a definição dos limites de exequibilidade dos títulos condenatórios penais provisórios, bem como da fixação do termo inicial da prescrição da pretensão executória, são exemplos do que se menciona.

Algumas outras questões também colocam em disputa a forma como o direito punitivo deve ser estruturado e exercido pelo Estado. A complexidade das relações sociais, políticas e econômicas nas sociedades atuais gera maiores demandas por regulação estatal, com a consequente ampliação do espaço do Direito para novos e mais extensos campos da vida. Na esfera penal material essa dinâmica traduz-se em um viés expansivo sob três vertentes: (i) reforma de tipos penais existentes com o recrudescimento das sanções; (ii) criação de novas figuras típicas em setores já regulados; e (iii) regulação penal em novos campos.[5] Essa realidade impõe desafios tanto para os envolvidos na análise doutrinária e aplicação do Direito Penal material e processual como para os agentes responsáveis pelo desenvolvimento da política criminal.[6] A exposição de bens

---

[3] Sobre as matrizes autoritárias do Código de Processo Penal de 1941, cf. SILVA JÚNIOR, Walter Nunes da. *Curso de direito processual penal*: teoria (constitucional) do processo penal. Rio de Janeiro: Renovar, 2008, p. 145-153.

[4] SAMPAIO, D. A regra do contraditório no Novo Código de Processo Civil e sua "possível" influência no Direito Processual Penal. In: CABRAL, Antonio Passos; PACELLI, Eugênio; CRUZ, Rogério Schietti (Coord.). *Coleção Repercussões do Novo CPC*, v. 13. Salvador: Juspodivm, 2016. p. 20.

[5] Nesse sentido cf. CANCIO MELIÁ, M. *Lesividad social del delito y estado actual de la política criminal*. Conferência. Gottingen: Georg-August-Universität Gottingen, 2014.

[6] Christine Lazerges relaciona como a política criminal se apresenta compreendida no conjunto da política como condução dos assuntos da cidade (*affaires de la cité*). São as estratégias para implementar respostas ao fenômeno criminoso. Não se restringe, nesse passo, ao Direito Penal e Processual Penal ou à criminologia, mas se insere em uma perspectiva mais global da política social de determinado Estado. Explica a autora que a expressão foi empregada pela primeira vez nos trabalhos de Kleinshrod e de Feurbach. Ambos consideravam o termo sob a ótica restrita da política legislativa. Von Lizt, posteriormente, ampliou a compreensão do conceito, para considerá-lo como os princípios sistemáticos pelos quais se organiza a luta contra o crime. Diz a autora que "a política criminal é uma reflexão epistemológica sobre o fenômeno criminoso, uma decodificação do fenômeno criminoso e dos meios eficazes para combater os comportamentos desviantes ou a delinquência; é igualmente uma estratégia jurídica e social, fundamentada sobre escolhas políticas para responder com pragmatismo aos problemas postos para a prevenção e a repressão do fenômeno criminoso, entendido em sentido amplo". LAZERGES, C. *Introduction a la politique criminelle*. Paris: L'Harmattan, 2000, p. 8-9, tradução nossa.

jurídicos não individualizados a riscos gerados pela forma ordinária pela qual a atividade econômica se desenvolve,[7] a prática de crimes no seio de organizações empresariais complexas e sob o manto do poder econômico-financeiro assim como o crime organizado nacional e transacional são problemas que se espraiam com vigor sobre o campo punitivo.

A posição de poder de seus agentes é um traço característico da criminalidade cujo potencial lesivo é mais amplo e profundo. Como anota Klaus Tiedemann, os danos causados pelas corporações nos planos nacional e internacional incrementaram a consciência pública sobre a necessidade de tratamento dessas questões também sob o viés punitivo penal.[8] O autor destaca ainda a maior danosidade da corrupção relacionada às empresas multinacionais. A despeito de a corrupção ser um problema essencialmente doméstico, as práticas corruptas no âmbito de empresas com poderes que transcendem fronteiras teriam maior potencialidade de influenciar nas decisões governamentais dos países "infiltrados", não só, mas também, por seu poder econômico.

Assim, às questões relacionadas ao poderio econômico-financeiro associam-se os problemas ligados à captura dos bens públicos para fins privados, tanto por parte de agentes públicos em sentido amplo (incluídos nesse sentido funcionários responsáveis pela burocracia estatal e agentes políticos) como por agentes particulares que com estes se relacionam. A grande ameaça à democracia e aos direitos fundamentais na atualidade não adviria da criminalidade de varejo, fragmentada ou relacionada à subsistência. As ameaças mais preocupantes seriam oriundas das práticas criminosas identificadas como crimes de poder. Essa é uma categoria de análise utilizada por Luigi Ferrajoli para distinguir as manifestações criminosas unidas por seu caráter organizado. De um lado, haveria os poderes abertamente criminosos constituídos pelas organizações criminosas de tipo mafioso e as organizações terroristas; de outro, grandes poderes econômicos e privados transnacionais e poderes públicos e políticos. Os primeiros seriam os poderes criminosos; os segundos, os crimes de poder.[9]

Os crimes de poder tensionam a democracia sob duas vertentes. Por um lado são prejudiciais à vida plena dos indivíduos em sociedade,[10] pois criam obstáculos à consecução dos objetivos coletivos democraticamente acordados. De outro, os meios

---

[7] Sobre a proteção de bens jurídicos universais e a inadequação de uma teoria de bem jurídico que apenas privilegie a perspectiva individual liberal clássica (vida, propriedade), cf. "o consumo abusivo e desenfreado de recursos ocorrido neste século, junto com a superpopulação da terra que a este acompanha, tem conduzido a beco sem saída que proíbe qualquer dúvida acerca do caráter dominante dos bens jurídicos ecológicos, o que acarreta que a funcionalização individualista proclamada pela escola de Frankfurt (e o que significa: redução aos interesses predatórios dos indivíduos que vivem neste momento) apareça em certo sentido uma verdadeira perversão do ordenamento de bens jurídicos". SCHÜNEMANN, B. Consideraciones críticas sobre la situación espiritual de la ciencia jurídico-penal alemana. *Cuadernos de doctrina y jurisprudencia penal*, Buenos Aires, v. 2, n. 1/2, p. 17-49, 1996.

[8] TIEDEMANN, K. Aspectos penales y criminológicos de las actividades de las empresas transnacionales. *Estudios penales y criminológicos*, Santiago de Compostela, v. 6, n. 26, p. 291-320, 1983.

[9] FERRAJOLI, L. *Principia iuris*: Teoria del derecho y de la democracia 2. Traducción de Perfecto Andrés Ibáñez, Carlos Bayón, Marina Gascón, Luis Prieto Sanchís y Alfonso Ruiz Miguel. Madrid: Editorial Trotta, 2011. p. 352-354.

[10] A eleição de determinadas condutas típicas pelo legislador revela valores e também relações de poder. A criminalidade "de varejo", ou comum, também afeta a vida dos indivíduos. Refere-se aqui aos crimes de poder apenas para dimensionar os danos que podem ser causados em escala. Não se ignora que não só as condutas que violam bens caros de forma quase unânime ao grupo social, como a vida, são tutelados penalmente. A proteção oferecida pelo sistema criminal dirige-se, também, a bens e valores que não são consensualmente partilhados pela sociedade, ao menos em intensidade tal para essa específica espécie de proteção, a exemplo do aborto. No entanto, esse aspecto do problema não é pertinente ao argumento que será desenvolvido.

empregados pelo Estado para reprimir as condutas ilícitas, se não observados determinados parâmetros, podem ser também deletérios para a democracia, em um ciclo vicioso passível de corromper as instituições que a sustentam. Esse segundo sentido se apresenta quando o enfrentamento da criminalidade ocorre com eventual ou sistemático desrespeito aos direitos e garantias individuais, o que coloca o Estado em indesejável posição simétrica às condutas que pretende combater ou, ainda, nas hipóteses em que aqueles que ocupam posições de poder possuem ferramentas para que o sistema punitivo opere seletivamente em seu favor. A admissão de um sistema que permita espaços de imunidade fática e a recalcitrante ineficácia da lei representa a própria negação da função preventiva da pena, em seu aspecto geral e especial.

A persecução penal de crimes praticados por agentes que detêm poder político e econômico não prescinde, por evidente, da observância das garantias classicamente conferidas, ao menos normativamente, aos agentes da chamada criminalidade de varejo. De outro lado, o Direito Penal deve ser aplicado de forma isonômica, independentemente da capacidade econômica e de influência política dos agentes evolvidos. Essa é, contudo, uma prescrição que não corresponde à descrição da realidade. Na prática, as assimetrias geradas pelo poder econômico-financeiro em um mundo globalizado se espraiam para a ordem jurídica interna dos Estados. No plano internacional, Estados e atores não estatais avocam a posição de reclamar tratamento diferenciado pelas riquezas que geram e buscam eximir-se de qualquer forma de responsabilização por condutas eventualmente danosas.[11] No plano interno, essa assimetria é revelada pelo esforço, muitas vezes vitorioso, de agentes políticos e representantes do poder econômico em manter suas atividades ao largo de qualquer regulação, e de resguardar um campo de impunidade, a despeito dos danos que acarretem.

Os problemas relacionados ao exercício da jurisdição penal tornam-se ainda mais densos em decorrência de uma realidade que se transforma com significativa velocidade. Há um incremento na tensão sobre o momento e profundidade adequados para se ressignificar institutos por meio da interpretação. Em outras palavras: como identificar a hora de mudar e, ao mesmo tempo, diferenciá-la das resistências próprias a um sistema em operação regular? Os aparentes entraves práticos para aplicação da lei penal podem significar, em alguns casos, o pleno e adequado funcionamento do sistema de garantias que limita o direito de punir do Estado. Nesse caso, seria preciso suportar a eventual frustração sobre a expectativa social de punição penal, e não contorná-la com a atribuição de novos sentidos às normas que aumentem as probabilidades de incidência do poder punitivo. A definição desses limites demanda da magistratura em geral, e da jurisdição constitucional em particular, reflexão constante.

Por iniciativa do Ministro Luís Roberto Barroso, na relatoria da Ação Penal nº 937, o Supremo Tribunal Federal se propôs a revisitar sua jurisprudência sobre o foro por prerrogativa de função (ou foro especial). Dados compilados pelo Núcleo de Estudos e Pesquisas da Consultoria Legislativa do Senado Federal[12] indicam que, em março de 2017, havia 54.990 autoridades com foro especial no ordenamento jurídico brasileiro.

---

[11] BASSIOUNI, M. C. (Ed.). Globalization and its impact on the future of Human Rights and International Criminal Justice. Cambridge: Intersentia, 2015. p. xxix.

[12] CAVALCANTE FILHO, J. T.; LIMA, F. R. Foro, Prerrogativa e Privilégio (Parte 1): Quais e quantas autoridades têm foro no Brasil? Brasília: Núcleo de Estudos e Pesquisas/ CONLEG/Senado, abr. 2017 (Texto para Discussão nº 233). Disponível em: <www.senado.leg.br/estudos>. Acesso em: 27 abr. 2017.

Os números se referem aos ocupantes de cargos públicos que têm a prerrogativa de julgamento na esfera penal por órgãos jurisdicionais específicos em decorrência das funções que exercem, por força de disposições da Constituição Federal, das Constituições Estaduais e Lei Orgânica do Distrito Federal. A fixação dos limites materiais e temporais dessa prerrogativa está relacionada à maior ou menor possibilidade de ingerência de agentes de poder, eventualmente processados, na dinâmica de aplicação da lei penal. A amplitude do foro especial no Brasil, na visão do relator, gera disfuncionalidades que demandam um novo olhar sobre o tema. Nesse sentido, a afetação da AP nº 937 ao Plenário da Corte permitiu que se retomasse a reflexão sobre o sentido da prerrogativa que: (i) preserve a funcionalidade das instituições por meio do resguardo de determinadas funções; (ii) se coadune com o princípio da igualdade; e (iii) não a transmude em vetor de impunidade.

Propomos, pela limitação desse trabalho, destacar o sentido republicano da renovação do debate e sua relação com a questão criminal contemporânea. O exercício do poder punitivo relativamente a condutas que interseccionam com o poder político gera um deslocamento de forças entre os poderes estatais que merece atenção. As ferramentas de que dispõem os agentes de poder para se furtar à contenção por práticas ilícitas coloca a questão sobre o real vetor de prerrogativas que venham a dificultar seu processamento. Qual seria o limite a partir do qual a prerrogativa se converte em privilégio? Essa parece ser uma reflexão extremamente relevante veiculada pelo Ministro Luís Roberto Barroso por meio da Questão de Ordem apresentada na ação penal referenciada. A despeito de haver autoridades com foro especial por força das Constituições estaduais e Lei Orgânica do Distrito Federal, serão feitas, doravante, referências exclusivas àquelas que detêm, por força da Constituição Federal, foro no Supremo Tribunal Federal.

5.2 O foro por prerrogativa de função

É básico afirmar que a função jurisdicional do Estado se organiza pela divisão de trabalho entre os órgãos constitucionalmente destinados a concretizar a intervenção estatal junto ao jurisdicionado, "para fins de atuação do Direito ao caso concreto".[13] A competência, por seu turno, é a delimitação de seu espaço de atuação. A despeito de o termo remeter a um recorte espacial, que guarda direta relação com o critério de definição de competência em razão do lugar, outros elementos parametrizam a definição do juiz natural, como a matéria e a pessoa. O foro por prerrogativa de função nada mais é do que um critério de fixação de competência em razão da pessoa no processo penal e que leva em conta a função desempenhada pelo réu. Teria a dúplice finalidade de preservar certos cargos e funções de eventual uso político da jurisdição criminal e garantir que o processo e julgamento transcorram livres "de pressões que os supostos responsáveis pudessem exercer sobre órgãos jurisdicionais inferiores".[14] Dito de outra forma, o exercício do cargo livre de ingerências indevidas.[15] O juiz natural não é determinado em razão do

---

[13] PACELLI, Eugênio. *Curso de Processo Penal*. 18. ed. São Paulo: Atlas, 2014. p. 199.

[14] TOURINHO FILHO, Fernando da Costa. *Código de Processo Penal Comentado*. 14. ed. São Paulo: Saraiva, 2012. p. 363-5.

[15] "Determinadas pessoas, em razão da alta relevância da função que desempenham, têm direito ao julgamento por órgão de maior graduação. Permite-se, assim, enaltecer a função desempenhada, e evitar as pressões indiretas

que a pessoa é, mas sim em razão das funções que exerce. Por esse motivo, o princípio da igualdade e a garantia de vedação de tribunal de exceção não seriam maculados.

O Código de Processo Penal dispõe, nos artigos 69 e 84 a 87, sobre o foro por prerrogativa de função, mas o fundamento e os contornos do instituto estão no plano constitucional. Por ocasião do julgamento da Ação Direta de Inconstitucionalidade nº 2.797, o STF afirmou, nos termos do voto do relator, Ministro Sepúlveda Pertence, que "a competência originária dos Tribunais é, por definição, derrogação da competência ordinária dos juízos de primeiro grau, do que decorre que, demarcada a última pela Constituição, só a própria Constituição a pode excetuar". O julgado lista algumas hipóteses de construções pretorianas a partir das quais foram extraídas competências implícitas dos tribunais federais, mas todas elas inferidas "a partir de regras expressas da Constituição". No que concerne à Justiça dos Estados-membros, há expressa previsão constitucional para que as constituições locais definam a competência de suas Cortes, além do que já se contém nos artigos 29, X, e 96, III, da Constituição Federal.[16]

A partir da compreensão da Constituição Federal de 1946 e das Leis nº 1.079/50 e nº 3.528/59, o STF estendia o alcance do foro por prerrogativa àqueles que já não exerciam o cargo. Ainda que o inquérito ou ação penal se iniciasse após a cessação desse exercício, o juízo especial ficaria prorrogado. O entendimento estava consolidado na Súmula 394 do STF, cujo enunciado tinha o seguinte teor: cometido o crime durante o exercício funcional, prevalece a competência especial por prerrogativa de função, ainda que o inquérito ou a ação penal sejam iniciados após a cessão daquele exercício. De notar que a Constituição Federal de 1946 não atribuía competência originária ao Supremo Tribunal Federal para processar e julgar deputados federais e senadores, o que só veio a ocorrer com o advento da EC nº 1/1969. Essa interpretação prevaleceu até o julgamento da Questão de Ordem no Inquérito 687, de relatoria do Ministro Sydney Sanches, oportunidade na qual a Corte avaliou que a renúncia de parlamentar teria o efeito de afastar imediatamente a competência especial e findou por cancelar o enunciado sumular. A virada jurisprudencial teve por fundamento a noção de que a prerrogativa de foro embute um grau de privilégio e, nessa medida, deve ser interpretada restritivamente. Não haveria espaço, portanto, para permitir que ex-ocupantes de cargos se mantivessem sob jurisdição especial, em um quadro normativo que prima pela igualdade entre os cidadãos.

O julgamento do Inq 687-QO ocorreu nos idos de 1999 e, já naquela época, o STF aduziu questões de ordem prática na avaliação do tema. Constam do voto do Ministro Sidney Sanches considerações sobre o crescente fluxo de processos que estaria inviabilizando o regular funcionamento da Corte, nos seguintes termos:

---

que poderiam ocorrer se as diversas autoridades fossem julgadas pelos juízes de primeiro grau". TÁVORA, Nestor; ALENCAR, Rosmar Rodrigues. *Curso de Direito Processual Penal*. 4. ed. Salvador: Juspodivm, 2010. p. 246.

[16] Entre as hipóteses de competência originária implicitamente reconhecidas pela jurisprudência, o voto condutor menciona, entre outras, a competência originária do Supremo Tribunal Federal para conhecimento originário de habeas corpus contra atos de Ministros de Estado, quando relativos a extradições e contra decisões de Turmas Recursais dos Juizados Especiais e no âmbito dos Tribunais Regionais Federais, a de processar, originariamente nos crimes de competência da Justiça Federal, as autoridades que tenham foro por prerrogativa de função perante os Tribunais de Justiça locais. BRASIL. Supremo Tribunal Federal. ADI nº 2.797. Brasília, DF, 2005.

Além disso, quando a Súmula foi aprovada, eram raros os casos de exercício de prerrogativa de foro perante a Corte.

Mas os tempos são outros. Já não são tão raras as hipóteses de Inquéritos, Queixas ou Denúncias contra ex-Parlamentares, ex-Ministros de Estado e até ex-Presidente da República. E a Corte, como vem acentuando seu Presidente, o eminente Ministro SEPÚLVEDA PERTENCE, em reiterados pronunciamentos, já está praticamente se inviabilizando com o exercício das competências que realmente tem, expressas na Constituição, enquanto se aguardam as decantadas reformas constitucionais do Poder Judiciário, que, ou encontram fortíssimas resistências dos segmentos interessados, ou não contam com o interesse maior dos responsáveis por elas. (...). É de se perguntar, então: deve o Supremo Tribunal Federal continuar dando interpretação ampliativa a suas competências, quando nem pela interpretação estrita, tem conseguido exercitá-las a tempo e a hora?

Na esteira do cancelamento da Súmula nº 394, sobreveio a Lei nº 10.628/2002, que introduziu os §§1º e 2º ao artigo 84 do Código de Processo Penal[17] para restabelecer a possibilidade da competência especial por prerrogativa de função aos ex-ocupantes de cargos, porém limitando materialmente a "atos administrativos dos agentes", bem como para estender o foro especial para o processo e julgamento de ações de improbidade. Ao analisar a ADI nº 2.797, proposta pela Associação Nacional dos Membros do Ministério Público – CONAMP, o STF declarou a inconstitucionalidade do §1º. A Corte afirmou que a lei ordinária não é meio hábil a alterar a jurisprudência da Corte, "fundada direta e exclusivamente na interpretação da Constituição da República". Dito de outra forma, a lei não pode impor determinada interpretação do texto constitucional. Amparado na doutrina do Ministro Luís Roberto Barroso, em fase precedente à sua participação na Corte, o voto condutor do acórdão concluiu pela inconstitucionalidade formal do dispositivo, na medida em que uma interpretação autêntica da Constituição Federal só poderia emanar do órgão competente para sua reforma e com a observância do mesmo procedimento. "Quando, ao vício de inconstitucionalidade formal, a lei interpretativa da Constituição acresça o de opor-se ao entendimento da jurisdição constitucional, (...) se impõem ao Tribunal razões de alta política institucional para repelir a usurpação pelo legislador de sua missão de intérprete final da Lei Fundamental".[18] O §2º, por seu turno, foi declarado inconstitucional por arrastamento.[19]

A despeito da crescente demanda do STF relacionada à competência originária em matéria penal, a Corte nunca pacificou entendimento sobre o alcance material da prerrogativa de foro, tampouco acerca da possibilidade de um marco temporal para prorrogação de competência, com vistas à estabilização do processo e à garantia de que alcance seu termo. Há matéria sumulada relativamente à possibilidade de o corréu sem

---

[17] "Art. 84. (...) §1º A competência especial por prerrogativa de função, relativa a atos administrativos do agente, prevalece ainda que o inquérito ou a Ação judicial sejam iniciados apos a cessação do exercício da função pública. §2º a ação de improbidade, de que trata a Lei nº 8.429, de 2 de junho de 1992, será proposta perante o tribunal competente para processar e julgar criminalmente o funcionário ou autoridade na hipótese de prerrogativa de foro em razão do exercício de função pública, observado o disposto no §1º".

[18] Supremo Tribunal Federal. ADI nº 2.797. Brasília, DF, 2005.

[19] Por ocasião do julgamento da PET nº 3240, o Supremo Tribunal Federal reafirmou que o foro por prerrogativa de função relacionado às infrações penais comuns não se estende às ações de improbidade. O entendimento foi firmado por maioria, a partir de divergência inaugurada pelo Ministro Luís Roberto Barroso. Supremo Tribunal Federal. PET nº 3240. Brasília. Brasília, DF, 2018.

prerrogativa de foro ser processado perante a instância especial (Súmula 704[20]), porém o Plenário nunca avançou em estabelecer compreensão sobre a viabilidade de caminho inverso quando, por alguma razão, a autoridade deixe de ostentar essa condição. Melhor explicando: o Supremo admite, à luz das regras de conexão e continência, a hipótese de um cidadão comum se ver processado juntamente com autoridade que desfrute de foro especial, o que implica o reconhecimento de que essa competência pode se estender a quem constitucionalmente dela não desfrute, em prol da lógica processual. No entanto, essa mesma lógica ainda não havia sido desenvolvida, pela composição plena do Tribunal, no que se refere ao processamento do feito da autoridade que transita entre diversas instâncias, ao sabor das alterações funcionais do réu.

Há precedente da 1ª Turma do STF que reconhece a prorrogação de competência da Corte na hipótese de renúncia de parlamentar após o final da instrução processual (AP nº 606-QO). Embora exista, também, julgado do Pleno no mesmo sentido (AP nº 396), a diferença entre ambos é que naquele o órgão fracionário buscou estabelecer parâmetros gerais e objetivos a orientar julgamentos da espécie. O voto condutor proferido pelo Ministro Luís Roberto Barroso na Primeira Turma, ao suscitar Questão de Ordem na AP nº 606, consolida as preocupações de Sua Excelência com as disfuncionalidades e desigualdades geradas pelo foro por prerrogativa. Na ocasião, pontuou que o exercício da jurisdição deve encerrar o mínimo de discricionariedade e propôs, originalmente, o recebimento da denúncia como marco temporal para estabilizar a competência. No curso dos debates, prevaleceu o entendimento, ao qual também aderiu, de que esse momento processual deveria ser o final da instrução processual.

É esse mesmo conjunto de preocupações que foi condensado na Questão de Ordem suscitada na AP nº 937 pelo Ministro Luís Roberto Barroso, desta feita levada ao conhecimento do Plenário do STF, com os contornos que passamos a explicitar.

5.3   A Questão de Ordem na Ação Penal nº 937

5.3.1 O caso

O Ministério Público Eleitoral do Rio de Janeiro propôs ação penal em face de Marcos da Rocha Mendes, imputando-lhe a conduta típica de captação ilícita de sufrágio (artigo 299 do Código Eleitoral). De acordo com a acusação, o réu teria angariado votos para se eleger Prefeito de Cabo Frio, no Estado do Rio de Janeiro, por meio da entrega de notas de R$50,00 (cinquenta reais) e da distribuição de carne aos eleitores.[21]

A denúncia foi oferecida quando o réu já ocupava o cargo de Prefeito, embora as condutas a ele imputadas tivessem sido praticadas quando ainda era candidato. Nesse sentido, o processo e julgamento deveriam estar a cargo do Tribunal Regional Eleitoral do Rio de Janeiro – TRE/RJ, que recebeu a denúncia em 30.01.2013. Findo o mandato, o TRE/RJ declinou de sua competência em favor do Juízo da 256ª Zona Eleitoral do Rio

---

[20] STF. Súmula 704: "Não viola as garantias do juiz natural, da ampla defesa e do devido processo legal a atração por continência ou conexão do processo do corréu ao foro por prerrogativa de função de um dos denunciados".

[21] As referências de fato e de direito doravante feitas em relação à AP nº 937 foram extraídas do voto proferido pelo Ministro Luís Roberto Barroso nessa ação penal, cujo teor se encontra disponível em: <http://www.stf.jus.br/arquivo/cms/noticiaNoticiaStf/anexo/AP937QOrelator.pdf>. Acesso em 30 dez. 2017.

de Janeiro. Esse mesmo Tribunal, em sede de *habeas corpus*, anulou o recebimento da denúncia e os atos posteriores, sob o fundamento de que por ocasião da prática desses atos o réu já não ostentaria foro por prerrogativa de função.

O Juízo de primeiro grau recebeu novamente a denúncia (14.04.2014) e prosseguiu na instrução até colher as alegações finais. Em fevereiro de 2015, o réu foi diplomado como Deputado Federal, e os autos remetidos ao Supremo Tribunal Federal em abril daquele ano. Na condição de suplente, o réu passou a exercer o mandato em razão de afastamentos dos eleitos. A partir de abril de 2016, e em intervalo inferior a um ano, o réu se afastou, retornou ao cargo de Deputado Federal e voltou a se afastar quando, já com a instrução processual terminada e o processo incluso em pauta no Supremo, sob a relatoria do Ministro Luís Roberto Barroso, o réu foi novamente eleito Prefeito de Cabo Frio, e renunciou ao mandato de Deputado Federal para assumir a Prefeitura em 1º.1.2017.

Nessa oportunidade, o relator afetou a ação penal a julgamento pelo Plenário e suscitou Questão de Ordem, em 10.02.2017, para que a Corte se manifestasse a respeito de possível alteração da orientação então adotada, que indicava que a competência se modificasse com o novo *status* funcional do réu.

5.3.2 Da orientação jurídica preconizada no voto

A linha interpretativa até então adotada pelo STF no tocante ao alcance do foro por prerrogativa de função era a de que o instituto abarca todos os crimes de que são acusados agentes públicos detentores de cargos que gozem da prerrogativa – sejam eles praticados antes da investidura ou não, quer guardem quer não guardem relação com o seu exercício. Na visada do Ministro Luís Roberto Barroso essa compreensão deve ser revisada porque a prerrogativa de foro, com a extensão até então aplicada, ensejaria: (i) o afastamento do STF de sua função primordial de suprema corte, obrigando-o a atuar atipicamente como juízo de primeiro grau; (ii) a ineficiência do sistema de justiça criminal, pela incapacidade do STF de dar conta da demanda que lhe é dirigida; e (iii) a restrição do duplo grau de jurisdição para as autoridades processadas perante a Corte, o que vai de encontro a compromissos internacionais assumidos pelo Brasil, em especial a Convenção Americana de Direitos Humanos e o Pacto Internacional de Direitos Civis e Políticos. Mesmo com *status* infraconstitucional, deve-se prestigiar interpretação que amplie a potência de sua aplicação.

De acordo com o voto proferido, a disfuncionalização do instituto implicaria diretamente na não realização adequada de princípios constitucionais estruturantes, como a igualdade e a república, além de frustrar a efetividade do sistema penal. É que o princípio republicano encerra a noção fundamental de responsabilização político-jurídica de todos os agentes estatais, sem exceção, pelos atos que praticarem; e a igualdade, a seu turno, tem como corolário a isonomia entre os indivíduos, vedando discriminações arbitrárias e quaisquer tipos de privilégios. Uma vez relacionado ao cargo e não a seu ocupante, o foro por prerrogativa deveria distanciar-se da noção de privilégio. A fluidez da competência pela movimentação da situação funcional das autoridades e a amplitude da prerrogativa, no entanto, estariam desvirtuando o instituto de sua real vocação, para aproximá-lo de benesse à *persona*. Ainda que não conduza necessariamente à impunidade, permitiria a tardia punição.

Nesse cenário, o Ministro Relator propôs a restrição do instituto sob um eixo material e outro temporal. Materialmente, sustentou que a competência especial só deve ser fixada para os crimes praticados no cargo e em razão deste. A orientação preconizada, conforme foi sustentado, estaria em harmonia com diversos precedentes da Corte, entre eles a restrição da imunidade parlamentar material às manifestações que tivessem relação com o exercício do mandato.[22] Considerando que o escopo da prerrogativa de foro é assegurar a independência dos órgãos e o livre exercício dos cargos constitucionalmente relevantes, o estabelecimento da competência originária em tribunais de maior hierarquia para o julgamento dos ocupantes destes cargos evitaria ou reduziria a utilização política do processo penal contra estas autoridades, preservando o exercício de suas funções institucionais.

Em uma conjuntura em que magistrados desfrutam das mesmas garantias que asseguram independência e imparcialidade no exercício do cargo, independentemente do grau de jurisdição, o Ministro Luís Roberto Barroso questiona em que medida esta premissa ainda se mostraria pertinente. Para tanto, rememora o momento histórico em que o alcance do instituto foi estendido aos membros do Congresso, qual seja, o advento da Carta de 1969, outorgada pelos ministros militares, pontuando que antes essa medida nunca foi considerada necessária para resguardar o funcionamento das casas legislativas. Por essa razão, conclui que a extensão da prerrogativa de foro aos crimes cometidos antes da investidura no cargo e aos que não guardem nenhum nexo de causalidade com seu exercício, além de revelar-se contraproducente, se divorcia da finalidade para a qual foi concebida.

Ancorado na lógica de adstrição teleológica do foro privilegiado, o Ministro Luís Roberto Barroso sustentou o reconhecimento do caráter excepcional do instituto para preservação da harmonia entre os postulados constitucionais. Sob o aspecto temporal, propôs a adoção de marco processual para fixação definitiva da competência do STF, ou de qualquer outro órgão jurisdicional. A partir do final da instrução processual, com a publicação do despacho de intimação para a apresentação de alegações finais, eventuais alterações na situação funcional do réu não afetariam a competência já firmada, dado que "a jurisprudência da Corte admite a possibilidade de prorrogação de competências constitucionais quando necessária para preservar a efetividade e a racionalidade da prestação jurisdicional". O critério apontado, além de objetivo, prestigiaria o princípio da identidade física do juiz e seria convergente com o entendimento já adotado pela Primeira Turma do Tribunal, conforme o precedente da AP 606-QO.

A resolução da Questão de Ordem foi, então, compilada em duas teses, *uti verbis*:

(i) O foro por prerrogativa de função aplica-se apenas aos crimes cometidos durante o exercício do cargo e relacionados às funções desempenhadas; e

(ii) Após o final da instrução processual, com a publicação do despacho de intimação para apresentação de alegações finais, a competência para processar e julgar ações penais não será mais afetada em razão de o agente público vir a ocupar outro cargo ou deixar o cargo que ocupava, qualquer que seja o motivo.

---

[22] BRASIL. Supremo Tribunal Federal. Inq 396-QO. Brasília, 1989.

O feito foi incluído no calendário de julgamento publicado em 25.04.2017. Na sessão plenária de 31.05.2017, o Relator apresentou o voto aqui descrito. Naquela sessão, três ministros anteciparam sua manifestação sobre o mérito da questão. As Ministras Rosa Weber e Cármen Lúcia, acompanhando o relator, e o Ministro Marco Aurélio, acompanhando em parte o relator. O Ministro Alexandre de Moraes pediu vista dos autos. Na sessão plenária de 23.11.2017, o Ministro Alexandre de Moraes apresentou seu voto-vista, acompanhando em parte o relator. Aderiu à tese que fixa a competência apenas para os crimes cometidos após a diplomação, mas excluiu da restrição proposta os crimes praticados sem relação com o ofício, mas durante o exercício do cargo. Considerou que a Constituição Federal não autoriza que se afaste a competência do STF para infrações penais comuns praticadas por parlamentares. Os Ministros Edson Fachin, Luiz Fux e Celso de Mello acompanharam integralmente o relator. Na continuidade do julgamento, ocorrida nos dias 2 e 3.05.2018, O Ministro Ricardo Lewandowski aderiu ao voto do Ministro Alexandre de Moraes e os Ministros Dias Toffoli e Gilmar Mendes se posicionaram no sentido de que a restrição se dê não somente para os parlamentares, mas também para outras autoridades, a partir da diplomação ou nomeação, independentemente de as condutas estarem relacionadas ao exercício da função. Ao final, a Questão de Ordem foi resolvida, por maioria, no sentido proposto no voto pelo Ministro Luís Roberto Barroso. Houve, assim, a limitação material (crimes praticados *propter officium*) e temporal (*perpetuatio jurisdictionis* a partir do encerramento da instrução) do foro por prerrogativa de função.[23]

5.4 O foro por prerrogativa de função e sua relação com a questão criminal contemporânea

O Direito Penal, em sua concepção clássica, foi estruturado para lidar ordinariamente com o crime praticado por agente único ou, no máximo, em associação de vontades eventual. A criminalidade organizada, especialmente no modelo transnacional, e os danos que emergem de crimes no seio das organizações empresariais, gerando efeitos em cadeia em algumas situações, demandam um olhar renovado sobre exercício do direito de punir. Não é excessivo afirmar que os crimes tidos por tradicionais também adquiriram nova face em um mundo de maior e mais fácil trânsito de bens e pessoas. O corrupto do passado não dispunha das ferramentas que hoje dispõe para acumular e ocultar, de forma mais eficiente, os recursos indevidamente auferidos. Embora integrantes de categorias aparentemente diversas (antiga e nova criminalidade), tanto os delitos tidos por tradicionais como aqueles que se desenham a partir da realidade em transformação, se implementam no mundo contemporâneo de forma tal que reclamam, em algumas situações, as mesmas ferramentas de enfrentamento. Os crimes praticados por autoridades em razão do ofício não podem ser propriamente classificados como novos. Em geral, estão referidos à malversação da coisa pública. Porém, as possibilidades de evasão dessas autoridades da incidência da lei e os danos que podem gerar em suas relações com o setor privado as inserem no mesmo âmbito de preocupações.

---

[23] Até a finalização deste artigo o acórdão ainda pendia de publicação. O resultado do julgamento encontra-se disponível no sistema de acompanhamento processual do STF.

Basta mencionar, como exemplo, que um agente corrupto pode abrir flanco a um dano ambiental de grande monta, pela concessão de licenças indevidas.

Em obra seminal sobre os efeitos da globalização sobre o Direito Penal, Silva Sánchez (2001) prospectou a crescente unificação do Direito, a redução de garantias, a flexibilização de regras de imputação, bem como a relativização de garantias político-criminais substantivas e processuais para lidar com o combate à criminalidade. A contraposição fática entre as garantias individuais e a segurança no enfrentamento da criminalidade apresenta-se em cenários que demandam respostas estatais norteadas por eficiência. Utiliza-se a expressão "contraposição fática" no plano descritivo e não prescritivo. Em verdade, há, normativamente, uma falsa dicotomia entre segurança e garantia no âmbito das sociedades democráticas. O Estado Democrático de Direito não pode prescindir de conferir as garantias formais e substantivas ao sujeito submetido ao poder punitivo estatal. O ponto de tensão não está na alternativa entre essas duas categorias, mas sim nos limites de sua coordenação. A prerrogativa de foro, para responder à sua função genuína, deve preservar o agente público de perseguições indevidas manietadas por meio da jurisdição criminal. Nesse sentido, preserva não apenas o cargo, mas também o indivíduo que exerce as funções. É, portanto, prerrogativa do cargo, mas também uma forma de garantia individual contra o poder punitivo. Na medida em que o agente protegido é ele também um agente de poder, o ponto de equilíbrio entre a possibilidade de maior ingerência da atuação persecutória do Estado e a proteção do espaço individual é uma tarefa mais operosa. Sobre o paradigma de enfrentamento ao fenômeno criminoso que privilegia as garantias individuais, a abordagem de Luigi Ferrajoli é essencial. Ao discorrer sobre o que denomina ser a questão criminal contemporânea, o autor destaca que o Direito Penal foi o terreno onde se construiu o paradigma do Estado de Direito e da democracia liberal como "sistema de limites da lei do mais forte".[24] Este sistema opera em dois sentidos: limita a liberdade do indivíduo, pela proibição de ataque e violação de direitos de terceiros; e conforma limites ao poder do Estado para imposição de castigos.

Ferrajoli designa como modelo normativo ideal e compatível com as democracias constitucionais o Direito Penal mínimo, dimensionado como paradigma (i) metateórico e (ii) normativo. Na primeira dimensão, o Direito Penal somente se justifica se é hábil a minimizar a violência e arbitrariedade que se verificariam em sua ausência, tanto no que se refere às ofensas como na imposição dos castigos. Como paradigma normativo, referencia o sistema de normas penais e processuais aptas a atender a esse fim metateórico.[25]

Sob a perspectiva do paradigma normativo, Ferrajoli sustenta que a função garantista do Direito Penal é dúplice. Não se associa exclusivamente à proteção do indivíduo em face do poder punitivo do Estado, mas também se relaciona com a defesa social, segurança e prevenção dos delitos. Não haveria, assim, oposição entre garantia e segurança, pois ambas as funções estariam logicamente vinculadas. Da mesma forma, não haveria antinomia entre garantia e liberdade, eficiência ou democracia. A construção desenvolvida pelo autor conduz à conclusão de que o menosprezo das garantias processuais ou substanciais configura um déficit democrático.

---

[24] FERRAJOLI, L. *Op. cit.* p. 347.

[25] *Ibid.*, p. 346-8.

Diante dos desafios impostos pela criminalidade contemporânea, a resposta adequada à tutela das garantias individuais e à defesa social seria, para Ferrajoli, o desenvolvimento de um Direito Penal supranacional (globalizado) e correspondentes instituições para sua aplicação (policiais e judiciais). A tendência expansionista, seja qualitativa, seja quantitativa, geraria um déficit para a função garantista do Direito Penal. No tocante especificamente aos crimes de poder, o autor descreve a inefetividade primária e secundária do Direito Penal ante o seu conjunto. As ferramentas que os agentes dessa espécie de crimes possuem para se manter em espaço de impunidade seriam um relevante fator criminógeno, por fomentar a ideia de normalidade dessas condutas. A criminalidade de poder, particularmente aquela designada como de colarinho branco, produz danos gravíssimos, como "devastações ambientais, catástrofes ecológicas, adulterações de alimentos, acidentes de trabalho (...) malversações em prejuízo de bens e finanças públicas",[26] que não são percebidos pela sociedade com a mesma virulência com que são percebidos os crimes comuns. O Direito Penal estaria, em sua percepção, perpetuando um sistema classista e racista de reprodução de desigualdades, ao absorver normativamente privilégios jurídicos, por meio de políticas legislativas lenientes com o poder. Na prática, há um "um direito penal mínimo e flexível para os ricos e poderosos; direito penal máximo e inflexível para os pobres e marginalizados".[27]

Não se pode desprezar a precisão de diagnóstico do autor sobre a realidade presente, tampouco sua leitura do paradigma normativo que deve nortear um Direito Penal compatível com uma sociedade democrática. Embora Ferrajoli defenda uma massiva despenalização como caminho para resgate da dúplice função garantista do Direito Penal, que avalia como desgastada, é interessante notar que em seu modelo minimalista de punir os crimes de poder se manteriam entre aqueles merecedores da atenção estatal. Embora refute a adoção da construção típica dos crimes de perigo abstrato como meio legítimo de criminalização e, portanto, instrumento adequado para enfrentamento dessa espécie de criminalidade, reconhece os bens jurídicos violados pelos crimes de poder como dotados de dignidade penal.

Independentemente de se adotar um paradigma expansivo ou minimalista, é preciso reconhecer que as dificuldades empíricas de aplicação do Direito Penal aos agentes que detêm poder não podem implicar, por si, na rejeição dessa ferramenta como meio de defesa social. O enfrentamento dos crimes praticados sob o manto dos poderes econômico e político reclama a construção de mecanismos que garantam a aplicação da lei com o mesmo padrão aplicável à criminalidade comum. Na interpretação dos institutos, é preciso considerar o rol de ferramentas de que os agentes de poder dispõem para se furtar à aplicação da lei. A construção de sentidos compatíveis e proporcionais às práticas ilícitas que se confronta é meio para dar densidade ao princípio da igualdade, base da democracia.

---

[26] FERRAJOLI, L. *Op. cit.* p. 364
[27] *Ibid.*, p. 364.

5.5 Conclusão

O regime constitucional do foro por prerrogativa de função não deve ser interpretado a partir da consideração da presença ou falta de virtude dos responsáveis pela persecução penal e que se encontram em grau inferior à autoridade processada. Os contornos da proteção devem ser definidos com base na consideração abstrata de maior autonomia daqueles que não se encontram sob qualquer ingerência do réu e apenas nos limites indispensáveis a seus fins.

Os efeitos nocivos da criminalidade de poder não se resumem à lesão direta dos bens jurídicos violados pelas condutas típicas praticadas, mas se expandem pela tensão que geram sobre o sistema ao longo do processo de aplicação da lei penal. As ferramentas de que os detentores do poder dispõem para ampliar seu espaço de imunidade formal ou fática não devem ser desconsideradas na interpretação das normas processuais, nem daquelas que se encontram no plano constitucional e lhes dão suporte.

Como expõe Ricardo Román Gómes Vilchis, existe uma relação inversamente proporcional entre a percepção nos níveis de criminalidade e a satisfação democrática pelos cidadãos. A relação entre a cidadania e as instituições políticas não se limita àquela desenvolvida nas urnas. A percepção sobre a possibilidade de o Estado dar conta das necessidades da população e sua satisfação ou insatisfação com o sistema político ganha especial relevo nas democracias recentes, onde o apoio popular é essencial para fazer frente à sempre presente sombra do autoritarismo que ronda.[28]

Vilchis, ao revisar a literatura sobre o tema, relata que a confiança da população no sistema político é algo complexo e sujeito a uma plêiade de variáveis que influenciariam o apoio do cidadão às instituições democráticas: crescimento e desenvolvimento econômico, real ou percebido; desempenho de líderes partidários; até fatores demográficos (educação, gênero, idade). Sob a perspectiva do crime, os estudos estariam mais centrados nas consequências sobre a economia, a comunidade e a vida pessoal. No que se refere ao mercado, o crime afetaria o valor dos ativos, ensejaria queda na produtividade, além de limitar os recursos públicos disponíveis aos interesses de todos pelo desvio criminoso. No plano comunitário, haveria o esgarçamento dos laços e uma diminuição dos desejos de socialização. Por fim, no nível individual, afetaria o bem viver autônomo dos indivíduos.

Embora a criminalidade não deva, por si só, ser um fator hábil a medir a confiabilidade ou legitimidade de uma democracia, não deve ser desprezada quanto ao impacto que causa sobre as instituições. O grau de eficiência do Estado em dar conta dos índices de criminalidade que assolam a população, assim como da prática de crimes nas instituições estatais, é um fator que pode afetar a relação da cidadania com a democracia.

Nessa perspectiva, é extremamente salutar e relevante que o Supremo Tribunal Federal tenha se proposto a revisitar o tema da prerrogativa de foro e estabelecido o debate com especial enfoque nos princípios estruturantes da república e da igualdade. O voto proferido pelo Ministro Luís Roberto Barroso, ao resolver a Questão de Ordem suscitada na AP nº 937, traduz sua preocupação, desde as primeiras horas na Corte, em contribuir para a compreensão e construção de um Direito Penal menos seletivo, mais igualitário, em resumo, republicano.

---

[28] VILCHIS, R. R. G. Desencanto democrático y opinión ciudadana sobre el crimen en Latinoamérica. *POLIS*, v. 10, n. 2, p. 105-33, 2014.

Referências

BASSIOUNI, M. C. (Ed.). *Globalization and its impact on the future of Human Rights and International Criminal Justice*. Cambridge: Intersentia, 2015.

BRASIL. Supremo Tribunal Federal. AP 937-QO. Brasília, 2017.

BRASIL. Supremo Tribunal Federal. ADI 2797. Brasília, DF, 2005.

BRASIL. Supremo Tribunal Federal. Inq 396-QO. Brasília, 1989.

CABRAL, Antonio Passos; PACELLI, E. *Curso de Processo Penal*. 18. ed. São Paulo: Atlas, 2014.

CANCIO MELIÁ, M. *Lesividad social del delito y estado actual de la política criminal*. Conferência. Gottingen: Georg-August-Universität Gottingen, 2014.

CAVALCANTE FILHO, J. T.; LIMA, F. R. Foro, Prerrogativa e Privilégio (Parte 1): Quais e quantas autoridades têm foro no Brasil? Brasília: Núcleo de Estudos e Pesquisas/ CONLEG/Senado, abr. 2017 (Texto para Discussão nº 233). Disponível em: <www.senado.leg.br/estudos>. Acesso em: 27 abr. 2017.

FERRAJOLI, L. *Principia iuris*: Teoría del derecho y de la democracia 2. Traducción de Perfecto Andrés Ibáñez, Carlos Bayón, Marina Gascón, Luis Prieto Sanchís y Alfonso Ruiz Miguel. Madrid: Editorial Trotta, 2011.

LAZERGES, C. *Introduction a la politique criminelle*. Paris: L'Harmattan, 2000.

PACELLI, E.; CRUZ, R. S. (Coord.). *Coleção Repercussões do Novo CPC*, v. 13. Salvador: Juspodivm, 2016.

SAMPAIO, D. A regra do contraditório no Novo Código de Processo Civil e sua "possível" influência no Direito Processual Penal. In: CABRAL, Antonio Passos; PACELLI, Eugênio; CRUZ, Rogério Schietti (Coord.). *Coleção Repercussões do Novo CPC*, v. 13. Salvador: Juspodivm, 2016.

SCHÜNEMANN, B. Consideraciones críticas sobre la situación espiritual de la ciencia jurídico-penal alemana. *Cuadernos de doctrina y jurisprudencia penal*, Buenos Aires, v. 2, n. 1/2, p. 17-49, 1996.

SILVA JÚNIOR, Walter Nunes da. *Curso de direito processual penal*: teoria (constitucional) do processo penal. Rio de Janeiro: Renovar, 2008.

TÁVORA, N; ALENCAR, R. R. *Curso de Direito Processual Penal*. 4. ed. Salvador: Juspodivm, 2010.

TIEDEMANN, K. Aspectos penales y criminológicos de las actividades de las empresas transnacionales. *Estudios penales y criminológicos*, Santiago de Compostela, v. 6, n. 26, p. 291-320, 1983.

TOURINHO FILHO, F. C. *Código de Processo Penal Comentado*. 14. ed. São Paulo: Saraiva, 2012.

VILCHIS, R. R. G. Desencanto democrático y opinión ciudadana sobre el crimen en Latinoamérica. *POLIS*, v. 10, n. 2, p. 105-33, 2014.

Informação bibliográfica deste texto, conforme a NBR 6023:2002 da Associação Brasileira de Normas Técnicas (ABNT):

CRUZ, Adriana. Foro por prerrogativa de função e sua relação com a questão criminal contemporânea: a relevância da Questão de Ordem na Ação Penal 937. In: SARAIVA, Renata et al. *Ministro Luís Roberto Barroso*: 5 anos de Supremo Tribunal Federal: homenagem de seus assessores. Belo Horizonte: Fórum, 2018. p. 99-113. ISBN 978-85-450-0525-4.

CAPÍTULO 6

DESCRIMINALIZAÇÃO DO ABORTO: UMA ANÁLISE DA LEGITIMIDADE DEMOCRÁTICA DO SUPREMO TRIBUNAL FEDERAL A PARTIR DO JULGAMENTO DO HC Nº 124.306[1]

CRISTINA TELLES

6.1 Introdução

Em 29.11.2016, a Primeira Turma do Supremo Tribunal Federal surpreendeu o país, ao enfrentar tema que há décadas resistia como verdadeiro tabu da sociedade e da política nacionais: a descriminalização do aborto na etapa inicial de gestação.

Naquela semana, olhava-se para a mais alta Corte brasileira, tal como tem sido rotineiro nos últimos anos, aguardando-se a apreciação de denúncias criminais contra autoridades públicas[2] e processos tributários.[3] Não se esperava do Supremo aquilo que, em ciência política e teoria constitucional, costuma se apontar como o núcleo ideal, ou mesmo a essência, do papel do Tribunal: a atuação em prol (i) da manutenção do jogo

---

[1] Agradeço ao Min. Luís Roberto Barroso pela oportunidade de ter sido sua assessora e, assim, presenciado parte da história do Supremo Tribunal Federal, especialmente a vivida no dia 29.11.2016, quando a Primeira Turma da Corte proferiu o acórdão objeto deste artigo. Agradeço, ainda, à professora Jane Reis, pelo permanente diálogo acadêmico sobre o tema e pela indicação, em disciplina cursada no Mestrado de Direito Público da Faculdade de Direito da UERJ, de grande parte da bibliografia utilizada neste trabalho.

[2] Em especial, esperava-se o julgamento sobre o recebimento ou não de denúncia oferecida pelo Ministério Público contra o Senador Renan Calheiros, então Presidente do Senado Federal (Inq. 2593). De fato, em 01.12.2016, o Plenário do STF, por maioria, recebeu parcialmente a denúncia, nos termos do voto do relator, Min. Edson Fachin.

[3] A pauta do Plenário do Tribunal era formada, em 30.11.2016, por quatro ações tributárias sobre ICMS, seguindo, assim, tendência já revelada em alguns estudos, no sentido da grande incidência de temas tributários e, em termos mais amplos, fazendários no Plenário da Corte. Por todos, confira-se: BARROSO, Luís Roberto; BARBOSA, Marcus Vinicius Cardoso. Direito Tributário e o Supremo Tribunal Federal: passado, presente e futuro. *Universitas JUS*, v. 27, n. 3, p. 1-20, 2016.

democrático e (ii) da promoção de direitos fundamentais, notadamente no que diz respeito a grupos sociais subordinados.[4]

Mas foi justamente o exercício da jurisdição constitucional em seu sentido mais basilar que, de maneira surpreendente, mas não fora de hora,[5] o Tribunal realizou naquela data, ao julgar o Habeas Corpus nº 124.306. Com efeito, ao afirmar, pela primeira vez em sua história,[6] a invalidade da criminalização do aborto no primeiro trimestre de gestação, o Supremo enfrentou tema (i) que permanecia há décadas sem condições efetivas de deliberação junto ao Legislativo e ao Executivo,[7] (ii) em prejuízo a direitos fundamentais de centenas de milhares de mulheres que, em uma estimativa conservadora, abortam a cada ano no país,[8] além de às próprias vidas em potencial de embriões e

---

[4] Sobre o tema, que conta com vasta produção doutrinária, estrangeira e nacional, confira-se: (i) SWEET, Alec Stone. Constitutional Courts. In: ROSENFELD, Michel; SAJÓ, András (Ed.). *The Oxford Handbook of Comparative Constitutional Law.* New York: Oxford University Press, 2012, p. 816-830; (ii) GRIMM, Dieter. Jurisdição Constitucional e Democracia. *RDE,* ano 1, n. 4, p. 3-22, out/dez 2008; (iii) GARGARELLA, Roberto. *Latin American Constitutionalism 1810-2010* – The Engine Room of the Constitutionalism. New York: Oxford University Press, 2013; (iv) GINSBURG, Tom; VERSTEEG, Mila. Why do Countries Adopt Constitutional Review?, *30 Journal of Law, Economics and Organization,* n. 587, 2014; (v) SARMENTO, Daniel; SOUZA NETO, Claudio Pereira de. Notas sobre jurisdição constitucional e democracia: a questão da 'última palavra' e alguns parâmetros de autocontenção judicial. In: SARMENTO, Daniel. *Direitos, Democracia e República* – escritos de Direito Constitucional. Belo Horizonte: Fórum, 2018, p. 23-48.

[5] No mesmo sentido, veja-se: GOMES, Juliana Cesario Alvim. Supremo de ontem e de hoje: como fica o aborto agora? *JOTA.* Brasil, 30.11.2016. Disponível em: <https://www.jota.info/colunas/supra/supremo-de-ontem-e-de-hoje-como-fica-o-aborto-agora-30112016>. Acesso em: 12 jan. 2018.

[6] Antes disso, o Supremo havia abordado a temática do início da vida na ADI nº 3.510, em que foi confirmada a validade constitucional da Lei de Biossegurança (nº 11.105/2005), notadamente dos dispositivos que disciplinam a realização de pesquisa científica com células-tronco embrionárias (Rel. Min. Ayres Britto, j. 29.05.2008). De maneira ainda mais direta, o Tribunal também já havia examinado o tema do aborto em ações que discutiam gravidez de feto anencéfalo.

Com efeito, em fevereiro de 2004, chegou à Corte *habeas corpus* em que se procurava garantir o direito de uma mulher à interrupção da gravidez, diante do referido diagnóstico do feto (HC nº 84.025, Rel. Min. Joaquim Barbosa). Antes que o caso fosse apreciado pela Corte, o parto ocorreu e o feto veio a falecer cerca de sete minutos depois. Ainda em 2004, todavia, a Confederação Nacional dos Trabalhadores na Saúde – CNS ajuizou ADPF, requerendo, justamente, a declaração de inconstitucionalidade de interpretação do Código Penal que considerasse criminosa a interrupção da gravidez em caso de anencefalia (ADPF nº 54, Rel. Min. Marco Aurélio). Após a realização de audiência pública para discussão do tema, o julgamento foi concluído em 12.04.2012, no sentido da procedência do pedido, declarando-se "a inconstitucionalidade da interpretação segundo a qual a interrupção da gravidez de feto anencéfalo é conduta tipificada nos artigos 124, 126 e 128, incisos I e II, do Código Penal".

A fundamentação do acórdão centrou-se, no entanto, na consideração de que a anencefalia ensejaria a inviabilidade de vida extrauterina, de modo a não ocasionar afetação ao direito à vida que pudesse justificar a criminalização do aborto a hipótese. Não houve no aludido julgamento, salvo considerações pontuais em votos escritos de alguns Ministros, exame da criminalização sob a perspectiva dos direitos da gestante. Em artigo doutrinário, o hoje Ministro Luís Roberto Barroso comenta que, à época, chegou a apresentar memoriais, na condição de advogado na causa, expondo argumentos dessa natureza (*e.g.,* direitos reprodutivos da mulher e o impacto desproporcional de sua criminalização sobre mulheres pobres), mas acabou prevalecendo, no caso, um debate de menor extensão, sobre as circunstâncias específicas da gravidez de feto anencéfalo (BARROSO, Luís Roberto. *O Novo Constitucionalismo Brasileiro* – Contribuições para a construção teórica e prática da jurisdição constitucional no Brasil. Belo Horizonte: Fórum, 2013, p. 363-365).

[7] Vide item 4.2. do artigo.

[8] Justamente por configurar crime, o aborto induzido ou voluntário é uma prática de difícil mensuração no Brasil. Em geral, utilizam-se os dados sobre internações hospitalares por complicações decorrentes de abortos clandestinos, associados a fatores de correção baseados em estimativas internacionais dos percentuais de procedimentos que geram internação posterior, para se chegar ao número provável de ocorrências. A depender dos critérios aplicados segundo essa metodologia, as estimativas de aborto para o ano de 2013, por exemplo, variaram de 687.347 a 865.160 (MONTEIRO, Mario Francisco Giani et al. Atualização das estimativas da magnitude do aborto induzido, taxas por mil mulheres e razões por nascimentos vivos do aborto induzido por faixa etária e grandes regiões – Brasil, 1195 a 2013. *Reprodução e Climatério,* vol. 30, n. 1, p. 11-18, 2015).

fetos[9] que poderiam ser mais bem tuteladas a partir de uma reflexão sobre a atual política pública de combate às interrupções voluntárias de gravidez. Em termos mais elementares até, o julgamento do HC nº 124.306 qualifica-se como a primeira demonstração institucional do STF de disposição para tratar do aborto na aludida extensão, encarando tema que, embora difícil e penoso para a Corte,[10] mostra-se necessário e urgente para o país.

É certo que a referida decisão não foi tomada pelo Plenário nem tem força vinculante; foi aprovada pela maioria de 4 dos 5 Ministros que compunham a Primeira Turma, sendo que apenas 3 deles expressaram o entendimento pela inconstitucionalidade da criminalização do aborto. Ainda assim, no instante seguinte à sua realização, o julgamento já se incorporava à coleção de casos paradigmáticos do Tribunal. Já fazia história, retirando o aborto do antidemocrático sótão de matérias intocáveis e imutáveis,[11] para exibição, com todas as suas dificuldades e delicadezas, na sala de estar da sociedade brasileira e na pauta de nossas instituições políticas.

Não é uma exibição agradável. Aborto não é um tema sobre o qual a maioria das pessoas queira falar. Costuma causar desconforto tanto em convictos – favoráveis ou contrários à criminalização – como em desinteressados. Mas não falar sobre o assunto, não debater a política pública existente desde a década de 1940 e os resultados práticos por ela gerados, não muda a realidade das mulheres nem mesmo dos embriões ou fetos envolvidos. É por todas elas, pelos filhos que elas usualmente já possuem e gostariam de

---

No único grande censo realizado no país sobre o tema, valendo-se de pesquisa de amostra domiciliar, com técnica de urna, os números obtidos foram bastante próximos aos referidos, corroborando, que, por mais que não haja certeza da quantidade de abortos induzidos ou voluntários praticados no país, trata-se de um problema de saúde pública de enorme extensão. Com efeito, a partir do aludido censo, já em sua segunda edição, estimou-se que, em 2015, foram praticados 503 mil abortos no país. Uma em cada cinco brasileiras adultas dos centros urbanos do país, já teria realizado, pelo menos uma vez, o procedimento. Em números absolutos, haveria, em 2015, mais de 7 milhões de brasileiras que, em algum momento da vida, abortaram fora das hipóteses permitidas pelo Código Penal (DINIZ, Debora et al. Pesquisa Nacional de Aborto 2016. *Ciência e Saúde Coletiva*, 22 (2), 2017, p. 653-660).

[9] Tecnicamente, "embrião" seria o termo adequado até a oitava ou décima segunda semana de gestação, ao passo que "feto" designaria a etapa seguinte até o nascimento ou aborto. O próprio Ministério da Saúde adota a diferenciação (vide: <http://www.brasil.gov.br/saude/2011/10/conheca-todas-as-etapas-de-desenvolvimento-do-bebe>. Acesso em: 12 jan. 2018). Neste artigo, todavia, como trataremos dos três meses iniciais de gravidez, onde pode haver tanto embrião como feto, utilizaremos, por vezes, para facilitar a fluidez do texto, apenas a segunda expressão, de modo a abarcar, indistintamente, a potencialidade humana presente no útero da gestante.

[10] Os riscos de *backlash* ou, mais especificamente, de reação legislativa à decisão do STF, revertendo seu alcance ou talvez até mesmo enrijecendo a legislação penal sobre aborto, são grandes e deram prova de sua força nos meses seguintes ao julgamento do HC nº 124.306. Vide capítulo 3.

[11] Pouco antes do julgamento do HC nº 124.306, ainda no segundo semestre de 2016, chegou a se imaginar que a temática do aborto poderia ser enfrentada, em curto prazo, pelo STF, mas com foco exclusivo em gestações com suspeita de infecção da mãe pelo zika vírus. Isso porque, em 24.08.2016, a Associação Nacional dos Defensores Públicos (ANADEP) propôs ADI cumulada com pleitos de ADPF, questionando diversos pontos da política estatal de combate à epidemia de zika (ADI nº 5.581, Rel. Min. Cármen Lúcia). Entre os pedidos formulados, havia o de concessão de liminar para estabelecer interpretação do Código Penal (arts. 23, I, 24, 124, 126 e 128) conforme a Constituição, assentando que a interrupção da gravidez no caso de mulheres infectadas pelo mencionado vírus constituiria conduta atípica; ou, subsidiariamente, conduta abarcada pela excludente de ilicitude do estado de necessidade.

Menos de um mês após o ajuizamento da ação, no entanto, a própria ANADEP retirou o aludido pedido liminar. Em petição de 20.09.2016, assinalou que, devido à complexidade do debate sobre aborto, deveria ser convocada audiência pública para discuti-lo, não sendo hipótese, portanto, de análise célere da questão pelo Supremo, a título de cautelar.

poder cuidar,[12] e até mesmo para reduzir a quantidade de gestações interrompidas[13] que o país precisa enfrentar, seriamente, o tema. A decisão no HC nº 124.306 foi um inédito, corajoso e necessário ato público institucional praticado nesse sentido.[14]

Com o presente artigo, pretende-se comentar o julgamento, apresentando: um resumo do caso de origem e dos argumentos expostos, em especial, no voto condutor do Min. Luís Roberto Barroso (capítulo 2); um apanhado das principais consequências sociais e políticas geradas pelo enfrentamento do tema no Supremo (capítulo 3); e uma breve análise sobre a legitimidade democrática da atuação do Tribunal (capítulo 4).

6.2 O julgamento do HC nº 124.306

Em 2013, um grupo de pessoas que trabalharia em uma clínica clandestina de aborto na baixada fluminense foi denunciado com base nos arts. 126 e 288 do Código de Penal, pelos crimes de aborto com o consentimento da gestante e formação de quadrilha.[15] Parte do grupo chegou a ser presa em flagrante, mas foi logo posta em liberdade provisória pelo juízo de primeira instância.

Em 2014, no entanto, o Tribunal de Justiça do Rio de Janeiro acolheu recurso do Ministério Público e determinou a prisão preventiva de alguns dos denunciados,[16] o que motivou a impetração de *habeas corpus* no Superior Tribunal de Justiça. Lá, todavia, entendeu-se que o HC não seria cabível, dado que pretenderia substituir-se a recurso em tese passível de interposição. Ademais, a prisão determinada pelo TJ/RJ seria consentânea com a lei.[17]

---

[12] Entre outros, veja-se: (i) DINIZ, Debora et al. Pesquisa Nacional de Aborto 2016. *Ciência e Saúde Coletiva*, 22 (2), 2017, p. 653-660; (ii) Relatório da Defensoria Pública do Estado do Rio de Janeiro, de 01.11.2017, sobre o perfil das mulheres criminalizadas por aborto no Estado. Disponível em: <http://www.portaldpge.rj.gov.br/Portal/sarova/imagem-dpge/public/arquivos/Relatorio_Final_Processo_Aborto.pdf>. Acesso em: 12 jan. 2018; e (iii) SANTOS, Vanessa Cruz et al. Criminalização do aborto no Brasil e implicações à saúde pública. *Revista Bioética*, 21 (3), 2013, p. 494-508.

[13] Embora a tomada de decisão individual sobre interromper ou não uma gravidez envolva diferentes fatores, estudos indicam que a criminalização da medida apresenta baixa efetividade como desestímulo à sua realização, que poderia ser mais bem combatida com políticas públicas de educação sexual, planejamento familiar e apoio às gestantes. Confira-se: (i) SEDGH, Gilda et al. Abortion incidence between 1990 and 2014: global, regional, and sub-regional levels and trends. *The Lancet*. vol. 388, 2016, p. 258-267; e (ii) UNDURRAGA, Verónica. Proportionality in the Constitutional Review of Abortion Law. In: COOK, Rebecca; ERDMAN, Joanna; DICKENS, Bernard (Ed.). *Abortion Law in Transnational Perspective*: Cases and Controversies. New York: University of Pennsylvania Press, 2014, p. 77-97 (traduzido em: *Revista Publicum*, v. 2, n. 2, 2016).

[14] O ineditismo é colocado aqui em relação ao Supremo – cujas manifestações anteriores acerca do aborto, embora extremamente relevantes, apenas tangenciaram a abordagem exposta no HC nº 124.306 –, e, em termos mais amplos, às instituições públicas brasileiras de maior visibilidade e poder. Isso não significa, porém, que fora desses ambientes institucionais não tenha havido, ao longo dos anos, iniciativas para tentar instalar no país um verdadeiro debate público sobre o aborto, com enfoque, sobretudo, em saúde pública. Ao contrário, diversas ações nesse sentido foram tomadas por pessoas e organizações, ligadas, em especial, ao movimento feminista e órgãos de natureza técnica (educacional ou médica) do país. Por todas elas, citam-se: (i) a Anis – Instituto de Bioética, Direitos Humanos e Gênero, com vasta atuação no tema, incluindo a premiada "Pesquisa Nacional do Aborto" (vide nota nº 08) e o recente projeto "Eu Vou Contar"; (ii) o especialista em saúde pública André Kiepper e as mais de 20.000 pessoas que apoiaram, no portal e-Cidadania do Senado Federal, sua "ideia legislativa" de regulamentação do aborto no trimestre inicial de gestação, levando a Comissão de Direitos Humanos da referida Casa Legislativa a ter de discutir o tema (Sug. nº 15/2014); e (iii) a Secretaria de Atenção à Saúde, do Ministério da Saúde, que em 2005 editou primorosa norma técnica para "Atenção humanizada ao abortamento", infelizmente ainda muito distante de ser concretizada e até mesmo divulgada como deveria entre agentes de saúde.

[15] Processo nº 0014492-75.2013.8.19.0021, em curso na 4ª Vara Criminal de Duque de Caxias.

[16] Processo nº 0067779-79.2014.8.19.0000, julgado pela Quarta Câmara Criminal do TJ/RJ.

[17] HC nº 290.341, julgado pela Sexta Turma do STJ.

Inconformados, dois réus impetraram habeas corpus no Supremo, distribuído para relatoria do Min. Marco Aurélio. Em 08.12.2014, foi concedida, monocraticamente pelo Relator, liminar de soltura dos impetrantes e, em 27.06.2015, estendeu-se a medida aos demais réus em situação idêntica. Em síntese, o Min. Marco Aurélio considerou que o HC seria cabível, e seu pedido procedente. Ressaltou, nesse sentido, a excepcionalidade da prisão preventiva.

Em 09.08.2016, o caso foi levado a julgamento na Primeira Turma do STF. Após o voto do Min. Relator, reiterando o entendimento exposto em sua decisão liminar monocrática, o Min. Luís Roberto Barroso pediu vista dos autos. O que lhe chamou a atenção foi justamente o fato de estar a se discutir na ação o crime de aborto.

Embora as estimativas conservadoras apontem, conforme já assinalado, para a ocorrência de mais de 500 mil de abortos por ano no país, há proporcionalmente poucas ações penais propostas com fundamento nos arts. 124 a 127 do Código Penal.[18] Uma quantidade ainda menor delas consegue chegar até o Supremo pela via recursal ou mediante habeas corpus. À época, tampouco havia ação de controle abstrato de constitucionalidade em curso no Tribunal para discutir a matéria.[19] Assim, o caso apresentado na Primeira Turma era, realmente, raro.

Avaliando-o, o Min. Luís Roberto Barroso concluiu, inicialmente, pelo não cabimento do HC à luz da jurisprudência do próprio STF, que inadmite a impetração quando substitutiva de recurso ordinário. O Ministro passou, então, a examinar a possibilidade de concessão da ordem de soltura de ofício. Nesse ponto, concordou com a argumentação de mérito do Min. Relator, no sentido de não estarem presentes as excepcionais condições exigidas para a prisão preventiva, que, ademais, fora decretada pelo TJ/RJ em acórdão de fundamentação genérica, contrário, portanto, às exigências do Código de Processo Penal.

O voto-vista poderia ter se encerrado aí, mas havia fundamento adicional a amparar a compreensão dos fatos pelo Min. Luís Roberto Barroso. Um fundamento que, em termos da lógica de aplicação da lei penal, até precedia os demais, mas que atrairia enorme controvérsia para o caso. Ao optar por manifestá-lo, adentrado na espinhosa temática da criminalização do aborto, é de se imaginar, portanto, que o Ministro tenha agido ciente de que sofreria críticas, como as que serão abordadas no próximo capítulo

---

[18] Em recente estudo, a Defensoria Pública do Estado do Rio de Janeiro apurou existirem apenas 78 ações penais em curso no TJ/RJ pelos crimes de aborto; algumas delas, com mais de dez anos de tramitação (Relatório de 01.11.2017, sobre o perfil das mulheres criminalizadas por aborto no Estado. Disponível em: <http://www.portaldpge.rj.gov.br/Portal/sarova/imagem-dpge/public/arquivos/Relatorio_Final_Processo_Aborto.pdf>. Acesso em: 12 jan. 2018). Em apenas um ano, porém, seriam praticados 67.544 abortos no Estado e 31.756 no Município do Rio de Janeiro ("Estado do Rio ultrapassou marca de 67 mil abortos no ano passado, segundo levantamento". *Jornal O Globo*. Rio de Janeiro, 24.09.2014. Disponível em: <https://oglobo.globo.com/rio/estado-do-rio-ultrapassou-marca-de-67-mil-abortos-no-ano-passado-segundo-levantamento-14029362>. Acesso em: 12 jan. 2018). No mesmo sentido, em âmbito nacional, confira-se: "De 1 milhão de abortos ilegais no País, 33 viraram casos de polícia em 2014". *O Estado de S. Paulo*. São Paulo, 20.12.2014. Disponível em: <http://saude.estadao.com.br/noticias/geral,de-1-milhao-de-abortos-ilegais-no-pais-33-viraram-casos-de-policia-em-2014,1610235>. Acesso em: 12 jan. 2018.

[19] Como já esclarecido, a ADI nº 5.581, ajuizada em agosto de 2016 para questionar diversos pontos da política pública de combate à epidemia de zika, apresentava pedido de reconhecimento da inconstitucionalidade do crime de aborto apenas quando cometido por mulher com suspeita de infecção pelo referido vírus. Ainda assim, a urgência e a força do pleito haviam sido enfraquecidas por petição protocolada, em setembro do mesmo ano, pela própria associação autora do pleito, solicitando que ele não fosse mais examinado em sede de cautelar, dando origem, previamente, a audiência pública em que diversos setores da sociedade brasileira pudessem opinar a seu respeito.

deste artigo. É de se imaginar que tenha tido a convicção de que seu papel, como juiz do Supremo, era não se conter em razão dessas críticas e proferir, como de fato fez, um voto que enfrentasse, à luz da Constituição de 1988, o tabu em torno das interrupções voluntárias de gestação.

O voto do Ministro Luís Roberto Barroso é primoroso nesse ponto. Constitui uma das mais enfáticas defesas dos direitos das mulheres da história do Supremo. Assume-se, ali, como poucas vezes a Corte se prestou a fazer, a existência de uma ordem de gênero extremamente opressiva, que, ao longo da história, "institucionalizou a desigualdade socioeconômica (...) e promoveu visões excludentes, discriminatórias e estereotipadas da identidade feminina e do seu papel social". Por tudo isso, trata-se de um voto que merece ser lido na íntegra. Nada obstante, para os limitados fins deste trabalho, será resumido a seguir em três argumentos centrais relativos à descriminalização do aborto.

Em primeiro lugar, o Min. Luís Roberto Barroso esclareceu que o aborto é uma prática a ser evitada, por envolver questões complexas tanto do ponto de vista psicofísico como do ponto de vista moral. Ressaltou, nessa linha, que o entendimento sobre haver ou não vida intrauterina nos três meses iniciais de gestação depende, basicamente, da escolha religiosa ou filosófica de cada um; não é algo dado objetivamente pela medicina ou qualquer outra ciência. Existiria, por outro lado, uma certeza científica atual apta a influenciar o tratamento jurídico da matéria: nos três meses iniciais de gestação o embrião ou feto depende integralmente do corpo gestante – ou seja, não tem como existir (ou sobreviver, para os que creem já haver vida) fora do útero materno.

Destacadas as dificuldades que o aborto traz, bem como a razoabilidade do marco de três meses de gestação para diferenciar o grau de proteção jurídica do feto, o Ministro mencionou, *em segundo lugar*, os problemas que a criminalização acarreta. Asseverou, nesse sentido, que a proibição penal do aborto ofende (i) a autonomia da mulher, (ii) seu direito à integridade física e psíquica, (iii) seus direitos sexuais e reprodutivos, (iv) além da igualdade de gênero, (v) com impacto desproporcional sobre as mulheres pobres.

Em frase memorável, o Ministro afirmou que a mulher não pode ser "um útero a serviço da sociedade", devendo ter respeitada sua "capacidade de ser, pensar e viver a própria vida". O emprego do Direito Penal para tentar obrigá-las a manter uma gravidez e ter um filho configuraria, assim, grave ofensa aos seus direitos, contribuindo, ademais, para perpetuar um sistema sociocultural de subordinação de todas elas em relação aos homens.

As mulheres pobres sofreriam ainda mais. Isso porque, quando empenhadas em fazer valer sua autonomia, optando pelo aborto, teriam de suportar, além do peso moral da decisão, dos riscos inerentes ao procedimento e daqueles agregados pela criminalização, a insegurança de métodos abortivos precários ou de clínicas clandestinas desprovidas de infraestrutura mínima. Elas teriam, em outras palavras, de arriscar a própria saúde e a própria vida para concretizar a certamente já difícil decisão de interrupção da gravidez – a qual, vale acrescentar aqui, inúmeras vezes é tomada por amor e preocupação com os filhos que essas mulheres pobres já têm, mas se veem incapacitadas de prover como gostariam.[20]

---

[20] Cf.: "(...) foi notória a presença de inúmeras razões para optarem pelo aborto, sobressaindo o aspecto econômico, especialmente, quando as entrevistadas já tinham filhos" (SANTOS, Danyelle Leonette Araújo dos; BRITO, Rosineide Santana de. Processo decisório do aborto provocado: vivência de mulheres. *Physis: Revista de Saúde*

Em terceiro e último lugar, já tendo examinado os possíveis argumentos favoráveis e contrários à descriminalização do aborto, o Ministro Luís Roberto Barroso procedeu à ponderação dos bens jurídicos em jogo, à luz do princípio da proporcionalidade. Concluiu, então, que a tipificação do aborto apresenta duvidosa adequação ao fim de proteção do nascituro, sendo, de todo modo, desnecessária e desproporcional em sentido estrito, ao menos durante o trimestre inicial de gravidez, quando não há viabilidade extrauterina do embrião ou feto.

Nesse sentido, citando dados apurados por diversos países e instituições internacionais, o Ministro acentuou que a criminalização não diminui a quantidade de abortos praticados em um país. Políticas públicas de apoio às mulheres, com o fornecimento de informações e suporte psicológico e material para a tomada de qualquer decisão relativa à gravidez, seriam, ao contrário, tão ou mais eficazes para tanto, com a enorme vantagem de não produzirem as graves violações aos direitos das mulheres que a penalização acarreta. Em todo caso, quando contrastados os graus (i) de afetação do direito à vida e (ii) dos direitos das mulheres, esse último se revelaria maior do que o primeiro no trimestre inicial de gravidez, devendo, portanto, prevalecer na ponderação realizada e, consequentemente, na solução jurídica da controvérsia.

O voto, proferido na sessão de 29.11.2016, foi prontamente acompanhado pelos Ministros Edson Fachin, Rosa Weber e Luiz Fux. Apenas os dois primeiros, contudo, expressaram o fundamento adicional para a concessão do HC de ofício, no sentido da inconstitucionalidade da criminalização do aborto nos três primeiros meses de gestação. O Min. Luiz Fux não deixou transparecer se concordava ou não com a tese, indicando apenas que acompanhava a divergência aberta pelo Min. Luís Roberto Barroso quanto ao não conhecimento da impetração e ao deferimento, de ofício, da ordem de soltura.

Naturalmente, o Min. Marco Aurélio, que era o relator originário do caso e já havia votado, também não registrou entendimento contrário ou favorável à tese levantada pela divergência. Dessa forma, o placar final de votação, de 4 a 1, não refletiu exatamente a quantidade de manifestações expostas sobre a temática do aborto. Foram apenas 3 os votos proferidos quanto a ela, número que, ainda assim, mostrou-se suficiente para colocar a matéria na pauta do país.

Deve-se, por isso mesmo, antes de prosseguir com este artigo, prestar especial deferência à atuação do Min. Edson Fachin e da Min. Rosa Weber. Ao fazerem mais do que o caso concreto formalmente exigia, eles acompanharam o Min. Luís Roberto Barroso em algo que a democracia brasileira há décadas necessitava: a abertura de um verdadeiro e profundo debate sobre o aborto. Não fosse o expresso endosso que tais Ministros prestaram à tese defendida no voto-vista, com a juntada, inclusive, de lapidar voto escrito por parte da Min. Rosa Weber, o tema talvez não tivesse conseguido lograr o caminho de saída do sótão político e social em que se encontrava.

Coletiva, vol. 24, n. 4, p. 1.306, 2014). No mesmo sentido, veja-se: (i) BORSARI, C.M.G. *Aborto provocado:* vivência e significado. Um estudo fundamentado na fenomenologia. 2012. 122p. Dissertação (Mestrado em Ciências) – Faculdade de Medicina da Universidade de São Paulo, São Paulo, 2012; e (ii) FUSCO, Carmen L. B. et al. Aborto inseguro: determinantes sociais e iniquidades em saúde em uma população vulnerável, São Paulo, Brasil. *Caderno de Saúde Pública,* vol. 28, n. 4, p. 709-719, 2012.

6.3 Os dias (e meses) seguintes ao julgamento

A reação ao julgamento da Primeira Turma do STF foi intensa e imediata,[21] mas nem por isso passageira. Pouco mais de um ano após a decisão no HC nº 124.306, no momento em que se escreve este artigo (janeiro de 2018), verifica-se que a tese pela descriminalização do aborto ainda está a mobilizar a sociedade e a política nacionais, contando com manifestações tanto contrárias como favoráveis a ela. O assunto não é mais, como nos primeiros dias, manchete de capa dos jornais, nem pauta prioritária do Congresso, tampouco voltou à condição anterior de tabu. Em um período em que sucessivas crises, de diferentes naturezas, têm ocupado o país, não é irrelevante que o aborto tenha mantido espaço na esfera política, na imprensa e no debate social de maneira geral, seja em ambientes especializados, de caráter técnico ou acadêmico, ou em redes sociais.

Iniciando-se pelas *manifestações contrárias ao julgamento*, vale destacar que, na própria noite do dia 29.11.2016, a Câmara dos Deputados anunciou a formação de comissão especial para, nos dizeres de seu Presidente, deliberar sobre o aborto, "ratificando ou retificando a decisão do Supremo".[22] Segundo amplamente noticiado, o propósito da comissão ia além do descrito pelo Deputado Rodrigo Maia (DEM-RJ).

Mais do que sinalizar o entendimento de que o aborto seria um tema próprio do Congresso – a ser ali, e não no Supremo, discutido –, o que diversos deputados desejaram demonstrar foi a discordância com o conteúdo da decisão tomada pelo Tribunal. Não pouparam, inclusive, declarações públicas nesse sentido, afirmando, por exemplo, que "[r]evogar o Código Penal, como foi feito, (...) num caso concreto, trata-se de um grande atentado ao Estado de direito. O aborto é um crime abominável porque ceifa a vida de um inocente" (deputado Evandro Gussi – PV/SP) ou, mais diretamente, que "[n]ós, que somos cristãos, nós que defendemos a família, nós que defendemos a vida, nós não concordamos com essa decisão" (deputado Edmar Arruda – PSD-PR).[23]

Apesar disso, a comissão especial anunciada pela Câmara dos Deputados foi instituída no âmbito de proposta de emenda à Constituição que não tratava do aborto nem mesmo do direito à vida, mas, sim, de licença-maternidade (PEC nº 58/2011, apensada à PEC nº 181/2015). Alguns motivos podem ser especulados para explicar esse descompasso. Em primeiro lugar, é possível que os deputados desejassem demonstrar uma reação rápida à decisão do Supremo, marcando uma postura institucional de oposição à descriminalização do aborto. Não havia, porém, PEC sobre a matéria em estágio minimamente avançado e adequado de tramitação que pudesse permitir a expressão de um gesto de força como o pretendido pelos congressistas.[24] Teria restado a

---

[21] Como exemplo, as *hashtags* #AbortoNão e #AbortoSim permaneceram no topo dos *trending topics* do Twitter durante toda a tarde do dia 30.11.2016. Na mesma data, o tema foi objeto dos principais telejornais do país, vindo a ocupar, na manhã seguinte, a capa de diversos jornais impressos ("Aborto continua sendo ilegal no Brasil – entenda o impacto da decisão do STF". *Brasil de Fato*. 30.11.2016. Disponível em: <https://www.brasildefato.com.br/2016/11/30/aborto-continua-sendo-ilegal-no-brasil-entenda-o-impacto-da-decisao-do-stf/>. Acesso em: 12 jan. 2018).

[22] Cf. notícia veiculada no site da Câmara dos Deputados em 30.11.2016. Disponível em: <http://www2.camara.leg.br/camaranoticias/noticias/POLITICA/520372-DEPOIS-DE-DECISAO-DO-STF-SOBRE-ABORTO,-MAIA-CRIA-COMISSAO-PARA-DISCUTIR-TEMA.html>. Acesso em: 12 jan. 2018.

[23] *Idem.*

[24] Desde o advento da CF/1988, ao menos quatro propostas de emenda à Constituição visando a constitucionalizar, direta ou indiretamente, a vedação ao aborto foram apresentadas na Câmara dos Deputados, tendo sido, todavia,

eles, assim, aproveitar-se de proposta de emenda acerca de tema lateralmente relacionado à gravidez para emplacar a almejada e, em suas visões, urgente reação simbólica contra o julgamento realizado no HC nº 124.306.

Em segundo lugar, é também possível que a Câmara – ou, ao menos, parte de seus integrantes – tenha avaliado que, em médio prazo, quando fosse chegada a ocasião de efetivamente deliberar sobre o aborto, seria melhor fazê-lo sem atrair tanta atenção social, em meio a PEC pouco chamativa, como a atinente à licença-maternidade. De fato, passado o recesso do final do ano de 2016, quando a PEC nº 58/2011 retomou sua tramitação, não recebeu maior visibilidade. Diversos segmentos sociais que haviam demonstrado interesse no debate sobre o aborto após o julgamento realizado pelo STF e que, não raro, continuavam a tratar do tema em outras searas simplesmente não souberam do que se passava na Casa Legislativa.

Até hoje, em verdade, quando se pesquisa, no site da Câmara dos Deputados, pela PEC nº 58/2011 e a respectiva comissão especial instituída para tratá-la, os resultados obtidos indicam formalmente como objeto da proposta mudança na "redação do inciso XVIII do art. 7º da Constituição Federal para estender a licença-maternidade em caso de nascimento prematuro à quantidade de dias que o recém-nascido passar internado".[25] Nada se diz – senão na íntegra da tramitação – quanto à temática do aborto, inserida em novembro de 2016, logo após a decisão do Supremo.[26] Por outro lado, quando se pesquisam PECs com o assunto "aborto" no mesmo site aparecem outras três propostas, arquivadas ou sem andamento recente. Não se registra a PEC nº 58/2011, que está a, efetivamente, cuidar da matéria.

Em vista desses fatos, houve, como dito, certa surpresa no meio social e mesmo político nacionais[27] quando, em agosto de 2017, o Deputado Jorge Tadeu Mudalen (DEM-SP) apresentou, na condição de relator da comissão especial respectiva, parecer

---

rejeitadas ou arquivadas: PEC nº 25/1995, PEC nº 571/2002, PEC nº 62/2003 e PEC nº 553/2002. Quando do julgamento do HC nº 124.306 pela Primeira Turma do STF, havia apenas uma PEC sobre o tema em tramitação na referida Casa Legislativa. Proposta pelo ex-deputado Eduardo Cunha (PMDB/RJ) e pelo deputado João Campos (PSDB/GO), a PEC nº 164/2012 dispõe sobre a "inviolabilidade do direito à vida desde a concepção", mas sequer havia sido examinada pela Comissão de Constituição e Justiça. Já no âmbito do Senado Federal, adotado outra vez o marco temporal do julgamento do HC nº 124.306, verifica-se que havia, também, somente uma PEC buscando assegurar a "inviolabilidade do direito à vida do nascituro". Sob o nº 29/2015, de autoria do Senador Magno Malta (PR/ES) e outros, a aludida proposta não tinha, todavia, sequer relator designado na CCJ.

25 Cf. Câmara dos Deputados. Ficha de Tramitação da PEC nº 58/2011. Disponível em: <http://www.camara.gov.br/proposicoesWeb/fichadetramitacao?idProposicao=513290>. Acesso em: 12 jan. 2018.

26 Até hoje, nas notícias publicadas no site da Câmara sobre as propostas de EC nº 58/2011 e nº 181/2015, não costuma se destacar a presença de dispositivo sobre a "inviolabilidade do direito à vida desde a concepção". As manchetes citam, como regra, apenas a temática da licença-maternidade em caso de parto ou bebê prematuro. Cf. <http://www.camara.gov.br/proposicoesWeb/?wicket:interface=:1:3> e <http://www.camara.gov.br/propo sicoesWeb/prop_noticias?idProposicao=2075449>. Acesso em: 12 jan. 2018.

27 Segundo divulgado na imprensa, a PEC nº 58/2011 não foi deliberada de forma "relâmpago", em 31.08.2017, porque o deputado Jean Wyllys (PSOL/RJ) conseguiu adiar a votação então agendada sob o argumento de que haveria outros projetos na Casa tratando da temática do aborto, inclusive um de sua autoria (PL nº 882/2015), de maneira que o debate sobre a matéria deveria, sim, ser travado, mas de maneira ampla e "honesta", com a participação dos diferentes segmentos políticos e sociais interessados ("Luto para que esse debate seja travado no Congresso, mas isso deve ser feito honestamente, com ampla participação da sociedade civil e dos especialistas, e de forma aberta, transparente e democrática. É inadmissível que a questão do aborto seja introduzida de forma desonesta em uma PEC que tem outra finalidade e que nada tinha a ver com esse debate") Cf. "Proposta que proíbe todo tipo de aborto será votada esta semana". O Globo. Rio de Janeiro, 19.09.2017. Disponível em: <https://oglobo.globo.com/sociedade/proposta-que-proibe-todo-tipo-de-aborto-sera-votada-esta-semana-21840541>. Acesso em: 12 jan. 2018.

pela aprovação de emenda constitucional que, além de ampliar a licença-maternidade em caso de parto prematuro, definiria o início da vida no momento da concepção. A proposta defendida no parecer, a um só tempo: (i) extrapolou o assunto formalmente designado e veiculado para a PEC nº 58/2011; (ii) expressou reação à tese acolhida no HC nº 124.306, sem que tivesse havido, contudo, maior deliberação político-social sobre o tema junto à Câmara dos Deputados; e (iii) indo além do próprio debate instaurado pelo Supremo, pareceu pretender rever a disciplina do aborto no país mesmo nas hipóteses em que, atualmente, ele é admitindo, o que traria insegurança jurídica quanto à interrupção da gravidez em caso de estupro, risco à vida da mãe ou feto anencefálico.

Tão logo o "jabuti" inserido na PEC e no parecer do relator foi percebido, tornou-se objeto de diversas críticas.[28] Dentro da própria Câmara, alegou-se, por exemplo, que a Comissão de Constituição e Justiça da Casa havia aprovado a PEC nº 58/2011 em sua versão original, sem analisar, portanto, o preceito atinente ao marco inicial da vida. Dessa forma, haveria óbice à tramitação da proposta, sendo preciso que retornasse àquela comissão permanente, antes de ser deliberada na comissão especial. Nada obstante, após sucessivos adiamentos, em 08.11.2017, o relatório do Deputado Jorge Tadeu Mudalen foi aprovado, por 18 votos a 1. Os 18 votos favoráveis foram proferidos por deputados homens, e o único voto contrário adveio da única mulher integrante da comissão especial, a deputada Erika Kokay, do PT/DF.[29]

Em declarações posteriores, tanto o relator como o Presidente da Câmara procuram minimizar a inclusão realizada na aludida PEC. O primeiro afirmou que seu objetivo nunca teria sido modificar as exceções já admitidas à criminalização do aborto, mas somente impedir sua ampliação, tal como defendida pela Primeira Turma do STF em 2016. Por sua vez, o Deputado Rodrigo Maia afirmou que, com o prosseguimento da tramitação, os deputados confeririam maior clareza ao texto da proposta, de modo a afastar qualquer chance de interpretação prejudicial à realização do aborto nos casos hoje permitidos pelo ordenamento brasileiro. Em especial, o Presidente da Câmara fez questão de ressaltar que "proibir aborto em caso de estupro não vai passar".

Os discursos proferidos na comissão especial e os vídeos de sua sessão de 08.11.2017 revelam, no entanto, clima bem mais agressivo e enfático no sentido de rechaço à descriminalização do aborto. Aos gritos de "vida sim, aborto não", a maior parte dos deputados presentes à sessão de votação do relatório da comissão especial parecia comemorar a aprovação de dispositivo apto, sim, a dificultar a interrupção da gravidez mesmo nos casos de estupro, risco à vida da mãe e feto anencefálico. Chegou-se a afirmar, expressamente, que "aborto não pode ser uma questão de saúde pública", e que seria preciso reverter o quadro atual de "matança de fetos" e "destruição em massa de inocentes".[30]

Constata-se, portanto que, um ano após o julgamento do HC nº 124.306, parcela significativa do Congresso segue empenhada em tratar a temática do aborto, ainda que

---

[28] *E.g.*, WERNECK, Jurema. Cavalo de Troia contra as Mulheres. *Jornal O Globo* (Opinião). Rio de Janeiro, 16.09.2017. Disponível em: <https://oglobo.globo.com/opiniao/cavalo-de-troia-contra-as-mulheres-21829371>. Acesso em: 12 jan. 2018.

[29] Cf. ficha de tramitação da PEC nº 181/2015 na Câmara dos Deputados. Disponível em: <http://www.camara.gov.br/proposicoesWeb/fichadetramitacao?idProposicao=2075449>. Acesso em: 12 jan. 2018.

[30] Cf. vídeo da sessão de 08.11.2017 da aludida Comissão Especial. Disponível em: <http://www2.camara.leg.br/atividade-legislativa/webcamara/videoArquivo?codSessao=71403#videoTitulo>. Acesso em: 12 jan. 2018.

em sentido diametralmente oposto ao defendido pela Primeira Turma do Supremo e sem preocupar-se em promover um verdadeiro debate público de ideias, de fácil participação e acompanhamento pelo povo.

O Congresso não foi, de toda forma, o único ambiente em que se expressaram reações críticas à decisão da STF. Houve mobilização social nesse sentido, em algumas passeatas, por exemplo,[31] e mediante instrumentos digitais de pressão, como abaixo-assinados virtuais.[32] Um cidadão chegou, inclusive, a protocolar pedido de *impeachment* no Senado contra os Ministros Luís Roberto Barroso, Edson Fachin e Rosa Weber. Alegou que eles teriam fraudado a Constituição, desrespeitando, em especial, o direito à vida (art. 5º da CF/1988) e a cláusula de reserva de plenário para declaração de inconstitucionalidade de preceitos legais (art. 97).[33] O pedido recebeu apoio virtual de mais de 5 mil pessoas, mas não teve tramitação no Senado.

Na imprensa, publicaram-se artigos e opiniões contrários à decisão do STF.[34] Em geral, essas manifestações pontuaram a interferência supostamente indevida do Supremo na seara legislativa, o descompasso da decisão em relação ao que seria a opinião majoritária da sociedade brasileira e a insuficiente deferência prestada pelos Ministros ao direito à vida. Já em meios jurídicos especializados, as divergências acrescentaram alguns argumentos técnicos ligados, por exemplo, à aqui já referida cláusula de reserva de plenário, bem como à alegada desnecessidade de enfrentamento da validade constitucional do crime de aborto para resolução do caso então examinado pela Corte.

Passando-se ao outro lado do debate, em um levantamento exemplificativo de *manifestações em apoio à decisão do Supremo no HC nº 124.306*, verifica-se que, em jornais, revistas, mídias sociais e veículos especializados, diversos foram os elogios e as comemorações expressados.[35] A reação mais significativa, porém, parecer ter sido o ajuizamento de ação de descumprimento de preceito fundamental perante o STF, pleiteando

---

[31] Mencionando manifestações de combate à corrupção em que também foi expressa contrariedade em relação à decisão do STF no HC nº 124.306, veja-se: <http://www.semprefamilia.com.br/blog-da-vida/veja-fotos-das-manifestacoes-de-repudio-a-decisao-do-stf-sobre-aborto/>. Acesso em: 12 jan. 2018.

[32] *E.g.*, petição pública "Pela garantia da vida humana, contra o aborto, contra a decisão do STF". Disponível em: <http://www.peticaopublica.com.br/pview.aspx?pi=BR96241>. Acesso em: 12 jan. 2018.

[33] Senado Federal. Petição (SF) nº 16, de 2016, de autoria de Gustavo Haddad Francisco e Sampaio Braga. Consta na Ementa da Petição: "Oferece representação contra LUÍS ROBERTO BARROSO, ROSA MARIA WEBER CANDIOTA DA ROSA e LUIZ EDSON FACHIN, todos Ministros do Supremo Tribunal Federal, pela omissão dolosa de dispositivos legais, com ânimo fraudatório à reserva de plenário, e desídia patente". Disponível em: <https://www25.senado.leg.br/web/atividade/materias/-/materia/127842>. Acesso em: 12 jan. 2018. Ainda, cf. MOTA, Camilla Veras. Em menos de dois anos, STF é alvo de 20 pedidos de *impeachment*. BBC Brasil, 10.10.2017. Disponível em: <http://www.bbc.com/portuguese/brasil-41505548>. Acesso em: 12 jan. 2018.

[34] *E.g.*, (i) GANDRA MARTINS, Angela Vidal. STF, aborto e Estado de Direito. *Jornal Folha de S. Paulo* (Opinião). São Paulo, 15.12.2016. Disponível em: <http://www1.folha.uol.com.br/opiniao/2016/12/1841546-stf-aborto-e-estado-de-direito.shtml>; (ii) O dilema do aborto. *Jornal Folha de S. Paulo* (Editorial). São Paulo, 04.12.2016, em: <http://www1.folha.uol.com.br/opiniao/2016/12/1838217-o-dilema-do-aborto.shtml>. Acesso em: 12 jan. 2018.

[35] *E.g.*, (i) SARMENTO, Daniel. Descriminalização do aborto e STF. *Jornal Folha de S. Paulo* (Opinião). São Paulo, 22.12. 2016. Disponível em: <http://www1.folha.uol.com.br/opiniao/2016/12/1843587-descriminalizacao-do-aborto-e-stf.shtml>. Acesso em: 12 jan. 2018; DINIZ, Debora. Aborto na Corte. *Le Monde Diplomatique Brasil* (Opinião). 05.04.2017. Disponível em: <http://diplomatique.org.br/aborto-na-corte/>. Acesso em: 12 jan. 2018; (iii) GOMES, Juliana Cesario Alvim. Supremo de ontem e de hoje: como fica o aborto agora? *JOTA*. Brasil, 30.11.2016. Disponível em: <https://www.jota.info/colunas/supra/supremo-de-ontem-e-de-hoje-como-fica-o-aborto-agora-30112016>. Acesso em: 12 jan. 2018; (iv) CAPUZZO, Paulo. Descriminalizar aborto até terceiro mês segue tendência mundial. *Jornal da USP*. São Paulo, 12.12.2016. Disponível em: <https://jornal.usp.br/atualidades/descriminalizar-aborto-ate-terceiro-mes-segue-tendencia-mundial/>. Acesso em: 12 jan. 2018.

o reconhecimento da inconstitucionalidade da criminalização do aborto na etapa inicial de gestação.

Ao que tudo indica, o julgamento do HC nº 124.306 demonstrou a defensores antigos da tese que a Corte – ou, em sentido mais amplo, o Judiciário – é uma instituição possível para o debate do aborto. O julgamento deu aos defensores da descriminalização, em outras palavras, esperança de obterem um *locus* público para discussão do tema tal como ele é: uma matéria complexa e delicada sobre direitos fundamentais e saúde pública, e não um instrumento irrefletido para manutenção de votos ou apoio político e, menos ainda, um tabu religioso enclausurado juridicamente em uma lei da década de 1940.

A ADPF foi proposta pelo PSOL (Partido Socialismo e Liberdade) em 08.03.2017, Dia Internacional da Mulher, e distribuída, sob o número 442, para relatoria pela Min. Rosa Weber. Na ação, o partido sustenta, em resumo, que o embrião, por ser uma potencialidade humana, possui valor intrínseco, sendo, portanto, a princípio legítima sua tutela por parte do Estado. O embrião não ostentaria, porém, o *status* de pessoa humana; não seria titular de direitos fundamentais. Assim, quando cotejado o propósito de sua proteção com os direitos da mulher grávida de decidir pela continuidade ou não da gestação, em exercício de sua autonomia e de seus direitos reprodutivos, a tutela do primeiro deveria ceder à salvaguarda dos segundos. Ademais, bem examinados os resultados das diversas políticas públicas de combate ao aborto, a criminalização se mostraria medida inadequada, desnecessária e desproporcional em sentido estrito.

Ao final, requereu-se a concessão de cautelar, para que (i) fossem suspensas as prisões em flagrante, os inquéritos e as decisões judiciais fundamentadas nos arts. 124 e 126 do Código Penal, bem como (ii) fosse reconhecido o direito de mulheres e médicos à realização do aborto no trimestre inicial de gravidez, até o julgamento final do processo, com a declaração de não recepção parcial dos citados arts. 124 e 126 do CP.

Em 22.11.2017, o PSOL aditou a petição inicial, a fim de solicitar, em especificação aos pleitos cautelares então já formulados, autorização judicial para que uma mulher, Rebeca Mendes Silva Leite, pudesse interromper sua gravidez, à época com seis semanas de duração. Em síntese, alegou-se que Rebeca, com 30 anos, pobre e mãe de duas crianças, manifestou não possuir condições emocionais e financeiras de ter um novo filho. Estaria, conforme atestado por médicos, em intenso sofrimento psicológico por não poder recorrer a um método legal e seguro de aborto, tendo afirmado: "eu não quero morrer, não quero arriscar minha vida. Eu quero ser a mãe de meus dois filhos".

Em 24.11.2017, no entanto, a Min. Relatora da ADPF, Rosa Weber, indeferiu o pedido cautelar relativo a Rebeca, sob o fundamento processual de que a pretensão, "por sua natureza subjetiva individual, não encontra guarida no processo de arguição de descumprimento de preceito fundamental, que serve como instrumento da jurisdição constitucional abstrata e objetiva".[36]

Rebeca ingressou, então, em 01.12.2017, com habeas corpus preventivo perante a Justiça Estadual de São Paulo.[37] Vendo, todavia, sua gestação avançar, sem perspectiva de obtenção de medida judicial de urgência que lhe permitisse interromper a gravidez ainda

---

[36] Decisão monocrática publicada no DJE de 30.11.2017.

[37] Processo nº 1022004-09.2017.8.26.0005, distribuído para a 4ª Vara do Júri do Foro Central Criminal.

no primeiro trimestre, aceitou o convite para participar de uma conferência internacional sobre aborto na Colômbia – país onde, desde 2006, por decisão da Suprema Corte, o aborto tornou-se permitido, entre outras hipóteses, quando necessário para preservar a saúde mental da mulher.[38]

Chamada a dar seu relato, na condição de primeira gestante a, na América Latina, ingressar com ação judicial buscando assegurar seu direito à interrupção da gravidez por intenso sofrimento psicológico e ausência de condições emocionais e materiais de prosseguimento, Rebeca obteve na Colômbia condições para exercer sua vontade. Em 06.11.2017, interrompeu a gestação em sua nona semana, de maneira lícita e segura, em uma empresa privada que concede assistência gratuita a mulheres pobres, como ela.[39]

A propositura da ADPF e o caso específico de Rebeca contribuíram significativamente para a manutenção do debate acerca do aborto no país. No âmbito da própria ação em curso no Supremo, cerca de 30 entidades já solicitaram habilitação como *amici curiae*,[40] buscando contribuir para o julgamento a ser realizado pelo Tribunal. Há, portanto, expectativa de que a tramitação da ADPF nº 422 possa propiciar uma discussão quantitativa e qualitativamente rica sobre o tema, o que, volta-se a frisar, talvez não tivesse ocorrido sem a sinalização advinda da Primeira Turma do STF no HC nº 124.306.

Ainda no âmbito jurídico, outras providências favoráveis à descriminalização do aborto parecem ter sido influenciadas pelo julgamento realizado pelo STF em novembro de 2016. A Defensoria Pública do Estado do Rio de Janeiro realizou, por exemplo, inédito levantamento sobre o perfil das mulheres que respondem pelo crime de aborto no Tribunal de Justiça do Estado, a partir do qual pôde comprovar o impacto desproporcional da medida sobre gestantes pobres e negras.[41] Já a Defensoria Pública do Estado de São Paulo, após pesquisa parecida, impetrou, em setembro de 2017, 30 habeas corpus em defesa de mulheres acusadas de aborto perante o TJ/SP, valendo-se, especificamente, do argumento pela inconstitucionalidade parcial dos arts. 124 e 126 do CP.[42]

No âmbito social, pessoas e organizações historicamente vinculadas à luta pela descriminalização do aborto puderam aproveitar a maior visibilidade conferida à

---

[38] Corte Constitucional, Sentença C-355/06, de 10.05.2006.

[39] Com isso, Rebeca requereu a desistência do habeas corpus que havia impetrado na Justiça Estadual de São Paulo, o que já foi, inclusive, homologado pelo juízo competente.

[40] Dessas, 9 já demonstram entendimento contrário à descriminalização (Partido Social Cristão – PSC, União dos juristas católicos de São Paulo – UJUCASP, Instituto de Defesa da Vida e da Família – IDVF, Associação Nacional de Juristas Evangélicos – ANAJURE, Frente Parlamentar Mista em Defesa da Família e Apoio à Vida, Estado do Sergipe, Conferência Nacional dos Bispos do Brasil – CNBB, Associação Nacional da Cidadania pela Vida – ADIRA, Instituto Liberal do Nordeste – ILIN); 18, a favor (Human Rights Watch – HRW, Núcleo Especializado de Promoção e Defesa dos Direitos da Mulher, Conselho Regional de Psicologia do Estado de São Paulo, Instituto Brasileiro de Ciências Criminais – IBBCRIM, Católicas pelo Direito de Decidir, Comitê Latino-Americano e do Caribe para a Defesa dos Direitos da Mulher, Centro Acadêmico XI de Agosto, Associação Brasileira de Genética Médica, CONECTAS, Associação Brasileira de Antropologia, Associação Brasileira de Saúde Coletiva, Coletivo Feminista Sexualidade e Saúde, Consórcio Latino-Americano contra o Aborto Inseguro, Conselho Federal de Psicologia, Criola, Federação Brasileira das Associações de Ginecologia e Obstetrícia, Defensoria Pública do Estado do Pará, Rede Feminista de Saúde, Defensoria Pública do Estado do Rio de Janeiro, Grupo Curumim Gestação e Parto); e 1 ainda não expressou sua orientação de mérito (Conselho Regional de Psicologia da 1ª Região).

[41] Vide nota de rodapé nº 18.

[42] Cf. informe veiculado no site da Defensoria Pública do Estado de São Paulo. Disponível em: <https://www.defensoria.sp.def.br/dpesp/Conteudos/Noticias/NoticiaMostra.aspx?idItem=76519&idPagina=3086>. Acesso em: 12 jan. 2018.

causa para divulgar seus pontos de vista. Tiveram, também, que enfrentar a reação iniciada na Câmara dos Deputados, mobilizando-se contra a votação da PEC nº 58/2011. Promoveram, nesse sentido, passeatas,[43] petições públicas, abaixo-assinados, campanhas em redes sociais,[44] entre muitas outras ações.

Conclui-se, assim, a partir do levantamento realizado de diversas manifestações, contrárias e favoráveis, à decisão proferida no HC nº 124.306, que a decisão da Primeira Turma do STF (re)colocou a temática do aborto em pauta, agregando ao debate informações e perspectivas que usualmente encontram dificuldade de exposição no espaço público brasileiro. Por outro lado, porém, o julgamento ocorrido em novembro de 2016 pode ter reforçado uma perigosa caracterização do assunto como um conflito entre Judiciário e Legislativo, o que pode levar à sua instrumentalização em algum embate de forças entre os dois poderes – nada improvável no atual contexto de crise política.

Em vista disso, a discussão sobre a legitimidade democrática do Judiciário e, em especial, do STF para arbitrar a controvérsia acerca da criminalização do aborto ganha renovada importância. Torna-se fundamental saber se, como e por que a Corte poderia adentrar no tema, motivo pelo qual esses foram os questionamentos selecionados para o desenvolvimento, ainda que bastante resumido, no presente trabalho de comentário ao acórdão proferido no HC nº 124.306.

6.4 Legitimidade democrática da atuação do Supremo Tribunal Federal

O debate acerca da legitimidade democrática do STF para arbitrar controvérsia tão divisiva como o aborto pode ser encarado como uma especificação da discussão atinente à legitimidade da jurisdição constitucional como um todo. Nesse sentido, saber se o STF pode se imiscuir na disputa sobre a criminalização do aborto envolve, primeiramente, saber quais são as razões que justificam e limitam o exercício da jurisdição constitucional no país.

Há diversas teorias sobre o assunto, que podem ser organizadas, didaticamente em alguns grupos ou escolas de pensamento. Serão apresentados aqui, em apertadíssima síntese, três desses grupos, a saber: de teorias (a) substancialistas, (b) procedimentalistas e

---

[43] *E.g.*, (i) "Mulheres protestam em SP contra PEC 181 que criminaliza aborto até em gravidez resultante de estupro". *G1*. Brasil, 21.11.2017. Disponível em: <https://g1.globo.com/sp/sao-paulo/noticia/grupo-protesta-em-sp-contra-pec-181-que-criminaliza-aborto-ate-em-gravidez-por-estupro.ghtml>. Acesso em: 12 jan. 2018; (ii) "Mulheres fazem ato contra PEC do aborto no Centro do Rio". *Jornal O Globo*. Rio de Janeiro, 13.11.2017. Disponível em: <https://oglobo.globo.com/sociedade/mulheres-fazem-ato-contra-pec-do-aborto-no-centro-do-rio-22065736>. Acesso em: 12 jan. 2018; (iii) "Mulheres protestam em BH contra PEC 181, que criminaliza aborto até em casos de estupro". *G1*. Brasil, 13.11.2017. Disponível em: <https://g1.globo.com/minas-gerais/noticia/mulheres-protestam-em-bh-contra-pec-181-que-criminaliza-aborto-ate-em-casos-de-estupro.ghtml>. Acesso em: 12 jan. 2018; (iv) "Mulheres protestam em Florianópolis contra PEC que veta aborto após estupro". *G1*. Brasil, 13.11.2017. Disponível em: <https://g1.globo.com/sc/santa-catarina/noticia/mulheres-protestam-em-florianopolis-contra-pec-que-veta-aborto-apos-estupro.ghtml>. Acesso em: 12 jan. 2018; (v) "Mulheres protestam em Belém e outras capitais contra proibição do aborto em todos os casos". *G1*. Brasil, 13.11.2017. Disponível em: <https://g1.globo.com/pa/para/noticia/mulheres-protestam-em-belem-e-no-brasil-contra-proibicao-do-aborto-em-todos-os-casos.ghtml>. Acesso em: 12 jan. 2018.

[44] *E.g.*, (i) petição pública "Pela autonomia de nossos corpos: Abaixo a PEC 181!". Disponível em: <http://www.peticaopublica.com.br/pview.aspx?pi=BR102998. Acesso em: 12 jan. 2018; (ii) petição pública "Abaixo-Assinado contra a PEC 181 – 'Cavalo de Tróia das Mulheres'". Disponível em: <http://www.peticaopublica.com.br/pview.aspx?pi=BR103002>. Acesso em: 12 jan. 2018.

(c) deliberativas.[45] Ao término da exposição de cada um deles, serão feitas considerações sobre como a respectiva escola teórica influenciaria a compreensão acerca da legitimidade da atuação do Supremo em matéria de aborto.

6.4.1 A defesa substancialista da jurisdição constitucional: controle judicial da criminalização do aborto como medida de proteção e composição de direitos fundamentais consagrados na CF/1988

A defesa substancialista da jurisdição constitucional sustenta, em suma, a primazia dos valores morais consagrados na Constituição e a consideração de que estes são mais bem protegidos quando se confere ao Judiciário o poder de interpretá-los em caráter final e de impô-los aos demais poderes políticos. Como um dos maiores expoentes dessa escola de pensamento, o falecido filósofo norte-americano Ronald Dworkin defendeu existir, acima da própria democracia, um princípio moral de igualdade, que demandaria tratamento de todas as pessoas com igual respeito e consideração.[46] Em sua visão, esse princípio de igualdade é que justificaria e delimitaria o sentido da democracia, e não o contrário.

Nessa linha, Dworkin esclareceu que o arranjo institucional a ser adotado para a promoção da igualdade dependerá das circunstâncias históricas e culturais de cada país; mas, no caso norte-americano pelo menos, o arranjo pautado pela existência de um amplo controle judicial de constitucionalidade teria produzido resultados satisfatórios. A partir dele, teria se operado uma leitura moral da Constituição que se mostrou, ao longo do tempo, mais acertada do que equivocada.

Procurando adaptar o entendimento de Dworkin a outras realidades, pode-se sustentar que o princípio de igual respeito e consideração aos indivíduos se aproxima, em alguns países, da ideia de dignidade humana,[47] em termos de conteúdo e, sobretudo, de importância para os respectivos sistemas constitucionais. Desse modo, a centralidade axiológica reconhecida à dignidade humana serviria de fundamento, tal qual o princípio forte de igualdade mencionado pelo filósofo norte-americano, para se enxergar a democracia como um regime político instrumental, a ser, tanto quanto possível, conciliado, mas jamais sobreposto ao aludido valor.

Ademais, poderia se considerar que a adoção de um modelo amplo e forte de jurisdição constitucional em grande parte dos países desenvolvidos e em desenvolvimento,

---

[45] Os três grupos aqui selecionados podem ser considerados escolas de defesa da jurisdição constitucional, diferenciando-se apenas pelos enfoques e limites que propõem para o fenômeno. Não serão abordadas neste trabalho, portanto, escolas teóricas contrárias à jurisdição constitucional (*e.g.*, constitucionalismo popular). Isso porque a CF/1988 expressamente consagra a atuação do Judiciário, notadamente do STF, na aplicação direta de seu texto e, também, como parâmetro de controle de atos emanados do Legislativo e do Executivo, tornando a rejeição à jurisdição constitucional, no Brasil, uma tese de *lege ferenda*, sem viabilidade prática imediata, portanto.

[46] Tomaremos como base para tanto, entre outros, os seguintes textos do autor: *Taking Rights Seriously*. Cambridge: Harvard University Press, 1980; *Freedom's Law: the moral Reading of the America Constitution*. Cambridge: Harvard University Press, 1996; *Justice in Robes*. Cambridge: Harvard University Press, 2006; *O Império do Direito*. Trad. Jeferson Luiz Camargo. São Paulo: Martins Fontes, 2014.

[47] A associação parece ser feita em: BARROSO, Luís Roberto. A razão sem voto: o Supremo Tribunal Federal e o governo da maioria, p. 3-34. In: SARMENTO, Daniel (Coord.). *Jurisdição constitucional e política*. Rio de Janeiro: Forense, 2015, p. 20.

a partir da segunda metade do século XX, também teria se mostrado bem-sucedida.[48] A jurisdição constitucional teria, assim, confirmado nas últimas décadas sua tendência de geração de melhores resultados substantivos, a partir da atribuição ao Judiciário da prerrogativa de realĩzar, abalizadamente, é claro, uma leitura moral das Constituições voltada ao atingimento máximo da dignidade humana.

No que diz respeito especificamente à experiência brasileira, a literalidade da CF/1988 parece favorecer uma compreensão substancialista da jurisdição constitucional, na medida em que, além de estabelecer um amplo e detalhado rol de direitos fundamentais, confere a eles (ou, ao menos parte deles) *status* de cláusula pétrea (art. 60, §4º, IV). Além disso, a extensão do texto constitucional, com regras jurídicas que extrapolam o que se costuma reconhecer como o conteúdo nuclear de uma Constituição,[49] aliada à previsão de diversos instrumentos de controle de constitucionalidade, geralmente sem limitação expressa aos respectivos parâmetros de análise judicial,[50] contribuiu para que se consolidasse no país uma jurisdição constitucional de amplo alcance.

O exercício efetivo desse poder, especialmente pelo Supremo Tribunal Federal, transcorreu, nas últimas décadas, sem grande oposição, política ou social, em rota, ao contrário, de crescente prestígio.[51] É preciso reconhecer, todavia, que nos últimos anos a imagem da Corte tem se desgastado,[52] o que pode afetar a relativa facilidade com que ela vem desempenhando essa abrangente (e substancialista) jurisdição constitucional – isso nada obstante a origem principal do desgaste do STF parecer advir, não de sua função de Tribunal Constitucional, mas de sua (má) atuação em casos de persecução penal e de sua (excessiva) ingerência no varejo político.

---

[48] Em setembro de 2013, cerca de 83% das Constituições estabeleceriam alguma forma de controle de constitucionalidade, a ser exercido por uma ou mais cortes judiciais (GINSBURG, Tom; VERSTEEG, Mila. Why do Countries Adopt Constitutional Review?, *30 Journal of Law, Economics and Organization*, n. 587, 2014, p. 4). Veja-se também: (i) SARMENTO, Daniel; SOUZA NETO, Claudio Pereira de. *Direito Constitucional* – Teoria, história e métodos de trabalho. Belo Horizonte: Fórum, 2003, p. 84-6; (ii) BARROSO, Luís Roberto. O constitucionalismo democrático no Brasil: crônicas de um sucesso imprevisto. In: _____. *O Novo Direito Constitucional Brasileiro* – Contribuições para a construção teórica e prática da jurisdição constitucional no Brasil. Belo Horizonte: Fórum, 2013, p. 25-55; entre outros.

[49] Sobre o "varejo de miudezas" da CF/1988, veja-se: BARROSO, Luís Roberto. Dez Anos da Constituição de 1988 (foi bom para você também?). *Revista Forense*, v. 95, n. 346, p. 113-132, 1999.

[50] O único instrumento de controle de constitucionalidade com parâmetro delimitado pela CF/1988 é a ação de descumprimento de preceito fundamental. Como o nome indica, ela seria cabível somente nos casos de ofensa a preceitos fundamentais da Constituição, os quais não restaram, ainda assim, especificados pela CF. Em verdade, a existência de um instrumento com parâmetro delimitado de controle, associada à de tantos outros não expressamente restritos, corrobora a tese de que, no Brasil, a própria legislação favorece uma compreensão de largo alcance da jurisdição constitucional.

[51] Vide: VIEIRA, Oscar Vilhena. Supremocracia. *Revista Direito GV*, n. 4(2), p. 441-464. São Paulo, jul./dez. 2008; FALCÃO, Joaquim; OLIVEIRA, Fabiana L. O STF e a agenda pública nacional: De outro desconhecido a supremo protagonista? *Lua Nova*, São Paulo, n. 88, p. 429-469, 2013; CAMPOS, Carlos Alexandre de Azevedo. *Dimensões do ativismo judicial do STF*. Rio de Janeiro: Forense, 2014.

[52] *E.g.*, MENDES, Conrado Hübner. Na prática, ministros do STF agridem a democracia. *Folha de S. Paulo* (Opinião). São Paulo, 28 jan. 2018. Disponível em: <http://www1.folha.uol.com.br/ilustrissima/2018/01/1953534-em-espiral-de-autodegradacao-stf-virou-poder-tensionador-diz-professor.shtml>. Acesso em: 12 jan. 2018; FALCÃO, Joaquim. O Supremo e sua armadilha. *Jornal O Globo* (Opinião). Rio de Janeiro, 12.10.2017. Disponível em: <https://oglobo.globo.com/brasil/artigo-supremo-sua-armadilha-21939365>. Acesso em: 12 jan. 2018; "STF é alvo de críticas e xingamentos por e-mail e telefone após liberar Dirceu da cadeia". *Revista Época*. São Paulo, 03.05.2017. Disponível em: <https://epoca.globo.com/politica/expresso/noticia/2017/05/stf-e-alvo-de-criticas-e-xingamentos-por-e-mail-e-telefone-apos-liberar-dirceu-da-cadeia.html>. Acesso em: 12 jan. 2018; "STF: entre guardião da Constituição e tribunal penal. *Nexo Jornal*. Brasil, 20.11.2017. Disponível em: <https://www.nexojornal.com.br/explicado/2017/11/20/STF-entre-guardião-da-Constituição-e-tribunal-penal>. Acesso em: 12 jan. 2018.

Transpondo essas considerações sobre a defesa substancialista da jurisdição constitucional para o debate acerca da descriminalização do aborto, torna-se fácil estabelecer a legitimidade democrática do STF para atuar na matéria. Afinal, o tema em questão envolve – ou, pelo menos, costuma ser expresso de maneira a envolver – uma leitura moral da Constituição. E, como visto, a escola substancialista enxerga na exigência de leitura moral um fator de endosso, e não de *des*legitimação, do exercício do controle judicial de constitucionalidade.

Deve-se recordar, ainda, que o substancialismo tem sido, embora muitas vezes sem o devido reconhecimento e apuro dogmático, a perspectiva teórica mais aplicada no país, respaldando (ou, ao menos, explicando) a tomada de diversas decisões por parte do Supremo. Há, assim, precedentes que corroboram a possibilidade de enfrentamento pela Corte de temas moralmente divisivos, como o aborto. Nos últimos 20 anos, o Tribunal se propôs a examinar, por exemplo, uniões homoafetivas,[53] cotas raciais em universidades públicas,[54] direitos de pessoas transexuais,[55] além de casos vinculados diretamente à delimitação do direito à vida, como aqueles em que a Corte reconheceu a validade de lei que permitia a realização de pesquisas científicas com células-tronco embrionárias[56] e reputou atípica a interrupção de gravidez de feto anencefálico.[57]

A facilidade em se legitimar a atuação do STF sob a perspectiva substancialista não torna simples, contudo, o mérito do debate acerca da descriminalização do aborto. A circunstância de ambos os lados da disputa alegarem ofensa a valores morais relevantes, intimamente ligados ao núcleo da dignidade humana (ou à ideia de igual respeito e consideração, para utilizarmos a teoria de Dworkin), consiste, na verdade, em elemento que tende a dificultar a solução jurídica a ser encontrada.[58] [59] Mas o que se está

---

[53] ADI nº 4.277, Tribunal Pleno, Min. Rel. Ayres Britto, j. 05.05.2011.

[54] ADPF nº 186, Tribunal Pleno, Rel. Min. Ricardo Lewandowski, j. 26.04.2012.

[55] RE 670.422, Rel. Min Dias Toffoli, julgamento iniciado em 20.04.2017; e ADI nº 4.275, Rel. Min. Marco Aurélio, julgamento iniciado em 07.06.2017.

[56] ADI nº 3.510, Tribunal Pleno, Rel. Min. Ayres Britto, j. 29.05.2008.

[57] ADPF nº 54, Tribunal Pleno, Rel. Min. Marco Aurélio, j. 12.04.2012.

[58] Para uma análise dos bens jurídicos em jogo, bem como um levantamento da disciplina normativa e da jurisprudência sobre o aborto em diversos países do mundo, veja-se: SARMENTO, Daniel. Legalização do aborto e Constituição. *Revista de Direito Administrativo*, Salvador, v. 240, p. 43-82, abr./jun. 2005.
Em complementação, cabe destacar três importantes argumentos que passaram a ser, mais recentemente, enfatizados pela doutrina no debate sobre o aborto: (i) o *princípio da proporcionalidade*, com especial atenção aos subprincípios da adequação e da necessidade, haja vista a existência de numerosos estudos questionando a viabilidade de se promover uma redução do número de abortos mediante uma política pública de perseguição penal das gestantes; (ii) a *vedação à tortura e aos maus-tratos*, diante das também recentes manifestações de órgãos internacionais de proteção aos direitos humanos corroborando o nefasto impacto da criminalização do aborto na saúde mental das mulheres; e por outro lado (iii) a invocação aos *direitos das mulheres*, sobretudo à sua integridade psicológica, *como endosso à criminalização*, em uma perspectiva paternalista e subjugante da autonomia feminina, que coloca a gestante como pessoa incapaz de tomar a melhor decisão não apenas para o conjunto de direitos ou valores envolvidos, mas até mesmo para si própria.
Sobre esses (novos) aspectos do debate sobre o aborto, confira-se: UNDURRAGA, Verónica. Proportionality in the Constitutional Review of Abortion Law. In: COOK, Rebecca; ERDMAN, Joanna; DICKENS, Bernard (Ed.). *Abortion Law in Transnational Perspective: Cases and Controversies*. New York: University of Pennsylvania Press, 2014, p. 77-97 – traduzido em: *Revista Publicum*, v. 2, n. 2, 2016; NAÇÕES UNIDAS. Conselho de Direitos Humanos. Informe do Relator Especial sobre Tortura e outros Tratamentos ou Penas Cruéis, Desumanos ou Degradantes. A/HRC/31/57, 31ª sessão, 05 jan. 2016. Disponível em: <http://ap.ohchr.org/documents/alldocs. aspx?doc_id=25860>. Acesso em: 12 jan. 2018; BARANETSKI, Victoria. Abortion dignity: the abortion doctrine after Gonzales v. Carhart. In: *36 Harvard Journal of Law & Gender*, 123 (2013), p. 123-170; SIEGEL, Reva B., The Right's Reasons: Constitutional Conflict and the Spread of Woman Protective Antiabortion Argument. *Duke Law Journal* 57, n. 6 (2008), p. 1641-1692.

a examinar neste artigo, como já esclarecido, não é o conteúdo, em si, da decisão tomada pelo STF no HC nº 124.036, mas, sim, sua legitimidade democrática, a partir de diferentes linhas de estudo da jurisdição constitucional. Por tudo o exposto, conclui-se que, a partir de uma perspectiva substancialista, a atuação do Tribunal justifica-se perfeitamente.

6.4.2 A defesa procedimentalista da jurisdição constitucional: controle judicial da criminalização do aborto como garantia do procedimento democrático e dos direitos necessários ao seu desenvolvimento.

Opondo-se às teorias substancialistas de defesa da jurisdição constitucional, vários doutrinadores salientam a dificuldade contramajoritária[60] do fenômeno, sobretudo em sociedades plurais, em que as pessoas partilham uma quantidade cada vez menor de consensos axiológicos. Questiona-se, nesse sentido, por que juízes, geralmente não eleitos, poderiam invalidar as opções políticas tomadas pelos representantes do povo. Afinal, ainda que os magistrados invoquem valores morais previstos na Constituição e atuem com garantias para exercício independente de suas funções e exigências de fundamentação técnica de seus julgados,[61] em última análise substituiriam, no desempenho da jurisdição constitucional, os juízos e as escolhas realizadas pelos agentes eleitos pelo povo por juízos e escolhas suas, em algum grau subjetivas e sempre passíveis de erro.

A resposta procedimentalista a essas críticas consiste, basicamente, em uma defesa do redimensionamento da jurisdição constitucional, comparativamente ao tamanho ou extensão que ela possui sob a perspectiva das teorias substancialistas. Sustenta-se, em síntese, que a jurisdição constitucional deve se limitar às hipóteses de afetação dos pressupostos para funcionamento da democracia – esta, sim, o pilar do constitucionalismo contemporâneo. Não haveria, portanto, legitimidade em uma leitura moral da Constituição por parte dos magistrados, mas tão somente em uma atuação voltada a garantir as condições necessárias para o desenvolvimento do jogo democrático, a partir do qual os dissensos morais da sociedade seriam enfrentados.

A grande dificuldade da escola procedimentalista – originária de inúmeras divergências internas, inclusive – reside em definir quais são os pressupostos para o funcionamento da democracia. Além da observância de regras e direitos imediatamente

---

[59] É curioso notar, porém, que, para Dworkin, a descriminalização do aborto não apresenta, mesmo em seu mérito, dificuldade de enfrentamento tão intensa como a que costuma ser a ela atribuída. Isso porque, no entender do referido filósofo, o embrião ou mesmo o feto não teria o *status* de pessoa constitucional, não devendo, portanto, ser considerado sujeito do princípio forte de igualdade, ou titular de direitos fundamentais. DWORKIN, Ronald. *Domínio da vida*: aborto, eutanásia e liberdades individuais. Tradução Jefferson Luiz Camargo. 2. ed. São Paulo: Martins Fontes, 2009.

[60] A expressão foi consagrada por Alexander Bickel, em: *The least dangeours branch*. New Haven: Yale University Press, 1964.

[61] Em defesa da jurisdição constitucional e, mais até, de seu alcance relativamente amplo, há diversos teóricos que enfatizam as vantagens institucionais do Judiciário em enfrentar temas controvertidos socialmente. Mencionam, nesse sentido, aspectos como a necessidade de fundamentação técnica das decisões judiciais, o (parcial) afastamento dos magistrados da política ordinária, entre outros. A título exemplificativo, confira-se: EISGRUBER, Christofer. *Constitutional Self-government*. Cambridge: Harvard University Press, 2001.

vinculados ao processo eleitoral – como o direito ao voto –, costuma-se reconhecer, como pressuposto democrático, uma série de direitos instrumentais à deliberação política, sendo, talvez, o mais relevante deles a liberdade de expressão. Conforme destacado por um dos mais emblemáticos procedimentalistas norte-americanos, o falecido jurista John Hart Ely, a jurisdição constitucional se legitimaria para a manutenção da abertura dos "canais de participação política".[62]

Mas ainda não é aí, nesse campo relativamente vasto (e vago) de regras e direitos vinculados à deliberação política, que muitos procedimentalistas encerram a demarcação da atuação legítima da jurisdição constitucional. O próprio Ely reconhece a necessidade de atuação judicial quando em jogo direitos titularizados por integrantes de grupos historicamente subordinados da sociedade, de modo a evitar que eles sejam mantidos reféns de regras jurídicas editadas sem a sua efetiva participação, ostentando, assim, a condição de "eternos perdedores do jogo político majoritário".[63]

Cabe esclarecer, no entanto, que a obstrução política e/ou a presença de um grupo historicamente subordinado não conduz necessariamente à tomada de decisão de mérito em favor da mudança normativa ou do referido grupo social. Em tese, é possível que se estabeleça a legitimidade da atuação judicial, reconhecendo-se, assim, que há algum tipo de ameaça ou ofensa aos pressupostos da democracia; mas, em seguida, verifique-se que a solução jurídica da controvérsia posta perante o Tribunal coincide com a normatização já existente e/ou contraria os interesses do segmento social discriminado que motivou a judicialização. A abertura procedimentalista da jurisdição constitucional não garante, em outras palavras, que a obstrução política se transforme em vitória do lado até então prejudicado; ou que os "eternos perdedores do jogo político majoritário" se tornem vencedores. Seu alcance é menor: desobstruir os assuntos interditados e conferir condições de disputa aos grupos discriminados.

Diante disso, e considerando-se que no Brasil, conforme já assinalado, a perspectiva substancialista prevalece na prática judicial, promovendo uma abertura da jurisdição constitucional muito maior do que o procedimentalismo ensejaria, poderia se imaginar que a perspectiva teórica ora examinada tivesse, entre nós, relevância puramente acadêmica, sendo indiferente para o balizamento da jurisdição constitucional. Mas não é isso o que ocorre. Analisando-se a jurisprudência do STF, encontram-se diversos precedentes que adotam fundamentos procedimentalistas para reforçar o escrutínio realizado pela Corte em casos relacionados a pressupostos do jogo democrático.[64]

Assim, pode-se dizer que critérios empregados pelo procedimentalismo, embora não costumem ser encarados como necessários para legitimar a jurisdição constitucional no Brasil, tampouco indiquem necessariamente a solução de mérito a ser adotada, intensificam o controle realizado. Funcionam como parâmetros que respaldam maior ativismo judicial, ou que diminuem a presunção de constitucionalidade do ato impugnado.[65]

---

[62] ELY, John Hart. *Democracy and Distrust. A Theory of Judicial Review*. Cambridge: Harvard University Press, 1980.

[63] SARMENTO, Daniel; SOUZA NETO, Claudio Pereira. Controle de constitucionalidade e democracia: algumas teorias e parâmetros de ativismo. In: SARMENTO, Daniel (Org.). *Jurisdição constitucional e política*. Rio de Janeiro: Forense, 2015, p. 73-114.

[64] *E.g.*, ADPF nº 378 MC, Tribunal Pleno, Rel. Min. Edson Fachin, Relator p/ Acórdão: Min. Roberto Barroso, j. 17.12.2015; e RE 633703, Tribunal Pleno, Rel. Min. Gilmar Mendes, j. 23.03.2011.

[65] Vide: SARMENTO, Daniel; SOUZA NETO, Claudio Pereira de. *Direito Constitucional* – Teoria, história e métodos de trabalho. Belo Horizonte: Fórum, 2003, p. 226.

Passa-se, então, a examinar como o procedimentalismo direcionaria o específico debate sobre a judicialização da descriminalização do aborto no Brasil. Em suma, não haveria um único direcionamento. As diversas compreensões procedimentalistas, com definições menos ou mais abrangentes sobre os pressupostos da democracia, poderiam tanto embasar críticas ao julgamento realizado no HC nº 124.036 como endossá-lo.

No primeiro sentido, seria possível valer-se do procedimentalismo para argumentar que a política pública em vigor no país para combate ao aborto não se vincula estrita e diretamente à manutenção da democracia, não afetando, ademais, direitos imediatamente vinculados à capacidade de participação das mulheres no espaço político.[66] Assim, a hipótese deveria ser de autocontenção judicial.

Já no segundo sentido – *i.e.*, de endosso ao exercício da jurisdição constitucional – poderia se estabelecer uma correlação entre a criminalização do aborto e falhas da democracia brasileira, de modo a respaldar uma postura mais ativista do Supremo. Poderiam ser considerados nessa linha, entre outros, os seguintes fatores (inter-relacionados):

(i) *As mulheres constituem um grupo historicamente subordinado em nossa sociedade, com enormes dificuldades, ainda hoje, de participação no processo político.*

Em que pese haver, desde 1995, regras visando a facilitar a candidatura de mulheres a cargos legislativos no Brasil,[67] ainda hoje, os percentuais mínimos previstos em lei não são cumpridos.[68] Quando se encaram os resultados eleitorais, a discrepância entre mulheres e homens mostra-se ainda maior.[69] De igual modo, no Executivo, a participação feminina mantém-se aquém do que seria esperado sob a ótica da igualdade de gênero,[70] nada obstante uma mulher ter sido eleita, por duas vezes, Presidente da República.[71]

---

[66] Em termos um pouco mais sofisticados, Ely criticou a decisão da Suprema Corte norte-americana que, em 1973, considerou inconstitucional a criminalização do aborto na fase inicial de gestação (EUA, Suprema Corte. Roe v. Wade, 410 U.S. 113, 1973). Argumentou, por exemplo, que a matéria, além de moralmente controvertida, envolveria um confronto entre um grupo historicamente subordinado (as mulheres) e outro totalmente incapaz de se colocar no debate político (os fetos ou nascituros). Não faria sentido, portanto, legitimar-se a atuação do Judiciário para destravar um canal deliberativo essencialmente obstruído, ao menos no que diz respeito aos fetos ou nascituros (ELY, John Hart. *The Wages of Crying Wolf: A Comment on Roe v. Wade*. Faculty Scholarship Series. Paper 4112, 1973). É de se questionar, porém, se a argumentação do autor norte-americano não parte de uma valorização (substancialista) dos bens jurídicos envolvidos, sobretudo dos direitos do feto, o que reforçaria um frequente contraponto às teorias procedimentalistas, no sentido de que, em última análise, elas escamoteariam leituras morais da Constituição, que, segundo seu próprio entendimento, deveriam ficar a cargo apenas dos representantes do povo. O questionamento parece especialmente adequado em relação à tese de que os fetos ou nascituros são minorias políticas, sem representação congressual.

[67] Cf. Lei nº 9.100/1995, cujo art. 11, §3º, reservou 20% das candidaturas ao cargo de vereador nas eleições municipais de 1996 a mulheres. Em 1997, com a edição da "lei geral das eleições" (Lei nº 9.504/1997), instituiu-se o equilíbrio mínimo, entre as "candidaturas de cada sexo", de 30%-70% (art. 10, §3º).

[68] Nas eleições de 2014, chegou-se, pela primeira vez na história, próximo ao percentual de 30% de candidaturas de mulheres quanto aos cargos de deputado(a) federal (29,15%) e deputado(a) estadual (29,11%). Para o cargo de senador(a), o quantidade de candidaturas permaneceu consideravelmente abaixo do previsto na Lei nº 9.504/1997 (20,6% do total). Cf. Relatório "As Mulheres nas Eleições de 2014", elaborado em dezembro de 2014, pela extinta Secretaria de Políticas para as Mulheres.

[69] Entre os candidatos eleitos em 2014 para o cargo de deputado(a) estadual, 11,3% são mulheres; para o cargo de deputado(a) federal, 9,9%; e, para o cargo de senador(a), 13,6%. Cf. Relatório "As Mulheres nas Eleições de 2014", elaborado em dezembro de 2014, pela extinta Secretaria de Políticas para as Mulheres.

[70] Em 2014, foram três candidatas à Presidência da República (27% do total) e vinte candidatas a governos estaduais (12% do total). Para o cargo de Presidente, a candidata Dilma Rousseff sagrou-se vencedora; já para o cargo de

Vários fatores ajudam a explicar a persistente sub-representação feminina no processo político ordinário, e seria inviável abordá-los, ainda que superficialmente, neste breve artigo.[72] O que deve ser ressaltado aqui, porque relevante para demonstrar a correlação entre a criminalização do aborto e as fragilidades do nosso processo democrático, é a inserção dessa inegável sub-representação feminina em um círculo vicioso extremamente limitador da cidadania das mulheres brasileiras. Utilizando-se as esferas de justiça propostas pela filósofa Nancy Fraser,[73] pode-se dizer que problemas de redistribuição e de reconhecimento impedem as mulheres de participar mais intensamente da política ordinária; e a falta de participação política das mulheres leva à não adoção das medidas estatais necessárias para reverter o quadro de falhas estruturais de redistribuição e de reconhecimento existente.[74]

Assim, políticas públicas relacionadas diretamente à esfera de direitos das mulheres, como as que envolvem seus direitos reprodutivos e a criminalização do aborto, tendem a permanecer regidas por normas oriundas de instituições pouco permeáveis à perspectiva feminina – múltipla e plural como esta seja[75] –, mantendo-se um *status quo*

Governador(a), apenas a candidata Suely Campos (PP) elegeu-se, assumindo a chefia do Executivo do Estado de Roraima. O número de mulheres ocupando cargos de Ministro(a) de Estado ou equivalente chegou a dez no primeiro mandato da Presidente Dilma Rousseff, mas voltou a cair vertiginosamente no início do governo do Presidente Michel Temer, atingindo a marca histórica de zero. Atualmente, há uma mulher em posição com *status* de Ministros de Estado, a Advogada-Geral da União, Grace Mendonça. Vide: Relatório "As Mulheres nas Eleições de 2014", elaborado em dezembro de 2014, pela extinta Secretaria de Políticas para as Mulheres.

[71] O sexismo presente em muitas das críticas e até mesmo manifestações de apoio à Presidente Dilma Rousseff, sobretudo durante as eleições de 2014 e no processo de *impeachment* ocorrido entre 2015 e 2016, é prova de que a eleição de uma mulher para o mais alto cargo do Executivo nacional não representou uma superação dos problemas estruturais existentes para a participação feminina nessa arena política. Sobre o tema, veja-se: TELLES, Cristina. *Por um constitucionalismo feminista*: reflexões sobre o direito à igualdade de gênero. 2016. 290f. Dissertação (Mestrado em Direito Público) – Faculdade de Direito, Universidade do Estado do Rio de Janeiro, Rio de Janeiro, p. 239-241.

[72] *Idem*, p. 226-232.

[73] Entre os trabalhos da autora que abordam o assunto, destaca-se: (i) Rethinking the Public Sphere: A Contribution to the Critique of Actually Existing Democracy. In: CALHOUN, Craig. *Habermas and the Public Sphere*. Cambridge: MIT Press, 1992; (ii) *Justice Interrupts* – critical reflection on the 'Postsocialist' condition. New York: Routledge, 1997; (iii) FRASER, Nancy; HONNETH, Axel. *Redistribution or Recognition?* A political-philosophical exchange. Trad. Joel Gob, James Ingram, Christiane Wilke. New York: Verso, 2003; (iv) *Scales of Justice* – Reimagining Political Space in a Globalizng World. New York: Columbia University Press, 2010; (v) Redistribuição, Reconhecimento e Participação: Por uma Concepção Integrada de Justiça. Trad. Bruno Ribeiro Guedes e Letícia de Campos Velho Martel. In: IKAWA, Daniela; PIOVESAN, Flávia; SARMENTO, Daniel. *Igualdade, Diferença e Direitos Humanos*. Rio de Janeiro: Lumen Juris, 2010, p. 167-189; e (vi) *Fortunes of feminism* – From State-Managed Capitalism to Neoliberal Crisis. New York: Verso, 2013.

[74] Cf. TELLES, Cristina. *Por um constitucionalismo feminista*: reflexões sobre o direito à igualdade de gênero. 2016. 290f. Dissertação (Mestrado em Direito Público) – Faculdade de Direito, Universidade do Estado do Rio de Janeiro, Rio de Janeiro.

[75] É inegável que, mesmo entre mulheres, o aborto é um tema controverso, havendo, inclusive, pesquisas de opinião que indicam prevalecer, entre as brasileiras, o apoio à criminalização (v. nota de rodapé nº 84). A questão é que a variedade de opiniões das mulheres, longe de enfraquecer, robustece a importância de ampliar-se a participação feminina na política. Assim, o fato de existir concordância popular e, mais especificamente, de mulheres quanto à criminalização do aborto não afasta, num passe de mágicas, os problemas de índole democrática da medida. Em outras palavras, o apoio popular e até mesmo feminino não remove a origem autoritária dos arts. 124 e 126 do CP, tampouco compensa as persistentes dificuldades para deliberação do tema com a devida consideração à perspectiva das diferentes mulheres que compõem a sociedade brasileira.
Nesse sentido, vale destacar que, em especial – mas não somente – quando se está a tratar de matérias que dizem respeito diretamente às mulheres, a tendência é que a deliberação política seja aprimorada pela presença delas, com seus diferentes pontos de vistas – todos eles diversos do que os homens costumam trazer consigo e que, em conjunto, formam um panorama enriquecedor do debate. Esse panorama final, como resultado da participação de mulheres com variadas visões sobre o tema, é certamente superior ao somatório de manifestações individuais

que afasta as mulheres da política e do próprio pensar coletivo, reforçando seu papel privado ou familiar. A atuação do Judiciário em matéria de aborto, por meio da jurisdição constitucional, se justificaria, portanto, para corrigir essas distorções, impedindo que a preocupação com direitos fundamentais das mulheres seja uma causa eternamente depreciada na disputa política e colaborando, ainda, para a construção de um arcabouço normativo que viabilize a participação igualitária de mulheres na política.

(ii) A criminalização do aborto no Brasil apresenta forte carga simbólica, e seu simbolismo é nefasto à construção da cidadania feminina, reforçando a imagem sociocultural das mulheres como pessoas funcionalizadas para o exercício da maternidade.[76]

Tal como mencionado no voto do Min. Luís Roberto Barroso, não há qualquer indicativo de que a criminalização reduza a ocorrência de abortos. A medida tampouco enseja persecução penal próxima ao esperado diante da incidência de interrupções voluntárias e clandestinas de gravidez no país.[77] O que a criminalização faz – além de marginalizar as mulheres que optam pelo aborto, com impacto desproporcional sobre a saúde de gestantes pobres e negras – é transmitir a todas elas a mensagem de que não podem tomar decisões autônomas sobre a própria vida. É dizer às brasileiras que elas possuem uma função privada e doméstica, de cuidado familiar mais importante do que todas as demais que possam desejar para si, devendo acatar o chamado, natural ou divino, de serem mães, quando quer que ele se manifeste – tenha essa mulher 13 ou 40 anos, uma vida a começar ou uma família já constituída, com filhos a serem sustentados e cuidados.

Vale frisar que a criminalização não transmite, apenas, a mensagem de que o aborto é uma decisão moralmente equivocada, a ser evitada; ela transmite a mensagem de que o aborto é uma decisão inaceitável, que não pode ser sequer cogitada pela gestante. Acontece que quem carrega no próprio corpo e sente crescer uma gestação não tendo condições, psicológicas ou materiais, de ser mãe ou de entregar um filho para adoção se vê diante de um dilema existencial tão intenso que nenhuma imposição externa consegue resolver ou dissipar – nem mesmo uma imposição estatal de índole criminal.

Em última análise, portanto, o que a criminalização faz é dar: (a) às mulheres que pensam em abortar um sentimento de culpa e medo, em vez de apoio e informação para que eventualmente mantenham a gravidez; (b) às mulheres que efetivamente optam pelo aborto, total insegurança, trazendo sérios riscos à sua saúde e à sua vida, em especial se forem pobres; e (c) a todas elas – a todas nós –, como grupo historicamente subordinado que ainda somos, o recado de que nosso lugar é mesmo em casa, de que nosso papel é mesmo cuidar dos filhos e de que nossa autonomia está mesmo a serviço da sociedade.

A autonomia que nos cabe é a de sermos, talvez, *mães* livres, o que pode soar natural, bonito e até sagrado, mas, em um Estado plural e laico, é bem menos do que ser um ser humano livre para tomar decisões existenciais sobre a própria vida. Em um país

---

que cada uma delas expõe, o que reforça a impossibilidade de se compensar a sub-representação política das mulheres com indicativos de que, fora do ambiente de debate público, a maior parte delas concordaria com a criminalização do aborto.

[76] Sobre outros riscos associados à hipertrofia simbólica das leis e, em especial, das normas constitucionais, confira-se: NEVES, Marcelo. *A Constitucionalização Simbólica*. São Paulo: Martins Fontes, 2007.

[77] Vide nota de rodapé nº 18.

em que uma enorme quantidade de homens sequer assume ou exerce a paternidade,[78] ter a "autonomia" de ser uma *mãe* livre é também uma expressão escandalosa de desigualdade de gênero e de manutenção de um sistema sociocultural que relega às mulheres infindáveis responsabilidades na esfera privada que as excluem de qualquer possibilidade de participação igualitária na esfera pública – como visto no item "i" supra.

> *(iii) A temática do aborto enfrenta severos obstáculos de colocação e deliberação junto às instituições políticas brasileiras, sendo geralmente suscitada como instrumento para contaminação das disputas eleitorais.*

Analisando o contexto anterior à decisão tomada pela Primeira Turma do STF em 29.11.2016, verifica-se que o aborto não costumava ser um assunto passível de deliberação mediante algo sequer próximo à divulgação e discussão racional de dados, ideias e opiniões. Possivelmente, a maior prova disso é que mesmo providências estatais voltadas à regulamentação e à implementação da interrupção da gravidez nas hipóteses já admitidas pelo ordenamento brasileiro não conseguiam avançar. Desde 1940, as mulheres podem abortar quando a gestação decorrer de estupro, por exemplo. Mas, ainda hoje, há, não apenas dificuldades práticas para interromper a gestação nesses casos, como até falta de regulamentação jurídica e de divulgação e treinamento médico adequados.[79] [80]

Salvo um pequeno e ainda assim conturbado intervalo de anos na década de 2000,[81] o papel desempenhado pelo aborto na política nacional tem sido quase que

---

[78] *E.g.*, (i) "Em 10 anos, Brasil ganha mais de 1 milhão de famílias formadas por mães solteiras". *G1*. Brasil, 14.05.2017. Disponível em: <https://g1.globo.com/economia/noticia/em-10-anos-brasil-ganha-mais-de-1-milhao-de-familias-formadas-por-maes-solteiras.ghtml>. Acesso em: 10 fev. 2018; (ii) "Em busca do pai". *Revista Isto É*. São Paulo, 27.08.2010. Disponível em: <https://istoe.com.br/98233_EM+BUSCA+DO+PAI/>. Acesso em: 10 fev. 2018; (iii) "Uma em Cada Cinco Brasileiras é Abandonada na Gestação". *Trocando Fraldas*. Disponível em: <https://www.trocandofraldas.com.br/uma-em-cada-cinco-brasileiras-e-abandonada-na-gestacao/>. Acesso em: 10 fev. 2018. A campanha "Pai Presente" do Conselho Nacional de Justiça, ainda que de espectro mais amplo – procurando solucionar, por exemplo, questões burocráticas no registro de paternidade –, também corrobora a existência do problema.

[79] *E.g.*, "Mulheres que têm direito ao aborto enfrentam dificuldades no Brasil". *G1*. Rio de Janeiro, 23.08.2017. Disponível em: <http://g1.globo.com/profissao-reporter/noticia/2017/08/mulheres-que-tem-direito-ao-aborto-enfrentam-dificuldades-no-brasil.html>. Acesso em: 12 jan. 2018; "Aborto legal no RJ: ignorado nos debates eleitorais e desrespeitado pelo governo". *Jornal do Brasil*. Rio de Janeiro, 08.10.2014. Disponível em: <http://www.jb.com.br/rio/noticias/2014/10/08/aborto-legal-no-rj-ignorado-nos-debates-eleitorais-e-desrespeitado-pelo-governo/>. Acesso em: 12 jan. 2018.

[80] A título ilustrativo, cabe lembrar que, em 2014, quando o Executivo editou portaria que apenas incluía, na Tabela de Procedimentos, Medicamentos, Órteses/Próteses e Materiais Especiais do Sistema Único de Saúde (SUS), o procedimento de interrupção da gestação nas hipóteses já permitidas pela legislação brasileira (Portaria nº 415, de 21.05.2014) teve de recuar por pressões sofridas pela bancada evangélica do Congresso, revogando o ato uma semana após a sua edição (Portaria nº 437, de 28.05.2014).
Em evento na Assembleia de Deus de Madureira (Rio de Janeiro – RJ), o então Deputado Federal e líder do PMDB na Câmara dos Deputados, Eduardo Cunha, aparece em culto evangélico juntamente com a Presidente da República da época, Dilma Rousseff, e comenta a citada portaria. Cunha declara que atuou junto ao Executivo para que a citada portaria fosse revogada e reconhece a motivação religiosa – ou de satisfação a anseios sociais religiosos – de sua atuação política. Evento noticiado, entre outros, nos jornais Folha de São Paulo (<http://www1.folha.uol.com.br/poder/2014/08/1497593-em-encontro-de-evangelicos-dilma-faz-discurso-repleto-de-citacoes-religiosas.shtml>) e O Globo (<http://oglobo.globo.com/brasil/feliz-a-nacao-cujo-deus-o-senhor-discursa-dilma-em-encontro-com-evangelicas-13535253>), com vídeo disponível em: <https://www.youtube.com/watch?v=ABdr8kak6os>. Acesso em: 12 jan. 2018.

[81] A partir da criação da Secretaria de Política para Mulheres em 2003, com *status* ministerial e orçamento próprio, foram adotadas, no Executivo federal, algumas medidas para estimular o debate sobre o aborto no país. Em parceria com o Ministério da Saúde, foi elaborada, por exemplo, a primorosa, mas pouco divulgada norma técnica

exclusivamente de peça inflamatória, sacada do baú em que costuma ficar trancafiada, para utilização como instrumento de ataque a adversários, com base na persistente reprodução maniqueísta de que os defensores da descriminalização ou aqueles já envolvidos na prática de algum aborto são contrários à vida humana. Não se costuma suscitar o tema, portanto, para justificar ou aprimorar uma política pública de tutela de nascituros e obter, em consequência disso – o que seria totalmente legítimo –, votos e apoio eleitoral. A finalidade é outra: valer-se do tabu existente, para contaminar o jogo democrático.

Daí por que, mesmo já tendo ocupado relativo destaque em eleições, sobretudo presidenciais,[82] o aborto não deixa de ser, entre nós, um tema praticamente interditado. Sua invocação na seara politica é feita para atingir o opoente, que em geral procura se desvencilhar do assunto, para evitar perdas políticas.[83] Afinal, ninguém se elege sendo "contra a vida". E, assim, o país segue sem um diálogo minimamente franco e plural sobre o aborto nos meios políticos e ainda sofre com episódios de manejo do tema em estratégias eleitoreiras da pior qualidade, que enfraquecem nossa frágil democracia.

(iv) Também no âmbito social, a temática do aborto enfrenta históricas dificuldades de colocação e deliberação informada.

O povo brasileiro é bem mais conservador do que se costuma imaginar.[84] Em vista desse e de outros fatores, como nosso inacabado projeto de laicidade estatal,[85] há

---

para "Atenção humanizada ao abortamento" (vide nota de rodapé nº 14). Um pouco antes, em 2004, foi instituída, com base nas diretrizes aprovadas na 1ª Conferência Nacional de Políticas para as Mulheres (2004), Comissão Tripartite para discutir o tema. O trabalho da comissão encerrou-se em 01.08.2015, com o encaminhamento, ao Congresso Nacional, de anteprojeto de lei (apensado ao PL nº 1.135/2001) descriminalizando a interrupção da gravidez, entre outras hipóteses, quando a gestação tivesse 12 semanas ou menos de duração.

No Legislativo, todavia, a deliberação da matéria foi inicialmente travada, com a utilização, inclusive, do artifício de não assinatura de listas de presença por parte de deputados contrários à proposta de descriminalização. Em 2007, porém, já com outra configuração na Comissão de Seguridade Social e Família (CSSF), a proposta voltou ao debate. Foram convocadas três audiências públicas e, em 07.05.2008, a CSSF aprovou parecer pela rejeição da medida, o que se repetiu, em 09.07.2008, na Comissão de Constituição e Justiça e de Cidadania (CCJC). Em 31 jan. 2011, os projetos de lei foram formalmente arquivados. Veja-se: <http://www.cfemea. org.br/index.php?option=com_content&view=article&id=1171:aborto-em-pauta&catid=132:numero-148-outubronovembrodezembro-de-2005&Itemid=129> e <https://noticias.uol.com.br/ultnot/2008/05/07/ult23u2218. jhtm>. Acesso em: 12 jan. 2018.

[82] Sobre o tema, veja-se: BARRERAS, Sandra E. O. Bitencourt de. *O agendamento do aborto na campanha presidencial de 2010*: reverberação e silenciamento estratégicos entre imprensa, mídias sociais e candidatos. 381f. Tese (Doutorado em Comunicação e Informação) – Faculdade de Biblioteconomia e Comunicação, Universidade Federal do Rio Grande do Sul, Porto Alegre, 2013.

[83] Com efeito, o aborto parece ter se tornado um tema inviável na política ordinária brasileira. Mesmo os setores e partidos historicamente ligados ao movimento feminista, por exemplo, não parecem dispostos a incorrer nos custos que a defesa da descriminalização acarreta. Haveria, assim, por parte deles, um desejo de *despolitização* do tema, com a sua assunção pelo Judiciário. As palavras de Rodrigo Yelpes sobre a judicialização da política na Colômbia parecem perfeitamente aplicáveis ao caso: "[há] um interesse de certos atores políticos (partidos ou mesmo governos) em despolitizar alguns temas sensíveis, para não assumir os custos de sua decisão, ou para dar continuidade a certas questões diante das quais aconteceu um certo bloqueio institucional" (YELPES, Rodrigo Uprimny. A judicialização da política na Colômbia: casos, potencialidades e riscos. *Sur. Revista Internacional de Direitos humanos*, São Paulo, v. 4, n. 6, p. 52-69, 2007).

[84] Cf. ALMEIDA, Alberto Carlos. *A Cabeça do Brasileiro*. 5. ed. Rio de Janeiro: Record, 2012; "Pesquisa Ibope comprova que brasileiros estão mais conservadores". *Revista Exame*. 22.12.2016. Disponível em: <https://exame.abril.com.br/geral/pesquisa-ibope-comprova-que-brasileiros-estao-mais-conservadores/>. Acesso em: 10.02.2018.

[85] Cf. PEREIRA, Jane Reis Gonçalves. A aplicação de regras religiosas de acordo com a lei do Estado: um panorama do caso brasileiro. *Revista da AGU*, v. 41, p. 9-42, 2014. Especificamente sobre a crescente influência de religiões

grande dificuldade em se tratar, sob a ótica educacional e de saúde pública, matérias ligadas à sexualidade. A sexualidade feminina, em especial, enfrenta enormes obstruções, ficando o aborto, possivelmente, com a medalha de ouro no quesito assunto a ser evitado. Há barreiras a ele nas famílias, nas escolas e nos consultórios médicos; há receios editoriais em pequenos e grandes veículos de comunicação;[86] em praticamente qualquer ambiente, sobram constrangimentos e faltam informações.

Deixada de lado a recente melhoria ocorrida na esteira do julgamento do HC nº 124.306, seria difícil imaginar prática social, mesmo criminosa, que guardasse desproporção maior entre incidência e debate público. Vale lembrar que são mais de 500 mil abortos clandestinos a cada ano no país, cerca de 1 por minuto. Em uma estimativa conservadora, aos 40 anos de idade, uma em cada cinco brasileiras já terá abortado. Como ressaltado pela premiada antropóloga Débora Diniz, "A mulher que aborta está dentro da nossa família e na nossa vizinhança. Ela não é uma fantasia criada pelo debate moral".[87] Mas seguimos tratando pouco e mal do assunto, fingindo que ele não existe ou que se limita a um embate pró ou contra a vida.

6.4.3 A defesa deliberativa da jurisdição constitucional: controle judicial da criminalização do aborto em sede de julgamento não vinculante, sem repercussão geral, como incentivo e aprimoramento à deliberação pública do tema

O que se denomina neste trabalho de escola deliberativa de defesa da jurisdição constitucional engloba diferentes e mais recentes teorias sobre a matéria, nem sempre reunidas como aqui proposto.[88] Optou-se, no entanto, por tratá-las neste trabalho como um grupo relativamente coeso, em virtude da crescente importância que vêm obtendo

---

neopetencostais no Estado brasileiro, veja-se: PIERUCCI, Antonio Flavio. Religiões no Brasil. In: BOTELHO, André; SCHWARCZ, Lilia Moritz (Org.). *Agenda Brasileira* – Temas de uma sociedade em mudança. São Paulo: Companhia das Letras, 2011, p. 472-479.

[86] Cf. BARRERAS, Sandra E. O. Bitencourt de. *O agendamento do aborto na campanha presidencial de 2010*: reverberação e silenciamento estratégicos entre imprensa, mídias sociais e candidatos. 381f. Tese (Doutorado em Comunicação e Informação) – Faculdade de Biblioteconomia e Comunicação, Universidade Federal do Rio Grande do Sul, Porto Alegre, 2013.

[87] Em entrevista concedida à revista Carta Capital em 14.12.2016, disponível em: <https://www.cartacapital.com.br/sociedade/201ca-mulher-que-aborta-esta-na-nossa-familia201d>. Acesso em: 12 jan. 2018.

[88] Entre outras, são consideradas aqui, as seguintes obras: NINO, Carlos Santiago. Los Fundamentos del Control Judicial de Constitucionalidad. *Revista del Centro de Estudios Constitucionales*, n. 4, p. 79-88, set./dez. 1989; BATEUP, Christine. The dialogic premisse. Asserting the normative potential of theories of constitutional dialogue. *Brooklyn Law Review*, v. 71 (3), 2006, p. 1109-1180; e ZURN, Christopher F. *Deliberative democracy and institutions of judicial review*. New York: Cambridge University Press, 2007. No Brasil, confira-se, entre outras obras: SILVA, Virgílio Afonso. O STF e o controle de constitucionalidade: deliberação, diálogo e razão pública. *Revista de Direito Administrativo*, n. 250, p. 197-227, 2009; SOUZA NETO, Claudio Pereira de. Deliberação democrática, constitucionalismo e cooperação democrática. In: SARMENTO, Daniel (Org.). *Filosofia e teoria constitucional contemporânea*. Rio de Janeiro: Lumen Juris, 2009; HÜBNER, Conrado Mendes. *Direitos fundamentais, separação de poderes e deliberação*. São Paulo: Saraiva, 2011; BRANDÃO, Rodrigo. *Supremacia judicial versus diálogos constitucionais*: a quem cabe a última palavra sobre o sentido da Constituição? Rio de Janeiro: Lumen Juris, 2011; MENDONÇA, Eduardo. A jurisdição constitucional como canal de processamento do autogoverno democrático, p. 133-176. In: SARMENTO, Daniel (Coord.). *Jurisdição constitucional e política*. Rio de Janeiro: Forense, 2015; e GOMES, Juliana Cesario Alvim. *Por um constitucionalismo difuso*: cidadãos, movimentos sociais e os significados da Constituição. Rio de Janeiro: Juspodivm, 2016.

no Brasil e das interessantes contribuições que, conjuntamente, fornecem para o exame da decisão tomada pelo STF no HC nº 124.306.

Incorrendo em algumas generalizações, pode-se dizer que as teorias aqui consideradas (i) divergem do substancialismo, não admitindo uma legitimidade "universal" do Judiciário para realizar leituras morais da Constituição; e (ii) concordam com o procedimentalismo, reconhecendo a legitimidade da jurisdição constitucional para preservação dos pressupostos da democracia. Elas agregam, todavia, em relação à concepção procedimentalista (estrita), um novo fundamento legitimador da atuação judicial – qual seja, a indução e qualificação do debate político e social, mediante a adoção, pela Suprema Corte ou pelo Tribunal Constitucional de um processo decisório que possa contribuir para a deliberação pública e/ou para a aceitação democrática de sua decisão.[89]

Na etapa prévia à tomada de decisão, sustenta-se, por exemplo, que o Tribunal se abra para a participação de diferentes segmentos sociais, por meio de medidas como: (i) a admissão de um amplo rol de legitimados para recorrerem ou ingressarem com ações diretamente na Corte, (ii) o emprego de requisitos não muito exigentes para ingresso de *amicus curiae* nos processos, ou, ainda, (iii) a convocação de audiências públicas para o debate de temas socialmente sensíveis ou tecnicamente complexos. Já na etapa decisória, o Tribunal poderia, expressamente ou não, incitar as instituições políticas ordinárias a deliberarem sobre o tema por ele apreciado, trazendo eventuais condicionantes argumentativas a serem consideradas no posterior debate legislativo.[90]

Essas formas de expressão deliberativa da jurisdição constitucional durante a etapa decisória de atuação da Corte relacionam-se com uma série de estudos que têm procurado ressaltar a natureza apenas "provisoriamente final"[91] das decisões tomadas em sede de controle de constitucionalidade. Acentua-se, basicamente, que a possibilidade de superação legislativa de decisões judiciais, mesmo nos países que adotam o denominado modelo forte de jurisdição constitucional,[92] constitui uma realidade inafastável do ponto de vista descritivo; e um fenômeno potencialmente salutar, do ponto de vista prescritivo,

---

[89] Nesse sentido, Santiago Nino afirma que: "os juízes teriam [entre outros] um papel ativo no melhoramento da qualidade do processo de discussão e decisão democráticas, estimulando o debate público e promovendo decisões mais reflexivas e deliberativas" (NINO, Carlos Santiago. Los Fundamentos del Control Judicial de Constitucionalidad. *Revista del Centro de Estudios Constitucionales*, n. 4, p. 79-88, set./dez. 1989).

[90] Os doutrinadores e a prática judicial dos diferentes países contemplam diferentes – e cada vez mais variados – instrumentos para manifestação do viés deliberativo da jurisdição constitucional na etapa de tomada de decisão pelo Tribunal competente. Cogita-se, por exemplo, de decisão que, em vez de declarar a (in)validade de lei impugnada em sede de controle de constitucionalidade, determine que o Legislativo estabeleça, em certo prazo, uma deliberação pública sobre a matéria, com a obrigatoriedade de realizar, previamente à votação, audiências públicas para exposição de diferentes perspectivas de enfrentamento do tema. De maneira complementar ou não, a Corte Suprema ou o Tribunal Constitucional poderia impor ao Executivo a realização de campanha pública de informação sobre o assunto tratado, para que o próprio povo pudesse, então, influenciar a deliberação política, ainda que não necessariamente por meio de consulta eleitoral específica (plebiscito ou referendo), uma vez que esta poderia se mostrar inadequada diante, por exemplo, de assunto que envolvesse direitos de minorias sociais. Há, ademais, formas menos diretas de expressão da faceta deliberativa da jurisdição constitucional no momento de tomada de decisão, isto é, meios de incitação e aprimoramento do debate público que não envolvem um comando expresso nesse sentido para outros Poderes. Seria a hipótese, por exemplo, de pronunciamento pela inconstitucionalidade de determinada lei que em, sua fundamentação, deixasse transparecer que a matéria comporta diferentes interpretações, que poderiam vir a prevalecer se superados os vícios da legislação originalmente editada e enfrentados determinados argumentos ou perspectivas de análise suscitados na decisão.

[91] MENDONÇA, Eduardo. A jurisdição constitucional como canal de processamento do autogoverno democrático. In: SARMENTO, Daniel (Coord.). *Jurisdição constitucional e política*. Rio de Janeiro: Forense, 2015, p. 151.

[92] Vide: SILVA, Virgílio Afonso. O STF e o controle de constitucionalidade: deliberação, diálogo e razão pública. *Revista de Direito Administrativo*, n. 250, p. 197-227, 2009.

para o desenvolvimento harmonioso do constitucionalismo e da democracia. Não deveria, assim, ser encarada, necessariamente, como uma afronta ao Judiciário.

Reconhecer que a jurisdição constitucional é apenas parte de um "ciclo institucional"[93] de aplicação e interpretação da Constituição pode parecer enfraquecer a primeira, na medida em que endossa a possibilidade de agentes políticos e sociais questionarem a decisão tomada pelo Judiciário. Por outro lado, porém – e este é o ponto de maior relevo para o presente trabalho –, esse mesmo reconhecimento pode ser empregado para ampliar o alcance legítimo da jurisdição constitucional comparativamente ao delimitado pelo procedimentalismo tradicional ou estrito. Em resumo, seria admitida a atuação do Judiciário em casos vinculados à tutela de pressupostos democráticos, mas também naqueles em que, de alguma forma, a deliberação judicial pudesse contribuir para o debate político e social, incitando ou aprimorando o processo deliberativo.

Haveria, assim, uma extensão daquilo que, sob a ótica procedimentalista, a jurisdição constitucional poderia alcançar, a partir do reconhecimento de que a decisão a ser tomada não representa um inevitável confronto com as instituições políticas eleitas. O julgado pode ser uma provocação positiva – propulsora e qualificadora do debate –, em vez de uma ofensa aos poderes políticos; tal como, do outro lado, eventual reação legislativa a ele pode revestir-se de legitimidade democrática, em vez de constituir necessário ultraje ao Poder Judiciário.[94] Não há, portanto, sempre, conflito; pode haver diálogo. Um diálogo muitas vezes conturbado, em que cada lado resiste em considerar os argumentos expostos pelo outro e expressa sua resistência de maneira provocativa; mas que pode, ainda assim, ao final, prevalecer como um instrumento de construção democrática do sentido da Constituição, sem ataques efetivos à independência dos Poderes.[95]

No Brasil, como já se ressaltou, a prática jurisprudencial é de ampla aceitação da jurisdição constitucional, de modo que teorias procedimentalistas e – vale agora incluir – deliberativas tendem a ser empregadas não propriamente para justificar o cabimento da intervenção judicial, mas para sinalizar a maior ou menor intensidade de seu exercício. Nesse sentido, a adoção de um viés deliberativo em determinada decisão do STF permitiria que a Corte aumentasse seu grau de ativismo quanto ao mérito da

---

[93] MENDONÇA, Eduardo. A jurisdição constitucional como canal de processamento do autogoverno democrático. In: SARMENTO, Daniel (Coord.). *Jurisdição constitucional e política*. Rio de Janeiro: Forense, 2015, p. 151.

[94] Como assinalado por Reva Siegel e Robert Post, jurisdição constitucional e democracia não devem ser encaradas como elementos de um "jogo de soma zero, em que a argumentação de um necessariamente leva à diminuição do outro (...)" (*Roe Rage*: Democratic Constitutionalism and Backlash. Faculty Scholarship Series. Paper 169, p. 373-43, 2007, p. 404).

[95] Nesse sentido, mesmo defendendo o que denominam de "constitucionalismo democrático", Reva Siegel e Robert Post reconhecem que: "alguém poderia imaginar esse processo [deliberativo institucional] como uma série de 'conversas entre a Corte e o povo e seus representantes', mas o processo em questão raramente é tão civilizado e ordenado como uma conversa". Ainda assim – prosseguem os professores de Yale –, o Judiciário não deve se furtar de seu papel deliberativo, por temor ao *backlash*: "O constitucionalismo democrático conceitua o fenômeno do backlash não apenas pela perspectiva das Cortes, mas também pelo ponto de vista da ordem constitucional como um todo. Situa o *backlash* numa densa rede de comunicações, diálogos ou trocas que sustentam a legitimidade democrática da Constituição. (...) A contínua possibilidade de moldar o sentido constitucional ajuda a explicar porque as pessoas mantêm-se fiéis às Constituições de seus países, mesmo quando o seu ponto de vista sobre determinada controvérsia constitucional não prevalece (...). Ela ajuda a compreender como a Constituição consegue continuar inspirando e gerando comprometimento apesar dos persistentes desacordos (...)". (SIEGEL, Reva B; POST, Robert. *Roe Rage*: Democratic Constitutionalism and Backlash. Faculty Scholarship Series. Paper 169, p. 373-43, 2007).

controvérsia constitucional discutida no processo. Em outras palavras, é como se a natureza deliberativa da decisão diminuísse o peso contramajoritário do julgamento e, assim, possibilitasse um escrutínio mais severo do Tribunal em relação ao tema apreciado. Adotada sistematicamente, a vertente deliberativa da jurisdição constitucional implica, por outro lado, reconhecer-se com alguma naturalidade as reações legislativas às decisões tomadas pelo STF, procurando situar cada caso em um delicado, mas salutar, ponto de equilíbrio entre constitucionalismo e democracia.

Aplicando-se tais considerações ao questionamento acerca da legitimidade do Supremo para julgar, especificamente, a (des)criminalização do aborto, parece defensável afirmar que a decisão proferida no HC nº 124.306 apresenta significativa carga deliberativa que reforçaria, nos moldes já explicitados, sua justificação democrática. O modo de expressão desse viés deliberativo da decisão difere, todavia, daqueles usualmente reconhecidos pela doutrina e que foram anteriormente destacados.

Com efeito, o julgamento do referido HC não se deu com prévia abertura à participação social, nem contou com expressa incitação à deliberação do Congresso ou do Executivo sobre a matéria. Ainda assim, (i) expôs, de forma ricamente fundamentada, uma série de perspectivas comumente ignoradas na abordagem do aborto, pautando e requalificando o tema na arena pública; (ii) sem investir-se, todavia, de força vinculante ou repercussão geral, o que reduziu seu impacto contramajoritário e permitiu que a decisão figurasse como apenas uma peça no ciclo deliberativo institucional.[96]

Detalhando-se o argumento, verifica-se que nesta, que foi a primeira vez em que o STF pronunciou-se sobre a criminalização do aborto na fase inicial de gestação, o acolhimento da tese pela inconstitucionalidade da medida exerceu impacto técnico-jurídico quase nulo: não gerou precedente vinculante, não fixou orientação de repercussão geral, nem mesmo alterou substancialmente o comando decisório determinado no habeas corpus apreciado pela Turma (no sentido da revogação da prisão preventiva dos impetrantes). Mas é possível que tenha sido, justamente, por conta desse reduzido impacto técnico imediato que o STF tenha conseguido adentrar na temática do aborto, jogando luzes sobre a matéria, sem, com isso, colocar excessivamente em risco sua posição institucional em nossa ainda frágil democracia, debilitada pelas sucessivas crises dos últimos anos.[97]

Vale frisar que, mesmo sem relevância técnica imediata, a decisão no HC nº 124.306 recolocou o aborto na agenda política e social brasileira, em termos qualitativos

---

[96] Em entrevista concedida ao jornal O Estado de São Paulo, o Ministro Luís Roberto Barroso pareceu endossar essa caracterização do julgado, afirmando o seguinte acerca da decisão no HC nº 124.306: "É uma decisão importante para deflagrar um debate que já não deveria mais ser adiado. Em uma democracia, nenhum tema é tabu. A decisão não defende o aborto nem propõe a disseminação do aborto. É uma decisão para que se adotem políticas públicas melhores do que a criminalização para evitar o aborto. (...) Vejo sem nenhuma reserva o debate público a ser feito no Congresso Nacional, lá é o lugar para o debate público das questões nacionais por excelência". Disponível em: <https://epocanegocios.globo.com/Brasil/noticia/2016/12/luis-roberto-barroso-decisao-sobre-aborto-e-para-adotar-politicas-publicas.html>. Acesso em: 12 jan. 2018.

[97] Estendendo o argumento, pode-se sustentar que o controle difuso de constitucionalidade exercido pelo STF fora das hipóteses de julgamento de recurso extraordinário com repercussão geral reconhecida constitui um interessante modo de expressão do viés deliberativo da jurisdição constitucional no país. Com efeito, dada a visibilidade que praticamente qualquer pronunciamento da Corte possui nos dias de hoje, essas decisões do Tribunal que apresentam menor impacto ou alcance técnico podem funcionar como uma antecipação de teses mais controvertidas ou politicamente sensíveis acerca do sentido da Constituição, que provocarão, mesmo sem comando expresso nesse sentido, uma rediscussão do tema nas arenas políticas ordinárias, contribuindo, assim, para o processo deliberativo.

nunca antes expressados pelas instituições públicas do país. Como visto no terceiro capítulo deste artigo, o julgamento teve significativa repercussão política e social, dando visibilidade a uma série de dados e abordagens para o enfrentamento do aborto que não conseguiam espaço na arena pública.

Conclui-se, então, que, apesar de formal e aparentemente pequena – ou justamente porque formal e aparentemente pequena –, a referida decisão pôde expressar, em seu conteúdo, uma grandeza que nunca antes o Supremo ou qualquer outro Poder brasileiro ousara manifestar em matéria de aborto. Ela pôde levantar o histórico tabu social, exibi-lo com todas as dificuldades morais que apresenta e abordá-lo com informações e argumentos dos quais se pode, legitimamente, concordar ou discordar, mas que não deveriam mais poder ser simplesmente ignorados.

A partir da decisão aqui comentada, o aborto segue, portanto, a ser um tema controvertido e delicado em nossa sociedade, mas há indicativos de que não terá como persistir (apenas) como um dilema moral. Talvez com alguma dose de otimismo, pode-se dizer que o aborto passará a ter de ser enfrentado (também) como uma questão de direitos fundamentais e saúde pública, que afeta a vida de milhares de mulheres e a efetividade da própria tutela dos embriões ou fetos envolvidos. Se isso realmente ocorrer, já será uma tremenda vitória.

Por fim, cumpre notar que a legitimidade democrática da decisão proferida no HC nº 124.306, sob o enfoque deliberativo ora apreciado, não teria como se estender, em idênticos termos, a eventual acórdão proferido pelo STF no julgamento de ADPF ou recurso extraordinário com repercussão geral sobre a matéria. Mas a circunstância de o Tribunal ter, de algum modo, já provocado o debate sobre o tema, sinalizando a urgência de sua análise, pode, sim, contribuir para que, em caso de renovada incapacidade deliberativa dos poderes políticos ordinários e/ou de sua persistente resistência em analisar o aborto a partir dos dados e fundamentos suscitados no referido HC, a Corte volte a se manifestar, já, então, em precedente vinculante. Nessa ocasião, o Tribunal poderá se cercar, também, de outros elementos de reforço democrático à sua atuação, como a admissão de *amicus curiae* de variados espectros sociais e políticos e a convocação de audiência pública.

De toda forma, possivelmente sempre haverá o receio de um novo embate com o Legislativo ou o Executivo. É preciso reconhecer, contudo, que esse embate talvez seja inevitável quando se está diante de um tema sensível como o aborto.[98] E mais até do que isso, sob uma lógica deliberativa institucional, esse embate talvez não seja sequer ruim, sobretudo se travado de maneira paulatina como vem se dando no Brasil, em que progressivamente o STF avança na caracterização do aborto como uma matéria de direitos fundamentais e saúde pública. Nas palavras de Reva Siegel e Robert Post:

> Nenhuma corte tem a capacidade de decidir uma controvérsia fora dos limites da política. Não faz sentido esperar que temas tão sensíveis como o aborto possam ser em algum momento histórico tratados como algo absolutamente tranquilo, sem riscos de *backlash*.

---

[98] Em complementação, cabe notar que a deliberação de temas extremamente divisivos como o aborto tende a gerar reações conservadoras do *status quo* até mesmo quando promovida pelas instituições políticas ordinárias. Seria, nesse sentido, sempre suscetível a algum *backlash* (*Idem*, p. 393). Prova disso no contexto brasileiro foi a pressão da bancada evangélica do Congresso Nacional para que, em 2014, o Executivo revogasse, como de fato acabou fazendo, a então recém editada portaria que pretendia regulamentar a realização do aborto no SUS em hipóteses já permitidas pela legislação brasileira (vide nota de rodapé nº 80).

A constitucionalização de um tema, no sentido de sua adjudicação judicial, sempre acaba alterando a natureza da política democrática. Costuma deslocar o foco do debate para as razões empregadas nos votos dos juízes, eliminar soluções legislativas específicas, injetar princípios constitucionais no debate; pode, enfim, elevar o nível da política.[99]

6.5 Conclusão

O debate sobre o aborto no Brasil tem tudo para ser um antes e outro depois do julgamento do HC nº 124.306 pela Primeira Turma do STF. A aprovação de parecer na Câmara dos Deputados pela edição de emenda constitucional endurecendo o tratamento jurídico da matéria, de um lado, e a propositura de ADPF pleiteando o reconhecimento da não recepção dos arts. 124 e 126 do Código Penal no que diz respeito ao trimestre inicial de gestação, de outro, são provas de que a mudança já se iniciou.

O tema saiu do baú de matérias intocáveis e imutáveis em que estava alocado há anos, e se impôs nas agendas política e social brasileiras. Naturalmente, conforme os meses se passam, a força propulsora do debate, expressada pela aludida decisão judicial, se enfraquece. Mas o impacto já produzido é significativo, tendo gerado medidas que parecem aptas a dar, por si próprias, continuidade ao processo deliberativo de que o país tanto precisa; que trate o aborto como ele verdadeiramente é: uma difícil controvérsia sobre direitos fundamentais e saúde pública, e não uma plataforma para imposição de convicções morais, frequentemente religiosas, em uma sociedade plural e laica como a instituída pela CF/1988.

Apesar desses progressos e perspectivas positivas, o Brasil de 2018 não comporta ingenuidades. Não há como romantizar o que está por vir. O país tem o Congresso mais conservador de sua história, desde o advento do regime ditatorial de 1964, e estima-se que esse cenário vá se acentuar nas eleições deste ano.[100] Vive-se, ademais, uma crise entre os poderes que fragiliza o equilíbrio necessário para o bom desempenho tanto da jurisdição constitucional como da política ordinária. Não será fácil, portanto, mesmo com as contribuições geradas pela decisão no HC nº 124.306 e o recente crescimento do movimento feminista no país,[101] manter e avançar a deliberação sobre o aborto.

Talvez o Supremo vá ter, outra vez, que adotar um postura ativa nessa já extensa e difícil trajetória de (re)instalação e aprimoramento do debate, colocando-se, novamente, em linha de potencial confronto com o Legislativo e o Executivo. Em vista disso, mais do que apenas olhar para trás, comemorando a inegável conquista de 29.11.2016, este trabalho procurou colaborar para as discussões sobre a legitimidade democrática do Tribunal, que tendem a ser reapresentadas, em especial, quando do julgamento da ADPF nº 442. Como visto aqui, há sólidos fundamentos a justificar a atuação do Tribunal, seja

---

[99] SIEGEL, Reva B; POST, Robert. *Roe Rage*: Democratic Constitutionalism and Backlash. Faculty Scholarship Series. Paper 169, p. 373-43, 2007.

[100] Cf. estudo realizado pelo Departamento Intersindical de Apoio Parlamentar (DIAP). Disponível em: <http://www.diap.org.br/index.php/noticias/agencia-diap/27866-diap-congresso-sera-mais-conservador-e-renovacao-pequena>. Acesso em: 12 jan. 2018.

[101] Sobre o tema, vide: TELLES, Cristina. *Por um constitucionalismo feminista*: reflexões sobre o direito à igualdade de gênero. 2016. 290f. Dissertação (Mestrado em Direito Público) – Faculdade de Direito, Universidade do Estado do Rio de Janeiro, Rio de Janeiro, p. 239-241.

com base em teorias substancialistas, procedimentalistas ou deliberativas da jurisdição constitucional. Espera-se que a Corte os assuma.

Referências

BARANETSKI, Victoria. Abortion dignity: the abortion doctrine after Gonzales v. Carhart. In: *36 Harvard Journal of Law & Gender*, 123 (2013).

BARRERAS, Sandra E. O. Bitencourt de. *O agendamento do aborto na campanha presidencial de 2010*: reverberação e silenciamento estratégicos entre imprensa, mídias sociais e candidatos. 381 f. Tese (Doutorado em Comunicação e Informação) – Faculdade de Biblioteconomia e Comunicação, Universidade Federal do Rio Grande do Sul, Porto Alegre, 2013.

BARROSO, Luís Roberto. O constitucionalismo democrático no Brasil: crônicas de um sucesso imprevisto. In: _____. *O Novo Direito Constitucional Brasileiro* – Contribuições para a construção teórica e prática da jurisdição constitucional no Brasil. Belo Horizonte: Fórum, 2013.

_____. A razão sem voto: o Supremo Tribunal Federal e o governo da maioria. In: SARMENTO, Daniel (Coord.). *Jurisdição constitucional e política*. Rio de Janeiro: Forense, 2015.

_____. Dez Anos da Constituição de 1988 (foi bom para você também?). *Revista Forense*, v. 95, n. 346, p. 113-132, 1999.

_____. *O Novo Constitucionalismo Brasileiro* – Contribuições para a construção teórica e prática da jurisdição constitucional no Brasil. Belo Horizonte: Fórum, 2013.

BARROSO, Luís Roberto; BARBOSA, Marcus Vinicius Cardoso. Direito Tributário e o Supremo Tribunal Federal: passado, presente e futuro. *Universitas JUS*, v. 27, n. 3, p. 1-20, 2016.

BATEUP, Christine. The dialogic premise. Asserting the normative potential of theories of constitutional dialogue. *Brooklyn Law Review*, v. 71 (3), 2006.

BICKEL, Alexander. *The least dangerous branch*. New Haven: Yale University Press, 1964.

BORSARI, C.M.G. *Aborto provocado*: vivência e significado. Um estudo fundamentado na fenomenologia. 2012. 122p. Dissertação (Mestrado em Ciências) – Faculdade de Medicina da Universidade de São Paulo, São Paulo, 2012.

BRANDÃO, Rodrigo. *Supremacia judicial versus diálogos constitucionais*: a quem cabe a última palavra sobre o sentido da Constituição? Rio de Janeiro: Lumen Juris, 2011.

CAMPOS, Carlos Alexandre de Azevedo. *Dimensões do ativismo judicial do STF*. Rio de Janeiro: Forense, 2014.

DINIZ, Debora et al. Pesquisa Nacional de Aborto 2016. *Ciência e Saúde Coletiva*, 22 (2), p. 653-660, 2017.

DWORKIN, Ronald. *Domínio da vida*: aborto, eutanásia e liberdades individuais. Tradução Jefferson Luiz Camargo. 2. ed. São Paulo: Martins Fontes, 2009.

_____. *Freedomn's Law*: the moral Reading of the America Constitution. Cambridge: Harvard University Press, 1996.

_____. *Império do Direito*. Trad. Jeferson Luiz Camargo. São Paulo: Martins Fontes, 2014.

_____. *Justice in Robes*. Cambridge: Harvard University Press, 2006.

_____. *Taking Rights Seriously*. Cambridge: Harvard University Press, 1980.

EISGRUBER, Christofer. *Constitutional Self-government*. Cambridge: Harvard University Press, 2001.

ELY, John Hart. *Democracy and Distrust. A Theory of Judicial Review*. Cambridge: Harvard University Press, 1980.

_____. The Wages of Crying Wolf: a Comment on Roe v. Wade. *Faculty Scholarship Series*. Paper 4112, 1973.

FALCÃO, Joaquim; OLIVEIRA, Fabiana L. O STF e a agenda pública nacional: De outro desconhecido a supremo protagonista? *Lua Nova*, São Paulo, n. 88, p. 429-469, 2013.

FRASER, Nancy. *Fortunes of feminism* – from State-Managed Capitalism to Neoliberal Crisis. New York: Verso, 2013.

_____. *Justice Interrupts* – critical reflection on the 'Postsocialist' condition. New York: Routledge, 1997.

_____. Redistribuição, Reconhecimento e Participação: por uma Concepção Integrada de Justiça. Trad. Bruno Ribeiro Guedes e Letícia de Campos Velho Martel. In: IKAWA, Daniela; PIOVESAN, Flávia; SARMENTO, Daniel. *Igualdade, Diferença e Direitos Humanos*. Rio de Janeiro: Lumen Juris, 2010.

_____. Rethinking the Public Sphere: a Contribution to the Critique of Actually Existing Democracy. In: CALHOUN, Craig. *Habermas and the Public Sphere*. Cambridge: MIT Press, 1992.

_____. *Scales of Justice* – Reimagining Political Space in a Globalizing World. New York: Columbia University Press, 2010.

FRASER, Nancy; HONNETH, Axel. *Redistribution or Recognition?* A political-philosophical exchange. Trad. Joel Gob, James Ingram, Christiane Wilke. New York: Verso, 2003.

FUSCO, Carmen L. B. et al. Aborto inseguro: determinantes sociais e iniquidades em saúde em uma população vulnerável, São Paulo, Brasil. *Caderno de Saúde Pública*, vol. 28, n. 4, 2012.

GARGARELLA, Roberto. *Latin American Constitutionalism 1810-2010* – The Engine Room of the Constitutionalism. New York: Oxford University Press, 2013.

GINSBURG, Tom; VERSTEEG, Mila. Why Do Countries Adopt Constitutional Review? *Journal of Law, Economics and Organization*, v. 30, p. 587-622, 2014.

GOMES, Juliana Cesario Alvim. *Por um constitucionalismo difuso*: cidadãos, movimentos sociais e os significados da Constituição. Rio de Janeiro: Juspodivm, 2016.

GRIMM, Dieter. Jurisdição Constitucional e Democracia. *RDE*, ano 1, n. 4, p. 3-22, out./dez. 2008.

HÜBNER, Conrado Mendes. *Direitos fundamentais, separação de poderes e deliberação*. São Paulo: Saraiva, 2011.

MENDONÇA, Eduardo. A jurisdição constitucional como canal de processamento do autogoverno democrático. In: SARMENTO, Daniel (Coord.). *Jurisdição constitucional e política*. Rio de Janeiro: Forense, 2015.

MONTEIRO, Mario Francisco Giani et al. Atualização das estimativas da magnitude do aborto induzido, taxas por mil mulheres e razões por nascimentos vivos do aborto induzido por faixa etária e grandes regiões – Brasil, 1995 a 2013. *Reprodução e Climatério*, vol. 30, n. 1, 2015.

NAÇÕES UNIDAS. Conselho de Direitos Humanos. *Informe do Relator Especial sobre Tortura e outros Tratamentos ou Penas Cruéis, Desumanos ou Degradantes*. A/HRC/31/57, 31a sessão, 05.01.2016. Disponível em: <http://ap.ohchr.org/documents/alldocs.aspx?doc_id=25860>. Acesso em: 12 jan. 2018.

NEVES, Marcelo. *A Constitucionalização Simbólica*. São Paulo: Martins Fontes, 2007.

PEREIRA, Jane Reis Gonçalves. A aplicação de regras religiosas de acordo com a lei do Estado: um panorama do caso brasileiro. *Revista da AGU*, v. 41, p. 9-42, 2014.

PIERUCCI, Antonio Flavio. Religiões no Brasil. In: BOTELHO, André; SCHWARCZ, Lilia Moritz (Org.). *Agenda Brasileira* – Temas de uma sociedade em mudança. São Paulo: Companhia das Letras, 2011.

SANTIAGO NINO, Carlos. Los Fundamentos del Control Judicial de Constitucionalidad. *Revista del Centro de Estudios Constitucionales*, n. 4, p. 79-88, set./dez. 1989.

SANTOS, Danyelle Leonette Araújo dos; BRITO, Rosineide Santana de. Processo decisório do aborto provocado: vivência de mulheres. *Physis: Revista de Saúde Coletiva*, vol. 24, n. 4, p. 1.293-1.313, 2014.

SANTOS, Vanessa Cruz et al. Criminalização do aborto no Brasil e implicações à saúde pública. *Revista Bioética*, v. 21 (3), p. 494-508, 2013.

SARMENTO, Daniel. Legalização do aborto e Constituição. *Revista de Direito Administrativo*, Salvador, v. 240, p. 43-82, abr./jun. 2005.

SARMENTO, Daniel; SOUZA NETO, Claudio Pereira de. *Direito Constitucional* – Teoria, história e métodos de trabalho. Belo Horizonte: Fórum, 2003.

_____. Notas sobre jurisdição constitucional e democracia: a questão da 'última palavra' e alguns parâmetros de autocontenção judicial. In: SARMENTO, Daniel. *Direitos, Democracia e República* – escritos de Direito Constitucional. Belo Horizonte: Fórum, 2018.

_____. Controle de constitucionalidade e democracia: algumas teorias e parâmetros de ativismo. In: SARMENTO, Daniel (Org.). *Jurisdição constitucional e política*. Rio de Janeiro: Forense, 2015.

SEDGH, Gilda et al. Abortion incidence between 1990 and 2014: global, regional, and sub-regional levels and trends. *The Lancet*, vol. 388, 2016.

SIEGEL, Reva B. The Right's Reasons: Constitutional Conflict and the Spread of Woman Protective Antiabortion Argument. *Duke Law Journal*, vol. 57, n. 6, 2008.

SIEGEL, Reva B.; POST, Robert. Roe Rage: Democratic Constitutionalism and Backlash. *Faculty Scholarship Series*. Paper 169, p. 373-43, 2007.

SILVA, Virgílio Afonso. O STF e o controle de constitucionalidade: deliberação, diálogo e razão pública. *Revista de Direito Administrativo*, n. 250, p. 197-227, 2009.

SOUZA NETO, Claudio Pereira de. Deliberação democrática, constitucionalismo e cooperação democrática. In: SARMENTO, Daniel (Org.). *Filosofia e teoria constitucional contemporânea*. Rio de Janeiro: Lumen Juris, 2009.

SWEET, Alec Stone. Constitutional Courts. In: ROSENFELD, Michel; SAJÓ, András (Ed.). *The Oxford Handbook of Comparative Constitutional Law*. New York: Oxford University Press, 2012.

TELLES, Cristina. *Por um constitucionalismo feminista*: reflexões sobre o direito à igualdade de gênero. 2016. 290f. Dissertação (Mestrado em Direito Público) – Faculdade de Direito, Universidade do Estado do Rio de Janeiro, Rio de Janeiro.

UNDURRAGA, Verónica. Proportionality in the Constitutional Review of Abortion Law. In: COOK, Rebecca; ERDMAN, Joanna; DICKENS, Bernard (Ed.). *Abortion Law in Transnational Perspective*: Cases and Controversies. New York: University of Pennsylvania Press, 2014 (traduzido em: *Revista Publicum*, v. 2, n. 2, 2016).

VIEIRA, Oscar Vilhena. Supremocracia. *Revista Direito GV*, São Paulo, n. 4 (2), p. 441-464, jul./dez. 2008.

YELPES, Rodrigo Uprimny. A judicialização da política na Colômbia: casos, potencialidades e riscos. *Sur. Revista Internacional de Direitos humanos*, v. 4, n. 6, p. 52-69, 2007.

ZURN, Christopher F. *Deliberative democracy and institutions of judicial review*. New York: Cambridge University Press, 2007.

Informação bibliográfica deste texto, conforme a NBR 6023:2002 da Associação Brasileira de Normas Técnicas (ABNT):

TELLES, Cristina. Descriminalização do aborto: uma análise da legitimidade democrática do Supremo Tribunal Federal a partir do julgamento do HC nº 124.306. In: SARAIVA, Renata et al. *Ministro Luís Roberto Barroso*: 5 anos de Supremo Tribunal Federal: homenagem de seus assessores. Belo Horizonte: Fórum, 2018. p. 115-147. ISBN 978-85-450-0525-4.

CAPÍTULO 7

O TRATAMENTO SOCIAL DOS TRANSEXUAIS NO BRASIL

RODRIGO BRANDÃO

7.1 Introdução

Em 18 de setembro de 2017, Larissa foi morta a pauladas por quatro homens em um quarto de hotel em São Paulo.[1] Em 15 de março de 2017, o corpo de Camila Albuquerque foi encontrado em um contêiner de lixo na beira de uma estrada em Salvador com mais de uma dezena de tiros. Em 8 de agosto de 2016, Tifany Rodrigues foi morta após ter sido torturada, espancada e ter os seus órgãos genitais queimados, tendo os assassinos filmado todo este espetáculo de terror.[2] Meses antes, Michele, que trabalhava em uma ONG de dependentes químicos e vivia com o mesmo companheiro há cerca de dez anos, foi brutalmente assassinada em Jardim Ângela, na Zona Sul de São Paulo.[3] Todas elas eram transexuais femininas assassinadas de forma brutal e cruel.

Infelizmente, não são casos isolados. Ao contrário, refletem um quadro pavoroso: o Brasil é o país que mais mata travestis e transexuais no mundo, conforme registrou o Mapa dos Assassinatos de Travestis e Transexuais no Brasil em 2017, elaborado pela ANTRA (Associação Nacional de Travestis e Transexuais).[4] E a situação só piora: o referido relatório constata que o número de assassinatos de travestis e transexuais em 2017 superou o dos anos anteriores, ocupando "o topo de assassinatos nos últimos dez anos", com aumento de 15% em relação a 2016.[5]

---

[1] <http://www1.folha.uol.com.br/cotidiano/2017/12/1944176-transexual-e-morta-a-pauladas-em-quarto-de-hotel-na-zona-norte-de-sp.shtml>.

[2] <https://noticias.uol.com.br/cotidiano/ultimas-noticias/2017/03/18/crueldade-nos-homicidios-de-pessoas-trans-indica-intolerancia-e-aviso-dizem-especialistas.htm>.

[3] <https://estilo.uol.com.br/noticias/redacao/2017/10/21/morte-de-trans-e-denunciada-com-lei-que-combate-assassinato-de-mulheres.htm>.

[4] <https://antrabrasil.files.wordpress.com/2018/01/relatc3b3rio-mapa-dos-assassinatos-2017-antra6.pdf>.

[5] *Ibid.*

Embora o fenômeno seja antigo, o debate sobre o tratamento social dos transexuais é relativamente recente. No Brasil, ele se colocou a partir da década de 1980, sobretudo em torno da modelo Roberta Close.[6] Foi exatamente neste período que a transexualidade passou a ser tratada como doença psíquica, sob o nome científico de Transtorno de Identidade de Gênero ("TIG", categoria F-64 no CID-10 – atual versão do Código Internacional de Doenças). A literatura médica distingue o transexualismo do travestismo. Considera que o transexualismo consiste no "desejo de viver e ser aceito como um membro do sexo oposto, usualmente acompanhado de um sentimento de desconforto ou impropriedade com o sexo anatômico, e um desejo de ser operado e receber tratamento hormonal para fazer seu corpo tão compatível quanto possível com o sexo de preferência" (F. 64.0). Já o travestismo é tratado como "o uso de roupas do sexo oposto como parte da existência individual de forma a satisfazer uma experiência de pertencimento ao sexo oposto, mas sem nenhum desejo de mudança permanente de sexo ou por cirurgias de transgenitalização, e sem nenhuma excitação sexual concomitante ao travestismo" (F.64.1).

As distinções contidas no Código Internacional de Doenças tornam oportunos dois esclarecimentos. O primeiro consiste na diferenciação entre os conceitos de sexo, gênero e orientação sexual. Sexo consiste na distinção entre homem e mulher baseada em sua condição biológica, que, por sua vez, é determinada essencialmente por cromossomos, hormônios, órgãos genitais e reprodutivos. Gênero consiste em identidade socialmente construída que distingue homens e mulheres, ao passo que orientação sexual se refere à atração afetiva e sexual de uma pessoa por outra de determinado gênero (homossexual ou heterossexual).

Por outro lado, transgênero é um conceito amplo que consiste em todas as identidades e práticas que se movem ou desafiam as tradicionais fronteiras entre sexo e gênero,[7] de modo que, em síntese, pessoas transgênero não se identificam com o gênero que decorre do seu sexo biológico, enquanto as pessoas cisgênero possuem tal identificação. Este conceito tem como principais espécies os transexuais, *crossdressers*, *drag queens/drag kings* e os intersexuais.

Os transexuais se identificam com o gênero oposto ao seu sexo biológico, e buscam corrigir esta inadequação do seu corpo à sua autopercepção de gênero de diferentes maneiras, como, por exemplo, pelo uso de roupas e submissão a tratamentos hormonais e cirurgias. Já os *crossdressers* são homens que não possuem identidade de gênero feminina e nem são necessariamente homossexuais, mas se vestem, em algumas ocasiões, como mulheres. A sua diferença com os travestis se dá em razão de os últimos se vestirem habitualmente como mulheres, e não apenas ocasionalmente como os *crossdressers*.[8]

---

[6] Disponível em: <https://esporte.uol.com.br/volei/ultimas-noticias/2018/01/16/jogadoras-se-incomodam-com-tifanny-e-querem-regras-mais-rigidas-para-trans.htm>. Atualmente ocupa os mais diversos fóruns a questão a respeito da atuação de atletas profissionais trans na categoria masculina ou feminina, cujo caso mais recente é o da jogadora de vôlei Tifanny Abreu, transexual feminina que completou o processo de transição de gênero quando tinha 29 (vinte e nove) anos e vem atuando na equipe do Bauru na Superliga feminina de vôlei. A questão da atuação de atletas profissionais trans apresenta relevantes especificidades que fogem ao escopo do presente artigo, não sendo, assim, abordadas nesta ocasião.

[7] SUIAMA, Sergio Gardenghi. Em busca de um modelo autodeterminativo para o Direito de transgêneros. In: *Homossexualidade e direitos sexuais*: reflexões a partir da decisão do STF. RIOS, Roger Raupp; GOLIN, Célio; LEIVAS, Paulo Gilberto Cogo (Org.). Porto Alegre: Sulina, 2011, p. 168-169.

[8] JESUS, Jaqueline Gomes. *Orientações sobre identidade de gênero*: conceitos e termos. Brasília, 2012, p. 18. Publicação on-line disponível em: <www.sertao.ufg.br>.

Por outro lado, os transformistas – também chamados de *drag queens* ou *drag kings* – são artistas que vivem a "inversão de gênero como diversão, entretenimento e espetáculo, não como identidade", e não se vinculam a orientação sexual específica.[9] Os intersexuais – i.e. hermafroditas – são pessoas que apresentam ambiguidades em seu sexo biológico, refletindo-se em seus cromossomos, órgãos genitais e reprodutivos.[10]

Assim, não se pode confundir identidade de gênero com orientação sexual. Embora haja naturalmente sutilezas na distinção entre *gays* e transexuais, ela se revela com mais clareza quando se analisa a situação de uma criança ou adolescente tipicamente transexual. Conforme salienta Andrew Solomon,[11] "há diferenças incomensuráveis entre o garoto estranho que gosta de revistas de moda e de decoração, e o ídolo de futebol americano da escola que prefere fazer sexo com homens".[12] Este esclarecimento se faz necessário tendo em vista que os primeiros traços de transexualidade se manifestam em crianças ainda muito jovens, em momento bastante anterior ao surgimento do desejo sexual. Deste modo, a incompreensão sobre a distinção entre as noções de identidade de gênero e de orientação sexual costuma alimentar preconceitos e estigmas em face de crianças transexuais, como se apresentassem uma precoce depravação sexual, o que é absurdo.

Andrew Solomon, em seu instigante livro "Longe das árvores: pais, filhos e a busca da identidade", narra diversas histórias reais que ilustram, com riqueza de detalhes, a *via crucis* que consiste no roteiro-padrão da vida dos transexuais mundo afora. A dificuldade de inclusão de transexuais é evidente em uma cultura cujo marco normativo é o da heterossexualidade, que rejeita comportamentos desviantes desse padrão.[13] Com efeito, desde o nascimento as crianças se submetem a diversas expectativas de conduta ligadas ao universo masculino ou feminino: cor azul ou rosa, carrinhos ou bonecas, roupas, penteados e formas de se expressar e de se emocionar diversos quando não antitéticos.

As situações de transexualidade narradas por Solomon, e reconhecidas pela literatura psiquiátrica[14] revelam crianças que apresentam uma forte identificação com o gênero oposto ao correspondente ao seu sexo biológico, que se manifesta de diferentes formas. Por exemplo, meninos que preferem brincar com bonecas, usar roupas femininas, usar cabelos compridos e penteados femininos, que se recusam a serem chamados pelo nome de nascimento e vice-versa.

É evidente que esta radical dicotomia dificilmente se vê na realidade, pois raramente meninos e meninos se adéquam integralmente às performances associadas ao respectivo gênero. A literatura psiquiátrica revela que, via de regra, meninos apresentam 3,5 a 5 "desvios típicos em relação à masculinidade", enquanto as meninas apresentam "o mesmo número em relação à feminilidade". Impressiona a constatação de que "as crianças trans tendem a apresentar de sete a doze desvios típicos na direção oposta à do gênero de nascença. Em outras palavras, os que nasceram meninos se tornam mais

---

[9] *Id.*, p. 18.

[10] *Id.*, p. 25.

[11] SOLOMON, Andrew. *Longe das árvores*: pais, filhos e a busca da identidade. São Paulo: Companhia das Letras, 2013.

[12] SOLOMON, Andrew. *Longe das árvores*: pais, filhos e a busca da identidade. São Paulo: Companhia das Letras, 2013.

[13] BUTLER, Judith. *Gender Trouble*: feminism and the subvertion of identity. New York: Routledge, 1999.

[14] Conferir o Diagnostic and Statistical Manual of Mental Disorders (DSM).

feminos que muitas mulheres, e as nascidas meninas mais masculinas que muitos homens. "É como se seu comportamento fosse uma declaração política", disse Sparck.[15]

Desde muito cedo (normalmente entre três e quatro anos de idade) se manifesta esta radical disparidade entre o comportamento esperado pela sociedade e o praticado pela criança trans, chamando a atenção das pessoas que com ela convivem e atraindo forte estigma e preconceito. É bastante comum que o preconceito surja e cresça no âmbito da própria família da criança trans, transformando em seus algozes aqueles que têm o dever legal de proteger-lhes. São inúmeros e estarrecedores os casos de agressões físicas e sexuais cometidas ou toleradas por parentes em relação a crianças e adolescentes transexuais.[16]

A bem da verdade, os transexuais costumam sofrer intenso preconceito em todos os locais em que circulam: nas escolas são alvo de intenso e violento *bullying*, apresentando normalmente índices de escolaridade bastante inferiores à média da população; são reiteradamente excluídos do mercado de trabalho convencional, havendo um percentual elevadíssimo de trans profissionais do sexo; seus índices de drogadição e alcoolismo são absurdamente superiores e a sua expectativa de vida costuma ser de menos da metade da pertinente aos demais membros da população da respectiva localidade. Trata-se, portanto, de uma das minorias mais estigmatizadas na sociedade contemporânea. É urgente, portanto, a criação de um aparato jurídico adequado à sua proteção, que ainda é precário no Brasil, como será tratado no tópico subsequente.

7.2 A proteção legal aos transexuais ainda incipiente no Brasil. A superação do paradigma da patologização dos transexuais e a recente Resolução nº 1/2018, do Conselho Federal de Psicologia

Recentemente, diversos países têm ampliado a proteção legal aos transexuais. Em 2013, a Alemanha editou lei que confere a crianças intersexuais o direito de, quando atingirem a idade adulta, optarem pelo gênero masculino, feminino ou neutro. No mesmo ano, foi aprovada na Argentina a "Lei de Identidade de Gênero", na qual se resguardou aos transexuais o direito a tratamentos médicos de readequação de gênero e a alteração do registro civil independentemente de decisão judicial.

O Brasil ainda carece de leis desta natureza, embora tramitem projetos de lei sobre a matéria.[17] No âmbito do Poder Executivo, uma importante evolução se deu com a

---

[15] SOLOMON, Andrew. *Longe das árvores*: pais, filhos e a busca da identidade. São Paulo: Companhia das Letras, 2013.

[16] *Ibid.*

[17] Conforme noticia publicação oficial do Superior Tribunal de Justiça em seu sítio eletrônico: "está em tramitação na Câmara dos Deputados o Projeto de Lei 5.002/2013, de autoria do deputado Jean Wyllys (PSol-RJ) e da deputada Erika Kokay (PT-DF), que trata da viabilização e desburocratização para o indivíduo ter assegurado, por lei, o direito de ser tratado conforme o gênero escolhido por ele.
A proposta obriga o SUS e os planos de saúde a custearem tratamentos hormonais integrais e cirurgias de mudança de sexo a todos os interessados maiores de 18 anos, aos quais não será exigido nenhum tipo de diagnóstico, tratamento ou autorização judicial.
De acordo com o PL, não será necessário entrar na justiça para conseguir a mudança do nome e toda pessoa poderá solicitar a retificação registral de sexo e a mudança do prenome e da imagem registrados na documentação pessoal sempre que não coincidam com a sua identidade de gênero autopercebida".

criação, pelo Decreto nº 7.388/2010, do Conselho Nacional de Combate à Discriminação e Promoções dos Direitos de Lésbicas, Gays, Travestis e Transexuais – CNCD/LGBT, órgão consultivo e deliberativo vinculado à Secretaria de Direitos Humanos da Presidência da República. O CNCD/LGBT fez publicar, em janeiro de 2015, a Resolução nº 12/2015, que prevê o uso de banheiros e vestiários "de acordo com a identidade de gênero de cada sujeito" (art. 6º). Trata-se, contudo, de preceito não coercitivo, que vem produzindo reduzidos efeitos até a presente data.

As maiores evoluções vêm sendo percebidas em ações pontuais de Estados e Municípios, em normas expedidas por órgãos de classe e pela jurisprudência do Supremo Tribunal Federal. Estados como Rio de Janeiro, Minas Gerais e Paraíba, dentre outros, promovem em suas unidades prisionais a separação de presos em correspondência à sua identidade de gênero, pondo fim à exposição aos mais diversos abusos físicos e sexuais que os transexuais historicamente sofriam – e ainda sofrem – nas penitenciárias brasileiras. O Município de São Paulo, na gestão de Fernando Haddad, adotou o Programa Transcidadania que envolveu diversas Secretarias Municipais (Assistência Social, Saúde, Educação e Políticas para Mulheres) com o objetivo de prover as mais diversas necessidades dos transexuais (p. ex. moradia, alimentação, educação e trabalho).

Importantes iniciativas se verificaram também no âmbito de órgãos de classe. Por exemplo, o Conselho Federal de Medicina editou a Resolução nº 1.955/2010, que regulamentou o procedimento cirúrgico de "transgenitalização". O seu artigo 3º prevê que "a definição de transexualismo obedecerá, no mínimo, aos critérios enumerados: 1) Desconforto com o sexo anatômico natural; 2) Desejo expresso de eliminar os genitais, perder as características primárias e secundárias do próprio sexo e ganhar as do sexo oposto; 3) Permanência desses distúrbios de forma contínua e consistente por, no mínimo, dois anos; 4) Ausência de outros transtornos mentais".

O reconhecimento da patologia psiquiátrica "transtorno de identidade de gênero" desempenhou historicamente um importante papel de reconhecimento científico da transexualidade, em um período em que a invisibilidade social desta condição dificultava enormemente o reconhecimento e a tutela dos seus direitos. Assim, por paradoxal que seja, a patologização, ao reconhecer cientificamente a condição transexual, representou um importante passo para a afirmação dos direitos dos transexuais. Com efeito, ela abriu caminho para que fossem assegurados às pessoas trans diversos tratamentos médicos – como o de natureza hormonal e cirurgias de transgenitalização – e a alteração do seu nome no registro civil. Foi um notável avanço a afirmação da noção de que, diante de uma situação típica de transexualidade, a psiquiatria orienta a modificação voluntária do corpo do transexual ao invés da alteração forçada da sua identidade de gênero, que é preconizada pelo padrão heterossexual e cisgênero majoritário na sociedade.

Todavia, é evidente que a patologização do transexual reforça a profunda falta de estima que infelizmente significativa parcela da sociedade tem em relação aos transexuais, que consistem no grupo mais estigmatizado no âmbito da comunidade LGBT. Afinal, a qualificação como doente psiquiátrico não revela o reconhecimento de que transexuais são dignos de igual consideração e respeito do que pessoas cisgênero, mas, ao revés, reforça o preconceito largamente compartilhado na sociedade em relação aos transexuais.

Disponível em: <https://stj.jusbrasil.com.br/noticias/154275355/o-direito-dos-individuos-transexuais-de-alterar-o-seu-registro-civil>.

No plano internacional ganha corpo a campanha "Stop Trans Pathologization", que conta com a "adesão de 417 grupos e redes de ativistas, instituições públicas e organizações políticas de África, América Latina, América do Norte, Ásia, Europa e Oceania".[18]

No Brasil, o Conselho Federal de Psicologia (CFP) publicou a recente Resolução nº 01, de 29 de janeiro de 2018, que afirma, em seus "consideranda", que "as expressões e identidades de gênero como possibilidades da existência humana, as quais não devem ser compreendidas como psicopatologias, transtornos mentais, desvios e/ou inadequações", e, mais adiante, que "a identidade de gênero refere-se à experiência interna e individual do gênero de cada pessoa, que pode ou não corresponder ao sexo atribuído no nascimento, incluindo o senso pessoal de corpo e outras expressões de gênero".

Por outro lado, o CFP orienta os psicólogos a atuarem com vistas "à eliminação da transfobia e do preconceito em relação às pessoas transexuais e travestis" (art. 1º); não deverão ser "coniventes e nem se omitirão perante a discriminação de pessoas transexuais e travestis" (art. 3º); "não exercerão qualquer ação que favoreça a patologização das pessoas transexuais e travestis" (art. 7º); sendo vedada aos psicólogos a realização de atividades em geral que "visem a terapias de conversão, reversão, readequação ou reorientação de identidade de gênero das pessoas transexuais e travestis".

A recente Resolução nº 01/2018 do Conselho Federal de Psicologia representa importantíssima evolução no tratamento social dos transexuais no Brasil. A clara orientação do órgão de classe aos psicólogos de que eles devem combater a discriminação contra transexuais, evitar a prática de qualquer ato que se baseie ou favoreça a patologização desta condição, e a vedação ao emprego de terapias de conversão, consiste em orientação alinhada ao estado da arte no tratamento social dos transexuais, particularmente a superação do paradigma da patologização. Trata-se de típico exemplo de "interpretação constitucional fora das Cortes", revelando que o processo de interpretação e aplicação da Constituição não se resume ao Poder Judiciário ou mesmo ao Estado, projetando-se para a Administração Pública (inclusive a indireta) e para a sociedade civil, em cujo âmbito podem ocorrer avanços inclusive mais rápidos e significativos do que os promovidos pelas instituições estatais tradicionalmente incumbidas de criar e aplicar as leis.

O Supremo Tribunal Federal também tem contribuído para o aprimoramento da proteção jurídica dos transexuais, como se verá na seção seguinte.

7.3 O início do julgamento do Recurso Extraordinário nº 845.779 (tema nº 778 da repercussão geral – tratamento social e uso de banheiros por transexuais)

No caso em referência foi reconhecida a repercussão geral de questão assim sintetizada: "saber se uma pessoa pode ou não ser tratada socialmente como se pertencesse a sexo diverso do qual se identifica e se apresenta publicamente". Cuidava-se, originalmente, de ação indenizatória proposta por transexual feminina impedida de usar o banheiro feminino por seguranças de shopping center em Florianópolis, que teria passado por constrangimento pela situação em si e pelo fato de ter feito as suas

---

[18] Informações retiradas do site do movimento: <http://stp2012.info/old/pt>.

necessidades fisiológicas em suas próprias vestes. Embora o juízo de primeiro grau tenha reconhecido o dano moral e julgado procedente a pretensão indenizatória, a sentença foi revertida por acórdão do Tribunal de Justiça do Estado de Santa Catarina, sob a premissa da licitude da conduta praticada pelos seguranças do shopping e pelo fato de a autora ter passado por "mero dissabor".

O Relator do caso no Supremo Tribunal Federal, Ministro Luís Roberto Barroso, proferiu voto histórico na afirmação dos direitos dos transexuais, na sessão em que o julgamento se iniciou, realizada em 19 de novembro de 2015.[19] S. Exa. ancorou a sua manifestação em direitos fundamentais e princípios constitucionais especialmente relevantes para a hipótese, quais sejam, a igualdade como reconhecimento, a dignidade da pessoa humana, o princípio democrático e o dever constitucional de proteção às minorias.

Relativamente à igualdade como reconhecimento, o Ministro Luís Roberto Barroso salientou que "o remédio contra a discriminação e o preconceito envolve uma transformação cultural capaz de criar um mundo aberto à diferença ('*a difference-friendly world*'), onde a assimilação aos padrões culturais dominantes ou majoritários não seja o preço a ser pago pelo mútuo respeito".[20] Estas são palavras de Nancy Fraser, uma das principais teóricas desse tema. A luta pelo reconhecimento não pretende dar a todos o mesmo *status* por meio da eliminação dos fatores de distinção, mas pela superação dos estereótipos e pela valorização da diferença. Nas palavras felizes de Boaventura Souza Santos: "As pessoas têm o direito de ser iguais quando a diferença as inferioriza, e o direito a ser diferentes quando a igualdade as descaracteriza".[21]

Já em relação aos influxos do princípio da dignidade da pessoa humana, o Ministro consignou que "a negativa de tratamento socialmente adequado a um transexual afeta tanto (i) a pessoa transexual, reimprimindo nela o rótulo de não aceita, de doente ou depravada, com reforço ao profundo estigma social sofrido desde a sua primeira infância, quanto (ii) todo o grupo, ao contribuir para a perpetuação do preconceito e conduzir a outras formas de desigualdades e injustiças, como discriminações graves no acesso aos serviços públicos de saúde, educação e segurança pública, e ao mercado de trabalho". Mais adiante S. Exa., ao ponderar "o direito de uso de banheiro feminino de acesso ao público por parte de transexual feminina e o direito de privacidade das mulheres (cisgênero)", afirmou, precisamente, que "o suposto constrangimento às demais mulheres seria limitado, tendo em vista que as situações mais íntimas ocorrem em cabines privativas, de acesso reservado a uma única pessoa. De todo modo, a mera presença de transexual feminina em áreas comuns de banheiro feminino, ainda que gere algum desconforto, não é comparável àquele suportado pela transexual em um banheiro masculino".

---

[19] Diante do pedido de vista formulado pelo Ministro Luiz Fux, o julgamento foi suspenso, porém foram publicadas no site Conjur as suas anotações para o voto oral. Ver em: <https://www.conjur.com.br/dl/voto-ministro-barroso-stf-questao.pdf>.

[20] Nancy Fraser. Social Justice in the Age of Identity Politics: Redistribution, Recognition, and Participation. The Tanner Lectures on Human Values, 1996, p. 3. No original: "Here the goal, in its most plausible form, is a difference-friendly world, where assimilation to majority or dominant cultural norms is no longer the price of equal respect".

[21] Boaventura de Souza Santos. As tensões da modernidade. Texto apresentado no Fórum Social Mundial, Porto Alegre, 2001.

Por fim, o Ministro Relator salientou que uma noção substantiva de democracia pressupõe a proteção a direitos de minorias. Nesta esteira, salientou ser "possível, senão provável, que a aceitação social a identidades de gênero que fogem ao padrão culturalmente estabelecido gere estranheza e até constrangimento em grande parte da população brasileira. Afinal, trata-se de uma realidade que passou a ser abertamente exposta e debatida há relativamente pouco tempo. Vivemos, porém, em um Estado Democrático de Direito, o que significa dizer que a maioria governa, mas submetida à necessária observância aos direitos fundamentais – de quem quer seja, qualquer que seja sua identificação de gênero".

Diante destas premissas, o Ministro Luís Roberto Barroso defendeu a aprovação da seguinte tese, sob o regime da repercussão geral: "os transexuais têm direito a serem tratados socialmente de acordo com a sua identidade de gênero, inclusive na utilização de banheiros de acesso público". Concluiu seu voto pelo provimento do recurso extraordinário para restabelecer a sentença que condenara o shopping-réu a pagar indenização pelos danos morais sofridos pelo autor.

Em seguida, o Ministro Edson Fachin produziu substancioso voto em que não apenas acompanhou as conclusões do Relator, mas também determinou a majoração do valor da indenização devida ao autor, fixando a quantia de R$ 50.000,00 (cinquenta mil reais). S. Exa. destacou que "à luz da narratividade constitucional, do direito constitucional positivo e da triste realidade a que se submetem não apenas as mulheres transexuais, mas também os homens transexuais, afigura-se imprescindível adentrar o debate exercitando alteridade e empatia, à luz da solidariedade que constitui um dos princípios fundamentais de nossa República (art. 3º, I, CRFB)". E mais adiante arrematou que "a sujeição à utilização de banheiros designados ao gênero masculino pelas mulheres transexuais que externalizam a sua vontade de identificação de gênero na dupla dimensão do direito à identidade se torna absolutamente violadora de sua dignidade".

Após a prolação do voto do Ministro Edson Fachin, o julgamento foi suspenso pelo pedido de vista do Ministro Luiz Fux.

7.4 O Recurso Extraordinário nº 670.422 e a Ação Direta de Inconstitucionalidade nº 4.275 (alteração do registro civil de transexuais)

O recurso extraordinário em referência foi interposto em face de acórdão do Tribunal de Justiça do Estado do Rio Grande do Sul que manteve decisão de primeiro grau "que deferiu a mudança do nome, mas condicionou a alteração de gênero à realização de cirurgia de transgenitalização, ou seja, de mudança do sexo feminino para o masculino. O TJ/RS ainda determinou a anotação do termo "transexual" no registro de nascimento, fundamentando-se nos princípios da publicidade e da veracidade dos registros públicos".[22]

O Ministro Dias Toffoli, Relator, propôs a seguinte tese, sob o regime da repercussão geral: "o transexual, comprovada judicialmente sua condição, tem direito fundamental

---

[22] Disponível em: <https://www.conjur.com.br/2017-mai-28/obrigar-transexual-usar-banheiro-masculino-causa-dano-moral>.

subjetivo à alteração de seu prenome e de sua classificação de gênero no registro civil, independentemente da realização de procedimento cirúrgico de redesignação de sexo. Essa alteração deve ser averbada à margem do assento de nascimento, com a anotação de que o ato é realizado por determinação judicial, vedada a inclusão do termo transexual. Nas certidões do registro não constará nenhuma observação sobre a origem do ato, vedada a expedição de certidão de inteiro teor, salvo a requerimento do próprio interessado ou por determinação judicial. A autoridade judiciária determinará, de ofício, ou a requerimento do interessado, a expedição de mandados específicos para alteração dos demais registros dos órgãos públicos ou privados pertinentes, os quais deverão preservar o sigilo sobre a origem do ato".

O Ministro Dias Toffoli fundamentou o seu voto na premissa de que "para o desenvolvimento da personalidade humana, deve-se afastar qualquer óbice jurídico que represente limitação ao exercício pleno pelo ser humano da liberdade de escolha de identidade, orientação e vida sexual. Para o ministro, qualquer tratamento jurídico discriminatório sem justificativa constitucional razoável e proporcional "importa em limitação à liberdade do indivíduo e ao reconhecimento de seus direitos como ser humano e como cidadão".[23]

Por outro lado, salientou que "deferir a modificação do prenome do transexual adaptando-o à sua nova aparência física e manter-se a anotação original relativa ao sexo violaria a utilidade do direito. De acordo com o ministro Dias Toffoli, a proteção jurídica ao transexual deve ser completa e ultrapassar a classificação binária tradicional e estática das pessoas em sexos masculino ou feminino". Além disso, o Relator corretamente advertiu que "a solução proposta no acórdão do TJ-RS, da anotação do designativo 'transexual' nos assentamentos pessoais, não garante a dignidade do indivíduo e causa efeitos deletérios, como sua discriminação, sua exclusão e sua estigmatização. (...) Além do transexual não desejar ser reconhecido socialmente dessa forma, não existe, sob o ponto de vista científico, essa categoria de sexo. Necessita essa pessoa que sua autodeterminação de gênero que está no campo psicológico seja também reconhecida no âmbito social e jurídico".

Por fim, consignou que "a alteração do prenome e da classificação de sexo, como se extrai do regime jurídico registral vigente (artigos 98 e 99 da Lei 6.015/1973), depende de decisão judicial, adotando-se o procedimento de jurisdição voluntária. "Não se trata de retificação de registro, mas de averbação de decisão judicial de natureza declaratória essencialmente constitutiva do aspecto registral", esclareceu. A averbação, destacou o relator, deve ser realizada sob o manto do sigilo, a fim de evitar qualquer espécie de constrangimento ao indivíduo. Nas certidões do registro, afirmou, não deve constar nenhuma observação sobre a origem do ato. Além disso, deve ser vedada a expedição de certidão de inteiro teor, salvo a requerimento do próprio interessado ou por determinação judicial".[24]

Após os votos dos Ministros Alexandre de Moraes, Edson Fachin, Luís Roberto Barroso e Rosa Weber, o julgamento sido suspenso por pedido de vista formulado pelo Ministro Marco Aurélio. O julgamento foi retomado em 28 de fevereiro de 2018, em

---

[23] *Ibid.*

[24] *Idem.*

conjunto com a ADI nº 4275, Rel. Ministro Marco Aurélio, com a colheita dos votos dos demais Ministros.

Esta ADI foi proposta pela Procuradoria-Geral da República, na qual postulava que se desse "ao art. 58 da Lei 6.016/73 interpretação conforme a Constituição, de modo a reconhecer aos transexuais, que assim desejarem, independentemente de cirurgia de transgenitalização, o direito à substituição de prenome e sexo no registro civil, observados, quanto àqueles que optaram pela não realização de cirurgia, os requisitos acima declinados".

Prevaleceu o voto proferido pelo Ministro Edson Fachin no sentido da procedência do pedido. S. Exa., na esteira de precedente da Corte Interamericana de Direitos Humanos, assinalou que o reconhecimento da identidade de gênero pelo Estado é constitutivo da dignidade humana, sendo "de vital importância para garantir o gozo pleno dos direitos humanos das pessoas trans". Assim, afirmou que "se o Estado deve assegurar que os indivíduos possam viver com a mesma dignidade, deve também assegurar-lhes o direito ao nome, ao reconhecimento de sua personalidade jurídica, à liberdade e à vida privada".

A partir dessas premissas o Ministro Edson Fachin concluiu que "a alteração dos assentos no registro público depende apenas da livre manifestação de vontade da pessoa que visa expressar sua identidade de gênero. A pessoa não deve provar o que é e o Estado não deve condicionar a expressão da identidade a qualquer tipo de modelo, ainda que meramente procedimental".

Daí se vê que o Ministro Edson Fachin adotou perspectiva inclusive mais abrangente do que a esposada pelo Ministro Dias Toffoli. Com efeito, S.Exa. afirmou que o direito de o transexual alterar o seu nome no registro civil não se condicionava à realização de cirurgia de transgenitalização, como igualmente independia de decisão judicial que atestasse a condição de transexual.[25]

Prevaleceu, por maioria, o voto do Ministro Edson Fachin, tendo, portanto, o STF realizado "interpretação conforme a Constituição e o Pacto de São José da Costa Rica ao art. 58 da Lei 6.015/73, de modo a reconhecer aos transgêneros que assim o desejarem, independentemente da cirurgia de transgenitalização, ou da realização de tratamentos hormonais ou patologizantes, o direito à substituição de prenome e sexo diretamente no registro civil". Naturalmente, essa decisão representou notável avanço no reconhecimento dos direitos fundamentais das pessoas trans.

7.5 Conclusão: cenário e perspectivas sobre a proteção aos direitos dos transexuais no Brasil

A vida dos transexuais não é nada fácil no mundo e particularmente no Brasil. Sofrem fortíssimo preconceito na família, na escola, no trabalho e na comunidade em que vivem. Estão muito mais expostos a violências físicas e morais das mais diversas naturezas, apresentam maior suscetibilidade ao uso abusivo de álcool e drogas, têm expectativa de vida muito inferior à da média da população e boa parte atua como

---

[25] Disponível em: <https://www.conjur.com.br/2018-mar-01/stf-autoriza-trans-mudar-nome-cirurgia-ou-decisao-judicial>.

profissional do sexo diante da falta de opções de trabalho. Integram, portanto, uma das minorias mais estigmatizadas na sociedade contemporânea e, não raro, a sua identidade de gênero desviante do padrão heterossexual é associada a uma depravação sexual.

No Brasil a situação é ainda pior. Somos o país que mais mata transexuais no mundo, e os índices de drogadição, alcoolismo, submissão a crimes, expectativa de vida, prostituição e rejeição familiar são assustadores. Há, contudo, avanços relevantes, como as citadas decisões do Supremo Tribunal Federal e a criação em 2010 do Conselho Nacional de Combate à Discriminação e Promoções dos Direitos de Lésbicas, Gays, Travestis e Transexuais – CNCD/LGBT, órgão vinculado à Secretaria de Direitos Humanos da Presidência da República. Também representou importante medida o oferecimento, pelo sistema único de saúde, da cirurgia de transgenitalização e a sua regulamentação pelo Conselho Federal de Medicina, com a edição da Resolução nº 1.955/2010.

A recentíssima Resolução nº 01/2018 do Conselho Federal de Psicologia representou avanço relevante, ao orientar a atuação dos psicólogos brasileiros a respeito da transexualidade a partir de uma premissa antipatologizante. Este ato normativo consiste em exemplo do tratamento de igual consideração e respeito que a Constituição de 1988 exige que seja conferido a todos os brasileiros, e particularmente às minorias estigmatizadas, como é o caso dos transexuais.

Com efeito, a noção de igualdade como reconhecimento, dimensão cultural e simbólica da igualdade material, preconiza "um mundo amigo da diferença, onde a assimilação à maioria ou às normas culturais dominantes não é mais o preço do igual respeito". Os exemplos incluem demandas por reconhecimento das perspectivas diferenciadoras de minorias étnicas, "raciais", assim como da diferença de gênero.[26]

Assim, é dever do Estado combater preconceitos enraizados na sociedade de que são alvo grupos vulneráveis, como os transexuais, tratando-os com igualdade em relação àqueles que se adéquam a moral majoritária. É evidente de que o tratamento social de transexuais em desconformidade à sua identidade de gênero nas mais diversas esferas (registro civil, uso de banheiros em locais públicos, acesso aos serviços públicos de educação e saúde, acesso ao mercado de trabalho, etc.) consiste em conduta contrária ao princípio constitucional da igualdade, na medida em que representa chancela, ao invés de combate, a estigmas sociais que inferiorizam grupos minoritários.

O tratamento social de transexuais em conformidade à sua identidade de gênero também é corolário natural do princípio da dignidade da pessoa humana, particularmente em sua dimensão afeta à autonomia privada. Com efeito, o livre desenvolvimento da personalidade pressupõe que o indivíduo tome decisões sobre questões existenciais de forma autônoma, é dizer, livre da coerção de terceiros. É o caso das liberdades de religião, expressão, orientação sexual e identidade de gênero, dentre outras. Tais direitos naturalmente não são absolutos, na medida em que se submetem a ponderações com outros direitos fundamentais que eventualmente entrem em rota de colisão com eles. Eles, porém, possuem uma posição preferencial, em razão da importância destacada que o livre desenvolvimento da personalidade possui para a salvaguarda do princípio constitucional da dignidade humana.

---

[26] FRASER, Nancy. Redistribuição, Reconhecimento e Participação: por uma concepção integrada da justiça. In: SARMENTO, Daniel; IKAWA, Daniela; PIOVESAN, Flávia. *Igualdade, Diferença e Direitos Humanos*. Rio de Janeiro: Lumen Iuris, 2008, p. 167.

Convém reiterar que o tratamento social a transexuais em desconformidade à sua identidade de gênero implica grave restrição aos princípios da igualdade e da dignidade da pessoa humana, pois reforça preconceitos sistemáticos na sociedade e impõe ao transexual a obrigação de se conformar ao padrão cultural dominante em matéria de gênero. A própria literatura médica reconhece a condição do transexual, de maneira que não se pode simplesmente negar que o transexual apresenta uma identificação com gênero diverso do seu sexo biológico. Como bem salientou o Ministro Luís Roberto Barroso no voto que proferiu no RE nº 845.779, "ninguém escolhe ser heterossexual, homossexual ou transgênero. É um destino, um fato da natureza. Não respeitar essas pessoas é não respeitar a natureza ou, para os que creem, é não respeitar a criação divina. Pois bem: deixar de reconhecer a um indivíduo a possibilidade de viver sua identidade de gênero em todos os seus desdobramentos é privá-lo de uma das dimensões que dão sentido à sua existência".[27]

Por outro lado, é importante lembrar que o direito de os transexuais serem tratados com igual consideração e respeito em relação às pessoas cisgênero é de direta extração constitucional. Em outras palavras, trata-se de direito fundamental cujo núcleo essencial não pode ser subvertido ou violado por leis que reflitam decisões políticas de maiorias transitórias. O Supremo Tribunal Federal, enquanto guardião da Constituição Federal, tem papel destacado na proteção dos direitos fundamentais dos brasileiros, principalmente de minorias fortemente estigmatizadas, como é o caso dos transexuais.

Nesta esteira, o voto proferido pelo Ministro Luís Roberto Barroso no Recurso Extraordinário nº 845.779 foi pioneiro. Ali se defendeu a tese de que "os transexuais têm direito a serem tratados socialmente de acordo com a sua identidade de gênero, inclusive na utilização de banheiros de acesso público", com base nos princípios constitucionais da igualdade e da dignidade humana, viabiliza a construção de um paradigmático precedente da Suprema Corte brasileira em favor do tratamento dos transexuais com igual consideração e respeito às pessoas cisgênero.

Também deve ser enfaticamente elogiado o voto prolatado pelo Ministro Edson Fachin na ADI nº 4275 e a posição adotada pelo Supremo Tribunal Federal neste caso. O fato de S.Exa. ter "emplacado" a sua orientação no sentido de que os transexuais têm direito à alteração do registro civil, independentemente da realização de cirurgia de transgenitalização e de decisão judicial, foi essencial para que o aprimoramento da proteção da dignidade e da autonomia deste grupo tão marginalizado e estigmatizado na sociedade brasileira.

Para a preservação destes avanços e a viabilização de outros é fundamental a mobilização social dos transexuais, o que já se percebe com a formação de associações civis, como a ANTRA (Associação Nacional de Travestis e Transexuais) e a ABGLT (Associação Brasileira de Lésbicas, Gays, Bissexuais, Travestis, Transexuais e Intersexos). No mundo real, a afirmação de direitos perante os mais diversos fóruns (organizações sociais, Poder Executivo, Poder Legislativo e também Poder Judiciário) pressupõe mobilização social, articulação de propósitos e luta política. Exemplo paradigmático disso se deu com a ampliação dos direitos de homossexuais: a evolução da criminalização da sodomia à criminalização da homofobia, bem como o reconhecimento de direitos

---

[27] Disponível em: <https://www.conjur.com.br/dl/voto-ministro-barroso-stf-questao.pdf>.

sucessórios e a equiparação das uniões homoafetivas às heteroafetivas ocorreram a partir da sua mobilização social, que retirou os *gays* de uma posição de invisibilidade social que não lhes permitia reverter o tratamento legal desfavorável que se nutria do preconceito sistemático que eles sofriam e ainda sofrem.

Referências

ALVIM, Juliana Cesário. Perspectivas Constitucionais dos Direitos Sexuais: uma abordagem integrada da liberdade e da igualdade. Projeto de tese aprovado em 2014 para o Doutorado em Direito Público da UERJ.

BARROSO, Luís Roberto. Diferentes, mas iguais: o reconhecimento jurídico das relações homoafetivas no Brasil. Disponível em: <http://www.luisrobertobarroso.com.br/wpcontent/themes/LRB/pdf/homoafetivas_parecer.pdf>.

BENTO, Berenice. *A reinvenção do corpo*: sexualidade e gênero na experiência transexual. Rio de Janeiro: Garamond, 2006.

FRASER, Nancy. Redistribuição, Reconhecimento e Participação: por uma concepção integrada da justiça. In: SARMENTO, Daniel; IKAWA, Daniela; PIOVESAN, Flávia. *Igualdade, Diferença e Direitos Humanos*. Rio de Janeiro: Lumen Iuris, 2008.

JESUS, Jaqueline Gomes. *Orientações sobre identidade de gênero*: conceitos e termos. Brasília, 2012.

ROCHA, Rita; PEREIRA, Débora; DIAS, Thaísa. O contexto do uso de drogas entre travestis profissionais do sexo. Disponível em: <http://www.scielo.br/pdf/sausoc/v22n2/v22n2a24.pdf>.

SOLOMON, Andrew. *Longe das árvores*: pais, filhos e a busca da identidade. São Paulo: Companhia das Letras, 2013.

SUIAMA, Sergio Gardenghi. Em busca de um modelo autodeterminativo para o Direito de transgêneros. In: RIOS, Roger Raupp; GOLIN, Célio; LEIVAS, Paulo Gilberto Cogo (Org.). *Homossexualidade e direitos sexuais*: reflexões a partir da decisão do STF. Porto Alegre: Sulina, 2011.

Informação bibliográfica deste texto, conforme a NBR 6023:2002 da Associação Brasileira de Normas Técnicas (ABNT):

BRANDÃO, Rodrigo. O tratamento social dos transexuais no Brasil. In: SARAIVA, Renata et al. *Ministro Luís Roberto Barroso*: 5 anos de Supremo Tribunal Federal: homenagem de seus assessores. Belo Horizonte: Fórum, 2018. p. 149-161. ISBN 978-85-450-0525-4.

CAPÍTULO 8

O STF E O SISTEMA PRISIONAL BRASILEIRO: A TUTELA DE UMA MINORIA INVISÍVEL

CARINA LELLIS

8.1 Introdução

Integrar a equipe do Ministro Luís Roberto Barroso tem sido um sonho. No gabinete, à minha volta sou cercada por profissionais brilhantes e empenhados em encontrar as melhores soluções para os desafios que são trazidos diariamente ao STF. À nossa frente temos um líder inspirador. O Ministro é um estudioso do Brasil, obstinado pela construção de um país melhor e maior. Participar dessa empreitada é uma honra e um privilégio. Aqui, diariamente eu encontro razões para acreditar que o Direito pode ser um instrumento de transformação da realidade, que foi o motivo do meu ingresso na Faculdade de Direito. Resgatar razões para acreditar possui valor inestimável. A homenagem aos cinco anos do Ministro Luís Roberto Barroso no STF, portanto, é mais que merecida e não poderia iniciar sem o registro da minha profunda gratidão por participar do seu time.

O Brasil é um país rico em realidades que precisam ser transformadas. O sistema prisional, certamente, constitui uma das suas realidades mais cruéis e demanda intervenção urgente. Dentro das penitenciárias brasileiras residem grotescas violações a direitos fundamentais: celas hiperlotadas; detentos amontoados em contêineres expostos ao sol em temperaturas elevadíssimas; esgotos abertos; falta de produtos de higiene básica; proliferação de doenças infectocontagiosas; violência sexual; espancamentos e homicídios violentos são algumas das características desse cenário de degradação humana. O significado do horror foi traduzido em vídeo divulgado pela imprensa, que mostra presos jogando futebol com a cabeça de um detento que acabara de ser decapitado.[1]

---

[1] O caso foi divulgado em outubro de 2016 e ocorreu na Casa de Privação Provisória da Liberdade em Fortaleza, de acordo com notícia veiculada pelo Portal Terra. Disponível em: <https://www.terra.com.br/noticias/brasil/catve/

A reversão do quadro é ainda mais desafiadora, tendo em vista que existe um desestímulo político generalizado que milita contra a solução do problema. De um lado, a Constituição prevê no seu art. 15, III, que os direitos políticos dos presos são suspensos enquanto durarem os efeitos da condenação criminal transitada em julgado. Eles não possuem direito ao voto, de forma que a sua principal demanda, que seria a melhoria dos estabelecimentos prisionais, não entra na pauta das promessas eleitorais. De outro lado, existe uma percepção disseminada na sociedade de que os presos são merecedores da situação degradante que vivem. De acordo com o senso comum, o sujeito que é preso pela prática de um crime não deve ter direito nenhum.[2] A opinião pública não aceita que se priorizem investimentos públicos na melhora do sistema prisional, especialmente diante de um déficit crônico na prestação de serviços básicos para os chamados 'cidadãos de bem'.

As dificuldades do tema, contudo, não devem desencorajar o seu enfrentamento. Ao contrário disso, é preciso estimular a discussão a seu respeito. O Ministro Luís Roberto Barroso tem ressaltado a necessidade da tomada de consciência por parte da sociedade brasileira a respeito da questão penitenciária,[3] especialmente porque ela está intimamente ligada aos graves problemas de segurança pública do país.

Alguns fatores explicam por que o sistema agrava a violência. *Em primeiro lugar*, as prisões constituem verdadeiras escolas do crime. Elas são dominadas por facções, de maneira que, uma vez que ingressa no sistema penitenciário, o sujeito é praticamente forçado a se filiar a uma delas. Mesmo que, ao entrar, não se tratasse de um detento perigoso, lá ele encontra diversos incentivos para se tornar um. *Em segundo lugar*, como o sistema é absolutamente incapaz de ressocializar o preso, os índices de reincidência no Brasil são elevadíssimos.[4] *Em terceiro lugar*, na linha do que aponta a professora Ana Paula de Barcellos, não é raro que suspeitos procurem evitar o encarceramento a todo custo, chegando a praticar novos crimes, até mais violentos do que aqueles de que são acusados, na tentativa de escapar da prisão.[5]

É preciso que se tenha em mente, portanto, que o sistema prisional funciona como uma mola propulsora da violência que apavora a sociedade brasileira. Para que se contenha o aumento da criminalidade e a sensação de insegurança, é necessário buscar

---

videos/cruel-presos-do-pcc-jogam-bola-com-cabeca-de-detento-de-comando-rival,8244011.html>, acesso em: 1º jan. 2018.

[2] O tema é abordado em excelente artigo da professora Ana Paula de Barcellos, que examina a forma como a sociedade brasileira lida com a sua população carcerária. V. Ana Paula de Barcellos, Violência urbana, condições das prisões e dignidade humana. *Revista de Direito Administrativo*, n. 254.

[3] O Ministro tem dedicado parte de seus votos ao estabelecimento de um diálogo aberto e direto com a sociedade brasileira a respeito do tema, como no RE nº 580.252/MS e na ADPF nº 347.

[4] Os estudos existentes a respeito da reincidência, no Brasil, apresentam números bastante díspares de acordo com a metodologia adotada. Por exemplo, relatório final da Comissão Parlamentar de Inquérito a respeito do sistema carcerário divulgou em 2008 que a taxa de reincidência dos detentos em relação ao crime chegava a 70% ou 80% a depender da Unidade da Federação. Em 2015, estudo do Instituto de Pesquisa Econômica Aplicada – IPEA criticou esses percentuais e apresentou estimativa a partir da média ponderada de alguns estados, chegando a uma taxa de reincidência da ordem de 24,4% (Relatório final de atividades da pesquisa sobre reincidência criminal, conforme Acordo de Cooperação Técnica entre o Conselho Nacional de Justiça (CNJ) e o IPEA (001/2012) e respectivo Plano de Trabalho. Ouvidoria do Instituto de Pesquisa Econômica Aplicada (Ouvid)/IPEA e Ouvidoria-Geral da União (OGU)/CGU. Em todo caso, a despeito da variação considerável de tais números, parece unânime a constatação de que ressocializar o preso ao ponto que ele não volte a delinquir se revela uma realidade particularmente difícil de ser alcançada do Brasil, especialmente diante da situação penitenciária.

[5] Ana Paula de Barcellos, *Op. cit*. p. 23.

saídas para os problemas das prisões. Fechar os olhos para a situação dos detentos, além de ser atitude cruel e desumana, significa alimentar a insegurança pública. O tema precisa ser encarado.

No contexto desse debate, o presente artigo tem por objetivo analisar a atuação do Supremo Tribunal Federal com relação ao sistema prisional nos últimos anos. Longe de esgotar as controvérsias ou propor soluções definitivas, a ideia é oferecer ao leitor um panorama a respeito da atuação do tribunal e, na sequência, realizar um balanço dessa experiência. O artigo é dividido em três partes. A primeira parte traz um breve relato a respeito do sistema prisional brasileiro. A segunda parte apresenta decisões emblemáticas relativas ao tema que foram proferidas pelo STF nos últimos anos. Por fim, a terceira parte se destina a avaliar essa atuação e, em alguma medida, contribuir para o debate, indicando caminhos que ainda precisam ser trilhados.

8.2 Breves notas a respeito da situação dos presídios brasileiros

Ano após ano, o dia 1º de janeiro é marcado por notícias chocantes a respeito dos presídios brasileiros. Em 2018, a virada do ano foi marcada por nove presos mortos, dois deles carbonizados em incêndio intencional, e cerca de 250 fugitivos em rebelião em Aparecida de Goiânia. O presídio comporta 468 presos, mas estava com 1.153. Em 2017, o país assistiu ao segundo maior massacre do sistema carcerário brasileiro após a tragédia do Carandiru. Rebeliões em presídios resultaram na morte de 60 presos em Manaus e de 31 presos em Roraima.[6][7] Na primeira quinzena de janeiro daquele ano, o país contou um total de 102 mortos em diversos Estados como consequência das rebeliões.[8]

O estado das penitenciárias é deplorável. Desde 2008, o Conselho Nacional de Justiça – CNJ realiza mutirões carcerários[9] e elabora relatórios a respeito dos presídios. Em 2012, o trabalho deu origem ao livro *Mutirão Carcerário – Raio x do sistema penitenciário brasileiro*,[10] que reúne fotos e relatos a respeito dos estabelecimentos prisionais das cinco regiões do Brasil. Já na apresentação do trabalho, o então presidente do CNJ e do STF, Ministro Cezar Peluso, alude a uma *realidade perversa* e afirma que os presos são esquecidos da condição de seres humanos.

---

[6] As mortes foram tão brutais que a identificação dos corpos teve que ser feita por meio de impressão digital, arcada dentária e DNA, tendo em vista que eles apresentavam sinais de dilacerações, queimaduras e degola. V. *O Globo*. 'Guerra entre facções deixa 56 mortos em presídio de Manaus'. Disponível em: <http://oglobo.globo.com/brasil/guerra-entre-faccoes-deixa-56-mortos-em-presidio-de-manaus-20719812>. 'Mais 4 presos mortos em massacre no AM são identificados, diz governo', disponível em: <http://g1.globo.com/am/amazonas/noticia/2017/01/mais-4-presos-mortos-em-massacre-no-am-sao-identificados-diz-governo.html>. Acesso em: 10 jan. 2018.

[7] *G1*. 31 presos são mortos em penitenciária de Roraima, diz governo. Disponível em: <http://g1.globo.com/rr/roraima/noticia/2017/01/mais-de-30-presos-sao-mortos-na-penitenciaria-de-roraima-diz-sejuc.html>. Acesso em: 10 jan. 2018.

[8] *Folha de São Paulo*. Veja um resumo da crise nos presídios que deixou 102 mortos neste ano. Disponível em: <http://www1.folha.uol.com.br/cotidiano/2017/01/1848464-veja-um-resumo-da-crise-nos-presidios-que-deixou-102-mortos-neste-ano.shtml>. Acesso em: 10 jan. 2018.

[9] Os mutirões carcerários reúnem juízes que percorrem os estados para analisar a situação processual das pessoas que cumprem pena, além de inspecionar unidades carcerárias, com o objetivo de evitar irregularidades e garantir o cumprimento da Lei de Execuções Penais.

[10] Conselho Nacional de Justiça – CNJ. Mutirão Carcerário – Raio x do sistema penitenciário brasileiro. 2012. Disponível em: <http://www.cnj.jus.br/images/pesquisas judiciarias/Publicacoes/mutirao_carcerario.pdf>. Acesso em: 14 jan. 2018.

As graves violações a direitos fundamentais foram encontradas por todo o país. Na região Norte, foi registrado um quadro de insalubridade generalizada, celas escuras e mal ventiladas, onde o sofrimento é agravado pelo calor amazônico. No Pará, o déficit de vagas chegava a 75% da capacidade do sistema. No Nordeste, colheram-se relatos de escassez de água, sujeira, esgoto a céu aberto, rebeliões violentas e descontrole sobre a situação dos detentos. No Maranhão, foram noticiados crimes bárbaros, como quatro presos que "tiveram suas cabeças decepadas e penduradas nas grades das celas. Um olho humano foi jogado para fora da cela como pressão para 'negociar' com as autoridades".[11] No Centro-Oeste não foi diferente. Em Mato Grosso, por exemplo, o Mutirão Carcerário encontrou celas metálicas e unidades comparadas a "bombas-relógio" e "depósitos humanos". No Sudoeste, encontraram-se presas obrigadas a improvisar miolo de pão como absorvente íntimo e o absoluto descontrole no cumprimento de penas, com mais de sete mil pessoas presas ilegalmente, que foram libertadas no Mutirão. No Sul, um em cada dez presos no Estado de Santa Catarina estava preso ilegalmente em 2011.

De acordo com o Levantamento Nacional de Informações Penitenciárias – INFOPEN,[12] em junho de 2016, o total de pessoas encarceradas no Brasil chegou a 726.712, quase o dobro do número de vagas (368.049 no mesmo período). Os dados revelam o crescimento de mais de 104 mil pessoas presas em 18 meses, em uma média de 5,7 mil presos por mês. O Brasil é o terceiro país com maior número de pessoas presas, atrás apenas dos Estados Unidos e da China.

Além de prender muito, o Brasil "prende mal", como costuma pontuar o Ministro Luís Roberto Barroso. Ainda de acordo com os recentes dados do INFOPEN, cerca de 40% das pessoas encarceradas no Brasil são presos provisórios, que não receberam condenação definitiva. A grande maioria é composta por jovens (55% estão na faixa de 18 a 29 anos), negros (64% do total), de baixa escolaridade (60% do total é composto por analfabetos, pessoas alfabetizadas sem curso formal e pessoas com ensino fundamental incompleto). Dentre os crimes, aqueles praticados contra a Administração Pública – como corrupção passiva e peculato – correspondem a 0,25% da população carcerária, ao passo que o furto corresponde a 10% e o tráfico a 28% do total.

O tráfico de entorpecentes, particularmente, representa uma importante mola propulsora do crescimento da população carcerária. Em 2006, quando a Lei de Drogas (Lei nº 11.343/2006) entrou em vigor, eram 31.520 presos por tráfico nos presídios brasileiros. Em 2013, esse número passou para 138.366. Agora, são ao menos 176.691.[13] Esse crescimento acelerado está relacionado à forma de funcionamento dos órgãos responsáveis pela segurança pública no Brasil. De acordo com o art. 144 da Constituição, cabe à Polícia Civil as funções de polícia judiciária e de apuração de infrações penais e, de outro lado, cabe à Polícia Militar a polícia ostensiva e a preservação da ordem pública.[14]

---

[11] CNJ, *Op. cit.*, p. 80.

[12] O último INFOPEN foi divulgado em 8.12.2017 e conta com dados do Departamento Penitenciário Nacional, do Ministério da Justiça. Trata-se de dados oficiais do governo brasileiro, portanto. Disponível em: <https://www.conjur.com.br/dl/infopen-levantamento.pdf>, acesso em: 09 jan. 2018.

[13] *Idem*, p. 42.

[14] Confira-se o art. 144, *caput* e §§4º e 5º, da Constituição: "Art. 144. A segurança pública, dever do Estado, direito e responsabilidade de todos, é exercida para a preservação da ordem pública e da incolumidade das pessoas e do patrimônio, através dos seguintes órgãos:
I – polícia federal;
II – polícia rodoviária federal;

A Polícia Militar, portanto, está nas ruas e não lhe compete o trabalho investigativo. Daí vêm as prisões em flagrante, especialmente por tráfico de drogas. Como explica Luiz Eduardo Soares, antropólogo especialista em segurança pública, o quantitativo mais expressivo de nossas penitenciárias é composto pelos traficantes de varejo, que não representam o núcleo das organizações criminosas. São os presos em flagrante, que posteriormente seguem como presos provisórios, os quais representam 40% da população carcerária.[15]

Alguns estudos reforçam essa tendência e demonstram que é comum encontrar presos que não representam grande risco à sociedade. Em 2012, estudo conduzido por Maria Gorete Marques Jesus, Amanda Hidelbrand Oi e Thiago Thadeu da Rocha apurou que, na cidade de São Paulo, mais de 67% dos presos em flagrante por tráfico de maconha portavam menos de 100 gramas da droga; 62,17% exercia atividade remunerada; 94,3% não pertenciam a organizações criminosas e 97% não portava nenhum tipo de arma.[16] Em 2013, estudo coordenado pelas sociólogas Julita Lemgruber e Marcia Fernandes a respeito do tráfico na cidade do Rio de Janeiro indicou que, em um universo de 1.330 casos, 80,6% dos acusados eram réus primários e 62,8% referiam-se exclusivamente ao crime de tráfico, sem menção à associação criminosa ou a porte de armas.[17]

A fotografia do sistema, portanto, é desoladora. Estabelecimentos prisionais comparados a masmorras medievais, violações a direitos fundamentais de todas as ordens, a terceira maior população carcerária do mundo e engrenagens que, além de alimentarem um círculo vicioso que perpetua a estigmatização dos menos favorecidos, ainda representa uma fábrica da violência.

III – polícia ferroviária federal;

IV – polícias civis;

V – polícias militares e corpos de bombeiros militares. (…)

§4º Às polícias civis, dirigidas por delegados de polícia de carreira, incumbem, ressalvada a competência da União, as funções de polícia judiciária e a apuração de infrações penais, exceto as militares.

§5º Às polícias militares cabem a polícia ostensiva e a preservação da ordem pública; aos corpos de bombeiros militares, além das atribuições definidas em lei, incumbe a execução de atividades de defesa civil".

[15] Como explica Luiz Eduardo Soares, antropólogo especialista em segurança pública: "(…) a população carcerária aumenta vertiginosamente. Explica-se: a polícia mais numerosa e que está nas ruas 24 horas é a PM. Ela é proibida de investigar, pelo artigo 144 da Constituição, que define o modelo policial. Mesmo assim, ela é pressionada de todos os lados para "produzir", mostrar "resultados", os quais são confundidos sobretudo com prisões. Quem tem de prender, mas não pode investigar, o que faz? Prende em flagrante. Quais os crimes passíveis de prisão em flagrante? Alguns. Portanto, além do filtro seletivo de classe, cor e território, impõe-se mais esse.

Nesse contexto, a lei de drogas se converte na principal ferramenta de trabalho da PM: ela joga a rede e colhe os bagrinhos do varejo. E o faz nos territórios vulneráveis, porque a PM só poderia entrar em condomínios de classe média com mandados judiciais, e a Justiça só os expediria se houvesse justificativa, a qual requer investigação. Por isso, nossas penitenciárias estão entupidas de presos em flagrante e os crimes contra a vida permanecem negligenciados e impunes. A investigação policial e a perícia técnica são depreciadas" (Luiz Eduardo Soares, O afã da sociedade em encarcerar está contratando mais violência. *Jornal Tribuna de Minas*, 21 jan. 2018).

[16] Maria Gorete Marques Jesus, Amanda Hidelbrand Oi e Thiago Thadeu da Rocha. *Prisão Provisória e Lei de Drogas*: um estudo sobre os flagrantes de tráfico de drogas na cidade de São Paulo. Núcleo de Estudos da Violência da Universidade de São Paulo, 2011. Disponível em: <http://www.nevusp.org/downloads/down254.pdf>. Acesso em: 14 jan. 2018. Instituto Sou da Paz. *Relatório da pesquisa Prisões em flagrante na cidade de São Paulo*. 2012. Disponível em: <http://www.soudapaz.org/upload/pdf/justica_prisoesflagrante_pesquisa_web.pdf>. Acesso em: 14 jan. 2018.

[17] Julita Lemgruber e Marcia Fernandes (Coord.). *Tráfico de drogas na cidade do Rio de Janeiro*: Prisão provisória e direito de defesa, 2015. Disponível em: <http://www.ucamcesec.com.br/wp-content/uploads/2015/10/Boletim-Trafico-de-drogas-epresos-provis%C3%B3rios.pdf>. Último acesso em: 22 maio 2018.

8.3 Decisões do STF a respeito do sistema prisional

> *Nós estamos atuando para proteger os direitos de uma minoria, de uma minoria invisível e de uma minoria que não tem voto, porque não tem direitos políticos. Portanto, nós estamos lidando com um conjunto de pessoas que ficou à margem da vida pela incapacidade de vocalizar os seus interesses e as suas pretensões, porque não há quem as represente. Logo, quem tem que ser o intérprete daqueles que não podem falar é evidentemente o Poder Judiciário.*
>
> Ministro Luís Roberto Barroso, RE nº 592.581

Nos últimos anos, a questão carcerária não tem passado desapercebida pelo Supremo Tribunal Federal. A necessidade urgente de mudanças no sistema prisional foi debate de algumas decisões relevantes da corte constitucional.

No presente artigo, são destacados quatro desses casos. Em ordem cronológica: (i) no RE nº 592.581, o tribunal entendeu que o Poder Judiciário pode impor à Administração Pública a obrigação de realizar obras emergenciais em presídios; (ii) na medida cautelar da ADPF nº 347, o STF declarou o estado de coisas inconstitucional do sistema prisional brasileiro; (iii) no RE nº 580.252, a corte reconheceu o dever de indenizar do Estado por danos morais causados ao preso e (iv) no RE nº 641.320/RS, o tribunal entendeu que o condenado não pode ser submetido a regime mais grave que o estabelecido na sentença.

8.3.1 RE nº 592.581: possibilidade de o Poder Judiciário impor à Administração Pública realização de obras em presídios

No julgamento do RE nº 592.581, o STF firmou o entendimento, em sede de repercussão geral, de que o Poder Judiciário pode determinar à Administração Pública a realização de obras emergenciais para a melhoria das condições de estabelecimentos prisionais, não sendo oponíveis argumentos de natureza orçamentária. Por unanimidade, foi fixada a seguinte tese:

> É lícito ao Judiciário impor à Administração Pública obrigação de fazer, consistente na promoção de medidas ou na execução de obras emergenciais em estabelecimentos prisionais para dar efetividade ao postulado da dignidade da pessoa humana e assegurar aos detentos o respeito à sua integridade física e moral, nos termos do que preceitua o artigo 5º (inciso XLIX) da Constituição Federal, não sendo oponível à decisão o argumento da reserva do possível nem o princípio da separação dos Poderes.

Na origem, o caso dizia respeito à realização de obras no Albergue Estadual de Uruguaiana, no Rio Grande do Sul. Tratava-se de fato incontroverso que a situação do local era atentatória à dignidade da pessoa humana, havendo relato de esgotos abertos no pátio, instalações hidrossanitárias danificadas e fiação elétrica aparente. Não foi sequer rebatida, por exemplo, a afirmação de que os detentos se encontravam permanentemente expostos a risco de morte, particularmente por conta das péssimas condições da fiação elétrica do albergue, havendo notícia da morte de um preso por eletrocussão.

Na sentença da ação civil pública originária, o Estado do Rio Grande do Sul fora condenado a realizar, no prazo de seis meses, obras de reforma geral no Albergue Estadual de Uruguaiana "de modo a adequá-lo aos requisitos básicos da habitabilidade e salubridade dos estabelecimentos penais". O Tribunal de Justiça gaúcho, porém, reformou a sentença por entender que, por mais que se estivesse diante de ofensa à integridade física e moral dos presos, as normas constitucionais incidentes sobre a questão possuíam natureza programática, de forma que não poderia o Poder Judiciário imiscuir-se em seara reservada à Administração Pública.

No recurso extraordinário, o Ministério Público alegou a violação ao princípio da dignidade da pessoa humana (art. 1º, III, CF) e à garantia de preservação da integridade física e moral dos presos (art. 5º, XLIX, CF), sustentando a aplicabilidade direta dos direitos fundamentais. O recurso submeteu ao tribunal indagações sobre se Poder Judiciário pode ou não intervir em situações como essa e sobre qual seria o papel da cláusula da reserva do possível nessa discussão.

Sob a relatoria do Min. Ricardo Lewandowski, o tribunal à unanimidade aprovou a tese mencionada anteriormente, para afirmar que a intervenção judicial é legítima e que a cláusula da reserva do possível não é oponível em casos que tais. No que diz respeito à possibilidade de atuação do Judiciário, a conclusão foi a de que não se estava diante de normas programáticas, tampouco de indevida implementação de políticas públicas pela via judicial. Afirmou-se que o caso envolvia a violação a direitos fundamentais por parte do Estado contra pessoas que estavam sob a sua guarda, de forma que o Poder Judiciário teria o dever constitucional de oferecer-lhes proteção. No que diz respeito à cláusula da reserva do possível, o voto do relator salientou que não faltam verbas para aprimorar o sistema prisional no Fundo Penitenciário Nacional – FUNPEN, mas que o contingenciamento das verbas do fundo e a falta inconsistência, mora ou falha na execução dos projetos concebidos pelos entes federados seriam os responsáveis pela situação calamitosa do sistema prisional.

8.3.2 ADPF nº 347: o estado de coisas inconstitucional do sistema prisional brasileiro

O precedente mais representativo do STF a respeito do tema foi firmado no julgamento da medida cautelar postulada na ADPF nº 347, em que a corte reconheceu o *estado de coisas inconstitucional*[18] do sistema prisional brasileiro. A partir da constatação (i) da

---

[18] Na formulação de Carlos Alexandre de Azevedo Campos, a decisão que reconhece o estado de coisas inconstitucional é a "decisão que busca conduzir o Estado a observar a dignidade da pessoa humana e as garantias dos direitos fundamentais uma vez que esteja em curso graves violações a esses direitos por omissão dos poderes públicos. O juiz constitucional depara-se com uma realidade social necessitada de transformação urgente e, ao mesmo tempo, com falhas estruturais e impasses políticos que implicam, além do estado inconstitucional em si mesmo, a improbabilidade de o governo superar esse estágio de coisas contrário ao sistema de direitos fundamentais, sem que o seja a partir de uma forte e ampla intervenção judicial". Carlos Alexandre de Azevedo Campos, *Estado de Coisas Inconstitucional*. Salvador: Juspodivm, 2016, p. 96.

situação generalizada de violação dos direitos fundamentais dos presos; (ii) da inércia reiterada das autoridades públicas em modificar a situação e (iii) de que a superação dessa situação exigiria a atuação de uma pluralidade de autoridades, o tribunal afirmou que o sistema penitenciário se caracteriza como um estado de coisas inconstitucional e, a partir daí, determinou uma série de providências a serem tomadas por diferentes autoridades públicas. Dentre elas estavam (i) a determinação de que juízes e tribunais realizassem em até noventa dias audiências de custódia, viabilizando o comparecimento do preso perante a autoridade judiciária no prazo máximo de 24 horas, contados do momento da prisão; (ii) a determinação para que a União liberasse o saldo acumulado do Fundo Penitenciário Nacional – FUNPEN, abstendo-se de realizar contingenciamentos e (iii) a determinação à União e aos Estados, e especificamente ao Estado de São Paulo, para que encaminhassem ao Supremo Tribunal Federal informações sobre a situação prisional.

A arguição de descumprimento de preceito fundamental foi ajuizada pelo Partido Socialismo e Liberdade – PSOL, baseada em representação formulada pela Clínica de Direitos Fundamentais da Faculdade de Direito da Universidade do Estado do Rio de Janeiro – Clínica UERJ Direitos. Inspirada em precedentes da Corte Constitucional da Colômbia, nela se requereu o reconhecimento de que o sistema carcerário como um todo configurava uma situação inconstitucional, o que conduziria à determinação, em sede cautelar, de uma série de providências,[19] a serem adotadas por diversas autoridades, com vistas a corrigir as lesões a direitos fundamentais dos presos.

Foi a primeira vez que o STF utilizou essa técnica no controle de constitucionalidade brasileiro. O precedente é inovador, na medida em que abre espaço para que o tribunal defenda a ordem de direitos fundamentais contra falhas estruturais da atuação estatal. Trata-se de técnica decisória que se volta ao enfrentamento de graves e sistemáticas violações à ordem constitucional, que afetam um número amplo de indivíduos

---

[19] A petição inicial da ADPF nº 347 apresentou oito pedidos cautelares, no sentido de que o STF "a) Determine a todos os juízes e tribunais que, em cada caso de decretação ou manutenção de prisão provisória, motivem expressamente as razões que impossibilitam a aplicação das medidas cautelares alternativas à privação de liberdade, previstas no art. 319 do Código de Processo Penal; b) Reconheça a aplicabilidade imediata dos arts. 9.3 do Pacto dos Direitos Civis e Políticos e 7.5 da Convenção Interamericana de Direitos Humanos, determinando a todos os juízes e tribunais que passem a realizar audiências de custódia, no prazo máximo de 90 dias, de modo a viabilizar o comparecimento do preso perante a autoridade judiciária em até 24 horas contadas do momento da prisão; c) Determine aos juízes e tribunais brasileiros que passem a considerar fundamentadamente o dramático quadro fático do sistema penitenciário brasileiro no momento de concessão de cautelares penais, na aplicação da pena e durante o processo de execução penal; d) Reconheça que como a pena é sistematicamente cumprida em condições muito mais severas do que as admitidas pela ordem jurídica, a preservação, na medida do possível, da proporcionalidade e humanidade da sanção impõe que os juízes brasileiros apliquem, sempre que for viável, penas alternativas à prisão; e) Afirme que o juízo da execução penal tem o poder-dever de abrandar os requisitos temporais para a fruição de benefícios e direitos do preso, como a progressão de regime, o livramento condicional e a suspensão condicional da pena, quando se evidenciar que as condições de efetivo cumprimento da pena são significativamente mais severas do que as 70 previstas na ordem jurídica e impostas pela sentença condenatória, visando assim a preservar, na medida do possível, a proporcionalidade e humanidade da sanção; f) Reconheça que o juízo da execução penal tem o poder-dever de abater tempo de prisão da pena a ser cumprida, quando se evidenciar que as condições de efetivo cumprimento da pena foram significativamente mais severas do que as previstas na ordem jurídica e impostas pela sentença condenatória, de forma a preservar, na medida do possível, a proporcionalidade e humanidade da sanção; g) Determine ao Conselho Nacional de Justiça que coordene um ou mais mutirões carcerários, de modo a viabilizar a pronta revisão de todos os processos de execução penal em curso no país que envolvam a aplicação de pena privativa de liberdade, visando a adequá-los às medidas "e" e "f" acima e h) Imponha o imediato descontingenciamento das verbas existentes no Fundo Penitenciário Nacional – FUNPEN, e vede à União Federal a realização de novos contingenciamentos, até que se reconheça a superação do estado de coisas inconstitucional do sistema prisional brasileiro".

e que decorrem de falhas sistemáticas de políticas públicas. Ela abre espaço para que a Corte Constitucional determine a adoção de medidas tendentes à superação das violações massivas de direitos fundamentais, e na sequência supervisione a sua implementação.

O escopo é declaradamente amplo. A ADPF não tem por objeto uma ação ou omissão específica por parte do Poder Público. O sistema carcerário é mirado como um todo. Como o próprio nome sugere, a declaração de inconstitucionalidade recai sobre um *estado de coisas*, uma situação generalizada de violação de direitos fundamentais. Além disso, o reconhecimento dessa situação legitima uma atuação mais vigorosa por parte do Supremo Tribunal Federal, abrindo espaço para uma determinação judicial voltada a diversos órgãos públicos, inclusive integrantes do próprio Judiciário, com vistas à superação das omissões estatais.

De acordo com o voto do relator, Ministro Marco Aurélio, caberia ao STF a função de desobstruir os bloqueios políticos e institucionais que levam à situação calamitosa dos presídios. Nas suas palavras, "significa cumprir ao Tribunal o papel de retirar dos demais Poderes da inércia, catalisar os debates e novas políticas públicas, coordenar as ações e monitorar os resultados".

No julgamento da medida cautelar, oito[20] dos onze ministros reconheceram de maneira expressa a existência do estado de coisas inconstitucional do sistema prisional e todos concordaram com a possibilidade de intervenção do STF no sentido de enfrentar as massivas violações a direitos humanos, inclusive no que diz respeito ao descontingenciamento das verbas do FUNPEN.

Em obra que analisa detidamente o precedente,[21] Carlos Alexandre de Azevedo Campos conclui que, ainda que se trate de um julgamento em sede cautelar, o STF deu um passo importante na ocasião, por inaugurar a utilização da técnica voltada à reconstrução de instituições em larga escala, assumindo a tarefa de desobstruir as barreiras institucionais e políticas que contribuem para a situação do sistema carcerário.

8.3.3 RE nº 580.252: o Estado tem o dever de indenizar os danos morais causados ao preso

No RE nº 580.252/MS, o STF enfrentou o tema da responsabilidade civil do Estado por danos morais causados ao preso por superlotação e condições degradantes de encarceramento.[22] Em sede de repercussão geral, decidiu-se que o Estado possui o dever de indenizar, por meio de reparação pecuniária, os presos que sofrem danos morais pelo cumprimento de pena em estabelecimentos em situação degradante. Na ocasião, foi fixada a seguinte tese:

> Considerando que é dever do Estado, imposto pelo sistema normativo, manter em seus presídios os padrões mínimos de humanidade previstos no ordenamento jurídico, é de

---

[20] Além do Ministro Marco Aurélio, relator da ação, também os Ministros Luís Roberto Barroso, Edson Fachin, Rosa Weber, Luiz Fux, Cármen Lúcia Celso de Mello e Ricardo Lewandowski mencionaram o estado de coisas inconstitucional.

[21] CAMPOS, Carlos Alexandre de Azevedo. Estado de Coisas Inconstitucional. Salvador: Juspodivm, 2016.

[22] O tema também é objeto da ADI nº 5.170/DF, de relatoria da Min. Rosa Weber, ainda pendente de julgamento.

sua responsabilidade, nos termos do art. 37, §6º da Constituição, a obrigação de ressarcir os danos, inclusive morais, comprovadamente causados aos detentos em decorrência da falta ou insuficiência das condições legais de encarceramento.

Na origem, tratava-se de ação ajuizada por detento condenado a 20 anos de reclusão por crime de latrocínio (art. 157, §3º, do CP), visando ao pagamento de indenização por dano moral causado pelas condições sub-humanas a que estava submetido no cumprimento de pena em estabelecimento prisional situado no Município de Corumbá, Mato Grosso do Sul. O pedido foi julgado improcedente em primeiro grau, a decisão foi reformada em sede de apelação, ocasião em que se fixou o valor da indenização em R$2.000,00 (dois mil reais) e depois novamente revertida no julgamento de embargos infringentes. O acórdão que foi objeto do recurso extraordinário acatou o argumento da reserva do possível.

No recurso endereçado ao STF, o detento alegou diversas violações a direitos fundamentais. Quando o caso chegou ao tribunal, eram fatos incontroversos (i) que o recorrente cumpria pena em condições absolutamente precárias e "humanamente ultrajantes, porque desrespeitosas a um padrão mínimo de dignidade" e (ii) que ele sofreu um dano moral pelas condições em que a sua pena era cumprida. A questão que se colocou perante o tribunal dizia respeito, apenas, ao dever de indenizar do Estado.

Após o voto dos Ministros Teori Zavascki, então relator do caso, e Gilmar Mendes, o Ministro Luís Roberto Barroso pediu vista dos autos. No seu voto-vista ele apresentou uma solução alternativa: em lugar da indenização em dinheiro, propôs que se conferisse primazia ao ressarcimento *in natura*, na forma específica do dano, por meio da remição de parte do tempo de execução da pena, por analogia com o art. 126 da Lei de Execução Penal.[23] De acordo com o ministro, o pagamento da indenização em pecúnia conferiria uma resposta pouco efetiva aos danos morais suportados pelos detentos, além de drenar recursos escassos que poderiam ser empregados na melhoria dos estabelecimentos prisionais. A proposta, contudo, foi acompanhada apenas pelos Ministros Luiz Fux e Celso de Mello, não tendo recebido a adesão da maioria do Plenário.

8.3.4 RE nº 641.320/RS e Súmula Vinculante nº 56: o condenado não pode ser submetido a regime mais grave que o estabelecido na sentença

No RE nº 641.320/RS, outra decisão bastante emblemática a respeito do sistema prisional, o STF enfrentou a questão relativa à possibilidade de o condenado em regime semiaberto poder cumprir pena no regime aberto ou em prisão domiciliar, quando ausente estabelecimento adequado no sistema carcerário. Em sede de repercussão geral, o tribunal entendeu que o condenado não pode ser submetido a regime mais grave que o estabelecido na sentença, tendo concluído pela viabilidade desse tipo de solução. No julgamento, foi fixada a seguinte tese:

---

[23] O art. 126 da Lei de Execução Penal (Lei n º 7.210/1984) trata da remição, prevendo em seu *caput* que "o condenado que cumpre a pena em regime fechado ou semiaberto poderá remir, por trabalho ou por estudo, parte do tempo de execução da pena".

a) a falta de estabelecimento penal adequado não autoriza a manutenção do condenado em regime prisional mais gravoso; b) os juízes da execução penal poderão avaliar os estabelecimentos destinados aos regimes semiaberto e aberto, para qualificação como adequados a tais regimes. São aceitáveis estabelecimentos que não se qualifiquem como "colônia agrícola, industrial" (regime semiaberto) ou "casa de albergado ou estabelecimento adequado" (regime aberto) (art. 33, §1º, alíneas "b" e "c"); c) havendo déficit de vagas, deverá determinar-se: (i) a saída antecipada de sentenciado no regime com falta de vagas; (ii) a liberdade eletronicamente monitorada ao sentenciado que sai antecipadamente ou é posto em prisão domiciliar por falta de vagas; (iii) o cumprimento de penas restritivas de direito e/ou estudo ao sentenciado que progride ao regime aberto. Até que sejam estruturadas as medidas alternativas propostas, poderá ser deferida a prisão domiciliar ao sentenciado (Tema 423 da Repercussão Geral).

Na origem, o caso envolvia a condenação pela prática do crime de roubo, com pena a ser cumprida no regime semiaberto. Em sede de apelação, o Tribunal de Justiça do Rio Grande do Sul reformou a sentença para fixar a prisão domiciliar enquanto não existisse estabelecimento destinado ao regime semiaberto que atendesse todos os requisitos da Lei Execução Penal. O Ministério Público estadual, então, interpôs o recurso extraordinário em que sustentou não ser autorizado ao Poder Judiciário conceder o benefício da prisão domiciliar fora das hipóteses legalmente previstas.

O Ministro Gilmar Mendes, relator do recurso, convocou audiência pública para a oitiva de especialistas de variadas áreas, tendo participado vinte e oito expositores. Em seu voto, propôs uma série de medidas alternativas para enfrentar o problema, mas admitiu a possibilidade de concessão da prisão domiciliar até que elas sejam estruturadas. Para viabilizar a efetivação das propostas apresentadas, o relator ressaltou a relevância da participação do Conselho Nacional de Justiça (CNJ), que já desenvolve políticas nessa seara, tendo determinado uma série de providências a serem por ele adotadas.[24] Além disso, o voto contou com expresso apelo ao legislador, para que avalie a possibilidade de reformular a execução penal e a legislação correlata.[25] O julgamento foi interrompido

---

[24] O acórdão do RE nº 641.320/RS contemplou a determinação no sentido de que o Conselho Nacional de Justiça apresente: (i) projeto de estruturação do Cadastro Nacional de Presos, com etapas e prazos de implementação, devendo o banco de dados conter informações suficientes para identificar os mais próximos da progressão ou extinção da pena; (ii) relatório sobre a implantação das centrais de monitoração e penas alternativas, acompanhado, se for o caso, de projeto de medidas ulteriores para desenvolvimento dessas estruturas; (iii) projeto para reduzir ou eliminar o tempo de análise de progressões de regime ou outros benefícios que possam levar à liberdade; (iv) relatório deverá avaliar (a) a adoção de estabelecimentos penais alternativos; (b) o fomento à oferta de trabalho e o estudo para os sentenciados; (c) a facilitação da tarefa das unidades da Federação na obtenção e acompanhamento dos financiamentos com recursos do FUNPEN; (d) a adoção de melhorias da administração judiciária ligada à execução penal. 7. Estabelecimento de interpretação conforme a Constituição para (a) excluir qualquer interpretação que permita o contingenciamento do Fundo Penitenciário Nacional (FUNPEN), criado pela Lei Complementar nº 79/94; b) estabelecer que a utilização de recursos do Fundo Penitenciário Nacional (FUNPEN) para financiar centrais de monitoração eletrônica e penas alternativas é compatível com a interpretação do art. 3º da Lei Complementar nº 79/94.

[25] Nos termos da ementa do RE nº 641.320/RS, o apelo ao legislador envolve as seguintes diretrizes: "(i) reformular a legislação de execução penal, adequando-a à realidade, sem abrir mão de parâmetros rígidos de respeito aos direitos fundamentais; (ii) compatibilizar os estabelecimentos penais à atual realidade; (iii) impedir o contingenciamento do FUNPEN; (iv) facilitar a construção de unidades funcionalmente adequadas – pequenas, capilarizadas; (v) permitir o aproveitamento da mão-de-obra dos presos nas obras de civis em estabelecimentos penais; (vi) limitar o número máximo de presos por habitante, em cada unidade da federação, e revisar a escala penal, especialmente para o tráfico de pequenas quantidades de droga, para permitir o planejamento da gestão da massa carcerária e a destinação dos recursos necessários e suficientes para tanto, sob pena de responsabilidade

por pedido de vista formulado pelo Min. Teori Zavascki, que, ao final, acompanhou o relator e, no caso concreto, se manteve a decisão do TJRS.

Pouco tempo após o julgamento do recurso, o STF aprovou o enunciado da Súmula Vinculante nº 56, nos seguintes termos:

> A falta de estabelecimento penal adequado não autoriza a manutenção do condenado em regime prisional mais gravoso, devendo-se observar, nessa hipótese, os parâmetros fixados no RE 641.320/RS.

8.4 Conclusão

Nos últimos anos, o STF proferiu decisões relevantes em defesa dos direitos fundamentais das pessoas que ocupam o sistema prisional. O balanço da experiência, portanto, é positivo. O reconhecimento da inconstitucionalidade da situação dos presídios, a tutela da dignidade das pessoas presas, a determinação de deveres a serem cumpridos por entes públicos integrantes ou não do Poder Judiciário, todas essas são contribuições relevantes da Corte Constitucional.

Relevantes especialmente porque se está diante de uma minoria que é, de certa maneira, *invisível*. Por mais que estampem as páginas dos jornais com cenas grotescas, trata-se de pessoas que estão à margem da sociedade, cujos direitos não são reconhecidos por parcela relevante do corpo social. É nesses casos que a intervenção do Poder Judiciário se revela particularmente necessária. É emblemático que o seu órgão de cúpula dê voz aos invisíveis. De outra forma, continuarão sendo atropelados sem que a deliberação política majoritária os socorra.

As decisões mencionadas, contudo, por mais que representem um avanço no reconhecimento de direitos dos presos, ainda não se traduziram na transformação da realidade. Há, ainda, um longo caminho a trilhar e o STF pode continuar a desempenhar um papel relevante na direção da mudança. A seguir, de maneira sintética, dado o escopo desta obra, passo a apontar três diretrizes nesse sentido.

Em primeiro lugar, especialmente no que diz respeito à ADPF nº 347 e ao RE nº 641.320/RS, o STF possui espaço para acompanhar e cobrar das autoridades públicas o cumprimento de suas decisões de maneira mais efetiva. Um dos avanços mais celebrados no reconhecimento do estado de coisas inconstitucional, aliás, foi justamente o flanco aberto para o monitoramento do cumprimento dos deveres impostos pela Corte Constitucional. É preciso, no entanto, que o tribunal se aparelhe para exercer esse papel. Como bem pontuado por Carlos Alexandre de Azevedo Campos, "para transformar instituições em mau funcionamento, o STF precisa, primeiro, preparar-se para não se juntar a esse grupo de instituições".[26]

Muitos dos graves problemas do sistema penitenciário estão relacionados à superlotação dos estabelecimentos prisionais. É preciso criar mais vagas no sistema. Nas decisões mencionadas, dentre as diversas determinações impostas, estavam *(i)* o

---

dos administradores públicos; (vii) fomentar o trabalho e estudo do preso, mediante envolvimento de entidades que recebem recursos públicos, notadamente os serviços sociais autônomos; (viii) destinar as verbas decorrentes da prestação pecuniária para criação de postos de trabalho e estudo no sistema prisional".

[26] Carlos Alexandre de Azevedo Campos, *Op. cit.*, p. 318.

descontingenciamento das verbas do FUNPEN; *(ii)* a prestação de informações a respeito da situação prisional por entes federativos e *(iii)* a determinação de uma série de providências a serem adotadas pelo CNJ para viabilizar melhorias no sistema. Mas pouca coisa saiu do papel. Em janeiro de 2018, por exemplo, nenhuma das obras de construção das cinco penitenciárias federais anunciadas no início do ano anterior pelo Governo Federal havia sequer sido iniciada.

A jurisdição constitucional possui diversos meios para fazer valer, na prática, as suas decisões. Elas vão desde a expedição periódica de ofícios determinando a prestação de informações a respeito do cumprimento das obrigações determinadas pelo tribunal até a realização desse monitoramento por meio de audiências públicas. Na Colômbia, por exemplo, as audiências públicas se revelaram um instrumento importante para que a realidade fosse transformada após a declaração do estado de coisas inconstitucional. É mais uma ideia que poderia ser importada pelo Brasil.[27]

Em segundo lugar, é preciso reestruturar de maneira profunda o combate às drogas no país. Hoje, 28% dos mais de 720 mil presos no Brasil respondem pelo tráfico de drogas. Além do número expressivo, o tráfico é responsável por parcela considerável das prisões em flagrante, contribuindo para que os estabelecimentos sigam repletos de presos sem condenação definitiva. Para completar o cenário, como se narrou na Parte II deste artigo, tendo em vista que a lei não oferece parâmetros objetivos com relação à quantidade e natureza da droga apreendida para a configuração do tráfico, não são raros os casos de presos em flagrante com pequena quantidade de droga, sem armas ou notícia de envolvimento com o crime organizado. Presos não violentos, sem condenação definitiva, que portavam pequena quantidade de droga. O fracasso da guerra às drogas está diretamente associado ao fracasso do sistema prisional.

O Ministro Luís Roberto Barroso tem se levantado como uma das principais vozes do país a favor da legalização das drogas. Por ocasião do julgamento do RE nº 635.659/SP, o ministro inaugurou este importante debate no STF.[28] O recurso envolve a proposta de descriminalização do porte e do plantio de maconha para o uso pessoal – o caso diz respeito ao consumo de três gramas da droga – mas o voto desde logo já expôs as principais ideias a respeito da legalização. Segundo o Ministro, os objetivos pretendidos dessa política são *(i)* quebrar o poder do tráfico; *(ii)* evitar a inútil superlotação dos presídios, que destrói vidas, prejudica a sociedade e não produz qualquer resultado e *(iii)* permitir o tratamento dos dependentes pelo sistema público de saúde. O julgamento, entretanto, ainda não terminou, de forma que não há um posicionamento definitivo do tribunal sobre o caso em questão.

Além da descriminalização do consumo, há outra contribuição que pode ser dada imediatamente pelo STF, pela via jurisprudencial, que auxiliaria o combate ao hiperencarceramento: a fixação de tese no sentido de que são necessários parâmetros objetivos com relação à natureza e à quantidade da droga para a configuração do crime de tráfico. De acordo com o §2º do art. 28 da Lei de Drogas, para determinar se a droga apreendida se destina a consumo pessoal, "o juiz atenderá à natureza e à quantidade da substância apreendida, ao local e às condições em que se desenvolveu a ação, às

---

[27] A respeito do tema, v. Carlos Alexandre de Azevedo Campos, *Op. cit.*, p. 317.

[28] O voto foi publicado no livro *A judicialização da vida e o papel do Supremo Tribunal Federal*. Belo Horizonte: Fórum, 2018. p. 243 e ss.

circunstâncias sociais e pessoais, bem como à conduta e aos antecedentes do agente". No entanto, por mais que o dispositivo aluda à *natureza e quantidade da substância apreendida*, não há parâmetros objetivos para distinguir quem é tratado como traficante e quem é tratado como usuário. E, como se viu na Parte II deste artigo, não é raro que pessoas com pequena quantidade de droga sejam presas por tráfico. Isso além da aplicação discriminatória e seletiva da lei, que atinge de maneira mais dura as periferias. Diante deste cenário, uma importante contribuição da jurisdição constitucional seria a fixação de que a aplicação do §2º do art. 28 da Lei de Drogas deve ser realizada com base em critérios objetivos. Esses critérios, inclusive, já vêm sendo objeto de estudos por parte do Poder Executivo, mais especificamente pelo Conselho de Política Criminal e Penitenciária – CNPCP, órgão vinculado ao Ministério da Justiça, que chegou a propor os parâmetros para a aplicação da lei.[29] A iniciativa, no entanto, ainda não resultou na edição de ato regulamentar. Justamente por isso, seria bem-vinda a intervenção judicial que, atenta às capacidades institucionais do Poder Judiciário, se prestasse a desobstruir os bloqueios que impedem a edição do ato regulamentar. Bastaria, portanto, o comando no sentido de que são necessários parâmetros objetivos, a serem fixados pelos órgãos dotados de *expertise* na matéria.

Em terceiro lugar, outra contribuição para o debate diz respeito à gestão das informações que devem ser compartilhadas entre o Poder Judiciário e o Poder Executivo no curso da execução da pena. De um lado, compete ao Poder Judiciário fixar a pena e, no curso do seu cumprimento, conceder benefícios como os relacionados à progressão de regime e ao livramento condicional. De outro lado, o Poder Executivo é responsável pela execução da pena propriamente dita. Um dos gargalos do sistema, entretanto, reside exatamente na falta de gestão apropriada das informações que precisam ser compartilhadas entre eles para que os presos recebam os benefícios previstos em lei.

O exemplo do Estado do Paraná ilustra o argumento. Enquanto o número de presos no Brasil segue crescendo em ritmo acelerado, o Paraná conseguiu diminuir o número de presos investindo em inteligência da informação. De acordo com informações prestadas na audiência pública convocada no RE nº 641.320/RS,[30] entre 2011 e 2013, o número total de presos no Estado passou de 30.521 para 28.057, verificando-se uma redução de 8%. A superlotação nas delegacias também apresentou significativa melhora, passando de 11.718 para 5.491, uma redução da ordem de 47%. Isso em dois anos.

De acordo com Maria Tereza Uille Gomes, à época Secretária de Estado de Justiça, Cidadania e Direitos Humanos do Paraná, o principal fator da redução do encarceramento foi o controle de gestão da execução penal. O Estado implementou um sistema de *business inteligence*, uma ferramenta de inteligência que administra as informações gerenciais no cumprimento da pena e assim otimiza o funcionamento dos mutirões carcerários e a atividade dos juízes da execução penal. O sistema, por exemplo, oferece ao juiz as datas previstas de progressão de regime, de concessão de livramento condicional e de término de pena. Com base nessas informações, foi possível organizar os

---

[29] Em 2016, o CNPCP aprovou a primeira minuta de orientação normativa que, com base em estudos técnicos, estabelece parâmetros objetivos com relação à natureza e à quantidade da droga para a caracterização do consumo. A intenção declarada é evitar que usuários sejam condenados como traficantes. A minuta foi aprovada na 427ª Reunião Ordinária do CNPCP, ocorrida entre 22 e 23 de setembro de 2016.

[30] Todas as informações a seguir expostas estão disponíveis em: <http://www.stf.jus.br/portal/audienciapublica/audienciapublica.asp?tipo=realizada>, acesso em: 01 fev. 2018.

processos de maneira que, oito dias antes de o condenado fazer jus ao benefício previsto na lei penal, abre-se prazo para a manifestação do Ministério Público e já se agenda a audiência de instrução e julgamento para a semana seguinte, de maneira que a pessoa tenha o benefício analisado com a maior celeridade possível. Trata-se de ferramenta que independe de qualquer alteração legislativa e cuja implementação pode ser estimulada institucionalmente pelo STF.

Em suma, é certo que a melhoria do sistema prisional oferece diversos desafios. Não há saída simples. Mas também não há motivo para evitar o tema, que precisa ser encarado. Nos últimos cinco anos, o STF avançou na tutela dos direitos dos presos, mas há espaço para avançar ainda mais. No presente artigo, são lançadas três ideias que pretendem contribuir nesse sentido, são elas: *(i)* a atuação mais efetiva do tribunal no sentido de acompanhar e cobrar o cumprimento das decisões proferidas nos últimos anos, especialmente a ADPF nº 347 e o RE nº 641.320/RS; *(ii)* a revisão da jurisprudência a respeito da aplicação da Lei de Drogas, seja com a proposta do Ministro Luís Roberto Barroso de descriminalização do uso da maconha, seja com a fixação de parâmetros objetivos para a distinção de tratamento entre traficantes e usuários de drogas e *(iii)* o fomento à adoção de ferramentas de inteligência para a gestão da execução penal, que no Estado do Paraná levou à redução do número de presos, na contramão da tendência do país.

Referências

BARCELLOS, Ana Paula. Violência urbana, condições das prisões e dignidade humana. *Revista de Direito Administrativo*, Rio de Janeiro, n. 254, 2010.

BARROSO, Luís Roberto. *A judicialização da vida e o papel do Supremo Tribunal Federal.* Belo Horizonte: Fórum, 2018.

BRAGA, Mariana; DEUSIRENE, Maria; MONTENEGRO, Manuel Carlos. *Mutirão Carcerário – Raio x do sistema penitenciário brasileiro.* Disponível em: <http://www.cnj.jus.br/images/pesquisas judiciarias/Publicacoes/mutirao_carcerario.pdf>.

CAMPOS, Carlos Alexandre de Azevedo. *Estado de Coisas Inconstitucional.* Salvador: Juspodivm, 2016.

CARLOS, Juliana (Coord.). *Relatório da pesquisa Prisões em flagrante na cidade de São Paulo.* Disponível em: <http://www.soudapaz.org/upload/pdf/justica_prisoesflagrante_pesquisa_web.pdf>.

Cruel: presos do PCC jogam bola com cabeça de detento de comando rival. Disponível em: <https://www.terra.com.br/noticias/brasil/catve/videos/cruel-presos-do-pcc-jogam-bola-com-cabeca-de-detento-de-comando-rival,8244011.html>.

Disponível em: <http://www.stf.jus.br/portal/audienciapublica/audienciapublica.asp?tipo=realizada>.

FERNANDES, Marcia; LEMGRUBER, Julita (Coord.). *Tráfico de drogas na cidade do Rio de Janeiro*: Prisão provisória e direito de defesa. Disponível em: <http://www.ucamcesec.com.br/wp-content//uploads/2015/10/Boletim-Trafico-de-drogas-epresos-provis%C3%B3rios.pdf>.

JESUS, Maria Gorete Marques; LAGATTA, Pedro; OI, Amanda Hidelbrand; ROCHA, Thiago Thadeu da. *Prisão Provisória e Lei de Drogas*: um estudo sobre os flagrantes de tráfico de drogas na cidade de São Paulo. Disponível em: <http://www.nevusp.org/downloads/down254.pdf>.

JUNIOR, Almir de Oliveira (Coord.). *Relatório sobre Reincidência Criminal no Brasil.* Disponível em: <http://cnj.jus.br/files/conteudo/destaques/arquivo/2015/07/572bba385357003379ffeb4c9aa1f0d9.pdf>.

LUCAS, Natália. Guerra entre facções deixa 56 mortos em presídio de Manaus. Disponível em: <http://oglobo.globo.com/brasil/guerra-entre-faccoes-deixa-56-mortos-em-presidio-de-manaus-20719812>.

_____. Mais 4 presos mortos em massacre no AM são identificados, diz governo. Disponível em: <http://g1.globo.com/am/amazonas/noticia/2017/01/mais-4-presos-mortos-em-massacre-no-am-sao-identificados-diz-governo.html>.

ROSA, Marlene Inês da; SANTOS, Thandara (Coord.). *Levantamento Nacional de Informações Penitenciárias – Atualização – Junho de 2016*. Disponível em: <https://www.conjur.com.br/dl/infopen-levantamento.pdf>.

SOARES, Luiz Eduardo. O afã da sociedade em encarcerar está contratando mais violência. *Jornal Tribuna de Minas*, 2018.

_____. Veja um resumo da crise nos presídios que deixou 102 mortos neste ano. Disponível em: <http://www1.folha.uol.com.br/cotidiano/2017/01/1848464-veja-um-resumo-da-crise-nos-presidios-que-deixou-102-mortos-neste-ano.shtml>.

_____. 31 presos são mortos em penitenciária de Roraima, diz governo. Disponível em: <http://g1.globo.com/rr/roraima/noticia/2017/01/mais-de-30-presos-sao-mortos-na-penitenciaria-de-roraima-diz-sejuc.html>.

Informação bibliográfica deste texto, conforme a NBR 6023:2002 da Associação Brasileira de Normas Técnicas (ABNT):

LELLIS, Carina. O STF e o sistema prisional brasileiro: a tutela de uma minoria invisível. In: SARAIVA, Renata et al. *Ministro Luís Roberto Barroso*: 5 anos de Supremo Tribunal Federal: homenagem de seus assessores. Belo Horizonte: Fórum, 2018. p. 163-178. ISBN 978-85-450-0525-4.

CAPÍTULO 9

RESERVA DE VAGAS PARA NEGROS EM CONCURSOS PÚBLICOS: O POTENCIAL TRANSFORMADOR DAS AÇÕES AFIRMATIVAS

LUÍSA LACERDA

9.1 Introdução

A trajetória do professor Luís Roberto Barroso se confunde com a própria consolidação do Direito Constitucional na forma como hoje compreendido: um Direito Constitucional de caráter democrático, com a dignidade da pessoa humana em seu núcleo, que visa à efetividade das normas constitucionais, em especial dos direitos fundamentais. Como advogado, Luís Roberto Barroso atuou em casos paradigmáticos julgados pelo Supremo Tribunal Federal em matéria de direitos fundamentais. Podemos citar, apenas como exemplo, a autorização de pesquisas com células-tronco embrionárias;[1] o reconhecimento da união estável entre pessoas do mesmo sexo[2] e a autorização de aborto de feto anencéfalo.[3] Já no Supremo Federal, conduziu, como relator, outros muitos debates relevantes e inovadores, como a inconstitucionalidade do crime de aborto até o terceiro mês da gestação;[4] a equiparação dos regimes sucessórios do casamento e da união estável, inclusive homoafetiva[5] e a possibilidade de alteração, por transexuais, do nome e do sexo no registro civil, independentemente de cirurgia de transgenitalização.[6]

---

[1] ADI nº 3.510, Rel. Min. Carlos Ayres Britto, j. 29.05.2008.

[2] ADPF nº 132 e ADI nº 4.277, Rel. Min. Carlos Ayres Britto, j. 05.05.2011.

[3] ADPF nº 54, Rel. Min. Marco Aurélio, j. 12.04.2012.

[4] HC nº 124.306, Rel. Min. Marco Aurélio, Rel. p/ acórdão Min. Luís Roberto Barroso, j. 29.11.2016.

[5] RE nº 878.694, Rel. Min. Luís Roberto Barroso, e RE nº 646.721, Rel. Min. Marco Aurélio, red. p/ acórdão, Rel. Min. Luís Roberto Barroso, j. em 10.05.2017.

[6] RE nº 845.779, Rel. Min. Luís Roberto Barroso, julgamento não concluído.

Na análise da constitucionalidade da reserva de vagas para negros em concursos públicos na Administração Pública Federal, objeto da ADC nº 41, o professor Luís Roberto Barroso reafirmou sua trajetória de luta contra o racismo, contra as desigualdades socioeconômicas e contra a deterioração de indivíduos e grupos minoritários, decorrentes da imposição de estigmas.

O primeiro grande caso sobre ações afirmativas com utilização de critério étnicoracial julgado pelo Supremo Tribunal Federal foi a ADPF nº 186,[7] ajuizada pelo Partido Democratas – DEM contra atos da Universidade de Brasília – UnB que instituíram o sistema de reserva de vagas com base em critério étnico-racial (20% de cotas étnico-raciais) no processo de seleção para ingresso de estudantes. Nessa ocasião, a Corte concluiu pela constitucionalidade da política de cotas, afirmando que para alcançar a igualdade material o Estado pode utilizar não apenas políticas de cunho universalista, mas também ações afirmativas, que atingem grupos sociais determinados, atribuindo a estes certas vantagens, por um tempo limitado, de modo a permitir a superação de desigualdades decorrentes de situações históricas particulares. Tal orientação foi reiterada no julgamento da ADI nº 3.330,[8] em que se discutiu a constitucionalidade de políticas afirmativas instituídas no âmbito do Programa Universidade para Todos – Prouni.

Recentemente, a Corte foi chamada a se manifestar novamente sobre a constitucionalidade dessas medidas, dessa vez no caso de concursos públicos. A ADC nº 41 foi proposta pelo Conselho Federal da Ordem dos Advogados do Brasil, objetivando a declaração de constitucionalidade da Lei nº 12.990/2014, que reserva aos negros 20% (vinte por cento) das vagas oferecidas nos concursos públicos para provimento de cargos efetivos e empregos públicos no âmbito da Administração Pública Federal direta e indireta. Além da reserva de vagas, pretendia-se a declaração de constitucionalidade do critério autodeclaratório de identidade racial. Em 8 de junho de 2017, por unanimidade, o Supremo Tribunal Federal julgou procedente o pedido, nos termos do voto do Relator, o Ministro Luís Roberto Barroso, para declarar a integral constitucionalidade da Lei nº 12.990/2014.

Nesse breve artigo analisaremos os principais pontos do voto proferido pelo relator, que conduziu os debates no Plenário e foi acompanhado pela unanimidade dos demais Ministros. O voto foi dividido em três partes: a parte I dedicou-se a esclarecer o que já havia sido decidido na ADPF nº 186 e o que faltava ser decidido; a parte II cuidou da análise da constitucionalidade da reserva de vagas nos concursos públicos; e na parte III foram analisados os mecanismos e critérios de controle de fraudes.

Os pontos a serem analisados são: (i) as ações afirmativas como instrumento de promoção da igualdade e de enfrentamento do racismo estrutural; (ii) a compatibilidade da política com os princípios do concurso público e da eficiência; (iii) a proporcionalidade da medida; e (iv) os mecanismos e critérios de controle de fraudes pelos candidatos e pela Administração Pública. Passemos à apresentação desses pontos.

---

[7] ADPF nº 186, Rel. Min. Ricardo Lewandowski, j. em 26.04.2012.
[8] ADI nº 3.330, Rel. Min. Ayres Britto, j. em 03.05.2012.

9.2 Ações afirmativas e o princípio da igualdade: da igualdade formal às políticas de diferença

O princípio da igualdade é uma norma jurídica aberta a uma pluralidade de concretizações ao longo da história. A igualdade tal como concebida nos tempos atuais é fruto de uma evolução que começou com o declínio do Antigo Regime na Europa e com a instauração do Estado Liberal-Burguês. O período anterior às revoluções liberais dos séculos XVII e XVIII foi marcado por uma estratificação rígida entre as camadas sociais, que definia os direitos e deveres de cada indivíduo.[9] Com as revoluções liberais, afirma-se a igualdade perante a lei, com a abolição dos privilégios de origem estamental. Essa concepção, representativa do pensamento liberal do século XVIII, voltava-se, essencialmente, ao aplicador da norma, impedindo-o de afastar ou aplicar indevidamente o comando legal com fundamento em considerações acerca das condições particulares dos indivíduos, ou seja, exigia-se uma aplicação dos comandos normativos de maneira idêntica a todos os indivíduos e situações que se amoldem ao texto legal.[10] Vedava-se, assim, a instituição de privilégios ou de vantagens que não pudessem ser republicanamente justificadas.[11]

Apesar do avanço em relação ao período anterior, a partir do século XIX essa concepção do princípio da igualdade passa a sofrer críticas por desprezar as desigualdades reais entre os indivíduos e por sua insuficiência para o atingimento de uma sociedade efetivamente igualitária. Reconhece-se que a igualdade formal não era um fim em si mesmo e que, muitas vezes, poderia ser um empecilho para a realização da igualdade substantiva. As diferenças entre os indivíduos deixam de ser encaradas como acidentes naturais para serem reconhecidas como produtos das relações sociais, da maneira como a sociedade se organiza.[12] Com isso, aptidões e qualidades dos indivíduos em processos competitivos, as condições iniciais da competição, que no modelo liberal estavam fora do alcance das leis, passam a ser objetivo de preocupação do Estado.[13] Associada às ideias de justiça distributiva e social,[14] a igualdade material leva em consideração as desigualdades reais e concretas da sociedade e pressupõe a igualdade de condições materiais mínimas, de modo que cada indivíduo, atendendo a suas capacidades reais, possa participar plenamente na vida social, política e cultural da comunidade.

No final do século XX, soma-se a essa concepção da igualdade a preocupação com os direitos das minorias. A dimensão predominantemente econômica da igualdade

---

[9] Nesse sentido, confira SARMENTO, Daniel. A Igualdade Étnico-Racial no Direito Constitucional Brasileiro: Discriminação "De Facto", Teoria do Impacto Desproporcional e Ação Afirmativa. In: SARMENTO, Daniel. *Livres e Iguais*: Estudos de Direito Constitucional. 2ª Tiragem. Rio de Janeiro: Lumen Juris, 2010, p. 143 e CORBO, Wallace. *Discriminação Indireta*: conceito, fundamentos e uma proposta de enfrentamento à luz da Constituição de 1988. Rio de Janeiro: Lumen Juris, 2017, p. 13.

[10] CORBO, Wallace. *Op. cit.*, p. 18-19.

[11] BARROSO, Luís Roberto. *Cotas Raciais são Legítimas com Parâmetros Razoáveis*. Parecer disponível em: <http://www.conjur.com.br/2012-abr-25/politica-cotas-raciais-legitima-parametros-razoaveis>, último acesso em: 10 jan. 2018.

[12] FERES JUNIOR, João. *Comparando Justificações das Políticas de Ação Afirmativa*: EUA e Brasil, p. 5. Disponível em: <http://www.achegas.net/numero/30/joao_feres_30.pdf>, último acesso em: 08 jan. 2018.

[13] FERES JUNIOR, João. *Op. cit.*, p. 5.

[14] BARROSO, Luís Roberto. Cotas Raciais são Legítimas com Parâmetros Razoáveis. *Op. cit.*

acabou por desprezar a necessidade de afirmação da diferença cultural como condição de preservação de determinados grupos étnicos ou sociais minoritários.[15] Reconhece-se que a igualdade pode ser violada não apenas por condições de natureza econômica, mas também por condições de natureza sociocultural. O trabalho de Nančy Fraser é representativo do tema. A autora propôs um modelo de distinção entre os tipos de injustiça nas sociedades modernas: problemas de distribuição, de natureza econômica e problemas de reconhecimento,[16] de natureza cultural ou simbólica, que dizem respeito ao modo como determinados indivíduos e grupos são enxergados no contexto social.[17]

Portanto, o princípio da igualdade preocupa-se, em primeiro lugar, com situações de privação socioeconômica, ou seja, com o grau de participação nos bens sociais, exigindo uma revisão das práticas e das instituições que criam, reproduzem e perpetuam desigualdades materiais.[18] Em segundo lugar, o princípio proíbe o tratamento dos indivíduos como membros de um grupo inferiorizado ou como não participantes da sociedade. Trata-se uma proteção contra a deterioração de indivíduos e grupos, decorrentes da imposição de estigmas, sejam eles resultantes da ação pública ou privada.[19]

Do princípio da igualdade decorre, logicamente, a proibição de discriminação. Com fundamento nos dispositivos constitucional relativos à proibição de discriminação, na Convenção Internacional sobre a Eliminação de todas as Formas de Discriminação Racial[20] e na Convenção sobre a Eliminação de todas as Formas de Discriminação contra a Mulher,[21] Roger Raupp Rios elaborou o seguinte conceito de discriminação: "qualquer

---

[15] SARMENTO, Daniel. A Igualdade Étnico-Racial no Direito Constitucional Brasileiro. *Op. cit.*, p. 145-146.

[16] O tema do reconhecimento foi suscitado nos escritos de juventude de Hegel, no começo do século XIX, nos quais o filósofo explorou a ideia de reconhecimento intersubjetivo e o caráter dialógico da construção da identidade. O tema ganhou projeção na Filosofia Política a partir das últimas décadas do século passado, nos trabalhos de Charles Taylor, Jürgen Habermas, Axel Honneth e Nancy Fraser. Apesar das particularidades das teorias concebidas por cada um desses autores, é lugar comum nas teorias hegelianas do reconhecimento a importância das relações intersubjetivas para a formação da personalidade, da consciência sobre si e da formação do *self*. Sobre o tema, ver FRASER, Nancy; HONNETH, Axel. *Redistribution or recognition*: a political-philosophical Exchange. London: Verso, 2003; HABERMAS, Jürgen. A luta por reconhecimento no estado democrático de direito. In: _____. *A inclusão do outro*: estudos de teoria política. Tradução de: George Sperber e Paulo Astor Soethe. São Paulo: Edições Loyola, 2002, p. 229-267; HONNETH, Axel. *A luta por reconhecimento*: a gramática dos conflitos sociais. Tradução de: Luiz Repa. São Paulo: Editora 34, 2003; SARMENTO, Daniel. *Dignidade da pessoa humana*: conteúdo, trajetória e metodologia. Belo Horizonte: Fórum, 2016, p. 241-298; CORBO, Wallace. *Discriminação Indireta*: conceito, fundamentos e uma proposta de enfrentamento à luz da Constituição de 1988. Rio de Janeiro: Lumen Juris, 2017, p. 34-75.

[17] Confira FRASER, Nancy. Social justice in the age of identity politics: redistribution, recognition, and participation. In: FRASER, Nancy, HONNETH, Alex. *Redistribution or recognition*: a political-philosophical exchange. London: Verso, 2003.

[18] RIOS, Roger Raupp. *Direito da antidiscriminação*: discriminação direta, indireta e ações afirmativas. Porto Alegre: Livraria do Advogado, 2008, p. 28.

[19] Essas duas perspectivas resumem a abordagem substancialista do princípio da igualdade, que tem como preocupação central a posição de desvantagem de certos grupos na sociedade. Tal abordagem se contrapõe à teoria procedimentalista, pela qual o princípio da igualdade deve ser aplicado de modo a preservar o princípio majoritário, de modo que o Judiciário, a princípio, não deve interferir nas escolhas políticas tomadas pelos órgãos majoritários, salvo defeitos nos procedimentos decisórios, caracterizados pelo desejo deliberado de prejudicar determinadas minorias e o preconceito. Sobre o tema, ver RIOS, Roger Raupp. *Op. cit.*, p. 23-31.

[20] A Convenção Internacional sobre a Eliminação de todas as Formas de Discriminação Racial foi internalizada pelo Decreto nº 65.810/2015. Seu artigo 1º, I, traz a seguinte disposição: "Nesta Convenção, a expressão "discriminação racial" significará qualquer distinção, exclusão restrição ou preferência baseadas em raça, cor, descendência ou origem nacional ou étnica que tem por objetivo ou efeito anular ou restringir o reconhecimento, gozo ou exercício num mesmo plano, (em igualdade de condição), de direitos humanos e liberdades fundamentais no domínio político econômico, social, cultural ou em qualquer outro domínio de vida pública".

[21] A Convenção foi internalizada pelo Decreto nº 89.460/1984 e dispõe no artigo 1º que "Para os fins da presente Convenção, a expressão "discriminação contra a mulher" significará toda a distinção, exclusão ou restrição

distinção, exclusão, restrição ou preferência que tenha o propósito ou o efeito de anular ou prejudicar o reconhecimento, gozo ou exercício em pé de igualdade de direitos humanos e liberdades fundamentais nos campos econômico, social, cultural ou em qualquer campo da vida pública".[22]

A vedação de discriminação alcança não apenas práticas intencionais e conscientes – discriminação direta –, mas também realidades permanentes que se reproduzem e se reforçam ao longo do tempo por meio da manutenção de medidas aparentemente neutras, mas cujos efeitos provocam discriminações sobre indivíduos ou grupos minoritários – a chamada discriminação indireta.

A Constituição de 1988 consagra o princípio da igualdade em suas três dimensões. Isso fica claro pela leitura do artigo 3º, que enuncia como objetivos fundamentais da República "construir uma sociedade livre, justa e solidária" e "promover o bem de todos, sem preconceitos de origem, raça, sexo, cor, idade e quaisquer outras formas de discriminação", do *caput* do artigo 5º, que afirma que "todos são iguais perante a lei, sem distinção de qualquer natureza" e das expressas menções de rejeição à discriminação contra as mulheres,[23] de condenação ao racismo[24] e qualquer discriminação atentatória aos direitos fundamentais.[25] Além do mais, a Constituição prevê expressamente a proteção do mercado de trabalho da mulher[26] e a reserva de vagas em concursos públicos para pessoas com deficiência.[27] Portanto, a ordem constitucional não apenas rejeita todas as formas de preconceito e de discriminação como também impõe ao Estado o dever de atuar positivamente no combate a esse tipo de desvio e na redução das desigualdades de fato.[28]

As ações afirmativas podem ser definidas como medidas redistributivas utilizadas por instituições públicas ou privadas que, por meio da utilização de critérios raciais, étnicos ou sexuais, visam a alocar bens para grupos discriminados e vitimados pela exclusão socioeconômica e/ou cultural passada ou presente.[29] São, portanto,

---

baseada no sexo e que tenha por objeto ou resultado prejudicar ou anular o reconhecimento, gozo ou exercício pela mulher, independentemente de seu estado civil, com base na igualdade do homem e da mulher, dos direitos humanos e liberdades fundamentais nos campos político, econômico, social, cultural e civil ou em qualquer outro campo".

[22] RIOS, Roger Raupp. *Op. cit.*, p. 20.

[23] CF/88, art. 5º, I: "homens e mulheres são iguais em direitos e obrigações, nos termos desta Constituição".

[24] CF/88, art. 5º, XLII: "a prática do racismo constitui crime inafiançável e imprescritível, sujeito à pena de reclusão, nos termos da lei".

[25] CF/88, art. 5º, XLI: "a lei punirá qualquer discriminação atentatória dos direitos e liberdades fundamentais".

[26] Art. 7º: "São direitos dos trabalhadores urbanos e rurais, além de outros que visem à melhoria de sua condição social: (...) XX – proteção do mercado de trabalho da mulher, mediante incentivos específicos, nos termos da lei".

[27] Art. 37: "A administração pública direta e indireta de qualquer dos Poderes da União, dos Estados, do Distrito Federal e dos Municípios obedecerá aos princípios de legalidade, impessoalidade, moralidade, publicidade e eficiência e, também, ao seguinte: (...) VIII – a lei reservará percentual dos cargos e empregos públicos para as pessoas portadoras de deficiência e definirá os critérios de sua admissão".

[28] BARROSO, Luís Roberto. Cotas Raciais são Legítimas com Parâmetros Razoáveis. *Op. cit.*

[29] Nesse sentido, DAFLON, Verônica Toste; FERES JUNIOR, João; CAMPOS, Luiz Augusto. Ações Afirmativas Raciais no Ensino Superior Público Brasileiro: um panorama analítico. *Cadernos de Pesquisa*, vol. 43, n. 148, p. 306, jan./abr. 2012. Disponível em <http://www.scielo.br/pdf/cp/v43n148/15.pdf>, último acesso em: 08 jan. 2018; MOREIRA, José Adilson. Miscigenando o Círculo do Poder: ações afirmativas, diversidade racial e sociedade democrática. *Revista da Faculdade de Direito – UFPR*, Curitiba, vol. 61, n. 2, maio/ago. 2016, p. 132; e SARMENTO, Daniel. A Igualdade Étnico-Racial no Direito Constitucional Brasileiro. *Op. cit.*, p. 154.

diferenciações positivas[30] em favor de grupos discriminados, como instrumento de promoção da igualdade substantiva. Seu conceito, apesar de ter nascido vinculado ao combate ao racismo, em especial o institucional, passou a abranger outras formas de discriminação, como a de gênero, condição étnica e pessoas com deficiência.[31]

A política de cotas ou de reserva de vagas é apenas uma modalidade de ação afirmativa, dentre as quais podemos listar, também, a consideração do critério racial como um fator relevante, dentre outros, para a alocação de benefícios,[32] a desconsideração de regimes de antiguidade quando estabelecem benefícios de promoção ou manutenção no emprego apenas a favor de brancos[33] e a definição de distritos eleitorais visando ao fortalecimento político da comunidade minoritária.[34] [35]

No voto proferido na ADC nº 41, o Ministro Luís Roberto Barroso se preocupou em demonstrar como a política de reserva de vagas para negros em concursos públicos promovia as três dimensões do princípio da igualdade. Vejamos.

Em primeiro lugar, o voto dedicou-se à questão do racismo estrutural. O Ministro afirmou que "[o racismo estrutural] constitui antes um sistema institucionalizado que, apesar de não ser explicitamente 'desenhado' para discriminar, afeta, em múltiplos setores, as condições de vida, as oportunidades, a percepção de mundo e a percepção de si que as pessoas, negras e brancas, adquirirão ao longo de suas vidas". O racismo estrutural é, portanto, revelado por meio de mecanismos e estratégias presentes nas instituições públicas e privadas, de modo explícito ou não, que dificultam a presença dos negros nesses espaços.[36] Explicou que esse sistema é uma das marcas deixadas no país pela escravidão, cuja abolição foi desacompanhada por uma política de integração do ex-escravo na sociedade brasileira, como a concessão de terras, empregos e educação. Assim, encoberto pelo mito da democracia racial e pela cordialidade do brasileiro, esse racismo velado garantiu que os negros continuassem a desempenhar as mesmas funções subalternas, criando-se um aparato apto à manutenção da exclusão e da marginalização sem que fossem instituídas leis discriminatórias propriamente ditas, como ocorreu, por exemplo, nos Estados Unidos.

Para apoiar suas afirmações, o Ministro valeu-se de análises estatísticas que comprovam a situação de desvantagem dos negros. Apenas a título exemplificativo, citaremos os dados que nos pareceram mais impressionantes:[37] a população negra e parda equivale a 72% dos 10% mais pobres; 67% da população de rua é composta por negros; no sistema carcerário, 61,67% dos presos são negros; em 2011, 76,9% dos homicídios do

---

[30] Fala-se em discriminação positiva quando os critérios responsáveis pela exclusão de minorias são utilizados para promover sua inclusão e não com o objetivo de subjugá-la. Além das ações afirmativas, as diferenciações positivas abrangem também o dever de acomodação razoável. Sobre o tema, ver MOREIRA, José Adilson. *Op. cit.*, p. 22-23.

[31] RIOS, Roger Raupp. *Op. cit.*, p.158.

[32] Nesse sentido, confira o voto vencedor no caso Bakke – Regents of the University of California v. Bakke, 438 U.S. 265 (1978) – e as decisões nos casos Metro Broadcasting – Metro Broadcasting, Inc. v. FCC, 497 U.S. 547 (1990) – e Adarand – Adarand Constructors, Inc. v. Peña, 515 U.S. 200 (1995).

[33] Confira a decisão no caso Wygant v. Jackson Board of Education, 476 U.S. 267 (1986).

[34] Nesse sentido, as decisões nos casos Shaw v. Reno, 509 U.S. 630 (1993), Miller v. Johnson, 515 U.S. 900 (1995), Shaw v. Hunt, 517 U.S. 899 (1996) e Bush v. Vera, 517 U.S. 952 (1996).

[35] RIOS, Roger Raupp. *Op. cit.*, p. 186.

[36] SANTOS, Ivair Augusto Alves dos. *Direitos humanos e as práticas de racismo*. Brasília: Câmara dos Deputados, Edições Câmara, 2013, p. 27-28.

[37] Todos os dados aqui expostos estão disponíveis nas páginas 15 a 19 do voto do Ministro Relator.

país tiveram como vítimas jovens negros ou pardos; enquanto 62,8% dos estudantes brancos de 18 a24 anos estão na universidade, apenas 28,2% dos negros nessa idade cursam nível superior; a taxa de desemprego dos negros é 50% superior em relação ao restante da sociedade. Especificamente em relação ao serviço público, nas carreiras que exigem curso superior e oferecem melhores remunerações, servidores negros são pouco presentes: na diplomacia, apenas 5,9% são negros; na Advocacia Geral da União, apenas 15%; e na Defensoria Pública são 19,5%.

Após essa exposição, o Ministro analisou a compatibilidade da medida com o princípio da igualdade em suas três dimensões. Afirmou que o princípio da igualdade "veda a hierarquização dos indivíduos e as desequiparações infundadas, mas impõe a neutralização das injustiças históricas, econômicas e sociais, bem como o respeito à diferença". Assim, não há violação à igualdade formal, que impede que a lei estabeleça privilégios e diferenciações arbitrárias entre os indivíduos. No caso específico, tanto o fundamento quanto o fim da norma são razoáveis, motivados por um dever de reparação histórica e pelas circunstâncias de que existe um racismo estrutural na sociedade brasileira, que precisa ser enfrentado.

Do mesmo modo, a política concretiza a igualdade material, pois tem como um de seus objetivos promover uma redistribuição de riquezas e de poder na sociedade, por meio da expansão do acesso de negros ao serviço público federal. Isso porque "o acesso desigual aos recursos econômicos por parte da população negra não está limitado ao aspecto socioeconômico, possuindo um forte componente racial". Nesse contexto, a reserva de vagas revela-se uma medida estatal de justiça distributiva,[38] "que busca garantir que afrodescendentes possam ocupar, em maior quantidade, postos no serviço público que lhe garantam maior renda e a ocupação de posições de poder e prestígio na sociedade brasileira que lhes eram antes interditadas".

Por fim, a política de cotas raciais em concursos públicos promove, ainda, a terceira dimensão da igualdade, que se identifica com o respeito às minorias em suas diferenças. De acordo com o Ministro relator, essa dimensão parte da compreensão de que o racismo estrutural produz não apenas injustiças relacionadas à estrutura econômica da sociedade, mas também injustiças de ordem cultural e simbólica, produzindo "uma sub-representação dos negros nas posições de maior prestígio e visibilidade sociais, o que acaba perpetuando ou retroalimentando um estigma de inferioridade". Nesse contexto, a lei impugnada, ao abrir espaço para a ocupação de posições mais destacadas

---

[38] O argumento da justiça distributiva parte da constatação da situação de desvantagem dos negros no presente, o que justifica a adoção de medidas que busquem favorecê-los perante os brancos, proporcionando uma melhor distribuição dos bens socialmente relevantes para que, no futuro, as relações raciais sejam mais equitativas. Assim, esse argumento tem os olhos voltados para a atuação real e atual dos indivíduos no meio social. Já o argumento da reparação, comumente utilizado para justificar as políticas de ações afirmativas, aparece a partir da constatação de que a situação desvantajosa dos negros se deve em parte a um histórico de discriminação, que remete aos tempos da escravidão e do colonialismo. Assim, as ações afirmativas procuram remediar não apenas as injustiças sofridas pelos seus antepassados, mas também os efeitos estruturais que persistem na atualidade, buscando anular os efeitos atuais dos mecanismos discriminatórios que criaram formas de estratificação racial que ainda repercutem no presente. As consequências do racismo presentes nas relações sociais se estendem por várias gerações – são fruto de práticas institucionais que afetam a vida de minorias raciais ao longo do tempo. Sobre o tema, confira MOREIRA, José Adilson. *Op. cit.*; e SARMENTO, Daniel. *Políticas de Ação Afirmativa Étnico-Raciais nos Concursos do Ministério Público*: o papel do CNMP. Disponível em: <http://www.dsarmento.adv.br/content/3-publicacoes/22-politicas-de-acao-afirmativa-etnico-raciais-nos-concursos-do-ministerio-publico-o-papel-do-cnmp/politicas-de-acao-afirmativa-etnico-raciais-nos-concursos-do-ministerio-publico-o-papel-do-cnmp-daniel-sarmento.pdf>, último acesso em: 10 fev. 2018.

e valorizadas por parte de segmentos tradicionalmente excluídos, contribui para o ganho de autoestima da população negra e para a eliminação dos estereótipos raciais.

9.3 Concurso público e princípio da eficiência: o elemento diversidade como reforço à representatividade das instituições

Nos Estados Unidos e no Brasil,[39] a promoção do pluralismo e da diversidade é um dos argumentos básicos de justificação das políticas de ação afirmativa.[40][41] O pluralismo se fundamenta na ideia de que as instituições públicas e privadas devem espelhar a diversidade que existe no corpo social para que haja um contato real e paritário entre as pessoas integrantes das diferentes etnias.[42] Desse modo, todos podem se beneficiar da riqueza de ter uma sociedade multiétnica e pluricultural. Para tanto, é necessário romper com o modelo de segregação que impõe ao negro a ocupação de posições subalternas, a fim de que todos possam conviver como iguais e aprender com seus valores, culturas e experiências. Além do mais, a participação de diferentes grupos nos processos decisórios é fator legitimador das práticas democráticas.[43]

Em seu voto na ADC nº 41, o professor Luís Roberto Barroso dedicou-se a contabilizar a política de cotas em análise com os princípios do concurso público e da eficiência. O argumento a ser enfrentado pode ser resumido da seguinte forma: a seleção dos candidatos com a melhor colocação (em termos objetivos) nos concursos públicos

---

[39] O país com mais longa experiência histórica com políticas de ação afirmativa é a Índia. Naquele país, tais políticas começaram a ser implantadas ainda sob o domínio colonial inglês, sendo ratificadas após a independência pela Constituição de 1947, como instrumento de combate às desigualdades decorrentes do regime de castas. No entanto, é a experiência norte-americana a mais significativa para a adoção das ações afirmativas no Brasil. Em primeiro lugar, em razão das similaridades históricas compartilhadas pelo Brasil e pelos Estados Unidos: ambos os países foram colônias europeias que utilizaram extensamente o trabalho escravo africano. Em segundo lugar, a cultura negra dos Estados Unidos acumula um passado rico de lutas contra a discriminação racial, que se tornou um importante referencial para o movimento negro brasileiro. Em terceiro lugar, foi com a experiência nos Estados Unidos que o debate ganhou projeção internacional, alavancando os debates sobre o tema. Nesse sentido, ver FERES JUNIOR, João. *Op. cit.*, p. 2; SARMENTO, Daniel. Políticas de Ação Afirmativa Étnico-Raciais nos Concursos do Ministério Público. *Op. cit.*

[40] Os outros argumentos que mais comumente são utilizados na defesa dessas medidas são a justiça compensatória e a justiça distributiva. Sobre o tema, confira FERES JUNIOR, João. *Op. cit.*

[41] Em 1978, no caso *Bakke v. Regents of University of California*, a Suprema Corte invalidou a política de cotas para alunos negros estabelecida pela Faculdade de Medicina na Universidade Estadual da Califórnia. Quatro juízes manifestaram-se pela constitucionalidade das ações afirmativas, em razão de seu objetivo de remediar desvantagens decorrentes da discriminação passada, adotando uma leitura mais substantiva do princípio da igualdade. Outros quatro juízes afirmaram a inconstitucionalidade da medida pela inexistência de comprovada discriminação racial. O voto de desempate do Juiz Powell, apesar de invalidar a política de cotas, afirmou a validade da aplicação de outras políticas de ação afirmativa em favor dos negros. O juiz rejeitou o argumento segundo o qual as ações afirmativas seriam legítimas por procurarem remediar as consequências da discriminação racial, pois não haveria como estabelecer uma relação direta entre a situação presente dos membros de uma minoria racial e os possíveis eventos históricos que teriam sido responsáveis por elas. No entanto, reconheceu a noção de diversidade como um princípio suficientemente forte para o alcance de um interesse estatal importante. Entretanto, a criação de um corpo discente diversificado não poderia ser feita pela utilização de cotas raciais, porque elas violariam a igualdade ao impedir que todas as pessoas possam disputar as mesmas vagas. As universidades estariam autorizadas a considerar a raça no processo de seleção dos candidatos, mas desde que outros fatores tenham o mesmo peso. Cf. RIOS, Roger Raupp. *Op. cit.*, p. 158; SARMENTO, Daniel. A Igualdade Étnico-Racial no Direito Constitucional Brasileiro. *Op. cit.*, p. 158; FERES JUNIOR, João. *Op. cit.*, p. 9; MOREIRA, José Adilson. *Op. cit.*, p. 125.

[42] SARMENTO, Daniel. A Igualdade Étnico-Racial no Direito Constitucional Brasileiro. *Op. cit.*, p. 155.

[43] MOREIRA, José Adilson. *Op. cit.*, p. 120.

seria uma exigência do princípio da eficiência, pois permitiria o recrutamento daqueles mais aptos a prestar à população um serviço eficiente e de qualidade.

O Ministro relator iniciou a análise de tal argumento com uma breve exposição sobre os princípios. De acordo com seu voto, a exigência de concurso público para a investidura de cargo no âmbito da Administração Pública tem o objetivo de garantir "que o acesso ao serviço público se dê mediante um regime de livre concorrência, com igualdade de oportunidade de acesso para todos os candidatos e impessoalidade nos critérios de seleção", substituindo-se os métodos de seleção fundados no parentesco ou no compadrio. O princípio do concurso público, como uma das manifestações do princípio da igualdade, exige que os iguais sejam tratados igualmente e os desiguais, desigualmente, na medida de sua desigualdade. Veda, portanto, desequiparações arbitrárias e injustificadas, que não tenham um fundamento racional e razoável e que não se destinem a promover um fim constitucionalmente legítimo. Portanto, os princípios da isonomia, da impessoalidade e da moralidade "não impedem que, além dos critérios estabelecidos em função do desempenho e pontuação dos candidatos nas provas e títulos, incorporem-se aos concursos públicos outros critérios relacionados à necessidade de promover a igualdade material na concorrência por esses postos de trabalho". Desse modo, os concursos públicos definem, entre todos os concorrentes, aqueles que detêm as habilidades e qualificações para exercer o cargo ou emprego, de acordo com a sua natureza e complexidade. No entanto, a investidura daqueles candidatos que alcançaram a maior pontuação nas provas e títulos é um método de distribuição de bens escassos, que não impede a incorporação de outros critérios pela Administração. São exemplos desses outros critérios a reserva de vagas para pessoas com deficiência (art. 37, VII, da Constituição) e o emprego da idade dos candidatos como critério de desempate (Lei nº 10.741/2003).

Em relação ao princípio da eficiência, o Ministro Luís Roberto Barroso ponderou que a reserva de vagas para negros na Administração Federal "seria capaz de potencializar o princípio da eficiência, medida a partir do conceito da 'representatividade'". Desse modo, a promoção do pluralismo e da diversidade na Administração Pública é também um interesse público a ser alcançado, uma vez que torna as instituições mais sensíveis aos interesses e direitos de todas as camadas da população. O Ministro afirmou que "a constituição de um serviço público 'representativo' – i.e., capaz de refletir a composição da população que atende – produziria diversos benefícios para a prestação do serviço, aumentando a qualidade, a responsividade e a inclusividade das políticas e decisões produzidas". Portanto, a eficiência do serviço público não se resume ao conhecimento técnico, podendo decorrer, também, da experiência pessoal dos candidatos para um determinado cargo, experiência que tem origem na vivência desses indivíduos como membros de grupos minoritários.

9.4 Proporcionalidade: cotas no ensino superior e a alegada dupla vantagem a seus beneficiários

A desproporcionalidade da medida foi outro argumento enfrentado na ADC nº 41. Sua defesa foi no sentido de que a instituição da reserva de vagas para negros em concurso público caracterizaria um *bis in idem*, por conceder uma dupla vantagem aos seus beneficiários, na medida em que negros e pardos seriam beneficiados, ao mesmo tempo, pelo acesso privilegiado à universidade e, depois, pelo acesso aos cargos públicos.

A presença, cada vez mais frequente, nas Constituições, de normas caracterizadas por sua abertura e indeterminação semântica – traduzidas nos princípios e nos conceitos jurídicos indeterminados –, e de um amplo catálogo de direitos fundamentais que, muitas vezes, colidem no caso concreto, tornou insuficiente o tradicional método da subsunção. Ao lado dos critérios tradicionais, o Judiciário precisou recorrer a novas técnicas hermenêuticas, como, por exemplo, a ponderação.[44] Como instrumento para a ponderação, a aplicação do princípio da proporcionalidade se tornou rotineira no Judiciário.[45]

Apesar de não expresso em nossa Constituição, nossa doutrina e jurisprudência o consagraram como princípio implícito, encontrando fundamento nas ideias de devido processo legal substantivo e na de justiça.[46] Os princípios da razoabilidade ou da proporcionalidade[47] encontram fundamento na "ideia de justiça material, de moderação e racionalidade, servindo como parâmetro de aferição de legitimidade constitucional dos atos administrativos discricionários, das decisões judiciais e das leis",[48] em especial nos casos que envolvem um alegado conflito entre direitos ou entre direitos e um interesse público ou estatal.

---

[44] Nesse sentido, ver BARROSO, Luís Roberto. *Curso de Direito Constitucional Contemporâneo*: os conceitos fundamentais e a construção do novo modelo. 2. ed. São Paulo: Saraiva, 2010, p. 307-351.

[45] Embora ponderação e proporcionalidade não se confundam, são, inegavelmente, lados da mesma moeda. A ponderação é técnica de decisão aplicável aos casos que envolvem colisão entre direitos fundamentais ou entre direitos e outros bens. A proporcionalidade, por sua vez, é instrumento para a ponderação, ou seja, para apurar os pesos que devem ser atribuídos aos interesses em disputa. O princípio da proporcionalidade, com suas três fases, permite que se atribua maior racionalidade à técnica da ponderação. Sobre o tema, ver ALEXY, Robert. *Teoria dos Direitos Fundamentais*. Tradução de: Virgílio Afonso da Silva da 5ª edição. 2. ed. São Paulo: Malheiros, 2012; BARROSO, Luís Roberto. *Curso de Direito Constitucional Contemporâneo. Op. cit.*, p. 334-339; BARCELLOS, Ana Paula de. *Ponderação, Racionalidade e Atividade Jurisdicional*. Rio de Janeiro: Renovar, 2005.

[46] BARROSO, Luís Roberto. *Curso de Direito Constitucional Contemporâneo. Op. cit.*, p. 305-306.

[47] A doutrina não é unânime quanto ao significado dos princípios da proporcionalidade e da razoabilidade. Parte da doutrina extrai conteúdos diversos desses princípios, enquanto os demais os enxergam como sinônimos. Humberto Ávila, por exemplo, defende que, enquanto o princípio da proporcionalidade exige uma relação de causalidade entre o meio e o fim, o princípio da razoabilidade, em suas três acepções – dever de equidade, de coerência e de equivalência – não exige essa relação (ver ÁVILA, Humberto. *Teoria dos princípios*: da definição à aplicação dos princípios jurídicos. 17. ed. rev. e atual. São Paulo: Malheiros, 2016, p. 202-204). Jane Reis Gonçalves Pereira nos esclarece que o princípio da razoabilidade remonta ao sistema jurídico anglo-saxão, em especial ao Direito norte-americano, no qual o princípio surgiu ligado à noção de devido processo legal substantivo, enquanto o princípio da proporcionalidade remonta ao sistema jurídico alemão, que lhe conferiu um desenvolvimento mais analítico e ordenado, decompondo-o nos três conhecidos subprincípios: adequação, necessidade e proporcionalidade em sentido escrito. A autora salienta que, embora a equivalência entre os dois princípios seja controvertida, ambos estão vinculados à ideia de justiça material, de moderação e de racionalidade, observando-se, na doutrina e na jurisprudência, inclusive do STF, uma forte tendência em concebê-los como categoriais intercambiáveis (ver PEREIRA, Jane Reis Gonçalves. *Interpretação constitucional e direitos fundamentais*: uma contribuição ao estudo das restrições aos direitos fundamentais na perspectiva da teoria dos princípios. Rio de Janeiro: Renovar, 2006, p. 310-318). Seguiremos, neste trabalho, a tendência da doutrina e da jurisprudência majoritárias, considerando proporcionalidade e razoabilidade como princípios equivalentes. Sobre o tema, ver também PEREIRA, Jane Reis Gonçalves. Os Imperativos da proporcionalidade e da razoabilidade: um panorama da discussão atual e de sua jurisprudência do STF. In: SARMENTO, Daniel; SARLET, Ingo Wolfgang (Coord.). *Direitos Fundamentais no Supremo Tribunal Federal*: balanço e crítica. Rio de Janeiro: Lumen Juris, 2011, p. 167-206, e BARROSO, Luís Roberto. *Interpretação e aplicação da Constituição*: fundamentos de uma dogmática constitucional transformadora. 7. ed. rev. São Paulo: Saraiva, 2009, p. 374.

[48] PEREIRA, Jane Reis Gonçalves. Os Imperativos da proporcionalidade e da razoabilidade. *Op. cit.*, p. 167-206.

O princípio da proporcionalidade aplica-se àquelas situações em que podemos identificar uma relação de causalidade entre um meio e um fim, de modo que se possa examinar seus três postulados: adequação, necessidade e proporcionalidade em sentido estrito.[49] No exame da adequação, verifica-se se a medida restritiva de direitos é apta a atingir o fim constitucionalmente legítimo que se pretende alcançar. Na etapa da necessidade, deve ser observado se a medida escolhida é a menos onerosa para o direito atingido quando comparada a outras medidas igualmente aptas a alcançar o mesmo fim. Na última etapa, analisa-se a proporcionalidade em sentido estrito da medida, ou seja, "a comparação entre a importância da realização do fim e a intensidade da restrição aos direitos fundamentais".[50] Deve ser analisado, nesse momento, se o proveito que se obtém por meio da implementação daquele fim compensa os sacrifícios que ela acarreta.

Na parte II de seu voto, o Ministro Luís Roberto Barroso dedicou-se a analisar a constitucionalidade da medida sob a ótica do princípio da proporcionalidade. Afirmou, em primeiro lugar, ser a medida "adequada para garantir a igualdade material entre os cidadãos, uma vez que se funda na necessidade de superar o racismo estrutural ainda existente na sociedade brasileira e visa promover a melhor distribuição de bens sociais e o reconhecimento da população afrodescendente".

Em segundo lugar, afirmou ser necessária, "pois não há outra medida alternativa menos gravosa e igualmente idônea à promoção dos objetivos da Lei nº 12.990/2014". Nessa etapa, foi analisado o argumento da dupla vantagem. O Ministro relator ponderou que a procedência de tal argumento depende, inicialmente, de uma coincidência entre a pessoa que ingressou na universidade pública por cotas e a que está disputando as vagas nos concursos públicos que muitas vezes não se verifica. Soma-se a isso o fato de que o impacto das cotas raciais no acesso às universidades não se manifesta no mercado de trabalho automaticamente. Além do mais, nem todos os cargos e empregos públicos exigem curso superior. Por fim, afirmou o Ministro que "inúmeros fatores os impedem de competir em pé de igualdade com os demais concorrentes, como a ausência de condições financeiras para aquisição de material didático, para frequentar cursos preparatórios e para dedicar-se exclusivamente ao estudo, bem como a persistência de preconceitos velados e mesmo inconscientes que podem vir a prejudicar os candidatos negros nos concursos (em especial nas fases de provas orais)".

Por fim, concluiu que a medida é proporcional em sentido estrito, pois a determinação de uma reserva de 20% das vagas para negros. Em primeiro lugar, porque permite que uma parcela relevante das vagas continue destinada à livre concorrência. Em segundo lugar, a lei previu que a reserva de vagas seja aplicada apenas quando o número de vagas disponíveis seja igual ou superior a três.[51] Em terceiro lugar, a política tem caráter transitório, com vigência de 10 anos,[52] institui um modelo de monitoramento anual dos resultados e emprega métodos de identificação do componente étnico-racial, com a previsão de controle de fraudes, compatível com a dignidade da pessoa humana.

---

[49] ÁVILA, Humberto. *Op. cit.*, p. 205.

[50] *Ibidem*, p. 207.

[51] Art. 1º, §1º: A reserva de vagas será aplicada sempre que o número de vagas oferecidas no concurso público for igual ou superior a 3 (três).

[52] Art. 6º: Esta Lei entra em vigor na data de sua publicação e terá vigência pelo prazo de 10 (dez) anos.

9.5 Critérios de identificação dos beneficiários: autoidentificação ou heteroidentificação

Um dos temais mais difíceis em relação às políticas de ação afirmativa de natureza racial é a definição de seus beneficiários. Isso porque a utilização de critérios objetivos para identificar os beneficiários de eventuais programas de cotas de viés racial enfrenta inúmeros obstáculos, como, por exemplo, o elevado grau de miscigenação racial da população brasileira.

Ensina Daniela Ikawa que a raça, enquanto construção social, tomou diferentes formas em diferentes sociedades. Nos Estados Unidos, por exemplo, há um grande foco no critério da ascendência inicialmente determinado por lei – racismo de ascendência –, enquanto que no Brasil há um enfoque no critério de fenótipo ou de cor identificado socialmente – racismo de cor.[53] Esclarece que o racismo de cor brasileiro representa mais do que o grau de pigmentação da pele, abrangendo também os fenótipos usualmente utilizados para a caracterização da raça, como a textura do cabelo e o formato do nariz e dos lábios.[54] Diante disso, a autora defende que o critério a ser utilizado para a reserva de vagas deve ser o critério do fenótipo – e não o da ascendência – a ser identificado, primeiramente, pelo próprio indivíduo, com o intuito de evitar identificações externas voltadas à discriminação negativa e de fortalecer o reconhecimento da diferença.[55]

Na ADPF nº 186, o Ministro Ricardo Lewandowski entendeu que tanto a auto-identificação quanto a heteroidentificação, ou ambas combinadas, são aceitas do ponto de vista constitucional, desde que não deixem de respeitar a dignidade pessoal dos candidatos. O tema, no entanto, foi pouco aprofundado, tanto pelo relator como pelos demais Ministros.

O professor Luís Roberto Barroso não se escusou de analisar o tema. Aparentemente influenciado pelas lições de Daniela Ikawa, muitas vezes citada em seu voto, afirmou que a opção menos defensável para a identificação dos beneficiários dessas ações afirmativas é o exame do genótipo, "uma vez que o preconceito no Brasil parece resultar, precipuamente, da percepção social, muito mais do que da origem genética". Ressaltou que, nesse contexto, a eleição de determinado critério envolve avaliações de conveniência e oportunidade, devendo-se levar em conta fatores inerentes à composição social e às percepções dominantes em cada localidade.

Apesar das vantagens do sistema da autodeclaração, notadamente a simplifi-cação dos procedimentos e o fato de encorajar os indivíduos a assumirem a sua raça, contribuindo para o reconhecimento dos negros na sociedade brasileira, o sistema apresenta problemas, como o risco de oportunismo e idiossincrasia. Na tentativa de evitar o parcial desvirtuamento da política pública, o Ministro relator entendeu ser legítima a utilização, além da autodeclaração, de critérios subsidiários de heteroidentificação, sobretudo nos casos em que haja fundadas razões para acreditar que houve abuso na autodeclaração. Como exemplo desses critérios subsidiários, o Ministro citou a exigência de autodeclaração presencial, perante a comissão do concurso, a exigência de fotos e

---

[53] IKAWA, Daniela. Direito às ações afirmativas em Universidades brasileiras. In: IKAWA, Daniela; PIOVESAN, Flávia; FACHIN, Melina Girardi. *Direitos humanos na ordem contemporânea*: proteção nacional, regional e global. Curitiba: Juruá, 2010, p. 496.

[54] *Ibidem*, p. 496.

[55] *Ibidem*, p. 497.

a formação de comissões, com composição plural, para entrevista dos candidatos em momento posterior à autodeclaração.

O Ministro ressaltou que qualquer que seja o mecanismo escolhido, deve ser sempre idealizado e implementado de modo a respeitar a dignidade da pessoa humana, assegurando os direitos ao contraditório e à ampla defesa, caso se entenda pela exclusão do candidato. Além do mais, em situações de dúvida razoável sobre o fenótipo do candidato, deve prevalecer o critério da autodeclaração da identidade racial.

9.6 Conclusão

Nesse breve artigo, pretendemos destacar os principais pontos do voto do Ministro Luís Roberto Barroso na ADC nº 41. Antes de encerrarmos, dois últimos pontos do voto merecem destaque, em especial pelo avanço que pretendeu promover em relação ao potencial da ação afirmativa em debate. O primeiro deles consiste na ressalva de que, apesar de o objeto da ação ser a validade de uma lei federal, declarando-se a validade dessa lei, a Corte afirmava também que os Estados e Municípios podiam seguir a mesma linha. Desse modo, apesar de o caso concreto referir-se a uma lei federal, existe um efeito transcendente do reconhecimento da constitucionalidade.

O segundo ponto refere-se à interpretação do artigo 4º da Lei nº 12.990/2014, que dispõe: "a nomeação dos candidatos aprovados respeitará os critérios de alternância e proporcionalidade, que consideram a relação entre o número de vagas total e o número de vagas reservadas a candidatos com deficiência e a candidatos negros". O professor Luís Roberto Barroso defende que a interpretação adequada do preceito é aquela que garante a aplicação dos critérios de alternância e proporcionalidade também na composição da lista de antiguidade, assegurando que a política produza efeitos durante toda a carreira funcional do beneficiário, influenciando promoções e remoções.

Portanto, o voto do Ministro Luís Roberto Barroso representa não apenas a reafirmação da jurisprudência consagrada na ADPF nº 186, mas também um avanço na luta contra o racismo estrutural e contra a desigualdade fundada em condições de natureza econômica e sociocultural.

Referências

ALEXY, Robert. *Teoria dos Direitos Fundamentais*. Tradução de: Virgílio Afonso da Silva da 5. ed. 2. ed. São Paulo: Malheiros, 2012.

ÁVILA, Humberto. *Teoria dos princípios*: da definição à aplicação dos princípios jurídicos. 17. ed. rev. e atual. São Paulo: Malheiros, 2016.

BARCELLOS, Ana Paula de. *Ponderação, Racionalidade e Atividade Jurisdicional*. Rio de Janeiro: Renovar, 2005.

BARROSO, Luís Roberto. *Curso de Direito Constitucional Contemporâneo*: os conceitos fundamentais e a construção do novo modelo. 2. ed. São Paulo: Saraiva, 2010

_____. *Cotas Raciais são Legítimas com Parâmetros Razoáveis*. Parecer disponível em: <http://www.conjur.com.br/2012-abr-25/politica-cotas-raciais-legitima-parametros-razoaveis>, último acesso em: 10 jan. 2018.

CLÈVE, Clèmerson Merlin; RECK, Melina Breckenfeld. As Ações Afirmativas e a Efetividade do Princípio Constitucional da Igualdade. *A&C – Revista de Direito Administrativo & Constitucional* (Impresso), Belo Horizonte, v. 1, n. 11, p. 29-34, 2003.

CORBO, Wallace. *Discriminação Indireta*: conceito, fundamentos e uma proposta de enfrentamento à luz da Constituição de 1988. Rio de Janeiro: Lumen Juris, 2017.

DAFLON, Verônica Toste; FERES JUNIOR, João; CAMPOS, Luiz Augusto. Ações Afirmativas Raciais no Ensino Superior Público Brasileiro: um panorama analítico. *Cadernos de Pesquisa*, vol. 43, n. 148, jan./abr. 2012.

FERES JUNIOR, João. *Comparando Justificações das Políticas de Ação Afirmativa*: EUA e Brasil. Disponível em: <http://www.achegas.net/numero/30/joao_feres_30.pdf>, último acesso em: 08 jan. 2018.

FRASER, Nancy; HONNETH, Axel. *Redistribution or recognition*: a political-philosophical Exchange. London: Verso, 2003.

HABERMAS, Jürgen. A luta por reconhecimento no estado democrático de direito. In: _____. *A inclusão do outro*: estudos de teoria política. Tradução de: George Sperber e Paulo Astor Soethe. São Paulo: Edições Loyola, 2002.

HONNETH, Axel. *A luta por reconhecimento*: a gramática dos conflitos sociais. Tradução de: Luiz Repa. São Paulo: Editora 34, 2003.

IKAWA, Daniela. Direito às ações afirmativas em Universidades brasileiras. In: IKAWA, Daniela; PIOVESAN, Flávia; FACHIN, Melina Girardi. *Direitos humanos na ordem contemporânea*: proteção nacional, regional e global. Curitiba: Juruá, 2010.

MOREIRA, José Adilson. Miscigenando o Círculo do Poder: ações afirmativas, diversidade racial e sociedade democrática. *Revista da Faculdade de Direito – UFPR*, Curitiba, vol. 61, n. 2, maio/ago. 2016.

PEREIRA, Jane Reis Gonçalves. *Interpretação constitucional e direitos fundamentais*: uma contribuição ao estudo das restrições aos direitos fundamentais na perspectiva da teoria dos princípios. Rio de Janeiro: Renovar, 2006.

_____. Os imperativos da proporcionalidade e da razoabilidade: um panorama da discussão atual e da jurisprudência do STF. In: SARMENTO, Daniel; SARLET, Ingo Wolfgang (Coord.). *Direitos Fundamentais no Supremo Tribunal Federal*: balanço e crítica. Rio de Janeiro: Lumen Juris, 2011.

RIOS, Roger Raupp. *Direito da antidiscriminação*: discriminação direta, indireta e ações afirmativas. Porto Alegre: Livraria do Advogado, 2008.

SANTOS, Ivair Augusto Alves dos. *Direitos humanos e as práticas de racismo*. Brasília: Câmara dos Deputados, Edições Câmara, 2013.

SARMENTO, Daniel. *Dignidade da pessoa humana*: conteúdo, trajetória e metodologia. Belo Horizonte: Fórum, 2016.

_____. *Políticas de Ação Afirmativa Étnico-Raciais nos Concursos do Ministério Público*: o papel do CNMP. Disponível em: <http://www.dsarmento.adv.br/content/3-publicacoes/22-politicas-de-acao-afirmativa-etnico-raciais-nos-concursos-do-ministerio-publico-o-papel-do-cnmp/politicas-de-acao-afirmativa-etnico-raciais-nos-concursos-do-ministerio-publico-o-papel-do-cnmp-daniel-sarmento.pdf>, último acesso em: 10 fev. 2018.

_____. A Igualdade Étnico-Racial no Direito Constitucional Brasileiro: Discriminação "De Facto", Teoria do Impacto Desproporcional e Ação Afirmativa. In: SARMENTO, Daniel. *Livres e Iguais*: Estudos de Direito Constitucional. 2ª Tiragem. Rio de Janeiro: Lumen Juris, 2010.

Informação bibliográfica deste texto, conforme a NBR 6023:2002 da Associação Brasileira de Normas Técnicas (ABNT):

LACERDA, Luísa. Reserva de vagas para negros em concursos públicos: o potencial transformador das ações afirmativas. In: SARAIVA, Renata et al. *Ministro Luís Roberto Barroso*: 5 anos de Supremo Tribunal Federal: homenagem de seus assessores. Belo Horizonte: Fórum, 2018. p. 179-192. ISBN 978-85-450-0525-4.

CAPÍTULO 10

A TEORIA DE TOGA:
COMENTÁRIOS À ADI Nº 4.983

ALONSO FREIRE

10.1 Introdução

Na década de 1940, sempre quando perguntado sobre quem seria o melhor juiz da Suprema Corte, Felix Frankfurter[1] não pestanejava ao responder que o melhor, infelizmente, não estava na Corte, referindo-se ele a Learned Hand.[2] Isso era o que sempre me vinha à minha mente quando me perguntavam, antes de junho de 2013, quem seria o melhor Ministro do Supremo Tribunal Federal. Eu também costumava pensar que, na advocacia constitucional, tínhamos, no Brasil, um Lawrence Tribe.[3] Tanto

---

[1] Ex-Juiz da Suprema Corte. Indicado pelo então Presidente dos Estados Unidos William Howard Taft. Permaneceu na Suprema Corte de 1939 a 1962.

[2] Billings Learned Hand foi um dos maiores e mais influentes juízes norte-americanos do século XX. Em 1909, foi nomeado juiz federal da corte distrital de Nova York pelo presidente William Howard Taft, que, em 1921, tornou-se presidente da Suprema Corte norte-americana, onde ocupou o cargo até 1930. Em 1924, o presidente Calvin Coolidge promoveu Hand à Corte Federal de Apelações da Segunda Região, com sede em Manhattan, onde ocupou a presidência até 1951. Embora aposentado, Hand continuou atuando em colaboração no mesmo tribunal até sua morte, em 1961. Por duas vezes, Hand esteve próximo de ser indicado para a Suprema Corte norte-americana. Na década de 1920, era sempre o nome esperado para cada vacância. Mas o então presidente da Suprema Corte, William Howard Taft, boicotava sua indicação por razões pessoais. Na década de 1940, Felix Frankfurter, juiz da Suprema Corte, moveu todo tipo de ação em apoio à indicação de Hand, mas Franklin Roosevelt desejava indicar homens jovens para a Corte e também não lhe agradava a postura de Frankfurter como juiz, embora tenha sido por ele indicado em 1939. Muitos juristas e analistas norte-americanos concordam em pôr Hand ao lado de Oliver Wendell Holmes Jr., Louis Brandeis e Benjamin N. Cardozo, todos da Suprema Corte, como um dos quatro melhores juízes norte-americanos, quando não o melhor.

[3] Nascido em 1941, em Xangai, China, é, desde 1968, professor de direito constitucional em Harvard, onde em 2004 passou a ocupar a cátedra Carl M. Loeb. Advoga ainda em casos constitucionais polêmicos, sendo um dos advogados mais influentes entre os que já atuaram perante a Suprema Corte norte-americana. Os casos mais famosos nos quais atuou são *Richmond Newspaper, Inc., vs. Virginia*, de 1980, *Bowers vs. Hardwick*, de 1986, *Vacco vs.*

Hand quanto Tribe são considerados dois grandes juristas em suas respectivas áreas de atuação. Nenhum deles, porém, chegou à Suprema Corte dos Estados Unidos. Por aqui, tivemos mais sorte.

Com a indicação do Professor Luís Roberto Barroso ao Supremo Tribunal Federal, passamos a ter na Corte não apenas alguém com uma notável atuação na advocacia de Direito Público, especialmente Constitucional, mas um dos melhores Professores de Direito Constitucional que o país já teve. Sua indicação, portanto, gerou uma grande expectativa entre os estudiosos e professores de Direito no Brasil, especialmente entre aqueles diretamente interessados e dedicados ao Direito Constitucional. Esperava-se, entre outras coisas, que, agora, fossem aplicadas no Supremo Tribunal Federal teorias sofisticadas do Direito Constitucional de modo coerente e sem pedantismo.

Essa expectativa se concretizou. De fato, o agora Professor e Ministro Luís Roberto Barroso possui um acervo notável de decisões e votos especialmente importantes para aqueles que se interessam pelo estudo do Direito Constitucional. São todos votos e decisões que representam aplicações práticas de entendimentos e construções teóricas e doutrinárias elaboradas não apenas por juristas nacionais, mas também por juristas de renome de vários países.

Entretanto, um dos casos mais emblemáticos julgados nos últimos anos foi, sem dúvida, aquele envolvendo a prática de vaquejadas no país. Havia, como era de se esperar, uma forte pressão popular tanto para sua paralisação como para sua continuidade. Aqueles que eram contra ela argumentavam que se tratava de uma prática de crueldade contra os animais envolvidos. Por outro lado, os que a defendiam a consideravam uma manifestação da cultura nordestina que deveria ser preservada. De fato, o Supremo Tribunal Federal estava diante de um caso difícil. De um lado, havia a proibição constitucional contra práticas que submetem animais à crueldade. De outro, havia a inegável proteção constitucional às manifestações culturais. Talvez, esse seja o caso que mais evidencia a majestosa habilidade de articulação Ministro Luís Roberto Barroso entre teoria constitucional e jurisdição constitucional concreta. Seu voto-vista, que influenciou a maioria formada, é um exemplar paradigmático da aplicação de discussões teóricas de forma prática e bem-sucedida. O principal objetivo desse artigo é explicitar essa articulação.

10.2 O caso

A vaquejada, que tem origem nas práticas agropecuárias dos séculos XVII e XVIII, é uma atividade hoje com características de esporte, na qual dois competidores a cavalos perseguem um boi que sai em disparada em uma pista de competição com o objetivo de derrubá-lo dentro de um espaço demarcado. Cada vaqueiro tem uma função determinada. Um deles deve direcionar o boi ao longo da pista de competição e mantê-lo emparelhado ao outro vaqueiro. Próximo à área demarcada, ele recolhe a cauda do animal e a entrega ao segundo vaqueiro. Este, por sua vez, deve segurar a cauda do animal e tracioná-la para que, torcendo-a lateralmente, derrube o boi dentro daquela área.

Quill, de 1997, e *Lawrence vs. Texas*, de 2003.

Como bem relatou o Ministro Barroso em seu voto-vista, atualmente, a vaquejada é considerada pela própria Associação Brasileira de Vaquejada uma "atividade recreativa-competitiva, com características de esporte". Ela se transformou, a partir do início da década de 1990, em um grande evento, que atrai multidões de pessoas, quase sempre e em quase todos os lugares onde é realizada. Nesses eventos, há geralmente outras atrações além da competição, como a exibição de artistas musicais. Também é comum a realização de exposições e leilões de gados. "Nesses eventos, com duração geralmente de três dias", como relatou o Ministro Luís Roberto Barroso, "são ofertados prêmios em quantias elevadas de dinheiro, a serem repartidas entre os vaqueiros que vencem disputas em distintas categorias". A prática, que, inegavelmente é uma manifestação cultural tradicional, com o tempo, tornou-se, portanto, especialmente rentável aos seus organizadores, patrocinadores e investidores.

Na inicial da ação direta de inconstitucionalidade proposta pelo Procurador-Geral da República, foi alegada violação ao art. 225, §1º, VII, da Constituição Federal, que proíbe práticas que "submetam os animais a crueldade". Referida ação questionava a compatibilidade da Lei nº 15.299, de 08.01.2013, do Estado do Ceará, que regulamentava a vaquejada como prática desportiva e cultural. Em resposta, o Governador do Estado defendeu a constitucionalidade da lei. O Advogado-Geral da União manifestou-se pela procedência do pedido de declaração de inconstitucionalidade. A Associação Brasileira de Vaquejada foi admitida no processo na qualidade de *amicus curiae* e, em sua petição, defendeu que a referida prática tradicional não submetia os animais envolvidos à crueldade.

A ação foi ajuizada em 18 de março de 2013 e distribuída ao Ministro Marco Aurélio, que já havia relatado outro caso emblemático envolvendo prática reconhecida como inconstitucional por implicar a submissão de animais à crueldade, a chamada "farra do boi". O Ministro Marco Aurélio solicitou a inclusão em pauta para julgamento em 28 de agosto de 2014. O caso, no entanto, teve seu julgamento iniciado apenas no dia 12 de agosto de 2015. Na sessão, o relator julgava procedente a ação, reconhecendo que a prática da vaquejada submetia os animais envolvidos à crueldade. O Ministro Edson Fachin, segundo a votar, abriu a divergência, ao considerar a referida prática compatível com o texto constitucional, pois protegida, como manifestação cultural, de acordo com o art. 215, *caput* e §1º, da Constituição Federal. O mesmo entendimento foi sustentado pelo Ministro Gilmar Mendes, que antecipou seu voto na ocasião. O Ministro Luís Roberto Barroso, justificando não conhecer bem a prática e a necessidade de uma análise mais profunda, pediu vista dos autos.

Na sessão do dia 02 de junho de 2016, após os votos dos Ministros Luís Roberto Barroso, Rosa Weber e Celso de Mello, julgando procedente o pedido formulado na ação, e os votos dos Ministros Teori Zavascki e Luiz Fux, julgando-o improcedente, pediu vista dos autos o Ministro Dias Toffoli. A Corte voltou a apreciar o caso em 06 de outubro de 2016, quando, então, por uma pequena maioria de 6 votos a 5, julgou procedente o pedido formulado para declarar a inconstitucionalidade da Lei nº 15.299/2013, do Estado do Ceará. O apertado placar evidencia que a questão posta nos autos não era fácil.

Mas a questão não estava encerrada. Tempos depois, o Congresso Nacional aprovou, em um nítido exemplo de reação legislativa, uma emenda constitucional consti-tucionalizando a prática da vaquejada. A Procuradoria-Geral da República, entretanto, propôs nova ação, agora contra a emenda constitucional. O processo foi distribuído ao Ministro Luís Roberto Barroso.

O voto-vista do Ministro Luís Roberto Barroso exerceu forte influência no convencimento de outros Ministros. Nele, foi realizada uma aplicação prática de muitas questões teóricas. Aqui, merecem destaque especial quatro delas.

10.3 Ética animal

Pela primeira vez no Supremo Tribunal Federal, um dos seus Ministros preocupou-se com a ética animal. Embora a Corte já tivesse julgado outros casos envolvendo a proteção de animais contra prática cruéis, nenhuma atenção foi dada à profunda discussão hoje presente no mundo a propósito da consideração do bem-estar e do possível reconhecimento de direitos aos animais. Essa discussão não é nova. Na verdade, ela tem início já na primeira metade do século XIX, com a fundação da *Society for the Prevention of Cruelty to Animals*, na Inglaterra. De qualquer modo, a luta demorou, já que, pelo menos até o fim da década de 1960, ainda era forte a concepção segundo a qual não haveria nada de moralmente errado no uso de animais, tanto para a alimentação como para o trabalho e outras práticas. Isto porque se compreendia que os benefícios gerados pelos usos desses seres eram superiores aos malefícios a eles causados pelos humanos, ainda que se buscasse, na medida possível, se evitar sua submissão a sofrimentos desnecessários.[4]

No entanto, essa compreensão começou a ser fortemente confrontada por argumentos filosóficos e considerações elaborados, sobretudo, por um importante grupo de estudiosos da Universidade de Oxford. Foi somente a partir, portanto, da década seguinte, que muitos escritos importantes foram elaborados em defesas dos animais. Entre eles, sem dúvida, o maior destaque foi de *Animal Liberation*, escrito pelo respeitado filósofo Peter Singer.[5] Nesta obra, Singer sustenta que boa parte dos animais não humanos detém, como nós, a capacidade de sofrer, e que isso, por si só, justificaria a necessidade de proteger seu interesse básico de não ser submetido a sofrimento. Portanto, a senciência, que significa a capacidade de experimentar dor e ter prazer, seria o critério mínimo a justificar a necessidade de se proteger o interesse dos animais que a possuem. Entretanto, Peter Singer e muitos outros estudiosos ainda não defendiam que animais teriam algum tipo de direito, pelo menos não como titulares. Mas eles passaram a lutar pelo reconhecimento de que se deveria adotar reformas legislativas e ações políticas, legais e econômicas capazes de vedar ou reduzir a crueldade, de modo a proporcionar, no maior grau possível, o bem-estar dos animais nos mais diversos usos humanos deles.

Mas a defesa de interesses dos animais não parou por aí. Cerca de uma década após a publicação do livro de Peter Singer, outro importante autor, Tom Reagan, publica uma notável obra intitulada *The Case for Animal Rights*, por meio da qual faz uma defesa menos transigente da necessidade de consideração dos animais como seres sencientes.[6]

---

[4] RYDER, Richard. Animal Revolution: Changing Attitudes Towards Speciesism. London: Bloomsbury Academic, 2000.

[5] SINGER, Peter. *Libertação Animal*. Porto Alegre: Lugano, 2004.

[6] REGAN, Tom. *A Case for Animal Rights*. Berkeley: University of California Press. 2004.

É precisamente a partir desse célebre trabalho que teve início, pelo menos de forma mais articulada, o movimento em defesa dos *direitos* dos animais. Isso significa que não se contentavam os filósofos e estudiosos apenas com a regulamentação dos usos de animais voltada a assegurar o bem-estar desses seres. Agora, passava-se a defender a titularidade de direitos jurídicos por parte de animais não humanos, inclusive, sob o fundamento de que eles teriam algumas capacidades semelhantes às dos humanos, além das de sofrer e ter prazer. Seriam eles verdadeiros "sujeitos-de-uma-vida", na expressão de Reagan. Como bem pontuou o Ministro Luís Roberto Barroso em seu voto-vista, "[d]iferentemente do movimento do bem-estar animal, a visão baseada nos direitos sustenta que os benefícios humanos são todos irrelevantes para determinar como os animais deveriam ser tratados. Assim, nenhum ganho decorrente do uso de animais – seja na forma de dinheiro, conveniência, prazer gastronômico ou avanço científico, por exemplo – seria justificado e moralmente aceitável".

Em seu voto-vista, o Ministro Luís Roberto Barroso buscou fundamentos para a necessidade de uma reflexão sobre a necessidade de reconhecimento de direitos mínimos aos animais, sob o fundamento de que tais seres são sencientes, ou seja, de que eles podem sentir dor e ter prazer. Como foi dito anteriormente, é o primeiro voto na história do Supremo Tribunal Federal a reconhecer os animais como sencientes e, por isso, merecedores de respeito e consideração. De fato, a discussão no campo da Ética Animal ainda segue, embora as duas posições sejam as principais a disputarem atenção de políticos e juízes ao redor do mundo.

Sem tomar partido nessa difícil e controversa disputa, o Ministro Luís Roberto Barroso enfatizou o ponto mais importante em toda a discussão:

> O embate entre aqueles que defendem o reconhecimento de direitos aos animais e aqueles que buscam defender apenas medidas que assegurem o bem-estar das demais espécies sencientes é intenso. Mas, nele, não há vencedores nem perdedores. Ambos os lados contribuem para a formação de uma nova consciência sobre a necessidade de se atribuir aos animais um valor moral intrínseco. Portanto, embora suas posições filosóficas sejam opostas em aspectos fundamentais, é possível afirmar que intelectuais de ambos os lados têm um objetivo em comum: inspirar as pessoas a repensar a posição moral dos animais e incentivá-las a mudar seus valores e a questionar seus preconceitos quanto ao tratamento que dispensam a eles. Não é preciso escolher um dos lados para enfrentar a questão ora em exame.
>
> Nos dias atuais, a maioria das pessoas concorda que não se deve impor sofrimento aos animais. E até mesmo muitos dos que criticam a ideia de direitos animais geralmente consideram práticas cruéis como abomináveis e reivindicam normas jurídicas que as proíbam. Além disso, embora a maioria das pessoas resista à ideia radical de abolição de qualquer tipo de exploração animal pelo homem, ainda assim muitos defendem que o Poder Público deve regulamentar as práticas que envolvam animais. É imperativo reconhecer que isso tudo já sinaliza valioso avanço no processo civilizatório. É possível que se chegue algum dia a uma concepção moral dominante que conduza à abolição de todos os tipos de exploração animal. Porém, independente disso, não se deve desprezar o avanço representado pela possibilidade de regulamentação de muitas práticas envolvendo animais com vistas a evitar ou diminuir seu sofrimento e a garantir seu bem-estar.
>
> É preciso reconhecer, no entanto, que o apoio à regulamentação do uso de animais em algumas práticas atrai críticas de parte de intelectuais que defendem a imediata abolição da exploração animal. Alguns deles consideram que reformas que visam o bem-estar animal são mais prejudiciais que reforma nenhuma e que, como as leis voltadas ao bem-estar não provocam a imediata abolição, então todas elas devem ser rejeitadas. Essa visão

é excessivamente radical. É difícil concordar com a ideia de que a benevolência para com os animais possa ser um obstáculo contra possíveis avanços da causa. Regulamentações voltadas ao bem-estar dos animais contribuem para a formação de uma mentalidade e de uma cultura favoráveis aos avanços nessa área. E, consequentemente, não se deve concluir que uma ética do bem-estar seja rival de uma ética de direitos.

Embora a ordem constitucional brasileira não reconheça um direito direto aos animais, como o Ministro Luís Roberto Barroso bem pontuou, a proteção dos animais na Constituição Federal possui um caráter autônomo. Isso significa que esse dever de proteção não depende de uma proteção do meio ambiente, embora tal dever esteja no capítulo com esse título. Esse caráter autônomo fica claro quando se busca nas discussões a propósito dessa proteção ocorridas durante a Assembleia Nacional Constituinte de 1987-1988. Nesse sentido, pontuou o Ministro Luís Roberto Barroso:

> Portanto, a vedação da crueldade contra animais na Constituição Federal deve ser considerada uma norma autônoma, de modo que sua proteção não se dê unicamente em razão de uma função ecológica ou preservacionista, e a fim de que os animais não sejam reduzidos à mera condição de elementos do meio ambiente. Só assim reconheceremos a essa vedação o valor eminentemente moral que o constituinte lhe conferiu ao propô-la em benefício dos animais sencientes. Esse valor moral está na declaração de que o sofrimento animal importa por si só, independentemente do equilibro do meio ambiente, da sua função ecológica ou de sua importância para a preservação de sua espécie.

De fato, nenhuma das práticas envolvendo animais analisadas e proibidas anteriormente pelo Supremo Tribunal Federal – "farra do boi" e "briga de galos" –acarretava um desequilíbrio no meio ambiente, colocava em risco a função ecológica da fauna ou provocava a extinção de espécies. O que entre elas havia de comum era a submissão de animais à crueldade. Embora ainda não seja possível o reconhecimento de direitos aos animais, como ressaltou o Ministro Luís Roberto Barroso, é chegada a hora de se iniciar uma importante reflexão sobre o tratamento dado pelo Direito brasileiro a esses seres sencientes. Como se sabe, o Código Civil brasileiro, uma norma não antiga, os considera tristemente como "bens suscetíveis de movimento próprio" (art. 82), deixando claro o especismo de nossa legislação. Certamente, o caso da vaquejada representa um importante passo em direção oposta à visão predominante entre nós.

10.4 Consideração das capacidades institucionais

Os juízes em geral e os membros de uma Suprema Corte, em particular, como seres humanos que são, possuem conhecimento e tempo limitados. Na maioria dos países, os magistrados são recrutados por meio de uma seleção ou concurso capaz de avaliar seus conhecimentos jurídicos. E, como geralmente é o caso, os cursos de formação jurídica, por diversas razões, não conferem aos seus alunos uma formação muito interdisciplinar. Mesmo um curso que ofereça a mais extensa e variada grade curricular não será capaz de formar um aluno com conhecimento suficiente para enfrentar os mais difíceis desafios que a profissão impõe. No que diz respeito às Supremas Cortes e Cortes Constitucionais, a formação de seus membros geralmente se limita à área jurídica ou política, com algumas exceções.[7] De qualquer modo, seja qual for a formação, o certo é que, como todos os seres humanos, os juízes não sabem de tudo, nem deveriam ou precisariam saber. Portanto, por mais preparado, sábio e talentoso que seja o intérprete, não se deve idealizá-lo.

É preciso, pois, que se reconheçam as limitações que nos caracterizam como seres humanos e falíveis, o que significa dizer que é preciso sempre uma boa dose de realismo, especialmente diante de casos difíceis, para os quais não há uma resposta pré-pronta no ordenamento jurídico no qual se opera. Naturalmente, essa consideração se estende às instituições públicas, como os tribunais. Por mais bem equipados e assessorados que sejam, haverá sempre casos nos quais as respostas que precisarão ser dadas dependerão de um conhecimento que lhes escampa. É que, dia após dia, os tribunais e juízes individualmente também têm sido chamados a darem respostas aos casos mais complexos e, por vezes, inusitados. A judicialização da vida, da natureza e das ciências tem sido uma constante, especialmente no Supremo Tribunal Federal.[8] Muitos dos casos que esta Corte aprecia exigem um conhecimento especializado, geralmente bastante técnico.

Além da limitação de conhecimento, juízes e tribunais – especialmente em nosso país –, estão submetidos a uma sobrecarga de trabalho impressionante (e, diga-se, vergonhosa), o que torna praticamente impossível o uso de mais tempo para pesquisas que permitam aumentar suas capacidades e conhecimentos. Não sem razão, cada vez mais, as cortes têm procurado se alimentar de informações por meio de mecanismos e institutos como a realização de audiências públicas, a solicitação de perícias e admissão de *amici curiae*, minimizando seu déficit de *expertise*. O problema se acentua em virtude de se adotar, em nosso país, o princípio da inafastabilidade da prestação jurisdicional, o que impede que juízes e órgãos judiciais se recusem a dar uma resposta aos casos que lhes são levados à apreciação, ainda que envolvam questões de alta complexidade técnica. Mas um juiz ou tribunal que ignora suas limitações de conhecimento e tempo pode produzir, como é de se esperar, péssimos resultados, apesar de suas boas intenções. Com efeito, devem eles estar atento às suas incapacidades, tanto os juízes como os tribunais em geral.

No caso das vaquejadas, a incapacidade institucional do Supremo Tribunal Federal era evidente. Isso, inclusive, justificou o pedido de vista do Ministro Luís Roberto Barroso. Aliás, na primeira sessão de julgamento, estava claro que a maioria dos Ministros tinha apenas uma ideia vaga do que era uma vaquejada. Muitos a confundiam com a prática de rodeio. No entanto, ainda se soubessem como é realmente a vaquejada, era difícil afirmar com convicção naquele momento se essa prática submetia ou não os animais envolvidos a crueldade. Isso, como ficou claro no voto-vista do Ministro Luís Roberto Barroso, reclamava a compreensão de anatomia e fisiologia animais, o que, evidentemente, escapava ao conhecimento do tribunal.

Reconhecendo isso, o Ministro Luís Roberto Barroso buscou na literatura sobre fisiologia, anatomia e sofrimento animal fundamentos para resposta à questão de se os animais envolvidos na vaquejada sofriam ao serem submetidos a essa prática. Com base nessa literatura não jurídica e técnica, pôde pontuar:

---

[7] Cf., especialmente, BRANDÃO, Rodrigo (Org.). *Cortes Constitucionais e Supremas Cortes*. Salvador: Juspodivm, 2017.

[8] Cf. BARROSO, Luís Roberto. A Judicialização da Vida e o Papel do Supremo Tribunal Federal. Belo Horizonte: Fórum, 2017.

O termo *crueldade* está associado à ideia de intencionalmente causar significativo sofrimento a uma pessoa ou a outro ser senciente. O sofrimento pode ser físico ou mental. O sofrimento físico inclui a dor, que pode ser aguda ou crônica, ligada a lesões de efeitos imediatos, duradouros ou permanentes. Já o sofrimento mental assume formas variadas, que compreendem a agonia, o medo, a angústia e outros estados psicológicos negativos. A crueldade, nos termos do art. 225, §1º, VII da Constituição, consiste em infligir, de forma deliberada, sofrimento físico ou mental ao animal.

Como intuitivo, o sofrimento físico é, em geral, relativamente fácil de se detectar. Como regra, ele gera algum tipo de manifestação explícita de desconforto por parte de quem sente dor, seja um grito, uivo ou convulsão. É certo, porém, que as lesões corporais nem sempre são externas e imediatamente percebidas. Muitas vezes, determinadas ações provocam lesões internas cuja detecção somente se dará em momento posterior. E, eventualmente, não se manifestará sob a forma de dor, mas pelo mau funcionamento de estruturas, sistemas ou órgão específicos.

Já o sofrimento mental em animais é mais difícil de se determinar. Porém, a despeito de não terem a racionalidade humana ou o dom da fala, inúmeros animais manifestam seu estado mental por meio de comportamentos diversos, que vão da excitação à prostração. Qualquer ser vivo com desenvolvimento neurológico e capacidade de desenvolver estados mentais pode sofrer. A proteção dos animais contra a crueldade, que vem inscrita no capítulo constitucional dedicado ao meio ambiente, atrai a incidência do denominado princípio da precaução. Tal princípio significa que, na esfera de sua aplicação, mesmo na ausência de certeza científica, isto é, ainda que exista dúvida razoável sobre a ocorrência ou não de um dano, o simples risco já traz como consequência a interdição da conduta em questão. Com mais razão, deve este relevante princípio jurídico e moral incidir nas situações em que a possibilidade real de dano é inequívoca, sendo certo que existem inúmeras situações de dano efetivo.

Portanto, o Ministro Luís Roberto Barroso, reconhecendo a incapacidade da Corte em analisar a questão da crueldade nessa prática, buscou informações em literatura não jurídica e especializada. Além disso, considerou como argumento convincente laudo técnico emitido pela Professora Titular da Faculdade de Medicina Veterinária e Zootecnia da Universidade São Paulo, Irvênia Luiza de Santis Prada, Mestre e Doutora em Anatomia dos Animais Silvestres e Domésticos pela mesma Universidade. Tudo isso demonstra sua atenção teórica em geral, e o reconhecimento das capacidades institucionais limitadas do Supremo Tribunal Federal.

10.5 Argumentos incompletamente teorizados

As constituições modernas são repletas de direitos e provisões variadas redigidas em linguagem ampla, abstrata e, muitas vezes, majestosa. Como alguns importantes estudiosos têm identificado, há uma crescente tendência no constitucionalismo global contemporâneo no sentido de uma semelhança cada vez mais significativa entre as Constituições nacionais mundo afora. Uma das evidências desse fenômeno é a presença já identificada de um conjunto nuclear de direitos constitucionais que são comuns à grande maioria das constituições nacionais. Dentre eles, se destacam as liberdades de religião e de expressão, o direito de propriedade e as garantias de igualdade. Atualmente, sugere-se que a circulação mundial de ideias constitucionais surgidas originariamente nas principais democracias constitucionais teria feito emergir um "direito constitucional genérico", que pode ser definido como um conjunto de princípios, práticas, instituições e desafios comuns a todas as jurisdições, principalmente em temas envolvendo direitos civis e liberdades fundamentais.[9]

Como prova o notável estudo empírico de David S. Law e Mila Versteeg, os direitos se repetem mundo afora. Examinando as constituições escritas de 188 países promulgadas ente 1946 e 2006, os autores descobriram outra característica do constitucionalismo global: a existência de direitos constitucionais genéricos. Alguns desses direitos são repetidos em várias constituições com a mesma redação, embora em diferentes idiomas. Outros são tão gerais e amplos que poderiam ser descritos também como genéricos. Todos eles podem ser encontrados na grande maioria das constituições do mundo e, de fato, fazem parte de uma prática global compartilhada de constitucionalismo.

A segunda tendência identificada é a de que a maioria dos direitos está crescendo em popularidade. Como resultado, o número de direitos genéricos está aumentando ao longo do tempo. Os autores observam que, antes da Segunda Guerra Mundial, a maioria das constituições enumerava apenas alguns direitos civis e políticos específicos. Em 1946, em média, as constituições continham 19 dos 56 direitos substantivos hoje identificados. Em 2006, no entanto, o número aumentou para 33. Os direitos das mulheres, a presunção de inocência, o direito a um advogado e o direito de formar partidos políticos têm experimentado aumentos particularmente notórios em popularidade desde a Segunda Guerra Mundial. Entre os poucos direitos que diminuíram em popularidade, o porte de armas é o que mais se destaca.[10]

Há alguns fatores ou razões para esse "constitucionalismo transnacional", ou seja, para a difusão ao redor do globo desses direitos. O primeiro é a coerção por parte de estados poderosos, como ex-colonizadores e outros países que fornecem ajuda financeira tanto nos períodos de conflitos e transição de regime como nos de paz.[11] Estes Estados exercem pressão e constrangimentos de diversas ordens para que países frágeis e recém-transitados adotem arranjos constitucionais e direitos específicos e globalmente reconhecidos. O segundo é a concorrência econômica internacional entre os países. Esse fator incentiva os Estados, especialmente os novos, a imitarem estrategicamente constituições de outros países democrática e economicamente estabelecidos com o propósito de atrair investidores estrangeiros. O terceiro fator ou razão é o aprendizado. Este significa que os países com origens compartilhadas, a mesma religião, com um colonizador, doador ou sistema jurídico em comum buscam adotar direitos semelhantes. O último fator da difusão é a aculturação, cuja lógica sugere que os Estados imitam regras constitucionais estrangeiras, não porque estejam convencidos pelos méritos intrínsecos a essas regras, mas porque buscam obter aceitação e legitimidade internacionais. Esses quatro mecanismos de difusão fornecem informações sobre por que os constituintes podem adotar modelos constitucionais estrangeiros e quais modelos eles são mais propensos a seguir.[12]

---

[9] Cf. LAW, David S. Generic Constitutional Law. *Minnesota Law Review*, vol. 89, p. 652-742, 2005.

[10] LAW, David S.; VERSTEEG, Mila. The Evolution and Ideology of Global Constitutionalism, p. 1200 e ss.

[11] GODERIS, Benedikt; VERSTEEG, Mila. Transnational Constitutionalism: A Conceptual Framework. In: GALLIGAN, Dennis J.; VERSTEEG, Mila. *Social and Political Foundations of Constitutions*. New York: Cambridge University Press, 2013.

[12] GODERIS, Benedikt; VERSTEEG, Mila. Transnational Constitutionalism: A Conceptual Framework. In: GALLIGAN, Dennis J.; VERSTEEG, Mila. *Social and Political Foundations of Constitutions*. New York: Cambridge University Press, 2013, p. 103-133.

As constituições, especialmente em sociedades profundamente divididas, devem prever princípios suficientemente abstratos capazes de acomodar diferentes visões que podem tomar lugar ao longo de gerações. Mas a previsão de direitos genéricos nas constituições contemporâneas é solução e problema. É solução no sentido de que sua utilização facilita o alcance de acordos sobre direitos, especialmente necessários em sociedades particularmente divididas e conflituosas.[13] O estabelecimento de direitos abstratos permite, por exemplo, que constituintes aprovem um direito sem a necessidade de especificar seu conteúdo, o que evita desgastes políticos, especialmente no momento constituinte.[14] Essa estratégia também impede que a geração constituinte se vincule a futuras por meio de suas escolhas constitucionais. Com isso, a legitimidade das constituições – especialmente dessas disposições mais abstratas – pode ter uma linha de continuidade maior do que aquela que se teria caso se optasse por normas mais específicas e concretas sobre questões particularmente controversas e, muitas vezes, intratáveis no momento de sua adoção.

Mas essa prática cada vez mais comum também é problemática, muito especial para juízes e tribunais, ordinariamente encarregados de aplicar a casos concretos as normas gerais, amplas e abstratas aprovadas por constituintes e legisladores. Isso, inclusive, aumenta a dificuldade contramajoritária de juízes e tribunais aos quais se reconhece o poder de declarar nulos, por inconstitucionalidade, atos emanados dos poderes popularmente representativos. É que o significado e o alcance de normas que veiculam questões sensíveis acabam sendo deixados a agentes públicos que possuem baixa legitimidade democrática, já que eles geralmente não são eleitos ou submetidos a avaliação popular após serem investidos em suas funções constitucionais. Seja como for, juízes e tribunais precisam pensar soluções. Uma dessas soluções é a proposta de acordos incompletamente teorizados.[15]

A ideia de acordos incompletamente teorizados tem um objetivo fundamental, qual seja, "tornar possível obter acordo quando o acordo é necessário e tornar desnecessário obter acordo quando o acordo é impossível".[16] Esse acordo é incompletamente teorizado no sentido de que é incompletamente especificado. O acordo é incompletamente teorizado também no sentido de que as pessoas que aceitam um princípio ou decisão não precisam concordar sobre o que elas implicam em casos futuros. Com isso, busca-se o acordo sem a necessidade de se antecipar todas as questões possíveis.

Esses acordos são não apenas importantes, mas necessários, especialmente em sociedades plurais cujas constituições adotam compromissos dilatórios por meio de normas abstratas e abrangentes. Acordos desse tipo possuem muitas vantagens práticas. Em primeiro lugar, eles permitem que as pessoas desenvolvam estruturas para decisão e julgamento, apesar dos desentendimentos em larga escala. Em segundo lugar, eles ajudam a produzir um grau de solidariedade social e compromisso compartilhado. Essas formas de acordo, além disso, ajudam a construir uma cultura democrática.

---

[13] LERNER, Hanna. Constitution-writing in Deeply Divided Societies: The Incrementalist Approach. Cambridge: Cambridge University Press, 2010.

[14] DIXON, Rosalind; GINSBURG, Tom. Deciding not to Decide: Deferral in Constitutional Design. *International Journal of Constitutional Law*, v. 9, n. 3-4, p. 665 e ss., 2011.

[15] Cf. SUNSTEIN, Cass R. *Legal Reasoning and Political Conflict*. New York: Oxford University Press, 1996.

[16] SUNSTEIN, Cass R. *Legal Reasoning and Political Conflict*. New York: Oxford University Press, 1996, p. IV.

É por esta razão que eles são tão importantes para o processo constituinte.[17] Eles também têm a vantagem de permitir que as pessoas demostrem um alto grau de respeito mútuo. Com eles, os juízes anunciam que a sociedade não deve tomar partido em questões particularmente controversas até que seja obrigada a fazê-lo. Por exemplo, os juízes podem acreditar que o governo não pode discriminar com base na raça, sem a necessidade de uma teoria em larga escala sobre igualdade capaz de antecipar todas as questões envolvidas nesse tema. Em síntese, acordos incompletamente teorizados permitem que as pessoas convirjam em um resultado, sem necessariamente compartilharem teorias gerais e princípios com elevado nível de abstração que o justifiquem. Eles também têm a vantagem de não vincular as gerações futuras às decisões judiciais tomadas no presente. Em síntese, eles representam uma valiosa estratégia para reduzir os custos políticos de uma decisão controversa, evitando colocar em jogo as teorias abstratas sobre o bom e o justo nas quais as pessoas fundamentam suas opiniões, permitindo que elas aceitem, ainda que relutantemente, o caráter vinculante da decisão judicial.[18]

Juízos e acordos incompletamente teorizados são uma parte importante e valiosa das vidas privada e pública. Eles ajudam a tornar possível o direito, mas também a fazer possível a vida. No Direito, assim como em outros campos da vida, o que é dito não é mais importante do que o que não é dito. Certamente, isso é verdade para os tribunais, que têm conhecimentos limitados e responsabilidade democrática, e cujos limites os levam a ser cautelosos. Por meio de acordos incompletamente teorizados, faz-se um uso construtivo do silêncio, que pode "ajudar a minimizar o conflito, permite ao presente aprender com o futuro e economiza um grande tempo e custo".[19] O silêncio sobre questões possíveis e que provavelmente deverão ser decididas no futuro pode ajudar a evitar ou minimizar o conflito. Não se trata de postergar uma decisão, mas de não vincular casos futuros ao resultado específico oferecido a um caso concreto. É, portanto, a antítese de uma proposta de conceber o direito em toda a sua integridade.[20]

Portanto, as pessoas em geral e os juízes de um tribunal, em particular, não precisam teorizar completamente sobre um assunto ou princípio para poderem alcançar um resultado para um caso específico. Eles podem concordar sobre um resultado com acordos mínimos sobre um princípio ou assunto, sem se comprometerem, de antemão, com casos futuros. Isso não compromete a necessidade de coerência sistêmica. Uma decisão futura sobre questão semelhante poderá partir da conclusão dada a um caso similar anterior, tanto afirmando o mesmo acordo como fazendo distinções entre os casos que justifiquem uma resposta diferente ou mais estreita.

Quando o Ministro Luís Roberto Barroso estudava o caso das vaquejadas, ele estava ciente de que o Ministro Marco Aurélio tinha em seu gabinete uma questão igualmente complexa envolvendo também o tema da proteção dos animas. Trata-se do RE nº 494.601, caso no qual se discute se sacrifícios de animais em rituais de religiões de matriz africana são compatíveis com a Constituição. Essa questão, portanto, envolve novamente a questão a propósito da configuração ou não de prática ilegítima de

---

[17] Cf. FREIRE, Alonso. *O Processo Constituinte Inclusivo: Fundamentos Teóricos, Evidências Empíricas e Dinâmicas Governantes*. Tese de Doutorado em Direito. Universidade do Estado do Rio de Janeiro. 2018, Capítulo V.

[18] SUNSTEIN, Cass R. *Legal Reasoning and Political Conflict*. New York: Oxford University Press, 1996, p. 34.

[19] SUNSTEIN, Cass R. *Legal Reasoning and Political Conflict*. New York: Oxford University Press, 1996, p. 36.

[20] Cf. DWORKIN, Ronald. *O Império do Direito*. São Paulo: Martins Fontes, 1999.

submissão de animais à crueldade. Mas, sabendo disso, o Ministro Luís Roberto Barroso buscou propor um acordo incompletamente teorizado sobre a proteção de animais contra práticas cruéis. Esse acordo, no entanto, baseou-se nos próprios precedentes do Supremo Tribunal Federal em casos nos quais se discutiu essa proteção constitucional – "farra do boi" e "briga de galo".

Sabendo disso, e tendo em vista a complexidade similar do caso envolvendo sacrifícios de animais, o Ministro Luís Roberto Barroso, habilidosamente, buscou propor um acordo incompletamente teorizado no caso das vaquejadas, de modo a não vincular uma discussão futura sobre o caso nas mãos do Ministro Marco Aurélio. Assim, estabeleceu ele uma distinção importante, a partir da análise dos casos já julgados pelo Supremo Tribunal Federal. Dessa análise, ele destacou que todos os casos envolviam práticas cruéis com animais, mas elas todas tinham também e igualmente o caráter de entretenimento.

> Como se observa, as atividades já declaradas inconstitucionais por esta Corte – "farra do boi" e "brigas de galos" – são manifestações culturais com características de entretenimento e não de outra natureza, como, por exemplo, a de caráter religioso. Esse não é o tema em questão na presente ação e, portanto, não será enfrentado. Por outro lado, a vaquejada também possui características de entretenimento, pois é ela uma "atividade recreativa-competitiva, com características de esporte", como a própria Associação Brasileira de Vaquejada a define. Com efeito, tendo em vista o caráter das práticas analisadas até aqui por esta Corte e a necessidade de manter se na maior extensão possível os interesses albergados nas normas constitucionais em colisão, considero mais apropriado assentar que do sopesamento entre elas decorre o seguinte enunciado de preferência condicionada: manifestações culturais com características de entretenimento que submetem animais a crueldade são incompatíveis com o art. 225, §1º, VII, da Constituição Federal, quando for impossível sua regulamentação de modo suficiente para evitar práticas cruéis, sem que a própria prática seja descaracterizada.

Esse *distinguishing* antecipado era fundamental para a solução da questão por duas razões principais. Em primeiro lugar, mostrava-se com ele a adesão do voto ao que realmente foi decidido nos precedentes citados. Ou seja, com isso deixava-se claro que, apesar de serem práticas diferentes, era possível extrair uma *ratio decidendi* dos precedentes, de modo a conferir coerência entre as decisões.[21] Em segundo lugar, com esse refinamento, a Corte não estaria comprometida com uma solução idêntica à controversa questão sobre o sacrifício de animais em ritos religiosos e outras práticas culturais envolvendo animais ainda não apreciadas pelo Supremo Tribunal Federal.

Mas esse não foi o único aspecto do voto que o tornou um exemplar notável da ideia de acordos incompletamente teorizados. O Ministro Luís Roberto Barroso também fez outra concessão sutil. Como se depreende de seu voto-vista, nem todas as práticas envolvendo animais, ainda que com crueldade, são, necessariamente, inconstitucionais. Isso, como foi dito, não permitia uma antecipação de compromisso da Corte com casos como o envolvendo sacrifícios de animais por razões religiosas. Em seu voto, o Ministro também deixou claro que práticas culturais envolvendo animais podem ser preservadas se for possível sua regulamentação de modo a evitar a crueldade e manter a prática. Isso, entretanto,, se mostrava impossível em relação à vaquejada. Veja-se:

---

[21] Cf., especialmente, MELLO, Patrícia Perrone Campos. *Precedentes*: o Desenvolvimento Judicial do Direito no Constitucionalismo Contemporâneo. Rio de Janeiro: Renovar, 2008.

Poder-se-ia considerar que a vaquejada pode ser regulamentada de modo a evitar que os animais envolvidos sofram. Considero, todavia, que nenhuma regulamentação seria capaz de evitar a prática cruel à qual esses animais são submetidos. Primeiro, por que a vaquejada é caracterizada pela "puxada do boi" pela cauda. Sendo assim, qualquer regulamentação que impeça os vaqueiros de tracionarem e torcerem a cauda do boi descaracterizaria a própria vaquejada, fazendo com que ela deixasse de existir. Em segundo lugar, como a vaquejada também é caracterizada pela derrubada do boi dentro da chamada "faixa", regulamentá-la de modo a proibir que o animal seja tombado também a descaracterizaria. Não desconsidero que há hoje os chamados "rabos artificiais". Mas esse artefato, por si só, não é capaz de evitar que o animal sofra, já que ele é preso à própria cauda, que continua a sofrer estiramentos, tensões e lesões, causando dores incalculáveis aos animais. Além disso, o animal continuará tendo que ser derrubado. Portanto, estamos diante de uma prática que só poderia ser regulamentada descaracterizando-a de tal modo a sacrificar sua própria existência. Por essa razão, embora a lei questionada obrigue a organização da vaquejada a adotar medidas de proteção à saúde dos animais ou estabeleça punição ao vaqueiro que "se exceder no trato com o animal, ferindo ou maltratando-o de forma intencional", entre outras questões, a regulamentação feita por ela é nitidamente insuficiente. E isso por uma simples razão: é impossível regulamentar essa prática de modo a evitar que os animais envolvidos, especialmente bois, sejam submetidos à crueldade.

(...)

A Constituição e a jurisprudência do Supremo Tribunal Federal não impedem que manifestações culturais envolvam animais. O que elas vedam são manifestações culturais de entretenimento que submetam animais a crueldade. Em certos casos será possível, por meio de regulamentação, impedir a imposição desse tipo de sofrimento grave. O controle e o uso de animais por humanos podem ser compatíveis com a garantia de um tratamento minimamente decente a eles. Mas no caso da vaquejada, infelizmente, isso não é possível sem descaracterização dos elementos essenciais da prática.

10.6 Proporcionalidade

É possível afirmar que o princípio da proporcionalidade se originou em diferentes contextos históricos, sendo um exemplo o período de surgimento do Estado de Direito.[22] Manifestação mais palpável, contudo, pode ser observada, no século XIX, no desenvolvimento do Direito Administrativo alemão, constituindo o princípio, nesse caso, contenção ao exercício do poder de polícia. Já no cenário posterior à Segunda Guerra Mundial, marcado pelo desenvolvimento da jurisdição constitucional, pela força normativa das constituições e pelo novo paradigma em sede de direitos fundamentais, verifica-se a transposição da proporcionalidade para o Direito Constitucional.

A jurisprudência do Tribunal Constitucional Federal alemão assumiu inquestionável relevância para o desenvolvimento da proporcionalidade, bem como de seus subprincípios, sobretudo diante da percepção de que casos de colisão de direitos fundamentais demandariam alguma espécie de balanceamento. O famoso caso *Lüth*, inclusive, destaca-se, dentre outros motivos, por ser um exemplo de litígio paradigmático no qual se observou tal necessidade. O desenvolvimento do tema na jurisprudência constitucional alemã se estendeu para a doutrina, tendo por referência

---

[22] Cf. SARMENTO, Daniel; SOUZA NETO, Claudio Pereira de. *Direito Constitucional*: Teoria, História e Métodos de Trabalho. Belo Horizonte: Fórum, 2013, p. 467 e ss.

notável os trabalhos de Robert Alexy a respeito,[23] além de manifestações em diversas outras jurisdições constitucionais do Ocidente. O princípio da proporcionalidade, gradativamente, assumiu tamanha magnitude a ponto de passar a ser pacificamente compreendido como um verdadeiro norte da hermenêutica, e não só constitucional.

Mas a proporcionalidade desenvolvida na Alemanha, muitas vezes, é confundida com *balancing*, ou balanceamento, ideia que, por sua vez, foi construída nos Estados Unidos. A ideia de balanceamento não ganhou tanto espaço no Direito Constitucional mundial, especialmente por ser uma construção jurisprudencial suspeita em sua origem. Em um artigo especialmente interessante,[24] dois estudiosos explicam por que o *balancing* é considerado uma ideia controversa e suspeita nos Estados Unidos, enquanto a proporcionalidade é bastante aceita na Europa. Sustentam, ao contrário de alguns autores, que, embora ambas as ideias sejam analiticamente diferentes, não seria essa a razão. Para eles, seriam a história e o propósito delas que melhor explicariam a diferença de postura entre americanos e europeus. Em síntese, o *balacing* seria o resultado de um movimento antiformalista da jurisprudência americana contra a era *Lochner*. Com esse movimento, a Suprema Corte norte-americana buscava se afastar de distinções categóricas entre direitos e interesses públicos que resultavam na prioridade dos direitos em relação aos interesses do governo. Em outras palavras, o *balancing* teria surgido como uma forma de garantir que direitos constitucionais não fossem protegidos excessivamente contra interesses públicos legítimos.

Já a proporcionalidade teria surgido de um movimento formalista da jurisprudência europeia, como modo de restrição racional e controlada da ação do governo, especialmente após a Segunda Guerra. Em outros termos, a ideia teria surgido com o propósito de garantir que direitos não fossem violados desnecessariamente por ações do Estado. A conclusão dos autores, então, é essa: embora nos EUA a ideia de *balancing* já esteja sendo associada também à proteção de direitos, ela ainda é controversa porque, no início, ela foi usada para justificar restrições a direitos. Por outro lado, a proporcionalidade é mais aceita na Europa, pois ela, desde o início, visa a conferir maior proteção a direitos. Eles informam, em acréscimo, que a Corte alemã tem reduzido o formalismo na aplicação do teste da proporcionalidade. Esse movimento representaria uma maior aproximação das duas ideias.

No Brasil, a proporcionalidade tem defensores e já foi utilizada inúmeras vezes pelo Supremo Tribunal Federal.[25] Antes do caso da vaquejada, o Supremo Tribunal Federal já havia se manifestado em quatro casos envolvendo a colisão entre a proteção de manifestações culturais e a vedação de crueldade contra animais – ADIs nº 1.856, nº 2.514 e nº 1.856 e RE nº 153.531. Em todos eles, a Corte realizou, direta ou indiretamente, um sopesamento entre as normas, aplicando, metodologicamente ou não, o princípio da proporcionalidade.

Mas a aplicação do princípio ou técnica da proporcionalidade nem sempre precisa ser feita e refeita quando juízes e tribunais se deparam com casos semelhantes.

---

[23] Cf., entre outros, ALEXY, Robert. *Teoria dos Direitos Fundamentais*. São Paulo: Malheiros, 2008.

[24] COHEN-ELIYA, Moshe; PORAT, Iddo. American Balancing and German Proportionality: The Historical Origins. *International Journal of Constitutional Law*, vol. 8, n. 2, 263-286, 2010.

[25] Cf., por todos, PEREIRA, Jane Reis Gonçalves. *Interpretação Constitucional e Direitos Fundamentais*. 2. ed. São Paulo: Saraiva, 2018.

Na verdade, como explica Robert Alexy, do sopesamento entre normas e valores em colisão derivam enunciados de preferências condicionadas. Isso implica que uma ponderação gera uma espécie de conclusão normativa que deve ser respeitada em casos futuros análogos. Por essa razão, é preciso que juízes e tribunais, ao realizarem ponderações, explicitem a conclusão normativa do raciocínio oferecido. Como afirma Robert Alexy, em passagem citada pelo Ministro Luís Roberto Barroso em seu voto-vista, "de acordo com a lei de colisão, dos enunciados de preferências condicionadas [geradas pelo sopesamento] decorrem regras, que, diante de determinadas condições, cominam a consequência jurídica do princípio prevalente. Nesse sentido, a fundamentação de enunciados de preferência é uma fundamentação de regras relativamente concretas, que devem ser atribuídas às disposições de direitos fundamentais".[26]

Atento a isso, o Ministro Luís Roberto Barroso buscou extrair o enunciado de preferência condicionada implícito no conjunto de precedentes da Corte sobre práticas consideradas inconstitucionais por submeterem animais à crueldade. Como declarou:

> [T]endo em vista o caráter das práticas analisadas até aqui por esta Corte e a necessidade de manter se na maior extensão possível os interesses albergados nas normas constitucionais em colisão, considero mais apropriado assentar que do sopesamento entre elas decorre o seguinte enunciado de preferência condicionada: manifestações culturais com características de entretenimento que submetem animais a crueldade são incompatíveis com o art. 225, §1º, VII, da Constituição Federal, quando for impossível sua regulamentação de modo suficiente para evitar práticas cruéis, sem que a própria prática seja descaracterizada.

Mais uma vez, o Ministro Luís Roberto Barroso evidenciou sua notável habilidade em manejar a teoria em casos difíceis submetidos ao Supremo Tribunal Federal.

10.7 Conclusões

Uma Corte Constitucional ou Suprema Corte deve sempre contar com juízes capacitados. Na maioria desses tribunais, os casos aos quais devem oferecer respostas muitas vezes exigem um raciocínio não formalista. A solução de muitas controvérsias reclamará também um conhecimento profundo e bom manejo da teoria constitucional e jurídica em geral. Mas é preciso que os juízes e tribunais reconheçam suas limitações de tempo e conhecimento. Também é importante que lhe sejam dados meios para aprimorar seus conhecimentos e alimentar suas decisões com informações especializadas e não jurídicas. Audiências públicas e colaborações de terceiros são bons instrumentos. O Supremo Tribunal Federal ganhou muito com a indicação do Ministro Luís Roberto Barroso. Seu acervo de decisões e votos já evidencia esse ganho. Como se buscou demonstrar nesse breve artigo, sua capacidade de solucionar casos difíceis por meio da aplicação de teorias jurídicas é notável e exemplar. O caso das vaquejadas demonstra essa habilidade exigida cada vez mais de juízes e tribunais.

---

[26] ALEXY, Robert. *Teoria dos Direitos Fundamentais*. São Paulo: Malheiros, 2008, p. 165.

Referências

ALEXY, Robert. *Teoria dos Direitos Fundamentais*. São Paulo: Malheiros, 2008.

BARROSO, Luís Roberto. *A Judicialização da Vida e o Papel do Supremo Tribunal Federal*. Belo Horizonte: Fórum, 2017.

BRANDÃO, Rodrigo (Org.). *Cortes Constitucionais e Supremas Cortes*. Salvador: Juspodivm, 2017.

COHEN-ELIYA, Moshe; PORAT, Iddo. American Balancing and German Proportionality: The Historical Origins. *International Journal of Constitutional Law*, vol. 8, n. 2, 263-286, 2010.

DIXON, Rosalind; GINSBURG, Tom. Deciding not to Decide: Deferral in Constitutional Design. *International Journal of Constitutional Law*, v. 9, n. 3-4, 2011.

DWORKIN, Ronald. *O Império do Direito*. São Paulo: Martins Fontes, 1999.

FREIRE, Alonso. *O Processo Constituinte Inclusivo*: Fundamentos Teóricos, Evidências Empíricas e Dinâmicas Governantes. Tese de Doutorado em Direito. Universidade do Estado do Rio de Janeiro. 2018.

GODERIS, Benedikt; VERSTEEG, Mila. Transnational Constitutionalism: A Conceptual Framework. In: GALLIGAN, Dennis J.; VERSTEEG, Mila. *Social and Political Foundations of Constitutions*. New York: Cambridge University Press, 2013.

LAW, David S. Generic Constitutional Law. *Minnesota Law Review*, vol. 89, p. 652-742, 2005.

LAW, David S.; VERSTEEG, Mila. The Evolution and Ideology of Global Constitutionalism. *California Law Review*, v. 99, n. 5, 2011.

LERNER, Hanna. *Constitution-writing in Deeply Divided Societies*: The Incrementalist Approach. Cambridge: Cambridge University Press, 2010.

MELLO, Patrícia Perrone Campos. *Precedentes*: o Desenvolvimento Judicial do Direito no Constitucionalismo Contemporâneo. Rio de Janeiro: Renovar, 2008.

PEREIRA, Jane Reis Gonçalves. *Interpretação Constitucional e Direitos Fundamentais*. 2. ed. São Paulo: Saraiva, 2018.

REGAN, Tom. *A Case for Animal Rights*. Berkeley: University of California Press, 2004.

SARMENTO, Daniel; SOUZA NETO, Claudio Pereira de. *Direito Constitucional*: Teoria, História e Métodos de Trabalho. Belo Horizonte: Fórum, 2013.

SINGER, Peter. *Libertação Animal*. Porto Alegre: Lugano, 2004.

Informação bibliográfica deste texto, conforme a NBR 6023:2002 da Associação Brasileira de Normas Técnicas (ABNT):

FREIRE, Alonso. A teoria de toga: comentários à ADI nº 4.983. In: SARAIVA, Renata et al. *Ministro Luís Roberto Barroso*: 5 anos de Supremo Tribunal Federal: homenagem de seus assessores. Belo Horizonte: Fórum, 2018. p. 193-208. ISBN 978-85-450-0525-4.

CAPÍTULO 11

ATÉ ONDE VAI O DIREITO DE PUNIR? NOTAS SOBRE A DESCRIMINALIZAÇÃO DO PORTE E DO PLANTIO DE DROGAS PARA CONSUMO PESSOAL

MARCELO COSTENARO CAVALI

11.1 Ao Ministro Luís Roberto Barroso

Durante o curso de graduação tomei conhecimento de dois livros fundamentais para minha formação jurídica: *O direito constitucional e a efetividade de suas normas* e *Interpretação e aplicação da Constituição*.[1]

Essas obras me mostraram, pela primeira vez, que a tarefa de pensar, fundamentar e explicar o Direito é mais bem-sucedida quando livre de demonstrações desnecessárias de erudição e de linguajar rebuscado. O Direito é belo quando acompanhado de simplicidade e poesia. A doutrina não precisa ser pedante. É possível ser profundo e didático.

Nunca fui formalmente aluno de Luís Roberto Barroso, mas considero-me, desde então, seu discípulo a distância. Quando assisti à sua primeira palestra, constatei que a preocupação com a forma clara de expor os argumentos também se fazia presente nas suas exposições orais. Passei a admirá-lo ainda mais.

Sua posse como Ministro no Supremo Tribunal Federal foi uma enorme alegria no meio jurídico e na magistratura. Recentemente, numa conferência em Harvard, o Professor Mark Tushnet sintetizou esse sentimento, ao asseverar que há pouquíssimas pessoas – dentre as quais o nosso homenageado – em relação às quais se pode dizer que seria escandaloso se não fossem indicadas para a Suprema Corte.

---

[1] As edições que possuo são, respectivamente, a de 2001, da Renovar, e a de 1999, da Saraiva.

A oportunidade de trabalhar com o Ministro Barroso no Supremo Tribunal Federal possui valor inestimável. O aprendizado é ininterrupto. Com ele tomamos lições de como sermos mais objetivos e claros; como sermos mais críticos em relação aos fundamentos decisórios; como ponderar as consequências imediatas e remotas das decisões.

Sua vocação de professor fomenta no gabinete a realização de reuniões praticamente diárias – de elevado nível científico e de escancarada franqueza – sobre processos de relevância fundamental para o país decididos pelo Plenário da Corte. Sua energia é impressionante e contagiante: seriam necessários dias de 48 horas para um "ser humano normal" dar conta de todas as suas atividades.

Receba estes singelos comentários a um de seus brilhantes votos, Ministro Barroso, como símbolo da minha perene gratidão pela oportunidade de, fazendo parte da sua equipe, aprender continuamente e contribuir para a construção de um país mais correto, mais moderno e mais justo.

11.2 O Poder Judiciário e os limites materiais do legislador penal

Num mundo ideal, o Direito Penal seria desnecessário, seja porque as pessoas respeitariam integralmente os bens jurídicos alheios, seja porque haveria mecanismos que impediriam previamente a própria ocorrência de violações a esses interesses.[2] No mundo real, infelizmente, o Direito Penal é, ainda, um *mal necessário*. Não desenvolvemos, até hoje, mecanismo mais eficiente do que a previsão abstrata (seguida de posterior aplicação concreta) de penas como forma de inibir a prática de determinadas condutas reprováveis.

Assim, no atual estágio evolutivo da humanidade, continua-se a admitir a inflição institucionalizada de castigos graves – como a privação de liberdade e até mesmo, inclusive em países ditos desenvolvidos, a pena de morte – a seres humanos, em virtude da violação de interesses considerados importantes para outras pessoas e para a vida em sociedade.

Sobrevive a sanção penal, mas constantes são as mutações sobre *aquilo* que pode ser tipificado como crime. Na história do Direito Penal, durante muito tempo, não se cogitou de uma limitação *material* do poder de punir, isto é, de restrições quanto ao conteúdo das condutas que poderiam ser consideradas como criminosas.

O princípio da legalidade, cujas origens remontam à *Magna Charta Libertatum*, de 1215, surgiu como uma limitação de caráter *formal* à imposição de penas. Previu-se a impossibilidade de reconhecimento de um crime ou de imposição de uma pena sem que as condutas sancionadas estivessem estatuídas previamente em lei (*nullum crimen, nulla poena sine lege*). Esse princípio, entretanto, nada dizia sobre a natureza da conduta sancionada: satisfeita a exigência da previsão legal, a conduta realizada no mundo fático que preenchesse os pressupostos normativos seria considerada um crime, havendo em

---

[2] Talvez algum dia se desenvolva, para o bem e para o mal, um sistema equivalente ao retratado no conto "Minority Report", de Philip K. Dick, publicado originalmente em 1956 (disponível, entre outras edições, em *The minority report and other classic stories*. New York: Citadel Press, 2002). A narrativa descreve uma sociedade futurista em que os crimes de homicídio são prevenidos antes que ocorram, graças à capacidade de determinados indivíduos de prever o futuro. O conto ficou famoso por mérito do filme de mesmo nome, dirigido por Steven Spielberg e lançado em 2002.

contrapartida ampla liberdade para a definição de quais ações poderiam ser previstas em lei como criminosas.

Somente no período iluminista, o conceito de delito se desvincula do conceito de pecado. É com a publicação, em 1764, do clássico *Dos delitos e das penas*, do Marquês de Beccaria, que surge uma demanda de racionalidade para o reconhecimento de crimes e a aplicação das respectivas penas, sendo questionados o alcance das incriminações e a humanidade e serventia das sanções.[3]

Nessa luta pela contenção do *jus puniendi*, papel importante exerceu a conturbada história da teoria do bem jurídico como instrumento limitador da atividade legislativa. Trata-se de conceito controverso que, até hoje, desperta acirradas paixões e discussões doutrinárias.[4]

Admita-se ou não a exclusiva proteção de bens jurídicos como única função legítima do Direito Penal, é inegável que, no Brasil como no resto do mundo, as mais altas Cortes de Justiça têm sido responsáveis por restringir a atuação do legislador, desenhando os campos do *proibido* e do *obrigatório* – e, entre eles, o âmbito discricionário do *permitido* – na criação de tipos penais.

Na maioria das vezes, a decisão de proibição de criminalização de determinada conduta fundamenta-se no respeito a direitos fundamentais, como a privacidade, a liberdade (de ir e vir, de expressão, de imprensa, etc.), a dignidade humana e a igualdade. Esses mesmos direitos fundamentais, assim como certos interesses públicos e coletivos, têm justificado, de outro lado, a obrigatoriedade de criminalização de determinadas condutas especialmente graves.

Uma das áreas que suscitam maior polêmica acerca da liberdade de atuação do legislador é a do consumo de drogas. Pode o legislador punir, mediante sanção penal, quem consome drogas ou as traz consigo para posterior consumo?

Eis o campo minado – permeado de preconceitos, argumentos morais e dogmas religiosos – em que se insere a questão examinada no RE nº 635.659, no qual foi proferido o voto do Ministro Barroso comentado neste artigo.

11.3 O papel do Supremo Tribunal Federal

A despeito do trabalho diário na Corte, o Ministro Barroso continua a examinar a atuação do Supremo Tribunal Federal também sob uma perspectiva acadêmica. Percebendo o grande aumento da transferência de poder de decisão sobre questões políticas, sociais e morais para o Poder Judiciário – fenômeno que denomina de "judicialização da vida" –, reconhece o nosso homenageado que as Cortes Constitucionais, nos tempos que correm, exercem fundamentalmente três papéis: contramajoritário, representativo e iluminista.[5]

---

[3]   BECCARIA, Cesare. *Dos delitos e das penas*. Trad. Torrieri Guimarães. 11. ed. São Paulo: Hemus, 1996.

[4]   Para uma visão geral do tema, remete-se a duas coletâneas com diversos artigos de autores modernos: GRECO, Luís; TÓRTIMA, Fernanda Lara (Org.). *O bem jurídico como limitação do poder estatal de incriminar?* Rio de Janeiro: Lumen Juris, 2011, e HEFENDEHL, Roland (Ed.). *La teoría del bien jurídico ¿Fundamento de legitimación del derecho penal o juego de abalorios dogmático?* Madrid: Marcial Pons, 2007.

[5]   Cf., sobre o tema, BARROSO, Luís Roberto. Contramajoritário, representativo e iluminista: os papéis das Supremas Cortes e Tribunais Constitucionais nas democracias contemporâneas. In: BARROSO, Luís Roberto. *A judicialização da vida e o papel do Supremo Tribunal Federal*. Belo Horizonte: Fórum, 2018. p. 129-177.

O papel *contramajoritário* é exercido quando o Judiciário invalida atos de outro poder, eleitos pelo voto popular. Por meio de seu papel *representativo*, as cortes atendem à vontade da maioria da população, não acolhida, porém, pelas instâncias representativas. Finalmente, exercem os tribunais papel iluminista, quando firmam entendimentos, com base em razões humanistas, que ainda não conquistaram a adesão da maioria, mas que representam um avanço civilizatório, no sentido de assegurar a autonomia para que cada pessoa eleja seus projetos de vida boa.

Pesquisa de âmbito nacional realizada pelo Senado Federal em 2014 concluiu que apenas 9% da população era favorável à legalização da maconha para todos os fins.[6] Não há ainda no Brasil, portanto, um ambiente em que se possa dizer que, ao reconhecer a inconstitucionalidade da criminalização do consumo de drogas, o Supremo Tribunal Federal esteja a exercer um papel representativo da sociedade.

Assegurar a cada um o direito de – no exercício de sua autonomia, privacidade e liberdade pessoal – não ser encarcerado por realizar as atividades que, sem prejudicar terceiros, considera apropriadas para a própria vida é papel iluminista do Poder Judiciário. Vejamos, a seguir, os argumentos que sustentam essa afirmativa.

11.4 O voto proferido no RE nº 635.659 e seu cotejo jurisprudencial e dogmático

O caso examinado envolvia a posse de três gramas de maconha – e foi sobre essa droga que as considerações foram feitas no voto, embora os seus fundamentos sejam aplicáveis a outras formas de entorpecentes. O recorrente fora condenado à pena de dois meses de prestação de serviços gratuitos à comunidade ou entidade pública.

Como é característico do Ministro Barroso, o voto é didático. Mesmo nas questões mais controversas e ainda que o raciocínio seja complexo, a exposição do argumento é (sempre) didática e (quase sempre) convincente.

O voto está dividido em três partes: i) panorama internacional do tratamento jurídico das drogas no mundo; ii) fundamentos jurídicos da inconstitucionalidade do artigo 28 da Lei nº 11.343/2006; e iii) razões pragmáticas que justificam uma nova política pública em relação às drogas.

Na primeira parte, destaca-se o fracasso da política atual de criminalização e repressão, que produziu um poderoso mercado negro e permitiu o surgimento e o fortalecimento do crime organizado. Analisando a "guerra às drogas" liderada pelos EUA a partir da década de 70 do século passado, assenta o voto que essa concepção só gerou violência e não surtiu efeito mínimo na diminuição do consumo.

A percepção do malogro da repressão levou diversos países a buscarem caminhos alternativos. São mencionadas diversas experiências estrangeiras de legalização paulatina, como as realizadas em países europeus, no Uruguai e em estados americanos. Em Portugal, por exemplo, após uma década de vigência da lei que descriminalizou o porte de todas as drogas para consumo pessoal, constatou-se que: a) o consumo de drogas até

---

[6] Disponível em: <https://www.senado.gov.br/senado/datasenado/pdf/datasenado/DataSenado-Pesquisa-Legalizacao_da_maconha.pdf>.

mesmo diminuiu entre os jovens; b) houve aumento do número de toxicodependentes em tratamento; e c) houve redução da infecção dos usuários de drogas pelo vírus HIV.

Na segunda parte do voto, a questão é então enfrentada sob o ponto de vista jurídico. Sustenta o Ministro Barroso que a criminalização do porte de drogas para consumo pessoal viola os direitos fundamentais à privacidade (intimidade e vida privada) e à autonomia, bem como os princípios da proporcionalidade, da lesividade e da subsidiariedade.

Em relação aos direitos à privacidade e à autonomia, o voto reconhece o dever estatal de assegurar o exercício das "diferentes concepções de vida boa coexistentes" na sociedade:

> A proteção constitucional dos direitos à privacidade e à autonomia individual impõe ao Estado a adoção de uma postura de neutralidade em relação a diferentes concepções de vida boa coexistentes em uma sociedade plural e democrática, como a brasileira. Há decisões que o Estado pode tomar legitimamente, em nome de interesses e direitos diversos. Mas decisões sobre escolhas existenciais e outras opções personalíssimas que não violem direitos de terceiros não podem ser subtraídas do indivíduo, sob pena de se violar sua privacidade, sua autonomia e sua dignidade. Rejeitam-se, assim, intervenções estatais paternalistas ou moralistas, que imponham ao indivíduo determinados padrões de conduta e preferências, ao pressuposto de que ele não tem capacidade para escolher o que é melhor para si ou de que suas escolhas são moralmente equivocadas, com base em um determinado padrão moral majoritário.
>
> Estabelecida a premissa de que o indivíduo possui uma esfera de autonomia e privacidade que deve ser preservada da ingerência estatal, é preciso definir se o consumo de drogas está sob o espectro dessa proteção. Entendo que, ainda que parte da população considere esse comportamento danoso, perigoso, errado, inaceitável ou mesmo imoral, ele representa uma decisão pessoal, circunscrita à esfera íntima do usuário, e que não afeta, por si só, as escolhas e modos de vida de terceiros. Está, assim, incluído no âmbito de proteção dos direitos à intimidade e à vida privada e da autonomia.

No plano internacional, esse argumento está em sintonia com importante precedente da Suprema Corte Argentina, que, em 2009, ao julgar o caso *Arriola*, declarou inconstitucional o parágrafo 2º do artigo 14 da Lei nº 23.737, que criminalizava a conduta de porte de drogas para uso pessoal.[7]

O Ministro Ricardo Lorenzetti, entre outros argumentos, fundou seu voto no direito à liberdade pessoal frente a qualquer intervenção alheia, inclusive a estatal. De acordo com ele, esse direito resguarda não apenas o respeito a ações realizadas na esfera privada, mas também "o reconhecimento de um âmbito no qual cada indivíduo adulto é soberano para tomar decisões livres sobre o estilo de vida que deseja".

Já o Ministro Eugenio Zaffaroni ressaltou que, embora não seja, como regra, função do controle de constitucionalidade julgar a política criminal, passa a ser quando resulta evidente a contradição entre o fim da norma e o efeito precisamente contrário gerado por sua aplicação, pois essa contradição viola a racionalidade republicana. De acordo com ele, a punição do porte de drogas não apenas se mostrou inútil para a repressão do tráfico, mas também gerou um enorme desperdício de esforço, dinheiro e tempo das

---

[7] Disponível em: <http://s.conjur.com.br/dl/decisao-justica-argentina-porte-.pdf>.

forças policiais e judiciais; dinheiro este que poderia, com muito maior proveito, ter sido aplicado em ações de saúde pública.

Em 2015, a Suprema Corte do México, ao julgar o recurso de amparo 237/2014, declarou inconstitucionais artigos da Lei Geral de Saúde que proibiam realizar atos relacionados com o consumo pessoal de maconha, como semear, cultivar, preparar, possuir e transportar a droga.[8] De acordo com o Tribunal, o uso recreativo de maconha está amparado pelo direito fundamental ao livre desenvolvimento da personalidade. Também neste caso exerceu papel fundamental o direito à autonomia individual: cada indivíduo tem o direito de decidir se quer submeter o seu próprio corpo aos riscos inerentes ao uso de drogas.

Na doutrina, Schünemann, criticando a decisão do Tribunal Constitucional alemão que reconheceu a legitimidade da criminalização do consumo de maconha, destaca a importância da autonomia ao afirmar que, ao usar drogas, "o consumidor individual se autocoloca em perigo de modo livre e responsável, não criando um perigo de maior relevância para o direito penal do que ações como o abuso de álcool, o consumo de carne extremamente gordurosa ou a prática de *bungee jumping*".[9]

O voto do Ministro Barroso reconhece, ainda, o princípio da lesividade como norma constitucional, de acordo com a qual o Estado somente pode regular criminalmente a conduta "que transcende a esfera do indivíduo, lesionando bens jurídicos alheios". E faz considerações sucintas sobre o caráter remoto e vago de uma alegada lesão ao suposto bem jurídico da saúde pública:

> Como já se disse, as condutas tipificadas no art. 28 estão circunscritas à esfera do usuário, em razão do especial elemento subjetivo do injusto. Para que tais condutas relacionadas ao consumo pessoal pudessem ser limitadas em nome da saúde da coletividade, seria necessário apontar uma relação de adequação direta entre elas e o risco de lesão a terceiros. Porém, o uso da substância, por si só, não apresenta qualquer perigo à coletividade. Quando muito, pode configurar autolesão, o que somente afetaria o bem "saúde pública" de forma muito remota, deslegitimando a incidência da norma penal.

Em verdade, como bem nota Luís Greco, não existe uma saúde da população, mas sim a saúde de cada uma das pessoas. O bem é apenas aparentemente coletivo, pois é, em verdade, divisível. A soma de vários bens individuais não é suficiente para se postular a existência de um bem jurídico supraindividual, caracterizado justamente pela indivisibilidade.[10]

O reconhecimento de que o consumo de drogas lesiona apenas a integridade física do próprio consumidor abre o flanco para novos desenvolvimentos jurisprudenciais, que levem em consideração a autocolocação em risco da vítima. Assim, por exemplo, tampouco parece legítimo criminalizar a conduta de quem oferece droga, eventualmente e sem objetivo de lucro, a pessoa de seu relacionamento, para juntos a consumirem

---

[8] Disponível em: <http://www.smartclub.mx/uploads/8/7/2/7/8727772/ar237_smart.pdf>.

[9] SCHÜNEMANN, Bernd. O direito penal é a *ultima ratio* da proteção de bens jurídicos! Sobre os limites invioláveis do direito penal em um Estado de Direito Liberal. In: GRECO, Luís (Coord.). *Estudos de direito penal, direito processual penal e filosofia do direito*. Madri – Barcelona – Buenos Aires – São Paulo: Marcial Pons, 2013. p. 81.

[10] *Modernização do direito penal, bens jurídicos coletivos e crimes de perigo abstrato*. Rio de Janeiro: Lumen Juris, 2011. p. 95.

(Lei nº 11.343/2006, art. 33, §3º) ou, até mesmo, a venda de drogas para consumidores plenamente responsáveis (Lei nº 11.343/2006, art. 33, *caput*).

Finalmente, o voto do Ministro Barroso enfatiza a violação dos princípios da proporcionalidade e da subsidiariedade na criminalização do porte de drogas para consumo pessoal:

> Ainda que se entendesse que a repressão penal ao consumo de drogas fosse meio idôneo a promover o bem "saúde pública", de modo a passar pelo teste da lesividade, não seria possível justificar a medida sob o prisma da subsidiariedade. Como se afirmou, o direito penal constitui o último e mais drástico instrumento de que se pode valer o Estado. Daí porque o legislador não é livre para tipificar penalmente toda e qualquer conduta em nome da saúde da coletividade, exigindo-se, ainda, que a tutela penal seja também um meio *necessário*, ou seja, que inexistam outros meios menos gravosos e igualmente idôneos para a proteção do bem jurídico em questão. Porém, no caso do porte de drogas para consumo pessoal, há relativo consenso entre os estudiosos do assunto sobre a maior eficácia da criação de políticas públicas de saúde, em relação à repressão criminal do usuário.
>
> Como já se viu, na última década, tornou-se cada vez mais evidente no cenário internacional que os males produzidos pela Guerra às Drogas, centrada em uma concepção proibicionista, têm superado largamente os seus benefícios. A forte repressão penal a essas substâncias e a criminalização do consumo produziram consequências mais negativas sobre as comunidades dominadas pelas organizações criminosas e sobre a sociedade em geral, do que aquelas produzidas pela droga sobre os usuários e sobre a saúde da coletividade em geral. Essa política tem importado em criminalização da pobreza, em aumento do poder do tráfico e em superlotação dos presídios, sem gerar benefícios reais para a redução da criminalidade, para o aumento da segurança e para a saúde pública. Portanto, além de meio inadequado, a tipificação das condutas relacionadas ao consumo pessoal de drogas é também desnecessário, violando o princípio da intervenção mínima do direito penal.

A utilização do princípio da proporcionalidade como ferramenta de controle de constitucionalidade das leis penais possui um grande potencial ainda inexplorado. Somente em tempos mais recentes o Supremo Tribunal Federal começou a submeter tipos penais a esse filtro de legitimidade. O caminho parece promissor, como exposto adiante.

Finalmente, na terceira parte do voto, são apontadas direções pragmáticas para uma nova política pública em relação às drogas.

Inicialmente, são firmadas três premissas fáticas e filosóficas: a) drogas são *uma coisa ruim*, cujo consumo deve ser desincentivado pelo Estado e pela sociedade; b) a guerra às drogas fracassou; e c) a política repressiva não é capaz de realizar o objetivo de promover a saúde pública.

Em seguida, são destacadas as finalidades a serem atingidas com uma política de legalização: a) quebrar o poder do tráfico e toda a carga de violência que o acompanha; b) evitar a inútil superlotação de presídios, que destrói vidas, prejudica a sociedade e não produz resultado algum; e c) permitir o tratamento dos dependentes pelo sistema público de saúde.

Por fim, como proposta concreta de política pública, o Ministro Barroso sugere que se inicie pela legalização da maconha, com regulação de sua produção, distribuição e consumo. Tratar-se-ia de uma regulação próxima àquela adotada em relação ao cigarro, cujo consumo diminuiu substancialmente no Brasil. Depois de testada essa fórmula, caso os resultados fossem positivos, a experiência seria replicada para outras drogas. O que não é aceitável é persistir numa política já comprovadamente fracassada, continuar a percorrer o mesmo caminho que, já se sabe, desemboca num lugar ruim.

11.5 Perspectivas

O voto comentado gera interessantes perspectivas para a jurisprudência do Supremo Tribunal Federal, seja em relação especificamente ao problema das drogas, seja quanto a outros aspectos jurídico-penais. Gostaria de destacar três linhas de desenvolvimento que me parecem promissoras a partir do voto.

A primeira delas diz respeito ao papel da jurisprudência no debate acerca da política criminal das drogas como um todo. No Brasil, a forte repressão às drogas é causa imediata do fenômeno da superpopulação carcerária. Conforme o último levantamento nacional de informações penitenciárias, realizado pelo Departamento Penitenciário Nacional, em junho de 2016 existiam 726.712 pessoas privadas de liberdade no Brasil. Desse total, 176.691, ou 26% das pessoas condenadas ou presas provisoriamente, foram processadas por crimes relacionados às drogas.

O voto do Ministro Barroso é corajoso ao enfrentar abertamente as opções políticas desastradas que têm sido adotadas para o enfrentamento do problema, gerando custos econômicos, políticos, sociais e pessoais gigantescos. Sua oposição à política antidrogas, porém, não se restringe à descriminalização do consumo pessoal referida no voto comentado.

No próprio voto, ele propõe que se tomem as quantidades de 40 gramas e até 10 plantas fêmeas de *cannabis* como parâmetro quantitativo para a distinção entre uso e tráfico de maconha. Trata-se de uma presunção relativa em favor do investigado/réu, de modo que recai sobre a acusação e os órgãos julgadores o ônus probatório e argumentativo, respectivamente, de demonstrar a caracterização do tráfico nos casos de apreensão de quantidades reduzidas da droga.

Em outra decisão importante, proferida no HC 148140 MC/SP, ele procura estabelecer critérios para identificar os "pequenos traficantes", isto é, aqueles que incidem na causa de diminuição de pena do §4º do art. 33 da Lei nº 11.343/2006. No caso, tratava-se de acusada de tráfico de 110 gramas de maconha, de sorte que, considerada a quantidade envolvida, deveria se presumir que não integrasse organização criminosa. Assim, se primária e de bons antecedentes, sendo improvável a futura condenação em pena privativa de liberdade em regime inicialmente fechado, mostrar-se-ia desnecessária e desproporcional a decretação da prisão preventiva.

A fixação de critérios de presunção relativa (a favor do réu) de se tratar de usuária ou, ao menos, de não integrante de organização criminosa é um passo importante para inibir o contingente gigantesco de presos provisórios por tráfico de drogas no país.

Essas decisões abrem um espaço importante para a discussão pública sobre a descriminalização mais ampla dos crimes relacionados às drogas. A premissa adotada de que o bem jurídico protegido nos delitos da Lei nº 11.343/2006 é a integridade pessoal do próprio usuário coloca a desnudo o caráter paternalista e moralista da criminalização, insuficiente para justificar a sua legitimidade.

Nessa mesma senda de raciocínio, mas já do ponto de vista mais amplo da dogmática penal, uma segunda linha de desenvolvimento promissora diz respeito ao desmascaramento de bens jurídicos meramente aparentes. Muitas vezes, a doutrina e a jurisprudência aceitam irrefletidamente que tipos penais protegem falsos bens jurídicos, dada sua generalidade demasiada e ausência de potencial crítico da lei, tais como a "saúde pública", a "segurança pública" e a "integridade do sistema financeiro nacional".

Para ficar num único exemplo na seara do Direito Penal Econômico, pensemos no delito do artigo 19 da Lei nº 7.492/1986, que tipifica a conduta de "obter, mediante fraude, financiamento em instituição financeira". Parece claro que o bem jurídico é o patrimônio da instituição financeira, mas a doutrina tem compreendido que o bem jurídico aí tutelado seria, por vezes, ao lado do patrimônio da instituição financeira, "a própria credibilidade do mercado financeiro",[11] "a regularidade do funcionamento das instituições financeiras",[12] "a credibilidade e a segurança das atividades econômicas, incluindo as financeiras",[13] "a política econômica do Governo Federal"[14] ou até mesmo a "gestão de risco de crédito das instituições financeiras".[15]

Admitindo-se que o bem jurídico tutelado é o patrimônio da instituição financeira, a pena prevista para o crime, de dois a seis anos de reclusão, revela-se desproporcional em relação à pena do estelionato (CP, art. 171) – crime que também protege o patrimônio contra fraudes –, ao qual se comina pena de um a cinco anos de reclusão.[16] Considerando que uma instituição financeira tem muito mais condições de proteger seu patrimônio contra fraudes do que os particulares, vítimas mais comuns do estelionato, a diferença de pena mostra-se ainda menos justificável. Ademais, essa situação se torna ainda mais desarrazoada quando se leva em conta o aumento da pena em um terço nos casos em que "o crime é cometido em detrimento de instituição financeira oficial" (art. 19, parágrafo único, da Lei nº 7.492/1986) – interpretada a expressão como referência a entidades públicas.

Essa incongruência do sistema somente será percebida se identificarmos corretamente o bem jurídico, não nos deixando seduzir por abstrações como a "regularidade" ou a "credibilidade" do sistema financeiro, salvo nos casos em que estas puderem ser especificadas e concretizadas em reconhecíveis interesses passíveis de tutela.

Finalmente, uma terceira linha de desenvolvimento promissora está relacionada ao princípio da proporcionalidade como mecanismo de controle de constitucionalidade de leis penais. O voto comentado não inaugura, nesse âmbito, uma tendência nova, mas se insere no contexto de outros julgados recentes.

Assim, por exemplo, o Supremo Tribunal Federal declarou a não recepção constitucional da contravenção de posse não justificada de instrumento de emprego usual na prática de furto, prevista no art. 25 do Decreto-Lei nº 3.688/1941 (RE 583.523, Rel. Min. Gilmar Mendes, Tribunal Pleno, j. 03.10.2013, DJe 21.10.2014). De acordo

---

[11] BALTAZAR JR., José Paulo. *Crimes federais*. 9. ed. São Paulo: Saraiva, 2014. p. 708.

[12] PRADO, Luiz Régis. *Direito penal econômico*. 3. ed. São Paulo: RT, 2009. p. 209.

[13] PAULA, Áureo Natal de. *Crimes contra o sistema financeiro nacional e o mercado de capitais*. 3. ed. Curitiba: Juruá, 2008. p. 351.

[14] SILVA, Paulo Cezar da. *Crimes contra o sistema financeiro nacional*. São Paulo: Quartier Latin, 2006. p. 213.

[15] CARRION, Thiago Zucchetti. O delito de fraude em financiamento (art. 19 da Lei nº 7.492/1986): por uma compreensão a partir da gestão de risco de crédito. *Revista brasileira de ciências criminais*. São Paulo: RT, vol. 95, mar./abr. 2012. p. 405.

[16] Em sentido próximo, afirma Fausto Martin de Sanctis que "o tipo excogitado nada mais difere do crime de estelionato comum a não ser pela qualidade de um dos sujeitos da operação creditícia" (*Delinquência econômica e financeira*. Rio de Janeiro: Forense, 2015. p. 110).

com o STF – além de essa contravenção constituir uma regra ofensiva ao princípio da isonomia, por se basear num direito penal de autor, já que o crime somente existe se o agente que carrega o instrumento já havia sido condenado por roubo ou furto ou se conhecido como vadio ou mendigo – não haveria razoabilidade em se tipificar a mera posse de instrumento de emprego usual na prática de furto.

Por outro lado, reconheceu-se a proporcionalidade e, portanto, a constitucionalidade do delito de porte de arma de fogo, tipificado no art. 14 da Lei nº 10.826/2003 (HC 104.410, Rel. Min. Gilmar Mendes, Segunda Turma, j. 06.03.2012, DJe 26.03.2012). O STF entendeu – confirmando a ausência de efetivo debate na jurisprudência sobre os bens jurídicos apenas aparentemente coletivos – que a norma protegeria os bens jurídicos da segurança pública e da paz social.

Também foi submetido ao teste da proporcionalidade o delito de receptação qualificada, previsto no art. 180, §1º, do Código Penal, reconhecido como constitucional pelo STF (RE 443.388, Rel. Min. Ellen Gracie, Segunda Turma, DJe 11.09.2009). Nesse caso, se alegava que não poderia ser punida mais gravemente – com pena de 3 a 8 anos de reclusão – a conduta da receptação qualificada, que admite o dolo eventual, já que o tipo penal se refere a "coisa que deva saber ser produto de crime", em face da conduta de receptação simples – punida com pena de 1 a 4 anos –, que admite apenas o dolo direto, pois o tipo penal se refere a "coisa que sabe ser produto de crime".

O argumento chegou a ser acolhido em algumas decisões monocráticas do Min. Celso de Mello, mas a Corte acabou decidindo que não havia ofensa ao princípio da proporcionalidade por outra razão: é que a maior gravidade da receptação qualificada não está justificada pelo elemento subjetivo, pelo agir com dolo direto ou eventual, mas pela realização das condutas "no exercício de atividade comercial ou industrial". É essa habitualidade, essa profissionalidade, que justifica a diferenciação, afastando a alegação de que a pena seria desproporcional em relação à figura básica da receptação.

Finalmente, foi reconhecida a inconstitucionalidade da criminalização do aborto no primeiro trimestre de gestação em voto do próprio Ministro Barroso (HC 124.306, Primeira Turma, j. 09.08.2016, DJe 16.03.2017). Ressaltou o Ministro Barroso, entre outros argumentos, que a criminalização dessa conduta seria demasiadamente restritiva a direitos fundamentais da gestante. Isso porque: (i) a criminalização constitui medida de duvidosa adequação para proteger o bem jurídico que pretende tutelar (a vida do nascituro), por não produzir impacto relevante sobre o número de abortos praticados no país, apenas impedindo que sejam feitos de modo seguro; (ii) é possível que o Estado evite a ocorrência de abortos por meios mais eficazes e menos lesivos do que a criminalização, como educação sexual, distribuição de contraceptivos e amparo à mulher que deseja ter o filho, mas se encontra em condições adversas; (iii) a medida é desproporcional em sentido estrito, por gerar custos sociais (problemas de saúde pública e mortes) superiores aos seus benefícios.

Sobre a aplicação do princípio da proporcionalidade, estão pendentes de julgamento ainda, por exemplo, o RE nº 966.177 (Rel. Min. Luiz Fux) – interposto pelo MP/RS contra acórdão do TJ gaúcho que reconheceu a desproporcionalidade da previsão como contravenção penal dos jogos de azar (artigo 50 do Decreto-Lei nº 3.688/1941) – e o RE nº 901.623 (Rel. Min. Edson Fachin) – interposto pela Defensoria Pública do Estado de São Paulo, no qual se alega a desproporcionalidade da previsão como contravenção penal do porte de arma branca (artigo 19 do Decreto-Lei nº 3.688/1941).

Há vários outros tipos penais desproporcionais em nosso sistema, como, para mencionar um caso que parece evidente, a previsão de pena de 10 a 15 anos de reclusão para quem comercialize medicamentos ou cosméticos sem registro, quando exigível, no órgão de vigilância sanitária competente (CP, art. 273, §1º-B, I).

O presente voto é rico, portanto, não apenas pela resolução prática e pela fundamentação adotada especificamente para o caso concreto, mas também pelas promissoras perspectivas geradas para o enfrentamento de problemas teóricos e pragmáticos do nosso sistema penal.

Referências

BALTAZAR JR., José Paulo. *Crimes federais*. 9. ed. São Paulo: Saraiva, 2014.

BARROSO, Luís Roberto. Contramajoritário, representativo e iluminista: os papéis das Supremas Cortes e Tribunais Constitucionais nas democracias contemporâneas. In: BARROSO, Luís Roberto. *A judicialização da vida e o papel do Supremo Tribunal Federal*. Belo Horizonte: Fórum, 2018. p. 129-177.

_____. *Interpretação e aplicação da Constituição*. 3. ed. São Paulo: Saraiva, 1999.

_____. *O direito constitucional e a efetividade de suas normas*: limites e possibilidades da Constituição brasileira. Rio de Janeiro – São Paulo: Renovar: 2001.

BECCARIA, Cesare. *Dos delitos e das penas*. Trad. Torrieri Guimarães. 11. ed. São Paulo: Hemus, 1996.

CARRION, Thiago Zucchetti. O delito de fraude em financiamento (art. 19 da Lei 7.492/1986): por uma compreensão a partir da gestão de risco de crédito. *Revista brasileira de ciências criminais*, São Paulo: RT, vol. 95, mar./abr. 2012.

DICK, Philip K. *The minority report and other classic stories*. New York: Citadel Press, 2002.

GRECO, Luís; TÓRTIMA, Fernanda Lara (Org.). *O bem jurídico como limitação do poder estatal de incriminar?* Rio de Janeiro: Lumen Juris, 2011.

GRECO, Luís. *Modernização do direito penal, bens jurídicos coletivos e crimes de perigo abstrato*. Rio de Janeiro: Lumen Juris, 2011.

HEFENDEHL, Roland (Ed.). *La teoría del bien jurídico* ¿Fundamento de legitimación del derecho penal o juego de abalorios dogmático? Madrid: Marcial Pons, 2007.

PAULA, Áureo Natal de. *Crimes contra o sistema financeiro nacional e o mercado de capitais*. 3. ed. Curitiba: Juruá, 2008.

PRADO, Luiz Regis. *Direito penal econômico*. 3. ed. São Paulo: RT, 2009.

SILVA, Paulo Cezar da. *Crimes contra o sistema financeiro nacional*. São Paulo: Quartier Latin, 2006.

SANCTIS, Fausto Martin de. *Delinquência econômica e financeira*. Rio de Janeiro: Forense, 2015.

SCHÜNEMANN, Bernd. O direito penal é a *ultima ratio* da proteção de bens jurídicos! Sobre os limites invioláveis do direito penal em um Estado de Direito Liberal. In: GRECO, Luís (Coord.). *Estudos de direito penal, direito processual penal e filosofia do direito*. Madri – Barcelona – Buenos Aires – São Paulo: Marcial Pons, 2013. p. 69-90.

Informação bibliográfica deste texto, conforme a NBR 6023:2002 da Associação Brasileira de Normas Técnicas (ABNT):

CAVALI, Marcelo Costenaro. Até onde vai o direito de punir? Notas sobre a descriminalização do porte e do plantio de drogas para consumo pessoal. In: SARAIVA, Renata et al. *Ministro Luís Roberto Barroso*: 5 anos de Supremo Tribunal Federal: homenagem de seus assessores. Belo Horizonte: Fórum, 2018. p. 209-219. ISBN 978-85-450-0525-4.

CAPÍTULO 12

ESPERANÇA, SAÚDE E DIREITO: O CASO DA PÍLULA DO CÂNCER

CIRO GRYNBERG

Introdução

Palavra ao homenageado

A trajetória, a obra e as lutas do Professor e Ministro Luís Roberto Barroso falam por si. É uma história de coragem e luz. Coragem de verbalizar as transformações pelas quais o Brasil precisa passar. E luz para os caminhos a seguir nessa transformação. Compor o seu grupo de assessores é contagiante. É impossível não se motivar com o brilho das ideias e com a sua capacidade singular de perceber e interpretar os fatos da vida. Tive a sorte de ser seu aluno no mestrado da UERJ, de conhecê-lo na Procuradoria do Estado do Rio de Janeiro e a felicidade de integrar a sua equipe de trabalho. Tenho, hoje, a chance de continuar a aprender e enxergar com otimismo a vida e o Brasil.

Apresentação do tema

Em 10 de junho de 2014, a Direção do Instituto de Química de São Carlos da Universidade de São Paulo – IQSC/USP editou a Portaria nº 1.389/2014, que, em linhas gerais, proibiu a produção e distribuição de drogas com finalidade medicamentosa ou sanitária sem a obtenção das licenças e registros expedidos pelos órgãos competentes. A Portaria não fez referência a qualquer substância específica ou pesquisa conduzida nas dependências do IQSC, mas teve um alvo certo: a chamada "pílula do câncer" ou fosfoetanolamina. A distribuição da substância pelo Instituto de Química teve início em pesquisa coordenada pelo Professor Gilberto Orivaldo Chierice. A partir da década de 90, um grupo de químicos do instituto começou a rever a literatura existente sobre a fosfoetanolamina e sintetizou a substância com a finalidade de testar os seus efeitos em pacientes com câncer em hospital na cidade de Jaú. O acordo com a unidade de saúde não prosseguiu e pessoas atendidas pelo hospital começaram a recorrer diretamente ao instituto de química da USP para obter a substância.[1] Com o passar do tempo, a notícia da descoberta de uma droga inovadora e ágil contra o câncer se espalhou e logo a procura aumentou.

A "pílula do câncer", sintetizada e distribuída diretamente pelo Instituto de Química da USP, não conseguia atender a demanda que se formou em busca da suposta "cura" da doença. Os conflitos decorrentes da assimetria entre a demanda e a oferta da fosfoetanolamina, sem demora, suscitaram o ajuizamento de diversas ações objetivando a condenação da USP no fornecimento da droga. A proibição de distribuição veiculada pela citada Portaria nº 1.389/2014, muito ao contrário de estancar a corrida pela substância, impulsionou o ajuizamento maciço de demandas judiciais, não apenas em São Paulo, mas por todo o país. A inexistência (i) de evidências científicas sobre a eficácia e segurança da droga; (ii) de autorização sanitária para a pesquisa e produção da substância com finalidade médica; ou (iii) de protocolo para a condução de experimentação científica em seres humanos, não constituiu obstáculo para a consolidação de uma ideia generalizada: a cura do câncer tinha sido desvendada. Milhares de pacientes esperançosos e desesperados pelo diagnóstico de neoplasia maligna viram na proibição da distribuição da substância o seu decreto de morte. O ato da direção da Faculdade de Química, que apenas reproduziu uma orientação normativa de vigilância sanitária, representou o fechar de uma porta que poderia levar à cura da doença.

A questão, replicada em milhares de ações ajuizadas objetivando a superação do ato proibitivo,[2] logo chegou à Corte constitucional brasileira. Em 04 de abril de 2016, na STA 828/SP, O Min. Ricardo Lewandowski, então Presidente do Supremo Tribunal, deferiu pedido de suspensão formulado pela Universidade do Estado de São Paulo, para "suspender a execução da tutela antecipada concedida no Agravo de Instrumento 2242691-89.2015.8.26.0000, em trâmite perante a 11ª Câmara de Direito Público do Tribunal de Justiça do Estado de São Paulo, assim como todas as decisões judiciais proferidas em âmbito nacional no mesmo sentido, indicadas ou não nos autos, que tenham determinado à Universidade de São Paulo o fornecimento da substância 'fosfoetanolamina sintética' para tratamento de câncer".[3]

No entanto, poucos dias após a decisão do STF bloqueando a corrida judicial pela "pílula do câncer", a Presidência da República sancionou a Lei nº 13.269, de 13 de abril de 2016. Superando as manifestações da Agência Nacional de Vigilância Sanitária – ANVISA e de parte significativa da comunidade científica que condenava o uso

---

[1] Em artigo publicado no Jornal Folha de São Paulo de 19.03.2016, sobre a demanda por fosfoetanolamina, o médico Dráuzio Varella ressalta que "a distribuição foi feita sem nenhum critério científico para avaliação de eficácia e sem o consentimento dos conselhos de ética da Universidade, passo obrigatório para autorização de pesquisas em seres humanos. A USP foi conivente com essa aberração durante dez anos. Só quando o professor se aposentou, a Universidade tomou conhecimento daquela anomalia intramuros e proibiu a produção da droga em suas instalações". Disponível em: <http://m.folha.uol.com.br/colunas/drauziovarella/2016/03/1751544-ignorancia-populista.shtml?mobile>. Acesso em: 20 nov. 2017.

[2] De acordo com reportagem divulgada em 01 de abril de 2016 pelo site G1, a Universidade do Estado de São Paulo (USP) já contava com mais de 14 mil ações judiciais para impor o fornecimento da fosfoetanolamina para o tratamento de câncer. Disponível em: <http://g1.globo.com/sp/sao-carlos-regiao/noticia/2016/04/com-14-mil-acoes-pedindo-pilula-do-cancer-usp-alega-nao-poder-produzir.html>. Acesso em: 04 jan. 2018.

[3] STA 828/SP, Rel. Min. Presidente, DJe de 07.04.2016.

da droga,[4] o ato legislativo excepcionou a exigência de registro sanitário para o uso, fabricação e comercialização da fosfoetanolamina sintética. Como destacado por nota oficial da ANVISA:

> As exigências vigentes no Brasil para que um medicamento tenha sua produção e comercialização autorizadas são similares às que existem em todos os países desenvolvidos e visam garantir que o produto tenha sua qualidade, segurança e eficácia comprovadas, protegendo a saúde da população.
> A Lei nº 13.269, em posição singular no cenário internacional, transforma em "medicamento" autorizado uma substância que não realizou quaisquer desses estudos. Pior ainda: colocada no mercado por força dessa Lei, a substância Fosfoetanolamina poderá estar completamente fora das ações de controle sanitário.[5]

Assim, o cenário criado colocou, de um lado, milhares de pacientes esperançosos por um caminho de cura e que tinham, em seu favor, decisões de magistrados que reconheciam o direito ao fornecimento da substância e uma lei federal autorizando o fornecimento e comercialização da droga independentemente de chancela sanitária. De outro lado, estavam médicos e pesquisadores receosos com a propagação de uma ideia miraculosa de cura do câncer, uma decisão do STF inadmitindo o direito à obtenção da fosfoetanolamina e a ANVISA alertando sobre os riscos de circulação e consumo da substância pelo país. O caso instaurou um peculiar conflito, alcançando três temas de áreas distintas de conhecimento: (i) a ética médica e o papel da autonomia do paciente na definição de seus tratamentos; (ii) o direito à saúde e o fornecimento de substâncias experimentais sem autorização sanitária; e (iii) a competência política e a capacidade institucional para a autorização da produção de substância para o tratamento de saúde.

Esse conflito ético, jurídico e político foi então levado ao Supremo Tribunal Federal por meio da Ação Direta de Inconstitucionalidade (ADI) nº 5.501/DF, ajuizada pela Associação Médica Brasileira – AMB. A ADI teve por objeto a citada Lei nº 13.269/2016, que autorizou a produção e o uso da fosfoetanolamina sintética por pacientes diagnosticados com câncer, independentemente da realização de testes clínicos que comprovassem a sua segurança e eficácia para a obtenção de registro sanitário na ANVISA. Em sessão realizada em 19 de maio de 2016, o Plenário do STF acompanhou, por maioria, o voto do Min. Relator Marco Aurélio para suspender a eficácia da lei.[6]

---

[4] Cite-se, como exemplo, a orientação exposta pelo médico e pesquisador Raul Cutait, em artigo publicado em 19.05.2016 no jornal A Folha de São Paulo. Em seu artigo, o autor ressalta que "A consistente metodologia científica é a melhor garantia de que as pessoas não serão enganadas por tratamentos pouco ou nada eficazes, bem como de que os recursos econômicos, intelectuais e de atendimento não serão desperdiçados. No Brasil, vive-se hoje uma situação ímpar. A substância química fosfoetanolamina ganhou legalmente o *status* de medicamento que pode ser usado contra o câncer, acredito eu que em função da vontade de nossos legisladores e do Poder Executivo de ajudar pacientes que buscam alternativas para as doenças". Disponível em: <http://www1.folha.uol.com.br/opiniao/2016/05/1772719-cancer-esperanca-e-ciencia.shtml?loggedpaywall>. Acesso em: 20 nov. 2017.

[5] Disponível em: <http://portal.anvisa.gov.br/noticias/-/asset_publisher/FXrpx9qY7FbU/content/anvisa-reforca-alerta-para-os-riscos-sanitarios-provocados-pela-lei-n-13-269/219201/pop_up?_101_INSTANCE_FXrpx9qY7FbU_viewMode=print&_101_INSTANCE_FXrpx9qY7FbU_languageId=pt_BR>. Acesso em: 04 jan. 2018.

[6] O voto do Min. Relator Marco Aurélio, deferindo a medida cautelar na ADI nº 5.501, para suspender a eficácia da Lei nº 13.269/2016 foi acompanhado pelos Ministros Luís Roberto Barroso, Teori Zavascki, Luiz Fux, Cármen Lúcia e Ricardo Lewandowski. Divergiram do Relator os Ministros Edson Fachin, Rosa Weber, Dias Toffoli e Gilmar Mendes. O Min. Celso de Mello não participou da sessão de julgamento.

A divergência, inaugurada pelo Min. Edson Fachin, acentuou que, no caso de pacientes terminais, a eleição de tratamento para a preservação da vida se inseriria na autonomia do indivíduo. Por consequência, afirmou a possibilidade de mitigação de normas de segurança para a produção e uso de medicamentos.

Os debates travados no curso do julgamento realçaram compreensões diversas acerca do direito à saúde. Na visão de alguns Ministros, o direito constitucional à saúde, em nome da esperança de cura, compreenderia o manejo de drogas não submetidas a controle sanitário, cabendo ao próprio paciente determinar os riscos a serem suportados para garantia da vida. A maioria dos votos, no entanto, entendeu justamente o oposto. Assentou-se que contrariaria a tutela constitucional da saúde admitir o uso de uma substância não submetida a testes de segurança e eficácia. É especificamente essa tensão sobre a caracterização do direito à saúde, exposta no julgamento da ADI nº 5.501, que será o objeto de reflexão deste artigo.

Os tópicos seguintes, pautados sobretudo nas razões expostas pelo voto do Min. Luís Roberto Barroso, examinarão o conteúdo do direito constitucional à saúde, de forma a investigar se há tutela jurídica para o tratamento de saúde com substâncias sem registro sanitário. Pretende-se, em realidade, examinar se o direito fundamental à saúde alberga escolhas individuais do paciente para tratamento com drogas não autorizadas pelos órgãos de controle sanitário. Dessa forma, a primeira parte do artigo cuidará de breve exposição do sistema constitucional de saúde, de modo a evidenciar as dimensões individual e coletiva do direito à saúde. A percepção dessa dupla dimensão permitirá aprofundar a discussão sobre o direito a tratamentos não aprovados pela vigilância sanitária. O argumento de violação ao direito à saúde pelo fornecimento de substância sem registro sanitário será, assim, ampliado para demonstrar que, independentemente do estado de saúde do paciente, não há como admitir escolhas incondicionadas e ilimitadas de tratamentos médicos, sobretudo se o risco transcende a esfera individual do paciente. A tese de inconstitucionalidade da Lei nº 13.269/2016 por ofensa ao princípio da separação de poderes não será abordada neste trabalho.[7]

---

[7] Em linhas gerais, a medida cautelar requerida na ADI nº 5.501 foi deferida em razão de plausibilidade jurídica de duas teses de inconstitucionalidade da Lei nº 13.269/2016, sintetizadas pelas teses de julgamentos propostas no voto do Min. Barroso: "A autorização legislativa de uso de medicamento antes da conclusão dos testes necessários para comprovar sua segurança e eficácia e do registro sanitário: (i) coloca em risco a saúde, o bem-estar e a vida das pessoas, em clara afronta ao direito à saúde; e (ii) configura violação à reserva de administração, ao permitir que o Poder Legislativo substitua o juízo essencialmente técnico da agência competente por um juízo político, interferindo de forma indevida em procedimento de natureza tipicamente administrativa". Como explicitado no voto do Min. Barroso para fundamentar a violação à separação de poderes, "[s]eria possível, em tese, admitir que o Poder Legislativo alterasse as leis sobre vigilância sanitária para criar, em caráter genérico e abstrato, alguma hipótese excepcional de dispensa de registro (...). Porém, não é admissível que o Parlamento se substitua à agência responsável no exercício da atividade administrativa e executória, conferindo a uma substância específica, diretamente e em caráter concreto, isenção à realização de análises clínicas e de registro sanitário. E, no presente caso, foi justamente isso que ocorreu com a Lei nº 13.269/2016".

Parte I
A ordem constitucional da saúde

O sistema constitucional de saúde

A política pública de saúde existente no Brasil até o início do século passado compreendia, essencialmente, ações de controle de agentes transmissores de doenças e de proteção contra doenças infectocontagiosas. O foco da ação estatal era a higienização de portos para o escoamento de mercadorias e a expansão de fronteiras agrícolas. A definição das políticas sanitárias atendia, basicamente, os interesses econômicos da elite agrária. No entanto, com o início do processo de industrialização na década de 30 e, consequentemente, com o aumento da demanda por mão de obra saudável nos centros urbanos, o Estado passou a mirar em políticas públicas de saúde que garantissem a assistência médica para os trabalhadores.

Nesse contexto, surgiram os Institutos de Aposentadorias e Pensões (IAPs), que assumiram a responsabilidade pelo atendimento de saúde dos seus beneficiários registrados. Dois anos após o golpe militar de 1964, os vários Institutos de Aposentadorias e Pensões foram unificados em um movimento que resultou na criação, em 1977, do Instituto Nacional de Assistência Médica da Previdência Social – INAMPS. Com isso, consolidou-se no Brasil um modelo de política pública sanitária centralizadora e anti-isonômica.

A maior parte da população permanecia alheia ao aparato sanitário do Estado, em um histórico sistema excludente de proteção sanitária e indiferente à vontade popular. Estima-se que até a Constituição de 1988 *três quintos* da população brasileira não tinha qualquer tipo de atendimento de saúde. Essa imensa dívida social produzida pelo regime patrimonialista e autoritário do Estado brasileiro foi, então, enfrentada pela Constituição de 1988. A partir de um intenso e organizado movimento, conhecido como "movimento da reforma sanitária", o constituinte sedimentou a criação de um sistema único universal, integral e isonômico, em que a formulação de políticas de saúde seguiria as transformações do perfil demográfico e epidemiológico de toda a população, enfatizando-se as ações de promoção e proteção da saúde, em substituição à estrutura hospitalocêntrica, discriminatória e curativa até então predominante.

Em reforço a essa transformação sanitária, a saúde passou a constituir um direito individual. A saúde de cada indivíduo foi caracterizada pelo art. 6º da Constituição de 1988 como de interesse coletivo a ser contemplado de forma prioritária pelas políticas sociais. A Constituição contemplou, portanto, *duas dimensões do direito à saúde*: uma *subjetiva*, prevista no art. 6º; e, outra, *objetiva*, retratada nos arts. 196 a 200, que estruturam o sistema público de saúde. A coexistência dessas duas dimensões revela que o ordenamento constitucional consolidou um regime em que, de um lado, assegura um direito individual e, de outro, detalha como o Estado concretizará esse direito.

A partir do desenho constitucional, dispondo que o direito sanitário envolve tanto o direito individual de se manter sadio como a obrigação do Estado de prover uma estrutura de serviços e ações para promoção e proteção desse bem jurídico, já se pode identificar a dimensão individual e coletiva que gravitam sobre o tema. E é esse foco individual e coletivo inerente ao direito sanitário que produz os maiores dilemas para a sua concretização e, consequentemente, para a definição do objeto de tutela constitucional.[8]

Veja-se que a Organização Mundial da Saúde (OMS) define saúde como um completo estado de bem-estar físico, mental e social e não meramente a ausência de doença (WHO, 1946).[9] Dessa forma, partindo-se da definição da OMS, a reivindicação pelo bem jurídico saúde constitui em si um obstáculo à sua determinação. Afinal, em sociedades plurais, alcançar critérios universais para a eleição de um *status* de bem-estar físico, psíquico e social depende da conciliação de múltiplas concepções históricas e sociais sobre viver bem. E mesmo que se pudesse ultrapassar essa primeira barreira, haveria um segundo obstáculo: quais são os meios aptos a realizar esse *status* de bem-estar, tendo em vista a diversidade de recursos científicos e tecnológicos existentes para a melhoria das condições de vida? E ainda que se alcançassem consensos sobre esses dois dilemas, mediante a definição precisa do que é saúde e dos meios necessários para assegurá-la, não se pode afastar que as particularidades de cada indivíduo, como intolerâncias e alergias, precisam ser pensadas para que se realize o direito à saúde. Em que medida, portanto, as dimensões individual e coletiva da saúde podem mutuamente se restringir?

A controvérsia instaurada no julgamento da ADI nº 5.501 sobre a realização ou não do direito à saúde pela autorização de uso de substâncias experimentais por pacientes terminais situa-se nesse debate. A depender do peso que se atribui a uma ou outra dimensão da saúde, é possível sustentar tanto a concretização do direito como a sua violação. Como se demonstrará, no entanto, a ordem sanitária constitucional não assegura tutela jurídica à pretensão de tratamento com substância não aprovada por órgão de controle sanitário.

As ponderações entre liberdade e igualdade na determinação do conceito jurídico de saúde

A Constituição de 1988 estabeleceu no *caput* do artigo 5º que todos são iguais perante a lei, sem distinção de qualquer natureza, garantindo-se aos brasileiros e aos estrangeiros a inviolabilidade do direito à igualdade. A referida igualdade perante a lei detém, no entanto, um caráter puramente negativo, voltado à abolição de privilégios, isenções pessoais e regalias de classe. Essa compreensão formal de igualdade, típica "[d]o velho liberalismo, na estreiteza de sua formulação habitual, não pôde resolver o problema essencial de ordem econômica das vastas camadas proletárias da sociedade, e por isso entrou irremediavelmente em crise".[10] E, embora essa proclamação de igualdade perante

---

[8] Vide, acerca dos desafios da concretização do direito sanitário, Miriam Ventura. *O processo judicial e a assessoria técnica*: a argumentação jurídica e médico-sanitária na garantia do direito à assistência terapêutica no Sistema Único de Saúde. Tese (Doutorado em Saúde Pública) Escola Nacional de Saúde Pública – ENSP /FIOCRUZ, Rio de Janeiro, 2012.

[9] A definição encampada pela OMS é a noção ampliada ou positiva de saúde, que se opõe à visão reducionista ou negativa. O conceito positivo insere fatores sociais, políticos, culturais e ambientais em um processo complexo de interação com as características biológicas para determinar o significado de saúde. Por sua vez, o conceito negativo se baseia em uma construção quantitativa e biológica de saúde como ausência de doença.

[10] Paulo Bonavides. *Do Estado Liberal ao Estado Social*. 10 ed. p 188. Rio de Janeiro: Malheiros, 2011.

a lei tenha representado uma conquista das revoluções burguesas do século XVIII[11] contra as desigualdades oriundas do anterior regime feudal, não se impediu a formação de desigualdades de fato entre os cidadãos.

Assim, para além da igualdade perante a lei, tornou-se necessário garantir a igualdade de acesso às condições necessárias para que cada indivíduo se desenvolva em sua plenitude, por meio de políticas redistributivas tendentes à realização de igualdade material. Afinal, considerar que as pessoas são merecedoras de igual consideração e respeito significa nivelá-las em poder e oportunidades.[12] Nesse passo, a concretização do regime de "igualização dos desiguais"[13] se dá por meio da previsão dos chamados direitos sociais, que se caracterizam por outorgarem ao indivíduo as prestações sociais de que necessita para viver com dignidade, tornando concreta a fruição de liberdades em mesma intensidade por todos os estratos sociais. E a positivação constitucional do direito social à saúde, juntamente com outros direitos fundamentais sociais,[14] é uma característica marcante da Constituição de 1988,[15] cuja índole social é explicitada pelos seus objetivos fundamentais de edificação de uma sociedade livre, justa e solidária e de redução das desigualdades sociais e regionais (artigo 3º).

---

[11] Como se pode notar, nas duas principais *Declarações* das revoluções burguesas, o fim último da sociedade humana é assegurar a liberdade como o direito natural primeiro e fundamental. Nesse passo, a igualdade a ser assegurada é aquela que se limita a prever tratamentos iguais em forma, já que qualquer comando para promoção de igualdade em substância representaria uma indevida interferência nas liberdades básicas. Confira-se, respectivamente, o teor das declarações de independência e a dos direitos do homem e do cidadão: a) Declaração de Independência dos Estados Unidos (1776): "Consideramos estas verdades como evidentes por si mesmas, que todos os homens são criados iguais, dotados pelo Criador de certos direitos inalienáveis, que entre estes estão a vida, a liberdade e a procura da felicidade. A fim de assegurar esses direitos, governos são instituídos entre os homens"; e b) Declaração dos Direitos do Homem e do Cidadão (1789): "I – Os homens nascem e permanecem livres e iguais em direitos; as distinções sociais não podem ser baseadas senão na utilidade comum; II – O objetivo de toda associação política é a conservação dos direitos naturais e imprescritíveis do homem; esses direitos são a liberdade, a propriedade, a segurança e a resistência à opressão; (…) IV – A liberdade consiste em poder fazer tudo que não prejudique a outrem. Assim, o exercício dos direitos naturais do homem não tem limites senão aqueles que asseguram aos outros membros da sociedade o gozo desses mesmos direitos; seus limites não podem ser determinados senão pela lei".

[12] O ideal político de igualdade referido é sustentado por Ronald Dworkin, em *Liberalism*, In: HAMPSHIRE, Stuart. SCANLON, T. M. WILLIAMS, Bernard. NAGEL, Thomas. DWORKIN, Ronald *Public and Private Morality*. Cambridge: Cambridge University Press, 1978: "We must distinguish between two different principals that take equality to be a political ideal. The first requires that the government treat all those in its charge as equals, that is, as entitled to its equal concern and respect. That is not an empty requirement: most of us do not suppose that we must, as individuals, treat our neighbor's children with the same concern as our own, or treat everyone we meet with the same respect. It is nevertheless plausible to think that any government should treat all citizens as equals in that way. The second principle requires that the government treat all those in its charge equally in the distribution of some resource of opportunity, or at least work to secure the state of affairs in which they all are equal or more nearly equal in that respect. (…) I say that the first principle is more fundamental because I assume that, for both liberals and conservatives, the first is constitutive and the second derivative. Sometimes treating people equally is the only way to treat them as equals; but sometimes not".

[13] José Afonso da Silva. *Curso de Direito Constitucional Positivo*. 23 ed. São Paulo: Malheiros, 2004.

[14] A questão da fundamentalidade dos direitos sociais é tema ainda controvertido. Adere-se, aqui, à corrente que se identifica como dominante, que concebe os direitos sociais como fundamentais. O alinhamento ao entendimento em prol da fundamentalidade demonstra que não se sustenta a ausência de exigibilidade do direito social à saúde, nem a insindicabilidade das políticas públicas sanitárias. Os equívocos na abordagem doutrinária do direito à saúde estão na sua consideração unifocal, que mina a relevância da participação popular para a sua significação e confina a sua determinação ao imperialismo biomédico, voltado às ações curativas.

[15] Sobre o ponto v. Ingo Wolfgang Sarlet e Mariana Filchtiner Figueiredo. O direito fundamental à proteção e promoção da saúde no Brasil: principais aspectos e problemas. In: RÉ, Aluísio Iunes Monti (Org.). *Temas Aprofundados da Defensoria Pública*. Salvador: Juspodivm, 2013.

O princípio da igualdade constitui, assim, o fundamento ético da dimensão social da saúde.[16] A busca pela igualdade no padrão sanitário da sociedade é o que autoriza a restrição de liberdades individuais para que a saúde se concretize como direito constitucional.[17] A igualdade fundamentará tanto a partilha e distribuição de recursos sociais para promoção, recuperação e proteção da saúde assim como autorizará a imposição de medidas que visem à preservação de um padrão igualitário de saúde.

Não é difícil perceber, no entanto, que o princípio da igualdade, por si só, não é suficiente para determinar o regime jurídico da saúde. Afinal, se a saúde se pautasse apenas pela realização de igualdade material, não haveria fundamento para se questionar, por exemplo, uma norma que tornasse compulsória a doação de sangue e de órgãos. Sob o aspecto coletivo da saúde, não haveria dúvida dos resultados benéficos dessa norma sanitária, tendo em conta que os bancos de sangue e as centrais de transplante não lidariam com a baixa adesão aos programas de doação. O interesse sanitário coletivo, nessa linha, justificaria essa medida de realização da saúde. De toda sorte, é inviável sustentar que essa hipotética norma realiza saúde, porque a sua conformação jurídico-constitucional não passaria pelo teste de adequação imposto pela autonomia. Veja-se que sob o enfoque da liberdade, a saúde impõe o respeito às pessoas por suas opiniões e escolhas, segundo seus valores e crenças pessoais, para que elas determinem aquilo que compreendem como bem-estar e definam as medidas que poderão levar a esse ideal de saúde.[18] Trata-se de uma abordagem pluralista, que reconhece a existência de múltiplos modos de compreender a doença, a saúde, a vida e a morte, atribuindo-se igual consideração e respeito às percepções individuais ou culturais que influem no sentir do paciente com relação a tratamentos, intervenções e procedimentos médicos. Veja-se que reconhecer o fato e valor do pluralismo impede que se tenha uma compreensão unívoca

---

[16] Sobre a dimensão social da saúde v. Sueli Gandolfi Dallari. O direito à saúde. *Revista de Saúde Pública*, São Paulo, v 22. n 1, fev. 1988: "Examinado, por outro lado, em seus aspectos sociais, o direito à saúde privilegia a igualdade. As limitações aos comportamentos humanos são postas exatamente para que todos possam usufruir igualmente as vantagens da vida em sociedade. Assim, para preservar-se a saúde de todos é necessário que ninguém possa impedir outrem de procurar seu bem-estar ou induzi-lo a adoecer. Essa é a razão das normas jurídicas que obrigam à vacinação, à notificação, ao tratamento, e mesmo ao isolamento de certas doenças, à destruição de alimentos deteriorados e, também, ao controle do meio ambiente, das condições de trabalho. A garantia de oferta de cuidados de saúde do mesmo nível a todos que deles necessitam também responde à exigência da igualdade. É claro que enquanto direito coletivo, a saúde depende igualmente do estágio de desenvolvimento do Estado. Apenas o Estado que tiver o seu direito ao desenvolvimento reconhecido poderá garantir as mesmas medidas de proteção e iguais cuidados para a recuperação da saúde para todo o povo".

[17] Note-se que as pessoas possuem necessidades de saúde e características fisiológicas diversas, de modo que dirigem diferentes pretensões ao Estado, na busca de um padrão de igualdade sanitária material. Nada obstante, o princípio da igualdade não é suficiente para solucionar essas demandas sociais, de modo que será preciso lidar democraticamente com a definição de limites e restrições à realização integral dos projetos individuais de bem-estar.

[18] Sobre o enfoque individual da saúde v. Sueli Gandolfi Dallari. O direito à saúde. *Revista de Saúde Pública*, São Paulo, v 22. n 1, fev. 1988: "Observado como direito individual, o direito à saúde privilegia a liberdade em sua mais ampla acepção. As pessoas devem ser livres para escolher o tipo de relação que terão com o meio ambiente, em que cidade e que tipo de vida pretendem viver, suas condições de trabalho e, quando doentes, o recurso médico-sanitário que procurarão, o tipo de tratamento a que se submeterão entre outros. Note-se, porém, que ainda sob a ótica individual o direito à saúde implica a liberdade do profissional de saúde para determinar o tratamento. Ele deve, portanto, poder escolher entre todas as alternativas existentes aquela que, em seu entender, é a mais adequada. É óbvio, então, que a efetiva liberdade necessária ao direito à saúde enquanto direito subjetivo depende do grau de desenvolvimento do Estado. De fato, unicamente no Estado desenvolvido socioeconômico e culturalmente o indivíduo é livre para procurar um completo bem-estar físico, mental e social e para, adoecendo, participar do estabelecimento do tratamento".

da saúde, assim como que se estabeleçam normatizações totalizantes, que desconsiderem a pluralidade de opiniões e convicções individuais e coletivas.

A concepção de saúde, por envolver a esfera de autodeterminação individual e de deliberação coletiva de uma comunidade política, deve se assentar em uma visão neutra e secular, que rejeita a imposição de uma visão particular em um ambiente caracterizado pela convivência de diversidades concretas.[19] O caso de recusa de tratamento que envolva transfusão de sangue, por parte dos que professam a religião Testemunhas de Jeová, bem ilustra o argumento. A negativa à transfusão se assenta em uma crença compartilhada, de que há uma proibição divina à prática.[20] O procedimento médico, portanto, não realizaria saúde para essa comunidade, já que, de acordo com os valores culturais e religiosos, a manutenção de bem-estar não admite essa intervenção.[21] A dimensão individual da saúde, que tem na liberdade o seu fundamento ético, condiciona, assim, a significação de saúde àquilo que corresponder e for necessário à satisfação do ideal individual de bem-estar. Nesse aspecto, atender a dimensão individual da saúde, em sua potencialidade máxima, significa afastar toda e qualquer intromissão sobre a saúde individual, cabendo ao paciente a determinação exclusiva dos meios para realizar o seu ideal de bem-estar.

De toda forma, não há como imprimir à dimensão individual da saúde esse caráter ilimitado. Há situações em que a preservação da saúde coletiva exigirá a limitação, intervenção e, até mesmo, a supressão de liberdades individuais. A partir da constatação de que a realização de um ideal de saúde pode comprometer a saúde de terceiros,[22] ou exigir a apropriação de recursos sociais, para que com eles se satisfaça o estado individual de bem-estar, o argumento de proteção à liberdade deixa de se conformar com o regime jurídico constitucional da saúde, já que a garantia da liberdade de um não pode significar a ruína da liberdade e dos projetos de bem-estar de outros.

Com efeito, a construção do significado jurídico de saúde e, consequentemente, a formulação de políticas públicas que se destinem à promoção, proteção e recuperação desse direito social, que tem como destinatários simultâneos cada indivíduo e a coletividade, dependem de um delicado equilíbrio entre interesses individuais e coletivos. Diante do contexto histórico e social de cada comunidade, os aspectos da saúde relacionados à liberdade e à igualdade devem se conciliar, sem que nenhum deles seja ponderado de

---

[19] A necessidade de uma compreensão secular e neutra na bioética é descrita por Letícia Ludwig Moller. Esperança e Responsabilidade: Os rumos da bioética e do direito diante do progresso da ciência. In: *Bioética e Responsabilidade*. Rio de Janeiro: Forense, 2009. V. também H. Tristram Engelhardt Jr. *Fundamentos da Bioética*. 2. ed. São Paulo: Loyola, 1998.

[20] O fundamento religioso para recusa está no Levítico 17:13, 14: "Não deveis tomar o sangue de carne alguma, pois a vida de toda carne é o seu sangue. Qualquer pessoa que tomar dele será cortada".

[21] Sobre a necessidade de se reconhecer a autonomia dos pacientes da religião Testemunha de Jeová para decidir sobre tratamentos médicos v. Luis Roberto Barroso, *Um outro país*: transformações no direito, na ética e na agenda do Brasil. Belo Horizonte: Fórum, 2018.

[22] Pode-se citar, como exemplo, um paciente que está internado em uma unidade de tratamento especializado e que, embora já tenha recebido liberação médica para remoção, se recusa a ser transferido para uma unidade geral, porque entende que nesta unidade o seu estado de bem-estar ficará comprometido. No entanto, não há mais leitos disponíveis na unidade especializada e um paciente, em estado grave, aguarda o ingresso. Por imposição da Resolução CFM nº 1.672/2003, do Conselho Federal de Medicina, para o transporte é necessária a obtenção de consentimento do paciente. Com a recusa, baseada na autonomia do paciente para realizar o seu ideal de bem-estar, a transferência não se realizará e não será liberado o leito para ingresso daquele que se encontra em estado grave e, igualmente, deseja ocupar a unidade especializada. O caso retrata situação típica em que o exercício de autonomia resulta em interferência na esfera de saúde de terceiros.

forma irrestrita, a ponto de não sobrar coisa alguma que lhes confira substância.[23] Esse é o teste a ser feito para definir se a autorização de uso da fosfoetanolamina realiza ou viola o direito social à saúde. O exercício a ser feito é o da possibilidade de combinar o discurso da liberdade e da esperança no progresso com o da responsabilidade, sobretudo em relação aos impactos ambientais e sobre terceiros dessa escolha individual.

Parte II

O caso da Pílula do Câncer:
o voto do Min. Luís Roberto Barroso na ADI nº 5.501

O direito à saúde, o regime de proteção de saúde e o uso de substância sem registro sanitário

Como destacado no voto do Ministro Luís Roberto Barroso, a autora da ação direta de inconstitucionalidade indicou que a autorização do uso da fosfoetanolamina sintética para pacientes diagnosticados com câncer foi promovida sem a realização de testes clínicos em seres humanos, conforme exigido pela Lei nº 6.360/1976. A AMB advertiu que os testes são necessários para: (i) avaliar a toxidade da substância ao organismo humano (segurança); (ii) avaliar a eficiência do medicamento no combate à doença (eficácia); e (iii) determinar as indicações, contraindicações, efeitos colaterais e doses corretas de uso. Registrou, ainda, que somente os testes pré-clínicos (em células e camundongos) teriam sido realizados em relação à fosfoetanolamina sintética. A autora da ADI concluiu, nessa linha, que a autorização de uso de substância não submetida a esses estudos viola o direito à saúde.

Em sentido oposto, as manifestações do Presidente da Câmara dos Deputados, do Senado e da Presidência da República afirmaram que a lei concretiza o direito à saúde. A Câmara dos Deputados argumentou que o objetivo da lei foi, justamente, o de garantir "o direito à vida, a supremacia da dignidade humana, o direito à saúde, o direito à liberdade em toda a sua amplitude e o direito de lutar pela própria vida inerente à natureza humana". Como exposto, a depender da intensidade que se confira, de um lado, à liberdade individual e, de outro lado, ao princípio da igualdade, é possível alcançar interpretações distintas sobre a existência ou não de violação ao direito à saúde pela Lei nº 13.269/2016. Não há, no entanto, como concluir se a hipótese trata de ofensa à Constituição ou sobre a sua efetivação sem que se examine a função exercida pelos órgãos de vigilância sanitária e se compreenda que o direito constitucional à saúde inclui, além da garantia de assistência médica e farmacêutica, um amplo sistema de promoção e proteção sanitária. Esse sistema de promoção e proteção instituído pela Constituição de 1988 afasta a tutela jurídica de demandas por substâncias que produzam riscos ambientais e sanitários.

---

[23] Por todos, sobre a ponderação de princípios, v. Ana Paula de Barcellos. *Ponderação, racionalidade e atividade jurisdicional*. Rio de Janeiro: Renovar, 2005. Especificamente sobre a ponderação entre liberdade e igualdade para conformação da saúde, v. Sueli Gandolfi Dallari. O direito à saúde. *Revista de Saúde Pública*, São Paulo, v. 22, n. 1, fev. 1988: "O direito à saúde ao apropriar-se da liberdade e da igualdade caracteriza-se pelo equilíbrio instável desses valores".

Na linha da exposição feita pelo voto do Min. Luís Roberto Barroso na ADI nº 5.501, as inovações farmacêuticas desempenham papel fundamental para as populações. Como apontado, "os avanços tecnológicos e o investimento em pesquisa permitiram o desenvolvimento de grande variedade de medicamentos, responsáveis por garantir maior bem-estar e saúde para as pessoas e por aumentar as perspectivas de cura de doenças". Além disso, não se pode afastar que a Constituição reserva um regime especial de proteção à propriedade intelectual (art. 5º, XXIX) e impõe ao Estado o dever de promover e incentivar o desenvolvimento científico, a pesquisa, a capacitação científica e tecnológica e a inovação (art. 218). Há, ainda, dispositivo específico que trata do apoio do Estado à inovação em saúde (art. 200, V). No entanto, se por um lado os novos conhecimentos científicos e biotecnológicos vêm permitindo o desenvolvimento de novos fármacos, novas formas de reprodução humana, manipulação do genoma para fins terapêuticos, com a acelerada concretização de muitos de nossos anseios, como o alívio da dor, a superação da infertilidade, a libertação das doenças e o prolongamento da vida; por outro lado esses avanços biomédicos suscitam uma série de questionamentos de ordem ética, política e jurídica, acerca do modo de fazer ciência e sobre os usos dos resultados das pesquisas e das novas tecnologias à saúde humana e ao ecossistema.

Diante disso, a exigência de registro sanitário, como afirmado pelo Ministro Luís Roberto Barroso, não se trata de "um procedimento meramente burocrático e dispensável, mas processo essencial para a tutela do direito à saúde de toda a coletividade pelo Poder Público". É preciso ter em conta, de início, que a tutela do direito à saúde pelo Estado não se restringe à oferta de tratamento médico. A preservação desse direito fundamental também envolve ações de proteção de saúde (art. 196 da CRFB/1988), constituídas, entre outras, por medidas de controle e fiscalização de procedimentos, produtos e substâncias de interesse para a saúde (art. 200, I) e por ações de vigilância sanitária (art. 200, II).

Diante desses deveres constitucionais do Estado brasileiro, a Lei nº 9.782/1999 instituiu o sistema nacional de vigilância sanitária e atribuiu à Agência Nacional de Vigilância Sanitária – ANVISA a competência para exercer a vigilância sanitária de medicamentos. Por sua vez, a Lei nº 6.360/1976 proibiu a industrialização, exposição à venda e entrega ao consumo de qualquer medicamento antes de registrado no Ministério da Saúde (art. 12), bem como previu requisitos específicos para a obtenção do registro, como a comprovação científica e a análise de que o produto seja seguro e eficaz para o uso a que se propõe, e possua a identidade, atividade, qualidade, pureza e inocuidade necessárias (art. 16, II). Dessa forma, por imposição constitucional, qualquer interessado em circular e comercializar produtos de interesse da saúde no Brasil deve apresentar à ANVISA as informações sobre a composição e pretensões de uso de seus produtos, de modo a permitir a avaliação de sua natureza e a fiscalização de sua qualidade, segurança e eficácia.[24]

---

[24] A ANVISA ressalta que "nos dias de hoje, em muitos países, inclusive o Brasil, o registro de novos medicamentos é feito apenas quando a agência reguladora se satisfaz plenamente com as evidências de sua qualidade, eficácia e segurança, apresentadas por uma indústria farmacêutica que pleiteie este registro" (ANVISA. *Esclarecimento sobre a posição da Anvisa quanto ao registro de medicamentos antineoplásicos novos*. Disponível em: <http://portal.anvisa. gov.br/wps/content/Anvisa+Portal/Anvisa/Inicio/Medicamentos/Assunto+de+Interesse/Medicamentos+novos/ Esclarecimento+sobre+a+posicao+da+Anvisa+quanto+ao+registro+de+medicamentos+antineoplasicos+novos>. Acesso em: 09 nov. 2015.

Trata-se de um procedimento complexo e casuístico que compreende as análises farmacotécnica e de eficácia e segurança.[25] Em seu voto, o Min. Barroso detalhou a abrangência do procedimento de registro sanitário, ressaltando que o exame transcende aspectos individuais relacionados aos efeitos da droga sobre o paciente e alcança fatores como interações com outras substâncias e o impacto socioambiental:

> A análise farmacotécnica inclui a verificação de todas as etapas da fabricação do medicamento, incluindo a aquisição dos materiais, produção, controle de qualidade, liberação, estocagem etc.. Já a análise de eficácia e segurança é realizada por meio de estudos (i) pré-clínicos ou não clínicos (com simulações computacionais, células, isolamentos de órgãos ou animais) e (ii) clínicos (em seres humanos). A condução de pesquisas clínicas com novos medicamentos exige aprovação regulatória (ética e sanitária) e se subdivide em fases I, II, III e IV, as quais objetivam determinar a eficácia e a segurança da substância nos pacientes que fizerem parte da pesquisa, selecionar as doses adequadas e o intervalo de uso, e conhecer os efeitos colaterais adversos e as interações com outras substâncias.

E mais. Nos termos do art. 16, VII, da Lei nº 6.360/1976, para obtenção do registro o laboratório deverá apresentar, além dos dados referentes às análises farmacotécnicas e de segurança e eficácia, informações econômicas preliminares, que incluem o preço do produto praticado em outros países, o valor de aquisição da substância ativa do produto, o custo do tratamento por paciente e a lista de preço que pretende praticar no mercado interno. Esses dados permitem que a ANVISA monitore a evolução dos preços do medicamento e coíba qualquer sorte de abuso, conforme previsão do art. 7º da Lei nº 9.782/1999.

Esse amplo sistema de proteção de saúde, que impõe a intervenção do Estado para impedir possíveis danos, agravos ou riscos à saúde da população, não pode ser desconsiderado e desassociado da ordem constitucional da Saúde. Como já detalhado, a Constituição estruturou o direito à saúde prevendo um regime em que, de um lado, assegura um direito individual e, de outro, detalha como o Estado concretizará esse direito. E ao detalhar, no *caput* do art. 196, que a saúde é um direito "assegurado por políticas sociais e econômicas que visem à *redução do risco de doença e de outros agravos e ao acesso universal e igualitário às ações e serviços para sua promoção, proteção e recuperação*", é inerente à tutela constitucional da saúde a existência de um sistema de vigilância sanitária para realização de ações protetivas. Nas palavras do Min. Eros Grau, "não se interpreta o direito em tiras; não se interpreta textos normativos isoladamente, mas sim o direito, no seu todo".

Dessa forma, a ideia de que o direito à saúde, pautado na autonomia do paciente, admite a realização de escolha de substâncias, ainda que nocivas à saúde, pauta-se em uma leitura de apenas pequenos trechos da Constituição, apagando-se todos os

---

[25] Nos termos da Resolução da Diretoria Colegiada – RDC, nº 60, de 10 de outubro de 2014, que regulamenta os critérios para concessão e renovação do registro de medicamentos com princípios ativos sintéticos e semissintéticos, a obtenção de registro sanitário pressupõe o atendimento, entre outros, dos seguintes requisitos: (i) comprovação de que os estudos clínicos conduzidos em território nacional seguiram a legislação específica vigente para pesquisa clínica (art. 15); (ii) apresentação de cópia do Certificado de Boas Práticas de Fabricação (CBPF) (art. 20, V); e (iii) apresentação de relatório de segurança e eficácia contendo relatório de ensaios não clínicos, de ensaios clínicos fase I, II e III, além de plano de farmacovigilância, de acordo com a legislação específica vigente (art. 24, I).

comandos que impõem a intervenção do Estado para controlar e fiscalizar procedimentos, produtos e substâncias de interesse para a saúde. Mais do que isso, a admissão de uso de substância não submetida ao controle sanitário pauta-se em uma visão atomizada das liberdades individuais, que desconsidera os possíveis efeitos da circulação da droga sobre o ambiente e sobre terceiros.[26] Ainda que se pudesse afastar a exigência constitucional de concretização do direito à saúde por um sistema obrigado a empreender ações de vigilância sanitária (arts. 196 e 200, I e II), é irreal supor que os efeitos nocivos de uma substância ficam limitados àqueles que conscientemente optam pelo seu consumo. Não há como dizer, por exemplo, que o despejo dessas substâncias em esgoto, por descarte ou pela eliminação natural de parcela não metabolizada pelas fezes e urina, não produzirá impacto ambiental ou sanitário. Há múltiplos estudos de vigilância sanitária que acompanham os impactos produzidos pelo descarte de substâncias farmacêuticas em água e solo.[27] Esses estudos, no entanto, sequer são realizados se o Estado excepciona o registro sanitário e, assim, exonera o fabricante/produtor de qualquer dever de acompanhamento dos resultados clínicos e socioambientais da substância.

Não há, portanto, como sustentar que a escolha de tratamento com droga não testada clinicamente encerra os seus efeitos apenas sobre aquele que assumiu os riscos do seu consumo. Um exemplo figurativo do argumento pode ser dado com o consumo de álcool no trânsito. O motorista que, no exercício de sua autonomia, escolhe beber ao dirigir, não limita a si os impactos de sua conduta. Expõe, igualmente, pedestres e passageiros ao risco de acidente. Outro exemplo da transcendência dos efeitos do consumo de substâncias de interesse da saúde pode ser dado com o uso indiscriminado de antimicrobianos. O consumo excessivo com a consequente circulação sem controle de antibióticos faz surgir bactérias mais resistentes e não responsivas aos tratamentos existentes. Essas ilustrações de risco sanitário demonstram que a saúde não pode ser tratada como um tema restrito à esfera individual. Como exposto, a preservação da saúde coletiva exige a limitação, intervenção e, até mesmo, a supressão de liberdades individuais. A constatação de que a realização de um ideal de saúde pode comprometer a saúde de terceiros restringe a proteção à liberdade de escolha a tratamentos de saúde e, consequentemente, afasta essa pretensão da tutela constitucional da saúde.

---

[26] A limitação imposta à autonomia do paciente pela dimensão coletiva da saúde é exemplo do conceito de dignidade como heteronomia, apresentado por Luís Roberto Barroso em "Aqui, lá e em todo lugar: A dignidade humana no direito contemporâneo e no discurso transnacional". *Revista dos Tribunais*, Rio de Janeiro, ano 101, n. 919, 2012, p. 127/196: "a dignidade humana como valor comunitário, também chamada de dignidade como restrição ou dignidade como heteronomia, representa o elemento social da dignidade. Os contornos da dignidade humana são moldados pelas relações do indivíduo com os outros, assim como com o mundo ao seu redor (...) O indivíduo, portanto, vive dentro de si mesmo, de uma comunidade e de um Estado. Sua autonomia pessoal é restringida por valores, costumes e direitos de outras pessoas tão livres e iguais quanto ele, assim como pela regulação estatal coercitiva (...) A dignidade como valor comunitário enfatiza, portanto, o papel do Estado e da comunidade no estabelecimento de metas coletivas e de restrições sobre direitos e liberdades individuais em nome de certa concepção de vida boa".

[27] Cite-se, com exemplo, a compilação de estudos sobre a contaminação de água por medicamentos realizada por Sueli Ivone Borrely, Suzete Maria L. Caminada, Alexandre Nunes Ponezi, Dymes Rafael dos Santos e Vanessa H. Ogihara Silva. Os autores destacam que "em decorrência de sua ampla comercialização e uso, o Prozac® vem sendo detectado no ambiente aquático, e dados ecotoxicológicos demonstram o potencial de efeitos que esse tipo de resíduo pode representar à biota". Advertem, ainda, que "provavelmente, a principal fonte de [contaminação por] medicamento seja a excreção via fezes e urina, seguida dos medicamentos não utilizados das residências, muitas vezes despejados no sanitário" (Contaminação das águas por resíduos de medicamentos: ênfase ao cloridrato de fluoxetina, *O Mundo da Saúde*. São Paulo, 2012. p. 556/563).

A violação ao direito a saúde pela Lei nº 13.269/2016: a exigência constitucional de restrição à circulação de substâncias sem a realização de testes de segurança sanitária

A instituição pela Constituição de um abrangente e complexo sistema regulatório de vigilância sanitária tem como objetivo a proteção da saúde da população brasileira. A edição de um ato normativo como a Lei nº 13.269/2016, que autoriza o uso, a fabricação e a comercialização de uma substância que não tem registro sanitário – e sequer poderia obtê-lo, por não ter passado pelos testes necessários –, viola o direito constitucional à saúde. Na linha afirmada pelo voto do Min. Luís Roberto Barroso na ADI nº 5.501, "a edição de lei para isentar de registro sanitário uma substância específica que não foi submetida aos testes e critérios técnicos mínimos exigidos no Brasil (e em todo o mundo) representa grave risco para a saúde pública". Como destacado em suas razões de voto, ainda que existam relatos de resultados positivos com a utilização da fosfoetanolamina, é inadmissível que o Estado libere o uso da substância sem que sejam conhecidos e testados os seus efeitos e propriedades.

O desconhecimento quanto aos efeitos colaterais adversos ou tóxicos ao organismo de pacientes e sobre os impactos socioambientais da substância excluem do regime constitucional de proteção, promoção e recuperação de saúde a possibilidade de produção e utilização do composto químico. Sobre o ponto, o Ministro Barroso ainda acresceu que:

> Em tema de tamanha relevância, que envolve pessoas fragilizadas pela doença e com grande ânsia para obter a cura, não há espaço para especulações. Diante da ausência de informações e conhecimentos científicos acerca de eventuais efeitos adversos de uma substância, a solução nunca deverá ser a liberação para consumo. Mas, sim, o incentivo à realização de estudos científicos, testes e protocolos, capazes de garantir proteção às pessoas que desejam fazer uso desses medicamentos.

Dessa forma, o Min. Barroso concluiu em seu voto que, "ao subverter, por lei, o processo de concessão de registro de medicamentos, em nome de suposto direito das pessoas com câncer de buscar alternativas para a cura, o Estado está, em verdade, expondo essas pessoas a graves riscos justamente em relação aos bens que buscava proteger: a vida, a dignidade, a integridade e a saúde".

Conclusão

A saúde depende de características biológicas individuais e de condições sociais, políticas e culturais. E é pela interação desses fatores individuais e coletivos que se torna possível significar e determinar a saúde.[28] Por essa razão, não basta que se coloquem

---

[28] A existência de uma dimensão individual e de outra coletiva da saúde é enfatizada por Sueli Dallari: "Ninguém pode, portanto, ser individual e exclusivamente responsável por sua saúde. Com efeito, o aparecimento de doenças pode estar ligado mais diretamente a características e fatores individuais, embora não deixe de apresentar traços que o liguem à organização social ou política. A maior força dos fatores e características ambientais, econômicas e sociopolíticas fica evidente nas doenças transmissíveis, onde existe uma ameaça à saúde de toda a população e as pessoas individualmente pouco podem fazer para se protegerem, pois ainda que

meios à disposição das pessoas, para que elas, individualmente – e por vezes de forma egoísta –, promovam, protejam e recuperem a sua saúde. A realização da saúde depende igualmente de ações redistributivas e de medidas coletivas de supressão de liberdades individuais.[29] Como se vê, o direito à saúde envolve um complexo de posições jurídicas diversas, que o reconduzem às noções de direito de defesa e de direito a prestações.[30] Veja-se que, como um direito de defesa, o direito à saúde salvaguarda a saúde individual e coletiva contra interferências indevidas, por parte do Estado ou de agentes privados. Por exemplo, é possível determinar o isolamento de um turista vindo de um país africano, com suspeita de contaminação pelo vírus ebola, para evitar o contágio de outras pessoas, ainda que o paciente resista à medida de quarentena. Igualmente, proíbe a circulação de substâncias que possam produzir impactos nocivos ao ambiente e às pessoas. Por sua vez, como um direito positivo ou de prestações, a garantia à saúde impõe deveres de promoção e recuperação da saúde, que incluem o fornecimento de bens e insumos e a obrigação de estruturar sistemas de atenção básica em saúde. A ordem sanitária constitucional é composta, portanto, por múltiplas facetas para realização da saúde. Não se trata, assim, apenas de um direito à assistência farmacêutica eleito conforme a conveniência do paciente.

Diante disso, não há como apagar todos os comandos que impõem a intervenção do Estado para controlar e fiscalizar procedimentos, produtos e substâncias de interesse para a saúde e reconhecer na Constituição o direito ao uso de substâncias não submetidas ao controle sanitário. A leitura de que o direito à saúde, em nome da esperança de cura, compreende o manejo de drogas excepcionadas do regime de vigilância sanitária, por caber ao próprio paciente a escolha dos riscos que assume para salvaguardar a sua vida, pauta-se em uma visão atomizada de liberdades individuais, que desconsidera os possíveis efeitos da circulação da droga sobre o ambiente e sobre terceiros.

---

suas condições físicas e psicológicas possam tornar mais fácil ou dificultar seu adoecimento é fácil perceber a predominância da organização social, nacional e global, produzindo doenças. Na realidade existe um continuum na noção de saúde, que tem em um de seus polos as características mais próximas do indivíduo e, no outro, aquelas mais diretamente dependentes da organização sociopolítica e econômica dos Estados" (Sueli Gandolfi Dallari. *A democracia sanitária e o direito à saúde*: uma estratégia para sua efetivação. Disponível em: <http://www.cnj.jus.br/images/CNJdsaudeDALLARI.pdf>).

[29] São exemplos dessas restrições genéricas e abstratas, que reduzem os espaços de liberdade individual com o propósito de promover saúde, as ações do Estado voltadas ao controle de sódio nos alimentos e à abstenção de fumo.

[30] Nesse sentido, v. Ingo Wolfgang Sarlet e Mariana Filchtiner Figueiredo. O direito fundamental à proteção e promoção da saúde no Brasil: principais aspectos e problemas. In: RÉ, Aluísio Iunes Monti (Org.). *Temas Aprofundados da Defensoria Pública*. Salvador: Juspodivm, 2013 "O direito fundamental à saúde (na condição de um direito em sentido amplo) envolve, outrossim, um complexo de posições jurídico-subjetivas diversas, podendo ser reconduzido às noções de direito de defesa e de direito a prestações. Como direito de defesa (ou direito negativo), o direito à saúde visa à salvaguarda da saúde individual e pública contra ingerências indevidas, por parte do Estado ou de sujeitos privados, individual e coletivamente considerados. Na condição de direito a prestações (direito positivo), e especificamente como direito a prestações em sentido amplo, o direito à saúde impõe deveres de proteção da saúde pessoal e pública, assim como deveres de cunho organizatório e procedimental (v.g., organização dos serviços de assistência à saúde, de formas de acesso ao sistema, da distribuição dos recursos financeiros e sanitários, etc.; regulação do exercício dos direitos de participação e controle social do SUS; organização e controle da participação da iniciativa privada na prestação de assistência sanitária; estabelecimento de instituições e órgãos de promoção das políticas públicas de saúde, assim como de defesa dos titulares desse direito fundamental, como o Ministério Público e a Defensoria Pública, dotando-os de instrumentos processuais para tanto). Como direito a prestações em sentido estrito, o direito à saúde abarca pretensões ao fornecimento de variadas prestações materiais (tratamentos, medicamentos, exames, internações, consultas, etc.)".

Na busca pelo equilíbrio entre liberdade, esperança científica e proteção à dignidade do homem, não basta que os limites de atuação sejam definidos por autorrestrição do pesquisador, nem que o mercado defina as suas regras.[31] Cabe ao Estado intervir para regular as assimetrias existentes, impondo princípios e regras para o desenvolvimento científico. Nas palavras de Raul Cutait:

> A esperança é fundamental e os médicos devem fazê-la constar de seus receituários, colocando-se como parceiros de seus pacientes em suas batalhas contra a doença, mas não devem oferecê-la sem o devido embasamento científico, sob o risco de promover o charlatanismo.
> A ciência é uma aliada da esperança e não sua antagonista.

Referências

ANGELL, Marcia. *A verdade sobre os Laboratórios Farmacêuticos*: como somos enganados e o que podemos fazer a respeito. 5. ed. Rio de Janeiro: Record: 2010.

ARGUELHES, Diego Werneck; LEAL, Fernando. O Argumento das "capacidades institucionais" entre a banalidade, a redundância e o absurdo. *Revista Direito, Estado e Sociedade*, n. 38, 2011.

AROUCA, Sergio. *O dilema preventivista*: contribuição para a compreensão e crítica da medicina preventiva. Rio de Janeiro: Fiocruz, 2003. p. 8.

BARBOZA, Heloisa Helena. Responsabilidade civil em face das pesquisas em seres humanos: Efeitos do consentimento livre e esclarecido. In: MARTINS-COSTA, Judith; MÖLLER, Leticia Ludwig (Org.). *Bioética e Responsabilidade*. Rio de Janeiro: Forense, 2009. p. 206/233.

_____. Biodireito x Direito Sanitário. In: ASENI, Felipe Dutra; PINHEIRO, Roseni (Org.). *Direito Sanitário*. Rio de Janeiro: Elsevier, 2012. p. 351/363.

BARCELLOS, Ana Paula de. Constitucionalização das políticas públicas em matéria de direitos fundamentais: o controle político-social e o controle jurídico no espaço democrático, *Revista de Direito do Estado*, Rio de Janeiro, n. 3, 2006.

_____. *A eficácia jurídica dos princípios constitucionais*. O princípio da dignidade da pessoa humana. 3. ed. Rio de Janeiro: Renovar, 2011.

_____. Neoconstitucionalismo, direitos fundamentais e controle das políticas públicas. *Revista de Direito Administrativo*, São Paulo, n. 240, 2005.

_____. *Ponderação, racionalidade e atividade jurisdicional*. Rio de Janeiro: Renovar, 2005.

BARROSO, Luís Roberto. Aqui, lá e em todo lugar: A dignidade humana no direito contemporâneo e no discurso transnacional. *Revista dos Tribunais*, Rio de Janeiro, ano 101, v. 919, p. 127/196. 2012.

_____. *Legitimidade da recusa de transfusão de sangue por Testemunhas de Jeová*. Dignidade humana, liberdade religiosa e escolhas existenciais. Disponível em: <http://www.luisrobertobarroso.com.br/wp-ontent/themes/LRB/pdf/testemunhas_de_jeova.pdf>.

_____. A doutrina brasileira da efetividade. In: BARROSO, Luís Roberto. *Temas de direito constitucional*, t. III. Rio de Janeiro: Renovar, 2005.

_____. *Curso de Direito Constitucional Contemporâneo*. Os conceitos fundamentais e a construção do novo modelo. 4. ed. São Paulo: Saraiva, 2013.

---

[31] Luiz Roberto Londres, em artigo publicado no Jornal *O Globo* de 02.01.2018, com o título "Um SUS no fim do túnel", discorre sobre a atuação privada em saúde e adverte sobre "a transformação progressiva do atendimento médico em um comércio no qual a mercadoria, assim como na prostituição e na escravatura, é um ser humano".

_____. Da falta de efetividade à judicialização excessiva: direito à saúde, fornecimento gratuito de medicamentos e parâmetros para a atuação judicial. In: SOUZA NETO, Cláudio Pereira de; SARMENTO, Daniel (Org.). *Direitos Sociais*: fundamentos, judicialização e direitos sociais em espécie. Rio de Janeiro: Lumen Juris, 2010.

_____. *O Controle de Constitucionalidade no Direito Brasileiro*. 5. ed. São Paulo: Saraiva, 2011.

BONAVIDES, Paulo. *Do Estado Liberal ao Estado Social*. 10. ed. Rio de Janeiro: Malheiros, 2011.

COHN, Amélia. Caminhos da Reforma Sanitária. *Revista Lua Nova*, São Paulo, n. 19, p. 123/140, nov. 1989.

DALLARI, Sueli Gandolfi. Le concept de démocratie sanitaire: l'expérience brésilienne. *Revue Genérale de Droit Medícale*, n. 12, mars 2004.

_____. O direito à saúde. *Revista de Saúde Pública*, São Paulo, v. 22, n. 1, fev. 1988.

_____. A participação popular e o Direito à Saúde no Sistema Nacional de Saúde Brasileiro. *Revista de Direito Sanitário*, São Paulo, v. 6. 2005.

_____. A Participação Popular na Vigilância Sanitária para a garantia do Direito à Saúde. *Saúde em Debate*, Rio de Janeiro, v. 27, n. 65, p. 364/375, set./dez. 2003.

_____. *A democracia sanitária e o direito à saúde*: uma estratégia para sua efetivação. Disponível em: <http://www.cnj.jus.br/images/CNJdsaudeDALLARI.pdf>.

DALLARI, Sueli Gandolfi; MARQUES, Silvia Badim. Garantia do direito social à assistência farmacêutica no Estado de São Paulo. *Revista de Saúde Pública*, n. 41, 2007.

DALLARI, Sueli Gandolfi; NUNES JÚNIOR, Vidal Serrano. *Direito Sanitário*. São Paulo: Verbatim, 2010.

DANIELS, Norman. *Just Health*. Meeting health needs fairly. Cambridge University Press, 2008.

DA SILVA, José Afonso. *Curso de Direito Constitucional Positivo*. 23. ed. São Paulo: Malheiros, 2004.

ESCOREL, Sarah. Projeto Montes Claros – Palco e Bandeira de Luta, Experiência Acumulada do Movimento Sanitário. In: FLEURY, Sonia (Org.) *Projeto Montes Claros*: A utopia revisitada. Rio de Janeiro: ABRASCO, 1995. p. 152.

_____. História das políticas de saúde no Brasil de 1964 a 1990: do golpe militar à reforma sanitária. In: GIOVANELLA, Lígia; ESCOREL, Sarah; LOBATO, Lenaura de Vasconcelos Costa; NORONHA, José de Carvalho; CARVALHO, Antonio Ivo (Org.). *Políticas e Sistemas de Saúde no Brasil*. Rio de Janeiro: FIOCRUZ, 2008. P. 385/434.

ESCOREL, Sarah; MOREIRA, Marcelo Rasga. Desafios da participação social em saúde na nova agenda da reforma sanitária: democracia deliberativa e efetividade. In: FLEURY, Sonia (Org.) *Projeto Montes Claros*: A utopia revisitada. Rio de Janeiro: ABRASCO, 1995.

FLEURY, Sonia. Introdução. In. FLEURY, Sonia (Org.) *Projeto Montes Claros*: A utopia revisitada. Rio de Janeiro: ABRASCO, 1995.

_____ (Org.). *Saúde e democracia*: a luta do CEBES. São Paulo: Lemos Editorial, 1997.

_____. Revisitando "a questão democrática na área da saúde": quase 30 anos depois. *Saúde em Debate*, Rio de Janeiro, v. 33, n. 81, p. 156-164, jan./abr. 2009.

_____. Reflexões Teóricas sobre Democracia e Reforma Sanitária. In FLEURY, Sonia (Org.) *Reforma Sanitária* – em busca de uma teoria. São Paulo: ABRASCO, 1989. p. 39.

FLEURY, Sonia. LOBATO, Lenaura de Vasconcelos Costa. *Participação. Democracia e Saúde*. Rio de Janeiro: CEBES, 2010.

GRYNBERG, Ciro. *Democracia Sanitária*: O papel da participação na construção do conceito jurídico de saúde. 2015. 276f. Dissertação (Mestrado em Direito Público) – Faculdade de Direito, Universidade do Estado do Rio de Janeiro, Rio de Janeiro, 2015.

KLIGERMAN, Jacob. Bioética e Política de Saúde Pública. *Revista Brasileira de Cancerologia*, vol. 45, n. 1, 1999.

_____. Bioética em Saúde Pública, extraído de <http://www.inca.gov.br/rbc/n_48/v03/pdf/editorial.pdf>.

LINS, Litiane Cipriano Barbosa. *Direitos socioambientais*: titularidade e exigibilidade judicial a partir da análise do direito fundamental à saúde. Curitiba: Juruá, 2012.

LOBATO, Lenaura de Vasconcelos Costa. Apresentação. In: FLEURY, Sonia; LOBATO, Lenaura de Vasconcelos Costa. *Participação, Democracia e Saúde*. Rio de Janeiro: Cebes, 2009. p. 7-12.

LOBO, Liliana. Participação comunitária e satisfação com os cuidados de saúde primária. *Analise Psicológica*, n. 26, 2008.

MILLER, David. *Principles of Social Justice*. Harvard University Press, 2001.

MÖLLER, Letícia Ludwig. Esperança e Responsabilidade: Os rumos da bioética e do direito diante do progresso da ciência. In: MARTINS-COSTA, Judith; MÖLLER, Letícia Ludwig. *Bioética e Responsabilidade*. Rio de Janeiro: Forense, 2009.

POWERS, Madison; FADEN, Ruth. *Social Justice*. The moral foundations of public health and health policy. Oxford University Press, 2006.

SEGALL, Shlomi. *Health, Luck, and Justice*. Princeton University Press, 2010.

VENKATAPURAM, Sridhar. *Health Justice*: an argument form the capabilities approach. Cambridge: Polity Press, 2011.

Informação bibliográfica deste texto, conforme a NBR 6023:2002 da Associação Brasileira de Normas Técnicas (ABNT):

GRYNBERG, Ciro. Esperança, saúde e direito: o caso da pílula do câncer. In: SARAIVA, Renata et al. *Ministro Luís Roberto Barroso*: 5 anos de Supremo Tribunal Federal: homenagem de seus assessores. Belo Horizonte: Fórum, 2018. p. 221-238. ISBN 978-85-450-0525-4.

CAPÍTULO 13

REGIME SUCESSÓRIO DAS UNIÕES ESTÁVEIS HETERO E HOMOAFETIVAS

LUIS FELIPE SAMPAIO

13.1 Barroso no STF: cinco anos e muitas mudanças

O presente artigo é parte do livro elaborado por assessores do Ministro Luís Roberto Barroso em homenagem aos cinco anos de sua atuação no Supremo Tribunal Federal (STF) e traz consigo as visões e experiências daqueles que conviveram de perto com as grandes questões constitucionais julgadas no período.

A chegada de Barroso ao STF foi cercada de grandes expectativas pela comunidade jurídica, por sua trajetória de grande destaque na academia,[1] na advocacia pública[2] e na advocacia privada, especialmente em razão de traços marcantes de sua personalidade, como a grande capacidade de raciocínio, o vasto conhecimento jurídico, a eloquência e a clareza na forma de se expressar e a coragem de enfrentar e de se posicionar em temas polêmicos. E, no primeiro quinquênio de sua atuação como Ministro, houve enorme quantidade de casos emblemáticos em que a participação do Min. Barroso foi decisiva.

Como se perceberá ao longo deste livro, as mudanças promovidas, iniciadas ou idealizadas pelo Ministro Barroso são muitas e variam desde aspectos mais *genéricos* – como mudanças institucionais que envolvem (i) a prática de se definir teses em proposições objetivas ao final de julgamentos, que facilitem a compreensão – pelos jurisdicionados e pelos próprios Tribunais – do que foi decidido em cada caso, e (ii) o

---

[1] Além de sua importante formação e produção acadêmica nacional e internacional, Barroso sempre se fez presente nas salas de aula, especialmente na Universidade do Estado do Rio de Janeiro, onde há muitos anos desempenha com excelência o cargo de Professor Titular de Direito Constitucional.

[2] Durante muitos anos, Barroso integrou com destaque o quadro da Procuradoria-Geral do Estado do Rio de Janeiro, deixando-o apenas quando de sua posse como Ministro no STF.

estímulo à circulação de votos entre os Ministros, de modo a acelerar os julgamentos, permitindo que o STF solucione mais controvérsias em menos tempo – até aspectos mais *específicos* – como (i) a colocação em pauta de temas que nunca haviam sido analisados pelo STF, mas afetavam grande número de pessoas, e (ii) a alteração de entendimentos consolidados há tempos na Suprema Corte.

O presente artigo se concentra no aspecto mais *específico* da atuação do Ministro Barroso e tem como objeto analisar dois dos vários casos emblemáticos por ele protagonizados: os julgamentos sobre regime sucessório de uniões estáveis hetero e homoafetivas.

13.2 Contextualização do tema e dos julgamentos

Para que se possa compreender toda a importância de um julgamento, é necessário entender adequadamente o contexto em que foi produzido.

Por isso, em relação aos julgamentos sobre regime sucessório das uniões estáveis hetero e homoafetivas, é importante demarcar, ainda que de forma sucinta, algumas das principais circunstâncias da época, como as estatísticas demográfico-econômicas, o longo tempo de existência da controvérsia na doutrina e na jurisprudência dos Tribunais comuns e o paradoxal silêncio do STF sobre o tema. A seguir, faz-se uma rápida análise de cada uma delas.

13.2.1 Circunstâncias demográfico-econômicas

O último censo demográfico realizado pelo IBGE até os referidos julgamentos apontava que, em 2010, *mais de um terço* das uniões do país era formada por pessoas não casadas (36,4%),[3] o que demonstra o enorme número de indivíduos sujeitos a incertezas jurídicas acerca de seus regimes sucessórios.

No aspecto econômico, entre pessoas com rendimento domiciliar *per capita acima de cinco salários mínimos*, apenas 19,7% estavam unidas por união consensual, enquanto a ampla maioria de 64,2% estava unida pelo casamento. No entanto, entre pessoas que vivem com até *meio salário mínimo*, os papéis se invertiam: apenas 28,4% estavam unidas pelo casamento, enquanto 48,9% estavam unidas por uniões consensuais.

Essas estatísticas são importantes para demonstrar que, ao menos no contexto brasileiro, é possível extrair uma significativa correlação entre a capacidade econômica dos indivíduos e a forma de união familiar (matrimonial ou não): quanto mais pobre a família, mais provável que sua união ocorra de modo informal. Quanto mais rica a família, mais provável que ela adote o casamento como modo de formalizar sua união, garantindo para si maior segurança jurídica.

Nesse ponto, é inevitável ligar a falta de recursos econômicos de uma parcela da população à falta de acesso à informação, especialmente sobre temas que possuam maior

---

[3] Disponível em: <http://censo2010.ibge.gov.br/noticias-censo.html?view=noticia&id=3&idnoticia=2240&busca=1&t=censo-2010-unioes-consensuais-ja-representam-mais-13-casamentos-sao-frequentes-classes>. Acesso em: 18 jan. 2018.

grau de especificidade e tecnicidade, como ocorre com a questão do tratamento jurídico constitucional/legal do regime sucessório das pessoas que integrem uniões consensuais.

Se mesmo pessoas razoavelmente instruídas, por vezes, não saberiam ao certo que haveria e quais seriam as distinções sucessórias decorrentes do ato de se casar ou não, com muito mais frequência o problema ocorreria com pessoas com menor capacidade econômica e menor grau de instrução, que, muitas vezes, vivem suas vidas sem conhecer de forma relevante os elementos jurídicos que incidem sobre seus atos e decisões.

O ponto é importante porque permite demonstrar, desde já, que parece equivocado um dos argumentos utilizados pela corrente que acabou vencida nos julgamentos do STF, no sentido de que a distinção do regime sucessório das uniões consensuais e das matrimoniais no contexto brasileiro buscaria preservar a autonomia da vontade dos parceiros e sua equiparação violaria sempre essa autonomia.

Afinal, para que haja pleno exercício da autonomia da vontade é necessário o preenchimento de alguns requisitos, dentre eles a existência de conhecimento e informação adequados acerca do tema sobre o qual se deve deliberar. Sem informação adequada, não há real escolha livre, e, ao menos de acordo com as estatísticas apontadas, percebe-se que, no contexto nacional, a maior parte dos parceiros envolvidos em união estável não fez uma escolha deliberada e autônoma, levando em consideração os detalhes técnico-jurídicos do regime sucessório entre tal forma de união e o casamento. Ao contrário, a grande incidência de uniões estáveis entre a parcela mais pobre da população parece decorrer de seu caráter informal, dos fatos da vida, que é justamente a situação que a Constituição de 1988 buscou preservar ao conferir igual proteção às famílias daí advindas.

Com relação às uniões homoafetivas, há outro ponto relevante: a maior parte das uniões homoafetivas não era formalizada por registro. Em parte, isso se deve ao fato de que, à época da realização do censo, ainda não era frequente a admissão da formalização de registro de tais uniões,[4] o que evitava que integrantes de muitas uniões homoafetivas tivessem a possibilidade de escolher qual forma de união lhes seria mais conveniente (inclusive em termos sucessórios).

A proporção de uniões homoafetivas não registradas só começou a ser alterada em período posterior ao referido censo. O primeiro passo foi o julgamento pelo STF, em 2011, da ADPF nº 132 – movida pelo Estado do Rio de Janeiro, na qual Barroso, ainda atuando pela Procuradoria-Geral do Estado do Rio de Janeiro (PGE-RJ), realizou a sustentação oral na sessão de julgamento[5] – e da ADI nº 4.277 (movida pelo MPF). O segundo passo foi a edição da Resolução nº 175/2013 pelo Conselho Nacional de Justiça (CNJ), que vedou às autoridades competentes a recusa de habilitação, celebração de casamento civil ou de conversão de união estável em casamento entre pessoas do mesmo sexo.

Diante do exposto, percebe-se que até os julgamentos analisados neste artigo, grande parcela da população estava sujeita às incertezas ao redor do tema, fato que gerava insegurança jurídica, falta de isonomia e muitos outros efeitos nocivos atinentes a qualquer controvérsia de larga escala.

---

[4]   Algumas legislações, no entanto, já estabeleciam expressamente direitos para companheiros integrantes de uniões homoafetivas, como era o caso da Lei Estadual RJ nº 5.260/2008, que estabelecia direitos previdenciários, podendo tais uniões ser comprovadas pelos mesmos meios que as uniões estáveis heteroafetivas.

[5]   Disponível em: <https://www.youtube.com/watch?v=8m4mOVCS8-c>. Acesso em: 26 jan. 2018.

13.2.2 Longo tempo de existência da controvérsia

Embora fossem muitos os afetados pela controvérsia, não se tratava de questão recente nem na doutrina nem na jurisprudência. Portanto, era indispensável que o STF atuasse o quanto antes, definindo a situação jurídica dos interessados.

Na doutrina, o regime sucessório das uniões estáveis já era objeto de contenda por décadas, mesmo antes de passarem a ser consagradas expressamente na Constituição de 1988 (CR/88). Após a CR/88, a controvérsia permaneceu intensa até a edição de duas leis específicas sobre uniões estáveis (Leis nº 8.971/94 e nº 9.278/96), que, seguindo a mensagem constitucional, caminharam no sentido de atribuir regimes similares (praticamente idênticos) entre uniões estáveis e uniões matrimoniais.

No entanto, o debate doutrinário voltou a ganhar muita força com a edição do CC/2002, que apresentou em sua versão final uma proposta de redação sobre o tema datada de 1985 (antes mesmo do advento da CR/88), desconsiderando a produção normativa constitucional e legal ocorrida entre aquela data e a promulgação do CC/2002, separando novamente os regimes e estabelecendo as regras atinentes às uniões matrimoniais no art. 1.829 e as regras referentes às uniões estáveis no art. 1.790, sem fazer qualquer menção às uniões homoafetivas.

Na jurisprudência, a controvérsia era tão intensa, que já haviam sido instaurados em diversos Tribunais do país *Incidentes de Uniformização de Jurisprudência* e – o que era mais preocupante – com soluções diametralmente opostas entre si (a título de exemplo, o TJ-SP entendeu pela *constitucionalidade* do art. 1.790 do CC/2002,[6] enquanto o TJ-RJ manifestou-se pela sua *inconstitucionalidade*[7]). Isso significa que, caso tais uniformizações fossem seguidas pelos respectivos juízos, câmaras e turmas, indivíduos integrantes de uniões estáveis hetero ou homoafetivas, teriam tratamento diferente a depender do Estado com jurisdição para o inventário dos bens.

Por sua vez, o STJ já havia chegado a analisar alguns pontos relativos ao tema,[8] demonstrando que também havia divergências no interior daquele Tribunal, tendo o saudoso Ministro Teori Zavascki (na época ocupando o cargo de Ministro do STJ) deixado transparecer entendimento no sentido da constitucionalidade da divisão de regimes na forma proposta pelo art. 1.790 do CC/2002, posicionamento que veio a reconsiderar exatamente no julgamento do RE 878694 RG (regime sucessório das uniões estáveis), quando se convenceu do contrário pelas razões expostas pelo Min. Barroso e ajudou a formar a maioria vencedora.[9]

---

[6] TJ-SP, Arguição de Inconstitucionalidade nº 0434423-72.2010.8.26.0000, j. em 14.09.2011, DJ 11.01.2012.

[7] TJ-RJ, Arguição de Inconstitucionalidade nº 0019097-98.2011.8.19.0000, j. em 06.08.2012, DJ 03.09.2012.

[8] STJ, Arguições de Inconstitucionalidade suscitadas nos Recursos Especiais nº 1.291.636, 1.318.249 e 1.135.354.

[9] Durante a sessão de julgamento de 31.08.2016, o Min. Zavascki assim se pronunciou oralmente: "Quando estava no STJ, tive a oportunidade de me manifestar sobre o tema em *obter dictum*, e, na oportunidade, eu manifestei opinião no sentido da constitucionalidade deste dispositivo. Fiz isso evidentemente influenciado pela própria legislação, que, em matéria de regime patrimonial, atribuía possibilidade de configurações diferentes ao próprio casamento, de modo que não via razão para declarar a inconstitucionalidade da opção do legislador de estabelecer regimes diferentes para efeitos sucessórios. Essa foi a opinião que eu manifestei na época. Todavia, eu reconheço que não é a solução correta. Eu quero, desde logo, dizer que estou acompanhando o relator e o Ministro Luiz Edson Fachin (...) cujos votos me convenceram de que realmente há aqui um tratamento discriminatório em relação a essa entidade familiar decorrente de união estável. (...)".

13.2.3 Silêncio prolongado do STF sobre o tema

Embora a controvérsia já fosse muito antiga, a questão estivesse constitucionalizada desde 1988 e vários Tribunais já tivessem definido teses constitucionais sobre a matéria, o STF ainda resistia em apreciar o tema.

Em 2011, parecia que a questão seria finalmente pacificada, quando foi reconhecida a repercussão geral do RE 646721, para definir o "alcance do direito sucessório em face da união homoafetiva". No entanto, o recurso não foi levado a julgamento nos anos seguintes, persistindo a insegurança jurídica sobre o tema.

A inércia do STF só veio a ser interrompida em 2015, quando foi distribuído ao Ministro Barroso um recurso extraordinário (RE 878694) sobre a "validade de dispositivos do Código Civil que atribuem direitos sucessórios distintos ao cônjuge e ao companheiro". No mesmo ano, a correspondente repercussão geral foi reconhecida e, já em 2016, após a manifestação de todos os interessados, inclusive *amici curiae*, o Ministro Barroso liberou para julgamento o referido recurso.

Logo na primeira sessão de julgamento, em 31.08.2016, já houve formação de maioria, com a prolação de sete votos no sentido da incompatibilidade com a CR/88 da distinção de regimes sucessórios na forma estabelecida pelo CC/2002. No entanto, o julgamento foi interrompido por pedido de vista e só retornou ao Plenário do STF em 2017, em apreciação conjunta com o já citado RE 646721 (regime sucessório das uniões homoafetivas), ocasião em que o STF, por maioria e de forma definitiva, decidiu a questão na forma do voto do Ministro Barroso (relator do primeiro recurso e redator do acórdão do segundo recurso), finalmente pacificando a controvérsia tanto para uniões heteroafetivas como para uniões homoafetivas.

13.3 Análise dos votos condutores do julgamento dos recursos

A síntese expositiva a seguir se refere, a um só tempo, à argumentação do voto do Min. Barroso no julgamento do recurso sobre regime sucessório das uniões heteroafetivas e também à do julgamento sobre uniões homoafetivas, vez que os argumentos utilizados no primeiro julgamento foram reiterados no segundo, basicamente com o acréscimo de que as uniões homoafetivas foram equiparadas às heteroafetivas desde o julgamento conjunto da ADPF nº 132 e da ADI nº 4.277, de modo que não seria possível traçar distinção entre essas entidades no que concerne ao regime sucessório.

A questão em disputa era a compatibilidade do art. 1.790 do CC/2002 com a CR/88. Portanto, não se discutia a legitimidade de uma distinção abstrata de regimes sucessórios entre diferentes formas de família que pudesse ser aplicada em qualquer tempo e local, e sim se era legítimo, perante a Constituição atualmente vigente, que a legislação pudesse distinguir o regime sucessório apenas em razão da forma de constituição de diferentes tipos de famílias (formadas pelo casamento e formadas por uniões estáveis hetero ou homoafetivas).

Para que se pudesse alcançar uma conclusão, foi preciso refletir sobre muitos pontos, podendo-se destacar como principais: (i) o fundamento do Direito das Sucessões e do Direito de Família no Brasil, (ii) a centralidade constitucional dos direitos fundamentais, (iii) as idas e vindas da legislação infraconstitucional sobre sucessões, e (iv) a compatibilidade dessas alterações com princípios constitucionais.

13.3.1 Direito Sucessório, família, casamento e a Constituição de 1988

O fundamento do Direito Sucessório no Brasil envolve a noção de continuidade patrimonial como fator de proteção, de coesão e de perpetuidade da família,[10] e foi tradicionalmente repartido pela legislação em diferentes graus de proteção. O grau *fraco* se refere à parte da herança que a pessoa tem liberdade para dispor, de modo que a ordem de vocação legal só se aplica de modo supletivo à vontade do indivíduo. Aqui, prevalece a autonomia da vontade do indivíduo. Por outro lado, o grau *forte* se refere à parte da herança que a pessoa *não* pode dispor (a chamada "legítima"), por entender o legislador que precisa necessariamente ser passada aos membros do núcleo familiar mais próximo. No grau forte, portanto, a legislação impõe um regime específico a qualquer indivíduo, comprimindo sua autonomia de vontade em favor dos familiares, de modo a garantir que mantenham, na medida do possível, um padrão existencial minimamente próximo àquele até então desfrutado. Logo, o Direito das Sucessões é indissociável da noção de *família*.

E qual é a noção jurídica de família? Na tradição brasileira, o conceito jurídico de família esteve ligado por muito tempo a dois pontos: (i) ao casamento (todas as Constituições anteriores à de 1988 que trataram expressamente do tema dispunham que a família se constituía pelo casamento, e o CC/1916 também estabelecia que a família legítima era criada pelo casamento), e (ii) à percepção da família como ente autônomo, um fim a ser protegido, e não como um ambiente de desenvolvimento dos indivíduos. Por essa razão, a família poderia ser tutelada pelo Estado ainda que contra a vontade de seus integrantes.

Com relação ao primeiro ponto, a noção de família constituída apenas pelo casamento foi progressivamente alterada ao longo do século XX pela realidade dos fatos, quando se percebeu que a sociedade brasileira contava com múltiplas relações não matrimoniais, mas que eram caracterizadas pelo vínculo afetivo e pelo projeto de vida em comum (uniões estáveis hetero e homoafetivas, e famílias monoparentais, pluriparentais ou anaparentais). E, apesar disso, não eram reconhecidas como entidades familiares pelo ordenamento jurídico,[11] sendo equiparadas, por vezes, a sociedades de fato, como aquelas reguladas pelo Direito Empresarial, como se, portanto, tais pessoas exercessem juntas atividade empresária. A CR/88 representou, nesse ponto, um rompimento jurídico, pois uniu o conceito social de família ao conceito jurídico.

No que concerne ao segundo ponto, a percepção de família como um fim também foi alterada no mesmo período, passando a ser vista como um meio (o principal) para o desenvolvimento dos indivíduos. Também aqui a CR/88 teve papel importante ao consagrar a dignidade da pessoa humana como valor central do ordenamento jurídico e como um dos fundamentos da República brasileira (art. 1º, III, CF/1988) e inspirar a *repersonalização* do Direito Civil, fazendo com que o Direito Civil passasse a ser lido a partir da premissa de que a pessoa humana é o centro das preocupações do Direito, que é

---

[10] HIRONAKA, Giselda Maria Fernandes Novaes. Direito sucessório brasileiro: ontem, hoje e amanhã. In: *Revista Brasileira de Direito de Família*, ano III, n. 12, p. 61-83, jan./fev./mar. 2002.

[11] TEPEDINO, Gustavo. *Temas de Direito Civil*, 2008, p. 397; DIAS, Maria Berenice. *Manual de direito das famílias*, 2013, p. 43-44.

dotada de dignidade e que constitui um fim em si próprio.[12] A família existe e é protegida pelo Estado, portanto, com uma função: permitir e estimular o desenvolvimento dos indivíduos e a realização de seus projetos existenciais. Essa missão é a justificativa e também o limite do Estado para intervir nas relações familiares e na liberdade dos indivíduos.

Daí é possível concluir que, no panorama jurídico vigente, o Estado tem o dever de proteger não apenas as famílias constituídas pelo casamento, mas qualquer entidade familiar reconhecida que seja apta a contribuir para o desenvolvimento de seus integrantes.

13.3.2 Idas e vindas da legislação infraconstitucional sobre sucessões

Após a CR/88 consagrar o dever de proteção estatal à família constituída pela união estável (CR/88, art. 227, §3º), passaram-se alguns anos até que a legislação infraconstitucional tornasse mais concreta a ideia constitucional, o que só veio a ocorrer de forma relevante com a edição das Leis nº 8.971/1994 e nº 9.278/1996, que tornaram o regime sucessório do casamento e das uniões estáveis praticamente idêntico.

A primeira lei reproduziu o regime sucessório estabelecido para os cônjuges no CC/1916, vigente à época, (i) estabelecendo que o companheiro seria o terceiro na ordem sucessória (atrás dos descendentes e dos ascendentes); (ii) concedendo-lhe direito de usufruto idêntico ao do cônjuge sobrevivente e (iii) prevendo o direito do companheiro à meação quanto aos bens da herança adquiridos com sua colaboração. A diferença restante – direito real de habitação – acabou sendo eliminada com a edição da segunda lei citada, que conferiu tal direito aos companheiros (e o fez até com menos restrições do que para as pessoas casadas). Portanto, as leis caminharam no sentido indicado pela Constituição de 1988: proteger a união estável como entidade familiar e, portanto, como uma das bases da sociedade.

Por isso, houve surpresa quando o Código Civil de 2002 optou por separar novamente os regimes sucessórios do casamento e das uniões estáveis (dentre as diferenças, podem ser citadas, como exemplo, a promoção do cônjuge à categoria de herdeiro necessário – art. 1.845 –, o que não ocorreu com o companheiro; a previsão de direito real de habitação do cônjuge, mas não do companheiro – art. 1.831, CC/2002 – e a ordem de vocação hereditária – art. 1.790, CC/2002).

Claramente, a ideia do CC/2002 era fazer com que o regime sucessório do casamento fosse mais favorável aos familiares remanescentes do que o regime da união estável, mas, embora isso efetivamente ocorresse em boa parte dos casos, o fato é que, dependendo das circunstâncias, o regime sucessório da união estável poderia ser mais favorável que o do casamento, o que demonstrava a incoerência do sistema criado, que não atingia o próprio fim que almejava.[13]

---

[12] FACHIN, Luiz Edson; PANOVSKI, Carlos Eduardo. A dignidade humana no direito contemporâneo: uma contribuição à crítica da raiz dogmática do neopositivismo constitucionalista. In: *Revista Trimestral de Direito Civil*, vol. 35, p. 101-119, jul./set. 2008.

[13] VELOSO, Zeno. Novo Código Civil: sucessão dos cônjuges. In: *Revista do Advogado*, São Paulo, n. 98, p. 234-246, 2008.

Além disso, o regime também não encontrava fundamento na base do Direito das Sucessões, pois só inseria na herança dos companheiros os bens adquiridos onerosamente na constância da união estável, sobre os quais o companheiro já tinha meação e, portanto, não ficaria financeiramente desamparado. Por outro lado, se nada houvesse sido adquirido onerosamente, o companheiro não receberia nada e, portanto, ficaria sem qualquer bem, o que reforça a incompatibilidade do sistema com a ideia sucessória de preservação da família.

A depender do caso, o regime estabelecido para as uniões estáveis pelo CC/2002 poderia violar de forma ainda mais grave a noção de Direito Sucessório no Brasil, conferindo muito mais direitos a familiares distantes (que eventualmente nem conhecessem o falecido) do que ao companheiro.[14] Por exemplo, se existisse uma companheira e um tio-avô, ou um sobrinho-neto, a companheira receberia apenas um terço dos bens adquiridos onerosamente durante a vigência da união, enquanto o outro parente receberia os outros dois terços, mais todos os demais bens que não foram adquiridos onerosamente durante a união estável.

A questão fica ainda mais curiosa ao se perceber que a redação final do dispositivo que criou essa nova separação (e regressão) no tratamento do regime sucessório das uniões estáveis decorria de proposta legislativa datada de 1985, antes mesmo do advento da CR/88, que promoveu todas as já citadas alterações jurídicas em relação à família, casamento e outras entidades familiares. Portanto, no ponto, o CC/2002 nasceu espelhando pensamento de dezessete anos antes, surgido ainda sob a égide de outra Constituição e ignorando toda a produção normativa do período posterior.

13.3.3 Diferenças entre entidades familiares e a proteção à segurança jurídica

Feitas essas considerações sobre (i) a imposição constitucional de proteção a todas as entidades familiares e (ii) o rompimento abrupto no tratamento sucessório das uniões estáveis decorrente da edição do CC/2002, seria possível alguém questionar se a união desses fatores resultaria na eliminação de todas as diferenças entre casamento, união estável e outras entidades familiares. A resposta apresentada foi peremptoriamente negativa.

Aliás, nem poderia ser diferente, já que o próprio texto constitucional determina que a lei facilite a conversão da união estável em casamento, de modo que qualquer interpretação que considerasse casamento e união estável idênticos seria flagrantemente contrária à CR/88, pois não haveria sentido em se "converter" algo em coisa idêntica.

Segundo o ordenamento constitucional e legislativo vigente, há várias diferenças entre casamento e união estável decorrentes de fatores diversos, como os modos de constituição, de comprovação e de extinção. Assim, qual seria a extensão dessas diferenças? Qual seria o sentido da determinação constitucional de se facilitar a conversão da união estável em casamento? A diferença entre ambos os modelos permitiria que a lei atribuísse regimes sucessórios diversos?

---

[14] VELOSO, Zeno. Do direito sucessório dos companheiros. In: DIAS, Maria Berenice; PEREIRA, Rodrigo da Cunha (Coord.). *Direito de família e o novo código civil*, p. 235-249, 2005.

A resposta dada a essas questões nos votos passou pela análise de diversos elementos interpretativos, que podem ser resumidos nas seguintes proposições: (i) pela interpretação gramatical, percebe-se que a referida norma estabelece, de forma inequívoca, que a família tem especial proteção do Estado, sem fazer qualquer menção a um modelo familiar que seria mais ou menos merecedor desta proteção; (ii) pela interpretação teleológica, é inequívoco que a finalidade da norma é garantir a proteção das famílias como instrumento para a tutela de seus membros; (iii) pela interpretação histórica, nota-se que a inspiração da norma do art. 226 da CF/1988 foi inclusiva, e não segregativa, pois buscava ampliar a proteção estatal às diversas configurações familiares (biológicas e afetivas) existentes de fato na sociedade, mas juridicamente desamparadas até então; e (iv) pela interpretação sistemática, é possível encontrar várias interações entre o *caput* e os parágrafos do art. 226 com outros dispositivos constitucionais que tratam dos papéis da família, como os arts. 205,[15] 227[16] e 230,[17] que estabelecem uma noção funcionalizada de família, protegida enquanto meio para o desenvolvimento de seus membros.

A partir dessas premissas, pode-se responder à primeira pergunta da seguinte forma: sob uma ótica *funcionalizada* de família, somente é possível diferenciar o casamento das uniões estáveis quando a diferenciação não resultar no estabelecimento de uma hierarquia entre ambos os modelos, desigualando o nível de proteção estatal conferido aos indivíduos.

Logo, a determinação constitucional de se facilitar a conversão da união estável em casamento não busca demonstrar qualquer hierarquia entre ambos. Na verdade, a preferência constitucional pelo casamento apenas reflete o desejo estatal por maior *segurança jurídica* nas relações sociais, já que o casamento pode ser comprovado com muito mais facilidade do que a união estável. Afinal, enquanto o casamento se prova pela certidão de casamento, não há um documento único que constitua a união estável e que sirva de prova definitiva (nem mesmo uma escritura pública é suficiente para comprovar de modo definitivo, já que a existência da união estável depende de fatos da vida, como a convivência longa e duradoura com o intuito de constituir família – que não são elementos necessários do casamento).

A insegurança gerada pelo não conhecimento imediato do estado civil de um indivíduo gera custos para toda a sociedade (como, por exemplo, quando um comprador não sabe se o vendedor vive em união estável, nem se o imóvel foi adquirido onerosamente durante a vigência da referida união, o que poderá gerar futuros riscos de questionamento da operação por parte de eventual companheira) e, inclusive, para os

---

[15] Art. 205. A educação, direito de todos e dever do Estado e da família, será promovida e incentivada com a colaboração da sociedade, visando ao pleno desenvolvimento da pessoa, seu preparo para o exercício da cidadania e sua qualificação para o trabalho.

[16] Art. 227. É dever da família, da sociedade e do Estado assegurar à criança, ao adolescente e ao jovem, com absoluta prioridade, o direito à vida, à saúde, à alimentação, à educação, ao lazer, à profissionalização, à cultura, à dignidade, ao respeito, à liberdade e à convivência familiar e comunitária, além de colocá-los a salvo de toda forma de negligência, discriminação, exploração, violência, crueldade e opressão.
(...) §6º Os filhos, havidos ou não da relação do casamento, ou por adoção, terão os mesmos direitos e qualificações, proibidas quaisquer designações discriminatórias relativas à filiação.

[17] Art. 230. A família, a sociedade e o Estado têm o dever de amparar as pessoas idosas, assegurando sua participação na comunidade, defendendo sua dignidade e bem-estar e garantindo-lhes o direito à vida.
§1º Os programas de amparo aos idosos serão executados preferencialmente em seus lares.

próprios integrantes da união (como nos casos em que se busca benefício previdenciário decorrente do óbito do companheiro, mas não se consegue comprovar a união, ou quando há outra pessoa pretendendo o mesmo benefício alegando ser a verdadeira companheira). Daí a preferência constitucional por maior segurança jurídica e, portanto, pelo casamento. No entanto, reitera-se, tais distinções legislativas decorrentes dessa preferência só são legítimas quando não resultam em estabelecimento de ordem hierárquica entre uma entidade familiar e outra.

Assim, é possível perceber que, de acordo com a CR/88, o estabelecimento de regimes sucessórios distintos entre casamento e uniões estáveis, como aquele almejado pelo art. 1.790 do CC/2002, ou seja, com o objetivo de deixar o cônjuge em melhor situação que o companheiro, é uma forma de hierarquizar as entidades familiares, fazendo com que os indivíduos do núcleo familiar composto pelo matrimônio sejam mais protegidos pelo ordenamento jurídico do que aqueles cuja família é formada por união estável. Trata-se, portanto, de distinção sem qualquer relação com segurança jurídica.

13.3.4 Dignidade da pessoa humana, proporcionalidade, proibição de proteção deficiente e vedação ao retrocesso

Além dos argumentos expostos, os votos do Min. Barroso expuseram outros elementos que sofisticam o raciocínio pela inconstitucionalidade do art. 1.790 do CC/2002.

O primeiro ponto se refere à *dignidade da pessoa humana,* elemento que, nos termos da divisão estabelecida em obra acadêmica de autoria do Ministro,[18] identifica (i) o valor intrínseco de todos os seres humanos, assim como (ii) a autonomia de cada indivíduo, (iii) limitada por restrições legítimas impostas a ela em nome de valores sociais ou interesses estatais (valor comunitário). No que se refere ao estabelecimento de regime sucessório diverso entre cônjuges e companheiros, a afronta à dignidade ocorreria tanto na vertente do valor intrínseco como na vertente da autonomia, sem que haja qualquer valor social ou interesse estatal legítimo nessas limitações.

A afronta ao valor intrínseco decorre da ideia de que, se todos os indivíduos possuem igual valor, e o fundamento do Direito Sucessório é a proteção à família, conferir maior ou menor proteção a um indivíduo é considerá-lo mais ou menos digno que outros apenas em razão da forma de família adotada.

No que concerne à autonomia, é certo que a decisão de constituir uma família é uma das mais relevantes decisões na vida de um indivíduo. Porém, se a legislação estabelece que uma família ficará mais protegida caso seja adotado o regime do casamento, acaba por restringir significativamente a autonomia do indivíduo, que terá de lidar com o fato de que a adoção de outro modelo trará ônus significativos aos familiares remanescentes.

Some-se a isso a ideia de que compreender a autonomia de vontade do indivíduo referente à decisão de constituir uma família pelo casamento se resume à escolha do regime sucessório é amesquinhar o instituto e, de forma geral, a ideia de vínculos afetivos e de solidariedade. É pensar de forma anacrônica e desprestigiar o valor intrínseco da família, restringindo-a a um aspecto meramente patrimonial, como costumava ocorrer

---

[18] BARROSO, Luís Roberto. "Aqui, lá e em todo lugar": a dignidade humana no direito contemporâneo e no discurso transnacional. In: *Revista dos Tribunais*: RT, v. 101, n. 919, p. 127-196, maio 2012.

preteritamente à Constituição de 1988. Além disso, e reiterando o que foi exposto em tópico anterior, o fato de as uniões estáveis ocorrerem com maior frequência justamente nas classes menos favorecidas da população apenas reforça o argumento da impossibilidade de distinguir tais regimes sucessórios, sob pena de prejudicar justamente aqueles que mais precisam da proteção estatal.

O princípio da *proporcionalidade* foi outro elemento utilizado nos votos para corroborar a inconstitucionalidade da distinção de regimes sucessórios estabelecida no art. 1.790 do CC/2002, no sentido de que, em sua dimensão positiva, proíbe a proteção deficiente de direitos e princípios constitucionalmente tutelados. E, como se expôs, o conjunto de regras decorrente do referido dispositivo veicula uma proteção insuficiente ao princípio da dignidade da pessoa humana em relação aos casais que vivem em união estável. A depender das circunstâncias, tal regime jurídico sucessório pode privar o companheiro supérstite dos recursos necessários para seguir com sua vida de forma digna, ao mesmo tempo em que a deficiência da atuação estatal em favor da dignidade humana dos companheiros não é justificada pela tutela de nenhum outro interesse constitucional contraposto.

Sob a perspectiva da *vedação ao retrocesso*, foi constatado que o art. 1.790 promove uma involução na proteção dos direitos dos companheiros contrária ao objetivo da CR/88, a qual estabelece para o legislador a obrigação de concretizar, por meio da legislação, os direitos fundamentais estabelecidos no texto constitucional. Como resultado, quando o legislador tenha cumprido tal função, impede-se tanto que (i) possa revogar tais concretizações sem aprovar legislação substitutiva, de modo a aniquilar a proteção constitucional conferida ao direito, como que (ii) possa editar legislação substitutiva que limite ou reduza, de forma arbitrária ou desproporcional, o grau de concretização do direito fundamental anteriormente em vigor.

Considerando-se que, até o advento do art. 1.790 do CC/2002, o regime jurídico sucessório da união estável havia sido equiparado ao do casamento pelas Leis nº 8.971/1994 e nº 9.278/1996, em consonância com o objetivo constitucional de proteção às famílias (independentemente de seu modo de constituição) previsto no art. 226 da Carta de 1988, fica claro que o dispositivo civilista retrocedeu ilegitimamente no tratamento da matéria, violando a vedação ao retrocesso.

Diante do exposto, constatada a inconstitucionalidade do art. 1.790 do CC/2002, com a sua consequente exclusão do ordenamento jurídico, era preciso, por fim, definir qual seria a regra aplicável ao regime sucessório das uniões estáveis. Nesse ponto, duas alternativas poderiam ser aventadas. A primeira delas partiria da ideia de que, invalidada uma norma pela sua inconstitucionalidade, as relações jurídicas devem ser regidas pela norma anteriormente existente, que supostamente havia sido retirada do ordenamento pela norma declarada inválida. Nos casos analisados, isso significaria restabelecer a validade do regime estabelecido pelas Leis nº 8.971/1994 e nº 9.278/1996 e manter a distinção de regime em relação ao casamento. Por outro lado, a segunda alternativa se fundaria na concepção de que a CR/88 impede o estabelecimento de regimes sucessórios diversos entre cônjuges e companheiros, de modo a evitar uma hierarquização ilegítima entre entidades familiares, de modo que o regime estabelecido pelo próprio CC/2002 para os cônjuges deveria ser estendido aos companheiros.

A segunda alternativa foi aquela proposta pelo Min. Barroso e que também veio a ser acolhida pelo Tribunal. E a opção se deu porque, embora o CC/2002 tenha criado uma involução inconstitucional em seu art. 1.790 em relação ao companheiro, é certo que representou razoável progresso no que concerne ao regramento sucessório estabelecido no art. 1.829 para o cônjuge, protegendo a família de modo muito mais intenso, tanto pela elevação do cônjuge à condição de herdeiro necessário como pelos critérios de repartição da herança mais protetivos em comparação com a legislação até então existente.

13.4 Considerações finais

Com base nos argumentos expostos, a posição liderada pelo Min. Barroso se sagrou vencedora no Plenário do STF nos dois julgamentos analisados no presente artigo, ocasião em que se reconheceu a incompatibilidade do art. 1.790 do CC/2002 com a CR/88 e se fixou a seguinte tese para o regime sucessório das uniões estáveis e homoafetivas: "É inconstitucional a distinção de regimes sucessórios entre cônjuges e companheiros prevista no art. 1.790 do CC/2002, devendo ser aplicado, tanto nas hipóteses de casamento quanto nas de união estável, o regime do art. 1.829 do CC/2002", modulando-se os efeitos do julgamento para alcançar apenas *os inventários judiciais em que não tivesse havido trânsito em julgado da sentença de partilha e as partilhas extrajudiciais em que ainda não houvesse escritura pública.*

Referências

BARROSO, Luís Roberto. "Aqui, lá e em todo lugar": a dignidade humana no direito contemporâneo e no discurso transnacional. In: *Revista dos Tribunais*, v. 101, n. 919, p 127-196, maio 2012.

DIAS, Maria Berenice. *Manual de direito das famílias.* 9. ed. São Paulo: Revista dos Tribunais, 2013.

FACHIN, Luiz Edson; PANOVSKI, Carlos Eduardo. A dignidade humana no direito contemporâneo: uma contribuição à crítica da raiz dogmática do neopositivismo constitucionalista. In: *Revista Trimestral de Direito Civil*, vol. 35, p. 101-119, jul./set. 2008.

HIRONAKA, Giselda Maria Fernandes Novaes. Direito sucessório brasileiro: ontem, hoje e amanhã. In: *Revista Brasileira de Direito de Família*, ano III, n. 12, p. 61-83, jan./fev./mar. 2002.

TEPEDINO, Gustavo. *Temas de Direito Civil.* 4. ed. Rio de Janeiro: Renovar, 2008.

VELOSO, Zeno. Do direito sucessório dos companheiros. In: DIAS, Maria Berenice; PEREIRA, Rodrigo da Cunha (Coord.). *Direito de família e o novo código civil*, p. 235-249, 2005.

VELOSO, Zeno. Novo código civil: sucessão dos cônjuges. In: *Revista do Advogado*, São Paulo, n. 98, p. 234-246, 2008.

Informação bibliográfica deste texto, conforme a NBR 6023:2002 da Associação Brasileira de Normas Técnicas (ABNT):

SAMPAIO, Luis Felipe. Regime sucessório das uniões estáveis hetero e homoafetivas. In: SARAIVA, Renata et al. *Ministro Luís Roberto Barroso*: 5 anos de Supremo Tribunal Federal: homenagem de seus assessores. Belo Horizonte: Fórum, 2018. p. 239-250. ISBN 978-85-450-0525-4.

CAPÍTULO 14

EXECUÇÃO DA PENA
APÓS CONDENAÇÃO EM 2º GRAU

FABRÍCIO ANTONIO SOARES

14.1 Introdução

O artigo que se segue está estruturado em três partes. A primeira diz respeito ao delineamento da controvérsia, abrangendo o estudo do alcance do princípio constitucional da presunção de inocência e a interpretação que foi dada a esse princípio pelo Supremo Tribunal Federal em três momentos distintos.

A segunda parte desenvolve os fundamentos práticos e jurídicos dos votos dos Ministros Teori Zavascki (Relator) e Luís Roberto Barroso no HC nº 126.292. Esse precedente trouxe a mudança de orientação da jurisprudência do Supremo Tribunal Federal. Dentro da perspectiva dos fundamentos pragmáticos, destaco as implicações dessa mudança jurisprudencial na prescrição penal. São trazidos também os motivos que levaram o STF a reafirmar o novo entendimento nas Ações Declaratórias de Constitucionalidade nº 43 e 44, assim como no Recurso Extraordinário com Agravo nº 964.246, ao qual foi reconhecida a repercussão geral.

E, por fim, na terceira parte, sustento quais são os critérios para que o início do cumprimento da pena antes do trânsito em julgado seja apreciado pelo juízo de primeira instância.

14.2 Princípio da presunção de inocência

A Constituição Federal proclama, em seu art. 5º, LVII, que "ninguém será considerado culpado até o trânsito em julgado de sentença penal condenatória".

Luiz Flávio Gomes,[1] por todos, escreveu sobre o conteúdo tridimensional do princípio da presunção de inocência. Segundo o autor, a "primeira e importante regra que deriva do princípio da presunção de inocência relaciona-se com o campo probatório". Deve-se comprovar a culpabilidade, ou seja, "comprovar o fato típico assim como o vínculo, o elo do acusado com tal fato". Esse ônus da prova "dos fatos e da participação do acusado nesses fatos" cabe a quem formula a acusação. Quer dizer, para afastar a referida presunção, "as partes acusadoras são obrigadas a alcançar o convencimento do juiz sobre a existência dos fatos e sua atribuição culpável ao acusado". A presunção de inocência é relativa, podendo ser afastada por prova em sentido contrário, que deve ser firme o suficiente para gerar um decreto condenatório. Na dúvida, o juiz deve absolver o réu, uma vez que vigora "o princípio do *in dubio pro reo*".[2]

A segunda derivação do princípio constitucional é a regra de tratamento, ficando impedida "qualquer antecipação de juízo condenatório ou de culpabilidade, seja por situações, práticas, palavras, gestos etc.". Assim, por exemplo, as medidas cautelares decretadas pelo juiz justificam-se quando houver necessidade "fundada em fatos concretos". Significa dizer que são vedadas as prisões automáticas e aquelas mal fundamentadas. Daí a importância de ressaltar que as prisões, inclusive aquelas decorrentes de acórdão condenatório, devem ser amparadas em fatos concretos, que serão detalhados na conclusão deste estudo. Frise-se que não há prisões automáticas.

E, em terceiro lugar, há a regra de garantia. É dizer, "viola-se a presunção de inocência como regra de garantia quando na atividade acusatória ou probatória não se observa estritamente o ordenamento jurídico". Com efeito, não é qualquer comprovação dos fatos que pode ser feita, já que "a colheita das provas deve seguir estritamente o *due processo of law*". As provas ilícitas ou ilegítimas não servem para afastar a presunção de inocência.

14.3 A oscilação da jurisprudência do STF na matéria

14.3.1 De 1988 até 2009

Desde a promulgação da Carta de 1988 até 2009, prevaleceu no Supremo Tribunal Federal[3] – e nos demais tribunais, inclusive no Superior Tribunal de Justiça – o entendimento de que a norma da presunção de inocência não impedia a execução da pena

---

[1] GOMES, Luiz Flávio. *Estudos de Direito Penal e Processo Penal*. 1. ed. São Paulo: Revista dos Tribunais, 1998, p. 101-117.

[2] Luiz Flávio Gomes assim sintetiza a regra probatória: "De tudo se deduz que o princípio da presunção de inocência, que é instituto de direito predominantemente processual, como regra probatória, possui íntima conexão com três princípios (limitadores) pertencentes ao Direito Penal, que são (a) princípio do fato (direito penal do fato), princípio do *nullum crimen sine iniuria* (direito penal da lesão ou perigo de lesão ao bem jurídico) e (c) princípio da imputação pessoal e subjetiva (direito penal da culpa)". GOMES, *op. cit.*, p. 113.

[3] HC nº 68.726, Rel. Min. Néri da Silveira, Pleno, de 28.06.1991; HC nº 74.983, Rel. Min. Carlos Velloso, Pleno, de 30.06.1997; HC nº 72.366, Rel. Min. Néri da Silveira, Pleno, DJ 26.01.1999; HC nº 71.723, Rel. Min. Ilmar Galvão, Primeira Turma, DJ 16.06.1995; HC nº 79.814, Rel. Min. Nelson Jobim, Segunda Turma, DJ 13.10.2000; HC nº 80.174, Rel. Min. Maurício Corrêa, Segunda Turma, DJ 12.04.2002; RHC nº 84.846, Rel. Min. Carlos Velloso, Segunda Turma, DJ 05.11.2004; RHC nº 85.024, Rel. Min. Ellen Gracie, Segunda Turma, DJ 10.12.2004; HC nº 91.675, Rel. Min. Cármen Lúcia, Primeira Turma, DJe 07.12.2007; HC nº 70.662, Rel. Min. Celso de Mello, Primeira Turma, DJ 04.11.1994.

após a condenação em segundo grau de jurisdição, ainda que pendentes de julgamento o recurso extraordinário (RE) e o especial (REsp). Nesse contexto, a jurisprudência dominante foi, até o ano de 2009, no sentido de que não era necessário, via de regra, o esgotamento dos recursos excepcionais para o início do cumprimento das penas aplicadas pelas instâncias ordinárias, a quem cabe, com exclusividade, analisar os fatos e as provas. Destaque-se que tal interpretação não excluía a possibilidade de suspensão da eficácia de um julgado que afrontasse a jurisprudência formada sobre normas legais ou constitucionais. Nessa hipótese, estar-se-ia diante de uma exceção à regra geral, que justificaria o acionamento dos fortes e ágeis remédios processuais que sempre foram utilizados pelo STJ e pelo STF – *habeas corpus* e cautelar para atribuir efeito suspensivo ao recurso especial ou extraordinário. Essas exceções, porém, não faziam com que se invertesse a regra geral e afastasse a possibilidade, em qualquer caso, de iniciar o cumprimento das penas, como se todos os julgados dos tribunais de apelação fossem descumpridores da jurisprudência dos tribunais superiores até prova em contrário. Não era necessária a confirmação dos acórdãos de 2º grau – mesmo que tardia – após a análise de todos os recursos excepcionais. Quando se fala em recursos excepcionais, leia-se uma série de siglas[4] para traduzir os diversos agravos e embargos de declaração e de divergência que podem ser manejados sobretudo pelos réus que dispõem de fôlego e capacidade financeira para acionar bons advogados. Esses profissionais da advocacia, porém, trabalhavam, por vezes, apenas com a perspectiva do enquadramento do processo na larga moldura da prescrição da pretensão punitiva e da executória. Mais do que isso, quanto maior era a gravidade do caso, ao contrário do que se esperava, maior era também a preocupação com a interposição de sucessivos recursos, mesmo que descabidos.[5] Argumentavam, no entanto, os defensores que a prescrição era um limite

---

[4] No voto do Ministro Luís Roberto Barroso no HC nº 126.292, lê-se: "Infelizmente, porém, esses casos não constituem exceção, mas a regra. Tome-se, aleatoriamente, um outro caso incluído na pauta do mesmo dia do presente julgamento. Refiro-me ao AI 394.065-AgR-ED-EDED-EDv-AgR-AgR-AgR-ED, de relatoria da Ministra Rosa Weber, relativo a crime de homicídio qualificado cometido em 1991. Proferida a sentença de pronúncia, houve recurso em todos os graus de jurisdição até a sua confirmação definitiva. Posteriormente, deu-se a condenação pelo Tribunal do Júri e foi interposto recurso de apelação. Mantida a decisão condenatória, foram apresentados embargos de declaração (EDs). Ainda inconformada, a defesa interpôs recurso especial. Decidido desfavoravelmente o recurso especial, foram manejados novos EDs. Mantida a decisão embargada, foi ajuizado recurso extraordinário, inadmitido pelo eminente Min. Ilmar Galvão. Contra esta decisão monocrática, foi interposto agravo regimental (AgR). O AgR foi desprovido pela Primeira Turma, e, então, foram apresentados EDs, igualmente desprovidos. Desta decisão, foram oferecidos novos EDs, redistribuídos ao Min. Ayres Britto. Rejeitados os embargos de declaração, foram interpostos embargos de divergência, distribuídos ao Min. Gilmar Mendes. Da decisão do Min. Gilmar Mendes, que inadmitiu os EDiv, foi ajuizado AgR, julgado pela Min. Ellen Gracie. Da decisão da Ministra, foram apresentados EDs, conhecidos como AgR, a que a Segunda Turma negou provimento. Não obstante isso, foram manejados novos EDs, pendentes de julgamento pelo Plenário do STF. Portanto, utilizando-se de mais de uma dúzia de recursos, depois de quase 25 anos, a sentença de homicídio cometido em 1991 não transitou em julgado".

[5] No voto proferido pelo Ministro Luís Roberto Barroso nas ADC nº 43 e 44, na contextualização do debate, são citados 5 exemplos que "demonstram que o sistema não funciona": (*i*) caso Pimenta Neves – julgado e condenado pelo confessado homicídio qualificado, o réu continuava em liberdade passados mais de 10 anos do fato. "O sistema que tínhamos não era garantista. Ele era grosseiramente injusto e estimulava as pessoas a voltarem ao tempo da vingança privada e quererem fazer justiça com as próprias mãos"; (*ii*) caso Luís Estêvão – depois da interposição de 34 recursos, a decisão transitou em julgado cerca de 15 anos após os desvios de verba pública. "O sistema que tínhamos não era garantista. Ele era grosseiramente injusto e difundia a impressão de que neste país o crime compensa"; (*iii*) caso Edmundo – em dezembro de 1995, um conhecido jogador de futebol, saindo da balada e dirigindo o seu carro a 120 km por hora "provocou um acidente e a morte de 3 pessoas". Foram interpostos 21 recursos apenas no STJ. O processo aguarda julgamento do Plenário em que se discutem as prescrições da pretensão punitiva e da pretensão executória. "O sistema que tínhamos não era garantista. Ele

temporal necessário para a aplicação e execução das penas e que os recursos estavam previstos em lei e serviam para reparar injustiças.[6]

14.3.2 De 2009 até 2016

Num momento de grande impunidade,[7] notadamente envolvendo os crimes de colarinho branco[8][9] – o que evidentemente contribui para o incremento da criminalidade,

---

era um golaço da impunidade"; *(iv)* caso Pedro Talvane – suplente de Deputado Federal foi denunciado pela morte da titular do cargo para tomar-lhe a vaga. O fato se passou em 1998 e o processo se encontra pendente de recurso especial perante o STJ. "O sistema que tínhamos não era garantista. Ele era grosseiramente injusto e funcionava como estímulo aos comportamentos mais bárbaros. ao primitivismo puro e simples. Aliás, duas outras conclusões podem ser extraídas deste caso: (i) a primeira: a condenação pelo Tribunal do Júri em razão de crime doloso contra a vida deve ser executada imediatamente, como decorrência natural da competência soberana do júri conferida pelo art. 5º, XXXVIII, "d"; (ii) a segunda: confirmada a decisão de pronúncia pelo Tribunal de 2º grau, o júri pode ser realizado. Para que não haja dúvida da origem espúria do falso garantismo nessa matéria: a regra sempre fora a prisão do acusado por homicídio após a pronúncia. Foi a Lei nº 5.941, de 22.11.1973, que mudou a disciplina que até então vigorava. A motivação jamais foi desconhecida: o regime militar aprovou a lei o toque de caixa para impedir a prisão do Delegado Sérgio Paranhos Fleury, notório torturador e protegido dos donos do poder de então, condenado por integrar um esquadrão da morte"; *(v)* caso da missionária Dorothy Stang – a missionária norte-americana, naturalizada brasileira, Dorothy Stang atuava em projetos sociais na região de Anapu, no sudoeste do Pará. Foi morta aos 73 anos, em fevereiro de 2005, por pistoleiros, a mando de um fazendeiro da região. O trânsito em julgado também não ocorreu até hoje e se não fosse a prisão preventiva o réu estaria respondendo em liberdade até hoje. "Isso não é garantismo. É a desmoralização do país perante a comunidade internacional, que acompanha o caso com interesse".

6   Entretanto, a pergunta que se faz é por que somente no Brasil, para reparar as injustiças, são necessários tantos recursos ao longo de décadas? Mais uma vez, no voto do Ministro Luís Roberto Barroso, está o registro: "Aliás, a este propósito, cumpre abrir janelas para o mundo e constatar, como fez a Ministra Ellen Gracie no julgamento do HC 86.886 (j. 6.09.2005), que "em país nenhum do mundo, depois de observado o duplo grau de jurisdição, a execução de uma condenação fica suspensa, aguardando referendo da Suprema Corte". Nos diferentes países, em regra, adota-se como momento do início da execução a decisão de primeiro grau ou a de segundo grau, sem que se exija o prévio esgotamento das instâncias extraordinárias. É o que demonstra estudo cobrindo países como Inglaterra, Estados Unidos, Canadá, Portugal, Espanha e Argentina, citado pelo Ministro Teori Zavascki em seu voto".

7   A impunidade, decorrente da duração irrazoável do processo gera um paradigma de impunidade e descrédito na aplicação do Direito Penal. Nesse entendimento, o Ministro Barroso salientou em seu voto no HC nº 126.292: "O acusado passa a crer que não há reprovação de sua conduta, o que frustra a função de prevenção especial do Direito Penal. Já a sociedade interpreta a situação de duas maneiras: (i) de um lado, os que pensam em cometer algum crime não têm estímulos para não fazê-lo, já que entendem que há grandes chances de o ato manter-se impune – frustrando-se a função de prevenção geral do direito penal; (ii) de outro, os que não pensam em cometer crimes tornam-se incrédulos quanto à capacidade do Estado de proteger os bens jurídicos fundamentais tutelados por este ramo do direito".

8   "Outro elemento de fomento à corrupção é a impunidade. As pessoas na vida tomam decisões levando em conta incentivos e riscos. O baixíssimo risco de punição – na verdade, a certeza da impunidade – funcionava como um incentivo imenso à conduta criminosa de agentes públicos e privados. Superar este quadro envolve mudança de atitude, da jurisprudência e da legislação. (...) O enfrentamento da corrupção e da impunidade produzirá uma transformação cultural importante no Brasil: a valorização dos bons em lugar dos espertos. Quem tiver talento para produzir uma inovação relevante capaz de baixar custos vai ser mais importante do que quem conhece a autoridade administrativa que paga qualquer preço, desde que receba vantagem. Esta talvez seja uma das maiores conquistas que virá de um novo paradigma de decência e seriedade" (BARROSO, Luís Roberto. *Brasil*: o caminho longo e tortuoso. Conferência proferida na Universidade de Nova York, em 11 abr. 2016. Disponível em: <http://www.luisrobertobarroso.com.br/wp-content/uploads/2016/04/Conferência-NYU-11abr2016 versão-final-completa2.pdf>. Sobre o comentário final da transcrição, denunciando o círculo vicioso que premia os piores, v. Míriam Leitão, História do futuro, 2015, p. 177-78)

9   Reproduzo a nota 3 do voto proferido pelo Ministro Luís Roberto Barroso no ARE nº 964.246: "De acordo com o CNJ, somente nos anos de 2010 e 2011, a Justiça brasileira deixou prescrever 2.918 ações envolvendo crimes de corrupção e lavagem de dinheiro. Disponível em: http://www.cnj.jus.br/noticias/cnj/60017-justica-condena-205-por-corrupcao-lavagem-eimprobidade-em-2012".

organizada ou não –, houve a alteração da jurisprudência do STF, que, como se viu, sempre admitia a execução provisória da pena. Tal mudança veio a ocorrer no julgamento, em 05.02.2009, pelo Plenário, do HC nº 84.078/MG, da Relatoria do Ministro Eros Grau. Nesse caso, por uma maioria de 7 a 4,[10] ficou assentado que o princípio da presunção de inocência seria incompatível com a execução da pena antes do trânsito em julgado da condenação. Sob esse prisma, a prisão, antes do julgamento do último recurso cabível, somente poderia ser decretada a título cautelar ou, dito de outro modo, se fossem apresentados riscos concretos para a produção de provas ou aplicação da pena ou, ainda, para a ordem pública.

14.3.3 De 2016 em diante

Cerca de seis anos depois, em sessão ocorrida no dia 17.02.2016, o Plenário do Supremo Tribunal Federal denegou o *Habeas Corpus* nº 126.292/SP e, por nova maioria de votos[11] (7 a 4), entendeu que a possibilidade de execução da pena, após a confirmação da sentença em segundo grau, não ofende o princípio constitucional da presunção de inocência.[12] Restabeleceu, assim, o entendimento que sempre vigorou até 2009.

14.4 Voto do Relator Ministro Teori Zavascki no HC nº 126.292

Para o Relator, Ministro Teori Zavascki, é autorizado o início da execução da pena se a sentença condenatória for mantida, na íntegra ou não, pela segunda instância. Nessa fase, encerra-se a análise de provas e fatos e os recursos de natureza extraordinária somente se prestam à apreciação de questões de direito.[13] O tema relacionado à execução

---

[10] O Tribunal, por maioria, deferiu a ordem de *habeas corpus*, nos termos do voto do Relator, vencidos os Senhores Ministros Menezes Direito, Cármen Lúcia, Joaquim Barbosa e Ellen Gracie. Votou o Presidente, Ministro Gilmar Mendes.

[11] Transcrevo a decisão que consta no andamento processual do HC nº 126.292: "O Tribunal, por maioria e nos termos do voto do Relator, denegou a ordem, com a consequente revogação da liminar, vencidos os Ministros Rosa Weber, Marco Aurélio, Celso de Mello e Ricardo Lewandowski (Presidente). Falou, pelo Ministério Público Federal, o Dr. Rodrigo Janot Monteiro de Barros, Procurador-Geral da República. Plenário, 17.02.2016". O Relator Ministro Teori Zavascki foi acompanhado pelos Ministros Edson Fachin, Luís Roberto Barroso, Luiz Fux, Dias Toffoli, Cármen Lúcia e Gilmar Mendes.

[12] Inicialmente, no HC nº 126.292/SP, a fim de justificar a viabilidade do *writ* naquele caso, em razão do óbice imposto pela súmula nº 691 do STF, o Ministro Relator Teori Zavascki registrou que: "No caso específico do paciente, o Tribunal de Justiça do Estado de São Paulo, ao negar provimento ao recurso de apelação, determinou a imediata execução provisória da condenação, com a ordem: "Expeça-se mandado de prisão contra o acusado Márcio". Não se tratando de prisão cautelar, mas de execução provisória da pena, a decisão está em claro confronto com o entendimento deste Supremo Tribunal, consagrado no julgamento do HC nº 87.078/MG (Rel. Min. Eros Grau, Tribunal Pleno, DJe de 26.2.2010), segundo o qual a prisão decorrente de condenação pressupõe o trânsito em julgado da sentença".

[13] Transcrevo trechos do voto do Relator: "É nesse juízo de apelação que, de ordinário, fica definitivamente exaurido o exame sobre os fatos e provas da causa, com a fixação, se for o caso, da responsabilidade penal do acusado. É ali que se concretiza, em seu sentido genuíno, o duplo grau de jurisdição, destinado ao reexame de decisão judicial em sua inteireza, mediante ampla devolutividade da matéria deduzida na ação penal, tenha ela sido apreciada ou não pelo juízo a quo. (...) Ressalvada a estreita via da revisão criminal, é, portanto, no âmbito das instâncias ordinárias que se exaure a possibilidade de exame de fatos e provas e, sob esse aspecto, a própria fixação da responsabilidade criminal do acusado. É dizer: os recursos de natureza extraordinária não configuram desdobramentos do duplo grau de jurisdição, porquanto não são recursos de ampla devolutividade, já que não se prestam ao debate de matéria fática probatória. Noutras palavras, com o julgamento implementado pelo

provisória de sentenças penais condenatórias, nas palavras do Relator, envolve a ponderação entre o alcance do princípio da presunção de inocência e a efetividade da função jurisdicional penal. No que toca a essa efetividade, o Ministro destacou o risco da ocorrência da prescrição da pretensão punitiva estatal, considerando que, antes do início do cumprimento da pena, o último marco interruptivo da prescrição é a publicação da sentença ou acórdão condenatórios recorríveis (art. 117, IV, do CP). Quanto ao direito de defesa, ressaltou, igualmente, que, a despeito da execução provisória da pena confirmada em segunda instância, o acusado dispõe de meios de tutela jurisdicional em caso de flagrante violação de direitos.[14] O Ministro Relator propôs, então, a orientação no sentido de que "a execução provisória de acórdão penal condenatório proferido em grau de apelação, ainda que sujeito a recurso especial ou extraordinário, não compromete o princípio constitucional da presunção de inocência afirmado pelo artigo 5º, inciso LVII da Constituição Federal".

Tribunal de apelação, ocorre espécie de preclusão da matéria envolvendo os fatos da causa. Os recursos ainda cabíveis para instâncias extraordinárias do STJ e do STF – recurso especial e extraordinário – têm, como se sabe, âmbito de cognição estrito à matéria de direito. Nessas circunstâncias, tendo havido, em segundo grau, um juízo de incriminação do acusado, fundado em fatos e provas insusceíveis de reexame pela instância extraordinária, parece inteiramente justificável a relativização e até mesmo a própria inversão, para o caso concreto, do princípio da presunção de inocência até então observado. (...) Não custa insistir que os recursos de natureza extraordinária não têm por finalidade específica a justiça ou injustiça de sentenças em casos concretos. Destinam-se, precipuamente, à preservação da higidez do sistema normativo. Isso ficou ainda mais evidenciado, no que se refere ao recurso extraordinário, com a edição da EC 45/2004, ao inserir como requisito de admissibilidade desse recurso a existência de repercussão geral da matéria a ser julgada, impondo ao recorrente, assim, o ônus de demonstrar a relevância jurídica, política, social ou econômica da questão controvertida. Vale dizer, o Supremo Tribunal Federal somente está autorizado a conhecer daqueles recursos que tratem de questões constitucionais que transcendam o interesse subjetivo da parte, sendo irrelevante, para esse efeito, as circunstâncias do caso concreto".

[14] "Nesse ponto, é relevante notar que o último marco interruptivo do prazo prescricional antes do início do cumprimento da pena é a publicação da sentença ou do acórdão recorríveis (art. 117, IV, do CP). Isso significa que os apelos extremos, além de não serem vocacionados à resolução de questões relacionadas a fatos e provas, não acarretam a interrupção do prazo prescricional. Assim, ao invés de constituir um instrumento de garantia da presunção de não culpabilidade do apenado, acabam representando um mecanismo inibidor da efetividade da jurisdição penal. (...) Nesse quadro, cumpre ao Poder Judiciário e, sobretudo, ao Supremo Tribunal Federal, garantir que o processo – único meio de efetivação do jus puniendi estatal –, resgate essa sua inafastável função institucional. A retomada da tradicional jurisprudência, de atribuir efeito apenas devolutivo aos recursos especial e extraordinário (como, aliás, está previsto em textos normativos), é, sob esse aspecto, mecanismo legítimo de harmonizar o princípio da presunção de inocência com o da efetividade da função jurisdicional do Estado. Não se mostra arbitrária, mas inteiramente justificável, a possibilidade de o julgador determinar o imediato cumprimento da pena, inclusive com restrição da liberdade do condenado, após firmada a responsabilidade criminal pelas instâncias ordinárias. (...) Sustenta-se, com razão, que podem ocorrer equívocos nos juízos condenatórios proferidos pelas instâncias ordinárias. Isso é inegável: equívocos ocorrem também nas instâncias extraordinárias. Todavia, para essas eventualidades, sempre haverá outros mecanismos aptos a inibir consequências danosas para o condenado, suspendendo, se necessário, a execução provisória da pena. Medidas cautelares de outorga de efeito suspensivo ao recurso extraordinário ou especial são instrumentos inteiramente adequados e eficazes para controlar situações de injustiças ou excessos em juízos condenatórios recorridos. Ou seja: havendo plausibilidade jurídica do recurso, poderá o tribunal superior atribuir-lhe efeito suspensivo, inibindo o cumprimento da pena. Mais ainda: a ação constitucional do habeas corpus igualmente compõe o conjunto de vias processuais com inegável aptidão para controlar eventuais atentados aos direitos fundamentais decorrentes da condenação do acusado. Portanto, mesmo que exequível provisoriamente a sentença penal contra si proferida, o acusado não estará desamparado da tutela jurisdicional em casos de flagrante violação de direitos".

14.5 Voto do Min. Luís Roberto Barroso – fundamentos práticos

Após a manifestação do Relator, veio o voto do Ministro Luís Roberto Barroso, que afirmou, em sua primeira parte, que "é necessário conferir ao art. 5º, LVII interpretação mais condizente com as exigências da ordem constitucional no sentido de garantir a efetividade da lei penal, em prol dos bens jurídicos que ela visa resguardar, tais como a vida, a integridade psicofísica, a propriedade – todos com status constitucional". De acordo com o voto do Ministro Barroso, "tornou-se evidente que não se justifica no cenário atual a leitura mais conservadora e extremada do princípio da presunção de inocência". Trata-se, segundo o Ministro Barroso, "de típico caso de mutação constitucional, em que a alteração na compreensão da realidade social altera o próprio significado do Direito".

Isso porque o precedente de 2009, na linha do entendimento do Ministro Barroso, gerou três consequências muito negativas para o sistema de justiça criminal. A primeira delas foi um "poderoso incentivo à infindável interposição de recursos protelatórios".[15] Ou seja, são recursos que, na grande maioria dos casos, não tiveram nenhum êxito, uma vez que "o percentual de recursos extraordinários providos em favor do réu é irrisório, inferior a 1,5%". Mais importante ainda é que "de 1.01.2009 a 19.04.2016, em 25.707 decisões de mérito proferidas em recursos criminais pelo STF (REs e agravos), as decisões absolutórias não chegam a representar 0,1% do total de decisões".[16]

A segunda dessas consequências negativas foi o "reforço da seletividade do sistema penal". Nas palavras do Ministro Barroso, a "ampla (e quase irrestrita) possibilidade de recorrer em liberdade aproveita sobretudo aos réus abastados, com condições de contratar os melhores advogados para defendê-los em sucessivos recursos". Dito mais uma vez, aquele que dispõe de fôlego e maior capacidade financeira, via de regra, é quem maneja a série de siglas utilizada para traduzir os diversos agravos e embargos destinados a adiar o desfecho do processo.

E a terceira consequência a que se chegou com a mudança jurisprudencial de 2009 foi a "contribuição relevante para agravar o descrédito do sistema de justiça penal junto à sociedade".[17] Significa dizer que a necessidade de aguardar o julgamento de todos os

---

[15] Conforme escreveu o Ministro Barroso no voto proferido no HC nº 126.292: "Aqui, o juiz de primeiro grau e o Tribunal de Justiça passaram a ser instâncias de passagem, porque o padrão é que os recursos subam para o Superior Tribunal de Justiça e, depois, para o Supremo Tribunal Federal. Porém, não se pode presumir, ou assumir como regra, que juízes e tribunais brasileiros profiram decisões equivocadas ou viciadas, de modo a atribuir às cortes superiores o monopólio do acerto. Em verdade, não há direito ao triplo ou quádruplo grau de jurisdição: a apreciação pelo STJ e pelo STF não é assegurada pelo princípio do devido processo legal e não constitui direito fundamental. Desse modo, a mudança de orientação prestigia, ao mesmo tempo, a própria Suprema Corte, cujo acesso se deve dar em situações efetivamente extraordinárias, e que, portanto, não pode se transformar em tribunal ordinário de revisão, nem deve ter seu tempo e recursos escassos desperdiçados com a necessidade de proferir decisões em recursos nitidamente inadmissíveis e protelatórios".

[16] Reproduzo a nota de rodapé para citar a fonte mencionada pelo Ministro Barroso no dado estatístico levantado: "Segundo dados oficiais da assessoria de gestão estratégica do STF, referentes ao período de 01.01.2009 até 19.04.2016, o percentual médio de recursos criminais providos (tanto em favor do réu, quanto do MP) é de 2,93%. Já a estimativa dos recursos providos apenas em favor do réu aponta um percentual menor, de 1,12%. Como explicitado no texto, os casos de absolvição são raríssimos. No geral, as decisões favoráveis ao réu consistiram em: provimento dos recursos para remover o óbice à progressão de regime, remover o óbice à substituição da pena privativa de liberdade por restritiva de direitos, remover o óbice à concessão de regime menos severo que o fechado no caso de tráfico, reconhecimento de prescrição e refazimento de dosimetria".

[17] Em verdade, ocorre o descrédito do sistema de justiça criminal não apenas junto à sociedade, mas também diretamente junto aos próprios juízes que operam esse sistema. A consequência disso é a pouca atratividade

recursos excepcionais para iniciar a execução da pena "tem conduzido massivamente à prescrição da pretensão punitiva ou ao enorme distanciamento temporal entre a prática do delito e a punição definitiva". Seguindo este raciocínio, o Ministro Teori Zavascki havia registrado o risco da ocorrência da prescrição da pretensão punitiva estatal, considerando que, antes do início do cumprimento da pena, o último marco interruptivo da prescrição é a publicação da sentença ou acórdão condenatórios recorríveis (art. 117, IV, do CP).

14.6 Mudanças na prescrição penal

Nessa ordem de ideias, enquanto fossem interpostos sucessivos recursos pela defesa, – tanto no Superior Tribunal de Justiça quanto no Supremo Tribunal Federal –, obstando-se o trânsito em julgado pela atividade defensiva, estaria em curso a prescrição da pretensão punitiva. Vale dizer, a defesa impediria o trânsito em julgado por meio de recursos os mais diversos e, ao final, o resultado disso poderia ser a prescrição, que estaria correndo enquanto os recursos fossem interpostos.

Em outro ponto, a prescrição da pretensão executória, na forma da literalidade do art. 112, inc. I, do CP, inicia-se "do dia em que transita em julgado a sentença condenatória, para a acusação". No Superior Tribunal de Justiça, a matéria está pacificada pela interpretação literal do dispositivo legal,[18] mas está em curso no Supremo Tribunal Federal discussão[19] se o trânsito em julgado apenas para a acusação pode marcar o início da prescrição da pretensão executória. A menção ao trânsito para a acusação no dispositivo legal justificava-se na época da sua edição porque a regra era a execução provisória da pena quando da prolação de sentença condenatória.[20] Desse modo, é

---

que havia dentre os juízes para exercer a competência criminal, além dos grandes riscos inerentes à atividade. Anotou o Ministro Barroso em seu voto: "A alteração da compreensão do STF acerca do momento de início de cumprimento da pena deverá ter impacto positivo sobre o número de pessoas presas temporariamente – a maior eficiência do sistema diminuirá a tentação de juízes e tribunais de prenderem ainda durante a instrução –, bem como produzirá um efeito republicano e igualitário sobre o sistema".

[18] "Nos termos do art. 112, I, do Código Penal, o termo inicial da contagem do prazo da prescrição executória é a data do trânsito em julgado para a acusação, e não para ambas as partes, prevalecendo a interpretação literal mais benéfica ao condenado" (AgRg no RHC 74.996/PB, Rel. Ministro NEFI CORDEIRO, SEXTA TURMA, julgado em 12.09.2017, DJe 19.09.2017).

[19] Foi reconhecida a repercussão geral da matéria no ARE nº 848.107. Relator Ministro Dias Toffoli, constituindo o tema 788.

[20] "Esse entendimento, de fato, guardava alguma coerência, à época, em virtude do conjunto processual penal que o circundava. Afinal, o Código Adjetivo não apenas previa a inexistência de efeito suspensivo para os recursos extraordinários, determinando que os autos, após as razões e contrarrazões, baixassem à primeira instância, para execução da pena, mas ainda determinava a execução provisória da condenação já desde a decisão de primeira instância, impedindo o réu de apelar sem se recolher à prisão, ressalvadas apenas algumas situações especiais, na linha do que se extrai do atualmente revogado artigo 594. Outrossim, o artigo 595 do mesmo Código, hoje igualmente insubsistente, punia com a deserção do recurso de apelação o réu que fugisse após sua interposição. (...) Ora, se a execução da pena era devida, como regra, uma vez proferida a decisão condenatória (mesmo em primeiro grau), o seu não cumprimento, a partir de então, já poderia caracterizar a inércia do Estado, justificando-se, assim, que, a contar de então – ou, mais propriamente, da não interposição de recurso pela acusação (legalmente denominada "trânsito em julgado para a acusação"), tornando definitiva a baliza máxima de pena imposta –, fluísse o interregno da prescrição da pretensão executória, como tradicionalmente interpretada a primeira parte do inciso I do artigo 112 do Código Penal" (BINS, Denise Dias de Castro. Termo inicial da prescrição da pretensão executória: uma releitura da primeira parte do inciso I do artigo 112 do Código Penal à luz do sistema constitucional e processual penal contemporâneo. *Revista de Doutrina da 4ª Região*, Porto Alegre, n. 57, dez. 2013. Disponível em: <http://revistadoutrina.trf4.jus.br/artigos/edicao057/Denise_Bins.html>. Acesso em: 11 jan. 2018). No mesmo sentido: "Penal e processual. Habeas corpus. Art. 112, inc. I, do

incongruente considerar em curso o prazo para a prescrição da pretensão executória se a pretensão executória não puder ser exercida. O dispositivo legal, em outras palavras, tem que ser lido de acordo com a viabilidade – do ponto de vista da Constituição Federal – da execução da pena antes do trânsito em julgado para ambas as partes. Por essa razão, a nova orientação que admitiu a possibilidade de execução provisória da pena gerou efeitos sobre a contagem da prescrição da pretensão executória. De um lado, a partir do momento em que for possível a execução provisória da pena, se o Estado deixar de agir,[21] deve correr o prazo da prescrição da pretensão executória.[22] Por outro, quando se iniciar o cumprimento da pena, mesmo antes do trânsito em julgado, a prescrição da pretensão executória não poderá ter curso.

14.7 Fundamentos jurídicos do voto do Ministro Barroso

Dentre os fundamentos jurídicos desenvolvidos no voto do Ministro Luís Roberto Barroso, há três aspectos. O primeiro deles é a análise conjunta do disposto no art. 5º, incisos LVII e LXIV, da Constituição Federal. Considerando-se ambos os incisos, "é evidente que a Constituição diferencia o regime da culpabilidade e o da prisão". Nos termos do voto, "enquanto o inciso LVII define que 'ninguém será considerado culpado até o trânsito em julgado da sentença penal condenatória'", "o inciso LXI prevê que 'ninguém será preso senão em flagrante delito ou por ordem escrita e fundamentada de autoridade judiciária competente'". Ainda de acordo com o voto, como se sabe, "a Constituição é um conjunto orgânico e integrado de normas, que devem ser interpretadas sistematicamente na sua conexão com todas as demais, e não de forma isolada". Aplica-se, nesse aspecto, o princípio da unidade da Constituição com a preservação do alcance da presunção de inocência como regra probatória, de tratamento e garantia.

CP. Prescrição da pretensão executória. Termo a quo. Trânsito em julgado para ambas as partes. Interpretação de acordo com o sistema constitucional vigente. 1. Na linha do entendimento manifestado pelo e. STJ (HC nº 163.261/SP, Rel. Min. Jorge Mussi, public. no Dje de 25.04.2011) o artigo 112, inc. I, do CP deve ser interpretado de acordo com a ordem constitucional vigente, de modo a considerar o trânsito em julgado para ambas as partes – e não somente para a acusação – como termo inicial para a prescrição da pretensão executória. 2. Em face de interpretação dada pela Suprema Corte ao princípio da presunção de inocência (Art. 5º, LVII – 'ninguém será considerado culpado até o trânsito em julgado de sentença penal condenatória'), o Estado somente pode executar a pena após o trânsito em julgado da ação penal, ou seja, após esgotados todos os recursos. 3. Diante disso, revela-se incongruente considerar o trânsito em julgado apenas para a acusação como marco para a prescrição, quando o Estado, em face da pendência de recurso interposto pela defesa, está impedido de executar a pena e, não obstante isso, continua fluindo o prazo prescricional. 4. Ou seja, em diversos casos ocorreria a extinção da punibilidade, sem que o Estado, em momento algum, tenha sido desidioso ou inerte. 5. Não é caso de declaração de inconstitucionalidade, porquanto 'não se está negando vigência ao disposto no art. 112, I, do Código Penal, mas dando-lhe entendimento consentâneo à nova ordem constitucional'". (Tribunal Regional Federal da Quarta Região. Habeas Corpus nº 0025643-59.2010.404.0000. Quarta Seção, Relator Élcio Pinheiro de Castro, D.E. de 02 mar. 2012).

[21] A partir do momento em que foi tomada a decisão pelo Plenário do Supremo Tribunal Federal no HC nº 126.292 se o acórdão condenatório for proferido antes do precedente.

[22] "O termo inicial do decurso do prazo extintivo, em se tratando de prescrição da pretensão executória, antes da mudança de entendimento do STF (HC 126.292/SP), era o trânsito em julgado para ambas as partes, porquanto não se podia falar em inação do Estado na busca da execução da pena diante da inexistência de título executivo que se considerasse apto a ampará-la" (TRF-4, AG nº 5003568-91.2017.404.0000. Oitava Turma, Relator Leandro Paulsen, Data de Julgamento: 10.05.2017).

O segundo desses fundamentos propriamente jurídicos é que os direitos ou garantias não são absolutos, "principalmente quando veiculados sob a forma de princípios (e não regras), como é o caso da presunção de inocência". De fato, por mais que muitos queiram negar, não há dúvida de que a presunção de inocência é um princípio, e não uma regra. Ao prever uma presunção, devem ser estabelecidas formas de relativizá-la e mesmo de afastá-la em definitivo. "Tanto é assim que se admite a prisão cautelar (CPP, art. 312) e outras formas de prisão antes do trânsito em julgado". Nos casos de colisão de princípios, "será, então, necessário empregar a técnica da ponderação, tendo como fio condutor o princípio instrumental da proporcionalidade". Seguindo essa linha de entendimento, devem ser ponderados o princípio da presunção de inocência e o interesse constitucional na efetividade da lei penal.[23] Isto é, com a decisão condenatória em segundo grau, mesmo que não se confirme a decisão de mérito de primeira instância, "há sensível redução do peso do princípio da presunção de inocência e equivalente aumento do peso atribuído à exigência de efetividade do sistema penal". Isso ocorre porque, "nessa hipótese, já há demonstração segura da responsabilidade penal do réu e necessariamente se tem por finalizada a apreciação de fatos e provas".

E o terceiro fundamento é que, além da necessária ponderação de princípios, reforça essa conclusão o princípio da proporcionalidade como proibição da proteção deficiente.[24] Dizendo de outro modo, retardar infundadamente a prisão do réu condenado estaria em contraste com "a eficácia do direito penal exigida para a proteção da vida, da segurança e da integridade das pessoas e de todos os demais fins que justificam o próprio sistema criminal". Conforme o voto do Ministro Barroso nas ADC nº 43 e 44, os bens jurídicos tutelados pelo direito penal – e que são muito caros à ordem constitucional de

---

[23] Lê-se no voto do Ministro Luís Roberto Barroso: "De outro lado, encontra-se o interesse constitucional na efetividade da lei penal, em prol dos objetivos (prevenção geral e específica) e bens jurídicos (vida, dignidade humana, integridade física e moral, etc.) tutelados pelo direito penal. Tais valores e interesses possuem amplo lastro na Constituição, encontrando previsão, entre outros, nos arts. 5º, caput (direitos à vida, à segurança e à propriedade), e inciso LXXVIII (princípio da razoável duração do processo), e 144 (segurança). Esse conjunto de normas postula que o sistema penal deve ser efetivo, sério e dotado de credibilidade. Afinal, a aplicação da pena desempenha uma função social muitíssimo relevante. Imediatamente, ela promove a prevenção especial, desestimulando a reiteração delitiva pelo indivíduo que tenha cometido o crime, e a prevenção geral, desestimulando a prática de atos criminosos por membros da sociedade. Mediatamente, o que está em jogo é a proteção de interesses constitucionais de elevado valor axiológico, como a vida, a dignidade humana, a integridade física e moral das pessoas, a propriedade, e o meio ambiente, entre outros".

[24] Cito, ainda, trecho extremamente significativo do voto do Ministro Barroso: "O princípio da proporcionalidade, tal como é hoje compreendido, não possui apenas uma dimensão negativa, relativa à vedação do excesso, que atua como limite às restrições de direitos fundamentais que se mostrem inadequadas, desnecessárias ou desproporcionais em sentido estrito. Ele abrange, ainda, uma dimensão positiva, referente à vedação à proteção estatal insuficiente de direitos e princípios constitucionalmente tutelados. A ideia é a de que o Estado também viola a Constituição quando deixa de agir ou quando não atua de modo adequado e satisfatório para proteger bens jurídicos relevantes. Tal princípio tem sido aplicado pela jurisprudência desta Corte em diversas ocasiões para afastar a incidência de normas que impliquem a tutela deficiente de preceitos constitucionais". E, em nota de rodapé a esse texto, são referenciados os precedentes do Supremo Tribunal Federal: RE 418376. Rel. p/ acórdão Min. Joaquim Barbosa; ADI 3112, Rel. Min. Ricardo Lewandowski; HC 104410, Rel. Min. Gilmar Mendes; e HC 16212, Rel. Min. Marco Aurélio. Mais adiante, no voto, esclarece o Ministro: "A exigência de uma intervenção eficaz não é, porém, incompatível com a defesa de uma intervenção mínima do direito penal. Um direito penal efetivo, capaz de cumprir os seus objetivos, não precisa do excesso de tipificações, nem de exacerbação de penas". Na clássica, mas ainda atual lição de Cesare Beccaria: "A perspectiva de um castigo moderado, mas inevitável, causará sempre uma impressão mais forte do que o vago temor de um suplício terrível, em relação ao qual se apresenta alguma esperança de impunidade".

1988 – são a vida, a segurança e a integridade física e moral das pessoas e estão previstos nos arts. 5º, *caput* e LXXVIII, e 144 da Constituição Federal.[25]

14.8 As Ações Declaratórias de Constitucionalidade nº 43 e nº 44 e o art. 283 do CPP. Repercussão geral no ARE nº 964.246

Após o julgamento do *habeas corpus*, provocou-se o Plenário do Supremo Tribunal Federal a se manifestar novamente sobre a questão. Em julgamento – ocorrido em 05.10.2016 – de liminares nas Ações Declaratórias de Constitucionalidade nº 43 e nº 44, o Tribunal analisou o artigo 283 do Código de Processo Penal, segundo o qual "ninguém poderá ser preso senão em flagrante delito ou por ordem escrita e fundamentada da autoridade judiciária competente, em decorrência de sentença condenatória transitada em julgado ou, no curso da investigação ou do processo, em virtude de prisão temporária ou prisão preventiva" (redação dada pela Lei nº 12.403, de 2011). No entendimento da maioria (6 a 5[26]), foi indeferida a cautelar.

Com essa compreensão, é legítima a execução provisória da pena após a decisão condenatória de segundo grau, devendo-se conferir interpretação conforme a Constituição ao artigo 283 do Código de Processo Penal, para excluir interpretação diversa. Ou seja, confere-se ao preceito do CPP interpretação que o torne compatível com a exigência constitucional de efetividade e credibilidade do sistema de justiça criminal. Já havia sido apreciado – no voto do Ministro Barroso proferido no *habeas corpus* – que o art. 283 do CPP não serve para impedir a prisão após a condenação em segundo grau, uma vez que ocorre, nesse caso, certeza acerca da materialidade e autoria por força de fundamento diretamente constitucional. Nas palavras do Ministro, "interpreta-se a legislação ordinária à luz da Constituição, e não o contrário". Nesse sentido, o disposto no art. 283 do Código – interpretado de acordo com o princípio da efetividade do sistema penal – veicula uma opção legítima e razoável do legislador à luz da moldura prevista na Constituição.

Em acréscimo a isso, o art. 283 do CPP não espelha o disposto no texto constitucional – caso em que não poderia ser questionado –, já que a Constituição, como antes referido, não condiciona a prisão ao trânsito em julgado, mas sim à ordem escrita de juiz. O trânsito em julgado é requisito indispensável, isso sim, para a condição de culpado, não para a prisão.

Além do baixo índice de provimento dos recursos extraordinários em favor do réu – 10,3%, consoante já mencionado –, no STJ, dados fornecidos pela Presidência do Tribunal indicam que os recursos especiais criminais providos em favor do réu no período de 01.01.2009 até 20.06.2016 foram de 10,29%.[27] Como escreveu o Ministro Barroso,

---

[25] Resumindo os fundamentos constitucionais que possibilitam o início do cumprimento da pena: "(i) o direito brasileiro não exige o trânsito em julgado da decisão para que se decrete a prisão, (ii) a presunção de inocência, por ser um princípio, sujeita-se à ponderação com outros valores constitucionais, e (iii) o princípio da proporcionalidade como proibição de proteção deficiente impede que o Estado tutele de forma insuficiente os direitos fundamentais protegidos pelo direito penal".

[26] Ficaram vencidos os Ministros Marco Aurélio (Relator), Rosa Weber, Ricardo Lewandowski, Celso de Mello, e, em parte, o Ministro Dias Toffoli.

[27] A nota 16 do voto do Ministro Barroso nas ADC forneceu as fontes a partir das quais foram extraídos tais dados: SJD, SOJ, Gabinetes de Ministros e STI. Computaram-se os AResp e Resp providos em favor de réu e DP no

eventual índice mais elevado de sucesso nesses recursos especiais, em estados "que se mantêm recalcitrantes em cumprir a jurisprudência pacífica dos tribunais superiores", não deve ser resolvido "com prejuízo à funcionalidade do sistema penal, mas com ajustes pontuais que permitam maior grau de observância à jurisprudência" do STJ e do STF.[28] Nesse contexto, não é devido condicionar o início da execução provisória da pena à decisão do Superior Tribunal de Justiça. Aliás, se do ponto de vista prático não se deve aguardar a decisão final do STJ, sob o aspecto jurídico, não há fundamento legítimo para tal providência. Embora as funções exercidas pelo Superior Tribunal de Justiça e pelo Supremo Tribunal Federal não sejam idênticas, "ambas as instâncias são consideradas extraordinárias e não há direito ao triplo ou quádruplo grau de jurisdição".[29] [30]

Tampouco há que se falar na criação de nova modalidade de prisão sem previsão constitucional e legal. Além de ter fundamento diretamente constitucional – de acordo com o princípio da efetividade do sistema penal – a execução provisória da pena é extraída do art. 637 do CPP.[31] Tal dispositivo prevê que "o recurso extraordinário não

---

período de 01.01.2009 até 20.06.2016 por classe de feito. Ademais, de acordo com elementos fornecidos no projeto *Supremo em Números*, da Fundação Getulio Vargas, a média de provimentos de recursos especiais é de 9,1% em favor dos réus, sendo a maior parte referente ao regime de pena e à dosimetria.

[28] Escreveu o Ministro Barroso no voto proferido nas ADC nº 43 e nº 44: "Nesse cenário, penso que, em princípio, a questão não deve se resolver com prejuízo à funcionalidade do sistema penal (excluindo-se a possibilidade de prisão após a condenação em segundo grau), mas com ajustes pontuais que atinjam a própria causa do problema e que permitam maior grau de observância à jurisprudência dos tribunais superiores. É possível, por exemplo, pensar em medidas que favoreçam o cumprimento das decisões do STJ e do STF, como a edição de súmulas vinculantes em matéria penal nos casos em que se verificar maior índice de descumprimento de precedentes dos tribunais (...) Ainda assim, para evitar prejuízos aos réus, especialmente aqueles hipossuficientes, recomenda-se, nos casos em que se verificar tal índice de provimento desproporcional, a adoção, nos tribunais superiores, de jurisprudência mais permissiva quanto ao cabimento de habeas corpus que permita a célere correção de eventual abuso ou erro das decisões de segundo grau".

[29] Ainda no voto proferido pelo Ministro Barroso nas referidas ADC: "Em juízo de cognição sumária, entendo, porém, que não é o caso de excepcionar o STJ da aplicação do entendimento do STF no HC 126.292. Embora as funções exercidas por um e outro tribunal nas causas criminais não sejam idênticas, ambas as instâncias são consideradas extraordinárias. Como se sabe, os recursos extraordinário e especial não se prestam a rever as condenações, mas apenas a tutelar a higidez do ordenamento jurídico constitucional e infraconstitucional. Por isso, nos termos da Constituição, a interposição desses recursos pressupõe que a causa esteja decidida. É o que preveem os artigos 102, III, e 105, III, que atribuem competência ao STF e ao STJ para julgar, respectivamente, mediante recurso extraordinário e especial, 'as causas decididas em única ou última instância'. Ainda, tais recursos excepcionais não possuem efeito suspensivo (v. art. 637 do CPP e art. 1.029, §5º, CPC/2015, aplicável subsidiariamente ao processo penal, por força do art. 3º, do CPP), nem se deve reconhecer, no direito brasileiro, um direito ao triplo (ou quádruplo) grau de jurisdição".

[30] Entendeu-se, também, que não assistia razão ao pleito do início da execução da pena somente em relação a ilícitos praticados posteriormente à decisão de mérito proferida na ADC – ou apenas a ilícitos posteriores à decisão do HC nº 126.292. Isso porque o novo entendimento do Supremo não criou novo crime nem nova sanção penal. A nova interpretação dada pelo Supremo Tribunal Federal versou sobre matéria processual penal, sujeita à incidência imediata, nos termos do art. 2º do Código de Processo Penal, segundo o qual "A lei processual penal aplicar-se-á desde logo, sem prejuízo da validade dos atos realizados sob a vigência da lei anterior". O entendimento sobre execução provisória também não configura norma de natureza mista. Está no item 71 do voto do Ministro Barroso nas ADC: "Ao proferi-lo, o Supremo Tribunal Federal decidiu em que momento torna-se possível executar decisão judicial confirmada em, ao menos, duas instâncias. Se a possibilidade de uma norma processual repercutir sobre a liberdade implicasse sua automática configuração como norma mista ou vedasse sua aplicação para ilícitos ocorridos anteriormente à sua vigência, a aplicabilidade imediata seria uma exceção no processo penal e não a regra porque a privação da liberdade é o resultado provável de inúmeros processos penais".

[31] No item 59 do voto do Ministro Barroso na ADC lê-se: "E não é possível alegar-se que o art. 283 do CPP (com redação dada pela Lei nº 12.403/2011) é norma posterior e mais especial em relação ao art. 637 do CPP, de modo a prevalecer em relação a este por meio do emprego dos critérios cronológico e da especialidade. Em verdade, ao se conferir interpretação conforme a Constituição ao art. 283 do CPP para compatibilizá-lo com a Constituição de 1988, não resta conflito entre os ambos os preceitos. Ao contrário, ambos harmonizam-se perfeitamente".

tem efeito suspensivo, e uma vez arrazoados pelo recorrido os autos do traslado, os originais baixarão à primeira instância, para a execução da sentença". No mesmo sentido, valem para o recurso especial os termos da Súmula nº 267 do STJ ("A interposição de recurso, sem efeito suspensivo, contra decisão condenatória não obsta a expedição de mandado de prisão").[32] [33]

Tal entendimento foi reafirmado pelo Plenário Virtual do STF, no julgamento do Recurso Extraordinário com Agravo (ARE) nº 964246, com repercussão geral reconhecida.[34]

14.9 Critérios para análise pelo juiz de primeira instância

No Recurso Extraordinário com Agravo nº 851.109/DF, de 23.02.2016, o Ministro Edson Fachin, do STF, ao analisar o pedido do MPF para dar início à execução provisória da pena, com respaldo na nova jurisprudência, assentou que a matéria deve ser examinada pelo juízo de origem a quem cabe determinar a expedição de mandado de prisão.[35]

---

[32] Não é cabível, de igual maneira, a modulação dos efeitos temporais do entendimento do STF no HC nº 126.292, eis que a alteração jurisprudencial, além de versar sobre matéria processual penal, "não cria novo crime ou nova sanção penal, nem gera qualquer prejuízo à segurança jurídica, à boa fé ou à confiança dos réus". Transcrevo o item 73 do voto do Ministro Barroso nas ADC: "Por outro lado, a modulação dos efeitos temporais de uma decisão do STF pressupõe a ponderação entre o dispositivo constitucional violado e os valores segurança jurídica, proteção da confiança legítima e da boa-fé do administrado. Não há como sustentar, contudo, que a segurança jurídica dos réus foi violada porque, se tivessem sabido que seriam presos após decisão de segundo grau, não teriam cometido seus ilícitos ou teriam se defendido no processo de forma diversa. Tampouco se pode afirmar que a afronta a esses princípios estaria no fato de que o réu tinha depositado sua confiança na inefetividade do sistema maná à época em que escolheu se apropriar do dinheiro público, matar, roubar ou e que, portanto, tem direito a que tal sistema permaneça inefetivo".

[33] Por fim, afastou-se o argumento de que haveria uma afronta ao princípio da reserva de plenário na decretação pelos juízos ou tribunais das prisões antes do trânsito em julgado (CF, art. 97 e Súmula Vinculante nº 10). Como se sabe, a técnica da interpretação conforme a Constituição "não importa em nulidade da norma, de modo a preservar a sua presunção de constitucionalidade". Assim, não houve o esvaziamento da lei, o que só ocorreria se não restasse qualquer espaço de aplicação do preceito legal. Ainda que assim não fosse, a "manifestação plenária do STF no julgamento do HC 126.292 afasta a reserva de plenário". De acordo com o item 57 do voto do Ministro Barroso proferido nas ADC: "(...) tanto no CPC/1973 (art. 481, parágrafo único) quanto no CPC/2015 (art. 949, parágrafo único) prevê-se que 'os órgãos fracionários dos tribunais não submeterão ao plenário ou ao órgão especial a arguição de inconstitucionalidade quando já houver pronunciamento destes ou do plenário do Supremo Tribunal Federal sobre a questão'".

[34] O Tribunal, por unanimidade, reputou constitucional a questão. O Tribunal, por unanimidade, reconheceu a existência de repercussão geral da questão constitucional suscitada. No mérito, por maioria, reafirmou a jurisprudência dominante sobre a matéria, vencidos os Ministros Celso de Mello, Dias Toffoli, Marco Aurélio e Ricardo Lewandowski. Não se manifestou a Ministra Rosa Weber. Julgamento pelo Plenário virtual foi concluído em 11.11.2016.

[35] Transcrevo trecho do despacho do Ministro: "Incide, na hipótese, o caminho apontado pelo comando legal contido no art. 637 do Código de Processo Penal, segundo o qual 'O recurso extraordinário não tem efeito suspensivo, e uma vez arrazoados pelo recorrido os autos do traslado, os originais baixarão à primeira instância, para a execução da sentença'. Essa direção normativa teve, ulteriormente, a chancela da Lei 8.038, de 28 de maio de 1990, a qual regulou também, a posteriori, o efeito meramente devolutivo dos recursos às instâncias extraordinárias, e o fez ao instituir normas procedimentais para os processos que especifica, perante o Superior Tribunal de Justiça e o Supremo Tribunal Federal. Dúvida não emerge do artigo 27 da Lei mencionada, o qual, no segundo parágrafo assim estatui: '§2º – Os recursos extraordinário e especial serão recebidos no efeito devolutivo'. Impende, pois, remeter a matéria ao juízo de origem, a quem cabe examinar e determinar, a tempo e modo, a expedição de mandado de prisão em desfavor do paciente".

Não cabe, portanto, ao próprio tribunal apreciar e expedir o mandado de prisão originariamente. Primeiro, compete ao juízo de primeira instância conduzir a execução definitiva das penas aplicadas em acórdão condenatório proferido em recurso de apelação. De igual forma, nas execuções provisórias, a competência também é do primeiro grau de jurisdição. Segundo, é possível que, após o acórdão condenatório, ainda caibam embargos declaratórios e/ou infringentes. Dentro dessa perspectiva, não se pode apreciar o início da execução quando da prolação do acórdão, dado que é necessário esgotar as possibilidades de recurso ao menos na segunda instância.

Nessas condições, quando forem interpostos recurso especial e/ou extraordinário, o Vice-Presidente do Tribunal de origem – ou o responsável pela admissibilidade dos recursos excepcionais – mandará os autos (ou cópias deles) à primeira instância. Não se nega que tal providência independe de requerimento do Ministério Público, porquanto a execução deve ser iniciada de ofício. Inclusive, se não tiver sido feita no tribunal recorrido, nada obsta que o Ministro Relator – no Superior Tribunal de Justiça ou no Supremo Tribunal Federal – envie cópias ao juízo de primeiro grau.

Chegando os autos ao juízo da condenação, após a remessa ao MP, cabe a apreciação do início da execução, caso em que poderá ser expedido o mandado de prisão. Após o cumprimento desse mandado, a carta de execução será expedida e remetida ao juízo competente da execução. Se a pena imposta for restritiva de direitos,[36] a carta de execução, como se sabe, poderá ser desde logo expedida e remetida ao juízo competente da execução.

É importante observar que o início da execução será apreciado pelo juízo da condenação diante dos elementos reveladores da situação processual do condenado em todas as instâncias. Como foi descrito na análise da regra de tratamento do princípio da presunção de inocência, não existe prisão automática. O juiz, portanto, não se transforma em um autômato em que está limitado a expedir a ordem de prisão por meio de despacho padronizado sem considerar a situação do processo.

O critério que deve nortear a decisão que autorize a execução provisória da pena e expeça o mandado de prisão antes do trânsito em julgado é a remota possibilidade de que o acórdão condenatório proferido pela última instância ordinária seja revertido pelo STJ ou pelo STF. Há casos, porém, em que o juiz verifica que o recurso especial foi admitido pela origem e, mais do que isso, a matéria veiculada nele diz respeito à interpretação de lei federal que foi realizada pelo tribunal de apelação em desconformidade com a jurisprudência pacífica do Superior Tribunal de Justiça. Cito exemplos.[37] Nessas

---

[36] Na linha dos argumentos expostos nos precedentes citados do Supremo Tribunal Federal, é possível a execução da pena após o acórdão condenatório. Não há nada que estabeleça legitimamente uma distinção em relação ao momento inicial da execução das penas privativa de liberdade e restritiva de direitos. Da mesma forma que se interpretou o disposto no art. 283 do CPP conforme a Constituição, o art. 147 da LEP também deve ser interpretado à luz do princípio da efetividade do sistema penal. Conforme o art. 147 da LEP: "Transitada em julgado a sentença que aplicou a pena restritiva de direitos, o Juiz da execução, de ofício ou a requerimento do Ministério Público, promoverá a execução, podendo, para tanto, requisitar, quando necessário, a colaboração de entidades públicas ou solicitá-la a particulares". Não obstante isso, o STJ pacificou a jurisprudência em sentido contrário: "Por ocasião do julgamento dos EREsp nº 1.619.087/SC, de relatoria do Ministro Jorge Mussi (DJe 24.8.2017), a Terceira Seção desta Corte Superior de Justiça concluiu pela impossibilidade de execução da pena restritiva de direitos antes do trânsito em julgado da condenação" (AgRg no HC 420.045/SP, Rel. Ministro ROGÉRIO SCHIETTI CRUZ, SEXTA TURMA, julgado em 12.12.2017, DJe 19.12.2017).

[37] Na minha atividade jurisdicional, deparei-me com dois casos em que era evidente a inviabilidade de mandar prender o réu diante da situação dos recursos. Em um deles, o recurso especial do réu teve a manifestação

hipóteses, não há como negar a incumbência de o juiz analisar a questão. É dizer, não se deve mandar prender para depois aguardar a suspensão do acórdão ou a concessão de liminar em remédio heroico pelo Superior Tribunal de Justiça ou pelo Supremo Tribunal Federal. Sob outro viés, se o recurso for inadmitido por veicular matéria fática ou depender de cotejo analítico de provas e o acórdão não contrariar jurisprudência firme dos tribunais superiores – o que certamente é a grande maioria dos casos –, caberá ao juiz expedir a ordem imediata de prisão em decisão fundamentada sujeita a recursos perante as instâncias ordinárias e extraordinárias.

Tal análise pelo juízo de primeira instância não contraria a nova jurisprudência formada pelo Plenário do Supremo Tribunal Federal, que expressamente admite a possibilidade de execução provisória da pena. Em verdade, vem reforçar o cabimento do início do cumprimento da pena antes do trânsito em julgado. Isso porque reduz a prisão aos casos em que os recursos excepcionais efetivamente subvertem a lógica do esgotamento da matéria de fatos e de provas nas instâncias ordinárias. Com esse temperamento, a crítica que por vezes tem sido feita ao entendimento majoritário do Supremo Tribunal

---

favorável da Procuradoria Regional da República como fiscal da lei. *Primeiro exemplo*: "Conforme relatado, a sentença de fls. 2.651/2.679 condenou o réu às penas privativas de 2 anos de reclusão, pela prática do crime descrito no artigo 288 do CP; e 3 anos e 4 meses de reclusão, pela prática dos crimes descritos no artigo 155, §4º, II na forma do artigo 71, ambos do CP. Ressalte-se que, para fins prescricionais, deve ser desconsiderada a continuidade delitiva, levando-se em conta, apenas, portanto, a pena de 2 anos, em relação ao crime previsto no artigo 155, §4º, II, do CP. Desse modo, o prazo prescricional, pelas penas impostas, seria de 4 (quatro) anos para cada um dos dois crimes, na forma do artigo 109, V, e artigo 110, §1º, ambos do CP, o último, na redação dada pela Lei 7.209 de 11.07.1984, uma vez que a nova redação é posterior à data dos fatos apontada na sentença, que seriam de agosto de 2009. Apesar de não constar manifestação do MPF acerca das datas das incidências do artigo 155, §4º, II, do CP, a sentença aponta que as subtrações constam relacionadas no volume IV do Apenso 11 do inquérito policial. Ao analisar tais informações, cujas cópias encontram-se acostadas às fls. 3.044/3.049-v, verifico que as datas constantes da listagem, referentes aos cartões apontados na sentença, são de julho de 2009 a 13.12.2009. Assim, considerando agosto de 2009 (ou até mesmo 13.12.2009) como data dos fatos, e o recebimento da denúncia de 19.12.2013, verifica-se que decorreu prazo superior a 4 (quatro) anos entre os períodos pelo menos em relação aos crimes de furto, caso a sentença seja mantida. Na ocasião da sentença, não foram apresentados embargos de declaração em relação à data do fato indicada e a referida data não foi questionada por nenhuma das partes. Ressalte-se que resta pendente recurso especial da acusação, que requereu o reconhecimento da incidência da qualificadora prevista pelo art. 155, §4º do CP, o que poderia majorar a pena e alterar o parâmetro a ser utilizado para fins de contagem do prazo, afastando a possibilidade de prescrição. Entretanto, da mesma forma, a prescrição da pretensão punitiva estatal pode vir a ser reconhecida pelo Superior Tribunal de Justiça. Detectada a possibilidade de ser reconhecida a prescrição, entende este juízo que aguardar o trânsito em julgado da decisão a ser proferida é a medida mais adequada e mais segura neste momento processual, evitando-se que, caso seja reconhecida a prescrição de algum dos fatos relacionados na sentença, cumpra-se pena divergente da decisão final" (Ação Penal nº 0000703-65.2014.4.02.5102). *Segundo exemplo*: "No caso, o recurso especial interposto pela defesa discute questão de direito, e não análise de fatos e provas. A defesa questionou a aplicação da pena nas 2ª e 3ª fases da dosimetria do acórdão proferido e requereu, em seu recurso, admitido pela Vice-Presidência do TRF-2ª Região, que fossem afastadas as supostas violações aos artigos 62, I e 14, II, parágrafo único, do CP. Isso porque, apesar de o acórdão ter alterado o patamar referente ao artigo 62, I, do CP, fixado por este juízo, de 2/3 (dois terços) para 1/2 (metade) na dosimetria da pena, a defesa alega não haver fundamentação para a não aplicação da fração mínima de 1/6 (um sexto). A mesma alegação recai sobre a aplicação, pelo TRF-2ª Região, da fração mínima referente ao art. 14, II, do CP. Ressalte-se que a Procuradoria Regional da República, às fls. 397/406, em seu parecer acerca do recurso de apelação da defesa, pugnou pelo redimensionamento da pena, em relação ao art. 62, I, do CP, em seu patamar mínimo, conforme trecho que transcrevo, a seguir: '(...) O patamar utilizado na segunda fase foi de, aproximadamente, 2/3 da pena fixada, superior, portanto, ao coeficiente de 1/6 aceito como razoável e proporcional pela jurisprudência dos Tribunais Superiores, devendo, assim, ser redimensionada (...)'. Dessa forma, considerando a possibilidade de redução das penas impostas, ou mesmo da anulação do acórdão proferido, entende este juízo que aguardar o trânsito em julgado da decisão a ser proferida é a medida mais adequada, neste momento processual, evitando que, caso sejam reconhecidos os pedidos da defesa, cumpra-se pena divergente da decisão final. Sendo assim, indefiro o pedido de execução provisória da pena, formulado pelo MPF, e determino a suspensão do processo até que seja julgado o recurso especial" (Ação Penal nº 0004697-72.2012.4.02.5102).

Federal ficará sobremodo enfraquecida, já que não haverá casos praticamente em que o réu esteja preso e tenha a sua condenação revertida ou alterada pelo STJ.

Referências

BINS, Denise Dias de Castro. Termo inicial da prescrição da pretensão executória: uma releitura da primeira parte do inciso I do artigo 112 do Código Penal à luz do sistema constitucional e processual penal contemporâneo. *Revista de Doutrina da 4ª Região*, Porto Alegre, n. 57, dez. 2013. Disponível em: <http://revistadoutrina.trf4.jus.br/artigos/edicao057/Denise_Bins.html>. Acesso em: 11 jan. 2018.

GOMES, Luiz Flávio. *Estudos de Direito Penal e Processo Penal*. 1. ed. São Paulo: Revista dos Tribunais, 1998, p. 101-117.

Informação bibliográfica deste texto, conforme a NBR 6023:2002 da Associação Brasileira de Normas Técnicas (ABNT):

SOARES, Fabrício Antonio. Execução da pena após condenação em 2º grau. In: SARAIVA, Renata et al. *Ministro Luís Roberto Barroso*: 5 anos de Supremo Tribunal Federal: homenagem de seus assessores. Belo Horizonte: Fórum, 2018. p. 251-266. ISBN 978-85-450-0525-4.

CAPÍTULO 15

O MANDADO DE SEGURANÇA Nº 34.448/DF E A PEC DO NOVO REGIME FISCAL

PEDRO HENRIQUE R. SALES

15.1 Introdução

O impeachment da ex-Presidente Dilma Rousseff marcou a história política do país e, sobretudo, a trajetória do Direito Financeiro no Brasil. A disciplina ocupou papel de destaque nos debates realizados durante o rito do processo de impedimento, considerando o conteúdo eminentemente orçamentário da denúncia veiculada pelos juristas Hélio Bicudo, Janaína Paschoal e Miguel Reale Jr.

À margem dos influxos políticos que conduziram o processo, naturalmente proeminentes nos julgamentos processados no âmbito das casas políticas, a sociedade buscou tomar conhecimento de aspectos técnicos relativos às contas públicas, sufragando a importância das normas relacionadas à condução do país sob o plano fiscal. Em memorável passagem de um célebre voto, o Min. Ayres Britto refere-se ao orçamento como a lei mais importante logo abaixo da Constituição, na medida em que seria ela a norma com maior aptidão para influenciar os rumos da coletividade.[1]

A grande mídia e as redes sociais passaram a dedicar-se ao debate de temas jamais explorados nos veículos de comunicação tradicionais. Subitamente, o país discutia a existência de pretensas "pedaladas fiscais", o descumprimento da meta de superávit, decretos de abertura de créditos suplementares e outras questões que dominaram o debate público e contribuíram para o surgimento de uma cidadania fiscal.[2] Tais acontecimentos enalteceram a importância de fortalecer no Brasil uma cultura de acompanhamento da política orçamentária, em especial no que tange às despesas públicas.

---

[1] ADI nº 4.048, Tribunal Pleno, Rel. Min. Gilmar Mendes, j. 14.05.2008 – p. 92 dos autos.

[2] A propósito do conceito de cidadania fiscal, cf. TORRES, Ricardo Lobo. *Tratado de Direito Constitucional, Financeiro e Tributário*. Rio de Janeiro: Renovar, 2008, p. 148.

Superado o processo que levou o atual Presidente ao poder, a nova equipe econômica assumiu a desafiadora missão de interromper um dos ciclos recessivos mais drásticos da história da economia brasileira. Novamente, lá estava o Direito Financeiro no centro dos debates que ocupariam a ordem do dia. A Proposta de Emenda Constitucional nº 241/16 (Câmara dos Deputados), transformada na PEC nº 55/16 (Senado Federal), foi a primeira aposta do Ministro Henrique Meirelles no sentido de buscar uma solução para o cenário alarmante das contas públicas. A proposição revelou-se igualmente importante sob o aspecto político, na medida em que foi o primeiro teste de força da nova coalizão governista.

A rigor, o Novo Regime Fiscal – como ficou conhecido o conjunto de regras implementadas pela famigerada "PEC do Teto" – trouxe consigo a mensagem de que o remédio para a crise experimentada pelo país seria amargo: o ajuste fiscal priorizaria o controle dos gastos públicos,[3] buscando conter sua expansão. A ideia de criar um limitador para as despesas públicas não revelava algo inédito, considerando que tal experiência já havia sido colocada em prática por outros países. De toda sorte, não há um consenso científico entre os estudiosos em finanças públicas sobre a eficácia de tal medida.

Obviamente, durante a tramitação da proposição, o governo conferiu destaque às experiências marcadamente exitosas.[4] Entretanto, cumpre registrar que o tempo de vigência do limitador inevitavelmente despertou um justo receio em todos: nenhum país jamais tivera a ousadia de aprovar um teto de gastos primários cujos efeitos durariam por duas décadas.

A oposição ao novo governo explorou à exaustão as supostas fragilidades da medida e investiu seu capital político na disseminação da ideia de que as conquistas sociais recentes e as políticas públicas assistenciais estariam ameaçadas. Na arena legislativa, os parlamentares contrários à proposição lançaram mão de todas as ferramentas regimentais possíveis para obstruir a discussão da matéria. Na esfera judicial, especificamente no âmbito do Supremo Tribunal Federal, a oposição[5] tentou obstruir a tramitação da proposta impetrando um mandado de segurança amparado na suposta violação às cláusulas pétreas. Sustentou-se, resumidamente, que a proposta seria tendente a abolir a separação dos poderes e o voto direto, secreto, universal e periódico.

A judicialização desta questão foi importante para que a Corte, indo além da análise própria do controle de constitucionalidade preventivo, fosse oportunizada a sinalizar um juízo de valor sobre o tema, participando do debate público que envolve o próprio conteúdo da política fiscal em questão. Tratando-se de um conjunto de regras que podem viger por até vinte anos e impactar, sobremaneira, o próprio Judiciário, foi importante conhecer a posição do Supremo Tribunal Federal.

---

[3] O regime vale para os orçamentos fiscal e da seguridade social e para todos os órgãos e poderes da República. Dentro de um mesmo poder, haverá limites por órgão. Existirão, por exemplo, limites individualizados para tribunais, Conselho Nacional de Justiça, Senado, Câmara, Tribunal de Contas da União (TCU), Ministério Público da União, Conselho Nacional do Ministério Público e Defensoria Pública da União.

[4] O Relatório do Deputado Darcísio Perondi, aprovado no Plenário da Câmara dos Deputados, ressaltava que a Holanda, por exemplo, adotou limites em 1994, reduzindo a relação dívida/PIB de 77,7% para 46,8%.

[5] O *Writ* foi impetrado por Deputados Federais integrantes do Partido Comunista do Brasil (PC do B) e do Partido dos Trabalhadores (PT).

Considerados o alcance e a longevidade da nova política e o cenário econômico em que vivemos, essa interação entre o Congresso Nacional e a Corte contribui para um processo de tomada de decisão mais maduro. Sobre o processo de tomada de decisão dialético entre os poderes, Rodrigo Brandão[6] ensina que "a concretização da Constituição [é] um processo interativo, no qual cada um dos 'poderes' contribui com seus conhecimentos específicos, redundando na construção de um modelo de tomada de decisão mais qualificado, circunstância que – especialmente quando estiverem em jogo questões complexas – tende a produzir decisões melhores, a forjar consensos políticos e a garantir segurança jurídica".

Atingir um quórum qualificado em tempos de crise do modelo de presidencialismo de coalisão é sempre desafiador. Todavia, torna-se mais factível crer na aprovação de uma matéria após a norma ter sua validade chancelada pela Corte, ainda que dentro das balizas estreitas do controle preventivo ancorado no devido processo legislativo.

Diante da quadra descrita, verifica-se que a questão levada a juízo era delicada e o cenário político do momento estava marcado por ânimos acirrados. A relatoria do feito demandava atuação lúcida e moderadora. E assim foi feito. O Ministro Barroso proferiu decisão monocrática em 11 de outubro de 2016, indeferindo a liminar. Precisamente no dia 4 de abril de 2017, o feito foi extinto sem resolução de mérito, transitando em julgado. A extinção prematura do *Writ* se deu em virtude do reconhecimento da perda de legitimidade dos impetrantes, por modificação da situação jurídica no curso do processo, decorrente da superveniente aprovação da proposição.

15.2 A *ratio decidendi* do MS nº 34.448/DF

a) Linhas gerais do Novo Regime Fiscal

O Novo Regime Fiscal pode ser visto como uma mensagem de alento ao mercado, que almeja ver sempre mantida a higidez da capacidade de solvência do país quanto ao montante da dívida pública emitida.[7] De toda forma, além de tutelar o interesse dos credores rentistas, a medida deveria funcionar como um freio de arrumação nos gastos públicos. O recente descontrole das despesas públicas colocou a capacidade de pagamento do país sob suspeita. Alguns indicadores econômicos alcançaram níveis inéditos. A relação dívida bruta/PIB subiu de 63% para 73% em apenas um ano (2014 para 2015). Esse crescimento explosivo da dívida e a expectativa de sucessivas metas de *déficit* primário para os anos vindouros ligaram o sinal de alerta das autoridades monetárias.

No intuito de estancar a expansão da dívida, o novo regime pretende, essencialmente, estabelecer um teto para o reajuste das despesas primárias dos Poderes Executivo, Legislativo (incluindo o Tribunal de Contas da União) e Judiciário, além do Ministério Público da União e da Defensoria Pública da União. O limitador incide sobre

---

[6] BRANDÃO, Rodrigo. *Supremacia Judicial versus Diálogos Constitucionais:* a quem cabe dar a última palavra sobre o sentido da Constituição? Rio de Janeiro: Lumen Juris, 2012, p. 288.

[7] Um calote na dívida, ou até uma simples postergação de seu pagamento, como ocorreu no início da década de 90, tem o poder de desestruturar o sistema de pagamentos e de poupança do país. A perspectiva de que a dívida não será paga pode fazer com que os agentes econômicos tentem se livrar dos papéis do tesouro, migrando para ativos reais (ações, imóveis e moeda estrangeira). Isso pode gerar um surto de liquidez capaz de desestabilizar a inflação.

o gasto do ano-base – correspondente ao exercício anterior – corrigido pela inflação medida pelo IPCA. Essa sistemática deve perdurar por vinte anos, podendo ser revista ao término do primeiro decênio.[8]

O teto dos gastos[9] deve ser aplicado para cada poder individualmente, sendo que, no caso do Poder Legislativo, deve ser aplicado separadamente para a Câmara dos Deputados e Senado Federal; e para o Poder Judiciário, para cada tribunal. Isso significa que a economia gerada por um poder (ou, dependendo do caso, órgão) não poderá ser compensada por excesso de gastos em outro. Há uma exceção a essa possibilidade de compensação entre as esferas durante os primeiros anos de vigência do novo regime. Essa ressalva é uma espécie de válvula de escape para o período de adaptação.

É importante ressaltar que alguns gastos fiscais, tidos como essenciais, foram poupados e não integram o cálculo da despesa para fins de incidência do teto. Não se incluem nos limites dispostos as transferências constitucionais, os créditos extraordinários, as despesas não recorrentes da Justiça Eleitoral com a realização de eleições e as despesas com aumento de capital de empresas estatais não dependentes. O descumprimento dos limites individualizados dá ensejo a uma série de restrições relacionadas ao aumento da folha de pagamento, bem como a criação e o reajuste de despesas obrigatórias.

Observa-se que a proposição formaliza um teto para muitas despesas que já deveriam ser encaradas com certo comedimento por parte dos gestores até por força de uma interpretação sistemática da Constituição em seu texto original.[10]

Por fim, registramos que o Novo Regime Fiscal trouxe importante medida quanto à tramitação congressual das propostas que impliquem aumento de despesa. Segundo o novo artigo 113 do ADCT, a proposição legislativa que crie ou altere despesa obrigatória ou renúncia de receita deverá ser acompanhada da estimativa do seu impacto orçamentário e financeiro.[11]

---

[8] A aplicação de um congelamento dos gastos por duas décadas poderia ser considerada como uma hipótese de "constitucionalização da austeridade fiscal". Os críticos a essa medida afirmam que a Constituição Federal de 1988, sob a ótica econômica, deve ser considerada imparcial. A livre-iniciativa e as hipóteses de intervenção do Estado na atividade econômica operam-se em contexto aberto. Essa abordagem fluida é necessária para conferir a flexibilidade necessária para calibrar o nível de intervenção conforme a necessidade de cada momento. Sob tal perspectiva, seria um equívoco lançar mão de uma emenda para 'fossilizar' uma política fiscal, retirando da Carta sua versatilidade e adaptabilidade para enfrentar os diversos ciclos que são próprios à economia.

[9] O limite é obtido a partir dos índices aplicados sobre os gastos de 2016. Caso as despesas cresçam menos do que a inflação, poderá haver compensação no ano seguinte. O limite refere-se aos gastos efetuados, incluindo restos a pagar. Estabeleceu-se um critério de despesas à luz do regime de caixa. De certa forma, isso permite um alargamento artificioso da despesa, considerando a possibilidade de abusar dos restos a pagar para o exercício seguinte. Em contraposição a essa visão, defendeu-se no Senado que essa medida é acertada, na medida em que reconhece a existência da figura dos restos a pagar como uma realidade da execução orçamentária.

[10] Registre-se, a propósito, a perspectiva de Scaff, de que várias das limitações aos gastos federais trazidas pela Emenda 95 já exsurgiam da própria Carta de Base, ou ainda de outras normas jurídicas, cuja eficácia se viu em alguma medida comprometida por falta de vontade política, ou ainda por outros interesses corporativos (SCAFF, F. F. Retrospectiva 2016: "Farinha pouca, meu pirão primeiro" e a overdose de Direito Financeiro. *Consultor Jurídico*, São Paulo, dez. 2016. Disponível em: <http://www.conjur.com.br/2016-dez-27/retrospectiva-2016-farinha--meu-pirao-primeiro-overdose-direito-financeiro>. Acesso em: 05 nov. 2017.

[11] No âmbito da Comissão Mista que instruiu a MPV 777/2017, o Senador José Serra (PSDB-SP) apresentou questão de ordem alegando que seria inconstitucional aprovar a medida sem um relatório de impacto orçamentário da proposição, a rigor do que dispõe o novel art. 113 do ADCT. A medida provisória em questão versava sobre a substituição do indexador incidente sobre os empréstimos de longo prazo concedidos pelo BNDES. A questão apresentada pelo Senador Serra respaldava-se no fato de que o Tesouro teria seus gastos majorados pela medida ao captar dinheiro a um custo agravado pelo novo índice de correção. Esse gasto fiscal e seu impacto deveriam ser estimados antes da aprovação da matéria.

b) Os argumentos dos impetrantes

Nas palavras do Ministro Luís Roberto Barroso, "o poder reformador é um poder de direito, e não um poder soberano. Por via de consequência, somente poderá rever a obra materializada na Constituição originária observando as formas e parâmetros nela estabelecidos".[12] Tratando-se de um poder constituído, a faculdade de reformar a Constituição Federal deve observância ao núcleo intangível da Carta, que pode até ter seu âmbito de eficácia reduzido, mas jamais suprimido ao ponto de ter esvaziada a essência de sua força normativa.

Nos termos da decisão proferida no mandado de segurança em estudo (fl. 12), "as cláusulas pétreas devem ser interpretadas como proibição de supressão do núcleo de sentido dos princípios que consagram, não como a eternização de determinadas possibilidades contidas em sua área não nuclear". Na esteira dessas lições, cumpre reforçar que as cláusulas pétreas configuram limitações materiais ao poder constituinte derivado, servindo de parâmetro ao controle de constitucionalidade exercido pelo Supremo Tribunal Federal. Nesse sentido, assevera o Ministro Celso de Mello:

> (...) mesmo as emendas à Constituição Federal não estão excluídas da possibilidade de virem a constituir objeto de controle, abstrato ou concreto, de constitucionalidade. O Congresso Nacional, no desempenho de sua atividade constituinte derivada e no desempenho de sua função reformadora, está juridicamente subordinado à decisão do poder constituinte originário que, a par de restrições de ordem circunstancial, inibitórias do poder reformador (CF, art. 60, §1º), identificou, em nosso sistema constitucional, um núcleo temático intangível e imune à ação revisora da instituição parlamentar. As limitações materiais explícitas, definidas no §4º do art. 60 da Constituição da República, incidem diretamente sobre o poder de reforma conferido ao Poder Legislativo da União, inibindo-lhe o exercício nos pontos ali discriminados. A irreformabilidade desse núcleo temático, acaso desrespeitada, pode legitimar o controle normativo abstrato, e mesmo a fiscalização jurisdicional concreta, de constitucionalidade. Emendas à Constituição – que não são normas constitucionais originárias – podem, assim, incidir, elas próprias, no vício de inconstitucionalidade, configurado pela inobservância de limitações jurídicas superiormente estabelecidas no texto constitucional por deliberação do órgão que exerce as funções constituintes primárias ou originárias.[13]

Diante das premissas expostas, cumpre à Corte definir – na espécie – se a disciplina do Novo Regime Fiscal mostra-se compatível ou não com as cláusulas pétreas fixadas no artigo 60, §4º, da Constituição da República. A impetração sustentou, pontualmente, a violação à separação de poderes – alegando uma proeminência indevida do Poder Executivo sobre os demais[14] – e a garantia do voto secreto, periódico e universal.[15]

---

[12] BARROSO, Luís Roberto. *Curso de Direito Constitucional Contemporâneo*. 1. ed. São Paulo: Saraiva, 2009, p. 148.

[13] ADI nº 466/DF, Rel. Min. Celso de Mello, DJU, 09.05.1991.

[14] A decisão monocrática lançada resume os argumentos articulados na impetração: (a) o art. 102, §1º, II, do ADCT preveria um "índice de correção do teto de gastos (IPCA) determinado por uma 'autarquia do Poder Executivo' (IBGE), de forma vinculante para os demais poderes; (b) o art. 102, §2º, do ADCT faria com que o limite instituído com base na correção do limite do ano anterior prevalecesse sobre os limites instituídos anualmente pelo Legislativo na Lei de Diretrizes Orçamentárias, elaborada a partir de proposta do Executivo; (c) o art. 102, §7º, do ADCT, ao prever a possibilidade de compensação do excesso de despesas primárias dos outros Poderes com uma redução equivalente nas suas próprias despesas, consagraria uma 'proeminência do Poder Executivo sobre os demais' e (d) o art. 103 do ADCT preveria que, passados dez exercícios da vigência do Novo Regime Fiscal – NRF,

Sob o ângulo da separação de poderes, ventilou-se que a supressão da possibilidade de rediscutir, num universo de vinte anos, os limites das despesas primárias conferiria exacerbada primazia ao Poder Executivo em detrimento dos demais. Tal medida retiraria da Câmara dos Deputados, do Senado Federal, do Tribunal de Contas da União, de todos os órgãos do Poder Judiciário, do Ministério Público da União e da Defensoria Pública da União uma atribuição essencial para o efetivo exercício da autonomia que o constituinte lhes outorgara. A autonomia concretiza-se no âmbito de cada órgão por meio da faculdade conferida a cada qual para elaborar sua própria proposta orçamentária.

Sob a perspectiva democrática e republicana do direito ao voto, arguiu-se que não seria legítimo que uma maioria eventual se utilizasse da Constituição para impedir que outros programas de governo pudessem ser escolhidos pelo povo nas futuras eleições periódicas. Ao pretender constitucionalizar a austeridade fiscal, a então PEC nº 95/16 impediria que o governo eleito pudesse orientar-se pelo princípio da responsabilidade fiscal, segundo o qual deve haver correlação entre a arrecadação e as despesas. As eleições periódicas a cada quatro anos perderiam seu significado se os eleitos não puderem governar em conformidade com as ideias que expuseram à apreciação dos eleitores. Sugere-se, com tais alegações, que o "congelamento" dos gastos vulnera as possibilidades de implementar uma gestão preordenada a alcançar os fins prometidos durante o processo eleitoral, transformando todos os eleitos em atores políticos iguais. Isso porque todos estariam submetidos ao mesmo engessamento sob o plano fiscal.

c) As diretrizes da decisão: refutações valorativas

Preliminarmente, a decisão ressalta a necessidade de o Poder Judiciário mostrar autocontenção (*judicial self restraint*) no tocante ao controle exercido sobre a tramitação de propostas de emendas à Constituição Federal. Neste particular, aborda-se a necessidade de conferir ao núcleo intangível da Carta uma envergadura fluida, capaz de comportar as mudanças necessárias e correlatas à dinâmica que é inerente à realidade social. Há que se conferir à Constituição Federal a plasticidade indispensável para que o texto encontre ressonância na transformação ininterrupta da sociedade. Daí a importância de não potencializar o conteúdo das cláusulas pétreas, mas tão somente resguardá-lo de supressões que possam esvaziar a normatividade contida em seus comandos.[16]

Especificamente sobre o mérito, verificou-se não haver plausibilidade jurídica nas pretensas violações sustentadas, sequer quanto às expectativas valorativas relacionadas à medida. O Ministro Barroso aproveitou o ensejo do debate para ressaltar a

---

somente o Executivo poderia propor, via projeto de lei complementar, alterações no método de correção dos limites de gastos, o que significaria nova hipótese de iniciativa privativa não prevista no art. 61, §1º, II, da CRFB/1988, e violaria o direito dos outros Poderes de elaborar suas propostas".

[15] É importante registrar o ajuizamento de ADIN nº 56332 ofertada pela AJUFE, AMB e ANAMATRA, onde se sustenta, sob vários ângulos, o vício de raiz da proposição com ênfase nos preceitos que estariam, a ver dos autores, a minar a autonomia financeira do Poder Judiciário e/ou o equilíbrio e harmonia entre os poderes.

[16] Esta compreensão vai de encontro ao entendimento de que "a prematura intervenção do Judiciário em domínio jurídico e político de formação dos atos normativos em curso no Parlamento, além de universalizar um sistema de controle preventivo não admitido pela Constituição, subtrairia dos outros Poderes da República, sem justificação plausível, a prerrogativa constitucional que detém de debater e aperfeiçoar os projetos, inclusive para sanar seus eventuais vícios de inconstitucionalidade" (STF. Plenário. MS 32033/DF, rel. orig. Min. Gilmar Mendes, red. p/ o acórdão Min. Teori Zavascki, 20.06.2013).

importância da sociedade mostrar maior apego aos debates que envolvem a elaboração do orçamento, considerando ser este o momento crucial para definir as prioridades que serão perseguidas pelas políticas públicas.

Em um de seus escritos recentes, o Professor Luís Roberto Barroso consigna importante alerta sobre a ausência de um debate público aprofundado na definição do planejamento constante da peça orçamentária. Registra, a propósito, que "o orçamento público no Brasil é tratado com grande indiferença pela sociedade e pelos formadores de opinião. É ruim que seja assim".[17] Essa preocupação é igualmente demonstrada na decisão ora objeto de análise. O estabelecimento de um teto pode incentivar os grupos de interesse e a sociedade de modo geral a buscar seu espaço no orçamento, o que pode contribuir para uma reflexão maior sobre o conjunto de necessidades que o país deseja efetivamente atender.

O anseio de que o Novo Regime Fiscal traga um maior realismo ao processo orçamentário também não passou despercebido pelo Relator. Este é justamente o ponto sobre o qual os estudiosos nutrem as melhores expectativas. Nos últimos anos, a receita prevista para o orçamento tem sido superestimada a fim de que o orçamento consiga atender ao maior número de pleitos possível. Ocorre, entretanto, que a execução orçamentária não é levada a efeito com base na receita estimada, mas considerando a arrecadação efetiva. Assim que é identificado que a arrecadação não atingirá o valor programado e não será suficiente para a realização das despesas orçadas, conforme preleciona a Lei de Responsabilidade Fiscal, o Poder Executivo deve proceder à limitação dos empenhos. Essa limitação é realizada pelos decretos de contingenciamento, que bloqueiam o fluxo de pagamentos até o montante necessário para reconduzir as despesas aos limites estabelecidos pela meta fiscal vigente.

É evidente que o contingenciamento é indesejável, na medida em que a interrupção do ciclo orçamentário segundo a decisão unilateral do Chefe do Poder Executivo deforma as escolhas adotadas durante o processo orçamentário. Vulnera-se, assim, o próprio processo democrático porque o orçamento deixa de corresponder ao planejamento antes aprovado pelos congressistas. As escolhas que contavam com o crivo do Parlamento passam a ser substituídas pela vontade discricionária do Poder Executivo, sobre o qual paira o poder de definir quais despesas serão contingenciadas e quais serão realizadas regularmente. Eduardo Mendonça[18] critica de forma precisa essa forma de superação sub-reptícia da vontade legal, ressaltando que muitas vezes não há sequer justificação por parte do Poder Executivo.

---

[17] V. Brasil: O Caminho Longo e Sinuoso. In: BARROSO, Luís Roberto. *A Vida, o Direito e Algumas Ideias para o Brasil*, Ed. Migalhas, 2016, p. 204.

[18] Confira-se, a propósito, o elucidativo trecho a seguir: "(...) A Constituição instituiu um procedimento complexo para decidir o destino do dinheiro público, que é a deliberação orçamentária realizada com a participação dos três Poderes e suposta palavra final do legislador. Se o Poder Executivo, na hora de implementar essas decisões, puder ignorá-las sem nem mesmo ter de fundamentar, parece evidente que a decisão legislativa majoritária está sendo superada. O Chefe do Poder Executivo também é eleito, mas não recebe uma coroa e um cetro no momento da posse. (...) Mas basta um raciocínio jurídico verdadeiramente elementar – ou a própria intuição – para perceber que a superação de uma decisão legislativa desse porte deveria, pelo menos, vir acompanhada da indicação de motivos. Ou, de forma ainda mais simples, que se a Constituição instituiu um procedimento para decidir como será investido o dinheiro e também um procedimento para que se possa trocar essas opções de investimento por outras, não faz sentido que a Administração, por conta própria, possa decidir não fazer nada" (MENDONÇA, Eduardo Bastos Furtado. *A constitucionalização das finanças públicas no Brasil*: devido processo orçamentário e democracia. Rio de Janeiro: Renovar, 2010, p. 85-86).

Ao impedir que as previsões de receitas sejam infladas por estimativas fantasiosas,[19] o limite de gastos impõe ao Parlamento um amadurecimento do processo de prioridades. É fato que os parlamentares passarão a conviver com a impopularidade própria de ter que fazer as escolhas trágicas. De toda forma, o ideal é que não haja espaço para deixar ao Executivo essa tarefa. Melhor ainda que tais escolhas sejam exercidas após amplo debate.

Sob o prisma do realismo orçamentário, o novo regime veio para o bem, já que a projeção previamente determinada das despesas tende a reduzir, drasticamente, os indesejáveis e pouco democráticos decretos de contingenciamento. O orçamento é instrumento de realização das prescrições constitucionais, cabendo ao legislador reforçar seu caráter de planejamento ao impedir os espaços de atuação discricionária do Poder Executivo.

d) As diretrizes da decisão: refutações normativas

Os impetrantes argumentam que a implementação do Novo Regime Fiscal poderia desestabilizar a dinâmica de interação entre os poderes da União, sobretudo no tocante à alocação dos recursos. Articulou-se, inclusive, que a fixação do indexador (IPCA) que incidirá sobre as despesas de todos os poderes será calculada por um instituto ligado ao Poder Executivo. Nesse ponto específico, a decisão é precisa ao afirmar que "a apuração do IPCA não envolve valorações discricionárias do Poder Executivo, mas um esforço técnico para retratar a variação do poder aquisitivo das famílias residentes nos Municípios e regiões metropolitanas mais populosas do Brasil" (fl.15).

O ponto mais sensível sob o enfoque da autonomia financeira à luz do Novo Regime Fiscal estaria por conta do art. 107, §2º, do ADCT, que condiciona temporariamente os limites a serem fixados na LDO, ao teto de gastos instituído pela Emenda Constitucional nº 95/16. Argumenta-se que tal disposição tolhe indevidamente a autonomia do Poder Legislativo e o do Poder Judiciário, que seriam livres para estabelecerem tal limite, valendo-se do instrumento adequado – a LDO. Esse argumento não faz sentido, na medida em que "a LDO que deve obediência à Constituição, e não o contrário" (fl.15), conforme preconiza a decisão. É da essência do poder constituinte reformador modificar uma sistemática posta pelo texto original da Constituição, subordinando-se apenas aos limites expressos nas cláusulas pétreas.[20]

---

[19] Os §§3º a 5º do art. 102 do Substitutivo passam a exigir que a lei orçamentária terá de observar, desde o início, os limites impostos pelo NRF. Isso implica que o orçamento não poderá prever gastos superiores àqueles limites e deixar, para o Poder Executivo, fazer as limitações de empenho cabíveis ou inscrever despesas nos "restos a pagar".

[20] Desconstruindo a perspectiva de que haveria uma primazia indevida do Poder Executivo na fixação dos limites impostos aos três poderes, a decisão do Ministro faz oportuna abordagem sob o ângulo do processo legislativo. Confira-se, a propósito, o trecho a seguir: "(...) A diferença é que emendas constitucionais não estão sujeitas a veto do Executivo, ao contrário do que ocorre com as leis infraconstitucionais, inclusive as orçamentárias. Assim, o papel do Executivo é até menor no processo legislativo ora em questão do que no da elaboração das leis orçamentárias em geral. Tudo isso reforça que a eventual aprovação de emenda constitucional, por quórum parlamentar qualificado, que resulte na imposição de limites à elaboração dos orçamentos, não viola a cláusula pétrea do art. 60, §4º, III, da CRFB/1988. Do contrário, seria necessário reconhecer que integra o núcleo essencial da separação de Poderes a possibilidade de cada um deles aumentar suas despesas sem limites, o que não me parece ser o caso".

Os impetrantes alegaram, ainda, que a reserva conferida ao Executivo para propor modificações no método de cálculo dos limites de gastos, depois de passados dez exercícios sob a vigência do novo regime, transformaria tal Poder em uma "instância hegemônica". Esse argumento não merece acolhimento, sobretudo porque o próprio Poder Executivo submete-se aos parâmetros que por ele forem estabelecidos. Considerando este aspecto, o Relator ressalta que não pode haver violação ao núcleo da separação de poderes mediante a previsão de um método de cálculo que resulte num limite aplicável de forma linear a todos os Poderes (fl.16).

Já sob o ângulo da periodicidade do voto, a impetração ressalta que a duração de vinte exercícios financeiros prevista no novo regime atingiria cinco governos e cinco legislaturas. A longevidade da medida vulneraria a plenitude do poder político, consubstanciado nas escolhas orçamentárias, pelo povo e seus representantes. O argumento causa reflexões interessantes sobre a questão da alternância ínsita ao regime republicano. Entretanto, não merece prosperar.

A ideia de um limitador para a despesa primária não obsta que os mandatários do Legislativo e do Executivo exerçam o planejamento e a gestão do país conforme a ideologia vencedora nas urnas. Apenas exige que isso ocorra dentro do espaço fiscal previamente estipulado para tanto. Ademais, se houve consenso pela adoção da política materializada na Emenda Constitucional nº 95/16, nada impede que no futuro o consenso se forme para dar fim à medida. Aliás, sobre este ponto, a decisão lançada pelo Min. Barroso foi precisa ao asseverar que "limitar o âmbito das escolhas majoritárias é precisamente uma das principais funções das Constituições. Se se obtiver consenso significativo em sentido diverso, nada impede que a Constituição venha a ser novamente alterada para expressar esse resultado" (fl.18).

15.3 Conclusão

De acordo com o que ficara demonstrado na decisão em estudo, não há no Novo Regime Fiscal qualquer desencontro entre a nova política e o núcleo intangível da Carta. Ainda que a aplicação de um teto para as despesas primárias não seja a melhor medida para retomar a solidez fiscal do país ou venha a implicar cortes em áreas consideradas estratégicas, cumpre reconhecer que a escolha do instrumento por parte da equipe econômica e o eventual impacto sobre os diversos setores da sociedade pertencem à arena política.

O Ministro Luís Roberto Barroso foi claro ao apontar que a conveniência e a oportunidade sobre a escolha dos contemplados ou prejudicados pelas dotações orçamentárias não devem ser solucionadas pela via da judicialização.[21]

Sob o aspecto político, inclusive, foram numerosas as críticas no sentido de que a medida não busca estabelecer limites ao pagamento de juros.[22] Muitos especialistas

---

[21] Nesse sentido, consignou-se que "por certo, há risco de setores mais vulneráveis e menos representados politicamente perderem a disputa por recursos escassos. Porém, esta não é uma questão constitucional, mas política, a ser enfrentada com mobilização social e consciência cívica, e não com judicialização" (item 5 da Ementa).

[22] As despesas financeiras seguirão alheias ao teto. Vale ressaltar, inclusive que a União permanece no tocante a sua dívida pública, nos moldes já propugnados na Constituição Federal desde 1988. Em igual medida, não há

avaliaram que a proposta não seria recomendada para o momento, ressaltando seu viés pró-cíclico, considerado o recente período de retração experimentado pela economia. A despeito de muitas observações que poderiam ser feitas sobre o mérito da matéria, o fato é que a via eleita não concedia espaço para aprofundar a análise para além do que foi feito. A menos que se potencialize o alcance das cláusulas pétreas de forma contrária ao que se tem observado na jurisprudência do Supremo Tribunal Federal.

A Corte terá outras ocasiões para debater o tema com maior profundidade. Até a presente data, tramitam no Supremo Tribunal Federal as ADIs nºs 5.633 (de autoria de três associações de magistrados – AMB, ANAMATRA e AJUFE), 5.643 (Federação Nacional dos Servidores e Empregados Públicos Estaduais e do Distrito Federal – FENASEPE), 5.658 (Partido Democrático Trabalhista – PDT) e 5.680 (Partido Socialismo e Liberdade – PSOL). E mesmo após o pronunciamento conclusivo, o debate sobre a medida permanece.

Segundo lição de Cláudio Pereira de Souza Neto e Daniel Sarmento[23] "uma decisão do STF é, certamente, um elemento de grande relevância no diálogo sobre o sentido de uma norma constitucional, mas não tem o condão de encerrar o debate sobre uma controvérsia que seja verdadeiramente importante para a sociedade". Uma política fiscal que pretende manter-se vigente por duas décadas certamente será objeto de inúmeras discussões em busca de constante aperfeiçoamento. O ponto de partida já foi dado pela primorosa decisão analisada nesta ocasião.

Por fim, uma breve palavra ao homenageado, que sempre faz questão de nos lembrar de que *ninguém é bom demais, ninguém é bom sozinho e é preciso agradecer*. Em que pese o período de convivência tenha sido breve, o aprendizado e o crescimento foram inestimáveis. Registro aqui o meu mais sincero agradecimento pela oportunidade de ter feito parte deste seleto grupo de assessores, fazendo votos de que a sua inteligência e altivez continuem iluminando os debates travados no Supremo Tribunal Federal por longos anos.

Referências

BARROSO, Luís Roberto. *Curso de Direito Constitucional Contemporâneo*. São Paulo: Saraiva, 2009.

_____. Brasil: O Caminho Longo e Sinuoso. In: BARROSO, Luís Roberto. *A Vida, o Direito e Algumas Ideias para o Brasil*, Ed. Migalhas, 2016.

BRANDÃO, Rodrigo. *Supremacia Judicial versus Diálogos Constitucionais*: a quem cabe dar a última palavra sobre o sentido da Constituição? Rio de Janeiro: Lumen Juris, 2012.

MENDONÇA, Eduardo Bastos de. *A constitucionalização das finanças públicas no Brasil*: devido processo orçamentário e democracia. Rio de Janeiro: Renovar, 2010.

SCAFF, Fernando Facury. Retrospectiva 2016: "Farinha pouca, meu pirão primeiro" e a overdose de Direito Financeiro. *Consultor Jurídico*, São Paulo, dez. 2016.

SOUZA NETO, Cláudio Pereira; SARMENTO, Daniel. *Direito Constitucional*: teoria, história e métodos de trabalho. Belo Horizonte: Fórum, 2012.

---

qualquer previsão de ajuste referido ao comportamento das receitas no Novo Regime Fiscal, onde se destaca, sobretudo, a omissão quanto à revisão das renúncias fiscais concedidas ao arrepio da Lei de Responsabilidade Fiscal.

[23] SOUZA NETO, Cláudio Pereira; SARMENTO, Daniel. *Direito Constitucional*: teoria, história e métodos de trabalho. Belo Horizonte: Fórum, 2012, p. 402 e 404.

TORRES, Ricardo Lobo. *Tratado de Direito Constitucional, Financeiro e Tributário*. V. 5. 3. ed. Rio de Janeiro: Renovar, 2008.

Informação bibliográfica deste texto, conforme a NBR 6023:2002 da Associação Brasileira de Normas Técnicas (ABNT):

SALES, Pedro Henrique R. O Mandado de Segurança nº 34.448/DF e a PEC do Novo Regime Fiscal. In: SARAIVA, Renata et al. *Ministro Luís Roberto Barroso*: 5 anos de Supremo Tribunal Federal: homenagem de seus assessores. Belo Horizonte: Fórum, 2018. p. 267-277. ISBN 978-85-450-0525-4.

CAPÍTULO 16

ENSINO RELIGIOSO NAS ESCOLAS PÚBLICAS (ADI Nº 4.439/DF): COMENTÁRIOS AO VOTO DO MINISTRO LUÍS ROBERTO BARROSO

THIAGO MAGALHÃES PIRES

16.1 O homenageado / introdução

Falar sobre alguém que dispensa introduções é muito complicado. Corremos o risco de, falando a verdade, parecer que recitamos clichês. Mas não tem jeito: se a honestidade leva a um excesso de elogios é porque a realidade supera as expectativas. Tendo trabalhado sob a orientação de Luís Roberto Barroso em diversos contextos e cenários, tenho o privilégio de poder atestar que sua fama é justa e seu sucesso, mais do que merecido. Trata-se de um amigo querido, um ser humano exemplar e um grande professor, além de ter sido um advogado brilhante, nos autos e nas tribunas, que hoje exerce a magistratura com firmeza e qualidade. Sem dúvida, uma das maiores bênçãos que tive na vida foi a oportunidade de conviver e aprender com ele por tanto tempo.

Quando aceitei comentar seu voto na ADI nº 4.439/DF,[1] não sabia quais seriam seus termos. Já ele, ao contrário, tinha plena ciência da minha opinião, porque orientou a tese de doutorado que defendi na UERJ – e que, para minha honra, foi citada no voto. Mas em nenhum momento o risco de divergirmos me desanimou. O professor sempre estimulou a capacidade crítica dos seus alunos e, como costuma dizer: "Quem pensa diferente de mim não é meu inimigo, não é meu adversário. É meu parceiro na construção de um mundo plural".[2]

---

[1] Consultou-se: BARROSO, Luís Roberto. Voto [ADI nº 4.439/DF]. Disponível em: <http://luisrobertobarroso.com. br/wp-content/uploads/2017/08/ADI-4439-vers%C3%A3o-final.pdf>. Acesso em: 19 nov. 2017.

[2] RODRIGUES, Fernando. Leia a transcrição da entrevista de Luís Roberto Barroso à Folha e ao UOL – Parte 1. *Folha de S. Paulo* 22 dez. 2013. Disponível em: <http://www1.folha.uol.com.br/poder/poderepolitica/2013/12/1388982-

E quanto ao ensino religioso, nós realmente divergimos. Compartilhamos os valores que inspiram o voto, e o nível de sua argumentação é digno de todos os elogios. Mas a fundamentação não corresponde à melhor interpretação do direito. É provável que o erro seja meu, mas, tendo sido seu aluno por tantos anos, não estaria à altura do que me ensinou se me deixasse vencer pelo argumento de autoridade. O Ministro fez um trabalho de qualidade, mas não me convenceu. É em homenagem ao seu exemplo, como democrata inveterado e constitucionalista devoto, que retomo o debate para pôr em questão seus próprios argumentos.

Este, portanto, é o objeto do presente artigo: comentar criticamente o voto do Ministro Luís Roberto Barroso (relator) na ADI nº 4.439/DF.[3] O texto foi estruturado em três partes. A primeira traz algumas informações sobre o processo e sua tramitação, para contextualizar o debate. Já a segunda apresenta o voto do relator em suas linhas gerais, expondo seus principais argumentos e conclusões. Na terceira e última parte, passa-se à apreciação crítica do voto.

16.2 A ADI nº 4.439/DF

A Ação Direta de Inconstitucionalidade (ADI) nº 4.439/DF[4] foi proposta pela então Procuradora-Geral da República em exercício, tendo como objetos o art. 33, *caput* e §§1º e 2º da Lei nº 9.394/1996 (Lei de Diretrizes e Bases da Educação Nacional – LDB) e o art. 11, §1º, do Acordo Brasil-Santa Sé de 2008. Com a ação, pretendia-se afirmar que o ensino religioso, quando oferecido em escolas públicas, deveria ser "não confessional" – *i.e.*, não poderia corresponder ao conteúdo de uma crença, nem a um programa definido, em comum, por várias denominações.

O processo foi inicialmente distribuído ao Ministro Carlos Ayres Britto, mas, com sua aposentadoria, a relatoria passou ao Ministro Luís Roberto Barroso. Em medida louvável, além de coerente com a orientação que sempre defendeu na vida acadêmica, o novo relator convocou uma audiência pública, amplamente plural, para discutir o assunto. Participaram do ato os representantes de diferentes correntes e doutrinas. Considerando ainda o número de entidades que foram admitidas como *amici curiae*, a ADI nº 4.439 será lembrada, sem dúvida, como um grande exemplo de como a jurisdição constitucional pode e deve se abrir à participação da sociedade civil. O sentido da Carta é vivido e partilhado por todos no seu dia a dia; não há mais espaço para confundir independência com isolamento, distanciando os juízes das próprias questões que lhes cabe discutir.

---

leia-a-transcricao-da-entrevista-de-luis-roberto-barroso-a-folha-e-ao-uol---parte-1.shtml>. Acesso em: 19 nov. 2017.

[3] Como ficará claro ao longo do texto, discordo do relator, mas nem por isso me alinho integralmente à fundamentação da corrente majoritária no Plenário. Se não critico detidamente esta última é porque isso fugiria ao escopo do texto e também por razões de método: enquanto escrevia este artigo, ainda se aguardava a publicação do acórdão. Decisões judiciais convencem por escrito – é assim que precedentes passam à posterioridade e orientam os demais juízes. Por isso, não parece adequado fazer um estudo acadêmico, crítico a um acórdão do STF, antes de sua publicação formal.

[4] Os autos estão disponíveis em: <http://redir.stf.jus.br/estfvisualizadorpub/jsp/consultarprocessoeletronico/ConsultarProcessoEletronico.jsf?seqobjetoincidente=3926392>. Acesso em: 19 nov. 2017.

A primeira sessão de julgamento ocorreu em 30 de agosto de 2017, quando o relator votou pela procedência do pedido para conferir interpretação conforme a Constituição aos dispositivos impugnados, assentando que o ensino religioso em escolas públicas só poderia ter natureza não confessional. O debate prosseguiu no dia seguinte, quando o Ministro Alexandre de Moraes abriu a divergência para julgar improcedentes os pedidos, sendo acompanhado, por fundamentos diferentes, pelo Ministro Edson Fachin, com os Ministros Rosa Weber e Luiz Fux seguindo o relator. O exame da matéria foi retomado em 21 de setembro, quando proferiram votos, pela improcedência, os Ministros Dias Toffoli, Ricardo Lewandowski e Gilmar Mendes. O julgamento foi concluído no dia 27 do mesmo mês, com os votos dos Ministros Marco Aurélio e Celso de Mello, acompanhando o relator, e da Ministra Cármen Lúcia, seguindo a divergência. No final, portanto, por seis votos a cinco, os pedidos foram julgados improcedentes.

16.3 O voto do Ministro Luís Roberto Barroso

Depois de discutir brevemente o cabimento da ação, o relator fez uma "breve nota sobre a religião no mundo contemporâneo". Bem ao seu estilo, iniciou o voto contextualizando a questão constitucional, sem renunciar à brevidade que tem defendido como meta. No fim dessa introdução, ele apresentou o que, em sua opinião, eram as premissas da discussão sobre o ensino religioso: (a) "cabe [ao Poder Público] assegurar a *liberdade religiosa*, promovendo um ambiente de respeito e segurança para que as pessoas possam viver suas crenças livres de constrangimento ou preconceito"; e (b) "é dever do Estado conservar uma posição de neutralidade no tocante às diferentes religiões, sem privilegiar ou desfavorecer qualquer uma delas".[5]

Na sequência, o voto expôs os dispositivos pertinentes e decompôs o princípio da laicidade em três exigências – (a) separação formal entre Estado e Igreja; (b) neutralidade estatal em matéria de religião; e (c) garantia da liberdade religiosa – para sustentar que o ensino religioso confessional ou interconfessional violaria todas elas.

Quanto à primeira, segundo o relator, "torna-se inevitável a identificação institucional entre o Estado, que oferece o espaço público da sala de aula durante o período letivo, e as confissões, que definem os conteúdos a serem transmitidos".[6] Em relação à segunda, o ponto de partida é pragmático: "Especialmente em um país com a diversidade religiosa do Brasil" seria "física, operacional e materialmente impossível abrir turmas específicas para que todos os alunos tenham instrução religiosa nas suas respectivas crenças". Por isso, só as religiões majoritárias poderiam se organizar para "atender a todas as escolas públicas", o que geraria um favorecimento delas em detrimento das outras.[7] Por fim, um ensino confessional ou interconfessional afetaria a garantia da liberdade religiosa "ao criar um ambiente escolar incapaz de assegurar a liberdade religiosa dos alunos que professam as crenças não representadas nas aulas". Além disso, sentindo-se excluídas, as crianças poderiam ser levadas "a não expressarem suas preferências religiosas".[8]

---

[5]   BARROSO, Luís Roberto. Voto [ADI nº 4.439/DF], cit., p. 10.
[6]   *Ibid.*, p. 15.
[7]   *Ibid.*, p. 16.
[8]   *Ibid.*, p. 17.

Aqui o voto já chega a uma conclusão: "somente o ensino religioso não confessional, ministrado de modo plural, objetivo e neutro (...) permite realizar o princípio da laicidade estatal, bem como garantir a liberdade religiosa e a igualdade".[9] Para garantir a efetividade dessa afirmação, o relator expôs, ainda, um conjunto de salvaguardas necessárias da facultatividade e da não confessionalidade do ensino religioso a ser oferecido nas escolas públicas – é o caso, *e.g.*, da proibição de que a investidura e a permanência de professores nos cargos dependessem da vontade de denominações religiosas.

Em síntese, foram essas as ideias expressas no voto do Ministro Luís Roberto Barroso. Além da elegância e da clareza na exposição, o voto se baseia em duas preocupações relevantes: a impossibilidade de o Estado se identificar com correntes específicas em matéria de religião e os riscos de exclusão a que podem se expor os alunos das escolas públicas. Esses pontos, sem dúvida, merecem ser considerados – mais do que isso, têm relevância fundamental e um peso diferenciado na discussão da matéria. Afinal, cuida-se aqui da própria definição do Estado como *res publica* – algo que pertence e deve nos refletir a todos – e da dignidade humana de crianças em idade escolar.

Nesses pontos, o relator e eu estamos de acordo. Contudo, e como antecipado, em diversos outros – inclusive na conclusão – divergimos bastante. O próximo tópico se dedica a fazer uma análise crítica do voto, destacando as razões pelas quais sou obrigado a discordar do Ministro.

16.4 Comentários ao voto

a) A volta dos que não foram: o art. 210, §1º, da Constituição

O núcleo da fundamentação do voto é o item II da sua Parte II. Ao trabalhar o conteúdo jurídico do princípio da laicidade, o relator extrai que o ensino religioso nas escolas públicas seria incompatível com o referido princípio. Ocorre, porém, que este não esgota o conjunto de normas constitucionais incidentes sobre o tema; há *regras* específicas acerca do ensino de religião que demandam um exame mais detido.

De fato, logo de início, o que mais se destaca no voto é o que não está lá – uma ausência, digamos, muito presente: o art. 210, §1º, da Constituição. Como versa direta e exclusivamente sobre o ensino religioso a ser oferecido em escolas públicas, o dispositivo deveria estar no centro do debate. Apesar disso, a interpretação do dispositivo não é problematizada no voto. Em todo o texto, contam-se 5 (cinco) menções a ele, sendo, em geral, meras referências[10] ou citações por terceiro.[11] As únicas duas vezes em que a sua leitura é questionada são para limitar, de partida, a sua força: afirma-se que, em se tratando de "norma originária, deve ela ser interpretada com o mínimo de restrição à ideia de laicidade",[12] de modo que nem mesmo se as denominações suportassem os custos do ensino religioso se poderia admitir que ele fosse confessional ou interconfessional.[13]

---

[9] *Ibid.*, p. 16-17.
[10] *Ibid.*, p. 11 (duas vezes).
[11] *Ibid.*, p. 13.
[12] *Ibid.*, p. 14.
[13] *Ibid.*, p. 18.

Há, pelo menos, duas razões importantes para dar ao art. 210, §1º, o destaque que ele merece. A primeira delas é bem simples: ainda que tenha suas peculiaridades, a interpretação constitucional não deixa de ser jurídica e, como tal, não autoriza cacos e improvisos pelos aplicadores – ao menos quando haja disposição expressa sobre o tema. O texto é sempre, e no mínimo, o ponto de partida de qualquer interpretação,[14] e é isso o que, separando-a da livre criação que caracteriza a atividade do legislador, dá o tom de um Estado de Direito. Sem dúvida, a atuação do intérprete não é precisamente demarcada e antecipada pelo texto, como se equivalesse à operação de programas de computador. Mas, maior ou menor, a criatividade existente na interpretação não pode ignorar os limites e as possibilidades semânticas do texto interpretado.

Em segundo lugar, o art. 210, §1º, da Constituição veicula o que muito claramente pode ser qualificado como um conjunto de *regras*[15] – ele fixa, em caráter primário e imediato, três deveres de conduta dirigidos ao Poder Público, a saber: (a) é obrigatório o oferecimento do ensino religioso nas escolas públicas de ensino fundamental ("constituirá disciplina", em oposição a *pode constituir*, que caracterizaria uma permissão); (b) a disciplina em questão deve se inserir nos "horários normais" das referidas escolas (*i.e.*, não pode ser oferecida em períodos diversos, dissociados da vida escolar dos alunos); e (c) o ensino religioso deve ser "de matrícula facultativa", não cabendo ao Estado forçar a participação dos alunos.

Em comparação, a exigência de laicidade – bem mais desenvolvida no voto – tem natureza de *princípio*. Nessa medida, ela impõe primariamente, não deveres de conduta, mas fins a serem promovidos na maior medida possível, observadas as restrições que possam decorrer de imperativos fáticos ou outras disposições jurídicas. Por isso, os princípios podem (e devem) auxiliar na interpretação das regras – até limitando seu alcance –, mas não se prestam a afastá-las em tese, ao menos quando ambos decorram do texto originário da Carta. Por mais fortes que sejam, as razões que um princípio ofereça em favor de uma solução não bastam para retirar a vigência abstrata de uma regra constitucional.[16] Ao contrário, se o próprio constituinte já fez uma ponderação entre os valores em conflito, não pode o intérprete substituir a decisão tomada por sua opinião.[17]

---

[14] BARROSO, Luís Roberto. *Interpretação e aplicação da Constituição*. 5. ed. rev., atual. e ampl. São Paulo: Saraiva, 2003, p. 127 e ss.

[15] Sobre a distinção entre regras e princípios, com abordagens distintas, v. ALEXY, Robert. *Teoria dos direitos fundamentais*. Trad. Virgílio Afonso da Silva. São Paulo: Malheiros, 2008, p. 85 e ss.; ÁVILA, Humberto. *Teoria dos princípios*: da definição à aplicação dos princípios jurídicos. 5. ed. São Paulo: Malheiros, 2006, p. 30 e ss.; BARCELLOS, Ana Paula de. *A eficácia jurídica dos princípios constitucionais*: o princípio da dignidade da pessoa humana. 3. ed. rev. e atual. Rio de Janeiro: Renovar, 2011, p. 46 e ss.; BARROSO, Luís Roberto. *Curso de direito constitucional contemporâneo*: os conceitos fundamentais e a construção do novo modelo. 4. ed. São Paulo: Saraiva, 2013, p. 226 e ss.; e SILVA, Virgílio Afonso da. *A constitucionalização do direito*: os direitos fundamentais nas relações entre particulares. São Paulo: Malheiros, 2005, p. 29 e ss.

[16] BARCELLOS, Ana Paula de. *Ponderação, racionalidade e atividade jurisdicional*. Rio de Janeiro: Renovar, 2005, p. 220-1. Também o oportuno o registro de Daniel Sarmento: "A doutrina pós-positivista tem enfatizado, com inteira razão, a importância e a força normativa dos princípios. Contudo, esta valorização não pode ser realizada ao preço do menoscabo em relação às regras. (...) o operador do Direito não pode agir como se o ordenamento jurídico fosse um sistema composto apenas por princípios, onde lhe coubesse toda a tarefa de concretização, comportando-se como se as regras simplesmente não existissem" (SARMENTO, Daniel. Ubiquidade constitucional: os dois lados da moeda. In: SOUZA NETO, Cláudio Pereira de; SARMENTO, Daniel (Coord.). *A constitucionalização do direito*: fundamentos teóricos e aplicações específicas. Rio de Janeiro: Lumen Juris, 2007, p. 146-7).

[17] BARROSO, Luís Roberto. Da falta de efetividade à judicialização excessiva: direito à saúde, fornecimento gratuito de medicamentos e parâmetros para a atuação judicial. In: *Temas de direito constitucional*. t. IV. Rio de Janeiro: Renovar, 2009, p. 225. Segundo o autor, o intérprete só pode contornar a decisão do legislador se ela for

Dessa forma, não é que, em se tratando de "norma originária, deve [a disposição do art. 210, §1º] ser interpretada com o mínimo de restrição à ideia de laicidade",[18] mas o exato oposto: a laicidade é que não autoriza o intérprete a contornar o art. 210, §1º, da Constituição. Sem dúvida, ela ajuda (muito) na forma como ele deve ser lido, como se verá adiante. Por ora, contudo, o que importa ressaltar é apenas o seguinte: ao tratar especificamente do ensino religioso nas escolas públicas, o art. 210, §1º, da Carta é o fundamento de validade mais direto das normas impugnadas na ação direta. A discussão do tema, portanto, deve começar com ele e sua interpretação.

b) Exige-se um ensino religioso... que não seja religioso?

Já se fez uma breve aproximação ao conteúdo do mencionado art. 210, §1º. Mas como a interpretação tem por objetivo promover, tanto quanto possível, a coerência do sistema normativo, é preciso situá-lo no plano mais amplo das normas relativas à liberdade religiosa e à educação.

A educação é um tema muito sensível e complexo. Como quase todos os que envolvem as crianças,[19] busca-se um difícil compromisso entre a tutela da família como instituição e a proteção devida pelo Estado. Seja como for, sendo uma pessoa, a criança é dotada de dignidade e, por isso, não pode ser vista ou assimilada a uma propriedade, seja do Poder Público, seja da família.[20] Os papéis de um e outra são diversos, mas se complementam, e todos devem ter como preocupação central o desenvolvimento da criança como indivíduo autônomo.[21] Por isso, o mais adequado parece ser enxergar tanto o Estado como a família como seus "curadores" – não no sentido técnico civilista, mas como instituições às quais se confia a *proteção* e o *desenvolvimento* da criança, enquanto esta não o puder fazer por conta própria. Quanto ao Poder Público, além de velar pelos direitos de cada criança, cabe, ainda, o dever de promover uma sociedade mais justa para todos.

Isso se verifica com especial clareza no campo da educação. A Carta de 1988 a prevê como "dever do Estado e da família", inserindo como seus fins o "pleno desenvolvimento da pessoa, seu preparo para o exercício da cidadania e sua qualificação para o trabalho" (art. 205). Essa disposição está em harmonia com os principais diplomas internacionais de direitos humanos, que ressaltam como objetivos da educação: o desenvolvimento da personalidade humana, o reforço dos direitos fundamentais e da tolerância, e a preparação para a vida em uma sociedade pluralista.[22]

---

inconstitucional. Disso se extrai que, sendo a decisão em si *constitucional* – porque inserida na Carta –, não cabe ao aplicador substituí-la por sua concepção sobre uma melhor forma de ponderar os valores.

[18] BARROSO, Luís Roberto. Voto [ADI nº 4.439/DF], cit., p. 14.

[19] O termo será usado de forma genérica, para incluir todos os que não tenham atingido a maioridade.

[20] Segundo a Corte Constitucional da Colômbia, "[j]uridicamente, é inconcebível que se trate uma pessoa – no caso *sub examine* uma menor – como um objeto dos pais, pois seu estatuto ontológico faz com que se lhe deva reconhecer, a todo momento, o direito à personalidade jurídica" (*Sentencia T-411 de 1994*; tradução livre).

[21] Tanto assim que as medidas de proteção das crianças devem acompanhar sua maturidade e o desenvolvimento da sua capacidade, nos temos das disposições internacionais vigentes. V. Convenção sobre os Direitos da Criança (CDdC), arts. 12, §1º, e 14.

[22] Declaração Universal dos Direitos Humanos (DUDH), art. 26, §2º; Pacto Internacional sobre Direitos Econômicos, Sociais e Culturais (PIDESC), art. 13, §1º; Protocolo Adicional à Convenção Americana sobre Direitos Humanos em Matéria de Direitos Econômicos, Sociais e Culturais – "Protocolo de San Salvador" (PSS), art. 13, §2º.

Para isso, é essencial, como exige a Constituição, que o Poder Público fixe "conteúdos mínimos para o ensino fundamental, de maneira a assegurar formação básica comum e respeito aos valores culturais e artísticos, nacionais e regionais" (art. 210, parágrafo único). Dessa forma, a "liberdade de aprender, ensinar, pesquisar e divulgar o pensamento, a arte e o saber", o "pluralismo de ideias e de concepções pedagógicas" e a "coexistência de instituições públicas e privadas de ensino" não se traduzem no arbítrio da família ou das instituições educacionais, públicas ou privadas, na definição do conteúdo a ser ministrado; a definição de um currículo básico – responsável pela formação de futuros cidadãos autônomos e esclarecidos – é um dever de suma importância que recai sobre o Estado.

Nada obstante, os diplomas de direitos humanos reconhecem aos pais ou tutores, conforme o caso, a liberdade de garantir que seus filhos ou pupilos recebam educação moral e religiosa em conformidade com suas próprias crenças.[23] Isso não permite que os responsáveis excluam as crianças do contato com o conteúdo curricular básico validamente fixado pelo Estado – ao contrário, é *obrigação* deste e da família garantir que a formação dos alunos inclua a preparação para a cidadania em uma sociedade plural e para o mercado de trabalho. Como dever de proteção, cabe ao Estado cuidar para que terceiros, inclusive a família, não obstem o contato das crianças com um ensino que tenha essas características e fins.[24] Como aponta o Comitê de Direitos Econômicos, Sociais e Culturais da ONU, o direito dos pais e tutores não proíbe "o ensino nas escolas públicas sobre temas como a história geral das religiões e a ética, se for oferecido de uma forma imparcial [*unbiased*] e objetiva, respeitosa com as liberdades de opinião, consciência e expressão".[25]

É outro, portanto, o sentido da liberdade que se garante aos pais e tutores. Ela se desdobra em duas: (a) o direito de matricular as crianças em escolas que não sejam mantidas pelo Poder Público – do que se extrai a liberdade de fundar instituições privadas de ensino;[26] e (b) o direito de recusar a exposição de seus filhos ou pupilos a conteúdo ético ou religioso que não corresponda às suas próprias convicções. Quando viável o acesso a escolas privadas, o item (a) pode muito bem servir de meio de efetivar o item (b) – e, de fato, muitas famílias optam por matricular as crianças em instituições confessionais. Estas, por sua vez, não só têm sua existência admitida pela Carta como podem até receber recursos públicos, nos termos do seu art. 213.

No entanto, como o acesso a escolas privadas nem sempre é possível – porque não estão disponíveis na região, ou porque os responsáveis não podem arcar com seus custos –, as escolas públicas acabam assumindo um papel bem destacado. Além disso, ainda que haja instituições privadas acessíveis às famílias, sua eventual preferência pelas escolas públicas não afasta o direito que lhes garante a liberdade religiosa, tal como

---

[23] Pacto Internacional sobre Direitos Civis e Políticos (PIDCP), art. 18, §4º; PIDESC, art. 13, §1º; Convenção Americana sobre Direitos Humanos – "Pacto de San José" (PSJ), art. 12, §4º; e Protocolo Adicional à Convenção Europeia dos Direitos do Homem, art. 2º.

[24] Sobre o dever de proteção, oponível até à família, v. UNITED NATIONS COMMITTEE ON ECONOMIC, SOCIAL, AND CULTURAL RIGHTS. *General Comment No. 13* – The right to education, E/C.12/1999/10, 8 dec. 1999, §50. Disponível em: <https://goo.gl/vUSji3>. Acesso em: 27 nov. 2017.

[25] UNITED NATIONS COMMITTEE ON ECONOMIC, SOCIAL, AND CULTURAL RIGHTS. *Op. cit.*, §28.

[26] PIDESC, art. 13, §3º. Isso é garantido também pelos arts. 206, III, e 209 da Constituição de 1988.

desenvolvida pelos tratados internacionais de direitos humanos, de assegurar que seus filhos ou pupilos tenham uma educação religiosa em conformidade com a convicção de seus responsáveis.

Como dar efetividade a esse direito é uma questão mais complexa, que toca no centro do debate sobre o ensino religioso. O ponto é especialmente delicado no plano internacional porque as normas de direitos humanos não proíbem que o Estado professe ou mesmo divulgue uma religião específica – o que pode se refletir no conteúdo do ensino oferecido pelas escolas públicas. Mesmo nesses casos, contudo, o direito dos pais tem um conteúdo mínimo, reconhecido tanto pelo Comitê de Direitos Econômicos, Sociais e Culturais como pelo Comitê de Direitos Humanos da ONU: como ambos registram, caso seja oferecido na rede pública, o ensino de uma religião particular só é admissível se "forem estipuladas exceções não discriminatórias ou alternativas que acomodem a vontade dos pais e tutores".[27] Ainda segundo o Comitê de Direitos Humanos, isso implica, entre outras exigências, que os responsáveis pelas crianças tenham meios de garantir que estas não sejam expostas ao ensino religioso se eles assim desejarem.[28]

Diante do que se acaba de dizer, o art. 210, §1º, da Constituição não oferece qualquer dificuldade específica: o direito dos responsáveis, identificado anteriormente, é garantido pela previsão da matrícula facultativa – o ensino religioso será oferecido, mas as crianças só tomarão parte dele se assim desejarem seus pais ou tutores. Essa facultatividade só se justifica por causa do conteúdo marcadamente *religioso* da disciplina. Afinal, a família não pode pretender – nem o Estado admitir – que os alunos sejam excluídos do currículo geral. Além de lógica, essa leitura do dispositivo constitucional se alinha integralmente à normativa internacional, sendo, aliás, a mais adequada à natureza e aos fins da educação: o direito dos pais e tutores se limita à decisão quanto à exposição das crianças ao conteúdo *religioso*; no mais – *i.e.*, no que seja um instrumento para a formação de cidadãos e profissionais –, é *dever* da família e do Estado garantir a frequência das crianças.

Essa constatação expõe um problema relevante da conclusão apurada pelo Ministro Luís Roberto Barroso. Se o art. 210, §1º, exigisse um ensino *religioso* que fosse necessariamente *não religioso* – algo que o próprio texto parece refutar –, não faria sentido a previsão da matrícula facultativa. E, ainda que fizesse, conduziria ao resultado oposto do esperado pela requerente na ação e pelo próprio relator: se o objetivo desse ensino não confessional é oferecer aos alunos uma base crítica para lidar com o fenômeno religioso em uma sociedade plural, a exigência de facultatividade daria aos pais e tutores o poder de excluir as crianças do acesso a ele – o que seria contrário à própria finalidade da educação, além de conceder uma proteção reforçada ao fundamentalismo no âmbito familiar. Os responsáveis não têm (nem devem ter) o poder de decidir sobre a exposição dos alunos a um conteúdo expositivo e humanista sobre as religiões. É justamente porque *não é esse* o objeto do ensino religioso que ele é facultativo. Afinal, "não cabe aos

---

[27] UNITED NATIONS HUMAN RIGHTS COMMITTEE, *General Comment No. 22* – The right to freedom of thought, conscience and religion (art. 18), CCPR/C/21/Rev.1/Add.4, 27 Sep. 1993, §6. Disponível em: <https://goo.gl/wyhFdo>. Acesso em: 27 nov. 2017; UNITED NATIONS COMMITTEE ON ECONOMIC, SOCIAL, AND CULTURAL RIGHTS. *Op. cit.*, §28.

[28] *Leirvåg et al. v. Norway*, Comm. no. 1155/2003, CCPR/C/82/D/1155/2003, Views adopted on 3 Nov. 2004, §14.6.

pais e responsáveis dispor sobre o interesse coletivo na formação de uma sociedade que incorpore os valores do Estado democrático de Direito, impedindo as crianças de terem contato com a diversidade e com o conteúdo fixado no currículo oficial".[29]

Ademais, é difícil compreender como a disciplina concebida pela requerente seria diferente da aproximação à religião feita, *e.g.*, no estudo da História, da Sociologia ou da Filosofia. Se a matrícula facultativa se aplicasse a um exame crítico e objetivo do pensamento religioso – como sustenta o voto –, os pais ou tutores também deveriam poder excluir seus filhos e pupilos das aulas de História, Sociologia e Filosofia que discutissem o papel das crenças e das denominações – o que seria claramente absurdo, além de ser contrário à própria inspiração liberal que permeia o voto. Como observou o Ministro Luís Roberto Barroso em outra decisão:

> A educação assegurada pela Constituição de 1988, segundo seu texto expresso, é aquela capaz de promover o pleno desenvolvimento da pessoa, a sua capacitação para a cidadania, a sua qualificação para o trabalho, bem como o desenvolvimento humanístico do país. (...) Para que a educação seja um instrumento de emancipação, é preciso ampliar o universo informacional e cultural do aluno, e não reduzi-lo, com a supressão de conteúdos políticos ou filosóficos, a pretexto de ser o estudante um ser "vulnerável". O excesso de proteção não emancipa, o excesso de proteção infantiliza.[30]

Em suma, a família não pode impedir que as crianças tenham acesso ao conteúdo mínimo determinado pelo Estado e que seja associado à formação de cidadãos autônomos e profissionais competentes. Dessa forma, o que há de não confessional no ensino é obrigatório para todos os alunos. Não é disso, portanto, que cuida o art. 210, §1º, que menciona uma disciplina cuja matrícula é facultativa. A não ser que se queira proteger a religião contra a crítica – algo que vai de encontro aos valores que movem o próprio voto –, não se pode dar aos pais o poder de impedir que seus filhos sejam expostos a uma reflexão objetiva sobre o pensamento e a organizações religiosas.[31] A liberdade da família só alcança o conteúdo tipicamente religioso – daí a facultatividade da matrícula prevista no art. 210, §1º. Assim, mesmo que possível, não há como supor que, ao falar em "ensino religioso", a Carta exigiria necessariamente algo "não religioso".

c) A exigência de neutralidade

Como visto, a conclusão a que chega o voto é que só é admissível "o ensino religioso não confessional, ministrado de modo plural, objetivo e neutro – *i.e.*, sem que as

---

[29] MAGALHÃES PIRES, Thiago. *Entre a cruz e a espada*: o espaço da religião em um Estado democrático de Direito. Tese (Doutorado) – Faculdade de Direito, Universidade do Estado do Rio de Janeiro, Rio de Janeiro, 2017, p. 395.

[30] STF, *DJ* 23 mar. 2017, ADI nº 5.537 MC/AL, Rel. Min. Luís Roberto Barroso (decisão monocrática), §§32 e 44.

[31] Recorrendo a ainda outra manifestação do relator: "não se deve recusar aos alunos acesso a temas com os quais inevitavelmente travarão contato na vida em sociedade. A educação tem o propósito de prepará-los para ela. Além disso, há uma evidente relação de causa e efeito entre a exposição dos alunos aos mais diversos conteúdos e a aptidão da educação para promover o seu pleno desenvolvimento. Quanto maior é o contato do aluno com visões de mundo diferentes, mais amplo tende a ser o universo de ideias a partir do qual pode desenvolver uma visão crítica, e mais confortável tende a ser o trânsito em ambientes diferentes dos seus. É por isso que o pluralismo ideológico e a promoção dos valores da liberdade são assegurados na Constituição e em todas as normas internacionais antes mencionadas" (STF, *DJ* 21 jun. 2017, ADPF 461 MC/PR, Rel. Min. Luís Roberto Barroso (decisão monocrática), §16).

crenças e cosmovisões sejam transmitidas como verdadeiras ou falsas, boas ou más, certas ou erradas, melhores ou piores".[32] A ideia parece boa, mas enfrenta, pelo menos, duas dificuldades relevantes. A primeira delas diz respeito à noção de neutralidade em si mesma. Como ponderou o relator em outra decisão:

> A própria concepção de neutralidade é altamente questionável, tanto do ponto de vista da teoria do comportamento humano, quanto do ponto de vista da educação. Nenhum ser humano e, portanto, nenhum professor é uma "folha em branco". Cada professor é produto de suas experiências de vida, das pessoas com quem interagiu, das ideias com as quais teve contato. Em virtude disso, alguns professores têm mais afinidades com certas questões morais, filosóficas, históricas e econômicas; ao passo que outros se identificam com teorias diversas. Se todos somos – em ampla medida, como reconhecido pela psicologia – produto das nossas vivências pessoais, quem poderá proclamar sua visão de mundo plenamente neutra?[33]

De fato, nas palavras de Moacir Gadotti, professor da USP e diretor do Instituto Paulo Freire, uma das ideias mais difundidas em matéria de educação é "que ela não é neutra".[34] O ponto é particularmente delicado no campo da liberdade de pensamento e consciência – e é aqui que se apresenta o segundo problema: ninguém é um observador isento e imparcial em matéria de convicções (religiosas ou não), porque somos todos participantes e cocriadores da cultura em que vivemos. Quando determinamos quem somos e como pensamos, assumimos uma postura crítica diante do mundo que nos cerca e das diversas opiniões e crenças que circulam. Supor que alguém estaria habilitado a ensinar sobre religião sem "tomar partido" é exigir o impossível – como apontou o próprio relator na decisão citada, relativa ao movimento "Escola sem partido".

Por isso, o ensino de religião integra a *liberdade religiosa* como uma de suas dimensões mais importantes. Afinal, cuida-se não só de disseminar o conteúdo da crença, mas também de defini-lo – porque só se pode transmitir o que se considera parte dessa doutrina.[35] Por via de consequência, é proibido que o Estado interfira no teor do que se entende por ensino religioso ou tente pautá-lo de alguma forma, embora se admita – ou melhor: se exija – que a educação inclua uma apreciação crítica do pensamento e das instituições religiosas, tal como das ideologias políticas e correntes econômicas. Essa constatação é outra confirmação da interpretação do art. 210, §1º, da Constituição já defendida: a análise crítica integra o ensino obrigatório, definido pelo Estado; já o conteúdo religioso, por corresponder à propagação de uma crença, só pode ser passado às crianças se o desejarem seus responsáveis – disso decorre a facultatividade prevista no citado art. 210, §1º.

d) A aplicação do princípio da laicidade

Como adiantado, o centro do voto está no tópico que discute o conteúdo do princípio da laicidade, subdividido pelo relator em três exigências. A primeira deles é

---

[32] BARROSO, Luís Roberto. Voto [ADI nº 4.439/DF], cit., p. 18.

[33] STF, *DJ* 23 mar. 2017, ADI nº 5.537 MC/AL, Rel. Min. Luís Roberto Barroso (decisão monocrática), §38.

[34] GADOTTI, Moacir. Perspectivas atuais da educação. *São Paulo em Perspectiva*, v. 14, n. 2, p. 3-11, 2000, p. 4.

[35] UNITED NATIONS HUMAN RIGHTS COMMITTEE. *General Comment no. 22*, cit., §4.

a *separação formal entre Estado e Igreja*. Segundo o voto, essa exigência é violada quando o ensino religioso é oferecido dentro das escolas públicas, porque a cessão das salas de aula para as confissões promoverem seus ensinamentos levaria a uma identificação entre elas e o Estado. Isso seria ainda mais grave quando os professores de religião fossem remunerados pelos cofres públicos.

O voto está coberto de razão e, de fato, a maximização da eficácia do princípio da laicidade sugere a impossibilidade de oferta do ensino religioso nas escolas públicas. O problema, contudo, é que há na Constituição o art. 210, §1º, e este, como visto, não tem como ser interpretado, senão como autorizando que o referido ensino seja oferecido no sistema público. Aliás, o fato de que a laicidade, em princípio, levaria à proibição do ensino religioso é mais uma comprovação do sentido e do alcance do art. 210, §1º – ele se apresenta, portanto, como necessário para tornar lícita uma prática que, na sua ausência, seria inadmissível.[36] O tema da remuneração dos professores será retomado, mas se pode adiantar que, não dispondo o §1º sobre o ponto, ele é regido pela laicidade e, tal como afirma o voto, não há como admitir o desembolso de recursos públicos para esse fim.

Como segunda exigência da laicidade do Estado, o relator menciona a *neutralidade estatal em matéria religiosa*. Com isso, ele pretende enfatizar a necessária imparcialidade do Estado diante do fenômeno religioso: o Poder Público não pode nem se identificar com um discurso em matéria de religião, nem estabelecer tratamentos diferenciados para quem se associe a uma corrente. Essas ideias correspondem ao que chamo de *proibição de identificação* e *proibição de favorecimento (ou desfavorecimento)*.[37] Segundo o voto, a afronta a essas vedações decorre do caráter inevitavelmente plural do cenário religioso: seria inviável acomodar todas as religiões em todas as escolas, de modo que, na prática, só as crenças majoritárias teriam condições de se beneficiar do ensino religioso nas escolas públicas. A um só tempo, isso levaria à promoção dessas religiões pelo Estado (identificação indevida) e ao seu favorecimento em detrimento das outras.

Novamente, o relator está correto em todas essas afirmações. No entanto, vigente o art. 210, §1º, da Constituição, não é possível chegar ao extremo de dizer que o ensino religioso é vedado nas escolas mantidas pelo Estado. Pode-se – isso, sim – dar ao citado dispositivo uma interpretação que reduza esse problema, como se verá mais adiante. Seja como for, removê-lo do sistema por via de interpretação não é um dos caminhos possíveis.

Em terceiro lugar, e por fim, o voto trata da laicidade como *garantia da liberdade religiosa*. Sendo esta um direito fundamental por excelência – destacado tanto no texto da Constituição de 1988 quanto nos diversos diplomas de direitos humanos –, não é preciso apontar a sua garantia como parte do conteúdo do princípio da laicidade. Isso talvez fosse até inadequado, por pressupor que, entre a adoção do modelo confessional e as

---

[36] FERRAZ, Anna Cândida da Cunha. O ensino religioso nas escolas públicas: exegese do §1º do art. 210 da CF de 05.10.1988. *Cadernos de Direito Constitucional e Ciência Política*, v. 20, p. 19-47, 1997, p. 33 e 39: "é porque o Estado é 'separado' da Religião que entendendo o constituinte válida a inserção do ensino religioso nas escolas públicas teve de o fazer expressamente. Não fora a expressa previsão constitucional, e essa modalidade de ensino não poderia ser prestada em escolas públicas, em razão da restrição imposta pela regra-parâmetro [i.e., o art. 19, I, da Constituição]. (...) somente como tal, isto é, como ensino de religião, é que se pode entender a expressa ressalva aberta no preceito referido. Fosse de outra índole ou natureza o ensino ali referido e não haveria necessidade de menção especial no texto constitucional. Com efeito, se não se tratasse de ensino confessional, de ensino de religião, não haveria razão para o §1º".

[37] MAGALHÃES PIRES, Thiago. *Op. cit.*, p. 356 e ss., e 359 e ss.

restrições à liberdade religiosa, haveria uma relação necessária que, em rigor, não existe.[38] A associação que se pode fazer é simbólica, mas não menos relevante: a incorporação da laicidade afirma a inclusão, em iguais termos, de todos os cidadãos – quaisquer que sejam suas convicções acerca da religião.[39]

Neste ponto, segundo o voto, o problema está na particular vulnerabilidade dos alunos: "Crianças e adolescentes (...) são especialmente influenciáveis por seus professores e colegas e querem sentir-se aceitos e integrados em suas turmas". Por isso, o medo de serem excluídos por seus pares "pode levá-los a não expressarem suas preferências religiosas, bem como produzir uma perniciosa diminuição de sua autoestima e estigmatização face à comunidade escolar".[40]

Tudo isso deve mesmo entrar na equação: como quer que seja oferecido, o ensino religioso precisa levar em conta esses problemas. Ocorre, porém, que o art. 210, §1º, da Constituição cuida apenas das "escolas públicas de ensino fundamental". Nesse contexto limitado e particular, como regra geral, em razão da idade dos alunos, a escolha sobre a matrícula na disciplina religiosa (em uma ou nenhuma delas) caberá à família, e não à criança. Não há risco, então, de que os alunos não expressem "suas preferências religiosas", porque essa decisão não compete a eles, tampouco ao Estado; ela só cabe à família, nos termos da Constituição e dos tratados de direitos humanos.

Sem dúvida, é possível que haja conflitos neste ambiente; que as crianças – especialmente mais adiante no seu desenvolvimento – passem a divergir dos seus responsáveis em matéria de religião ou se ressintam das decisões tomadas por eles. O ponto é relevante e suscita a instigante questão relativa à "maioridade religiosa" e ao momento em que ela é atingida.[41] Mas não é disso que se cuida aqui e o fato de o Estado oferecer ensino religioso no seu sistema educacional em nada interfere com esse problema. Se a preocupação com o ensino de religião nas escolas públicas é o perigo de que as escolhas dos alunos sejam determinadas por *peer pressure*, a constatação de que esse direito de opção recai sobre a família – *i.e.*, pessoas adultas – torna tudo mais simples, a não ser que se tema a influência que as crianças possam ter sobre os pais ou tutores dos outros.

---

[38] Em 2015, enquanto Reino Unido e Dinamarca – que têm laços com denominações específicas – exibiam níveis "baixos" ou "moderados" de restrição à liberdade religiosa, países como França e Rússia tinham níveis "altos" ou "muito altos". V. PEW RESEARCH CENTER. *Global restrictions on religion rise modestly in 2015, reversing downward trend*. April 11, 2017. Appendix A, p. 50. Disponível em: <http://assets.pewresearch.org/wp-content/uploads/sites/11/2017/04/07154134/Appendix-A.pdf>. Acesso em: 15 nov 2017.

[39] BARROSO, Luís Roberto. Voto [ADI nº 4.439/DF], cit., p. 17: "A laicidade impõe ao Estado a tarefa de proporcionar um ambiente institucional, social e jurídico adequado para a garantia da plena liberdade de consciência e crença dos indivíduos, para o funcionamento e a difusão das distintas religiões (e posições não religiosas), bem como para a prática de cultos. Nessa dimensão objetiva e positiva da liberdade religiosa, o Estado torna-se responsável por promover a tolerância e o respeito mútuo entre os adeptos de diferentes concepções religiosas e não religiosas, de modo a prevenir a discriminação e assegurar o pluralismo religioso. (...) No espaço da escola pública, o Estado jamais pode pretender estimular ou desestimular, prescrever ou proibir a adoção de qualquer crença. Ao contrário, ao Poder Público incumbe o dever de assegurar que todos os educandos possam exercer o direito de aderir (ou não) a uma crença e professá-la, individual ou coletivamente, por meio de seus ritos e cultos, sem coerção ou discriminação e respeitando-se, sempre, a autonomia familiar".

[40] *Ibid.*, p. 17.

[41] Sobre a "maioridade religiosa", *i.e.*, a definição de um momento que o adolescente passa a poder determinar-se no campo religioso, v. WEINGARTNER NETO, Jayme. *Liberdade religiosa na Constituição*: fundamentalismo, pluralismo, crenças, cultos. Porto Alegre: Livraria do Advogado, 2007, p. 229 e ss.; MACHADO, Jónatas Eduardo Mendes. *Liberdade religiosa numa comunidade constitucional inclusiva*: dos direitos da verdade aos direitos do cidadão. Coimbra: Coimbra Editora, 1996, p. 259 e ss.

Além disso, o art. 33 da LDB, objeto da ação direta, claramente proíbe "quaisquer formas de proselitismo", *i.e.*, quaisquer tentativas de conversão de outros alunos nas escolas. A ideia, novamente, é que a família (e só ela) decida sobre o conteúdo religioso a que a criança deve ser exposta. O fato de a norma ser descumprida, pontual ou reiteradamente, justifica um reforço dos mecanismos de controle e sanção, mas jamais poderia apontar para sua inconstitucionalidade. O texto legal não apenas é compatível com a Carta como vai ao encontro da preocupação do voto no sentido de proibir a pressão ou o constrangimento dos alunos das escolas públicas. Ou seja, a lei está alinhada com a finalidade identificada pelo relator, sendo, assim, válida segundo os próprios termos definidos por ele. Assim, também aqui a advertência feita no voto se mostra essencial para definição da forma como o ensino de religião pode ser feito no ambiente das escolas públicas; não, porém, para impedi-lo, como se não existisse o art. 210, §1º, da Constituição.

e) A solução possível

As bases das críticas anteriores foram desenvolvidas na minha tese de doutorado.[42] Nela, identifiquei a relação conflituosa entre o princípio da laicidade e o art. 210, §1º, da Carta e, embora não tenha simpatia por este último, procurei preservar o mínimo de força normativa que lhe cabe como disposição constitucional vigente. O parágrafo existe e, até que seja revogado, não podemos fechar os olhos para o seu texto. No entanto – e isto é igualmente relevante –, tampouco se podem maximizar suas possibilidades, como se o princípio da laicidade não tivesse importância. O que fiz então – e ainda considero correto – foi dar vazão à eficácia interpretativa do princípio da laicidade do Estado, lendo o art. 210, §1º, à luz do que aquele determina.

Tendo um quê de excepcional, a previsão do §1º deve se limitar ao que seja indissociável do seu teor literal, não admitindo, portanto, extensões interpretativas ou analogias. Assim, só estão abrangidas as escolas *públicas* e, mesmo assim, apenas as de nível *fundamental*, restando excluídas, dessa forma, as instituições privadas e as de nível médio e superior. Quanto às primeiras, situadas no plano da livre-iniciativa, têm liberdade para definir o ponto por si mesmas; para funcionarem, basta que observem as condições impostas pelo art. 209 da Constituição. Quanto às demais, contudo, por integrarem a estrutura do Estado e não estarem abrangidas pelo art. 210, §1º, da Carta, são alcançadas, sem reservas, pelo princípio da laicidade. O que se extrai da Constituição, portanto, é que é vedado o ensino religioso nas instituições públicas, salvo nas escolas de ensino fundamental. A nota de excepcionalidade fica bem clara dessa forma.

Além disso, mesmo onde seja admissível, o ensino religioso não pode ser custeado com recursos públicos. Como o art. 210, §1º, não trata do tema, aplicam-se diretamente o princípio da laicidade e o art. 19, I, também da Carta. Considerando que a difusão de conteúdo religioso não é de "interesse público" – mas de interesse particular de cada denominação –, nem mesmo a exceção prevista na parte final do art. 19, I, alcançaria o ensino de religião. Neste particular, a "colaboração" do Poder Público deve-se limitar aos termos expressos do art. 210, §1º: garantir que o ensino religioso possa ser oferecido nas escolas mencionadas no horário normal das aulas.

---

[42] O tema é desenvolvido em MAGALHÃES PIRES, Thiago. *Op. cit.*, p. 392 e ss.

O que se acaba de dizer já seria suficiente para impedir a admissão dos professores dessas disciplinas como servidores públicos. Há mais ainda, porém. Conforme observado, a definição de quem está habilitado a determinar e difundir o discurso religioso integra a liberdade religiosa e, nesse sentido, é proibido ao Estado ingressar nessa seara. Não lhe cabe, portanto, aferir se e em que medida determinada pessoa é fiel a uma doutrina religiosa a ponto de poder ensiná-la. Uma vez constatado esse ponto, reitera-se a impossibilidade de admitir esses indivíduos como funcionários públicos. Como observou o voto do relator, "[n]ão há nada mais contrário à laicidade estatal e aos princípios que regem os concursos públicos do que fazer o cargo de professor depender de manifestação de vontade de confissões religiosas".[43] Sem mencionar a incompatibilidade entre a estabilidade garantida pelo art. 41 da Constituição e a situação de alguém cuja permanência no cargo dependa da preferência de uma entidade privada.

Além disso, é preciso cuidar para que a facultatividade prevista no art. 210, §1º, seja realmente assegurada. Nessa linha, o voto aponta as seguintes condições:

(i) não se deve permitir a matrícula automática de todos os alunos no ensino religioso, exigindo-se manifestação de vontade para que seja incluído na matéria; (ii) os alunos que optarem por não cursarem a disciplina ensino religioso deverão ter alternativas pedagógicas de modo a atingir a carga mínima anual de 800 horas, exigida pelo art. 24 da LDB; (iii) o ensino religioso deve ser ministrado em aula específica, vedado o ensino transversal da matéria 59 e (iv) os alunos que escolherem cursar ensino religioso devem ter reconhecido o direito de se desligarem a qualquer tempo.

Ressalvada a carga horária mínima – o ensino religioso, sendo facultativo, nunca deveria ser incluído nessa conta –, todas as demais, inclusive a necessária previsão de alternativas pedagógicas, devem ser observadas. A isso acrescento que não pode constar dos registros ou boletins escolares do aluno qualquer referência a sua frequência ou seu aproveitamento no ensino religioso.

Como concluí que essa disciplina envolve a divulgação de conteúdo efetivamente *religioso*, preciso avançar para impor cautelas adicionais. Mais do que não selecionar os professores ou avaliar os estudantes, o Estado está igualmente proibido de definir o conteúdo a ser ministrado. Não fosse suficiente, devo voltar às advertências extraídas, pelo voto, do princípio da laicidade: o Poder Público não pode se identificar com nenhuma denominação específica ou grupo de crenças, nem favorecer ou prejudicar uma ou algumas delas. É imperativo atentar para o inexorável pluralismo religioso: para além da variedade de doutrinas (e de divergências internas) existentes, é sempre possível que as pessoas mudem suas convicções ou que surjam novas crenças. Por isso, como intuiu o relator, é impossível que o Estado garanta positivamente que, em todas as escolas públicas de ensino fundamental, haja aulas de todas as religiões possíveis e imagináveis, acomodando-as às preferências (mutáveis) de cada família.

O ponto, porém, é mais simples do que poderia parecer. Como não lhe cabe admitir e remunerar os professores, nem definir o conteúdo da disciplina, o Poder Público não precisa fazer nada; tudo deve estar a cargo das denominações e ser suportado por elas. Para atender à literalidade do art. 210, §1º, da Carta, basta que as escolas estejam abertas

---

43 BARROSO, Luís Roberto. Voto [ADI nº 4.439/DF], cit., p. 22.

a receber as aulas a serem oferecidas pelas organizações religiosas, e que os órgãos responsáveis separem um horário para elas junto às demais disciplinas, na agenda normal dos alunos. Com isso, concede-se eficácia jurídica ao §1º, ao mesmo tempo em que se dá à laicidade e à liberdade religiosa a maior efetividade possível.[44]

Essa ideia, contudo, foi rejeitada pelo relator. Segundo ele, a "proposta é tanto incompatível com o princípio da laicidade estatal, quanto com a liberdade religiosa e a igualdade" porque isso "tende a privilegiar as igrejas e religiões majoritárias, que têm maior capacidade de organização e disponibilidade de recursos para tanto".[45]

Aqui são dois os registros a se fazer. Em primeiro lugar, a abertura de um espaço para que as confissões ofereçam suas aulas é a única forma de dar ao art. 210, §1º, o mínimo de força normativa. Como visto, dizer que o *ensino religioso* não pode ser *religioso*, além de contraintuitivo, é incompatível com a facultatividade prevista no próprio dispositivo e com sua leitura no contexto das normas sobre educação e liberdade religiosa – inclusive no plano internacional.

Seja como for e, em segundo lugar, a crítica parece pressupor que o fato de só haver aulas de uma ou outra religião – porque as demais não querem ou não podem oferecê-las – demonstraria uma preferência estatal em favor das primeiras. No entanto, quem abre um espaço para que outros expressem suas convicções e ideias não adere (nem aparenta aderir) a elas, ainda que a maioria dos participantes tenha opiniões parecidas.

Além disso, o fato de haver denominações mais ou menos expressivas, em número ou força, não denota algum tipo de "falha de mercado", à semelhança dos oligopólios, que se impusesse ao Estado como algo a ser combatido ou neutralizado aos olhos das (famílias das) crianças. O mesmo ocorre, *e.g.*, com ideologias políticas e até as doutrinas econômicas: é possível que umas sejam largamente majoritárias, mas disso não decorre que deveriam ser todas proibidas nas escolas para evitar a identificação do Estado com as mais difundidas ou suportadas por grupos com mais recursos. Não é – nem pode ser – papel do Estado, que é imparcial nesta área, pasteurizar o debate religioso (ou político ou econômico). O simples fato de os alunos serem expostos à realidade social em que algumas religiões são mais expressivas que outras não é, em si, algo problemático. Ruim é usar o espaço da escola para proselitismo, na tentativa de converter crianças, mas isso, como visto, é textualmente vedado pelo art. 33 da LDB.

Muito do que se afirma sobre a religião – o pluralismo, o potencial para conflitos, o risco de discriminação de minorias – também se estende a outros discursos, como os de índole partidária. A violência e a marginalização, promovidas em nome de ideias e doutrinas, estão longe de ser particularidades da religião. No entanto, e curiosamente, quando se trata de qualquer outro discurso, defende-se que não há justificativa para exigir neutralidade na escola e que até as disciplinas obrigatórias podem acomodá-los; já o discurso religioso – o único ao qual a Carta reserva um espaço específico (art. 210, §1º) – precisaria permanecer confinado nesse canto e, mesmo nele, deveria

---

[44] Em linha semelhante, além de FERRAZ, Anna Cândida da Cunha. *Op. cit.*, v. MONTEIRO, Nilton de Freitas. *Parâmetros constitucionais do ensino religioso nas escolas públicas.* Disponível em: <https://goo.gl/zQLWZq>. Acesso em: 3 dez. 2016. Na ADI nº 4.439, uma interpretação semelhante foi defendida na manifestação de Ação Educativa, Conectas, Ecos, CLADEM e Relatoria Nacional para o Direito Humano à Educação da Plataforma Brasileira de Direitos Humanos Econômicos, Sociais, Culturais e Ambientais – Plataforma DHESCA Brasil, disponível em: <http://www.conectas.org/arquivos/editor/files/Amicus_ADI_4439(1).pdf>. Acesso em: 23 nov. 2017.

[45] BARROSO, Luís Roberto. Voto [ADI nº 4.439/DF], cit., p. 18.

ser neutralizado e esterilizado, apesar de já protegido pela autonomia familiar e pela vedação ao proselitismo. A disparidade de tratamento é evidente e não há justificativa razoável para ela.

A conclusão exposta neste estudo talvez não seja ideal e não espero obter a adesão unânime da comunidade jurídica. Ainda assim, contudo, para quem é comprometido com a laicidade, parece difícil não a ver – pelo menos – como um *second best*, uma vez que não seja viável (ou não se tenha conseguido) impedir que o ensino religioso nas escolas públicas seja confessional.

16.5 Conclusão

Não é simples conciliar o art. 210, §1º, da Constituição com o princípio da laicidade. Ao exigir que o ensino religioso seja oferecido nas escolas públicas, o dispositivo contraria o que, de outra forma, seria inadmissível em um Estado laico. Mas ele está vigente e deve ser observado. Nem o mais arrojado dos intérpretes está no direito de corrigir a Carta. A restrição à laicidade, porém, só vai até onde o at. 210, §1º, a imponha textualmente – *i.e.*, que o Estado abra o espaço das escolas públicas de ensino fundamental para que as denominações ofereçam o ensino religioso no horário normal das aulas. Para além disso, o tema é regido pelo mencionado princípio, que proíbe, *e.g.*, a admissão de professores de religião como servidores públicos e o custeio das aulas pelo Estado.

Essas considerações não foram seguidas pelo voto do Ministro Luís Roberto Barroso, a despeito de suas qualidades. Na tentativa de maximizar a efetividade do princípio da laicidade, o relator deixou de dar ao art. 210, §1º, o mínimo grau de eficácia jurídica exigido por seu texto – e que o harmoniza com as demais disposições sobre educação e liberdade religiosa, inseridas seja na Constituição, seja nos tratados internacionais de direitos humanos.

Referências

ALEXY, Robert. *Teoria dos direitos fundamentais*. Trad. Virgílio Afonso da Silva. São Paulo: Malheiros, 2008.

ÁVILA, Humberto. *Teoria dos princípios*: da definição à aplicação dos princípios jurídicos. 5. ed. São Paulo: Malheiros, 2006.

BARCELLOS, Ana Paula de. *A eficácia jurídica dos princípios constitucionais*: o princípio da dignidade da pessoa humana. 3. ed. rev. e atual. Rio de Janeiro: Renovar, 2011, p. 46 e ss.

_____. *Ponderação, racionalidade e atividade jurisdicional*. Rio de Janeiro: Renovar, 2005.

BARROSO, Luís Roberto. *Curso de direito constitucional contemporâneo*: os conceitos fundamentais e a construção do novo modelo. 4. ed. São Paulo: Saraiva, 2013.

_____. Da falta de efetividade à judicialização excessiva: direito à saúde, fornecimento gratuito de medicamentos e parâmetros para a atuação judicial. In: *Temas de direito constitucional*. t. IV. Rio de Janeiro: Renovar, 2009.

_____. *Interpretação e aplicação da Constituição*. 5. ed. rev., atual e ampl. São Paulo: Saraiva, 2003

_____. Voto [ADI 4.439/DF]. Disponível em: <http://luisrobertobarroso.com.br/wp-content/uploads/2017/08/ADI-4439-vers%C3%A3o-final.pdf>. Acesso em: 19 nov. 2017.

FERRAZ, Anna Cândida da Cunha. O ensino religioso nas escolas públicas: exegese do §1º do art. 210 da CF de 05.10.1988. *Cadernos de Direito Constitucional e Ciência Política*, v. 20, p. 19-47, 1997.

GADOTTI, Moacir. Perspectivas atuais da educação. *São Paulo em Perspectiva*, v. 14, n. 2, p. 3-11, 2000.

MACHADO, Jónatas Eduardo Mendes. *Liberdade religiosa numa comunidade constitucional inclusiva*: dos direitos da verdade aos direitos do cidadão. Coimbra: Coimbra Editora, 1996.

MAGALHÃES PIRES, Thiago. *Entre a cruz e a espada*: o espaço da religião em um Estado democrático de Direito. Tese (Doutorado) – Faculdade de Direito, Universidade do Estado do Rio de Janeiro, Rio de Janeiro, 2017.

MONTEIRO, Nilton de Freitas. *Parâmetros constitucionais do ensino religioso nas escolas públicas*. Disponível em: <https://goo.gl/zQLWZq>. Acesso em: 3 dez. 2016.

PEW RESEARCH CENTER. *Global restrictions on religion rise modestly in 2015, reversing downward trend*. April 11, 2017. Appendix A, p. 50. Disponível em: <http://assets.pewresearch.org/wp-content/uploads/sites/11/2017/04/07154134/Appendix-A.pdf>. Acesso em: 15 nov. 2017.

RODRIGUES, Fernando. Leia a transcrição da entrevista de Luís Roberto Barroso à Folha e ao UOL – Parte 1. *Folha de S. Paulo* 22 dez. 2013. Disponível em: <http://www1.folha.uol.com.br/poder/poderepolitica/2013/12/1388982-leia-a-transcricao-da-entrevista-de-luis-roberto-barroso-a-folha-e-ao-uol---parte-1.shtml>. Acesso em: 19 nov. 2017.

SARMENTO, Daniel. Ubiquidade constitucional: os dois lados da moeda. In: SOUZA NETO, Cláudio Pereira de; SARMENTO, Daniel (Coord.). *A constitucionalização do direito*: fundamentos teóricos e aplicações específicas. Rio de Janeiro: Lumen Juris, 2007.

SILVA, Virgílio Afonso da. *A constitucionalização do direito*: os direitos fundamentais nas relações entre particulares. São Paulo: Malheiros, 2005.

WEINGARTNER NETO, Jayme. *Liberdade religiosa na Constituição*: fundamentalismo, pluralismo, crenças, cultos. Porto Alegre: Livraria do Advogado, 2007.

Informação bibliográfica deste texto, conforme a NBR 6023:2002 da Associação Brasileira de Normas Técnicas (ABNT):

PIRES, Thiago Magalhães. Ensino religioso nas escolas públicas (ADI nº 4.439/DF): comentários ao voto do Ministro Luís Roberto Barroso. In: SARAIVA, Renata et al. *Ministro Luís Roberto Barroso*: 5 anos de Supremo Tribunal Federal: homenagem de seus assessores. Belo Horizonte: Fórum, 2018. p. 279-295. ISBN 978-85-450-0525-4.

CAPÍTULO 17

A ADI Nº 4.481/PR E OS AVANÇOS NO COMBATE À GUERRA FISCAL

NINA PENCAK

17.1 Introdução: sobre o homenageado e a escolha do tema

Não é recente a contribuição do Professor e Ministro Luís Roberto Barroso para o Direito Constitucional brasileiro, sendo, em especial, notória sua dedicação ao estudo e constante desenvolvimento dos direitos fundamentais e do controle de constitucionalidade, tanto como advogado militante da redemocratização e da estabilidade e aprofundamento da democracia, mas também nos últimos cinco anos, como Ministro do Supremo Tribunal Federal. Nessa função, ferrenha e corajosamente, tem se debruçado sobre temas muito debatidos e pouco resolvidos, a fim de dar a eles o desfecho que melhor atenda aos valores caros ao Estado Social Democrático de Direito. Tal contribuição é amplamente conhecida, não possuindo a autora intenção de analisar todos os inúmeros méritos do homenageado, sob pena de fazê-lo de forma superficial e injusta.

Entretanto, no decorrer da presente obra, os diversos artigos tratarão de expor a preciosa colaboração do Ministro para o país, comprovando os diversos avanços sociais oriundos do seu entendimento e da forma incansável como atua para que possamos viver em um Brasil melhor. Não se poderia deixar de expressar a honra que é, para a autora, fazer parte do time que auxilia o Ministro a atingir objetivos tão nobres.

Tendo feito o *disclaimer* necessário, passaremos a tratar do tema do presente artigo, uma vez que, como afirmado, não só, mas também, as contribuições do homenageado recaem sobre a consagração de valores e princípios gerais que norteiam o ordenamento jurídico pátrio, dentre os quais se destacam o princípio federativo e a segurança jurídica. Mais especificamente, analisaremos ponto de grande tensão e desequilíbrio do federalismo (fiscal) brasileiro, e como o Ministro, com a visão abrangente que lhe é peculiar, apresentou solução justa e há muito reivindicada pela doutrina especializada e pelos atores envolvidos.

Conforme será analisado, na ADI nº 4.481/PR, o Ministro resolveu, de forma direta e sucinta, questão que, há muito, assombrava aqueles que se propunham a estudar os danos causados ao federalismo pela guerra fiscal entre os Estados, no que se refere à concessão de benefícios fiscais de ICMS sem convênio, para atração de empresas privadas. Além de proteger a segurança jurídica dos contribuintes e combater as políticas fiscais abusivas dos Estados, na ADI nº 4.481/PR, a Corte adotou postura inovadora e incomum, ao utilizar o fenômeno da modulação de efeitos da declaração de inconstitucionalidade considerando os prejuízos a serem causados aos contribuintes.

Desse modo, aquele que parecia ser mais um caso, dentre tantos outros, em que se verificava a adequação da legislação estadual ao art. 155, §2º, XII, "g", da Constituição, foi, na verdade, o primeiro em que se observou a guerra fiscal sob dois diferentes prismas: o dos investidores privados, que atraídos para determinado Estado por tributação mais favorável, muitas vezes se submetendo a condições onerosas apresentadas pelo ente, mas que, ao final, viam-se obrigados pelo Judiciário a ressarcir danos causados ao erário; o do Estado, que sob determinada política fiscal, elaborava legislação com as melhores condições para a atração dos investimentos, que geravam empregos e movimentavam a economia regional, e, com a declaração de inconstitucionalidade dos benefícios oferecidos, acabava por receber os créditos de ICMS de que havia renunciado expressamente no passado.

Sob o ângulo da segurança jurídica e da boa-fé, apresentando, ainda, diretriz que passou a ser seguida pelos demais Ministros, Luís Roberto Barroso, como será analisado, votou no sentido de modular os efeitos da decisão de inconstitucionalidade, sobretudo porque, no caso, a lei já se encontrava há muito em vigor e produzindo efeitos, sem que sua eficácia tivesse sido suspensa por decisão cautelar na ADI. Mais uma vez, o pioneirismo do Ministro em apresentar solução inovadora – especificamente sobre assunto objeto de tantos anos de estudo – levou à escolha lógica do tema.

Assim, o presente texto será dividido em três partes, para que o leitor melhor compreenda a relevância do voto: (i) o federalismo fiscal brasileiro, após a Constituição de 1988, e a guerra fiscal de ICMS; (ii) a ADI nº 4.481/PR e a consagração da segurança jurídica; (iii) a conclusão sobre o entendimento que a Corte passou a seguir. É o que se passa a analisar.

17.2 O federalismo fiscal pós-1988 e a guerra fiscal de ICMS

O federalismo brasileiro, do ponto de vista tributário, baseia-se na repartição constitucional, entre os entes federativos, da competência de criação de tributos, respeitando-se limites impostos pela própria Constituição, bem como na estipulação da partilha do produto da arrecadação tributária.

De acordo com Bandeira de Mello,[1] a federação, do ponto de vista dos Estados, possui as seguintes características: i) o processo de repartição de riquezas entre a União e os Estados federados, que se consubstancia na partilha do produto da arrecadação;

---

[1] MELLO, Bandeira de. "Natureza Jurídica do Estado Federal", publicado pela Prefeitura de São Paulo, em 1948.

ii) a autonomia dos Estados federados; e iii) a participação dos Estados federados nas decisões da União. Assim, destacam-se, alguns dos elementos essenciais ao federalismo, tais como: autonomia constitucional e federativa aos Estados; repartição constitucional das competências gerais; e competências tributárias a todos os entes da federação, observada a particularização dos tributos de cada um deles.[2]

Observa-se o ponto comum de que a divisão de competências gerais, no federalismo, sustenta-se, basicamente, em dois elementos: a autonomia política, eleição pelos entes federativos de seus governantes, e a autonomia administrativa, defesa de seus próprios interesses sem intervenção de outras esferas, fruto da partilha das receitas tributárias pela Constituição, o que possibilita aos entes federativos determinarem a aplicabilidade das receitas auferidas. Ambos traçam grande linha demarcatória entre o período inaugurado pela Carta de 1988 e aquele em que o chefe do Executivo nacional possuía grande influência sobre a escolha dos governadores, haja vista o Estado Novo e a Ditadura Militar.

Fato é que a Constituição de 1988 alterou certos conceitos relacionados ao federalismo, porém, fragilizados, aumentando sua densidade e dando a eles diferentes significados. Não menos importante, a Carta introduziu novos parâmetros para o respeito ao equilíbrio federativo, com a intenção de manter a estabilidade do regime democrático. Como prova, tem-se o fato de que o federalismo brasileiro, seguindo o modelo norte-americano, é reconhecido pela sua simetria representativa,[3] principalmente, no que tange ao fato de os Estados possuírem o mesmo poder junto ao Senado, apesar das diversas disparidades entre os entes estatais, principalmente a populacional. Até então, não se admitia a existência de diferenças próprias da pluralidade do Estado federal, as quais abrangem, além daquelas relacionadas à sociedade, economia e cultura, também a diversidade e, sobretudo, a divergência de interesses.

Entretanto, a tendência trazida pela Constituição de 1988 é a de reconhecimento da pluralidade dos Estados-membros, o que permite a abordagem do caso concreto com

---

[2] RIBEIRO, Ricardo Lodi. Paternalismo federativo e a competência para a concessão de benefícios fiscais no ICMS e no ISS, In: *Revista Fórum de Direito Tributário*, Belo Horizonte, n. 59, p. 134, 2012.

[3] Dircêo Torrecillas Ramos, em obra dedicada ao tema, caracteriza o federalismo na Constituição de 1988 como assimétrico, tendo em vista os diversos dispositivos que admitem as desigualdades regionais e entre o desenvolvimento dos Estados-membros, como se pode depreender dos seguinte trecho: "Vários são os dispositivos da Constituição Brasileira de 1988, que manifestam a assimetria, reconhecendo as diferenças e procurando o equilíbrio, ou a diminuição das desigualdades. Os arts. 23, 43, 151 expressam: (…) São preceitos que estabelecem uma cooperação visando a diminuição das desigualdades, o desenvolvimento equilibrado, a criação de regiões. Estabelecem, além da distribuição da receita, outras formas de incentivos. Entre estas encontramos os juros favorecidos, isenções, reduções e diferimento temporário de tributos federais devidos por pessoas físicas ou jurídicas. Estes incentivos previstos no artigo 43, referentes a tributos federais, estendem-se aos estaduais, conforme depreende-se do artigo 155 da Constituição federal, transcrito acima. As deliberações previstas no inciso XII, letra "g", têm ocorrido, concedendo isenções, incentivos e benefícios fiscais. A cooperação, através principalmente dos impostos estaduais, gerou ultimamente um grande debate entre Estados, o que se denominou de 'guerra fiscal'. Alguns Estados ofereceram vantagens tributárias e incentivos direta ou indiretamente para empresas investirem ou atuarem em seu território. Estes incentivos foram conseguidos através de acordos ou até contrariando o texto Constitucional. Por outro lado, Estados conseguiram privilégios de Região de Desenvolvimento, quando na realidade dispendiam recursos, divulgando em cadernos inteiros nos jornais de grande circulação de São Paulo, demonstrando suas riquezas, seu desenvolvimento, situação geográfica e climática invejável. Consumiam assim recursos que deveriam ser melhor aplicados. Esses fatos geraram um descontentamento por parte dos Estados prejudicados, que tinham seus problemas, já grandes, agravados injustamente. São riscos da assimetria que precisam ser corrigidos na busca do equilíbrio necessário" (RAMOS, Dircêo Torrecillas. *O federalismo assimétrico*. Rio de Janeiro: Forense, 2000, p. 173-175).

base em um tratamento diferenciado para os entes estatais, sendo esse incluído como cláusula pétrea no inciso III, do artigo 3º do texto constitucional, e em diversos outros dispositivos, como o que autoriza a União a conferir benefícios fiscais a fim de manter o equilíbrio socioeconômico (art. 151, I), e o que cria o fundo de fomento ao desenvolvimento das regiões Norte, Nordeste e Centro-Oeste, a partir da arrecadação de imposto de renda (art. 159, I).

Ademais, vê-se a ascensão do federalismo cooperativo, de acordo com o artigo 23 da Constituição, que aborda a competência comum de União, Estados e Municípios para educação, saúde, meio ambiente, cultura e patrimônio, e da partilha de receitas entre os entes, atenuando o longo período em que o poder esteve centralizado no chefe do Executivo.

Não custa ressaltar que a Constituição Federal não é instituidora dos tributos, apresentando, tão somente, as suas hipóteses de incidência. Ocorre, na verdade, a atribuição aos entes federativos da aptidão para a criação dos tributos por meio de lei, isto é, a outorga constitucional da competência de legislar sobre tributos a todos os entes da federação, o que faz com que a complexa engrenagem que move o pacto federativo não dependa somente dos recursos repassados pela União aos Estados e Municípios, criando, ao menos em tese, a oportunidade da auto-organização e autotutela.

Assim, são indispensáveis a repartição constitucional de receitas e a outorga da capacidade de tributar, visto que a mesma Carta que elege o federalismo como sistema deve ser capaz de prover meios para abastecê-lo e muni-lo dos atributos necessários para sua manutenção e fortalecimento.

Nessa linha, tendo disponíveis tais instrumentos jurídicos para a manutenção de suas autonomias e competências, torna-se lógico que os entes federativos queiram defender seus interesses econômicos, incrementando as suas receitas. Utilizam-se, logo, dentre outros meios, da concessão de incentivos fiscais para a atração de investimentos privados para seus territórios. Muitas vezes, os próprios entes – Estados e Municípios – causam um enfraquecimento do federalismo, devido à exacerbação da competência outorgada pela Constituição, com a constante flexibilização da arrecadação dos seus tributos, sobretudo o ICMS e ISS, suas principais fontes de receitas.

A competição entre os entes, que gera um enorme desequilíbrio no federalismo brasileiro, é causada pelo desrespeito às regras e princípios constitucionais, que, em última análise, viola o dever de conduta amistosa federativa que atua no federalismo pela manutenção do equilíbrio do pacto federativo dos planos vertical e horizontal. Trata-se o primeiro da distância segura que deve ser mantida entre a União e os entes federativos para que sejam preservadas as autonomias regionais e locais; e o segundo, do respeito recíproco que deve existir entre os próprios entes federativos, seja na relação entre Estado – Estado, Município – Município ou Estado-Município, resguardada a faculdade que cada ente possui de defesa dos seus interesses.

Como a análise que aqui se desenvolve cinge-se exclusivamente à guerra fiscal entre Estados com a concessão de benefícios fiscais de ICMS, e como coube ao STF frear essa política, faz-se uma brevíssima digressão sobre a origem do atual ICMS e das medidas legislativas adotadas para se conter a guerra fiscal.

No ano de 1922, foi editada a Lei Federal nº 4.625, responsável por criar o Imposto sobre Vendas Mercantis, já de competência dos Estados-membros. Nessa linha, a Constituição Provisória de 1934 estendeu a incidência do "IVM" às operações de consignação mercantil, surgindo, assim, o Imposto sobre Vendas e Consignação – IVC – o qual foi recepcionado pela Constituição de 1946, vigorando até 1966.

A Emenda Constitucional nº 18, que apesar de editada em 1965, entrou em vigor somente em 1967, com o intuito de promover uma reforma tributária e inibir a guerra fiscal causada pelo IVC, foi a responsável por dar a tal imposto a característica de incidência sobre o valor adicionado, tendo nascido do mesmo ato o ICM – Imposto sobre a Circulação de Mercadorias, com atendimento ao princípio da não cumulatividade, cuja competência se mantinha delegada aos Estados-membros da Federação.

Nesse contexto, foi editada e publicada a Lei Complementar nº 24/1975, cuja exposição de motivos coadunava com a já presente preocupação envolvendo a concessão indiscriminada de benefícios por parte dos Estados, podendo vir a gerar uma situação de descontrole que acarretaria a guerra fiscal. Isso porque, com a atribuição constitucional da competência para legislar sobre tributo que recai sobre o consumo, e que despontou como maior fonte de arrecadação estadual, os Estados passaram a adotar sua própria política de desenvolvimento social e econômico, pautada no aumento da arrecadação de ICM, via atração de empresas privadas.

A referida lei complementar foi criada em um contexto de autoritarismo do poder central frente aos poderes regionais, o que acabou por refletir na maneira como é aprovada a concessão de um benefício fiscal ou a sua revogação. A primeira se dá mediante aceitação unânime dos representantes dos Estados e Distrito Federal – membros presentes, devendo haver posterior ratificação, também unânime, pelos chefes dos executivos estaduais, ainda que o benefício que esteja sob votação seja conferido no âmbito de somente alguns Estados-membros e tenha efeitos meramente locais. A revogação, por sua vez, deve se dá por quórum mínimo de quatro quintos de aprovação dentre os Estados-membros e o Distrito Federal.

Ainda, a LC nº 24/75 afirma que os benefícios abrangem a redução na base de cálculo; a devolução total ou parcial, direta ou indireta, condicionada ou não, do tributo ao contribuinte, a responsável ou a terceiros; a concessão de créditos presumidos; e quaisquer outros incentivos ou favores fiscais que impliquem a renúncia de receitas de arrecadação por parte dos Estados-membros, como as anistias. Fato é que a lei foi recepcionada, ainda que temporariamente, pela Constituição de 1988, vigorando até hoje, e impondo a obrigatoriedade de convênios para a concessão e revogação dos benefícios fiscais de ICMS. Esses convênios são criados no âmbito do Conselho Nacional de Política Fazendária – CONFAZ – que reúne, para deliberação, os Secretários de Fazenda dos Estados e do Distrito Federal sob liderança do Ministro da Fazenda.

Isso porque, dentre outras determinações acerca das competências estaduais de legislar sobre tributos, a Constituição Federal de 1988 possui dois dispositivos em que delega à lei complementar dispor sobre o tema: inciso I, do artigo 146, em que trata dos conflitos de competências tributárias entre a União, Estados e Municípios; e alínea "g", do inciso XII, §2º do artigo 155, que dispõe sobre a forma e as condições em que serão concedidos e revogados as isenções, incentivos e benefícios fiscais de ICMS.

A lei complementar citada pelo artigo 146 da Carta não foi editada, tendo o Código Tributário Nacional, ainda que recepcionado pelo texto de 1988 como lei ordinária, assumido, até o presente momento, o vácuo legal advindo de tal dispositivo. Já em relação à lacuna exposta nas alíneas do inciso XII do §2º do artigo 155, foi publicada a Lei Complementar nº 87/1996, Lei Kandir, que, de fato, solucionou diversos conflitos envolvendo o ICMS, ao definir questões estruturais, tais quais, as hipóteses de incidência e não incidência, os sujeitos da relação, substituição tributária, base de cálculo, local para efeitos da cobrança, base de cálculo, fato gerador, direito de crédito, dentre outros aspectos, não abordando, porém, a deliberação sobre a concessão e revogação de benefícios fiscais.

Ressalta-se que o projeto de lei que deu origem à LC nº 87/96 possuía dispositivo que, de algum modo, visava à diminuição da guerra fiscal por meio de maior representação no CONFAZ das Regiões.[4] Ocorre que tal dispositivo foi vetado pela Presidência da República. Dessa forma, manteve-se, naquele tempo, o entendimento de que seria dispensável nova regulamentação da questão por lei complementar, em face da recepção da LC nº 24/75 pela Constituição de 1988, o que se mostrou equivocado, uma vez que o quórum de deliberação da LC nº 24/75 favoreceu a continuidade da corrida por investimentos, já que a aprovação de benefício estadual se apresentava praticamente inviabilizada.

Conclui-se que o constituinte de 1988 prcveu os instrumentos necessários para se operacionalizar o combate à guerra fiscal, delegando a edições de leis complementares as minúcias que não caberiam ser abordadas no texto da Carta Maior. Entretanto, verifica-se que a regulamentação do dispositivo constitucional não logrou êxito em evitar a competição entre os Estados e, sucessivamente, o desequilíbrio do pacto federativo e as inúmeras ações judiciais para invalidação dos benefícios concedidos à margem da Constituição, que vinham sendo tratadas de forma praticamente uniforme pelo STF, até o julgamento da ADI nº 4.481/PR, conforme se analisará.

17.3 A segurança jurídica dos contribuintes e a ADI nº 4.481/PR

Como se procurou elucidar, a guerra fiscal de ICMS aparece como questão relevante e complexa, sendo um dos motivos a relação direta com o exercício da autonomia dos entes federativos e, assim, com a própria estrutura do federalismo. Sob essa ótica, e diante de um grande número de ações de controle de constitucionalidade em face de legislações estaduais que concediam benefícios fiscais sem convênio, o Supremo Tribunal Federal acabava por aplicar a literalidade do texto do art. 155, §2º, XII, "g", da Constituição e da sua regulamentação pela LC nº 24/75, para declarar, sem maiores debates – salvo exceções – a inconstitucionalidade dos benefícios. Cabia, portanto, aos contribuintes o pagamento do saldo credor que deixou de ser recolhido por dispensa legal.

Entretanto, mesmo com a consolidação da jurisprudência da Corte, havia um ponto que levantava cada vez mais insatisfação dos jurisdicionados: era justo que o contribuinte que havia investido no Estado, gerando empregos e movimentando a

---

[4] Vide redação do art. 30 do Projeto de Lei Complementar nº 95-A, de 1996, que deu origem à LC 87/96:

Art. 30. Fica instituída a Comissão de Ética do Conselho Nacional de Política Fazendária – CONFAZ, que terá como atribuição precípua analisar, julgar e encaminhar, se for o caso, representação aos Tribunais de Contas Estaduais e à Procuradoria-Geral da República, quando caracterizado descumprimento do disposto nos arts. 27, 28 e 29, sem prejuízo de outras sanções sugeridas ao plenário do Conselho pela Comissão.

Parágrafo único – A Comissão será composta por dois representantes de cada macrorregião do País indicados pelo Conselho, que disciplinará o seu funcionamento através do regimento interno a que se refere o §1º do art. 28.

economia, muitas vezes dispondo de benefícios sob condição onerosa, fosse obrigado a restituir as quantias que deixaram de ser pagas aos cofres públicos por anuência dos próprios entes?

Não era mais possível deixar de analisar o contexto criado para atração dos investimentos privados, e as consequências para as empresas que se organizavam financeiramente e se instalavam em determinado Estado motivadas pelas facilidades fiscais oferecidas. Para tal, era necessário levar em consideração, além da legalidade, a segurança jurídica.

Até o julgamento da ADI nº 4.481, não se incluía a segurança jurídica dos contribuintes como elemento de ponderação na declaração de inconstitucionalidade de benefícios fiscais sem convênio. Isso porque não havia que se falar em desconhecimento das regras impostas pela LC nº 24/75 e da jurisprudência sedimentada da Corte. Logo, parecia lógico o raciocínio de que, apesar do conhecimento comum das regras impostas, os negócios jurídicos praticados de forma bilateral não mereceriam proteção, já que suas consequências não frustrariam expectativas genuinamente criadas pelos contribuintes.

A *contrário sensu*, havia o entendimento de que era necessário abordar o tema da invalidade dos benefícios fiscais e da legítima expectativa criada no contribuinte,[5] sobretudo com base no valor constitucional da segurança jurídica e na norma expressa no art. 178 do Código Tributário Nacional.[6] Argumentava-se que legalidade não era o único, nem o mais importante princípio constitucional, não sendo, ainda, superior aos demais princípios, devendo sofrer ponderação, sobretudo, levando-se em consideração os princípios que protegem a confiança dos particulares, quais sejam, o devido processo legal, a ampla defesa do contribuinte, a segurança jurídica, a irretroatividade, a proteção do ato jurídico perfeito e da coisa julgada, a boa-fé objetiva e a confiança legítima.

Havia, também, a questão concorrencial, uma vez que, ainda que se tivesse ciência da inconstitucionalidade dos benefícios, a empresa que optasse por suportar a carga tributária total, certamente, não subsistiria diante daquelas que pagavam menos tributo e vendiam a mercadoria a um preço final menor.

Contrapondo-se, pois, pontos de vistas distintos, o Ministro Luís Roberto Barroso, ao relatar a ADI nº 4.481/PR, apresentou solução justa à questão. A Corte, pela primeira vez, optou por não ignorar a expectativa criada pelos atos do Poder Público. Considerou-se que, embora não seja a sua finalidade principal, inegavelmente, os investimentos atraídos geram empregos e contribuem para o desenvolvimento industrial e tecnológico das regiões em que se instalam as empresas, o que acaba por contribuir para a satisfação do interesse público, pois se age, muitas vezes, onde a própria Administração deveria estar presente.

É, portanto, inegável que tais investimentos em muito beneficiam os Estados – seja pela via indireta de geração de empregos e movimentação da economia, seja porque o particular, em contraprestação dos benefícios, acaba desenvolvendo serviço que seria obrigação do ente – e, após a declaração de inconstitucionalidade de suas leis, tornam-se

---

[5]   Por todos: ÁVILA, Humberto. Benefícios fiscais inválidos e a legítima expectativa do contribuinte. *Revista Diálogo Jurídico*, Salvador, CAJ – Centro de Atualização Jurídica, n. 13, abr./maio 2002. Disponível em: <http://www.direitopublico.com.br>. Acesso em: out. 2016.

[6]   Art. 178 – A isenção, salvo se concedida por prazo certo e em função de determinadas condições, pode ser revogada ou modificada por lei, a qualquer tempo, observado o disposto no inciso III do art. 104 (Redação dada pela Lei Complementar nº 24, de 1975).

credores de valores aos quais eles mesmos renunciaram. Os Estados acabavam por se beneficiar duas vezes de política fiscal notoriamente inconstitucional.

Assim, em 19.05.2015, foi publicado o acórdão da ADI nº 4.481/PR,[7] relatada pelo Ministro Luís Roberto Barroso, em que foi reconhecida a inconstitucionalidade dos artigos 1º a 8º da Lei nº 14.985, de 06.01.2006, do Estado do Paraná. Tais dispositivos traziam suspensão do pagamento do ICMS para os contribuintes que realizassem operações de importação através de aeroportos e dos portos de Paranaguá e Antonina. Tratava-se de caso clássico de benefício fiscal inserido na lógica da guerra fiscal.

Na referida decisão, o relator, com ineditismo, propôs a modulação de efeitos da decisão de inconstitucionalidade da legislação estadual, sob os seguintes fundamentos: (i) o então relator, Min. Joaquim Barbosa, aplicou o rito do art. 12 da Lei nº 9.868/99, deixando de apreciar o pedido cautelar, o que prolongou a produção de efeitos da legislação, que já vigorava havia oito anos com presunção de constitucionalidade; (ii) não se ponderava a supremacia da Constituição, mas sim os dispositivos constitucionais violados – a nosso ver, legalidade – e o princípio da boa-fé e da segurança jurídica, em prol da estabilidade das relações já constituídas; (iii) a declaração de inconstitucionalidade sem modulação de efeitos possuiria como consequência lógica a cobrança retroativa dos créditos tributários, o que acarretaria prejuízos imprevisíveis aos contribuintes que apenas cumpriram a lei em vigor.

Assim, destacam-se os seguintes trechos do voto do relator:

> É certo que a jurisprudência do STF sobre o procedimento a ser observado para o deferimento de benefícios em matéria de ICMS é mais do que conhecida. Não gera grande surpresa a decisão ora proferida, no sentido da inconstitucionalidade da lei estadual. Por outro lado, a norma em exame vigorou por oito anos, com presunção de constitucionalidade, de modo que a atribuição de efeitos retroativos à declaração de inconstitucionalidade geraria um grande impacto e um impacto injusto para os contribuintes.
>
> (…)
>
> Por outro lado, Presidente, longe de querer fazer a opção que estimule um comportamento de infração à Constituição, a verdade é que esta lei vigorou por oito anos, portanto, os jurisdicionados e os contribuintes que cumpriram a lei, até porque, enquanto não declarada inconstitucional, vigia o mandamento da sua presunção de constitucionalidade, eu penso que desfazer retroativamente todos esses anos de benefícios seria de um impacto talvez imprevisível e possivelmente injusto em relação, pelo menos, às partes privadas que cumpriram a lei tal como ela foi posta.

Atente-se, ainda, para mais dois pontos importantes do voto, também presentes nos trechos destacados, que não foram razões de decidir, mas que demonstram a ciência do relator em relação aos argumentos que poderiam ser utilizados de forma contrária à tese por ele apresentada e a preocupação com o mau uso do precedente: o fato de que a jurisprudência da Corte sobre o tema é amplamente conhecida, o que enfraqueceria a expectativa legítima dos contribuintes, e a possibilidade de que o precedente pudesse vir a estimular o descumprimento dos dispositivos constitucionais pelas partes envolvidas.

---

[7] BRASIL, Supremo Tribunal Federal, ADI nº 4.481/PR, Plenário, Relator: Ministro Luís Roberto Barroso, Sessão de 11.03.2015, *Dje* 19.05.2015.

Ambos os pontos são, na verdade, preocupações válidas e comuns à maior parte dos estudiosos sobre o assunto. Entretanto, é inerente à ponderação tão comum ao processo decisório que se privilegiem determinados valores sobre outros, o que acaba por produzir uma situação concreta imperfeita. Entretanto, fato é que, até a decisão proferida pelo STF na ADI nº 4.481/PR, o Judiciário não havia dado passo relevante no sentido de combater políticas fiscais abusivas e o problema estava longe de ser solucionado, também no Legislativo, como se passa a comprovar.

Em 30.07.2014, foi publicado o Convênio ICMS nº 70/2014, celebrado por Acre, Alagoas, Amapá, Bahia, Maranhão, Mato Grosso, Mato Grosso do Sul, Minas Gerais, Pará, Paraíba, Paraná, Pernambuco, Piauí, Rio de Janeiro, Rio Grande do Sul, Rondônia, Roraima, São Paulo, Sergipe, Tocantins e o Distrito Federal, que teve como objetivo conferir remissão de créditos tributários de ICMS oriundos de benefícios fiscais conferidos pelos Estados sem aprovação do Confaz.

A deliberação, que envolveu somente vinte Estados, não possuía força normativa, nos termos da LC nº 24/1975, o que teria acontecido porque o restante dos entes estaria aguardando que se confirmassem exigências feitas à União para o fim da Guerra Fiscal. Tais exigências, segundo Fernando Facury Scaff, em artigo,[8] consistiriam em: "Renegociação dos juros e da correção monetária das dívidas dos entes federativos com a União; edição de Resolução, pelo Senado Federal, estabelecendo a redução das alíquotas do ICMS nas operações interestaduais; promulgação de emenda constitucional visando modificar a alíquota do ICMS nas operações de vendas pela internet a consumidor final, a fim de que seja aplicada a mesma fórmula das operações interestaduais; e ainda, a criação de Fundos Financeiros, considerados como transferências obrigatórias não sujeitas a contingenciamento, no valor de R$ 55 bilhões pelos próximos cinco anos a serem desembolsados pela União aos Estados; e do afastamento das exigências da Lei de Responsabilidade Fiscal quanto a esta remissão e anistia, dentre outras exigências".

O autor aponta que as referidas exigências eram feitas, conforme artigo, em um contexto em que os Estados pareciam se utilizar dos prejuízos que seriam imputados aos contribuintes, com eventuais cobranças dos valores de ICMS que deixaram de ser recolhidos por fruição de benefícios fiscais inválidos e anulação dos créditos gerados nas operações, a fim de barganhar vantagens junto à União. Um verdadeiro ultimato.

Dessa forma, nada mais justo do que a solução apresentada pelo Min. Luís Roberto Barroso, que impediu a restituição, pelos contribuintes, dos créditos tributários dos cinco anos anteriores à declaração de inconstitucionalidade do benefício fiscal sem convênio. Assim, tendo em mente os argumentos utilizados pelo Ministro, passa-se à breve análise da Lei Complementar nº 160/2017, publicada em 07.08.2018, cujo artigo primeiro assim dispõe:

Art. 1º Mediante convênio celebrado nos termos da Lei Complementar nº 24, de 7 de janeiro de 1975, os Estados e o Distrito Federal poderão deliberar sobre:

I – a remissão dos créditos tributários, constituídos ou não, decorrentes das isenções, dos incentivos e dos benefícios fiscais ou financeiro-fiscais instituídos em desacordo com o

---

[8] SCAFF, Fernando Facury. A inconstitucional unanimidade do Confaz e o surpreendente Convênio 70. Disponível em: <http://www.conjur.com.br/2014-ago-12/contas-vista-inconstitucional-unanimidade-confaz-convenio-70>. Acesso em: 05 jun. 2015.

disposto na alínea "g" do inciso XII do §2o do art. 155 da Constituição Federal por legislação estadual publicada até a data de início de produção de efeitos desta Lei Complementar; II – a reinstituição das isenções, dos incentivos e dos benefícios fiscais ou financeiro-fiscais referidos no inciso I deste artigo que ainda se encontrem em vigor.

Em um primeiro momento, ressaltamos que a tão aguardada lei complementar foi editada com a função de colocar um ponto final na guerra fiscal, ou ao menos tentar reorganizar o federalismo fiscal brasileiro. O principal ponto da lei, que aparece no trecho transcrito, é a remissão dos créditos de ICMS oriundos de benefícios fiscais em desacordo com a Constituição.

Como já havia apontado o homenageado da presente obra, verifica-se que a segurança jurídica do contribuinte mereceu proteção em detrimento dos prejuízos causados pela lei estadual inconstitucional. Sem ignorar as eventuais consequências negativas de uma norma que convalide situações passadas irregulares, parece-nos que a solução, colocada em prática de forma pioneira pelo Ministro, é a melhor opção para se regularizar a situação dos benefícios fiscais sem convênio, de modo a se evitar a sobrecarga de processos judiciais e atender os interesses dos envolvidos.

Para concluir o presente capítulo, além do ponto central do voto, que se propôs analisar – a consagração da segurança jurídica e sua relevância para o federalismo fiscal brasileiro –, verificamos dois avanços no que se refere à jurisprudência do STF em matéria tributária: a necessidade de análise da cautelar quando a legislação impugnada em controle concentrado seja claramente inconstitucional e continuidade de sua produção de efeitos perpetue situação gravosa; e a modulação de efeitos de forma favorável ao contribuinte.

Sobre o último avanço, tem-se que, pela primeira vez de forma direta, a Corte se permitiu analisar o caso, considerando o interesse público subjacente, mas também aspectos relacionados ao contribuinte, como a segurança jurídica, o fato de que a prestação jurisdicional poderia ter sido feita de forma diversa a evitar perpetuação de notória situação de inconstitucionalidade e os prejuízos concretos à iniciativa privada. Verificamos, assim, mais uma relevante contribuição do voto do homenageado em tema há muito debatido e que demanda a atuação constante de diversos agentes.

17.4 Conclusão

Vale ressaltar que a autonomia administrativa se dá, com base na outorga consti-tucional da competência de legislar sobre tributos, à medida que é fruto da partilha das receitas tributárias pela Constituição, possibilitando aos entes federativos determinarem a aplicabilidade das receitas auferidas por meio dos tributos de sua competência, bem como das transferências recebidas. Há, ainda, o maior reconhecimento, pela Carta da pluralidade dos Estados-membros, que leva em consideração as diferenças inter e intrarregionais, e a ascensão do federalismo cooperativo, consolidado em seu artigo 23.

Tais pontos seriam cruciais para se inibir a concentração de poder e responsabilidade no ente central, devendo-se recorrer à própria Constituição Federal que, conforme verifi-cado, provê os mecanismos necessários para o equilíbrio do pacto federativo e o respeito ao princípio da conduta amistosa federativa, com a sintonia entre o federalismo vertical e horizontal, ao menos em tese. Entretanto, dentro de um contexto em que a democracia ainda se firma, os próprios entes acabam por burlar as regras impostas, pela legislação que regulamenta a concessão de benefícios fiscais, ameaçando, pois, o equilíbrio que deve ser mantido para a saúde do federalismo.

Tem-se, assim, que a LC nº 24/75 acabou, de certa forma, aprofundando a competição dos entes estaduais pela atração de investimentos, uma vez que, ao impor tamanha rigidez na votação, o intuito de se inibir a guerra fiscal não consegue ser alcançado. Tornou-se habitual a concessão de benefícios fiscais de ICMS sem a outorga do Conselho Nacional de Política Fazendária, para atração dos investimentos privados, acirrando a disputa entre os Estados.

Nessa linha, verificamos que, até 2015, as decisões proferidas pelo STF somente verificavam a adequação da legislação estadual à alínea "g", do inciso XII, do §2º, do art. 155, da Constituição. Em 2015, por sua vez, o homenageado, no voto analisado, apresentou outras questões a serem debatidas, como a segurança jurídica dos contribuintes e o prolongamento, pelo Judiciário, de situação de notória inconstitucionalidade.

A ADI nº 4.481/PR, a partir de brilhante proposta de voto do homenageado, pelos motivos já expostos, aparece como avanço jurisprudencial no contexto do federalismo fiscal brasileiro e no contexto mais amplo, uma vez que a Corte modulou efeitos de uma decisão a fim de não agravar a situação dos contribuintes. Destaca-se que o acórdão tem sido utilizado como precedente para embasar a resolução de outros casos.[9]

Além disso, convalidação dos benefícios sem convênio foi apresentada, ainda, pelo Legislativo como principal medida de combate à guerra fiscal, sendo a principal inovação da Lei Complementar nº 160/2017.

O objetivo do presente artigo, portanto, foi apontar e analisar de forma sucinta a enorme contribuição do homenageado para o federalismo brasileiro por meio do combate à guerra fiscal.

Referências

ÁVILA, Humberto. Benefícios Fiscais Inválidos e a Legítima Expectativa dos Contribuintes. In: *Revista Diálogo Jurídico*, Salvador, CAJ – Centro de Atualização Jurídica, n. 13, abr./maio 2002. Disponível em: <http://www. direitopublico.com.br>.

BRASIL, Supremo Tribunal Federal, ADI nº 4.481/PR, Plenário, Relator: Ministro Luís Roberto Barroso, Sessão de 11.03.2015, *Dje* 19.05.2015.

MELLO, Bandeira de. *Natureza jurídica do Estado federal*. Prefeitura de São Paulo, 1948.

JÚNIOR, Tércio Sampaio Ferraz. Unanimidade ou maioria nas deliberações do CONFAZ: considerações sobre o tema a partir do princípio federativo. In: *Revista Fórum de Direito Tributário*, Belo Horizonte, n. 59, 2012.

RAMOS, Dircêo Torrecillas. *O federalismo assimétrico*. Rio de Janeiro: Forense, 2000, p. 173-175.

SCAFF, Fernando Facury. *A inconstitucional unanimidade do Confaz e o surpreendente Convênio 70*. Disponível em: <http://www.conjur.com.br/2014-ago-12/contas-vista-inconstitucional-unanimidade-confaz-convenio-70>. Acesso em: 05 jun. 2015.

---

[9]   BRASIL, Supremo Tribunal Federal ADI nº 2.663/RS, Plenário, Relator: Ministro Luiz Fux, Sessão de 08.03.2017, Dje 13.03.2017.
BRASIL, Supremo Tribunal Federal ADI nº 3.796/PR, Plenário, Relator: Ministro Gilmar Mendes, Sessão de 08.03.2017, Dje 13.03.2017.

Informação bibliográfica deste texto, conforme a NBR 6023:2002 da Associação Brasileira de Normas Técnicas (ABNT):

PENCAK, Nina. A ADI nº 4.481/PR e os avanços no combate à guerra fiscal. In: SARAIVA, Renata et al. *Ministro Luís Roberto Barroso*: 5 anos de Supremo Tribunal Federal: homenagem de seus assessores. Belo Horizonte: Fórum, 2018. p. 297-308. ISBN 978-85-450-0525-4.

CAPÍTULO 18

O PRAZO DECADENCIAL EM MATÉRIA PREVIDENCIÁRIA – RE Nº 626.489. A PRIMEIRA RELATORIA DO MINISTRO LUÍS ROBERTO BARROSO NO PLENÁRIO DO STF

MARCELO LEONARDO TAVARES

18.1 Introdução

> *O magnífico voto proferido pelo eminente Relator torna dispensável qualquer outra consideração a respeito do tema ora em julgamento. (...)*
>
> Voto do Min. Celso de Mello no RE nº 626.489

No dia 16 de outubro de 2013, o Ministro Luís Roberto Barroso apresentou ao Plenário do Supremo Tribunal Federal (STF) seu primeiro voto como Relator. A decisão foi acompanhada por unanimidade e envolveu a análise dos institutos do direito adquirido, da aplicação temporal de lei nova sobre relações jurídicas previdenciárias iniciadas anteriormente e da natureza fundamental do direito previdenciário.

Empossado no cargo de ministro da mais alta Corte do país, no dia 26 de junho daquele ano, Luís Roberto Barroso já havia votado como Relator na 1ª Turma, mas teve que esperar por aproximadamente três meses para ter o primeiro processo de sua relatoria pautado pela Presidência para julgamento no Plenário, em virtude de ainda haver alguns recursos da AP nº 470 aguardando apreciação.

O processo escolhido, Recurso Extraordinário (RE) nº 626.489, não poderia ser mais significativo sob os aspectos social e financeiro. Centenas de milhares de feitos tramitavam em diversos tribunais e turmas recursais do país e, sob silenciosa expectativa, milhões de aposentados e pensionistas do Instituto Nacional do Seguro Social (INSS) estavam interessados na questão.

Compreendendo a dimensão do impacto social da decisão, o Relator possibilitou a ampliação democrática do debate ao admitir, como *amici curiae*, a Confederação Brasileira dos Aposentados e Pensionistas (COBAP), o Conselho Federal da Ordem dos Advogados do Brasil (OAB) e o Instituto Brasileiro de Direito Previdenciário (IBDP), que defenderam a posição da segurada no processo, e também ao permitir que a União reforçasse os pontos de vista apresentados pelo recorrente, o INSS.

Naquele momento existia insegurança jurídica sobre o tema, uma vez que os órgãos de primeira e segunda instância divergiam sobre a validade e a incidência temporal do instituto da decadência para rever atos de concessão de benefícios previdenciários. O ponto principal era o questionamento sobre a aplicação do prazo decadencial a prestações previdenciárias concedidas antes da entrada em vigor da medida provisória que inovou nesta matéria, a MP nº 1.523, de 28.06.1993.

A despeito de a 1ª Seção do Superior Tribunal de Justiça (STJ) já ter-se pronunciado no julgamento do Recurso Especial (REsp) 1.303.988-PE, sob a relatoria do ex-Ministro Teori Zavascki, a pacificação da matéria exigia enfrentamento sob o viés constitucional.

A questão não estava definida, e as partes e intervenientes do feito bem o sabiam.

18.2 O caso

O RE nº 626.489 foi interposto pelo INSS sobre a decisão adotada pela Turma Recursal dos Juizados Especiais Federais da Seção Judiciária do Estado de Sergipe, assim ementada:

> DIREITO PREVIDENCIÁRIO. REVISÃO DE BENEFÍCIO PREVIDENCIÁRIO. DECA-DÊNCIA. NORMA DE DIREITO MATERIAL. APLICAÇÃO APENAS AOS BENEFÍCIOS PREVIDENCIÁRIOS CONCEDIDOS A PARTIR DA EDIÇÃO DE MEDIDA PROVISÓRIA Nº 1.523/1997. ENTENDIMENTO PACÍFICO DO SUPERIOR TRIBUNAL DE JUSTIÇA E DESTA TURMA RECURSAL. PRECEDENTES. PROVIMENTO DO RECURSO.
>
> 1. Esta Corte já firmou entendimento de que o prazo decadencial previsto no caput do artigo 103 da Lei de Benefícios, introduzido pela Medida Provisória nº 1.523-9, de 27.6.1997, convertida na Lei nº 9.528/1997, por se tratar de instituto de direito material, surte efeitos apenas sobre as relações jurídicas constituídas a partir de sua entrada em vigor. Na hipótese dos autos, o benefício foi concedido antes da vigência da inovação mencionada e, portanto, não há que se falar em decadência do direito de revisão, mas, tão somente, da prescrição das parcelas anteriores ao quinquênio antecedente à propositura da ação (STJ, Agravo Regimental no Agravo de Instrumento nº 846849/RS, Quinta Turma, Relator(a) JORGE MUSSI, DJE Data: 3.3.2008).
>
> 2. Como o benefício previdenciário revisando foi concedido à parte autora antes da vigência da Medida Provisória nº 1.523-9/1997 está imune à incidência do prazo decadencial.
>
> 3. Orientação pacífica do Superior Tribunal de Justiça e desta Turma Recursal.
>
> 4. Provimento do recurso.

O acórdão recorrido fixou a tese de que "o prazo decadencial previsto no *caput* do artigo 103 da Lei de Benefícios, introduzido pela Medida Provisória nº 1.523-9, de 27.06.1997, convertida na Lei nº 9.528/1997, por se tratar de instituto de direito material, surte efeitos apenas sobre as relações jurídicas constituídas a partir de sua entrada em vigor". Para a Turma Recursal, "como o benefício previdenciário revisado foi concedido à parte autora antes da vigência da Medida Provisória nº 1.523-9/1997 estaria imune à incidência do prazo decadencial".

O recurso teve fundamento nas alíneas "a" e "b" do inciso III, do art. 102, da Constituição Federal, com alegação de transgressão dos artigos 5º, *caput* e inciso XXXVI, e 201, §1º, da Carta Federal. A repercussão geral do RE foi apreciada ainda sob a relatoria do ex-Ministro Carlos Ayres Britto, que a reconheceu sob aspecto de relevância jurídica, social e econômica. Para o ex-Ministro, a aplicação do prazo decadencial decenal, a partir da promulgação da Medida Provisória nº 1.523-9/1997, tinha potencial para diminuir o número das demandas judiciais e, do ponto de vista econômico, caso mantida a decisão impugnada, poderia ocorrer vultoso prejuízo financeiro para o INSS.

No mérito, a autarquia defendeu a tese de que o prazo decadencial decenal, introduzido pela Medida Provisória nº 1.523-9/1997, deveria ser aplicado imediatamente aos benefícios concedidos anteriormente à sua edição, contado a partir da norma que o instituiu.

A segurada recorrida defendeu os pontos de vista de que teria incorporado o direito de questionar o ato concessório a qualquer tempo e de que a decadência, como instituto de direito material, não poderia emprestar efeitos retroativos à MP nº 1.523-9/1997.

A controvérsia iniciou-se porque, na redação original, a Lei nº 8.213/1991, que dispõe sobre os Planos de Benefícios da Previdência Social, não continha previsão de prazo para a postulação de benefício previdenciário e tampouco para os pedidos de sua revisão. Previa apenas a incidência do prazo de cinco anos para a cobrança de parcelas vencidas e não pagas, preservando-se integralmente o fundo de direito.

Era a redação original do art. 103:

> Art. 103. Sem prejuízo do direito ao benefício, prescreve em 5 (cinco) anos o direito às prestações não pagas nem reclamadas na época própria, resguardados os direitos dos menores dependentes, dos incapazes e dos ausentes.

Contudo, posteriormente, a Medida Provisória nº 1.523-9/1997 alterou a redação do dispositivo transcrito, passando a prever prazo decadencial para a revisão do benefício inicialmente concedido, nos seguintes termos:

> Art. 103. É de dez anos o prazo de decadência de todo e qualquer direito ou ação do segurado ou beneficiário para a revisão do ato de concessão de benefício, a contar do dia primeiro do mês seguinte ao do recebimento da primeira prestação ou, quando for o caso, do dia em que tomar conhecimento da decisão indeferitória definitiva no âmbito administrativo.

Portanto, foi fixado o prazo de 10 anos para rever o ato de concessão de benefício, além da prescrição quinquenal para haver prestações vencidas ou quaisquer restituições, a contar da data em que deveriam ter sido pagas.

Com efeito, no que se refere à pretensão a um benefício previdenciário, três situações poderiam ocorrer: 1) o benefício poderia não ter sido requerido; 2) o benefício poderia ter sido requerido e indeferido, e 3) o benefício poderia ter sido requerido e deferido, restando a possibilidade de revisão dos critérios de concessão.

A questão posta no julgamento do RE nº 626.489 refere-se somente à terceira situação, devendo ser enfrentada a partir da análise de dois pontos principais: 1) a validade e o alcance da própria instituição de prazo para a revisão do ato concessório; e 2) a incidência imediata da alteração normativa a benefícios concedidos anteriormente à sua vigência.

Antes porém, o Plenário precisava examinar a natureza do direito subjetivo previdenciário.

18.3 A afirmação da natureza fundamental do benefício previdenciário

Apesar de não ser a questão principal do recurso, o maior legado jurídico do voto condutor no RE nº 626.489 é a afirmação da natureza fundamental do direito previdenciário.

Pode-se dizer que a fixação desse pressuposto tem o potencial de sobreviver à própria memória do julgamento do tema da fixação da aplicação do prazo decadencial aos benefícios concedidos anteriormente à MP nº 1.523-9/1997, e certamente influenciará futuros julgamentos do próprio STF e de outros tribunais em matéria de seguro social.

Não por outro motivo, o voto procurou, desde o início, estabelecer que o direito previdenciário tem natureza fundamental, baseado na dignidade da pessoa humana e nos objetivos da República:

> O Regime Geral de Previdência Social (RGPS) constitui um sistema básico de proteção social, de caráter público, institucional e contributivo, que tem por finalidade segurar de forma limitada trabalhadores da iniciativa privada. A previdência social, em sua conformação básica, é um direito fundado na dignidade da pessoa humana, na solidariedade, na cidadania e nos valores sociais do trabalho (CF/88, art. 1º, II, III e IV), bem como nos objetivos da República de construir uma sociedade livre, justa e solidária, avançar na erradicação da pobreza e na redução das desigualdades sociais (CF/88, art. 3º, I e III).

Essa conclusão inicial coroa a visão progressista do magistério acadêmico do Relator sobre a constitucionalização do Direito e sobre as mudanças de paradigma hermenêutico decorrentes do processo de democratização do Brasil, a partir da Constituição de 1988 e da efetivação de suas normas.

A dignidade humana, como valor moral prévio à própria organização social, é qualidade imanente dos seres humanos que os coloca como destinatários de respeito e merecedores de igual atenção por parte do Estado. A dignidade pressupõe consideração pela vida e pela integridade do ser humano, além das garantias de condições básicas para uma existência plena.

Daí a importância de o voto ter esclarecido a diferença entre o direito fundamental e uma prestação previdenciária e a fixação de parâmetros para a fruição dos benefícios:

> Cabe distinguir, porém, entre o direito ao benefício previdenciário em si considerado – isto é, o denominado fundo do direito, que tem caráter fundamental – e a graduação pecuniária das prestações. Esse segundo aspecto é fortemente afetado por um amplo conjunto de

circunstâncias sociais, econômicas e atuariais, variáveis em cada momento histórico. Desde a pirâmide etária e o nível de poupança privada praticado pelo conjunto de cidadãos até a conjuntura macroeconômica, com seu impacto sobre os níveis de emprego e renda.

Sem que se negue o aspecto do acesso à previdência como direito fundamental, a tarefa de definir os parâmetros da fruição desse direito deve ser objeto de conformação constitucional e legislativa, o que pressupõe a possibilidade de adoção de decisões políticas das maiorias parlamentares.

Por isso, se de um lado não caberia à lei dispor sobre prazo para obtenção do benefício em si, pois direito fundamental, de outro seria legítimo estabelecer limite temporal para a revisão de aspectos paramétricos de cálculo de prestações previdenciárias:

> (...) No tocante ao direito à obtenção de benefício previdenciário, a disciplina legislativa não introduziu prazo algum. Vale dizer: o direito fundamental ao benefício previdenciário pode ser exercido a qualquer tempo, sem que se atribua qualquer consequência negativa à inércia do beneficiário.

Feita a importante distinção, o voto pôde tratar da validade da instituição do prazo decadencial para a revisão do ato que defere administrativamente o benefício previdenciário.

18.4 A constitucionalidade da decadência para rever o ato concessório

Como visto há pouco, fixada a natureza fundamental do direito a uma prestação previdenciária, conclui-se não ser possível estabelecer um prazo para o requerimento do benefício, pois de outra forma seria admissível negar-se acesso a uma prestação alimentar vinculada à dignidade da pessoa humana.

Por isso, não se aplica prazo decadencial ao exercício desse direito.

Com efeito, se um benefício não foi requerido, não corre qualquer prazo, de decadência ou prescrição. Não corre prazo de decadência porque a lei não fixa prazo, a partir do momento em que o segurado ou dependente implementa os requisitos, para o exercício do direito potestativo ao requerimento. Não corre prazo prescricional porque, como a Administração não se pronunciou, não houve resistência à eventual pretensão ao recebimento de prestações pecuniárias.

Bem distinta é a situação de revisão dos critérios de concessão de benefício previdenciário, pois não revestidos de natureza fundamental. Em que pese previstos por normas da Constituição ou de lei, deve ser levado em conta que o regime funciona sob modelo de financiamento de repartição simples, e é forte na incidência do princípio da solidariedade entre os participantes. Assim, o segurado tem compromisso com a solvência do sistema de proteção do grupo, da mesma forma que o conjunto de segurados é solidário com a ocorrência de um evento social de cobertura (sinistro) de um participante.

Logo, pode-se afirmar que a decadência atinge apenas a pretensão de rever os parâmetros do ato de concessão do benefício previdenciário, de discutir seus critérios econômicos, a fim de resguardar a segurança jurídica, como consectário do princípio do equilíbrio atuarial, e destinado a garantir a própria existência do sistema em favor de gerações futuras.

Nesse sentido, o voto consignou:

> Com base nesse raciocínio, não verifico inconstitucionalidade na criação, por lei, de prazo de decadência razoável para o questionamento de benefícios já reconhecidos. Essa limitação incide sobre o aspecto patrimonial das prestações. (...)
>
> Com essas considerações, entendo que inexiste violação ao direito fundamental à previdência social, tal como consagrado na Constituição de 1988. Não vislumbro, igualmente, qualquer ofensa à regra constitucional que exige a indicação prévia da fonte de custeio (art. 195, §5º) – irrelevante na hipótese –, e tampouco aos princípios da irredutibilidade do valor dos benefícios (art. 194, parágrafo único, IV) e da manutenção do seu valor real (art. 201, §4º). Tais comandos protegem a integridade dos benefícios já instituídos, e não um suposto direito permanente e incondicionado à revisão.

Fixada a constitucionalidade da instituição do prazo, a partir da não violação aos parâmetros constitucionais invocados pelos recorridos, partiu-se então para a análise da razoabilidade da escolha legislativa quantitativa de dez anos para que os segurados exerçam o direito de provocação de mudança paramétrica, o que levou à conclusão da proporcionalidade da escolha.

Sob esse aspecto, a legislação previdenciária estabelece prazo maior do que o usualmente legislado para atos de natureza diversa (por exemplo, Lei nº 9.784/1999), em geral quinquenal, a partir da consideração da especificidade do direito previdenciário e da própria presunção de maior dificuldade de acesso para o exercício desse direito por parte de idosos e de incapacitados. Da mesma forma, a Lei nº 8.213/1991, no art. 103-A, em paridade de armas, institui prazo decadencial decenal para a Administração rever o ato de concessão do benefício, caso os parâmetros iniciais de deferimento tenham sido equivocadamente fixados em prejuízo do Fundo de Previdência:

> Assentada a validade da previsão de prazo, considero que o lapso de 10 (dez) anos é inequivocamente razoável. É tempo mais do que suficiente para a resolução de eventuais controvérsias interpretativas e para que o segurado busque as informações relevantes. É importante notar, nesse cenário, que a Lei nº 8.213/1991 passou a prever o mesmo prazo para eventuais pretensões revisionais da Administração, nos termos do seu art. 103-A.

Assim é que, no que se refere à conclusão inicial, a decisão proferida no RE nº 626.489 assentou: (ii) não há prazo decadencial para a formulação do requerimento inicial de concessão de benefício previdenciário, que corresponde ao exercício de um direito fundamental relacionado à mínima segurança social do indivíduo, e (ii) a instituição de um prazo decadencial de dez anos para a revisão dos benefícios já concedidos é compatível com a Constituição Federal.

18.5 A incidência do prazo nos benefícios concedidos anteriormente à vigência da MP nº 1.523-9/1997

A MP nº 1.523-9/1997 foi convertida na Lei nº 9.528/1997.

Posteriormente, foi editada a MP nº 1.663-15/1998, convertida na Lei nº 9.711/1998, que reduziu o prazo decadencial para cinco anos, dando a seguinte redação ao *caput* do art. 103, da Lei nº 8.213/1991:

Art. 103. É de cinco anos o prazo de decadência de todo e qualquer direito ou ação do segurado ou beneficiário para a revisão do ato de concessão de benefício, a contar do dia primeiro do mês seguinte ao do recebimento da primeira prestação ou, quando for o caso, do dia em que tomar conhecimento da decisão indeferitória definitiva no âmbito administrativo.

Por fim, a MP nº 138/2003 voltou a estabelecer o prazo de dez anos de revisão, sendo convertida na Lei nº 10.839, de 05 de fevereiro de 2004, que dá a atual redação do art. 103, da Lei nº 8.213/1991:

> Art. 103. É de dez anos o prazo de decadência de todo e qualquer direito ou ação do segurado ou beneficiário para a revisão do ato de concessão de benefício, a contar do dia primeiro do mês seguinte ao do recebimento da primeira prestação ou, quando for o caso, do dia em que tomar conhecimento da decisão indeferitória definitiva no âmbito administrativo.

A sucessão de alterações legislativas, em tão curto período, levou a um estado de insegurança jurídica sobre o critério de incidência do instituto da decadência sobre os benefícios antigos, do que surgiram, na época, três posições acadêmicas e jurisprudenciais: (i) o benefício deveria observar o prazo previsto na lei da época da concessão (*tempus regit actum*); (ii) o prazo decadencial deveria ser aplicado a partir de 20.11.2003, isto é, da vigência da MP nº 138, de 20.11.2003, e (iii) o prazo de 10 anos incidiria a contar da previsão da MP nº 1.523-9/1997, que o introduziu na legislação pela primeira vez.

Pelo primeiro entendimento, os benefícios concedidos antes da criação do prazo de revisão pela MP nº 1.523-9, de 27.06.1997, não se submeteriam a qualquer prazo para a revisão do ato concessório. Aqueles concedidos sob a vigência da MP nº 1.663-15/1998 e da Lei nº 9.711/1998 somente poderiam ser revistos em cinco anos, e as prestações previdenciárias concedidas a contar da MP nº 1.523-9/1997 se submeteriam ao prazo decadencial de dez anos.

Era a linha de pensamento defendida pela segurada no RE nº 626.489, bem como pelos *amici curiae* COBAP, OAB e ABDP.

No Superior Tribunal de Justiça, como exemplo representativo dessa tese, há o julgamento do AgRg nº 847451/RS, sob a relatoria do Juiz convocado Carlos Fernando Mathias, com a seguinte ementa:

> AGRAVO REGIMENTAL. AGRAVO DE INSTRUMENTO. RECURSO ESPECIAL. PREVIDENCIÁRIO. BENEFÍCIO. REVISÃO. DECADÊNCIA.
> 1. O prazo de decadência para revisão da renda mensal inicial do benefício previdenciário, estabelecido pela Medida Provisória nº 1.523/1997, convertida na Lei nº 9.528/1997, que alterou o art. 103 da Lei nº 8.213/1991, somente pode atingir as relações jurídicas constituídas a partir de sua vigência, vez que a norma não é expressamente retroativa e trata de instituto de direito material (…).

A segunda posição, debatida na época, mas que não chegou a encontrar acolhida no Superior Tribunal de Justiça, era a de que o prazo para a revisão somente se aplicaria aos benefícios concedidos a contar da entrada em vigor da MP nº 138/2003. Essa linha de pensamento desconsiderava que o prazo decadencial fora criado pela MP nº 1523-9, de 27.06.1997, em 10 anos, reduzido para cinco anos pela Lei nº 9.711/1998 e aumentado de novo pela MP nº 138, de 20.11.2003. A última fixação do prazo em 10 anos seria acrescida ao prazo anterior, já em andamento, e que não se aperfeiçoou.

O terceiro entendimento é o de que o prazo de 10 anos, introduzido pela MP nº 1.523-9, de 28.06.1997, aplica-se aos benefícios anteriormente concedidos a contar da data de sua eficácia. Assim, um benefício concedido em 1977 contaria o prazo de 10 anos a partir de 1º.08.1997. Logo, quando da edição da MP nº 1.523-9 (que deu nova redação ao art. 103 da Lei nº 8.213/1991, sucedida pela MP nº 1.663-15, de 22.10.1998, pela Lei nº 9.711/1998, pela MP nº 138/2003 e pela Lei nº 10.939/2004), iniciou-se a contagem do prazo decadencial de 10 anos em relação a todos os benefícios concedidos anteriormente.

Foi a tese defendida pelo INSS e pela União no RE nº 626.489.

O Superior Tribunal de Justiça, através da 5ª Turma, após ter aderido à primeira tese, a do *tempus regit actum*, passou a proferir decisões nesse sentido, como, por exemplo, no julgamento do REsp 931.637/RJ, Rel. Ministro Arnaldo Esteves Lima:

APOSENTADORIAS. ACUMULAÇÃO. CONCESSÃO DO SEGUNDO BENEFÍCIO. REVOGAÇÃO. AUTOTUTELA DA ADMINISTRAÇÃO. LEI Nº 9.784/1999. IRRE-TROATIVIDADE. DECADÊNCIA. NÃO OCORRÊNCIA. PRECEDENTE DA CORTE ESPECIAL DO STJ. RETORNO DOS AUTOS À ORIGEM PARA JULGAMENTO DO FEITO. RECURSO ESPECIAL CONHECIDO E PROVIDO.

1. Até a edição da Lei nº 9.784, de 29/01/1999, a Administração podia rever os seus atos a qualquer tempo, uma vez que o prazo decadencial previsto em seu art. 54 não tem efeitos retroativos. Precedente da Corte Especial (...).

Em favor do entendimento, consigna-se que a concessão do benefício não cria direito adquirido à não aplicação de prazo decadencial, pois esses prazos não são elementos constitutivos do direito subjetivo.

A divergência entre os órgãos fracionários do Superior Tribunal de Justiça, que defendiam a 1ª e a 3ª teses, conduziu o debate à 1ª Seção, que consagrou seu entendimento no julgamento do REsp 1.303.988-PE, sob a relatoria do ex-Ministro Teori Zavascki:

PREVIDÊNCIA SOCIAL. REVISÃO DO ATO DE CONCESSÃO DE BENEFÍCIO PRE-VIDENCIÁRIO. DECADÊNCIA. PRAZO. ART. 103 DA LEI 8.213/91. BENEFÍCIOS ANTERIORES. DIREITO INTERTEMPORAL.

1. Até o advento da MP 1.523-9/1997 (convertida na Lei 9.528/97), não havia previsão normativa de prazo de decadência do direito ou da ação de revisão do ato concessivo de benefício previdenciário. Todavia, com a nova redação, dada pela referida Medida Provisória, ao art. 103 da Lei 8.213/91 (Lei de Benefícios da Previdência Social), ficou estabelecido que 'É de dez anos o prazo de decadência de todo e qualquer direito ou ação do segurado ou beneficiário para a revisão do ato de concessão de benefício, a contar do dia primeiro do mês seguinte ao do recebimento da primeira prestação ou, quando for o caso, do dia em que tomar conhecimento da decisão indeferitória definitiva no âmbito administrativo'.

2. Essa disposição normativa não pode ter eficácia retroativa para incidir sobre o tempo transcorrido antes de sua vigência. Assim, relativamente aos benefícios anteriormente concedidos, o termo inicial do prazo de decadência do direito ou da ação visando à sua revisão tem como termo inicial a data em que entrou em vigor a norma fixando o referido prazo decenal (28/06/1997). Precedentes da Corte Especial em situação análoga (v.g.: MS 9.112/DF Min. Eliana Calmon, DJ 14/11/2005; MS 9.115, Min. César Rocha (DJ de 07/08/06,

MS 11123, Min. Gilson Dipp, DJ de 05/02/07, MS 9092, Min. Paulo Gallotti, DJ de 06/09/06, MS (AgRg) 9034, Min. Félix Ficher, DL 28/08/06).

3. Recurso especial provido.

Assim, quando a questão chegou ao Plenário do Supremo Tribunal Federal através do RE nº 626.489, o Superior Tribunal de Justiça já havia proferido a decisão no REsp 1.303.988-PE, e a expectativa era de que essa posição fosse confirmada. De qualquer forma, havia necessidade de realmente se afirmar se os benefícios previdenciários concedidos pelo INSS antes da instituição do prazo decadencial estariam alcançados pela norma e qual seria o termo inicial do prazo de decadência do direito à revisão desses benefícios.

O voto do Relator no RE nº 626.489, no que se refere à incidência do prazo decadencial sobre os benefícios concedidos antes da entrada em vigor da MP nº 1.523-9/1997, desde o início adotou a estratégia de fundamentar a rejeição da primeira tese anteriormente posta, a de aplicação, ao caso, do princípio *tempus regit actum*.

Fazendo referência a precedente notório no STF em matéria previdenciária, no qual foi aplicado o referido princípio, partiu-se para estabelecer a diferença relevante entre os casos para afastar a aplicação da tese.

Realmente, no julgamento do RE nº 415.454, da relatoria do Ministro Gilmar Mendes, foi fixado que a lei aplicável para a concessão dos benefícios é a que está em vigor no momento em que os pressupostos se aperfeiçoavam (no caso, a lei de regência da concessão da pensão por morte é a que tem vigência no momento do óbito). Contudo, também lá se estabeleceu a possibilidade de alteração posterior do regime jurídico de disciplina da relação previdenciária, desde que fossem respeitados direitos adquiridos.

Assim é que, respeitado o direito adquirido de aplicação da lei de regência no momento do implemento dos pressupostos do benefício, não haveria garantia de imunidade à aplicação posterior de nova normatização referente a aspectos externos aos requisitos de concessão. Por isso, destaca do voto no RE nº 626.489:

> (...) não se incorpora ao patrimônio jurídico de um beneficiário o suposto direito à aplicação de uma determinada regra sobre decadência para eventuais pedidos de revisão do ato concessório. Como a decadência não integra o espectro de pressupostos e condições para a concessão do benefício – sendo um elemento externo à prestação previdenciária –, não se pode exigir a manutenção de seu regime jurídico.
>
> No presente caso, a ausência de prazo decadencial para a revisão no momento em que o benefício foi deferido não garante ao beneficiário a manutenção do regime jurídico pretérito, que consagrava a prerrogativa de poder pleitear a revisão da decisão administrativa a qualquer tempo. Como regra, a lei pode criar novos prazos de decadência e de prescrição, ou ainda alterar os já existentes. Ressalvada a hipótese em que os prazos anteriores já tenham se aperfeiçoado, não há direito adquirido ao regime jurídico prévio. O limite, como visto, é a proteção ao núcleo do direito fundamental em questão, que não restou esvaziado como se demonstrou no tópico anterior.

A fixação da terceira tese foi respaldada em dois precedentes importantes, o julgamento do RE nº 93.698, rel. Min. Soares Muñoz, que se referiu à aplicação imediata no novo prazo decadencial fixado em lei que reduzia o anteriormente previsto, e o RE nº 564.354, rel. Min Cármen Lúcia, que assentou a incidência imediata de novas regras previdenciárias que não se referiam a critérios de concessão de benefícios.

Com base neles, o Ministro Luís Roberto Barroso afirmou que a lei que introduz o prazo decadencial, sem que tenha efeito retroativo, deve ser aplicada de forma imediata, inclusive a situações constituídas no passado.

No que se refere ao termo inicial do prazo decadencial a ser aplicado aos benefícios concedidos anteriormente à vigência da MP nº 1.523-9/1997, o voto dispôs:

> (...) Na redação que a medida provisória deu ao art. 103 da Lei nº 8.213/1991, o prazo de dez anos tem o seu curso "a contar do dia primeiro do mês seguinte ao do recebimento da primeira prestação ou, quando for o caso, do dia em que tomar conhecimento da decisão indeferitória definitiva no âmbito administrativo". Ora bem: tendo em vista que a Medida Provisória foi publicada e entrou em vigor em 28.06.1997, a primeira prestação superveniente do benefício foi paga em julho de 1997. Nesse cenário, o termo inicial da prescrição é o dia 1º de agosto daquele mesmo ano.

Ao final, o Recurso Extraordinário nº 626.489 foi conhecido e foi-lhe dado provimento para reformar a decisão da Turma Recursal da Seção Judiciária de Sergipe, restabelecendo a sentença proferida pelo Juizado Especial Federal, que declarara extinto o processo, com resolução do mérito, pelo decurso do prazo decadencial de dez anos para rever o ato de concessão da aposentadoria.

18.6 Conclusão

Cinco teses jurídicas foram fixadas no julgamento do RE nº 626.489: (i) a previdência social, em sua conformação básica, é um direito fundamental baseado na dignidade da pessoa humana; (ii) deve haver distinção entre o direito ao benefício previdenciário em si considerado e a graduação pecuniária das prestações; (iii) a instituição de prazo decadencial não se refere ao direito fundamental ao benefício previdenciário, constituindo um aspecto pecuniário externo à concessão; (iv) em virtude disso, a lei que introduz prazo decadencial em matéria previdenciária é constitucional, não tem efeito retroativo, mas se aplica imediatamente às situações constituídas no passado, e (v) o termo inicial do prazo decadencial de dez anos previsto pelo art. 103, da Lei nº 8.213/1991 para os benefícios concedidos anteriormente à vigência da MP 1.523-9 é o dia 1º.08.1997.

A sessão do Pleno na tarde do dia 16.10.2013 registrou o início da atuação de sucesso do Ministro Luís Roberto Barroso em relatoria no STF, com a apresentação de todas as características marcantes de sua personalidade como magistrado: o notável conhecimento do Direito, o raciocínio lógico, a concisão e a clareza dos textos, a coragem no enfrentamento de questões difíceis, além do elevado padrão ético e senso de justiça, aquilo que os que trabalham com ele já ouviram resumidamente pelo menos uma vez em seu Gabinete, na precisão de sua orientação: "vamos fazer o que é certo".

Informação bibliográfica deste texto, conforme a NBR 6023:2002 da Associação Brasileira de Normas Técnicas (ABNT):

TAVARES, Marcelo Leonardo. O prazo decadencial em matéria previdenciária – RE nº 626.489. A primeira relatoria do Ministro Luís Roberto Barroso no Plenário do STF. In: SARAIVA, Renata et al. *Ministro Luís Roberto Barroso*: 5 anos de Supremo Tribunal Federal: homenagem de seus assessores. Belo Horizonte: Fórum, 2018. p. 309-318. ISBN 978-85-450-0525-4.

PARTE II

CONSTITUCIONALIZAÇÃO
DOS RAMOS DO DIREITO

CAPÍTULO 1

REFLEXÕES SOBRE O SISTEMA DE JUSTIÇA CRIMINAL

ANDRE LUIZ SILVA ARAUJO

1.1 Introdução

Desde a reforma da Parte Geral do Código Penal brasileiro, determinada pela Lei nº 7.209/1984, tem-se demonstrado uma preocupação geral com o sistema de justiça criminal. Os elevados índices de criminalidade, as novas espécies de infrações penais, a utilização da medida de prisão como principal resposta estatal, a rejeição social dos condenados e as inovações tecnológicas são alguns dos fatores que têm sido considerados para o aprimoramento dos instrumentos jurídicos de contenção ao crime, muitos deles concebidos pelos juristas da primeira metade do século passado.[1]

Esse constante movimento para repensar o Direito Penal também se observa no plano internacional, com a edição cada vez mais constante de instrumentos supranacionais de justiça colaborativa com o objetivo de combater com maior eficiência a criminalidade supranacional. Os Estados soberanos perceberam que uma atuação simplesmente isolada no combate ao crime configurava medida de pouca ou quase nenhuma efetividade.

Nesse contexto de inquietação global com as formas estatais de combate ao crime, o Ministro Luís Roberto Barroso, desde a sua posse no Supremo Tribunal Federal, tem envidado esforços no sentido de pensar alternativas criativas para arrumar o sistema penal. E é nessa linha que tem sido a atuação de Sua Excelência nestes últimos cinco anos de trabalho na Corte Suprema.

Honrado em integrar o grupo de assessores que subscreve esta justa, e merecida, homenagem ao Ministro Luís Roberto Barroso, coube ao autor deste breve estudo discorrer sobre dois temas específicos: i) o uso inadequado do *habeas corpus*; ii) o combate à corrupção.

---

[1] Exposição de Motivos nº 211, de 9 de maio de 1983, do Senhor Ministro de Estado da Justiça, Ibrahim Abi-Ackel.

1.2 O uso inadequado do *habeas corpus*

Começo pela consideração de que, de um modo geral, os Ministros que ingressam nos tribunais superiores apenas se debruçam sobre o estudo de temas relacionados a questões estruturais do Poder Judiciário quando se avizinha a ocupação de cargos de relevância institucional ou administrativa. É o que normalmente ocorre. A postura adotada pelo homenageado, contudo, foi diferente.

Desde a posse, o Ministro Luís Roberto Barroso procurou debater, refletir e propor soluções para problemas estruturais vividos pelo STF. Certamente pela larga experiência como advogado atuante na Corte, contaram com a decisiva iniciativa do ilustre Ministro várias alterações importantes para tornar mais ágil a tramitação dos processos no Supremo Tribunal Federal. Apenas a título de amostragem, cito a possibilidade de julgamento de agravos regimentais e embargos declaratórios em ambiente virtual (até então julgados em listas físicas); e o deslocamento – do Plenário para as Turmas – do julgamento de ações penais, inquéritos e mandados de segurança contra atos do Conselho Nacional de Justiça e do Conselho Nacional do Ministério Público.[2] Porém, uma questão estrutural que chamou a atenção do Ministro homenageado, com particular importância, logo nos primeiros meses de sua investidura, foi o número expressivo de *habeas corpus* que aportam ao STF todos os dias.

Como se sabe, a ação constitucional do *habeas corpus* tem por finalidade evitar ou fazer cessar violência ou ameaça de violência à liberdade de locomoção em decorrência de ilegalidade ou abuso de poder. Está prevista no art. 5º, inciso LXVIII, da CF/88: "conceder-se-á 'habeas-corpus' sempre que alguém sofrer ou se achar ameaçado de sofrer violência ou coação em sua liberdade de locomoção, por ilegalidade ou abuso de poder;". O Código de Processo Penal também regula a matéria pelo art. 648, estabelecendo que a coação seja considerada ilegal nas seguintes hipóteses: I – quando não houver justa causa; II – quando alguém estiver preso por mais tempo do que determina a lei; III – quando quem ordenar a coação não tiver competência para fazê-lo; IV – quando houver cessado o motivo que autorizou a coação; V – quando não for alguém admitido a prestar fiança, nos casos em que a lei a autoriza; VI – quando o processo for manifestamente nulo; VII – quando extinta a punibilidade.

Nessa linha, lembro que o *habeas corpus* tanto pode ser liberatório, ou repressivo (quando o constrangimento ilegal já foi efetivado), quanto preventivo, visando evitar que a violência ou coação efetivamente ocorram. Pode ser impetrado por qualquer pessoa, independentemente de habilitação legal ou representação por advogado, contrato ato de particular ou de autoridade pública responsável pela ilegalidade ou pelo abuso de poder à liberdade de locomoção.[3]

Regra geral, portanto, estando em jogo a liberdade de locomoção do paciente, o *habeas corpus* tem ampla admissibilidade. A CF/88, todavia, veda a sua utilização nos casos de punições disciplinares militares (§2º do art. 142 – "Não caberá 'habeas-corpus' em relação a punições disciplinares militares").

Muito embora o nosso sistema normativo tenha conferido ao *habeas corpus* um amplo espectro de abrangência, nos últimos anos o volume dessas ações constitucionais

---

[2] Emenda Regimental nº 49/2014 e Resolução nº 587/2016 do Supremo Tribunal Federal.
[3] LOPES JÚNIOR, Aury. *Direito Processual Penal*. São Paulo: Saraiva, 2012, p. 1.328.

tem exigido da comunidade jurídica uma reflexão mais detida sobre as respectivas hipóteses de cabimento. Ao assumir o gabinete, no ano de 2013, o Ministro Luís Roberto Barroso se deparou com impetrações que aguardavam julgamento havia alguns anos. Desnecessário enfatizar que *habeas corpus* que ficam pendentes de julgamento por prazos prolongados não preenchem quaisquer dos papéis a que se destinam, afirmou Sua Excelência, ressaltando, em artigo acadêmico, que "o dia tem um número fixo de horas, e juízes, mesmo no STF, têm uma capacidade máxima de trabalho".[4]

As previsões pouco animadoras feitas pelo homenageado, desde a sua posse em 2013, infelizmente vêm se confirmando em tempos mais recentes. Isso porque, apenas no âmbito do STF, de 2010 até o final de 2017, foram protocolados mais de 42 mil *habeas corpus*. E medidas importantes para ampliar o acesso da população à Justiça – como a criação do processo judicial eletrônico e o aparelhamento das Defensorias Públicas – têm contribuído para que esse número cresça ainda mais. Embora os julgamentos monocráticos contribuam para acelerar o julgamento dessas causas,[5] o fato é que, de 2013 até o mês de novembro de 2017, o número de *habeas corpus* distribuídos aos Ministros do STF cresceu em média 25% por ano. Essa é uma realidade que não pode ser desconsiderada pelos operadores do Direito, até mesmo porque, num futuro não muito distante, não será tarefa simples fazer com que Tribunais consigam vencer a distribuição de feitos tão urgentes como o são os HCs com réu preso. Isso não pode ser bom para o Poder Judiciário, menos ainda para os jurisdicionados. Veja-se que, no ano de 2013, cada Ministro do STF recebia, em média, algo em torno de 26 HCs por mês. Atualmente, esse número saltou para 63 HCs.[6]

Nesse contexto de reflexões, em agosto de 2012, a Primeira Turma do STF, a meu ver, em bora hora, no julgamento do HC 109.956, da relatoria do Ministro Marco Aurélio, conferiu nova interpretação ao art. 102, II, "a", da CF/88 para assentar o não cabimento de *habeas corpus* em substituição ao recurso ordinário constitucional. Embora o Ministro Marco Aurélio haja perfilhado entendimento diverso em julgamento posterior, o entendimento majoritário dos Ministros integrantes da Primeira Turma do Supremo Tribunal Federal continua sendo pela inadmissibilidade do HC substitutivo do RHC.[7] Justamente por configurar situação que viola a norma do art. 102, II, "a", da CF/88, segundo a qual, compete ao Supremo *"julgar, em recurso ordinário: a) o habeas corpus, o mandado de segurança, o habeas data e o mandado de injunção decididos em única instância pelos Tribunais Superiores, se denegatória a decisão"*.

É certo que a alínea "i" do inciso I do art. 102 da CF/88 autoriza a impetração de *habeas corpus* "quando o coator for Tribunal Superior ou quando o coator ou o paciente for autoridade ou funcionário cujos atos estejam sujeitos diretamente à jurisdição do Supremo Tribunal Federal, ou se trate de crime sujeito à mesma jurisdição em uma única instância". Mas essa autorização, penso, deve ser reservada apenas para os casos de

---

4   Disponível em: <https://www.conjur.com.br/dl/palestra-ivnl-reflexoes-stf-25ago2014.pdf>.

5   Art. 192 do RI/STF: "Art. 192. Quando a matéria for objeto de jurisprudência consolidada do Tribunal, o Relator poderá desde logo denegar ou conceder a ordem, ainda que de ofício, à vista da documentação da petição inicial ou do teor das informações".

6   Dados extraídos da página oficial do Supremo Tribunal Federal na internet, em 16.11.2017.

7   HC nº 143.669, Primeira Turma, Rel. Min. Luís Roberto Barroso: "(…) 1. A Primeira Turma do Supremo Tribunal Federal consolidou entendimento no sentido da inadmissibilidade do uso da ação de habeas corpus em substituição ao recurso ordinário previsto na Constituição Federal (HC 109.956, Rel. Min. Marco Aurélio; e HC 104.045, Rel.ª Min.ª Rosa Weber) (…)".

impetrações originárias, racionalizando-se o uso do HC. De modo que a jurisprudência mais recente da Primeira Turma do STF, a um só tempo, tem a virtude de prestigiar, de um lado, a máxima efetividade da Constituição Federal e, de outro lado, tornar viável a entrega da prestação jurisdicional, dando a devida importância ao remédio constitucional do *habeas corpus*, na preservação dos direitos e liberdades individuais. A matéria, contudo, ainda será objeto de discussão pelo Plenário do STF.

Nesse rumo de ideias, e tendo como diretriz prestigiar as instâncias ordinárias (primeiro grau e segundo grau), notadamente quando convergentes na matéria de fato, o Ministro Luís Roberto Barroso tem fixado algumas condições para a concessão do HC, ainda que este tenha sido adequadamente utilizado. Ei-las: "(...) 3. O habeas corpus somente deverá ser concedido em caso de réu preso ou na iminência de sê-lo, presentes as seguintes condições: (i) violação à jurisprudência consolidada do STF; (ii) violação clara à Constituição; ou iii) teratologia na decisão impugnada, caracterizadora de absurdo jurídico (...)" (HC 136.716-AgR, Rel. Min. Luís Roberto Barroso, Primeira Turma, Sessão Virtual de 11 a 18.08.2017).

Outra medida adotada pela jurisprudência majoritária da Primeira Turma do STF, na matéria, com participação decisiva do Ministro Luís Roberto Barroso, é considerar prejudicada a impetração de *habeas corpus* quando sobrevém a sentença condenatória do paciente. O Colegiado tem entendido que essa superveniente, e relevante, alteração do quadro processual da causa prejudica a análise da impetração. Seja porque o título originário da prisão foi substituído pela sentença condenatória; seja porque a manutenção da prisão na sentença, necessariamente, é tomada num contexto completamente diverso daquele observado por ocasião da prisão preventiva, ainda no início da instrução.[8]

Com efeito, ainda que o órgão julgador reproduza os fundamentos lançados no decreto originário da prisão preventiva, não há como negar que essa nova deliberação é resultado do exame aprofundado de todas as provas do processo; da oitiva pessoal do acusado, dos colaboradores, das testemunhas e dos advogados; do cotejo, analítico, das teses da defesa e da acusação. Em suma: nesse derradeiro momento processual, a autoridade judicante tem melhores condições de aferir a necessidade ou não da custódia. Logo, longe de caracterizar questão meramente formal ou excessivo rigor técnico, tenho que o prejuízo do HC na hipótese de que se trata é decorrência lógica do nosso sistema jurídico. Isso porque a sentença penal condenatória, necessariamente, deu por comprovada a existência do fato criminoso e o respectivo enquadramento jurídico como infração penal; além da comprovação de ter o réu praticado a referida conduta típica. Trata-se, portanto, de manifestação da vontade estatal que deve ser interpretada a partir da conjugação de todos os seus elementos (relatório, fundamentação e parte dispositiva), tal como explicitado no §3º do art. 489 do novo CPC ("§3º A decisão judicial deve ser interpretada a partir da conjugação de todos os seus elementos e em conformidade com o princípio da boa-fé").

Desconsiderar o prejuízo da impetração, na hipótese, fazendo com o Tribunal se sobreponha às instâncias de origem e examine, desde logo, o capítulo da sentença que manteve a prisão preventiva, acarretaria uma desnecessária sobrecarga de processos e, o que é pior, uma indevida supressão de instâncias, com indesejável desvirtuamento do sistema de competências constitucionais descrito na CF/88.

---

[8] HC 127.704, Primeira Turma, Redator para o acórdão o Min. Luís Roberto Barroso, julgado em 21.03.2017.

Em síntese, não é possível deixar de reconhecer o valor e prestígio de que desfruta a ação constitucional do *habeas corpus* no ordenamento jurídico brasileiro. Ação que visa centralmente tutelar a "(…) prima-dona das liberdades, que é a liberdade de locomoção (…)".[9] Contudo, o exercício da garantia constitucional de acesso ao Poder Judiciário (art. 5º, inciso XXV, CF/88), por meio da utilização do HC, não pode também significar a quebra de todo um sistema de competências constitucionais e, de consequência, a própria inviabilização do funcionamento da Justiça.

1.3 O combate à corrupção

O Ministro Luís Roberto Barroso afirmou, durante aula inaugural para alunos de direito da Pontifícia Universidade Católica (PUC) do Rio de Janeiro, em 17 de março de 2017, que a corrupção se disseminou no Brasil "em níveis espantosos, endêmicos". "Não foram falhas pontuais, individuais, pequenas fraquezas humanas. Foi um fenômeno sistêmico, estrutural, generalizado. Tornou-se o modo natural de se fazer negócios e política no Brasil. Esta é a dura e triste realidade". Para o Ministro, o Direito Penal brasileiro não conseguiu desempenhar seu papel, que é funcionar como prevenção geral a delitos. "Um Direito Penal absolutamente ineficiente, incapaz de atingir qualquer pessoa que ganhe mais do que cinco salários mínimos, fez com que construíssemos um país de ricos delinquentes, um país em que as pessoas vivem de fraudes à licitação, de corrupção ativa, de corrupção passiva, de peculato, de lavagem de dinheiro. Isso não foi um acidente. Isso se espraiou pelo país inteiro", disse o ministro, ressaltando que a corrupção é fomentada pela impunidade e pelo atual sistema político.[10]

As lúcidas ponderações do Ministro Luís Roberto Barroso suscitam uma reflexão mais aprofundada sobre o tema da corrupção. Corrupção é, de fato, um dos grandes desafios a serem enfrentados em matéria de governança pública no mundo globalizado contemporâneo.[11] Mas se é um problema atual, não se trata de um problema novo. É tema que se confunde com a própria evolução humana, havendo registros sobre o assunto no Código de Hamurabi, no Reino da Babilônia (XX A.C.), no Reino do Egito (XIV A.C.) e na Bíblia.[12] Como lembra Cezar Britto, no início dos tempos (o paraíso bíblico de Adão e Eva), quando a serpente induz Eva a comer o fruto proibido, acenando-lhe com os poderes decorrentes da aquisição dos conhecimentos da Árvore da Ciência do Bem e do Mal, tem-se o primeiro desvio de conduta. Desvio que se traduz em uma fragilidade inerente à própria "condição humana".[13]

---

[9]   HC 91.041, Rel. Min. Redator para o acórdão o Ministro Ayres Britto, Primeira Turma, julgado em 05.06.2007, acórdão publicado em 17.08.2007.

[10] Disponível   em: <http://agenciabrasil.ebc.com.br/politica/noticia/2017-03/corrupcao-no-brasil-e-fenomeno-sistemico-e-estrutural-diz-ministro-do-stf>.

[11] Tema do plano de fortalecimento do combate à corrupção ("STRENGTHENING GOVERNANCE: TACKLING CORRUPTION THE WORLD BANK GROUP'S UPDATED STRATEGY AND I MPLEMENTATION PLAN"). Banco Mundial: <http://siteresources.worldbank.org/PUBLICSECTORANDGOVERNANCE/Resources/285741-326816182754/GACStrategyImplementationPlan.pdf>.

[12] NUNES, Antonio Carlos Ozório. Corrupção: o combate através da prevenção. In: *Corrupção, Ética e Moralidade Administrativa*. Belo Horizonte: Fórum. 2008, p. 16.

[13] BRITTO, Cezar. Corrupção e Estado Democrático de Direito. In: *Corrupção Ética e Moralidade Administrativa*. Belo Horizonte: Fórum. 2008, p. 47.

Os atos de corrupção alcançaram uma dimensão internacional. O estreitamento dos laços comerciais facilitou a ocorrência desse fenômeno. E essa maior aproximação dos Estados dá ensejo a que práticas ilícitas ocorram no âmbito internacional, com a corrupção de agentes públicos. Quadro que acaba por dificultar as ações estatais de combate a tais práticas lesivas, exigindo dos países envolvidos atuações conjuntas para tentar diminuir a expansão desse tipo de criminalidade. Valer dizer: a velocidade com que se dá o desenvolvimento global não é a mesma velocidade com que se dá o aperfeiçoamento dos mecanismos de controle estatal.[14] Até mesmo porque tais práticas delitivas, quando cometidas no âmbito internacional, envolvem pessoas físicas e jurídicas de diferentes nacionalidades. O que já é o suficiente para dificultar a pronta incidência de medidas legais coercitivas no âmbito supranacional.

Nesse contexto, a corrupção tem a força de gerar "uma constante ameaça ao bom governo e à legitimidade política; desestimula investimentos e inibe o desenvolvimento econômico e humano; é fonte de aumento da pobreza, provoca desperdício de recursos e afeta as relações econômicas internacionais". Trata-se de uma temática que envolve questões estruturais, sendo um "problema multifacetado que ultrapassa a questão da necessidade de cumprimento das leis e o respeito a códigos de ética". Logo, para combatê-la, "são necessárias reformas estruturais, institucionais e mudanças sociais em cada Estado e nas respectivas sociedades".[15]

Diante da conjuntura global que o tema alcançou, e das inúmeras dificuldades que avultam no respectivo equacionamento, os Estados soberanos perceberam que uma atuação simplesmente isolada no combate à corrupção configurava medida de pouca ou quase nenhuma efetividade. Situação que deu ensejo à elaboração de normas de Direito Internacional com o objetivo, justamente, de pôr em prática medidas conjuntas para combater a corrupção.

Nesse panorama, foram incorporadas ao ordenamento jurídico brasileiro três específicas convenções internacionais de combate à corrupção. Ei-las: a "Convenção Interamericana contra a Corrupção", aprovada pelo Decreto Legislativo nº 152, de 25.06.2002, e promulgada pelo Decreto nº 4.410, de 07.10.2002; a "Convenção sobre o Combate da Corrupção de Funcionários Públicos Estrangeiros em Transações Comerciais Internacionais", promulgada pelo Decreto nº 3.678, de 30.11.2000; e a "Convenção das Nações Unidas contra a Corrupção, adotada pela Assembleia-Geral das Nações Unidas, em 31 de outubro de 2003", promulgada pelo Decreto nº 5.687/2006.

Desses documentos internacionais, merece destaque a Convenção Interamericana contra a Corrupção. Convenção que foi subscrita com os explícitos e seguintes propósitos: "1. promover e fortalecer o desenvolvimento, por cada um dos Estados Partes, dos mecanismos necessários para prevenir, detectar, punir e erradicar a corrupção; e 2. promover, facilitar e regular a cooperação entre os Estados Partes a fim de assegurar a eficácia das medidas e ações adotadas para prevenir, detectar, punir e erradicar a corrupção no exercício das funções públicas, bem como os atos de corrupção especificamente vinculados a seu exercício".

---

[14] BATISTA, Pedro Magalhães Batista; Oliveira, Vitor Eduardo Tavares de. O controle da corrupção e a internacionalização do direito. *Uni. JUS*, Brasília, v. 22, n. 2, p. 239-279, jul./dez. 2011.

[15] NUNES, Antonio Carlos Ozório. Corrupção: o combate através da prevenção. In: *Corrupção, Ética e Moralidade Administrativa*. Belo Horizonte: Fórum. 2008, p. 15.

No plano interno, o Brasil tem adotado algumas políticas públicas com a finalidade de combater a corrupção. Um primeiro, e importante, exemplo dessa atuação do Estado brasileiro está na consideração de que, ainda no regime anterior à Constituição Republicana de 1988, o Brasil já contava com diploma normativo para responsabilizar criminalmente condutas lesivas à Administração Pública, quando praticadas por Prefeitos e Vereadores. A referência é ao Decreto-Lei nº 201/67, que estabelece um extenso rol de crimes de responsabilidade. Extenso rol, esse, de que sobressaem, pela sua particular gravidade, os seguintes delitos (punidos com pena privativa de liberdade de 2 a 12 anos de reclusão): "I – apropriar-se de bens ou rendas públicas, ou desviá-los em proveito próprio ou alheio; II – utilizar-se, indevidamente, em proveito próprio ou alheio, de bens, rendas ou serviços públicos (…)".

Por outro lado, também é de ressaltar a elaboração da Lei de Improbidade Administrativa (Lei nº 8.429/92). Lei que, ainda no ano de 1992, já dispunha "sobre as sanções aplicáveis aos agentes públicos nos casos de enriquecimento ilícito no exercício de mandato, cargo, emprego ou função na administração pública direta, indireta ou fundacional e dá outras providências". Além disso, não se pode deixar de mencionar a edição da Lei nº 10.763/2003. Lei que, ainda a título apenas exemplificativo, tornou mais rigoroso o Código Penal brasileiro, no tocante às penas previstas para os crimes de corrupção passiva (artigo 317), corrupção ativa (artigo 333); bem como estabeleceu que o "condenado por crime contra a administração pública terá a progressão de regime do cumprimento da pena condicionada à reparação do dano que causou, ou à devolução do produto do ilícito praticado, com os acréscimos legais" (§4º do artigo 33).

Já no âmbito do Poder Executivo nacional, é possível encontrar estrutura especialmente criada para realizar funções de controle interno, correição, ouvidoria e prevenção da corrupção, que é a Controladoria-Geral da União, definida nos termos da Lei nº 10.683/2003. Órgão integrante do "Governo Federal responsável por assistir direta e imediatamente ao Presidente da República quanto aos assuntos que, no âmbito do Poder Executivo, sejam relativos à defesa do patrimônio público e ao incremento da transparência da gestão, por meio das atividades de controle interno, auditoria pública, correição, prevenção e combate à corrupção e ouvidoria". Além disso, a CGU "também deve exercer, como órgão central, a supervisão técnica dos órgãos que compõem o Sistema de Controle Interno e o Sistema de Correição e das unidades de ouvidoria do Poder Executivo Federal, prestando a orientação normativa necessária". E aqui cabe uma observação específica: é que o Brasil não só depositou o instrumento de ratificação da Convenção Interamericana contra a Corrupção como também subscreveu declaração oficial sobre o mecanismo de acompanhamento da implementação da respectiva convenção. A CGU, no caso, tem a responsabilidade de elaborar pronunciamento oficial, em nome do Governo brasileiro perante a OEA (Organização dos Estados Americanos), quanto aos questionamentos da Comissão de Peritos do Mecanismo de Acompanhamento da Implementação da referida convenção.

No ponto, merecem destaque algumas recomendações feitas ao Brasil, que constaram de relatório aprovado pela Comissão em referência, na Sessão Plenária realizada no dia 16 de setembro de 2011, ocorrida na sede da OEA, em Washington-DC. Confiram-se: a) vedação ou impedimento ao tratamento tributário favorável para despesas efetuadas com violação dos dispositivos legais contra a corrupção; b) prevenção do suborno de funcionários públicos nacionais e estrangeiros; c) a devida punição criminal de empresas flagradas pela prática de suborno transnacional, independentemente das sanções aplicáveis às pessoas físicas a elas vinculadas; d) a necessidade de tipificação criminal dos atos de enriquecimento ilícito, na forma do artigo IX da Convenção; e) a utilização da Convenção Interamericana como o instrumento jurídico da extradição de casos envolvendo a corrupção; f) implementação da Convenção nos níveis estadual e municipal; g) o estabelecimento de normas de conduta para assegurar a guarda e o uso adequado dos recursos confiados aos funcionários públicos; h) mecanismos para exigir dos funcionários públicos que informem as autoridades sobre atos de corrupção; i) fortalecimento dos sistemas para a declaração das receitas, ativos e passivos; j) contínuo fortalecimento os órgãos de controle superior em suas respectivas funções; k) estímulo à participação da sociedade civil e de organizações não governamentais nos esforços para prevenir a corrupção, inclusive com uma participação ativa na gestão pública; l) maior atenção na assistência e cooperação com outros Estados Partes, na forma do artigo XIV da Convenção; m) formulação e implementação de programas de capacitação dos servidores públicos responsáveis pela aplicação dos sistemas, normas, medidas e mecanismos considerados pela Comissão de Peritos; n) colaboração das autoridades do Governo Federal com as autoridades das unidades federativas; o) regulação das condições e percentuais mínimos de servidores de carreira que deverão ocupar cargos em comissão; p) incremento dos sistemas de aquisição de bens e serviços por parte do Estado, inclusive com o aperfeiçoamento dos meios eletrônicos e sistemas de informação para as contratações públicas; q) sistemas eficazes para proteger funcionários públicos e cidadãos que denunciem de boa-fé atos de corrupção; r) necessidade de se avaliar a possibilidade de alteração do artigo 288 do Código Penal brasileiro, para estabelecer o número mínimo de duas pessoas para a configuração do crime de quadrilha.[16]

Nessa tarefa de combater a corrupção, compartilhada pelos três Poderes da República, o Poder Judiciário do Brasil deve exercer papel proeminente. Um passo importante nessa linha decorre, sem dúvida, do resultado do julgamento na ADPF nº 130. Arguição por Descumprimento de Preceito Fundamental, ajuizada pelo Partido Democrático Trabalhista – PDT, em que o Supremo Tribunal Federal afastou do mundo jurídico a Lei nº 5.250/1967 (a denominada "Lei de Imprensa"). Oportunidade em que a Suprema Corte do país deixou consignado que "a plena liberdade de imprensa é um patrimônio imaterial que corresponde ao mais eloquente atestado de evolução político-cultural de todo um povo (...) a Imprensa passa a manter com a democracia a mais entranhada relação de mútua dependência ou retroalimentação (...) verdadeira irmã siamesa da democracia, a imprensa passa a desfrutar de uma liberdade de atuação ainda maior que a liberdade de pensamento, de informação e de expressão dos indivíduos em si mesmos considerados (...)".

É isso mesmo. Quando um Estado passa a respeitar a liberdade de imprensa, as práticas de atos de corrupção ficam expostas para toda a sociedade, seja porque se trata de um eficiente mecanismo de descoberta dos deslizes cometidos por agentes públicos corruptos, ou, simplesmente, porque os órgãos de imprensa acabam fornecendo as informações necessárias para que os administrados tenham melhores condições de

---

[16] Relatório que foi aprovado pela Comissão, na sessão plenária realizada em 16 de setembro de 2011, no âmbito de sua Décima Nona Reunião, ocorrida na sede da OEA, em Washington D.C., Estados Unidos, de 12 a 16 de setembro de 2011. Fonte: <http://www.oas.org/juridico/portuguese/mesicic3_bra.htm>.

exercer com mais qualidade a sua própria cidadania pelo voto. Tais benefícios foram quantificados em estudo feito pela Transparência Internacional, que demonstrou uma correlação direta entre o nível de liberdade de imprensa e o nível de corrupção. É dizer: quanto maior for o nível de liberdade de imprensa, a tendência é que também ocorra uma considerável redução nos números da corrupção.[17]

Após a primeira condenação criminal de um parlamentar federal (a partir da vigência da CF/88) que praticara crime de responsabilidade na condição de Prefeito,[18] o Supremo Tribunal Federal apreciou um dos casos mais emblemáticos de corrupção envolvendo autoridades públicas brasileiras. Refiro-me ao caso que ficou conhecido como "Mensalão", apurado nos autos da Ação Penal nº 470, cujo relator originário era o Ministro Joaquim Barbosa. O processo, posteriormente, foi redistribuído ao Ministro Luís Roberto Barroso, atualmente também designado relator de 24 processos de execução penal relacionados à AP nº 470.

A notícia de um verdadeiro escândalo de corrupção, caracterizado pela compra de apoio político do Congresso Nacional, deu ensejo à instauração de uma investigação para apurar a responsabilidade de 38 acusados, formando um processo com mais de 50 mil páginas e 650 testemunhas, contando ainda com o envolvimento de partidos políticos, ex-ministros e parlamentares. Após a realização de pelo menos 53 sessões plenárias e mais de 4 meses de julgamento, desvendou-se verdadeira organização criminosa, dividida em núcleos de atuação, profissionalmente estruturada para a prática de crimes de peculato, lavagem de dinheiro, corrupção ativa, corrupção passiva, gestão fraudulenta, entre outras infrações penais.[19]

Esse julgamento, formal e materialmente complexo, sem dúvida, quebrou o paradigma até então vigente de que pessoas ricas e poderosas jamais seriam processadas, condenadas ou presas. E a verdade é que, a partir da firme e corajosa atuação do relator, Ministro Joaquim Barbosa, o Supremo Tribunal Federal concluiu pela condenação de 24 acusados, que, efetiva e concretamente, tiveram que prestar contas perante a Justiça (20 foram condenados a pena privativa de liberdade e outros 4 tiveram a pena convertida por medidas restritivas de direitos), superando a crença de que o país jamais seria capaz de punir pessoas ricas e poderosas.

A decisão proferida pelo plenário do Supremo Tribunal Federal no julgamento da AP nº 470 pode ser considerada como um marco na jurisprudência nacional em matéria de combate à corrupção e, certamente, permitiu o aperfeiçoamento de diplomas normativos importantes na proteção de bens jurídicos de elevada grandeza, como, por exemplo, a Lei de Lavagem de Dinheiro, recentemente alterada para tornar mais rigorosa a apuração dos crimes de ocultação de bens, direitos e valores, colocando o Brasil na terceira geração de leis sobre lavagem de dinheiro.[20]

Para além de observar que a criação do Conselho Nacional de Justiça (EC nº 45/2004) também representou um importante avanço no rumo do combate à corrupção, não é possível deixar de concluir este tópico sem mencionar a denominada "Operação Lava Jato".

---

[17] IV Fórum Global de Combate à corrupção. Larry Kilman. "The role of the press in fighting corruption". Disponível em: <http://www.cgu.gov.br/ivforumglobal/pdf/larrykilman-2.pdf>.

[18] Refiro-me à Ação Penal nº 409, da relatoria do Ministro Ayres Britto, julgada em 13.05.2010.

[19] Disponível em: <http://www.stf.jus.br/portal/cms/verNoticiaDetalhe.asp?idConteudo=236494>.

[20] Conforme reconhecido pelo Supremo Tribunal Federal, no julgamento do HC 108.715, Rel. Min. Marco Aurélio, Primeira Turma, Sessão de 24.09.2013.

A "Operação Lava Jato" é considerada a maior investigação de corrupção e lavagem de dinheiro, envolvendo desvios de bilhões de reais de recursos públicos pertencentes à Petrobras. O trabalho realizado, em especial, pela Polícia Federal e pelo Ministério Público Federal desvendou a existência de um cartel de grandes empreiteiras que, durante mais de 10 anos, pagava propina para altos funcionários da estatal e outros agentes públicos, inclusive parlamentares federais, em troca de contratos milionários.

Até o final de 2017, o trabalho desenvolvido pelos órgãos de persecução penal envolvidos na "Operação Lava Jato" resultou na recuperação de mais de 10 bilhões de reais e, pelo menos, 177 condenações. E o fato é que, para além dos resultados concretos já apresentados, o caso "Lava Jato" certamente representará mais um importante passo no processo de aperfeiçoamento das instituições públicas brasileiras, no sentido do combate à corrupção.[21]

Nesse contexto, ainda no ano de 2014, membros do Ministério Público Federal deram início a uma série de discussões no sentido de desenvolver propostas de alterações legislativas com o objetivo de tornar mais concreta e efetiva a luta para combater a corrupção e a impunidade. As propostas formuladas pelos Procuradores contaram com expressivo apoio da sociedade brasileira (mais de 2 milhões de assinaturas), ganhando o *status* de projeto de iniciativa popular, cuja tramitação teve início na Câmara dos Deputados (Projeto nº 4.850/2016). Estas, em síntese, as propostas de mudanças apresentadas pela sociedade brasileira para aperfeiçoar o combate à corrupção e à impunidade: i) investimento em prevenção; ii) criminalização do enriquecimento ilícito de agentes públicos (tema, diga-se, objeto de recomendação da Convenção Interamericana contra a Corrupção); iii) majoração da pena pelo crime de corrupção, passando este a constar do rol de crimes hediondos; iv) eficiência nos recursos no processo penal; v) celeridade nas ações de improbidade administrativa; vi) reforma no sistema de prescrição penal; vii) ajustes no sistema de nulidades do processo penal; viii) responsabilização dos partidos políticos e criminalização do chamado "Caixa 2"; ix) prisão preventiva para assegurar a devolução do dinheiro público desviado; x) medidas para a recuperação do lucro derivado do crime.

As preocupações lançadas pelo Ministro Luís Roberto Barroso na aula inaugural já referida procedem. A corrupção, de fato, se disseminou no Brasil e a prevenção geral que se espera do Direito incriminador precisa de um maior grau de efetividade. E o Supremo Tribunal Federal, com a participação decisiva do Ministro Luís Roberto Barroso, tem atuando firmemente nessa linha, em diferentes questões correlatas: i) possibilidade de execução provisória da pena após o exaurimento dos recursos ordinários;[22] ii) exigibilidade do recolhimento da pena de multa tanto para a progressão de regime[23] quanto para a concessão do indulto.[24] De outro lado, as breves reflexões que foram lançadas neste estudo revelam a extrema complexidade do tema da corrupção, que não se restringe à realidade interna e isolada de cada um dos países, a encarecer enfrentamento contínuo e conjunto.

---

[21] Disponível em: <http://www.mpf.mp.br/para-o-cidadao/caso-lava-jato/atuacao-na-1a-instancia/parana/resultado>.

[22] HC 126.292, Rel. Min. Teori Zavascki, Plenário, Sessão de 17.02.2016.

[23] EP nº 12-AgR, Rel. Min. Luís Roberto Barroso, Plenário, Sessão de 08.04.2015.

[24] EP nº 11-AgR, Rel. Min. Luís Roberto Barroso, Plenário, Sessão de 08.11.2017.

Referências

BATISTA, Antenor. *Corrupção*: Fator de Progresso? São Paulo: Juarez de Oliveira, 2010.

BATISTA, Pedro Magalhães, OLIVEIRA, Vitor Eduardo Tavares de. O controle da corrupção e a internacionalização do direito. *Uni. JUS*, Brasília, v. 22, n. 2, p. 239-279, jul./dez. 2011.

BOTELHO, Ana Cristina Melo de Pontes. *Corrupção Política* – uma patologia Social. Belo Horizonte: Fórum, 2010.

BRASIL. Supremo Tribunal Federal do Brasil. ADPF nº 130, julgada pelo Plenário, Relator o Ministro Ayres Britto. Requerente: Partido Democrático Trabalhista. Data do julgado: 30 de abril de 2009. Data da publicação: 06 de novembro de 2009. Disponível em: <www.stf.jus.br>.

BRASIL. Supremo Tribunal Federal do Brasil. AP nº 409, julgada pelo Plenário, Relator o Ministro Ayres Britto. Autor: Ministério Público Federal. Data do julgado: 13 de maio de 2010. Data da publicação: 30 de junho de 2010. Disponível em: <www.stf.jus.br>.

BRASIL. Supremo Tribunal Federal do Brasil. EP nº 11-AgR, julgada pelo Plenário, Relator o Ministro Luís Roberto Barroso. Data do julgado: 08 de novembro de 2017. Data da publicação: 18 de dezembro de 2017. Disponível em: <www.stf.jus.br>.

BRASIL. Supremo Tribunal Federal do Brasil. EP nº 12-AgR, julgada pelo Plenário, Relator o Ministro Luís Roberto Barroso. Data do julgado: 08 de abril de 2015. Data da publicação: 11 de junho de 2015. Disponível em: <www.stf.jus.br>.

BRASIL. Supremo Tribunal Federal. HC nº 91.041, julgado pela Primeira Turma, Redator para o Ministro Ayres Britto. Data do julgado: 05 de junho de 2007. Data da publicação: 17 de agosto de 2007. Disponível em: <www.stf.jus.br>.

BRASIL. Supremo Tribunal Federal. HC nº 108.715, julgado pela Primeira Turma, Relator o Ministro Marco Aurélio. Data do julgado: 24 de setembro de 2013. Data de publicação: 29 de maio de 2014. Disponível em: <www.stf.jus.br>.

BRASIL. Supremo Tribunal Federal. HC nº 109.956, julgado pela Primeira Turma, Relator o Ministro Marco Aurélio. Data do julgado: 14.08.2012. Data da publicação: 11.09.2012. Disponível em: <www.stf.jus.br>.

BRASIL. Supremo Tribunal Federal. HC nº 126.292, julgado pelo Plenário, Relator o Ministro Teori Zavascki. Data do julgado: 17 de fevereiro de 2016. Data da publicação: 17 de maio de 2016. Disponível em: <www.stf.jus.br>.

BRASIL. Supremo Tribunal Federal. HC nº 127.704, julgado pela Primeira Turma, Redator para o acórdão o Ministro Luís Roberto Barroso. Data do julgado: 21 de março de 2017. Data da publicação: 10 de abril de 2017. Disponível em: <www.stf.jus.br>.

BRASIL. Supremo Tribunal Federal. HC nº 136.716-AgR, julgado pela Primeira Turma. Ministro Relator: Luís Roberto Barroso. Data do julgado: 21 de agosto de 2017. Data da publicação: 01 de setembro de 2017. Disponível em: <www.stf.jus.br>.

BRASIL. Supremo Tribunal Federal. HC nº 143.669 julgado pela Primeira Turma. Ministro Relator: Luís Roberto Barroso. Data do julgado: 30 de novembro de 2017. Data da publicação: 14 de dezembro de 2017. Disponível em: <www.stf.jus.br>.

"CORRUPÇÃO no Brasil é fenômeno sistêmico e estrutural", diz ministro do STF – Aula inaugural para alunos de direito da Pontifícia Universidade Católica (PUC) do Rio de Janeiro, em 17 de março de 2017. Fonte: <http://agenciabrasil.ebc.com.br/politica/noticia/2017-03/corrupcao-no-brasil-e-fenomeno-sistemico-e-estrutural-diz-ministro-do-stf>.

FOCO GAFI sobre a Corrupção. Fonte: <http://www.fatf-gafi.org/document/9/0,3746,en_32250379_32235720_47413385_1_1_1_1,00.html>.

GHIZZO NETO, Affonso. *Corrupção, Estado Democrático de Direito e Educação*. Rio de Janeiro: Lumen Juris, 2011.

IV FÓRUM Global de Combate à corrupção. Larry Kilman. The role of the press in fighting corruption. Fonte: <http://www.cgu.gov.br/ivforumglobal/pdf/larrykilman-2.pdf>.

LOPES JÚNIOR, Aury. *Direito Processual Penal*. São Paulo: Saraiva, 2012, p. 1.328.

MEDEIROS, Fabrício Juliano Mendes. *O ativismo judicial e o direito à saúde*. Belo Horizonte: Fórum, 2011.

PIRES, Luis Manoel, ZOCKUN, Maurício, ADRI, Renata Porto (Org.). *Corrupção, Ética e Moralidade Administrativa*. Belo Horizonte: Fórum, 2008.

REZEK, Francisco. *Direito Internacional Público*. São Paulo. Saraiva, 2007.

REFLEXÕES sobre as competências e o funcionamento do Supremo Tribunal Federal – Ministro Luís Roberto Barroso. Fonte: <https://www.conjur.com.br/dl/palestra-ivnl-reflexoes-stf-25ago2014.pdf>.

SPINELLI, Mário Vinícius Claussen. *Brasil e Estados Unidos*: o Sistema de Controle Interno do Poder Executivo Federal em perspectiva comparada. Fonte: <http://www.cgu.gov.br/publicacoes/revistacgu/Arquivos/6edicao.pdf>.

TEMA do plano de fortalecimento do combate à corrupção ("STRENGTHENING GOVERNANCE: TACKLING CORRUPTION THE WORLD BANK GROUP'S UPDATED STRATEGY AND I MPLEMENTATION PLAN"). Banco Mundial. Fonte: <http://siteresources.worldbank.org/PUBLICSECTORANDGOVERNANCE/Resources/285741- 326816182754/GACStrategyImplementationPlan.pdf>.

Informação bibliográfica deste texto, conforme a NBR 6023:2002 da Associação Brasileira de Normas Técnicas (ABNT):

ARAUJO, Andre Luiz Silva. Reflexões sobre o sistema de justiça criminal. In: SARAIVA, Renata et al. *Ministro Luís Roberto Barroso*: 5 anos de Supremo Tribunal Federal: homenagem de seus assessores. Belo Horizonte: Fórum, 2018. p. 321-332. ISBN 978-85-450-0525-4.

CAPÍTULO 2

CONSTITUCIONALIZAÇÃO DO DIREITO TRIBUTÁRIO E O SUPREMO TRIBUNAL FEDERAL: APORTES DOUTRINÁRIOS E JURISPRUDENCIAIS PARA UM DIREITO TRIBUTÁRIO RENOVADO

MARCUS VINICIUS BARBOSA

2.1 Introdução

Em 1918, ao julgar o caso *Hammer v. Dagenhart*,[1] a Suprema Corte americana declarou inconstitucional a tentativa do Governo Federal de proibir o transporte interestadual de mercadorias produzidas por fábricas que exploravam o trabalho infantil. Considerou que houve violação ao princípio federativo. Naquela ocasião, por 5 a 4, decidiu-se ser apenas dos Estados a competência para legislar sobre o assunto. Em nova tentativa de regular a matéria, em 1919, o Congresso americano criou um tributo especial sobre os produtos que se valessem desse tipo de mão de obra. Assim, as empresas que se utilizassem do trabalho infantil deveriam pagar anualmente uma exação no valor de 10% do lucro líquido auferido com os bens produzidos sob tal regime. Porém, em 1922, quando julgou *Bailey v. Drexel Furniture Co.*, a Suprema Corte, por 8 votos a 1, declarou inconstitucional também essa lei. Na decisão, após estabelecer a distinção em relação a outros julgados[2] em que considerou ser constitucional a diferenciação entre contribuintes com base em finalidades não exclusivamente fiscais, entendeu que uma finalidade já declarada contrária à Constituição não poderia ser perseguida pela via da tributação.[3]

---

[1] 247 U.S. 251 (1918)

[2] A decisão da Suprema Corte americana que julgou o caso *Bailey v. Drexel Furniture Co.* expressamente diferenciou o caso de outros quatro precedentes em que a utilização extrafiscal de tributos foi considerada constitucional, a saber: *Veazie Bank v. Fenno, McCray v. United States, Flint v. Stone Tracy Co., United States v. Doremus. 259 US 20 (1922)*.

[3] Bailey v. Drexel Furniture Co., 259 U.S. 20 (1922)

No caso narrado, uma determinada demanda social traduzida em uma norma de proibição explícita foi derrubada pela Suprema Corte. De maneira não muito sútil, essa mesma demanda social é veiculada não mais como proibição, mas sim como tributação gravosa (praticamente proibitiva) objetivando alcançar o mesmo fim anteriormente buscado. Ou seja: no exemplo, o Direito Tributário foi utilizado como uma arma para tentar promover uma mudança social.

Mais do que acerto ou desacerto quanto ao que foi decido, considero o exemplo histórico citado uma prova acabada de como a relação entre Direito Tributário e Direito Constitucional é íntima, sempre foi e continuará sendo. E isso é verdade em praticamente qualquer democracia do mundo. A relação entre esses dois ramos do Direito mimetiza, em certa medida, as tensões, contradições, dilemas, sucessos, fracassos e utopias da relação entre Estado e Sociedade. Isso decorre do fato dos tributos serem capazes de cumprir também funções que desbordam daquela meramente arrecadatória, podendo também conformar relações econômicas e sociais. Quando uma disputa eclode, não raro, é a Suprema Corte quem deve dar a palavra final e, de certa maneira, sob uma roupagem jurídica, mediar o conflito entre Estado e Sociedade que está por trás de cada uma dessas discussões.

No Brasil, o Direito Tributário tem exercido um papel de protagonista na agenda do Supremo Tribunal Federal desde a Constituição de 1988.[4] Tal constatação nem por isso significa julgamentos relacionados a temas verdadeiramente constitucionais, que se conectem com as tensões mais genuínas no campo da tributação: respeito aos direitos fundamentais dos contribuintes, federalismo, tributação regulatória, etc.[5] Ao contrário, o Supremo ainda hoje continua a ter de se debruçar sobre um número impressionante de temas sem nenhum conteúdo materialmente constitucional, em meio a uma pauta concorridíssima.[6] Muitas vezes, mesmo quando são julgados temas materialmente de Direito Tributário Constitucional, a abordagem acaba sendo aquela mais tradicional, e

---

[4] Nesse sentido, v. Rocha, Sergio André. O protagonismo do STF na interpretação da Constituição pode afetar a segurança jurídica judicial em matéria tributária? In: *Grandes questões atuais do direito tributário*. São Paulo: Dialética, 2011, v. 15, p. 415-430; BARROSO, Luís Roberto. BARBOSA, Marcus Vinicius Cardoso. Direito Tributário e o Supremo Tribunal Federal: passado, presente e futuro. *Universitas Jus*, v. 27, p. 1-20, 2016.

[5] Sobre o tema, v. BARROSO, Luís Roberto. BARBOSA, Marcus Vinicius Cardoso. Direito Tributário e o Supremo Tribunal Federal: passado, presente e futuro. *Universitas Jus*, v. 27, p. 1-20, 2016.

[6] Por exemplo, do total de temas de repercussão geral hoje, é possível localizar ao menos quatro diferentes e que dizem respeito à contribuição para o FUNRURAL: (i) contribuição para o FUNRURAL do segurado especial (STF, RE 761.263, Relator Min. Teori Zavascki); (ii) contribuição para o FUNRURAL da Agroindústria (STF, RE 611.601, Relator Min. Dias Toffoli); (iii) contribuição para o FUNRURAL do empregador pessoa física antes da Emenda Constitucional nº 20/1998 (STF, RE 596.177, Relator Min. Ricardo Lewandowski); (iv) contribuição para o FUNRURAL do empregador rural pessoa física pós Emenda Constitucional nº 20/1998 (STF, RE 718.874, Relator Min. Edson Fachin). No tocante à base de cálculo da COFINS, o número é ainda maior e atinge oito temas com repercussão geral reconhecida: (i) à base de cálculo da PIS/COFINS na importação (STF, RE 559.937, Relator Min. Ellen Gracie); (ii) à ampliação da base de cálculo da COFINS pela Lei nº 10.833/2003 (STF, RE 570.122, Relator Min. Marco Aurélio); (iii) à inclusão do ICMS na base de cálculo da PIS/COFINS (STF, RE 574.706, Relator Min. Cármen Lúcia); (iv) à ampliação da base de cálculo da PIS/COFINS pela Lei nº 9.718/1998 (STF, RE 585.235, Relator Min. Cezar Peluso); (v) à inclusão do ISS na base de cálculo da PIS/COFINS (STF, RE 592.616, Relator Min. Celso de Mello); (vi) à inclusão dos créditos presumidos de IPI na base de cálculo da PIS/COFINS (STF, RE 593.544, Relator Min. Roberto Barroso); (vii) à inclusão da receita decorrente da locação de bens imóveis na base de cálculo da Contribuição da PIS/COFINS, tanto para empresas que tenham por atividade econômica preponderante esse tipo de operação como para as empresas em que a locação é eventual e subsidiária ao objeto social principal (STF, RE 599.658, Relator Min. Luiz Fux); e, por fim, (viii) à inclusão de créditos presumidos de ICMS decorrentes de incentivos fiscais concedidos pelos Estados e pelo Distrito Federal na base de cálculo da PIS/COFINS (STF, RE 835.818, Relator Min. Marco Aurélio).

formal, que historicamente prevaleceu na jurisprudência da Corte. Na prática, reproduz-se o pensamento doutrinário tradicional e dominante sobre Direito Tributário.

A ideia central do presente trabalho é demonstrar que o Direito Tributário, apesar de ser um dos ramos do Direito com o maior número de dispositivos na Constituição, ainda não foi atingido, ao menos o suficiente, pelo movimento de constitucionalização que avançou muito sobre outros ramos da cultura jurídica nas últimas duas décadas. Sendo assim, há um espaço grande que pode e deve ser preenchido tanto pela doutrina quanto pela jurisprudência do Supremo Tribunal Federal no sentido de promover uma constitucionalização substantiva, axiológica e valorativa do Direito Tributário. O resultado desse processo passa pela reaproximação entre o debate tributário e o debate constitucional atual sob o ponto de vista material e não apenas formal.

Nesse contexto, defendo que o papel tanto da doutrina quanto dos tribunais é resgatar e tornar operativos os princípios tributários que trazem uma carga valorativa mais relevante e que formam o alicerce do Direito Tributário, tais como: isonomia, capacidade contributiva, justiça fiscal, segurança jurídica, etc. Trazer para os direitos fundamentais dos contribuintes a gramática e modelos de operação próprios dos direitos fundamentais em geral. Entender que, embora cobrado pelo Estado, os tributos representam a repartição das vantagens e riscos sociais entre toda a Sociedade. E, sendo assim, a todos importam e atingem as hipóteses de oneração e também as de desoneração, sejam elas formais, pelos instrumentos legais próprios, sejam elas informais, pela via da interpretação constitucional. A atuação no Supremo Tribunal Federal do Ministro Luís Roberto Barroso tem sido crucial para esse processo ainda incipiente de transformação do Direito Tributário.

Eu tive a honra e o prazer de ter sido assessor do Ministro Luís Roberto Barroso por 1 ano e 6 meses, entre maio de 2015 e novembro de 2016. Vi a história acontecer, literalmente. Durante o período que estive lá, vi: um Senador da República ser preso no curso do mandato por ordem do Supremo; presenciei o Presidente da Câmara dos Deputados ser afastado da Presidência da Casa e do mandato parlamentar por decisão unânime do Plenário do Supremo Tribunal Federal; e assisti ao julgamento pelo Supremo da ADPF nº 378, que definiu o rito do processo de *impeachment* que culminou com o afastamento do cargo da Presidente da República eleita. Foram dias difíceis para a ainda jovem democracia no Brasil e acho que ainda precisaremos de mais distanciamento histórico para digerir e entender tudo o que aconteceu naquele período e nos dias que se sucederam. Para o Supremo Tribunal Federal, em especial, foi um período extremamente turbulento, talvez o mais turbulento da sua história.

Eu já conhecia o jurista e professor brilhante Luís Roberto Barroso dos bancos da UERJ, instituição a qual devo praticamente toda a minha formação jurídica. Mesmo antes de ser seu aluno no mestrado, seus livros e textos já eram responsáveis por moldar em grande parte a minha forma de enxergar o Direito Público e, principalmente, por alimentar a paixão que nutro até hoje pelos temas ligados ao Direito Constitucional e às instituições brasileiras. Essa influência inclusive, devo confessar, teve um papel importante na minha escolha pela carreira de Procurador do Estado do Rio de Janeiro. Devo dizer que sou feliz em todas essas escolhas.

Diante do cenário descrito, ter podido acompanhar de perto a postura correta, altiva, independente e corajosa do Ministro Luís Roberto Barroso, especialmente nesses dias mais turbulentos e de maior pressão que se passaram, serviu de confirmação de todas as expectativas que eu tinha a seu respeito e de compensação por todo o trabalho duro daquele período. Em verdade, devo dizer que o período que passei no Supremo Tribunal Federal assessorando o Ministro Barroso representou, sem dúvidas, a minha experiência profissional mais importante, desafiadora e também prazerosa. Digo prazerosa porque tive o privilégio de assessorar, conviver e discutir questões jurídicas da mais alta complexidade e relevância com uma das mentes mais brilhantes, generosas e bem-humoradas que o Direito já produziu. Além disso, tive ainda a sorte de trabalhar em um time de assessores formado por pessoas extremamente inteligentes, sérias, preparadas, dedicadas e generosas. Pessoas que me ajudaram a me tornar um jurista e uma pessoa muito melhor do que eu era quando desembarquei em Brasília. Também por isso, sou intensamente grato ao Ministro Luís Roberto Barroso, pela oportunidade de ter feito parte dessa equipe e desfrutado desse convívio.

Dito isso, o presente trabalho está dividido em duas partes, cada parte dividida em três tópicos. Na primeira parte trato dos aportes doutrinários que delineiam a questão: (i) do processo de constitucionalização do Direito em geral, para o qual a contribuição teórica do Ministro Luís Roberto Barroso é inestimável, e, como não poderia deixar de ser, sua obra serve de marco teórico; (ii) do processo de constitucionalização do Direito Tributário, aqui trabalhado sob um viés substantivo e não meramente formal; e (iii) das linhas gerais da contribuição que o Ministro Luís Roberto Barroso vem dando no Supremo Tribunal Federal com seus votos para a consolidação desse processo de constitucionalização substantiva do Direito Tributário. Na segunda parte, tratos dos aportes jurisprudenciais e são comentados três julgados em que o Ministro ou era o relator, ou apresentou voto-vista, ou, simplesmente, teve uma atuação central para a formação do convencimento do Plenário e para a produção da decisão final, trazendo votos mais densos. Os casos tratados são: (i) ADI nº 5.135, que trata do protesto de CDA; (ii) RE nº 723.651, que discutiu a incidência de IPI na importação por não contribuinte; e (iii) as ADIs nºs 2390, 2386, 2397 e 2859, e RE nº 601.314, processos julgados em conjunto nos quais se discutiu a legitimidade constitucional do acesso direto ao sigilo bancário dos contribuintes por parte da Administração Tributária.

2.2   Aportes doutrinários

2.2.1 Constitucionalização do Direito

Hoje se está diante de um novo modelo de Estado. Um Estado capaz de conciliar os valores da Democracia e do Constitucionalismo com o fato do pluralismo social e político. Um Estado Democrático de Direito. Nesta esteira, as últimas décadas do século XX assistiram ao surgimento de diferentes leituras do fenômeno, por inúmeros pensadores, como Zagrebelsky,[7] Robert Alexy,[8] Ronald Dworkin,[9] Paolo Commanduci,[10] dentre outros, todos em busca de um novo paradigma para o Estado Constitucional de

---

[7]   ZAGREBELSKY, Gustavo *El derecho dúctil*. Ley, derechos, justicia. Madrid: Trota, 2009.

[8]   ALEXY, Robert. BULYGIN, Eugenio. *La pretensión de corrección del derecho* – la polémica sobre la relación entre derecho y moral. Bogotá: Universidad Externado de Colombia, 2001.

[9]   DWORKIN, Ronald. *Levando os direitos a sério*. São Paulo: Martins Fontes, 2002.

[10]   COMMANDUCI, Paolo. CARBONELL, Miguel (Ed.). *Neoconstitucionalismo(s)*. Madrid: Trotta; 2003.

Direito atual. A esta profusão de ideias de variadas matizes filosóficas e sociais tem-se denominado *Neoconstitucionalismo*.[11]

Independentemente do nome que se queira dar, o fato é que o Direito Constitucional tem passado por profundas transformações no período recente, sendo a constitucionalização do Direito o resultado dessa ampliação da área de influência de um Direito Constitucional renovado, que, segundo ensina Luís Roberto Barroso, tem três marcos fundamentais: o histórico, o filosófico e o teórico.[12] Essas ideias serão agora percorridas de forma breve para que se possa compreender bem o fenômeno da constitucionalização do Direito, como consequência que é do Neoconstitucionalismo.[13]

O marco histórico é sem dúvida, na Europa, o constitucionalismo do segundo pós-guerra[14] e, no Brasil, a Constituição 1988. As cartas surgidas na Europa após a Segunda Guerra Mundial, ainda sob os efeitos das atrocidades cometidas com o Holocausto nazista, procuraram incorporar aos seus textos direitos fundamentais e princípios relevantes de moralidade política de modo a balizar a atuação dos poderes constituídos. Por outro lado, foram instituídos ou ampliados os mecanismos de jurisdição constitucional existentes, deixando claro que o controle não seria mais apenas formal, mas que, ainda que editados pela autoridade competente, os atos seriam controláveis também sob o aspecto material, não sendo mais cabível a simples aceitação de qualquer conteúdo.[15] Nesse momento histórico, a principal referência foi a Lei Fundamental de Bonn (Constituição Alemã), de 1949, e, subsequente, a criação do Tribunal Constitucional Federal, instalado em 1951. Esse processo teve suporte também na Constituição da Itália de 1947, principalmente, com a posterior instalação da Corte Constitucional, em 1956. E, por fim, ganhou mais força com a redemocratização e a reconstitucionalização dos

---

[11] O termo Neoconstitucionalismo encerra distintos significados, muitos deles ainda em construção. Para estudo aprofundado sobre o tema vide: CARBONELL, Miguel. Neoconstitucionalismo: elementos para una definición. In: MOREIRA, Eduardo Ribeiro; PUGLIESI, Márcio (Coord.). *20 Anos da Constituição Brasileira*. São Paulo: Saraiva, 2009. Nesse trabalho Miguel Carbonell ressalta que a grande novidade do Neoconstitucionalismo está na ocorrência simultânea, no tempo e espaço, dos três elementos que o autor considera que lhe dão forma: constitucionalismo do 2º pós-guerra, práticas jurisprudenciais pautadas por novos parâmetros interpretativos (ponderação, proporcionalidade, eficácia horizontal dos direitos fundamentais, etc.) e um desenvolvimento teórico que concebe o ato de concretização do direito, em especial pelo Judiciário, como uma atividade criativa e transformadora da realidade.

[12] BARROSO, Luís Roberto. *Neoconstitucionalismo e Constitucionalização do Direito*. Temas de Direito Constitucional – Tomo IV. Rio de Janeiro: Renovar, 2009.

[13] Para Daniel Sarmento, o Direito brasileiro vem sofrendo mudanças profundas nos últimos tempos, relacionadas à emergência de um novo paradigma tanto na teoria jurídica quanto na prática dos tribunais, que tem sido designado como "Neoconstitucionalismo". Estas mudanças, que se desenvolvem sob a égide da Constituição de 88, envolvem vários fenômenos diferentes, mas reciprocamente implicados, que podem ser assim sintetizados: (a) reconhecimento da força normativa dos princípios jurídicos e valorização de sua importância no processo de aplicação do direito; (b) rejeição ao formalismo e recurso mais frequente a métodos ou "estilos" mais abertos de raciocínio jurídico: ponderação, tópica, teorias da argumentação etc., (c) constitucionalização do Direito, com a irradiação de normas e valores constitucionais, sobretudo os relacionados aos direitos fundamentais, para todos os ramos do ordenamento; (d) reaproximação entre Direito e a Moral, com penetração cada vez maior da Filosofia nos debates jurídicos; e (e) judicialização da política e das relações sociais, com um significativo deslocamento de poder da esfera do Legislativo e do Executivo para o Poder Judiciário. In: Neoconstitucionalismo no Brasil: Riscos e Possibilidades. In: *Por um Constitucionalismo Inclusivo*: História Constitucional Brasileira, Teoria da Constituição e Direitos Fundamentais. Rio de Janeiro: Lumen Juris, 2010.

[14] BOMHOFF, Jacco. *Balancing Constitutional Rights*: the origins and meaning of postwar legal discourse. Cambridge: Cambridge University Press, 2013.

[15] SARMENTO, Daniel. Ubiquidade Constitucional: os dois lados da moeda. In: SARMENTO, Daniel. *Livres e Iguais –* Estudos de Direito Constitucional. Rio de Janeiro: Lumen Juris, 2006.

países ibéricos, Portugal, em 1976, e Espanha, em 1978, que deram ainda mais volume ao movimento.[16]

No Brasil, esse período é inaugurado com a Constituição de 1988, que coroou o processo de redemocratização brasileiro e foi resultado de uma Assembleia Constituinte livre e democrática, marcada por ampla participação da sociedade civil organizada.[17] Como resultado obteve-se uma Carta extensa, generosa na concessão de direitos e garantias individuais e bastante ambiciosa no projeto de transformação da sociedade. Nela o constituinte não se limitou a estabelecer a organização da estrutura básica dos poderes do Estado e garantir os direitos fundamentais, mas também estabeleceu um amplo projeto de transformação da sociedade brasileira no sentido da promoção da justiça social, da liberdade real e da igualdade substantiva.[18] E mais, constitui-se em um texto dialético, sem predomínio absoluto de uma tendência política específica ou cosmovisão sendo, portanto, chamada de Constituição Compromissória.[19] É dizer, cuida-se de uma Constituição pluralista, que resultou do compromisso possível entre a ampla variedade de forças políticas e de interesses que se fizeram representar na Assembleia Constituinte, o que de certo modo explica a heterogeneidade dos valores constantes do texto.[20] Sendo tão pródiga em valores substantivos, acaba-se lançando mão de princípios expressos em linguagem vaga e abstrata de modo a condensar tais valores. Por esse expediente, faz-se a mediação normativa entre o Direito e importantes aspectos da Moral, resultando em normas jurídicas de maior plasticidade – os princípios – que, por vezes conflitantes, acabam formando o espaço ideal para o desenvolvimento da filtragem constitucional.[21]

O marco filosófico do novo Direito Constitucional é o pós-positivismo, que representa, em verdade, um novo momento da tensão histórica[22] entre a corrente do

---

[16] BARROSO, Luís Roberto. *Neoconstitucionalismo e Constitucionalização do Direito*. Temas de Direito Constitucional – Tomo IV. Rio de Janeiro: Renovar, 2009, p. 63-64.

[17] Nesse sentido é o testemunho de J. Bernardo Cabral, que, em passagem que não esconde certa dose de romantismo de quem foi partícipe desse importante momento histórico, relata: "Vivia-se a democracia de fato, um momento em que a atividade política era genuinamente de *res publica*, como sempre deveria sê-lo, a seguir o sentido etimológico da palavra. É oportuno recordar que a participação da cidadania aqui mencionada foi poderoso vetor de atuação política, a aplacar iras e ressentimentos, e a reconverter conflitos potenciais em sinergias construtivas, com abundante exercício de ativa participação da sociedade. Aprendíamos o verdadeiro sentido da pluralidade republicana, e, como tal, a militância popular era valiosa ferramenta a serviço da transição democrática e da consolidação do estado democrático de direito". In: SOUZA NETO, Cláudio Pereira de; SARMENTO, Daniel; BINENBOJM, Gustavo (Coord.). *Vinte anos da Constituição Federal de 1988*: Avanços e Retrocessos. Rio de Janeiro: Lumen Juris, 2008, p. 5.

[18] SARMENTO, Daniel. Ubiquidade Constitucional: os dois lados da moeda. In: SARMENTO, Daniel. *Livres e Iguais* – Estudos de Direito Constitucional. Rio de Janeiro: Lumen Juris, 2006.

[19] BARROSO, Luís Roberto. Doze Anos da Constituição Brasileira de 1988 – Uma breve e acidentada história de sucesso. In: BARROSO, Luís Roberto. *Temas de Direito Constitucional*. Rio de Janeiro: Renovar, 2001, p. 11.

[20] SARMENTO, Daniel. Ubiquidade Constitucional: os dois lados da moeda. In: SARMENTO, Daniel. *Livres e Iguais* – Estudos de Direito Constitucional. Rio de Janeiro: Lumen Juris, 2006, p. 180.

[21] SCHIER, Paulo Ricardo. *Filtragem constitucional*, 1999. Porto Alegre: S.A. Fabris, 1999.

[22] Sobre essa tensão histórica é muito interessante o trabalho de Viviane Nunes Araújo Lima originado de sua dissertação de mestrado apresentada na Pontifícia Universidade Católica do Rio de Janeiro, bem resumido na seguinte passagem: "Notadamente ao perceber o homem como medida de todas as coisas, sujeito de direitos naturais e inerentes à sua própria condição de ser humano, é que o Jusnaturalismo moderno assume ares revolucionários. A noção da existência de direitos subjetivos do indivíduo, oponíveis aos demais e ao próprio soberano, certamente exerceu decisiva ascendência sobre os movimentos revolucionários do século XVII e XVIII. Influiu, pois, sobremaneira, na formação do Estado de Direito, erguido sob a bandeira de uma Constituição garantidora dos direitos individuais, limitadora dos poderes do soberano e legitimada pela vontade geral. Tal

positivismo jurídico e do jusnaturalismo, num modelo mais próximo do hibridismo que da divisão estanque. Com a superação histórica do jusnaturalismo, baseado no direito natural, e o fracasso político do positivismo,[23] fundado na separação rígida entre Direito e Moral, abre-se espaço para um conjunto amplo e ainda inacabado de reflexões acerca do Direito, sua função social e sua interpretação. O pós-positivismo[24] busca ir além da legalidade estrita, mas não despreza o direito posto; procura empreender uma leitura moral do Direito, mas sem recorrer a categorias metafísicas,[25] operando essencialmente a partir da inclusão no ordenamento posto de valores morais e humanísticos pela via dos princípios. Tal fenômeno deságua em dispositivos com alto grau de abstração, mas que, dotados de normatividade, são operativos de um novo modelo de aplicação e concretização do direito melhor explicado pelo próximo marco – o teórico.

O marco teórico comporta três grandes transformações no modelo de aplicação do direito, a saber: (i) o reconhecimento de força normativa à Constituição; (ii) a expansão da jurisdição constitucional; (iii) o desenvolvimento de uma nova dogmática da interpretação constitucional na qual, entre várias mudanças, sobressai-se a normatividades dos princípios.

Uma das principais mudanças do constitucionalismo contemporâneo, especialmente na Europa,[26] é a atribuição de *status* de norma jurídica às normas constitucionais, rompendo com a faticidade do modelo anterior que considerava que a realização da *Constituição Jurídica* estaria sempre condicionada pela realidade social e política, e não o contrário. Essa mudança sofreu forte influência da doutrina de Konrad Hesse, para quem a Constituição passa a ser entendida não mais como um simples pedaço de papel, mas como instrumento de realização do Direito, que não apenas recebe influência da realidade social e política, mas possui mecanismos jurídicos com pretensão e capacidade

---

qual o zangão no reino animal, o macho que desde o seu nascimento esforça-se para atingir a idade adulta e assim fecundar a abelha-Rainha para morrer em seguida, o Direito Natural, desde os tempos mais remotos, esforça-se para fecundar o Direito Positivo, impregnando-o dos valores mais preciosos – Justiça, Liberdade, Bem-Comum. No momento que realiza essa tarefa, tornando fértil o terreno jurídico para as suas aspirações ao final do século XVIII, morre solapado pelo positivismo imperioso e avassalador do século seguinte, pela Era das Codificações, pelas ideias surgidas com as novas correntes de pensamento jurídico, pela escola de Exegese na França, pela Escola Histórica na Alemanha. Já no nosso século, pelos idos dos anos 20, após a I Grande Guerra e mais especificamente ao final da II. Grande Guerra, percebemos que, na realidade, aquelas ideias não haviam morrido, mas apenas entrado num estado de catalepsia. Vale dizer, em face aos horrores produzidos pelos regimes nazifascista e stalinista, os princípios consagrados pela Escola do Direito Natural voltam à baila do pensamento ocidental, despertando do sono profundo em que se encontrava a ideia de um Direito justo, fundamentado na razão humana, capaz de fornecer um paradigma de justiça a ser perseguido pelo Direito Positivo de qualquer Estado". In: *A Saga do Zangão* – Uma Visão sobre o Direito Natural. Rio de Janeiro: Renovar, 2000, p. 180-182.

[23] Para um histórico da crise recente do positivismo jurídico ver: FERALLI, Carla. *A filosofia contemporânea do direito*: temas e desafio. São Paulo: Martins Fontes, 2006, p. 1-10.

[24] "Ainda não há uma uniformidade conceitual em torno do pós-positivismo: diversas linhas de pensamento podem ser agrupadas sob essa ampla rubrica. Todas têm em comum, no entanto, o reconhecimento de que o positivismo jurídico e o arcabouço teórico que ele construiu são insuficientes para lidar com o direito tal qual ele se apresenta hoje". PIRES, Thiago Magalhães. Pós-positivismo sem trauma: o possível e o indesejável no reencontro do direito com a moral. *Revista de Direito do Estado*, Rio de Janeiro, n. 17-18, p. 171-216, jan./jun. 2010.

[25] BARROSO, Luís Roberto. Doze Anos da Constituição Brasileira de 1988 – Uma breve e acidentada história de sucesso. In: BARROSO, Luís Roberto. *Temas de Direito Constitucional*. Rio de Janeiro: Renovar, 2001, p. 66.

[26] Aqui, cuida-se de um fenômeno essencialmente europeu, já que nos Estados Unidos da América, ao menos desde o célebre julgamento de *Marbury x Madison* de 1803, já era aceito o controle de constitucionalidade de leis face à Constituição e, portanto, um modelo de supremacia constitucional, v. NELSON, Willian E. *Marbury v. Madison: The origins and Legacy of Judicial Review*. Lawrence: United Press of Kansas, 2000.

de conformá-la.[27] E mais: também nesse momento histórico, aprofunda-se um processo que já tinha se iniciado antes da 2ª Guerra Mundial de revisão do papel do Estado e aceitação da ideia de que, mais do que apenas garantir direitos individuais clássicos, competia a ele também prestações positivas para a promoção de direitos sociais e econômicos que já apareciam estampados em algumas Constituições à época.[28]

Com a consagração da ideia de que a Constituição era norma jurídica e, por conseguinte, dotada de força normativa, surge, concomitantemente, a necessidade de mecanismos que garantam o seu cumprimento forçado. É dizer, além do sentimento constitucional de que falava Konrad Hesse, era necessária a criação de ferramentas jurídicas que garantissem a sua prevalência. Com isso, as Constituições do 2º pós-guerra, num processo iniciado pela Alemanha, em 1951, e pela Itália, em 1956, e que depois se espalha pelo restante da Europa, passam a adotar um novo modelo de controle de constitucionalidade, inspirado na experiência norte-americana de supremacia da Constituição.[29] O modelo consistia na constitucionalização de direitos e garantias fundamentais, que ficavam a salvo do processo político majoritário, delegado ao Judiciário a sua proteção, primordialmente, no caso europeu, por tribunais constitucionais criados para esse fim.[30]

No Brasil, o controle de constitucionalidade, previsto pela via difusa desde a Constituição de 1891, ganha ampla latitude na via principal com a Constituição de 1988. Consolida-se, assim, o modelo híbrido, introduzido desde a Emenda Constitucional nº 16, de 1965, que albergou o primeiro mecanismo de controle concentrado. Assim, passa-se a ter um modelo por via principal com multiplicidade de legitimados e instrumentos de ação, além do vetusto controle incidental. Tal fato, aliado a uma Constituição tão prolixa como a brasileira, ocasionou uma enxurrada de ações pela via principal, sem falar nos infindáveis recursos extraordinários admitidos pela via incidental.

O reconhecimento de normatividade amplificada às normas constitucionais expõe a necessidade de utilização de novos métodos de interpretação para além dos tradicionalmente reconhecidos e utilizados para a interpretação das normas jurídicas em geral. A aceitação da normatividade de normas de texturas mais aberta, por vezes conducentes a um estado de coisas conflitante[31] e que admitem a realização em diferentes

---

[27] "A Constituição jurídica não significa simples pedaço de papel, tal como caracterizada por Lassalle. Ela não se afigura 'impotente para dominar, efetivamente a distribuição de poder', tal como ensinado por Georg Jellinek e como, hodiernamente, divulgado por um naturalismo e sociologismo que se pretende cético. A Constituição não está desvinculada da realidade histórica concreta de seu tempo. Todavia, ela não está condicionada, simplesmente, por essa realidade. Em caso de conflito, a Constituição não deve ser considerada, necessariamente, a parte mais fraca. Ao contrário, existem pressupostos realizáveis (realizierbare Voraussetzungen) que, mesmo em caso de confronto, permitem assegurar a força normativa da Constituição". HESSE, Konrad. *A força normativa da Constituição (Die normative kraft der Verfassung)*, tradução Gilmar Ferreira Mendes. Porto Alegre: Sergio Antônio Fabris Editor, 1991, p. 25.

[28] As primeiras constituições a acolherem valores do Estado Social foram a Constituição mexicana, de 1917, e a alemã, de Weimar, de 1919. SOUZA NETO, Cláudio Pereira de; SARMENTO, Daniel. *Direito Constitucional*. Teoria, história e métodos de trabalho. Belo Horizonte: Fórum, 2012, p. 82-83.

[29] TATE, C. Neal; Vallinder, Torbjörn. *The Global Expansion of Judicial Power*. New York: New York University Press, 1995.

[30] Cfr. BARROSO, Luís Roberto. Doze Anos da Constituição Brasileira de 1988 – Uma breve e acidentada história de sucesso. In: BARROSO, Luís Roberto. *Temas de Direito Constitucional*. Rio de Janeiro: Renovar, 2001, p. 68-69.

[31] Um exemplo disso pode ser encontrado nos princípios que regem a ordem econômica na Constituição, especificamente no art. 170, CRFB/88, que trazem como objetivo: a busca do pleno emprego ao tempo que consagra a livre-iniciativa; prevê tratamento diferenciado para as empresas de pequeno porte constituídas sob as

graus, traz ínsita a premência de uma maior abertura metodológica. Assim, além dos já conhecidos princípios instrumentais de interpretação constitucional – tais como o da supremacia da Constituição, o da presunção de constitucionalidade, o da interpretação conforme a Constituição, o da unidade, o da razoabilidade e o da efetividade –, há a elaboração de novas categorias e conceitos que pretendem dar conta dessa nova realidade constitucional.[32]

Em síntese, pode-se identificar nas diferentes teorias 'neoconstitucionalistas' alguns pontos de convergência: (i) reconhecem a democracia, nas suas mais diferentes teorias, como pressuposto de legitimidade do Estado;[33] (ii) partem da força normativa da Constituição[34] para afirmá-la como epicentro hierárquico e axiológico do ordenamento jurídico; (iii) reconhecem uma dimensão objetiva aos direitos fundamentais a exercer efeitos irradiantes sobre todo o ordenamento e a condicionar tanto as relações públicas quanto as privadas; (iv) a partir da retomada da distinção entre texto normativo e norma,[35] admitem, ao menos em parte, o caráter construtivo da atividade de interpretação/aplicação[36] do Direito; (v) ressaltam a importância normativa dos valores e dos princípios; (vi) especificamente no que se refere aos princípios, a partir de sua carga normativa, afirmam seu papel determinante na aplicação/interpretação do Direito; (vii) propõem a reaproximação entre o Direito e a Moral, superando a lógica do Estado como um fim em si mesmo, exigindo-se novo resíduo de legitimidade para o ordenamento para além da autoridade estatal.

O professor Luís Roberto Barroso, com a clareza que lhe é peculiar, descreve o fenômeno da constitucionalização como uma maneira de olhar e interpretar o Direito. Um novo olhar lançado com a lente do Direito Constitucional.[37] Assim, qualquer operação de realização do Direito na prática envolve a aplicação direta ou indireta da Lei Maior, ainda que nem sempre se perceba ou se explicite isso. Haverá aplicação direta quando a solução para o caso estiver contida na atuação imediata, e sem intermediação legislativa, de um princípio constitucional. Por outro lado, ocorrerá aplicação indireta da Carta sempre que a solução jurídica para o caso se fundar no direito infraconstitucional, uma vez que: (i) antes de aplicar a norma o intérprete, ainda que de maneira implícita, deve sempre fazer um juízo prévio sobre a compatibilidade entre a norma que rege o caso concreto e a Constituição; (ii) ao aplicar a norma, o intérprete deverá orientar seu sentido e alcance à realização dos fins constitucionais.[38]

---

leis brasileiras e que tenha sua sede e administração no País, mas consagra a livre concorrência. São objetivos que em abstrato parecem conflitantes ou mesmo excludentes, mas que podem e necessitam ser compatibilizados de modo a dar cumprimento integral à Constituição.

[32] BARROSO, Luís Roberto. *Interpretação e Aplicação da Constituição*. 7. ed. rev. São Paulo: Saraiva, 2009.

[33] Nesse sentido v. FERRAJOLI, Luigi. Juspositivismo crítico y democracia constitucional. *Doxa. Revista de Teoría y Filosofía del Derecho*, n. 16, p. 7-20, abr. 2002.

[34] HESSE, Konrad. *A Força Normativa da Constituição*. Trad. Gilmar Ferreira Mendes. Porto Alegre: Sérgio Antônio Fabris, 1991.

[35] GUASTINI, Ricardo, *Teoria e dogmática delle Fonti*, p. 16 e *Dalle Fonti alle Norme*, p. 20 e segs. *Apud* ÁVILA, Humberto. *Teoria dos Princípios*. Da definição à aplicação dos princípios jurídicos. 2. ed. São Paulo: Malheiros, 2003. p. 22.

[36] LACOMBE CAMARGO, Maria Margarida. *Hermenêutica e Argumentação*: uma contribuição para o estudo do Direito. 3. ed. Rio de Janeiro: Renovar, 2003. p. 15 e segs.

[37] BARROSO, Luís Roberto. *Neoconstitucionalismo e Constitucionalização do Direito. Temas de Direito Constitucional – Tomo IV*. Rio de Janeiro: Renovar, 2009.

[38] BARROSO, Luís Roberto. *Neoconstitucionalismo e Constitucionalização do Direito. Temas de Direito Constitucional – Tomo IV*. Rio de Janeiro: Renovar, 2009.

O professor Luís Roberto Barroso sintetiza a questão pontificando que "a Constituição figura hoje no centro do sistema jurídico, de onde irradia sua força normativa, dotada de supremacia formal e material. Funciona, assim, não apenas como parâmetro de validade para a ordem infraconstitucional, mas também como vetor de interpretação de todas as normas do sistema".[39]

Nesse ambiente, cresce de importância a ideia de que os direitos fundamentais, ponto central das Constituições contemporâneas, não devem ser compreendidos exclusivamente como direitos subjetivos, possuindo também uma feição objetiva. Essa dimensão objetiva constitui-se na capacidade de irradiar efeitos e influenciar a interpretação e aplicação do direito infraconstitucional em seus mais diversos ramos, em especial quando se tratar de institutos ou normas dotadas de linguagem mais aberta e indeterminada.

Sobre as potencialidades da constitucionalização do Direito, Daniel Sarmento traz dois *insights* fundamentais para o presente trabalho. O primeiro é a constatação de que a constitucionalização derruba fronteiras, dogmas e altera a relação entre público e privado. Sarmento afirma que "a constitucionalização do Direito vai desafiar antigas fronteiras como Direito Público/Direito Privado e Estado/sociedade civil. Isso porque, numa ordem jurídica constitucionalizada, a Constituição não é apenas a lei fundamental do Estado. Ela é a lei fundamental do Estado e da sociedade".[40] O segundo *insight* se relaciona com a abrangência desse movimento, que permeia todos os ramos do Direito em maior ou menor extensão, reconectados por um elo comum: a Constituição. Assim, se a complexidade da sociedade atual, cada vez mais heterogênea e fluída, demanda uma crescente especialização com o surgimento inclusive de novos ramos do Direito, em contrapartida, "há agora um centro de gravidade, capaz de recolher e juridicizar os valores mais importantes da comunidade política, no afã de conferir alguma unidade axiológica e teleológica ao ordenamento".[41]

2.2.2 Constitucionalização do Direito Tributário

Lançadas as premissas teóricas, já se torna quase intuitiva a conclusão de que se vive um momento no qual a importância da Constituição e do Direito Constitucional é bastante amplificada. A Constituição brasileira de 1988, adotando o exemplo da Constituição portuguesa de 1976 e da Constituição espanhola de 1978, seguiu a postura de inserir na Constituição uma ampla gama de matérias que, a princípio, poderiam ter sido deixadas à regulação do legislador ordinário. Tal atitude é totalmente compreensiva, já que os três países promulgaram suas Constituições logo após períodos traumatizantes de violação ao regime democrático. Dessa forma, ocorreu a constitucionalização de matérias que antes eram apenas objeto da legislação infraconstitucional. No Brasil, o Direito Tributário é um exemplo desse processo e ganhou amplo espaço no Texto Constitucional de 1988.

---

[39] BARROSO, Luís Roberto. *Neoconstitucionalismo e Constitucionalização do Direito. Temas de Direito Constitucional – Tomo IV*. Rio de Janeiro: Renovar, 2009.

[40] SARMENTO, Daniel. Ubiquidade Constitucional: os dois lados da moeda. In: SARMENTO, Daniel. *Livres e Iguais – Estudos de Direito Constitucional*. Rio de Janeiro: Lumen Juris, 2006, p. 177.

[41] SARMENTO, Daniel. Ubiquidade Constitucional: os dois lados da moeda. In: SARMENTO, Daniel. *Livres e Iguais – Estudos de Direito Constitucional*. Rio de Janeiro: Lumen Juris, 2006, p. 177.

Em razão disso, Ricardo Lodi Ribeiro[42] divide a relação entre o Direito Tributário e Constituição em duas dimensões: uma primeira formal, retratada pelo estudo dos diversos dispositivos presentes no capítulo do Sistema Tributário Nacional da Constituição, e que sempre recebeu muita atenção e prestígio da doutrina e da jurisprudência pátrias; outra de índole material e desenvolvimento mais recente, preocupada com a legitimação do sistema tributário e com a correta aplicação dos princípios constitucionais – em especial os ligados à ideia de justiça – que, infelizmente, ainda não goza de tantos adeptos quanto à primeira.[43]

Sob a perspectiva formal, o Direito Tributário foi um dos ramos que mereceu o maior espaço na CRFB/88. Somando-se o Título VI, Capítulo I – Do Sistema Tributário Nacional, com todas as outras regras esparsas sobre tributação e o rol de direitos e garantias fundamentais aplicáveis à matéria, chega-se a uma teia robusta de regras e princípios constitucionais que disciplinam e limitam o poder de tributar, mas também buscam promover a justiça fiscal por uma equilibrada distribuição dos custos sociais entre todos os membros da sociedade. É dizer, em matéria de Direito Tributário é ainda mais improvável negar a centralidade da Constituição, principalmente nos dias atuais, em que ela tem seu papel de protagonista em relação a todo o ordenamento jurídico amplamente reconhecido.

Entretanto, a faceta mais relevante desse fenômeno, e objeto central do presente trabalho, é sem dúvidas a que trata a constitucionalização como fenômeno associado ao efeito expansivo e condicionante das normas constitucionais mais fundamentais e de mais elevado teor substantivo e axiológico. Os direitos fundamentais, os princípios fundamentais da república, os princípios e regras que traduzem os fins últimos do Estado têm, no atual estágio do desenvolvimento dogmático do Direito Constitucional, a capacidade não apenas de determinar a validade da legislação ordinária, mas também de inspirar a interpretação e aplicação dos mais diversos ramos do direito infraconstitucional.

Trazer esse debate específico do Direito Tributário, cuja doutrina dominante ainda hoje é marcada por um forte viés formalista, já é um grande desafio.[44] Se no passado o formalismo teve um caráter estratégico de diminuição do espaço sujeito à imposição fiscal, atualmente, mesmo sob essa ótica, já não demonstra a mesma eficácia que seus

---

[42] RIBEIRO, Ricardo Lodi. A Constitucionalização do Direito Tributário. In: *Temas de Direito Constitucional Tributário*. Rio de Janeiro: Lumen Juris, 2009.

[43] Nesse sentido, também registrando a existência dessas duas facetas distintas da constitucionalização, Daniel Sarmento, para quem: "(...) o processo de constitucionalização do Direito, que, a rigor, envolve duas facetas distintas: (a) a Constituição passa a tratar, em maior ou menor detalhe, de temas que antes eram disciplinados pelo legislador, retirando uma série de decisões do alcance das maiorias legislativas de cada momento; e (b) os princípios e valores da Constituição penetram em todo o ordenamento jurídico, impondo uma filtragem constitucional do ordenamento, vale dizer, a releitura dos conceitos e institutos dos mais diversos ramos do Direito à luz da Constituição". SARMENTO, Daniel. Ubiquidade Constitucional: os dois lados da moeda. In: SARMENTO, Daniel *Livres e Iguais* – Estudos de Direito Constitucional. Rio de Janeiro: Lumen Juris, 2006, p. 177.

[44] Nessa linha e condensando boa parte dos principais argumentos formalistas: XAVIER, Alberto. *Tipicidade da tributação, simulação e norma antielisiva*. São Paulo: Dialética, 2001; DERZI, Misabel de Abreu Machado. *Direito Tributário, Direito Penal e Tipo*. 2. ed. São Paulo: Revista dos Tribunais, 2007; e CARVALHO, Paulo de Barros. *Curso de Direito Tributário*. 14. ed. São Paulo: Saraiva, 2002. Na visão de Arnaldo Sampaio de Moraes Godoy há um fetichismo institucional que obstaculiza a atuação do Direito, confinando-o; é o culto ao passado, de ditadura da superioridade dos antigos, a imobilização em face do arraigado, o medo do futuro, do novo. GODOY, Arnaldo Sampaio de Moraes. *Transação Tributária* – Introdução à Justiça Fiscal Consensual. Belo Horizonte: Fórum, 2010, p. 23.

defensores imaginavam. Ao contrário, bem entendida essa estratégia pelo Fisco, tal noção hoje atua, em alguns casos, em total desfavor dos direitos dos contribuintes.[45]

Acredita-se, assim, que é o momento de o Direito Tributário, não sem algum atraso, seguir os passos de outros ramos do Direito cuja doutrina tem feito um esforço para promover a revisão de seus institutos à luz dessas novas premissas aqui já lançadas. Nesse ambiente, surge espaço também para a incorporação de novos instrumentos de atuação decorrentes de uma aproximação teórica do Direito Tributário com outros ramos jurídicos, reconectados por uma realidade constitucional comum e amplificada.

O processo de constitucionalização do Direito é um fenômeno multifacetado, que pode produzir diferentes resultados nos vários ramos do Direito e nas diversas relações jurídicas em que se procure observá-lo. Mesmo no Direito Tributário, tal fenômeno pode ser visto sob o ângulo da legitimação do sistema tributário nacional, sob a leitura constitucionalmente adequada das limitações constitucionais ao poder de tributar, sob o enfoque da guerra fiscal, da lealdade entre os entes federativos e dos direitos fundamentais dos contribuintes. Todos esses temas estão sujeitos ainda às influências do estágio mais atual da relação entre Estado e Sociedade.

Com a crise do Estado Social, especialmente ligada às dificuldades de financiamento e do agigantamento das funções estatais, surge o Estado Social e Democrático de Direito, marcado pela sociedade de risco,[46] com a superação dos positivismos, seja o formalista, seja o sociológico, e abertura aos valores e princípios, abrindo caminho para teorias pós-positivistas, como a Jurisprudência dos Valores, a Tópica, a Nova Retórica, a Justiça como Equidade. No Direito Tributário, o pós-positivismo reaproxima o Direito dos valores, promovendo a ponderação, no plano da legitimação do ordenamento jurídico, da segurança jurídica com a justiça. Em consequência, os princípios derivados são também ponderados, superando a oposição entre legalidade e capacidade contributiva.[47]

A sociedade de risco, na visão de Ricardo Lobo Torres, se caracteriza por algumas notas relevantes: a ambivalência, a insegurança, a procura de novos princípios e o redesenho do relacionamento entre atribuições das instituições do Estado e da própria sociedade.[48] Para Ricardo Lodi Ribeiro, a sociedade de risco é caracterizada pela imprevisibilidade dos riscos presentes, que não mais podem ser explicados com base em dados

---

[45] Esse ponto parece ter sido muito abordado por Ricardo Lodi Ribeiro, que destaca que: "(…), se o formalismo, por muito tempo, serviu de fundamento a uma concepção de segurança baseada no abuso de formas jurídicas, tais efeitos vêm sendo eliminados por uma legislação tributária que cria mecanismos para superar as práticas evasivas e elisivas. Por outro lado, tal pensamento formalista acaba por se impor como obstáculo à efetivação de princípios materiais que tutelam os direitos dos contribuintes, como princípio da não-surpresa, o princípio da capacidade contributiva, e o princípio da igualdade. Sem falar que a complexidade da legislação tributária muitas vezes subordina o cálculo de deduções e benefícios fiscais, a conceitos, como o de despesas necessárias, por exemplo, que não podem ser fixados previamente pelo legislador, e cuja interpretação formalista pode acabar por violar direitos dos contribuintes". RIBEIRO, Ricardo Lodi. *Temas de Direito Constitucional Tributário*. Rio de Janeiro: Lumen Juris, 2009, p. 99-100.

[46] Sobre a sociedade de riscos: BECK, Ulrich. *Sociedade de Risco*. Rumo a uma outra modernidade. Tradução: Sebastião Nascimento. São Paulo: Editora 34, 2010 e BAUMAN, Zygmunt. *Modernidade e Ambivalência*. Tradução: Marcus Penchel. Rio de Janeiro: Jorge Zahar, 1999.

[47] RIBEIRO, Ricardo Lodi. *A segurança jurídica do contribuinte*. Legalidade, Não-surpresa e Proteção à Confiança Legítima. Rio de Janeiro: Lumen Juris, 2008. p. 262-263.

[48] TORRES, Ricardo Lobo. *Tratado de Direito Constitucional, Financeiro e Tributário*, volume II. Valores e Princípios Constitucionais Tributários. 3. ed. Rio de Janeiro: Renovar, 2008, p. 173-174.

oferecidos pela experiência passada; e pela ambivalência, com as medidas adotadas para solucionar problemas gerando outros problemas para outras pessoas.[49]

Assim, a segurança jurídica na sociedade de riscos se afasta da ótica eminentemente individualista, típica do Estado Liberal, e também da ideia de seguridade social e do Estado como segurador universal, marca do Estado Social, para se consolidar na ideia de seguro social, a partir da repartição, não só de direitos, mas também de danos e custos pelos cidadãos, de acordo com regras extraídas do pluralismo político e social.[50] Nesse ambiente, se reconhece que os direitos fundamentais e sociais representam custos[51] que, em última análise, são repartidos por toda a sociedade e financiados basicamente pela receita dos tributos. É dizer, tanto a norma de incidência quanto a de desoneração representam uma repartição dos custos dos direitos e da prevenção dos riscos sociais por toda a sociedade, numa operação que onera determinados indivíduos e concede benefícios a outros.[52]

No caso brasileiro, é de se ressaltar a tensão dialética existente entre uma sociedade carente e desigual como a nossa e o extenso elenco de direitos fundamentais consagrados na Constituição Federal de 1988. Ocorre que, infelizmente, *direitos não nascem em árvores*.[53] Administrar é, por essência, gerir recursos finitos para demandas ilimitadas. A cada decisão alocativa explícita, o administrador se vê diante de uma decisão desalocativa implícita. Sendo os tributos a principal forma de financiamento estatal, esse fato não pode ser desconsiderado já que influi diretamente nessa tensão. Não há como se pretender ser social na concessão de direitos e prestações estatais, e liberal na arrecadação de recursos. A conta não fecha. Portanto, é preciso encontrar o equilíbrio possível.

Desse conjunto de ideias, nasce a necessidade de superação da categoria de direitos do contribuinte – que não mais atende a realidade, os anseios e desafios impostos pela sociedade de riscos – pela categoria de direitos dos contribuintes, que parte da aceitação da existência de uma relação horizontal entre os diferentes sujeitos passivos da obrigação tributária, para além da clássica relação vertical entre Estado e contribuinte. A proteção de direitos individuais de um contribuinte, ou de um grupo de contribuintes, não pode ocorrer a qualquer preço e à custa da negação total de direitos de outros segmentos sociais. O âmbito da ponderação se amplia pela inclusão de outros interesses no procedimento de concretização do direito. Ou seja, dentro do quadro traçado, não há mais razão que justifique métodos de interpretação e concretização do Direito Tributário que não levem em consideração todos os interesses em jogo. E mais, o dever de respeito à segurança jurídica, à boa-fé e à moralidade fiscal é de todos e não apenas do Estado.[54] Esse parece ser o grande desafio do Direito Tributário na atualidade.

---

[49] RIBEIRO, Ricardo Lodi. *A segurança jurídica do contribuinte*. Legalidade, Não-surpresa e Proteção à Confiança Legítima. Rio de Janeiro: Lumen Juris, 2008, p. 263.

[50] RIBEIRO, Ricardo Lodi. *A segurança jurídica do contribuinte*. Legalidade, Não-surpresa e Proteção à Confiança Legítima. Rio de Janeiro: Lumen Juris, 2008, p. 263.

[51] HOLMES, Stephen; SUNSTEIN, Cass R. *The Cost of Rights*: Why Liberty Depends on Taxes. New York and London: W.W. Norton & Company, 1999; GALDINO, Flávio. *Introdução à teoria dos custos dos direitos*: direitos não nascem em árvores. Rio de Janeiro: Lumen Juris, 2005.

[52] RIBEIRO, Ricardo Lodi. *A segurança jurídica do contribuinte*. Legalidade, Não-surpresa e Proteção à Confiança Legítima. Rio de Janeiro: Lumen Juris, 2008. p. 263.

[53] HOLMES, Stephen; SUNSTEIN, Cass R. *The Cost of Rights*: Why Liberty Depends on Taxes. New York and London: W.W. Norton & Company, 1999; GALDINO, Flávio. *Introdução à teoria dos custos dos direitos*: direitos não nascem em árvores. Rio de Janeiro: Lumen Juris, 2005.

[54] TIPKE, Klaus. *Moral Tributaria Del Estado y de los Contribuyentes*. Trad. Pedro M, Herrera Molina. Madrid: Editora Marcial Pons, 2002.

De todo modo, não se propõe um necessário abandono de todo o desenvolvimento teórico do Direito Tributário, tampouco dos princípios constitucionais que regem a matéria. Em verdade, o que se busca é a construção de um Direito Tributário mais consentâneo com a realidade social e normativa atual, o que passa por uma necessária releitura dos seus principais institutos sob a perspectiva do fenômeno neoconstitucionalista e pela verificação da possibilidade de utilização de novos instrumentos capazes de introduzir na prática tributária os valores constitucionais mais substantivos.

Nessa esteira, o fato é que o extenso rol de direitos e garantias fundamentais exerce um papel maior do que o de conferir direitos subjetivos puros, conforme reconhecido no atual estágio de desenvolvimento teórico e de afirmação prática do Direito Constitucional. Tais direitos e garantias fundamentais conformam e condicionam a interpretação e aplicação dos institutos[55] de Direito Tributário, por meio da filtragem constitucional.[56] E mais: são capazes de unir tanto as diversas categorias de Direito Público, como estreitar a distância entre o Direito Constitucional e Direito Tributário por um único fio condutor: a Constituição.

2.2.3 A contribuição teórica e prática do Ministro Luís Roberto Barroso para a Constitucionalização do Direito Tributário

Penso que em pelo menos três julgamentos distintos o Ministro Luís Roberto Barroso aplicou essa nova forma de olhar e decidir uma questão tributária, utilizando-se de um padrão argumentativo não usual na Suprema Corte. Em todas essas oportunidades foi possível identificar notas claras da constitucionalização do Direito Tributário antes descrita, quer seja pela preocupação de buscar auxílio na capacidade contributiva e a isonomia como normas de legitimação do Sistema Tributário e dos poderes do Fisco, quer seja pela preocupação em incluir o direito dos demais contribuintes no juízo decisório produzido.

Três características principais sobressaem dos votos do Ministro Barroso em matéria tributária: (i) a partir da premissa de que nos casos tributários o Supremo também está, em regra, no campo da hermenêutica constitucional, busca construir soluções a partir de raciocínios e ferramentas também disponíveis à interpretação constitucional em geral, desde que sejam sistematicamente compatíveis com o Direito Tributário; (ii) busca extrair normatividade reforçada da capacidade contributiva, do dever fundamental de pagar tributos e do mandamento de manutenção do equilíbrio concorrencial; (iii) introduz no processo decisório gramática típica do direito dos contribuintes em contraposição, muitas vezes, ao direito individual de um contribuinte que, durante muito tempo, era o único reconhecido, aproximando-se de uma ideia de justiça fiscal.

São exemplos dessa nova dogmática do Direito Tributário os votos proferidos pelo Ministro Luís Roberto Barroso nos seguintes julgados: (i) no julgamento da ADI nº 5.135, que tratou do protesto de CDA; (ii) no julgamento do RE nº 723.651,

---

[55] CANOTILHO, J. J. Gomes; MOREIRA, Vital. *Fundamentos da Constituição*. Coimbra: Coimbra Editora, 1991, p. 45: "A principal manifestação da preeminência normativa da Constituição consiste em que toda a ordem jurídica deve ser *lida à luz dela* e passada pelo seu crivo".

[56] SCHIER, Paulo Ricardo. *Filtragem constitucional*, 1999. Porto Alegre: S.A. Fabris, 1999.

que tratou da constitucionalidade ou não da regra de incidência do IPI no que diz respeito às importações realizadas por não contribuintes do imposto; e (iii) quando do julgamento das ADIs nºs 2.390, 2.386, 2.397 e 2.859 e do RE nº 601.314, que discutiam a constitucionalidade das regras que admitem a obtenção de informações bancárias pelo Fisco diretamente das instituições financeiras, portanto, sem a necessidade de intermediação prévia do Poder Judiciário. No próximo capítulo, será feita uma análise mais detida de cada um desses casos.

2.3 Aportes jurisprudenciais

2.3.1 ADI nº 5.135: protesto de CDA

A Confederação Nacional da Indústria (CNI) ajuizou ação direta de inconstitucionalidade com o objetivo declarar a inconstitucionalidade do parágrafo único do artigo 1º da Lei nº 9.492/1997,[57] incluído pela Lei nº 12.767/2012. O dispositivo em questão incluiu as Certidões de Dívida Ativa (CDAs) no rol de títulos passíveis de serem encaminhados para protesto. O pedido deu origem à ADI nº 5.135, cuja relatoria ficou a cargo do Ministro Luís Roberto Barroso. Do ponto de vista material, o argumento central da requerente apontava que a inclusão das CDAs no rol dos títulos sujeitos a protesto criou verdadeira hipótese de sanção política, o que, portanto, implicava uma restrição ilegítima aos direitos fundamentais do contribuinte, por coagir o devedor ao pagamento da dívida tributária, em contrariedade às Súmulas nºs 70, 323 e 547.[58]

Em adição a isso, alegava também violação aos princípios: (i) do *devido processo legal* (CF, art. 5º, XXXV), porque não haveria justificativa jurídica para o manejo do protesto pelo Fisco, visto que já dispõe de um sistema de proteção e privilégio na cobrança de seu crédito; (ii) da *livre iniciativa e liberdade profissional* (CF, arts. 5º, XIII, 170, III e parágrafo único, e 174), porque o protesto provocaria restrições ao crédito comercial do devedor e, no limite, poderia inviabilizar o desempenho de sua atividade econômica e levá-lo à falência; e (iii) da *proporcionalidade*, porque o protesto de CDAs constituiria meio inadequado para alcançar as finalidades do instituto, e desnecessário, uma vez que a execução fiscal seria meio de cobrança menos gravoso para o contribuinte.

Em verdade, a reunião dos três argumentos listados, de certo modo, conforma a ideia de sanção política como um modo ilegítimo de atuação estatal. Contudo, uma conclusão depende sempre de uma análise caso a caso para que se confirme, ou não, a inconstitucionalidade da medida. Não existe uma listagem prévia do que é ou não sanção

---

[57] Parágrafo único. Incluem-se entre os títulos sujeitos a protesto as Certidões de Dívida Ativa da União, dos Estados, do Distrito Federal, dos Municípios e das respectivas autarquias e fundações públicas (incluído pela Lei nº 12.767, de 2012).

[58] O caso também trouxe uma discussão relevante sobre a constitucionalidade formal do dispositivo que expressamente autorizou o protesto de CDAs. A requerente sustentava que o parágrafo único do artigo 1º da Lei nº 9.492/1997, inserido pela Lei nº 12.767/2012, violava o *devido processo legislativo* e a *separação de poderes*, uma vez que foi inserido por emenda na Medida Provisória nº 577/2012, que tratou de matéria relativa ao serviço público de energia elétrica. Contudo, essa questão já tinha sido enfrentada por esta Corte no julgamento da ADI nº 5.127 (Relator Min. Rosa Weber, Relator p/ acórdão Min. Edson Fachin, j. em 15.10.2015). Na ocasião, a Corte entendeu que a prática, consolidada no Congresso Nacional, de introduzir emendas sobre matérias estranhas às medidas provisórias constitui costume contrário à Constituição. Entretanto, a Corte atribuiu eficácia *ex nunc* à decisão, preservando todas as leis oriundas de projetos de conversão de medidas provisórias com semelhante vício promulgadas até a data do julgamento. Esse entendimento foi aplicado à Lei nº 12.767/2012, preservando a sua legitimidade formal.

política. Também não é correto afirmar que todo e qualquer meio de cobrança que fuja do rito da Lei de Execuções Fiscais é ilegítimo por esse simples fato ou por ser indireto. Isso tem uma explicação lógica argumentativa, ligada ao fato de que, em última análise, a questão dever ser sempre resolvida pela aplicação do teste de proporcionalidade, segundo uma análise do caso concreto. Mas também é possível explicar esse fato a partir da própria origem da ideia de sanção política, que surge do julgamento de alguns casos perante o Supremo Tribunal Federal com o mesmo motivo condutor.

A noção de sanção política surge a partir de um entendimento antigo, construído pelo Supremo Tribunal Federal,[59] que, primeiramente: (i) proibiu aos entes públicos de interditarem estabelecimentos (verbete nº 70[60]); (ii) impediu a fiscalização de apreender mercadorias (verbete nº 323[61]); (iii) o tribunal também reprovou juridicamente medidas que impeçam o contribuinte em débito de adquirir estampilhas, despachar mercadorias nas alfândegas e exercer atividades profissionais (verbete nº 574[62]). Esses três verbetes da Súmula do Supremo Tribunal Federal podem ser unidos por um mesmo fio condutor, que é a impossibilidade de meios indiretos de cobrança violarem o devido processo legal, a livre-iniciativa e a liberdade de exercício profissional e, em última análise, o princípio da proporcionalidade.[63] Essa noção é igualmente abraçada pela doutrina tributária brasileira por autores como Aliomar Baleeiro,[64] Hugo de Brito Machado,[65] Ricardo Lobo Torres,[66] Luís Eduardo Schoueri,[67] entre outros.[68]

---

[59] Nesse sentido, entre vários: STF, RE 61367, Relator Min. Thompson Flores, Tribunal Pleno, j. em 09.05.1968; STF, RE 63043, Relator(a): Min. Amaral Santos, Relator p/ Acórdão Min. Thompson Flores, Tribunal Pleno, j. em 09.05.1968; STF, RE 76455, Relator Min. Leitão de Abreu, Segunda Turma, j. em 01.04.1975.

[60] STF, Súmula 70: É inadmissível a interdição de estabelecimento como meio coercitivo para cobrança de tributo (aprovada em Sessão Plenária de 13.12.1963).

[61] STF, Súmula 323: Inadmissível a apreensão de mercadorias como meio coercitivo para pagamento de tributos. (aprovada em Sessão Plenária de 13.12.1963).

[62] STF, Súmula 547: Não é lícito à autoridade proibir que o contribuinte em débito adquira estampilhas, despache mercadorias nas alfândegas e exerça suas atividades profissionais (aprovada em Sessão Plenária de 03.12.1969).

[63] Nesse sentido, é precisa a definição trazida pelo Ministro Celso de Mello para as sanções políticas, que na visão dele são as "restriçõões estatais, que, fundadas em exigências que transgridem os postulados da razoabilidade e da proporcionalidade em sentido estrito, culminam por inviabilizar, sem justo fundamento, o exercício, pelo sujeito passivo da obrigação tributária, de atividade econômica ou profissional lícita" (RE nº 374.981, Relator Min. Celso de Mello).

[64] Nesse sentido, v. BALEEIRO, Aliomar. *Direito Tributário Brasileiro*. 11. ed. atualizada por Misabel Abreu Machado Derzi. Rio de Janeiro: Forense, 2010. p. 985-987, para quem: "Medidas classicamente conhecidas podem diretamente impedir o exercício de uma atividade profissional, como apreensão de mercadorias; proibição de aquisição de estampilhas e talonários; vedação de despacho de mercadorias nas alfândegas. Mas além dessas, um número sem fim de outras, tanto no âmbito federal, como estadual ou municipal, ainda podem constranger o contribuinte a pagamento de tributo indevido, como a adoção de regime especial de tributação (estimativa, com base em valores acima do preço de mercado, diferimento e seu cancelamento, substituição tributária e seu cancelamento) por simples ato administrativo, mantido ou revogado sem ampla defesa e razoável fundamentação; exigência de garantia de instância para recorrer na esfera administrativa; vedação de discussão de certas questões, em processo administrativo, especialmente de direito (como o confronto da perfeita adequação do ato de cobrança à lei, do regulamento à lei e da lei às normas de hierarquia superior), com o que se limita o contraditório e a ampla defesa; inscrição em Dívida Ativa sem direito de impugnação por parte do sujeito passivo, nos chamados créditos "não contenciosos"; atos administrativos de constrangimento que comprometem financeira e comercialmente a vida profissional do contribuinte, como o pedido de falência, o protesto da certidão de Dívida Ativa ou a ameaça de fazê-lo".

[65] MACHADO, Hugo de Brito. Sanções Políticas no Direito Tributário. In: *Revista Dialética de Direito Tributário*, n. 30, p. 46-49.

[66] TORRES, Ricardo Lobo. *Curso de Direito Financeiro e Tributário*. Rio de Janeiro: Renovar, 1998, 5. ed., p. 284.

[67] SCHOUERI, Luís Eduardo. *Direito Tributário*. 5. ed. São Paulo: Saraiva, 2015, p. 367-369.

[68] ÁVILA, Humberto. *Sistema constitucional tributário*. 5. ed. São Paulo: Saraiva, 2012, p. 148.

A partir dessa construção, a Corte já julgou inconstitucional por se tratar de sanção política: (i) a proibição da impressão de notas fiscais em bloco por contribuinte inadimplente, obrigando-o à expedição de nota fiscal avulsa, negócio a negócio;[69] (ii) o não recolhimento de tributo condicionar a expedição de notas fiscais à fiança, garantia real ou fidejussória por parte do contribuinte;[70] (iii) o condicionamento da prática de atos da vida civil e empresarial;[71] (iv) a subordinação do pagamento de precatórios à comprovação da ausência de débitos inscritos em dívida ativa;[72] e (v) o condicionamento do deferimento de inscrição em cadastro de produtor rural à regularização de débitos fiscais.[73]

Por outro lado, já considerou constitucional a cassação do registro especial de companhia do ramo de cigarros por conta do não pagamento de tributos.[74] De igual modo, já assentou a Corte Suprema que a mera criação de um regime especial de fiscalização não importa em ofensa ao devido processo legal.[75] Em resumo, a Corte considera que a orientação firmada em sua jurisprudência não pode servir de desculpa para o deliberado e temerário desrespeito à legislação tributária.[76] Dessa forma, segundo o Supremo Tribunal Federal, é correto afirmar que não se consideram sanções políticas as restrições à prática de atividade econômica que objetivam combater estruturas empresariais que têm na inadimplência tributária sistemática, e consciente, sua maior vantagem concorrencial, já que a inconstitucionalidade decorre apenas da restrição desproporcional e irrazoável ao exercício de atividade econômica.[77]

Partindo do mais absoluto respeito à jurisprudência tradicional da Corte sobre o tema, o voto do Ministro Luís Roberto Barroso na ADI nº 5.135 elevou a outro patamar a análise de um caso em que se discute um meio indireto de cobrança tributária. Isso fica absolutamente claro por três aspectos principais de seu voto que serão a seguir mais bem explorados: (i) o emprego da gramática própria dos direitos fundamentais e do Direito Constitucional para analisar as hipóteses de restrição a direitos apresentada; (ii) a introdução do discurso da justiça fiscal e da defesa da concorrência como interesses a serem considerados durante o juízo de proporcionalidade; e (iii) a determinação de cautelas procedimentais de modo a diminuir o impacto da restrição autorizada e privilegiar a impessoalidade.

O *primeiro* aspecto a ser ressaltado é a assunção pelo voto de uma premissa que considero fundamental para o processo de constitucionalização do Direito Tributário:

---

[69] STF, RE nº 413.782, Relator Min. Marco Aurélio, Tribunal Pleno, j. em 17.03.2005.

[70] STF, RE nº 565.048 RG, Relator Min. Marco Aurélio, Tribunal Pleno, j. em 29.05.2014, recurso extraordinário com repercussão geral.

[71] STF, ADI nº 173, Relator Min. Joaquim Barbosa, Tribunal Pleno, j. em 25.09.2008.

[72] STF, ADI nº 3.453, Relator Min. Cármen Lúcia, Tribunal Pleno, j. em 30.11.2006.

[73] STF, ARE nº 914045 RG, Relator Min. Edson Fachin, j. em 15.10.2015, acórdão eletrônico repercussão geral.

[74] Nesse sentido, v. STF, RE 550769, Relator Min. Joaquim Barbosa, Tribunal Pleno, j. em 22.05.2013. Ainda quanto a esse ponto, deve-se esclarecer que tramita ainda uma Ação Direta de Inconstitucionalidade questionando o Decreto-Lei de 1977 (ADI nº 3.952). Ela começou a ser julgada em 2010 na Corte, quando o Ministro Joaquim Barbosa, agora aposentado, apresentou seu voto. O julgamento está parado desde então, após pedido de vista da ministra Cármen Lúcia, hoje presidente da Corte. Joaquim Barbosa votou pelo provimento parcial da ADI, estabelecendo condições para que a cassação do registro das empresas acontecesse: relevância do valor da dívida e verificação do devido processo legal.

[75] STF, RE nº 474.241 AgR, Relator Min. Sepúlveda Pertence, Primeira Turma, j. em 15.08.2006.

[76] STF, ADI nº 173, Relator Min. Joaquim Barbosa, Tribunal Pleno, j. em 25.09.2008.

[77] STF, ADI nº 173, Relator Min. Joaquim Barbosa, Tribunal Pleno, j. em 25.09.2008.

a análise das hipóteses de restrição a direitos fundamentais dos contribuintes deve se submeter à mesma dinâmica dos demais casos que tratam de direitos fundamentais em geral. Parece uma afirmação singela, mas não é. Não é incomum em matéria de Direito Tributário se afirmar direitos fundamentais dos contribuintes, apresentados na forma de princípios, mas como insusceptíveis de restrição. Algumas afirmações que, no campo do Direito Constitucional, são corriqueiras, no Direito Tributário ainda causam impacto e, por isso, precisam ser ditas com todas as letras.

Foi exatamente isso que fez o Ministro Luís Roberto Barroso ao, antes de iniciar a discussão sobre a constitucionalidade da medida, dividir em duas etapas a sua argumentação. Na primeira, considerou fundamental "aferir o nível de restrição dos direitos fundamentais supostamente afetados pelo dispositivo legal impugnado, quais sejam o devido processo legal, a livre-iniciativa e o livre exercício profissional, verificando-se, ainda, se a medida atinge o núcleo essencial de referidos direitos".[78] Já na segunda etapa, concluiu que se devia aplicar o princípio da proporcionalidade em suas três dimensões, para fins de examinar: "(i) se referidas restrições são adequadas aos fins perseguidos com a medida (adequação), (ii) se há meio alternativo menos gravoso e igualmente idôneo à produção do resultado (necessidade/vedação do excesso), e (iii) se os seus benefícios superam os seus ônus (proporcionalidade em sentido estrito)".[79]

Mais do que uma simples questão de rigorismo teórico, ascendência normativa ou modismo, essa aproximação entre Direito Tributário e Direito Constitucional está diretamente relacionada com a noção mais basilar de Constituição. A raiz da relação umbilical entre Direito Constitucional e Direito Tributário passa pela noção mais básica de Constituição, como um conjunto de normas jurídicas fundamentais que definem os principais órgãos de um Estado, seus limites e forma de atuação, sua composição e, principalmente, determina o marco jurídico sob o qual irá se desenvolver a relação entre indivíduo e Estado.[80] A aproximação teórica entre os dois campos traz benefícios claros para o Direito Tributário, que pode entronizar ferramentas mais adequadas e eficazes para resolver, pelas lentes do Direito Constitucional, as complexas disputas judiciais tributárias. Por outro lado, a complexidade, o volume e os múltiplos interesses em jogo nas disputas tributárias também têm ajudado a criar um ambiente altamente criativo para o Supremo Tribunal Federal forjar e testar ferramentas novas de controle de constitucionalidade, muitas vezes, tendo um caso tributário como pano de fundo.[81]

O *segundo* aspecto do voto que deve ser realçado é a introdução forte do discurso da justiça fiscal e da defesa da concorrência como interesses a serem considerados durante o juízo de proporcionalidade. Aqui, como já dito, a constitucionalização se apresenta com a ampliação do rol de princípios e valores a serem considerados no processo de decisão, demonstrando que não apenas o direito de um contribuinte individualmente tomado deve ser levado em conta. Ao percorrer o teste do subprincípio da adequação da medida de protesto de CDA e, por conseguinte, a sua aptidão para produzir os efeitos

---

[78] STF, ADI nº 5.135, trecho extraído do voto proferido pelo Relator Min. Luís Roberto Barroso, Tribunal Pleno, j. em 09.11.2016.

[79] STF, ADI nº 5.135, trecho extraído do voto proferido pelo Relator Min. Luís Roberto Barroso, Tribunal Pleno, j. em 09.11.2016.

[80] SOLER, Osvaldo Héctor. *Tratado de Derecho Tributario*: económico, constitucional, sustancial, administrativo y penal. 4. ed. Buenos Aires: La Ley, 2011, p. 149-151.

[81] BARROSO, Luís Roberto; BARBOSA, Marcus Vinicius Cardoso. Direito Tributário e o Supremo Tribunal Federal: passado, presente e futuro. *Universitas Jus*, v. 27, p. 1-20, 2016.

desejados, o Ministro destacou que a medida "serve como importante mecanismo extrajudicial de cobrança, contribuindo para estimular a adimplência, incrementar a arrecadação e promover a justiça fiscal, impedindo que devedores contumazes possam extrair vantagens competitivas indevidas da sonegação de tributos".[82]

Na sequência, o voto retorna a essa temática para elencar os princípios da eficiência e economicidade como objetivos a serem realizados e, portanto, levados também em consideração no processo decisório, registrando que "em relação aos benefícios decorrentes da medida em questão, é possível apontar (i) a realização dos princípios constitucionais da eficiência e da economicidade na recuperação dos créditos tributários (arts. 37 e 70, CF)". Logo após, desmitifica a percepção de que ineficiência estatal na arrecadação de suas dívidas é algo aceitável e sem maiores consequências, que parece dominante em alguns setores da sociedade. Dessa forma, revela a importância da cobrança eficiente para o funcionamento geral do Estado, asseverando que "a cobrança eficiente dos créditos estatais não atende apenas o interesse secundário do Estado, mas também interesses de toda a coletividade. Isso porque permite uma maior arrecadação de valores que custearão os serviços que irão beneficiar a todos, e evita o desperdício de tempo, recursos humanos e financeiros públicos com meios de cobrança com remotas chances de êxito".[83]

No campo da livre concorrência, o voto destaca a necessidade dos tributos serem cobrados de forma linear de todos os que se encontram na mesma situação, de modo a não permitir que agentes possam extrair vantagens competitivas indevidas da inadimplência e/ou da sonegação de tributos (art. 170, IV, CRFB/88). Para a maior parte das operações empresariais, os tributos são o principal custo, seja diretamente, pelo pagamento das exações, seja indiretamente, pelas despesas com o *compliance* tributário. Dessa forma, também a fuga ilegítima do pagamento de tributos pela reiterada escusa se torna um problema jurídico sob o ponto de vista concorrencial, potencialmente maior quanto maior for o nível de ineficiência do sistema de cobrança. Nesse contexto, o voto acertadamente afirma que "o protesto de CDAs auxilia no combate à inadimplência, viabilizando a promoção da justiça fiscal e impedindo que a sonegação fiscal confira aos maus pagadores uma vantagem competitiva em relação àqueles que cumprem seus deveres tributários".[84]

Por último ainda nesse ponto, o voto corretamente aborda os efeitos positivos a serem colhidos pelos jurisdicionados em geral com alguma dose de desjudicialização da cobrança dos créditos públicos, destacando que isso se trata de um objetivo constitucional extraído diretamente do princípio da razoável duração do processo (art. 5º, LXXVIII, CF). Isso porque, nas palavras do Ministro Luís Roberto Barroso, "ao permitir a cobrança extrajudicial dos débitos, a medida tem o condão de promover a diminuição de execuções fiscais ajuizadas e, assim, aliviar a sobrecarga de processos do Poder Judiciário, favorecendo a melhoria da qualidade e da efetividade da prestação jurisdicional".[85]

---

[82] STF, ADI nº 5.135, trecho extraído do voto proferido pelo Relator Min. Luís Roberto Barroso, Tribunal Pleno, j. em 09.11.2016.

[83] STF, ADI nº 5.135, trecho extraído do voto proferido pelo Relator Min. Luís Roberto Barroso, Tribunal Pleno, j. em 09.11.2016

[84] STF, ADI nº 5.135, trecho extraído do voto proferido pelo Relator Min. Luís Roberto Barroso, Tribunal Pleno, j. em 09.11.2016.

[85] STF, ADI nº 5.135, trecho extraído do voto proferido pelo Relator Min. Luís Roberto Barroso, Tribunal Pleno, j. em 09.11.2016.

O *terceiro* aspecto do voto que gostaria de destacar foi a preocupação do Ministro com o possível abuso e mau uso do instituto. Assim, os princípios que na parte central do voto acabaram por conduzir a uma decisão no sentido da constitucionalidade do protesto cedem espaço para a aplicação direta de outros princípios, outra marca registrada do processo de constitucionalização, para criar alguns deveres procedimentais para os entes públicos que venham a se utilizar do protesto de CDA. Assim, o Ministro Luís Roberto Barroso traz como cautela a ser seguida para a utilização do protesto de CDA a necessária conformidade com os princípios da impessoalidade e da isonomia. Para tanto, destaca que "é recomendável a edição de regulamentação, por ato infralegal e com a maior brevidade possível, que explicite os parâmetros utilizados para a distinção que será feita entre os administrados e as diversas situações de fato existentes".[86] E avança nesse ponto para predefinir, com base na aplicação direta de princípios, o conteúdo mínimo que tais regulamentos devem ter para que possam legitimar o instituto do protesto de CDA sob a perspectiva procedimental, a saber: "(i) estabelecer previamente parâmetros claros, objetivos e compatíveis com a Constituição, que permitam a identificação dos créditos que serão protestados; (ii) conferir a esses critérios a transparência inerente a toda atividade administrativa; e (iii) balizar o controle jurisdicional sobre a correta utilização dos *standards* previamente definidos".[87]

2.3.2 RE nº 723.651: IPI na importação por não contribuinte

Na origem, o caso tratava-se de um recurso extraordinário contra acórdão do Tribunal Regional Federal da 4ª Região que reconheceu a incidência de Imposto sobre Produtos Industrializados – IPI na operação de importação de veículo automotor, mesmo que a operação tenha sido realizada pelo destinatário final. O relator do caso no Supremo Tribunal Federal, Ministro Marco Aurélio, acompanhou o entendimento lançado no acórdão recorrido. Em um primeiro momento, o Ministro Luís Roberto Barroso, impressionado com a densidade do voto do relator, mas, por outro lado, ciente de que, caso esse entendimento fosse confirmado, o Tribunal iria romper com a sua jurisprudência tradicional sobre o tema, optou por pedir vista para analisar o tema com mais calma.[88]

Em seu voto vista, o ministro Luís Roberto Barroso acompanhou o relator, trazendo um voto denso e que merece destaque especial pelas ferramentas argumentativas

---

[86] STF, ADI nº 5.135, trecho extraído do voto proferido pelo Relator Min. Luís Roberto Barroso, Tribunal Pleno, j. em 09.11.2016.

[87] STF, ADI nº 5.135, trecho extraído do voto proferido pelo Relator Min. Luís Roberto Barroso, Tribunal Pleno, j. em 09.11.2016.

[88] A verdade é que, como bem destacou o Ministro Barroso em seu voto-vista, a importação de carros por pessoas físicas é apenas uma pequena parte da controvérsia tributária que se encontrava posta naquele julgamento. A decisão produzida para esse caso toca aspectos ligados à política industrial e ao comércio exterior, além de todas as implicações que uma mudança do cenário jurisprudencial acarreta, o que justificou o pedido de vista do Ministro Barroso. Ademais, o impacto da decisão tomada, ainda que o Supremo tenha se negado a estender expressamente a *ratio decidendi* para outras hipóteses para além da importação de veículos por pessoas físicas, necessariamente causa reflexos em todas as importações feitas por quem não seja contribuinte do IPI. Isso tem um potencial de impactar de forma importante empresas do setor médico, em especial, empresas que dependem da importação de equipamentos que não são fabricados no Brasil e que prestam um relevante serviço em termos de medicina, preventiva, diagnóstica.

utilizadas para tratar do caso. O voto foi divido em 2 partes. Na primeira delas, divida em quatros itens, trouxe os contornos da materialidade constitucional do IPI, inclusive com recursos à história do tributo nas Constituições anteriores. Em seguida, analisou o principal precedente da Corte sobre o ICMS na importação por pessoa física, promovendo uma discussão sobre a sua relação com o caso. Prosseguindo, propôs uma revisão da forma como o Tribunal vinha interpretando a regra da não-cumulatividade do IPI na importação. E, por fim, teceu considerações sobre outros princípios constitucionais que desempenham um papel relevante para a solução do presente caso. Na segunda parte do voto, dividida em três tópicos, cuidou das questões relativas aos efeitos da decisão que propunha.

Para o objetivo do presente trabalho, que é demonstrar a contribuição valiosa que o Ministro Luís Roberto Barroso vem dando para a constitucionalização substantiva do Direito Tributário, três pontos do voto-vista devem ser especialmente realçados: (i) a aproximação entre Direito Tributário e Direito Constitucional do ponto de vista metodológico e interpretativo; (ii) o reconhecimento da existência de direitos dos contribuintes e não apenas do contribuinte que disputa um caso individualmente; e (iii) preocupação com a segurança jurídica nos casos em que a Corte resolve alterar a sua jurisprudência.

O *primeiro* aspecto a ser destacado, mais uma vez, é a preocupação de aplicar, mesmo em se tratando de Direito Constitucional Tributário, as noções e os conceitos advindos da Teoria Constitucional para a solução de um caso tributário. Embora isso pareça um truísmo, quando se afirma que uma determinada noção tributária estampada é na verdade um princípio constitucional, é preciso que isso se reflita no texto constitucional e respeite, essencialmente, as discussões sobre o tema na Teoria Constitucional. O só fato de uma determinada noção ser considerada como fundamental para toda a doutrina tributária, e, assim, por ela classificada como princípio previsto na Constituição, não basta para que ela seja considerada de fato um princípio constitucional e, a partir disso, se possa retirar todos os efeitos jurídicos correlatos. É primordial não perder de vista que, no exercício da jurisdição constitucional, não importa se o Supremo está interpretando trechos da Constituição Tributária, Previdenciária, Econômica, Trabalhista, etc., deve-se lançar mão das mesmas ferramentas interpretativas, porque de jurisdição constitucional se trata. Vale dizer, nessas hipóteses a Corte estará utilizando-se de ferramentas de interpretação constitucional para aplicar regras, princípios e valores presentes na Carta que devem ser coerentes e manter a unidade da Constituição, independente do ramo do Direito que sirva de pano de fundo.

O próprio exemplo do princípio da não cumulatividade, tal qual chamado pela absoluta maioria da doutrina especializada em Direito Tributário, é bastante ilustrativo e ajuda a esclarecer esse ponto. Nas palavras do próprio Ministro Luís Roberto Barroso: "não me parece correto falar em 'princípio' da não-cumulatividade. Até porque não há no art. 153, §3º, II da CF um conteúdo axiológico próprio, uma dimensão de peso ou um estado de coisas a ser promovido".[89] Ele prossegue para dizer que, "ao contrário, a não cumulatividade é uma regra que constitucionaliza uma técnica específica de

---

[89] Trecho do voto-vista proferido pelo Min. Luís Roberto Barroso no RE nº 723.651, julgado pelo Plenário do Supremo Tribunal Federal em 03.02.2016.

tributação".[90] E arremata dizendo que "como decorrência da sua estrutura própria de regra, a não cumulatividade tem a pretensão de definir de forma exclusiva e abarcante apenas a questão tratada e nada mais. É dizer, para as hipóteses de incidência em cadeia, garantir a compensação do imposto pago nas operações anteriores, somente isso".[91]

Os trechos citados no parágrafo anterior, mais do que demonstrar o costumeiro apego à melhor técnica, marca da carreira profissional e acadêmica do professor Luís Roberto Barroso, servem para deixar claro que, prioritariamente, é o Direito Constitucional que molda os demais ramos do Direito e não o contrário. Vale dizer, por mais especificidades que possa ter o Direito Tributário, por mais que tenha recebido especial atenção por parte do Constituinte e ocupe espaço privilegiado no Texto Constitucional, a dogmática constitucional deve ter prevalência. Essa afirmação singela – e até certo ponto óbvia – precisa ser destacada em razão de uma tendência que o Direito Tributário tem de se encapsular do ponto de vista teórico.

Claro que a hermenêutica constitucional deverá respeitar, além das características da hipótese concreta, os aportes teóricos próprios de cada campo do Direito. E mais: se adequar ao objeto regulado, que pode mudar de um ramo para o outro. Todavia, em razão da centralidade normativa exercida pela Constituição, tão bem destacada pelo movimento de constitucionalização do Direito, e da unidade inerente aos sistemas constitucionais, a interpretação constitucional dos diversos ramos do Direito deve seguir pilares hermenêuticos comuns. O fio condutor e norte desse processo será sempre o Direito Constitucional.

Para o desfecho do caso analisado essa diferenciação foi fundamental porque no âmbito tributário a menção ao princípio da não cumulatividade era feita para alçá-lo a um patamar de jusfundamentalidade quase absoluto e, portanto, praticamente sem espaço para ser conformado pelo legislador infraconstitucional. De fato, por vezes há um uso bastante peculiar da noção de princípio no campo tributário, que parece desconsiderar o debate teórico sobre a diferenciação entre princípios e regras. Busca-se afirmar a não cumulatividade como um princípio constitucional e, ao mesmo tempo, desconsiderar por completo a possibilidade de ele ter que ceder quando confrontado com algum outro interesse pela via da interpretação ou mesmo de poder ser legitimamente restringido por lei.

Quanto a esse ponto, é precisa a conclusão do Ministro Luís Roberto Barroso sobre a noção de não cumulatividade lançada no voto, destacando que ela consagra técnica de tributação inserida na Constituição e destinada aos tributos que incidem em cadeia. Todavia, como destacado, não se trata de um princípio, seja sob um ponto de vista metodológico, seja sob o ponto de vista axiológico. Dessa forma, a não cumulatividade é apenas uma regra constitucional que objetiva, "para as hipóteses de incidência em cadeia, garantir a compensação do imposto pago nas operações anteriores, somente isso. Portanto, sua aplicação pressupõe a existência de uma incidência plurifásica, sem o que não estará presente o pressuposto material que lhe autoriza a produção de efeitos".[92]

---

[90] Trecho do voto-vista proferido pelo Min. Luís Roberto Barroso no RE nº 723.651, julgado pelo Plenário do Supremo Tribunal Federal em 03.02.2016.

[91] Trecho do voto-vista proferido pelo Min. Luís Roberto Barroso no RE nº 723.651, julgado pelo Plenário do Supremo Tribunal Federal em 03.02.2016.

[92] Trecho do voto-vista proferido pelo Ministro Luís Roberto Barroso no RE nº 723.651, julgado pelo Plenário do Supremo Tribunal Federal em 03.02.2016.

Ao revés, resolvendo o caso concreto em que se tratava de operação plurifásica, arremata que, "ausente essa premissa, não considero legítimo limitar o espaço de conformação do legislador infraconstitucional com base na não cumulatividade, mesmo porque o efeito indesejado que a regra constitucional pretendeu evitar não se apresenta".[93]

O *segundo* aspecto a ser destacado é a utilização de princípios constitucionais extraídos da própria Constituição Tributária e também da Constituição Econômica para servirem de móveis interpretativos no processo de construção da regra de competência do Imposto sobre Produtos Industrializados. Nas próprias palavras do Ministro Luís Roberto Barroso, o recurso a tais postulados se dá como forma de revelar a *interpretação constitucionalmente adequada* do art. 153, IV, da CRFB/88. Para a análise do caso foram considerados os princípios da isonomia, previsto no art. 150, II, da CRFB/88, e o da defesa da livre concorrência, estampada no art. 170, IV, da CRFB/88.

No que diz com o princípio da isonomia tributária, o Ministro Luís Roberto Barroso fez questão de dar enfoque ao papel que ela deve desempenhar na interpretação das normas tributárias em geral. A Justiça Tributária é um valor fundamental do Sistema Tributário Nacional e dela se extrai a necessidade de tratar todos os contribuintes com igual consideração e respeito, cobrando de cada um a parcela justa do que lhe cabe pelo custeio da vida em sociedade.[94] Por conseguinte, a isonomia tributária é um corolário da justiça tributária e, sob o ponto de vista hermenêutico, tem como ideal afastar um resultado interpretativo que seja contrário ao ideal de igualdade material. É dizer, a norma que resulta do processo de interpretação constitucional não deve tratar de forma distinta pessoas em situação semelhante e de forma igual pessoas em condições díspares.

Não há maiores digressões sobre essa forma de dar aplicação a um princípio constitucional nas mais diversas áreas do Direito. Entretanto, no campo tributário, durante muito tempo mesmo essa eficácia interpretativa do princípio da isonomia foi demonizada por, supostamente, ser um resquício da interpretação econômica no Direito Tributário, potencialmente geradora de tributação onde sequer há efetiva manifestação e riqueza.[95] O Ministro Luís Roberto Barroso, de maneira corajosa e acertada, supera esse quase dogma do Direito Tributário em seu voto-vista, ao assentar que "não se trata aqui de nenhuma proposta de tributação direta com base na igualdade, mas, apenas, do reconhecimento do papel interpretativo que esse princípio desempenha no delineamento do Sistema Tributário Nacional".[96]

Como resultado, ao introduzir a necessidade de definir a adequada extensão da regra de competência do IPI, assinala que "a aplicação do princípio da igualdade é fundamental e deve conduzir a um resultado que privilegie o estado de coisas que o postulado busca atingir, qual seja, o de igualdade entre contribuintes e alienantes que se encontrem em situação equivalente, e não o contrário".[97] Avança para dizer que se deve buscar um resultado interpretativo quanto à regra de competência que "autorize

---

[93] Trecho do voto-vista proferido pelo Ministro Luís Roberto Barroso no RE nº 723.651, julgado pelo Plenário do Supremo Tribunal Federal em 03.02.2016.

[94] GARCÍA NOVOA, César. *El Concepto de Tributo*. Lima: Tax Editor, 2009, p. 112-114.

[95] GARCÍA NOVOA, César. *El Concepto de Tributo*. Lima: Tax Editor, 2009, p. 110-113.

[96] Trecho do voto-vista proferido pelo Ministro Luís Roberto Barroso no RE 723.651, julgado pelo Plenário do Supremo Tribunal Federal em 03.02.2016.

[97] Trecho do voto-vista proferido pelo Ministro Luís Roberto Barroso no RE 723.651, julgado pelo Plenário do Supremo Tribunal Federal em 03.02.2016.

a tributação de ambos na medida da capacidade econômica exteriorizada em operações semelhantes, o que somente ocorre considerando ser possível a incidência também nas importações efetuadas por pessoas físicas e não contribuintes".[98]

Ao tratar do caráter extrafiscal do IPI-importação e sua relação com a livre concorrência, o Ministro Luís Roberto Barroso afirmou em seu voto-vista com clareza e acerto que "nesse modelo de tributação do comércio exterior, baseado na tributação de mercadorias e produtos sempre no país de destino, a incidência do IPI objetiva equalizar as aquisições feitas no mercado interno e as operações de importação".[99] Isso é verdade porque, em matéria de comércio exterior, os principais países do mundo adotam a lógica de não exportar tributos e, assim, concentram toda a tributação na entrada de mercadorias estrangeiras em seu território. Assim também acontece no caso brasileiro onde o IPI juntamente com os demais tributos sobre consumo formam a cesta de tributos que incidem sobre a importação de produtos, com a função de equalizar o valor das compras efetuadas internamente com aquelas efetuadas fora do país.[100] Perder a possibilidade de exercer esse tipo de tributação regulatória sobre o comércio exterior desequilibra a concorrência entre os mercados interno e externo e acaba por atingir outros contribuintes e atores que não aqueles ligados mais diretamente à relação jurídico-tributária do IPI-importação.

Em última análise, o modelo de argumentação utilizado pelo Ministro Luís Roberto Barroso nesse ponto se afina completamente a uma das características principais do processo de constitucionalização do Direito: a normatividade e o papel mais ativo dos princípios jurídicos. No caso do Direito Tributário, tal fato é ainda mais valioso porque, de certa forma, promove a reconciliação entre esse ramo do Direito e a isonomia tributária. Além disso, confere destaque aos efeitos jurídicos da interpretação em relação a terceiros, estranhos à relação tributária, mas pertencentes àquele específico ambiente regulado que é afetado sob o ponto de vista concorrencial por uma decisão judicial que importou em oneração ou desoneração em relação a determinado tributo.

O Direito Tributário Brasileiro foi forjado sob a lógica do direito individual de um contribuinte que deveria ser garantido contra tudo e todos e na mais larga medida. Muito porque a Dogmática Tributária ainda hoje estudada ou é fruto direto ou sofre fortíssima influência da produção acadêmica de autores que se formaram juridicamente durante o período da ditadura militar, em que o Estado era tido como um inimigo e a tributação como uma agressão à propriedade privada. São exemplos os professores Rubens Gomes de Souza, Sampaio Dória, Ives Gandra da Silva Martins e Geraldo Ataliba, autores que tiveram profundo impacto sobre a forma como se enxerga o Direito Tributário no Brasil.

Porém o mundo mudou; e mudou rápido. A justificação dos diversos sistemas tributários pelo mundo não se dá mais segundo uma lógica individual de direito de um contribuinte, mas considera o direito dos contribuintes como um todo. A tributação deixa de ser encarada como uma mera agressão à propriedade e passa a ser entendida como decorrência lógica de um projeto coletivo que é criação de um Estado Social e

---

[98] Trecho do voto-vista proferido pelo Ministro Luís Roberto Barroso no RE 723.651, julgado pelo Plenário do Supremo Tribunal Federal em 03.02.2016.

[99] Trecho do voto-vista proferido pelo Ministro Luís Roberto Barroso no RE 723.651, julgado pelo Plenário do Supremo Tribunal Federal em 03.02.2016.

[100] TORRES, Ricardo Lobo. *Tratado de Direito Constitucional Financeiro e Tributário*, vol. IV – Os tributos na Constituição. Rio de janeiro: Renovar, 2007, p. 268.

Democrático de Direito.[101] Ademais, prevalece a noção de que direitos têm custos e mesmo os direitos fundamentais de primeira geração não existem fora do Estado e dele dependem para serem fruídos integralmente. Em termos mais simples, percebe-se que em matéria de tributação o jogo é de soma zero, o que, por razões de justiça, impõe a repartição justa dos ônus, bônus e riscos sociais entre a totalidade dos membros de uma sociedade na medida da sua capacidade econômica.

Esse fato foi bem captado pela lente do Ministro Luís Roberto Barroso ao se valer dos dois mencionados princípios, concluindo que "a legitimidade da incidência do IPI nas importações realizadas por não contribuintes é a interpretação constitucionalmente adequada da materialidade do imposto prevista na Constituição, em razão da eficácia interpretativa dos princípios da igualdade tributária (art. 150, II da CF) e da livre concorrência (art. 170, IV)".[102] Para justificar sua conclusão, o Ministro complementa afirmando que utilizar a eficácia interpretativa dos princípios para decidir entre duas ou mais possibilidades interpretativas em disputa não significa atribuir eficácia direta e simétrica a eles. Nesse sentido, destaca que "não equivale dizer que a incidência decorra tão somente da aplicação de princípios", mas apenas que "a interpretação que melhor realiza o estado de coisas almejado pela igualdade tributária e pela livre concorrência é aquela que autoriza a cobrança do IPI na espécie e conserva espaço para o Executivo e o Legislativo deliberarem sobre a incidência ou não nesses casos".[103]

O *terceiro* aspecto do voto que gostaria de destacar está diretamente relacionado a um dos mais caros princípios da ordem tributária: a segurança jurídica. Mais precisamente, destaco aqui a questão da modulação dos efeitos da decisão que foi proposta em seu voto, porém rechaçada pelo Plenário. De todo modo, ainda que o voto do Ministro nesse ponto não tenha tido o poder de formar maioria em torno do seu entendimento, penso que merece destaque aqui. Não só pelo acerto da sua conclusão, mas também porque recentemente o Ministro Luís Roberto Barroso conduziu a maioria em outra votação relevante no campo tributário e que acarretou a reversão de uma jurisprudência histórica[104] do Tribunal sobre a possibilidade de modulação dos efeitos da decisão que declara a inconstitucionalidade de benefícios fiscais de ICMS sem prévio convênio.[105]

Firmado o entendimento pela possibilidade de incidência do IPI nas operações de importação efetuadas por não contribuintes, era preciso fixar a partir de quando

---

[101] MURPHY, Liam; NAGEL, Thomas. *O mito da propriedade*. São Paulo: Martins Fontes, 2005.

[102] Trecho do voto-vista proferido pelo Ministro Luís Roberto Barroso no RE 723.651, julgado pelo Plenário do Supremo Tribunal Federal em 03.02.2016.

[103] Trecho do voto-vista proferido pelo Ministro Luís Roberto Barroso no RE 723.651, julgado pelo Plenário do Supremo Tribunal Federal em 03.02.2016.

[104] O STF já consolidou jurisprudência firme no sentido da inconstitucionalidade dos benefícios fiscais concedidos em desrespeito ao art. 155, §2º, XII, "g", da Constituição Federal e, por conseguinte, ao que determina a LC nº 24/75. Ou seja: aqueles instituídos sem prévia aprovação por convênio do Conselho Nacional de Política Fazendária – CONFAZ. Nesse sentido, entre vários julgados sobre esse assunto, vide os acórdãos prolatados nas Ações Diretas de Inconstitucionalidade nºs 2.906, 2.376, 3.674, 3.413, 4.457, todas de relatoria do Min. Marco Aurélio e julgadas na mesma sessão plenária de 01.06.2011.

[105] Consolidando a mudança de entendimento promovida a partir do voto do Ministro Luís Roberto Barroso na ADI nº 4.481, julgada em março de 2015, o Plenário do Supremo Tribunal Federal, em março de 2017, julgou as ADIs nº 3.796 (Relator Min. Gilmar Mendes) e nº 2.663 (Relator Min. Gilmar Mendes) procedentes, mas com modulação dos efeitos da decisão de inconstitucionalidade. O Tribunal declarou a inconstitucionalidade dos atos normativos que instituíam benefícios fiscais de ICMS concedidos sem convênio e atacados nas mencionadas ADIs, porém conferiu à decisão efeitos *ex nunc*, a partir da publicação da ata de julgamento.

esse novo entendimento passaria a valer. A proposta trazida no voto-vista do Ministro Luís Roberto Barroso lembrava que havia até aquele momento pelo menos oito decisões colegiadas das duas Turmas doTribunal em sentido contrário ao que se estava decidindo naquele momento, todas já transitadas em julgado.[106] Aliás, como bem lembrado pelo Ministro Luís Roberto Barroso, essa interpretação influenciou diretamente o Superior Tribunal de Justiça a adotar a tese em sede de recurso repetitivo, com expressa menção aos precedentes do Supremo.[107] Em razão disso, e respeitando a sua posição histórica sobre o tema,[108] o Ministro Luís Roberto Barroso propôs que o Tribunal modulasse os efeitos da decisão de modo que a nova posição do Supremo apenas pudesse produzir efeitos para os fatos geradores ocorridos posteriormente ao julgamento.[109] Justificou seu entendimento na segurança jurídica e, mais precisamente, na sua dimensão subjetiva representada pelo princípio da proteção da confiança legítima,[110] para concluir que se deve "resguardar as expectativas daqueles que confiaram e, portanto, pautaram as suas vidas e os seus negócios segundo os parâmetros previamente estabelecidos pelas decisões do Supremo".[111] Também destacou que tem defendido que "a mudança da jurisprudência da Corte equivale verdadeiramente à criação de direito novo e, por tal razão, não pode operar efeitos retroativos".[112]

A postura do Ministro Luís Roberto Barroso nesse caso, ainda que não tenha sido vencedora, merece aplausos. O princípio da proteção da confiança serve exatamente para garantir ao particular que sua expectativa seja levada em consideração em uma prévia ponderação com a eventual necessidade de uma correção de rumo por parte do Poder Judiciário.[113] Nas escorreitas palavras lançadas no voto, ele afirma que "a partir do momento que existe uma expectativa digna de proteção, tal fato deve ser levado em conta previamente pelo Estado, antes de incorrer em qualquer ato com potencial de piorar a situação jurídica de um particular com efeitos retroativos".[114] O Supremo Tribunal Federal teve nas suas mãos uma oportunidade única e clara de privilegiar

---

[106] Nesse sentido: STF, RE 255682 AgR, Relator Min. Carlos Velloso, Segunda Turma, j. em 29.05.2005; STF, RE 412045 AgR, Relator Min. Ayres Britto, Primeira Turma, j. em 29.06.2006; STF, RE 501773 AgR, Relator Min. Eros Grau, Segunda Turma, j. em 24.06.2008; STF, RE 255090 AgR, Relator Min. Ayres Britto, Segunda Turma, j. 24.08.2010; STF, RE 550170 AgR, Relator Min. Ricardo Lewandowski, Primeira Turma, j. em 07.06.2011; STF, RE 615595 AgR, Relator Min. Ricardo Lewandowski, Primeira Turma, j. em 13.04.2011; STF, RE 643525 AgR, Relator Min. Dias Toffoli, Primeira Turma, j. em 26.02.2013; STF, RE 627844 AgR, Relator Min. Celso de Mello, Segunda Turma, j. em 16.10.2012.

[107] STJ, REsp 1396488/SC, Rel. Ministro Humberto Martins, Primeira Seção, j. em 25.02.2015.

[108] BARROSO, Luís Roberto. Mudança da Jurisprudência do Supremo Tribunal Federal em Matéria Tributária. Segurança Jurídica e Modulação dos Efeitos Temporais das Decisões Judiciais. Parecer RDE. *Revista de Direito do Estado*, v. 2, 2006, p. 261.

[109] Trecho do voto-vista proferido pelo Ministro Luís Roberto Barroso no RE 723.651, julgado pelo Plenário do Supremo Tribunal Federal em 03.02.2016.

[110] BARROSO, Luís Roberto. Mudança da Jurisprudência do Supremo Tribunal Federal em Matéria Tributária. Segurança Jurídica e Modulação dos Efeitos Temporais das Decisões Judiciais. Parecer RDE. *Revista de Direito do Estado*, v. 2, 2006, p. 261.

[111] Trecho do voto-vista proferido pelo Ministro Luís Roberto Barroso no RE 723.651, julgado pelo Plenário do Supremo Tribunal Federal em 03.02.2016.

[112] Trecho do voto-vista proferido pelo Ministro Luís Roberto Barroso no RE 723.651, julgado pelo Plenário do Supremo Tribunal Federal em 03.02.2016.

[113] ARAÚJO, Valter Schuenquener de. *O Princípio da Proteção da Confiança*. Uma Nova Forma de Tutela do Cidadão Diante do Estado. Rio de Janeiro: Impetus, 2009, p. 62-63.

[114] Trecho do voto-vista proferido pelo Ministro Luís Roberto Barroso no RE 723.651, julgado pelo Plenário do Supremo Tribunal Federal em 03.02.2016.

a segurança jurídica, protegendo os contribuinte contra uma virada jurisprudencial brusca. Mais: poderia tê-lo feito a partir de um voto bem construído e fundamentado quanto à necessidade de modulação, infelizmente, recuou e abriu espaço para os que criticam o excesso de modulações privilegiando apenas a União Federal e a Fazenda Pública, em geral.[115]

2.3.3 ADIs nºs 2.390, 2.386, 2.397 e 2.856 e RE nº 601.314: sigilo bancário e administração tributária

Nos dias 17, 18 e 24 de fevereiro de 2016 o Supremo Tribunal Federal promoveu o julgamento conjunto das ADIs nºs 2.390, 2.386, 2.397 e 2.859 e da repercussão geral do RE nº 601.314, que, em comum, tratavam da constitucionalidade das normas que instituíram e regulamentaram o acesso direto e a posterior utilização de dados bancários pela Administração Tributária, portanto, sem a prévia autorização do Poder Judiciário.[116] Mais especificamente, e em julgamento conjunto, se decidiu a partir desses processos: (i) a constitucionalidade do art. 6º da Lei Complementar nº 105/2001,[117] em vista do dever de sigilo bancário; (ii) a legitimidade da utilização das tais informações obtidas diretamente junto às instituições financeiras para a constituição de créditos relativos a outras contribuições ou impostos que não a CPMF.

Em conclusão a esse julgamento, a Corte considerou constitucionalmente legítimo o acesso direto por parte das autoridades fiscais a informações financeiras relativas aos contribuintes em posse das instituições financeiras e, por consequência, também permitiu a utilização dessas informações para o lançamento de tributos oriundos de omissão de receita. Portanto, foi afastada a tese central dos contribuintes no sentido de que seria necessária prévia autorização judicial para obter tais informações. O Ministro Luís Roberto Barroso não era relator desse caso, o relator das ADIs era o Ministro Dias Toffoli e do recurso extraordinário com repercussão geral era o Ministro Edson Fachin. Contudo, o Ministro Barroso teve uma participação ativa nas discussões, ajudou na construção de um conjunto de cautelas que constaram do voto do Ministro Relator e que devem ser seguidas pela Administração Tributária na obtenção e manejo de tais dados. Para além disso, mesmo não tendo a relatoria do caso, produziu um voto primoroso, moderno e absolutamente técnico sobre o tema.

---

[115] Nesse sentido v. ANDRADE, Fabio Martins de. Modulação em Matéria Tributária: *O argumento pragmático ou Consequencialista de Cunho Econômico e as Decisões do STF.* São Paulo: Quartier Latin, 2011.

[116] Nas ADIs nºs 2.390, 2.386, 2.397 e 2.859 era questionada a constitucionalidade: (i) da expressão "do inquérito ou" contida no art. 1º, §4º, da Lei Complementar nº 105/2001; (ii) do art. 1º da Lei Complementar nº 104/2001; e (iii) das regras antissigilo bancário (arts. 5º e 6º da Lei Complementar nº 105/2001 e demais dispositivos da legislação que os regulamentou). No RE nº 601.314, com repercussão geral, discutia-se apenas a constitucionalidade do art. 6º da LC nº 105/01.

[117] Lei Complementar nº 105/01: Art. 6º As autoridades e os agentes fiscais tributários da União, dos Estados, do Distrito Federal e dos Municípios somente poderão examinar documentos, livros e registros de instituições financeiras, inclusive os referentes a contas de depósitos e aplicações financeiras, quando houver processo administrativo instaurado ou procedimento fiscal em curso e tais exames sejam considerados indispensáveis pela autoridade administrativa competente.
Parágrafo único. O resultado dos exames, as informações e os documentos a que se refere este artigo serão conservados em sigilo, observada a legislação tributária.

Considero que dois pontos principais desse voto devem ser destacados: (i) a adoção da noção do dever de pagar tributos como um móvel interpretativo de primeira ordem; (ii) a introdução no corpo do voto de um modelo de argumentação pragmatista, um consequencionalismo sincero e que ousa dizer o seu nome e se apresentar para o debate público. Na sequência esses dois aspectos serão mais bem abordados.

O *primeiro* aspecto é a adoção da ideia de que pagar tributos é um dever fundamental e, assim, a interpretação das regras e princípios que regem a cobrança tributária não podem se afastar desse norte. Não há um direito subjetivo a fugir da incidência tributária como alguns podem pensar.[118] Essa confusão ocorre porque é comum que as pessoas já não se recordem que as principais formulações sobre o contrato social o conceberam com um acordo entre pessoas e não entre essas e o Estado, o que é um desvio de percepção bastante comum.[119] O Estado é um projeto coletivo financiado pela contribuição de toda a sociedade e, portanto, o pagamento de tributos é um dever fundamental estabelecido constitucionalmente.[120] Essa noção decorre diretamente da feição Fiscal[121] assumida pelo Estado contemporâneo[122] e é a contrapartida ao elenco de direitos fundamentais constitucionalmente assegurados.[123]

Quanto a esse ponto o voto do Ministro Luís Roberto Barroso foi preciso ao afirmar que "todos os membros da sociedade têm o dever de contribuir, na capacidade econômica manifestada, para o sucesso desse projeto coletivo que, repita-se, tem como principal forma de financiamento a receita advinda de tributos".[124] Sendo assim, para garantir também a igualdade na aplicação da lei e impedir que alguns se afastem do dever de contribuir para a manutenção do Estado, o Ministro Luís Roberto Barroso afirma que "é necessária a criação de regras que auxiliem a fiscalização e arrecadação de

---

[118] José Casalta Nabais afirma que "como dever fundamental, o imposto não pode ser encarado como mero poder para o Estado, nem como mero sacrifício para os cidadãos, constituindo antes o contributo indispensável a uma vida em comunidade organizada em estado fiscal". NABAIS, José Casalta. *O Dever Fundamental de Pagar Impostos.* Contributo para a compreensão constitucional do estado fiscal contemporâneo. Coimbra: Almedina, 2009, p. 679.

[119] SHAPIRO, Ian. *Os fundamentos morais da política/* tradução: Fernando Santos. São Paulo: Martins Fontes, 2006, p. 145-146.

[120] Na visão de Ricardo Lobo Torres: "o tributo se define como dever fundamental estabelecido pela Constituição no espaço aberto pela reserva da liberdade e pela declaração dos direitos fundamentais. Transcende o conceito de mera obrigação prevista em lei, posto que assume dimensão constitucional". TORRES, Ricardo Lobo. *Tratado de Direito Constitucional Financeiro e Tributário*: Valores e Princípios Constitucionais Tributários – vol. II. Rio de Janeiro: 2005, p. 181.

[121] No Estado Fiscal os tributos arrecadados dos particulares são a principal fonte de custeio do Estado, superando o modelo anterior do estado Patrimonialista, em que o Estado era financiado basicamente pela exploração de seu próprio patrimônio. Não significa que no Estado Fiscal não haja mais a exploração do patrimônio estatal, mas apenas que essas receitas passam a ter uma reduzida importância frente aos valores amealhados pela via tributária. Para um estado mais completo sobre a diferença dos dois modelos: TORRES, Ricardo Lobo. A Ideia de Liberdade no Estado Patrimonial e no Estado Fiscal. Rio de Janeiro: Renovar, 1991.

[122] Juan Manuel Barquero Estevan, citando Josef Isensee colaciona as principais características do Estado Fiscal. BARQUERO ESTEVAN, Juan Manuel. *La función del tributo en el Estado social y democrático de Derecho.* Madrid: Centro de Estudos Políticos y Constitucionales, 2002. p. 21-22.

[123] José Casalta Nabais, em síntese, sustenta que não há a necessidade de uma cláusula constitucional explícita que estabeleça o pagamento de tributos como um dever fundamental. Para o referido autor, basta que uma Constituição preveja em seu corpo uma "constituição fiscal", ou se constitua efetivamente em um Estado Fiscal ou ainda traga um rol de direitos fundamentais cuja promoção, garantia e defesa, por certo, dependerão dos valores recolhidos pela via dos tributos. NABAIS, José Casalta. *O Dever Fundamental de Pagar Impostos.* Contributo para a compreensão constitucional do estado fiscal contemporâneo. Coimbra: Almedina, 2009, p. 63.

[124] Trecho do voto proferido pelo Ministro Luís Roberto Barroso no julgamento conjunto das ADIs nºs 2.390, 2.386, 2.397 e 2.859 e do RE 723.651, com repercussão geral, julgado pelo Plenário do Supremo Tribunal Federal em 24.02.2016.

tributos, possibilitando que tais recolhimentos possam representar de maneira concreta o percentual da riqueza revelada pelos contribuintes".[125] A partir de tais premissas, o voto conclui pela constitucionalidade dos dispositivos da Lei Complementar nº 105/01 que autorizaram o acesso direto por parte da autoridades fiscais a informações financeiras relativas aos contribuintes em posse das instituições financeiras.[126]

O *segundo* aspecto que merece destaque é a coragem de racionalizar os argumentos de ordem pragmática que rodeiam a questão, assumindo que esses argumentos quase sempre têm peso na decisão tomada em sede de jurisdição constitucional, embora isso, como regra, não seja admitido.[127] Essa forma de atuar admitindo expressamente que o processo de tomada de decisão judicial, por vezes, ganha contornos mais complexos do que caberia em um modelo tradicional subsuntivo, ampliando o papel do intérprete na construção da solução, é típica desse constitucionalismo renovado. Nesse sentido, introduziu o tema afirmando que "desenvolveu-se nos últimos tempos a percepção de que a norma jurídica não é o relato abstrato contido no texto legal, mas o produto da integração entre texto e realidade. Em muitas situações, não será possível determinar a vontade constitucional sem verificar as possibilidades de sentido decorrentes dos fatos subjacentes".[128] Tratando-se de um tema sensível ainda hoje e para não correr o risco se utilizar aqui de uma interpretação equivocada do pensamento do Ministro, permite-se uma citação direta e um pouco mais longa de um trecho do voto:

> O pragmatismo possui duas características que merecem destaque para os fins aqui visados: (i) o *contextualismo*, a significar que a realidade concreta em que situada a questão a ser decidida tem peso destacado na determinação da solução adequada; e (ii) o *consequencialismo*, na medida em que o resultado prático de uma decisão deve merecer consideração especial do intérprete. Dentro dos limites e possibilidades dos textos normativos e respeitados os valores e direitos fundamentais, cabe ao juiz produzir a decisão que traga as melhores consequências possíveis para a sociedade como um todo.

Corroborando a posição do Ministro sobre a utilização da argumentação pragmatista na jurisdição constitucional, destaco que o controle de constitucionalidade no constitucionalismo moderno nasce de uma decisão que adotou de forma expressa a argumentação consequencialista. A decisão judicial mais importante da história, proferida em 1803 pela Suprema Corte americana no célebre caso *Marbury v. Madison*, que influenciou diretamente o modelo de controle de constitucionalidade adotado em diversos países, inclusive no Brasil, foi ativista e consequencialista.[129]

---

[125] Trecho do voto proferido pelo Ministro Luís Roberto Barroso no julgamento conjunto das ADIs nºs 2.390, 2.386, 2.397 e 2.859 e do RE 723.651, com repercussão geral, julgado pelo Plenário do Supremo Tribunal Federal em 24.02.2016.

[126] Ao impedir que contribuintes mais organizados, e com maior acesso a recursos e informações, se esquivem de forma ilegítima do dever fundamental de contribuir com a manutenção da sociedade, a administração tributária atua para manutenção de um tratamento isonômico também na aplicação da lei. Nesse sentido, v. TIPKE, Klaus; YAMASHITA, Douglas. *Justiça Fiscal e Princípio da Capacidade Contributiva*. São Paulo: Malheiros, 2002, p. 25.

[127] SOUZA NETO, Cláudio Pereira de. Verticalização, cláusula de barreira e pluralismo político: uma crítica consequencialista à decisão do STF na ADIN 3685. *Interesse Público*, Porto Alegre, v. 37, 2006.

[128] Trecho do voto proferido pelo Ministro Luís Roberto Barroso no julgamento conjunto das ADIs nºs 2.390, 2.386, 2.397 e 2.859 e do RE nº 723.651, com repercussão geral, julgado pelo Plenário do Supremo Tribunal Federal em 24.02.2016.

[129] BLOOM JR., Lackland H. *Methods of Interpretation*: how the Supreme Court reads the constitution. New York: Oxford Universiy Press, 2009, p. 170-171.

Como se sabe não há na Constituição americana de 1787 nenhum artigo que conceda poderes à Suprema Corte de invalidar uma lei votada pelo Congresso. Portanto, a decisão foi tomada a partir de uma expansão do poder político-normativo da Corte de autoafirmação da prerrogativa de invalidar atos emanados de outros poderes quando contrários à Constituição, mesmo sem previsão expressa.[130] Assim, o controle de constitucionalidade nasce de uma construção jurisprudencial fortemente embasada nos chamados *bad-consequences arguments*. Vale dizer, numa análise que leva em conta os efeitos indesejáveis de não existir uma ferramenta de contenção de eventuais abusos cometidos no exercício do poder de legislar.[131] No célebre julgamento *Marbury v. Madison*, ocorrido em 1803, o Justice Marshall argumentou que, caso o tribunal não instituísse a possibilidade de controle judicial das decisões de leis contrárias à Constituição, restaria subvertido o mais importante fundamento de todas as Constituições escritas, reduzindo a nada o que se considera o maior progresso em termos de instituições políticas, que é a possibilidade de definir e controlar o poder Estatal, tendo por base uma norma fundamental escrita e de hierarquia superior.[132]

Ademais, a decisão em *Marbury v. Madison* é consequencialista também sob outro aspecto: apesar de ter afirmado um incrível poder político normativo de declarar inconstitucionais e, portanto, nulas, leis contrárias à Constituição, a Corte não se utilizou desse poder para impor a nomeação de Willian Marbury no caso concreto. Premida por um cálculo estratégico que levava em consideração a própria autoridade da decisão emanada pela Corte, baseada em um clima político absolutamente adverso, optou-se por não confrontar o Executivo forte recém-eleito.

Foi com essa feição que o *judicial review* se espalhou para o restante do mundo. Para o professor espanhol Eduardo García de Enterría, um juiz constitucional, mais do que em outros âmbitos da justiça, pode e deve ter em vista as consequências de suas decisões, frequentemente consequências políticas.[133] Também na Alemanha, Karl Larenz assume expressamente essa ideia e trata como irrenunciável por parte de uma Corte Constitucional a ponderação das consequências previsíveis da decisão, que deve ser orientada ao bem comum e, especialmente, à manutenção e ao aperfeiçoamento do Estado de Direito.[134]

Em linha com tais ideias, na sequência do voto o Ministro demonstra de forma clara que uma decisão que interditasse o acesso direto da Administração Tributária a dados bancários dos contribuintes produziria impacto negativo no sistema de fiscalização, uma vez que os agentes fiscais ficariam manietados para investigar diversas situações reveladoras de capacidade contributiva. Também aponta para o risco de deixar o Brasil em posição desconfortável em âmbito internacional, em razão dos diversos compromissos

---

[130] CAMPOS, Carlos Alexandre de Azevedo. *Dimensões do Ativismo Judicial do STF*. Rio de Janeiro: Forense, 2014, p. 52-53.

[131] BLOOM JR., Lackland H. *Methods of Interpretation*: how the Supreme Court reads the constitution. New York: Oxford Universiy Press, 2009, p. 170.

[132] BLOOM JR., Lackland H. *Methods of Interpretation*: how the Supreme Court reads the constitution. New York: Oxford University Press, 2009, p. 352-353.

[133] GARCÍA DE ENTERRÍA, Eduardo. *La Constitución como norma y el Tribunal Constitucional*. 4. ed. Madrid: Civitas, 2006 p. 193.

[134] LARENZ, Karl. *Metodologia da Ciência do Direito*. 3. ed. tradução José Lamego. Lisboa: Fundação Calouste Gulbekian, 1991, p. 517.

de compartilhamento de informações assumidos em dimensão bilateral e multilateral. Sendo assim, vale-se de uma lógica de raciocínio pragmatista, mas o faz reconduzindo os argumentos e as consequências indesejadas à Constituição, como recomendado para compatibilização desse padrão de decisório com o Estado Democrático de Direito.

2.4 Conclusão

Vários países do mundo têm assistido, desde a segunda metade do século passado, ao florescimento de um constitucionalismo renovado e especialmente focado na primazia dos direitos humanos, na efetividade das normas constitucionais, na reaproximação entre direito e moral. No Brasil não é diferente e esse processo ganhou força a partir de 1988 com a promulgação da Constituição Cidadã. Com essa transformação, a Constituição, que passa a ocupar o epicentro do ordenamento jurídico, irradia efeitos sobre todos os ramos do Direito num processo conhecido como filtragem constitucional. Passa-se não só a aplicar princípios diretamente extraídos da Carta Magna, como a utilizá-los como móvel interpretativo da legislação infraconstitucional, em uma marcha que aproxima os diversos ramos do direito, reconectados por uma realidade constitucional única.

O Direito Tributário parece ainda preso ao modelo constitucional anterior, entendendo a constitucionalização do Direito Tributário como fenômeno meramente formal, que tem o seu ápice nas ainda hoje intermináveis discussões sobre regras de competência para imposição de impostos e contribuições previdenciárias. Contudo, ele não pode ficar infenso a todo esse processo de alteração da percepção e do modo de aplicação do Direito conduzido pelo Direito Constitucional. Diante disso, defendo que, no contexto atual, o papel tanto da doutrina quanto dos tribunais é resgatar e tornar operativos os princípios tributários que trazem uma carga valorativa mais relevante e que formam o alicerce do Direito Tributário, tais como: isonomia, capacidade contributiva, justiça fiscal, segurança jurídica, etc. Trazer para os direitos fundamentais dos contribuintes a gramática e os modelos de operação já testados e desenvolvidos para os direitos fundamentais em geral. Entender que, embora cobrados pelo Estado, os tributos representam a repartição das vantagens e riscos sociais entre toda a sociedade. E, sendo assim, a todos importam e atingem as hipóteses de oneração e também as de desoneração, sejam elas formais, pelos instrumentos legais próprios, sejam elas informais, pela via da interpretação constitucional.

Ainda que de forma tardia, é chegada a hora de tornar a Constituição Tributária efetiva, antes que o retorno do pêndulo nos pegue pelo meio do caminho e nos empurre ladeira abaixo.

Referências

ALEXY, Robert; BULYGIN, Eugenio. *La pretensión de corrección del derecho* – la polémica sobre la relación entre derecho y moral. Bogotá: Universidad Externado de Colombia, 2001.

ANDRADE, Fabio Martins de. *Modulação em Matéria Tributária*: O argumento pragmático ou Consequencialista de Cunho Econômico e as Decisões do STF. São Paulo: Quartier Latin, 2011.

ARAÚJO, Valter Schuenquener de. *O Princípio da Proteção da Confiança*. Uma Nova Forma de Tutela do Cidadão Diante do Estado. Rio de Janeiro: Impetus, 2009.

ÁVILA, Humberto. *Sistema constitucional tributário*. 5. ed. São Paulo: Saraiva, 2012.

BALEEIRO, Aliomar. *Direito Tributário Brasileiro*. 11. ed. atualizada por Misabel Abreu Machado Derzi. Rio de Janeiro: Forense, 2010.

BARQUERO ESTEVAN, Juan Manuel. *La función del tributo en el Estado social y democrático de Derecho*. Madrid: Centro de Estudos Políticos y Constitucionales, 2002.

BARROSO, Luís Roberto; BARBOSA, Marcus Vinicius Cardoso. Direito Tributário e o Supremo Tribunal Federal: passado, presente e futuro. *Universitas Jus*, v. 27, p. 1-20, 2016.

BARROSO, Luís Roberto. Doze Anos da Constituição Brasileira de 1988 – Uma breve e acidentada história de sucesso. In: BARROSO, Luís Roberto. *Temas de Direito Constitucional*. Rio de Janeiro: Renovar, 2001.

BARROSO, Luís Roberto. *Interpretação e Aplicação da Constituição*. 7. ed. rev. São Paulo: Saraiva, 2009.

BARROSO, Luís Roberto. Mudança da Jurisprudência do Supremo Tribunal Federal em Matéria Tributária. Segurança Jurídica e Modulação dos Efeitos Temporais das Decisões Judiciais. Parecer RDE. *Revista de Direito do Estado*, v. 2, 2006.

BARROSO, Luís Roberto. *Neoconstitucionalismo e Constitucionalização do Direito. Temas de Direito Constitucional – Tomo IV*. Rio de Janeiro: Renovar, 2009.

BAUMAN, Zygmunt. *Modernidade e Ambivalência*. Tradução: Marcus Penchel. Rio de Janeiro: Jorge Zahar, 1999.

BECK, Ulrich. *Sociedade de Risco*. Rumo a uma outra modernidade. Tradução de Sebastião Nascimento. São Paulo: Editora 34, 2010.

BLOOM JR., Lackland H. *Methods of Interpretation*: how the Supreme Court reads the constitution. New York: Oxford Universiy Press, 2009.

BOMHOFF, Jacco. *Balancing Constitutional Rights*: the origins and meaning of postwar legal discourse. Cambridge: Cambridge University Press, 2013.

CABRAL, J. Bernardo. Os 20 Anos da Constituição Federal de 1988: Avanços e Retrocessos. In: SOUZA NETO, Cláudio Pereira de; SARMENTO, Daniel; BINENBOJM, Gustavo (Coord.). *Vinte anos da Constituição Federal de 1988*. Rio de Janeiro: Lumen Juris, 2008.

CAMPOS, Carlos Alexandre de Azevedo. *Dimensões do Ativismo Judicial do STF*. Rio de Janeiro: Forense, 2014.

CANOTILHO, J. J. Gomes; MOREIRA, Vital. *Fundamentos da Constituição*. Coimbra: Coimbra Editora, 1991.

CARBONELL, Miguel. Neoconstitucionalismo: elementos para uma definição. In: MOREIRA, Eduardo Ribeiro; PUGLIESI, Márcio (Coord.). *20 Anos da Constituição Brasileira*. São Paulo: Saraiva, 2009.

CARVALHO, Paulo de Barros. *Curso de Direito Tributário*. 14. ed. São Paulo: Saraiva, 2002.

COMMANDUCI, Paolo; CARBONELL, Miguel (Ed.). *Neoconstitucionalismo(s)*. Madrid: Trotta; 2003.

DERZI, Misabel de Abreu Machado. *Direito Tributário, Direito Penal e Tipo*. 2. ed. São Paulo: Revista dos Tribunais, 2007.

DWORKIN, Ronald. *Levando os direitos a sério*. São Paulo: Martins Fontes, 2002.

FERALLI, Carla. *A filosofia contemporânea do direito*: temas e desafio. São Paulo: Martins Fontes, 2006

FERRAJOLI, Luigi. Juspositivismo crítico y democracia constitucional. *Doxa. Revista de Teoría y Filosofía del Derecho*, n. 16, p. 7-20, abr. 2002.

GALDINO, Flávio. *Introdução à teoria dos custos dos direitos*: direitos não nascem em árvores. Rio de Janeiro: Lumen Juris, 2005.

GARCÍA DE ENTERRÍA, Eduardo. *La Constitución como norma y el Tribunal Constitucional*. 4. ed. Madrid: Civitas, 2006.

GARCÍA NOVOA, César. *El Concepto de Tributo*. Lima: Tax Editor, 2009.

GODOY, Arnaldo Sampaio de Moraes. *Transação Tributária – Introdução à Justiça Fiscal Consensual*. Belo Horizonte: Fórum, 2010.

GUASTINI, Ricardo, *Teoria e dogmática delle Fonti*, p. 16 e *Dalle Fonti alle Norme*, p. 20 e segs. *Apud* AVILA, Humberto. *Teoria dos Princípios*. Da definição à aplicação dos princípios jurídicos. 2. ed. São Paulo: Malheiros, 2003. p. 22.

HESSE, Konrad. *A Força Normativa da Constituição*. Trad. Gilmar Ferreira Mendes. Porto Alegre: Sérgio Antônio Fabris, 1991.

HOLMES, Stephen; SUNSTEIN, Cass R. *The Cost of Rights*: Why Liberty Depends on Taxes. New York and London: W.W. Norton & Company, 1999

LACOMBE CAMARGO, Maria Margarida. *Hermenêutica e Argumentação*: uma contribuição para o estudo do Direito. 3. ed. Rio de Janeiro: Renovar, 2003.

LARENZ, Karl. *Metodologia da Ciência do Direito*. 3. ed. tradução José Lamego. Lisboa: Fundação Calouste Gulbekian, 1991.

LIMA, Viviane Nunes Araújo. *A Saga do Zangão* – Uma Visão Sobre o Direito Natural. Rio de Janeiro: Renovar, 2000.

MACHADO, Hugo de Brito. Sanções Políticas no Direito Tributário. In: *Revista Dialética de Direito Tributário*, n. 30, p. 46-49.

MURPHY, Liam; NAGEL, Thomas. *O mito da propriedade*. São Paulo: Martins Fontes, 2005.

NABAIS, José Casalta. *O Dever Fundamental de Pagar Impostos*: contributo para a compreensão constitucional do estado fiscal contemporâneo. Coimbra: Almedina, 2009.

NELSON, Willian E. *Marbury v. Madison*: The origins and Legacy of Judicial Review. Lawrence: United Press of Kansas, 2000.

PIRES, Thiago Magalhães. Pós-positivismo sem trauma: o possível e o indesejável no reencontro do direito com a moral. *Revista de Direito do Estado*, Rio de Janeiro, n. 17-18, p. 171-216, jan./jun. 2010.

RIBEIRO, Ricardo Lodi. *A segurança jurídica do contribuinte*. Legalidade, Não-surpresa e Proteção à Confiança Legítima. Rio de Janeiro: Lumen Juris, 2008.

RIBEIRO, Ricardo Lodi. *Temas de Direito Constitucional Tributário*. Rio de Janeiro: Lumen Juris, 2009.

SARMENTO, Daniel. Ubiquidade Constitucional: os dois lados da moeda. In: SARMENTO, Daniel. *Livres e Iguais* – Estudos de Direito Constitucional. Rio de Janeiro: Lumen Juris, 2006.

SARMENTO, Daniel. Neoconstitucionalismo no Brasil: Riscos e Possibilidades. In: *Por um Constitucionalismo Inclusivo*: História Constitucional Brasileira, Teoria da Constituição e Direitos Fundamentais. Rio de Janeiro: Lumen Juris, 2010.

SCHIER, Paulo Ricardo. *Filtragem constitucional*. Porto Alegre: S.A. Fabris, 1999.

SCHOUERI, Luís Eduardo. *Direito Tributário*. 5. ed. São Paulo: Saraiva, 2015.

SOLER, Osvaldo Héctor. *Tratado de Derecho Tributario*: económico, constitucional, sustancial, administrativo e penal. 4. ed. Buenos Aires: La Ley, 2011.

SOUZA NETO, Cláudio Pereira de. Verticalização, cláusula de barreira e pluralismo político: uma crítica consequencialista à decisão do STF na ADIN 3685. *Interesse Público*, Porto Alegre, v. 37, 2006.

SOUZA NETO, Cláudio Pereira de; SARMENTO, Daniel. *Direito Constitucional*. Teoria, história e métodos de trabalho. Belo Horizonte: Fórum, 2012.

TATE, C. Neal; VALLINDER, Torbjörn. *The Global Expansion of Judicial Power*. New York: New York University Press, 1995.

TIPKE, Klaus; YAMASHITA, Douglas. *Justiça Fiscal e Princípio da Capacidade Contributiva*. São Paulo: Malheiros, 2002.

TIPKE, Klaus. *Moral Tributaria del Estado y de los Contribuyentes*. Trad. Pedro M, Herrera Molina. Madrid: Editora Marcial Pons, 2002.

TORRES, Ricardo Lobo. *A Ideia de Liberdade no Estado Patrimonial e no Estado Fiscal*. Rio de Janeiro: Editora Renovar, 1991.

TORRES, Ricardo Lobo. *Curso de Direito Financeiro e Tributário*. 5. ed. Rio de Janeiro: Renovar, 1998.

TORRES, Ricardo Lobo. *Tratado de Direito Constitucional, Financeiro e Tributário*, volume II. Valores e Princípios Constitucionais Tributários. 3. ed. Rio de Janeiro: Renovar, 2008.

TORRES, Ricardo Lobo. *Tratado de Direito Constitucional Financeiro e Tributário*, vol. IV – Os tributos na Constituição. Rio de janeiro: Renovar, 2007.

ROCHA, Sergio André. O protagonismo do STF na interpretação da Constituição pode afetar a segurança jurídica judicial em matéria tributária? In: *Grandes questões atuais do direito tributário*. São Paulo: Dialética, 2011, v. 15.

XAVIER, Alberto. *Tipicidade da tributação, simulação e norma antielisiva*. São Paulo: Dialética, 2001.

ZAGREBELSKY, Gustavo. *El derecho dúctil*. Ley, derechos, justicia. Madrid: Trota, 2009.

Informação bibliográfica deste texto, conforme a NBR 6023:2002 da Associação Brasileira de Normas Técnicas (ABNT):

BARBOSA, Marcus Vinicius. Constitucionalização do Direito Tributário e o Supremo Tribunal Federal: aportes doutrinários e jurisprudenciais para um Direito Tributário renovado. In: SARAIVA, Renata et al. *Ministro Luís Roberto Barroso*: 5 anos de Supremo Tribunal Federal: homenagem de seus assessores. Belo Horizonte: Fórum, 2018. p. 333-366. ISBN 978-85-450-0525-4.

CAPÍTULO 3

A CONSTITUCIONALIZAÇÃO DO DIREITO ADMINISTRATIVO À LUZ DA JURISPRUDÊNCIA DO STF: CASOS EMBLEMÁTICOS JULGADOS APÓS O INGRESSO DO MINISTRO LUÍS ROBERTO BARROSO NA CORTE

MARLUCE FLEURY FLORES

3.1 Introdução

Desde a Constituição da República (1891), utiliza-se no Brasil o sistema judiciário ou de jurisdição única, também denominado como modelo inglês ou de controle judicial. A característica principal desse modelo é a atribuição ao Poder Judiciário da última palavra quanto à legalidade e à legitimidade dos atos praticados tanto pelo Poder Público como pelos particulares.[1]

Ocorre que, até o advento da Constituição de 1988, o controle judicial dos atos administrativos estava mais atrelado à literalidade das leis, decretos e portarias do que às normas e aos valores constitucionais.

A consagração do ideal de força normativa da Constituição, principalmente após a Segunda Guerra Mundial, representou uma quebra de paradigma no sentido de reconhecer os direitos fundamentais como normas jurídicas obrigatórias com posição de destaque nas Constituições modernas, inclusive a brasileira. Atualmente, a Constituição figura no centro do sistema jurídico, de modo que qualquer operação de realização do direito envolve a aplicação direta ou indireta das normas constitucionais.

---

[1] O sistema adotado em nosso ordenamento jurídico difere do modelo francês, em que há uma dualidade de jurisdição, qual seja, o contencioso administrativo, formado pelos tribunais de natureza administrativa, e a jurisdição comum, formada pelos juízes e Tribunais do Poder Judiciário, com a competência de resolver os demais litígios.

O atual modelo constitucional brasileiro decorreu de uma certa euforia constituinte – saudável e inevitável já que consolidado durante a travessia democrática – e resultou em um documento analítico, prolixo e corporativo, que expressa, nas palavras de Luís Roberto Barroso, "uma heterogênea mistura de interesses legítimos de trabalhadores, classes econômicas e categorias funcionais".[2] Essa ampla catalogação dos direitos contribuiu significativamente para a alteração da interpretação dos diversos ramos jurídicos, uma vez que a Constituição Federal de 1988 passou a tratar das mais variadas questões, até então restritas às normas infraconstitucionais.

Esse fenômeno de constitucionalização do Direito teve especial desdobramento sobre o Direito Administrativo, uma vez que há uma vasta quantidade de normas constitucionais voltadas para a disciplina da Administração Pública. Assim, no nosso atual ordenamento jurídico, a interpretação das regras infraconstitucionais e a resolução dos conflitos envolvendo o Poder Público dão-se, em primeiro lugar, à luz dos princípios constitucionais. Essa atribuição de força normativa aos princípios aliada ao crescente pluralismo de ideias e visões de mundo, bem como às deficiências do processo político, acarretaram uma mudança também no papel do intérprete.

Nesse novo contexto do ordenamento jurídico brasileiro, houve uma significativa alteração nos paradigmas tradicionais da relação entre administrado e Administração Pública. Dentre eles, destacam-se: (i) a redefinição da ideia de supremacia do interesse público sobre o interesse privado; (ii) a vinculação do administrado à Constituição e não apenas à lei ordinária; (iii) a possibilidade de controle judicial do mérito do ato administrativo.

Portanto, hoje são desenvolvidas novas teorias e novas categorias são criadas ou reelaboradas, por meio da atribuição de sentidos às cláusulas gerais, normatividade aos princípios e da ponderação na colisão entre direitos fundamentais etc. Assim, o direito hoje "não se assenta apenas em um modelo de regras e de subsunção, nem na tentativa de ocultar o papel criativo de juízes e tribunais".[3]

3.2 O papel do juiz na constitucionalização do direito

Não faltam ao intérprete mecanismos para dar efetividade às normas e aos valores constitucionais. E no exercício dessa função, as Cortes constitucionais normalmente desempenham um papel ora ativista, ora de autocontenção.[4] O ativismo judicial está associado a uma participação mais efetiva do Judiciário por meio de decisões que, a fim de concretizar valores constitucionais, interferem nas funções típicas dos outros dois Poderes. Em contraponto ao ativismo, a autocontenção judicial é manifestada quando

---

[2] BARROSO, Luís Roberto. *Curso de Direito Constitucional contemporâneo*. 5. ed. São Paulo: Saraiva, 2015, p. 399.

[3] BARROSO, Luís Roberto. *Curso de Direito Constitucional contemporâneo*. 5. ed. São Paulo: Saraiva. 2015, p. 299-301.

[4] Em trabalho mais recente, o Ministro Luís Roberto Barroso traz outra classificação aos papéis desempenhados pelas Cortes constitucionais: (i) contramajoritário, quando afastam a aplicação ou invalidam atos dos outros Poderes; (ii) representativo, quando atendem demandas sociais de grupos não representados pelas instâncias políticas; e (iii) iluminista, quando promovem medidas que importam em avanços sociais que não foram deliberados pelos representantes eleitos. Cf. BARROSO, Luís Roberto. *Contramajoritário, Representativo e Iluminista*: Os papéis dos tribunais constitucionais nas democracias contemporâneas. Disponível em: <http://www.e-publicacoes.uerj.br/index.php/revistaceaju/article/view/30806>.

o Judiciário restringe o espaço de incidência da Constituição em deferência às escolhas das instâncias tipicamente políticas.[5]

Esses papéis do Poder Judiciário são exercidos por meio: (i) do reconhecimento de revogação das normas infraconstitucionais anteriores à Constituição quando com elas incompatíveis; (ii) da declaração de constitucionalidade e inconstitucionalidade das leis e atos normativos posteriores à Constituição; (iii) da interpretação conforme a Constituição Federal (determinação do sentido da norma; não incidência a determinada situação de fato, ou exclusão de uma das normas que podem ser extraídas do texto).

Assim, atualmente, não faltam instrumentos para o exercício da jurisdição constitucional. Os obstáculos e dificuldades são mais relacionados ao fim do que ao início do processo constitucional. Dada a expansão dos direitos e garantias constitucionais realizada pela Constituição de 1988, somada à crescente demanda por justiça na sociedade – fruto da redemocratização do país e da redescoberta da cidadania –, há um número cada vez maior de situações aptas a gerar controvérsias sob a ótica constitucional.

Uma parcela significativa dessas demandas envolve a relação entre cidadãos e o Poder Público. Em 2017, por exemplo, a Fundação Getúlio Vargas constatou que 89% dos entrevistados declararam que buscavam o Poder Judiciário para solucionar um problema decorrente da relação com o Poder Público.[6]

A resolução dessas demandas judiciais, em razão da pluralidade de concepções e ideais entre os integrantes do processo político, é causa recorrente de tensão entre os poderes. Isso ocorre porque, muito frequentemente, a lei não é capaz de produzir a uniformização que se poderia esperar, porquanto o próprio processo legislativo no qual são elaboradas não reflete uma ideologia única e coerente.[7] E essa capacidade limitada da lei em garantir um tratamento isonômico acaba atribuindo ao Poder Judiciário um papel ora complementar, ora de protagonista na implementação dos valores constitucionais.

A adoção do sistema da jurisdição única, no qual cabe ao Poder Judiciário a última palavra sobre o controle dos atos do Poder Público, somada à crescente judicialização das questões políticas, por um lado, intensifica a participação dos juízes nas questões políticas e sociais e, por outro lado, deixa-os mais expostos às críticas.

Nesse cenário, o exercício da jurisdição constitucional encontra dificuldades que nem sempre estão adstritas ao campo dogmático. A complexidade da resolução da controvérsia está muitas vezes relacionada à repercussão e aos efeitos das decisões. Isso porque, a fim de garantir os direitos daqueles que não têm voz no processo político, o Poder Judiciário acaba por afastar a aplicabilidade ou declarar a nulidade de normas aprovadas pelos representantes eleitos democraticamente. E, como os juízes não são escolhidos pelos cidadãos, tais decisões, por vezes, geram um sentimento de desconforto e instabilidade naqueles que não se sentem beneficiados por elas. Em 2017, segundo o relatório 'Índice de Confiança na Justiça' (ICJBrasil), produzido pela Escola de Direito de São Paulo da Fundação Getúlio Vargas, houve uma queda na confiança da população

---

[5] Cf. BARROSO, Luís Roberto. *Constituição, democracia e supremacia judicial*: Direito e política no Brasil contemporâneo. Disponível em: <http://www.luisrobertobarroso.com.br/wp-content/uploads/2017/09/ constitucao_democracia_e_supremacia_ judicial.pdf>.

[6] Disponível em: <http://direitosp.fgv.br/sites/direitosp.fgv.br/files/arquivos/relatorio_icj_1sem2017.pdf>.

[7] Cf. MENDONÇA, Eduardo. A jurisdição constitucional como canal de processamento do autogoverno democrático. In: SARMENTO, Daniel (Coord.). *Jurisdição Constitucional e Política*. Rio de Janeiro: Forense, 2015.

no Judiciário. De acordo com a pesquisa, enquanto 30% dos entrevistados diziam confiar na Justiça em 2016, só 24% disseram o mesmo entre maio e junho do ano seguinte.

A relação entre o Poder Judiciário e os representantes eleitos também vem sendo marcada pela instabilidade, talvez por se sentirem desprestigiados e, por vezes, afrontados pelas decisões de agentes públicos que, ao contrário deles, não foram escolhidos por meio de sufrágio.

Outro fator que influencia o exercício da função jurisdicional decorre do processo de redemocratização do País, que, nos últimos 20 anos, com a reorganização da sociedade civil e o fortalecimento da liberdade de imprensa, submeteu o Judiciário à crítica a que estão sujeitos todos os demais poderes estatais. Tal cenário foi intensificado a partir do televisionamento das sessões plenárias do Supremo Tribunal Federal, deixando os ministros expostos, em tempo real, às mais diversas opiniões. Nunca os membros da Corte constitucional brasileira foram tão conhecidos e tiveram os seus posicionamentos replicados em redes sociais, a ponto de suas imagens serem objeto constante de "memes" que "viralizam" no ambiente virtual.

As decisões proferidas pela Corte constitucional nem sempre são assentidas pelo grande público. E essa incompreensão pode ser explicada pelo fato de que as normas constitucionais podem ser interpretadas de maneiras diversas. Com efeito, em uma sociedade plural, os juízes, como quaisquer pessoas, têm pré-compreensões diferentes e, diante das várias possibilidades de interpretação, cada julgador, naturalmente, chegará a uma conclusão diversa.

Daí a necessidade de fundamentação e coerência nas decisões judiciais. Com efeito, a força da jurisdição constitucional está na sua capacidade de argumentação e os cidadãos têm o direito de saber por que um agente público decidiu em determinado sentido e não em outro.[8] Sendo assim, as decisões judiciais, sobretudo as formadoras de precedentes, devem ser dotadas de racionalidade e motivação.

A racionalidade das decisões, conforme leciona Ana Paula de Barcellos, consiste na vinculação da decisão judicial ao sistema jurídico em vigor, sobretudo, à Constituição. Ocorre que nem sempre o sistema indicará uma solução única e, nesse caso, não bastará expor alguma conexão com o sistema, devendo-se demonstrar a racionalidade propriamente dita, ou seja, por que determinada solução deve ser adotada e não outra.

É necessário também explicitar as razões da decisão. O descumprimento do dever de motivação, no caso de formação de um precedente, traz danos ainda mais abrangentes, pelas seguintes razões: (i) os destinatários dos precedentes não são apenas as partes do processo, mas os demais órgãos do Judiciário, da Administração Pública, outras partes, etc.; (ii) a motivação deficiente dos precedentes judiciais pode inviabilizar sua própria funcionalidade.

Além da exposição dos fatos a partir dos quais a decisão é construída, é importante também que os Tribunais, na construção dos precedentes, façam um teste de universalização da decisão que se pretende tomar, ou seja, que se avalie o impacto que aquele entendimento terá sobre todas as situações semelhantes.[9]

---

[8] MENDONÇA, Eduardo. A jurisdição constitucional como canal de processamento do autogoverno democrático. In: SARMENTO, Daniel (Coord.). *Jurisdição Constitucional e Política*. Rio de Janeiro: Forense, 2015, p. 149.

[9] Cf. BARCELLOS, Ana Paula de. Voltando ao básico. Precedentes, uniformidade, coerência e isonomia. Algumas razões sobre o dever de motivação. In: MENDES, MARINONI, WAMBIER (Coord.). *Direito Jurisprudencial volume II*. São Paulo: Revista dos Tribunais, 2014.

3.3 Os casos emblemáticos em matéria de Direito de Administrativo julgados pelo STF nos últimos cinco anos

Desde a sua posse no Supremo Tribunal Federal, em 26.06.2013, o Ministro Luís Roberto Barroso participou do julgamento de diversos casos sobre temas de grande repercussão para o Direito Administrativo. Foram julgadas controvérsias relacionadas ao controle judicial dos atos administrativos e das políticas públicas, aos direitos dos servidores públicos, às regras de concurso público, à responsabilidade da Administração Pública, entre outras matérias relevantes.

No presente estudo, elencaremos os casos mais emblemáticos e as razões apresentadas pelo Ministro Luís Roberto Barroso na resolução das questões controvertidas.

3.3.1 Quanto ao controle judicial dos atos administrativos e das políticas públicas

No MS nº 28.178, sob a relatoria do Ministro Luís Roberto Barroso, julgado em 04.03.2015, o Plenário do STF decidiu que o sentido do princípio da publicidade, previsto no art. 37, *caput*, da Constituição, é *a transparência no acesso a documentos públicos, sendo o sigilo a exceção*.

Tratava-se do debate acerca da existência de direito líquido e certo de um veículo de comunicação ao acesso a comprovantes apresentados por Senadores da República para recebimento de verba indenizatória em um determinado período. Apurou-se que o Senado Federal se recusara a fornecer informações sobre verbas indenizatórias pagas em data anterior à vigência do Ato 03/2009, que determinou a publicação de todos os pagamentos feitos a membros daquela Casa.

Em sua defesa, o Senado argumentou que as informações estariam cobertas pelo sigilo por serem imprescindíveis à segurança (art. 5º, XXXII, CF), bem como por se referirem à intimidade, vida privada, honra e imagem dos Senadores (art. 5º, X). A Corte afastou tais argumentos para assentar que eventual necessidade de sigilo não pode ser invocada de forma genérica, devendo ser concretamente justificada. Concluiu que também a intimidade não pode ser invocada de forma genérica a fim de manter sigilosas todas as despesas dos agentes públicos.

Havia ali uma diferença crucial: a verba que se pretendia afastar a publicação não se tratava de subsídio dos parlamentares, mas de valor recebido a título indenizatório que, por sua própria natureza, deveria ser empregada para custear atividades ligadas ao exercício da função e, como tal, deveria estar revestida de publicidade.

Concluiu-se, por unanimidade de votos, que o presidente do Senado Federal tinha o dever de fornecer ao veículo de comunicação cópia dos comprovantes do uso da verba indenizatória pelos Senadores da República, em prestígio ao princípio da publicidade e com fundamento no interesse público de divulgação do uso das verbas públicas.

Outro julgamento importante deu-se no RE nº 658.570, sob o regime de repercussão geral, no qual se fixou a constitucionalidade da atribuição às guardas municipais do exercício de poder de polícia de trânsito, inclusive para imposição de sanções administrativas legalmente previstas. A Corte, por maioria, concluiu que a fiscalização de trânsito, ainda que tenha caráter ostensivo e desde que pautada nas sanções legalmente previstas, constitui mero exercício do poder de polícia, podendo, assim, ser exercida por entidades não policiais.

Consignou-se, ainda, que a Constituição outorgou competência legislativa privativa à União (art. 22, XI) e competência comum de todos os entes da federação para estabelecer e implantar políticas de educação na matéria (art. 23, XII). A partir desses comandos, o Código de Trânsito Brasileiro instituiu um sistema que atribui ao Município a maior parte da competência fiscalizatória em matéria de trânsito (art. 24).

Por outro lado, o relator originário, Ministro Marco Aurélio, dava aos dispositivos atacados interpretação conforme a Constituição, entendendo que a guarda municipal, a despeito de detentora de poder de polícia, não poderia atuar quando não estivesse em jogo a proteção de bens e serviços e equipamentos municipais, nem poderia ultrapassar as fronteiras da competência dos municípios.

Assim, com fundamento no voto do Ministro Luís Roberto Barroso, a partir de uma interpretação sistemática das normas relativas à segurança pública e à divisão de competências entre os entes federativos, concluiu-se que a atribuição às guardas municipais do exercício de poder de polícia de trânsito não viola o comando constitucional que prevê as funções de promoção da segurança pública (art. 144, CF) como prerrogativa exclusiva das entidades policiais.

Em tema sensível quanto ao controle da gestão pública pelo Poder Judiciário, o Supremo Tribunal Federal assentou a legitimidade das decisões judiciais que impõem à Administração Pública obrigação de fazer, consistente na promoção de medidas ou na execução de obras emergenciais em estabelecimentos prisionais para dar efetividade ao postulado da dignidade da pessoa humana e assegurar aos detentos o respeito à sua integridade física e moral (RE nº 592.581-RG, Rel. Min. Ricardo Lewandowski).

No julgamento do paradigma, o Ministro Luís Roberto Barroso destacou que a judicialização não substitui a política, tendo esta preferência sempre que consiga produzir consensos e atuar de modo eficaz. Ressaltou que "há situações em que o Judiciário deve ser autocontido em respeito às decisões políticas dos outros Poderes, e há situações em que ele tem que ser proativo, em nome da Constituição e dos valores que nos cabe resguardar". Reconheceu que o Judiciário não tem a visão sistêmica das demandas e que é preparado para fazer a justiça do caso concreto, cabendo ao Poder Executivo, em um modelo ideal, as decisões sobre a elaboração de políticas públicas.

Concluiu que, em respeito à separação dos Poderes e às capacidades institucionais de cada Poder, a atuação do Judiciário deve se dar quando haja omissão inconstitucional do Executivo. Ponderou que, regra geral, pode o Judiciário impor ao Poder Executivo que realize o exame da situação e que apresente um plano adequado para sanar aquela omissão, determinando-se, por exemplo, a realização de um cronograma, a estimativa de custos e um exame de como se vai custear aquela demanda social. E, uma vez realizado o diagnóstico e a elaboração do plano pelo Executivo, caberá ao Judiciário o monitoramento da sua execução.

Quanto à questão objeto do julgamento, concluiu tratar-se de hipótese excepcional, e que deveria haver a atuação mais efetiva do Judiciário, uma vez que cuidava-se (i) de "um conjunto de pessoas que ficou à margem da vida pela incapacidade de vocalizar os seus interesses e as suas pretensões, porque não há quem as represente"; (ii) de "um problema estrutural, sistêmico e que vem de longe assinalado por uma inércia contínua e permanente dos Poderes Públicos, notadamente, do Executivo"; e (iii) de caso em que por imposição do poder do Estado essas pessoas foram privadas de liberdade, cabendo-lhe, evidentemente, exercer os seus deveres de proteção daqueles que estão sob a sua guarda. Concluiu, assim, que "o Judiciário tem a legitimidade de intervir para superar um quadro crônico, histórico, atávico de omissão do Poder Executivo nessa matéria".

3.3.2 Quanto às controvérsias relativas a concursos públicos

Em relação às questões relacionadas a concurso público, o Ministro Luís Roberto Barroso vem adotando entendimento que, em regra, preserva a discricionariedade da Administração Pública. Foi sua posição, por exemplo, no julgamento do RE nº 837.311, sob a sistemática da repercussão geral, no qual, sob a relatoria do Ministro Luiz Fux, o Tribunal fixou a tese de que o surgimento de novas vagas ou abertura de novo concurso para o mesmo cargo, durante o prazo de validade do certame anterior, não gera direito à nomeação dos candidatos aprovados fora das vagas previstas no edital. Na ocasião, o Ministro Luís Roberto Barroso votou pelo provimento do recurso extraordinário, em razão de ter interpretado os fatos de modo diferente do relator, mas em relação à tese fixada, acompanhou a maioria.

Na apreciação do RE nº 608.482, em 07.08.2014, também julgado sob a sistemática da repercussão geral, discutiu-se a aplicabilidade da denominada "teoria do fato consumado", bem como dos princípios da proteção da confiança legítima e da segurança jurídica nas hipóteses em que o candidato não habilitado em concurso público assume o cargo por força de liminar. A maioria dos ministros, seguindo o voto do relator (Min. Teori Zavascki), fixou a tese de que não é compatível com o regime constitucional a manutenção no cargo público de candidato que tomara posse em razão de execução provisória de medida liminar ou outro provimento judicial de natureza precária, supervenientemente revogado ou modificado.

Entendeu-se, assim, serem inaplicáveis os princípios da proteção da confiança legítima e da segurança jurídica às hipóteses, como a daqueles autos, em que a vantagem obtida não se deu por iniciativa da Administração, mas por ato do próprio servidor, que obteve provimento judicial determinando a nomeação e posse no cargo público. Concluíram que, na colisão entre o interesse individual do candidato em permanecer no cargo público e o interesse público de fazer-se respeitar a regra do concurso público, deve prevalecer esta última.

O Ministro Luís Roberto Barroso abriu divergência quanto à tese fixada pelo relator, argumentando que o princípio da proteção da confiança é aplicável no âmbito judicial, pois decisões do Estado-juiz também podem gerar expectativas legítimas nos cidadãos. Ressaltou também que não se pode dar o mesmo tratamento a todas as decisões judiciais não transitadas em julgado, pois há diferença de estabilidade, por exemplo, entre uma decisão liminar de primeira instância e uma decisão de mérito colegiada.

Propôs, assim, os seguintes parâmetros para a resolução da controvérsia: (i) o decurso do prazo de mais de cinco anos entre a decisão que reconheceu o direito à nomeação e posse no cargo público e a que a modificou ou revogou (aplicação, por analogia, do prazo previsto no art. 54 da Lei nº 9.784/1999; (ii) a plausibilidade da tese jurídica que justificou a investidura e a ausência de conduta processual procrastinatória; e (iii) que a posse tenha sido determinada por uma decisão de mérito de órgãos colegiados.

Outra importante decisão acerca do disciplinamento dos concursos públicos deu-se no julgamento da ADC nº 41, de sua relatoria, no qual se discutiu a constitucionalidade da Lei nº 12.990/2014, que reserva aos negros 20% das vagas oferecidas em concursos públicos para provimento de cargos e empregos públicos na Administração Pública Federal.

O Tribunal, acompanhando o voto do relator, decidiu que a norma é constitucional, uma vez que está em consonância com o princípio da isonomia, na medida em que "se funda na necessidade de superar o racismo estrutural e institucional ainda existente na sociedade brasileira e garantir a igualdade material entre os cidadãos, por meio da distribuição mais equitativa de bens sociais e da promoção do reconhecimento da população afrodescendente".

Assentou-se também que não viola os princípios do concurso público e da eficiência, uma vez que o candidato cotista não é isento da aprovação nas provas e testes realizados com os demais candidatos, sendo a incorporação do fator "raça", em verdade, contributivo para a criação de uma "burocracia representativa".[10]

Conclui-se, por fim, que a medida observa o princípio da proporcionalidade em sua tríplice dimensão, tendo em conta que "(i) nem todos os cargos e empregos públicos exigem nível superior; (ii) ainda quando haja essa exigência, os beneficiários da ação afirmativa no serviço público podem não ter sido beneficiários das cotas nas universidades públicas; e (iii) mesmo que o concorrente tenha ingressado em curso de ensino superior por meio de cotas, há outros fatores que impedem os negros de competir em pé de igualdade nos concursos públicos, justificando a política de ação afirmativa instituída pela Lei nº 12.990/2014".

A fim de garantir a efetividade da política de cotas, consignou, ainda, a constitucionalidade da utilização, além da autodeclaração, de critérios subsidiários de heteroidentificação – como mecanismo para evitar fraudes pelos candidatos – desde que respeitada a dignidade da pessoa humana e garantidos o contraditório e a ampla defesa.

3.3.3 Quanto às controvérsias relativas à responsabilidade civil do Estado

Em tema afeto à responsabilidade civil do Estado pela demora na nomeação de candidato, aprovado em concurso público, que tivera reconhecido judicialmente o seu direito, o Tribunal, por maioria e com fundamento no voto do Ministro Luís Roberto Barroso, assentou que o pagamento de indenização referente a período em que não houve prestação de serviços configuraria enriquecimento sem causa (RE nº 724.347-RG, julgado em 23.10.2014).

---

[10] Concluiu também que: "é possível defender que a reserva de vagas para negros na administração federal seria capaz de potencializar o princípio da eficiência, medida a partir do conceito da 'representatividade'. A questão da participação de minorias étnico-raciais em órgãos públicos – a chamada 'burocracia representativa' – tem recebido grande atenção de teóricos nas últimas décadas. A constituição de um serviço público 'representativo' – i.e., capaz de refletir a composição da população que atende – produziria diversos benefícios para a prestação do serviço, aumentando a qualidade, a responsividade e a inclusividade das políticas e decisões produzidas. Essa concepção se funda na ideia de que os servidores públicos refletem em seu trabalho, em alguma medida, suas histórias de vida, experiências sociais, valores e background. Com isso, a partir de uma composição mais plural, as instituições estatais, em todos os níveis e Poderes, passam a ter maior capacidade de atuar na defesa dos interesses de todos os grupos e segmentos da população, tornando-se mais democráticas".

Em contraposição, o relator originário, Ministro Marco Aurélio, entendeu que a Administração Pública tinha o dever de indenizar o candidato, tendo em conta que a situação ali narrada estaria abrangida pelo artigo 37, §6º, da Constituição Federal, que prevê o dever objetivo do Estado em indenizar o dano causado ao cidadão, quando presente o nexo causal entre o ato administrativo e o dano.

Seguindo uma linha jurisprudencial mais recente do Supremo Tribunal Federal, o Ministro Luís Roberto Barroso concluiu que "a simples existência de um litígio judicial sobre concurso público é fato normal da vida de uma sociedade com instituições, e a defesa judicial pelo Estado de um ponto de vista minimamente razoável, dentro das regras do jogo, não gera dano indenizável". Isso porque a mera aprovação em concurso público não gera direito a nomeação, posse e efetivo exercício do cargo público. Ressalvou, por outro lado, as situações de *arbitrariedade qualificada* – tais como "descumprimento de ordens judiciais, litigância meramente procrastinatória, má-fé e outras manifestações de desprezo ou mau uso das instituições" –, nas quais se exige a reparação adequada dos danos. Entendeu, ao final, que no caso concreto não ficou configurada qualquer arbitrariedade patente por parte da Administração Pública.

Ainda quanto à responsabilidade civil do Estado, o Supremo Tribunal Federal fixou a tese de que "considerando que é dever do Estado, imposto pelo sistema normativo, manter em seus presídios os padrões mínimos de humanidade previstos no ordenamento jurídico, é de sua responsabilidade, nos termos do art. 37, §6º, da Constituição, a obrigação de ressarcir os danos, inclusive morais, comprovadamente causados aos detentos em decorrência da falta ou insuficiência das condições legais de encarceramento" (RE nº 580.252-RG, julgado em 16.02.2017).

Em seu voto-vista, o Ministro Luís Roberto Barroso destacou que os danos causados aos presos em decorrência de violações à sua dignidade devem ser ressarcidos, não sendo legítima a invocação da cláusula da reserva do possível. Enfatizou que no caso brasileiro "o descumprimento do dever estatal de garantir condições dignas de encarceramento encontra-se diretamente relacionado a uma deficiência crônica de políticas públicas prisionais adequadas, que atinge boa parte da população carcerária e cuja superação é complexa e custosa". E, portanto, "a entrega de uma indenização pecuniária confere uma resposta pouco efetiva aos danos morais suportados pelos presos", uma vez que "esta solução, além de não eliminar ou minorar as violações à dignidade humana dos presos, tende a agravá-las e perpetuá-las, já que recursos estatais escassos, que poderiam ser utilizados na melhoria do sistema, estariam sendo drenados para as indenizações individuais".

Propôs, assim, a adoção de "um mecanismo de reparação alternativo, que confira primazia ao ressarcimento *in natura* ou na forma específica dos danos, por meio da remição de parte do tempo de execução da pena, em analogia ao art. 126 da Lei de Execução Penal". No seu entendimento, a indenização em pecúnia deve ostentar caráter subsidiário, sendo cabível apenas nas hipóteses em que o preso já tenha cumprido integralmente a pena ou não seja possível aplicar-lhe a remição. No entanto, a adoção desse novo método de reparação de danos não foi ratificada pela maioria dos membros da Corte, tendo sido acompanhada tão somente pelos Ministros Celso de Mello e Luiz Fux.

3.3.4 Quanto aos direitos dos servidores públicos

Em relação ao direito de greve dos servidores públicos, houve julgamento da questão em duas ocasiões: (i) RE nº 693.456-RG, julgado sob a relatoria do Ministro Dias Toffoli; e (ii) em 05.04.2017, no RE nº 654.432-RG, cujo relator originário era o Ministro Edson Fachin, sendo o redator para o acórdão o Ministro Alexandre de Morais.

No julgamento do primeiro caso, o Supremo Tribunal Federal assentou a possibilidade de descontos dos dias de paralisação decorrentes do exercício do direito de greve pelos servidores públicos, sendo permitida a compensação em caso de acordo. O Ministro Luís Roberto Barroso ressaltou a importância de se definir algumas regras para o exercício de greve no setor público. Isso porque a deficiência na regulamentação da matéria acabou abrindo campo para a radicalização de posições, permitindo que o Poder Público unilateralmente determinasse se havia ou não alguma conduta ilegítima para fins do corte do ponto.

Em seu voto-vista, em consonância com a jurisprudência do STF, do STJ e do TST, acompanhou o relator quanto à possibilidade de corte do ponto dos servidores públicos, uma vez que durante a paralisação há a suspensão do contrato de trabalho, sendo o desconto "consequência lógica da suspensão do vínculo funcional produzida pela paralisação e da não prestação do serviço pelo servidor". Ressaltou que o corte de ponto é "necessário para a adequada distribuição dos ônus inerentes à instauração da greve e para que a paralisação – que gera sacrifício à população – não seja adotada pelos servidores sem maiores consequências".

Com fundamento em jurisprudência mais recente do TST quanto à possibilidade de solução intermediária em casos de greve prolongada – ou seja, o corte de parte dos dias de paralisação da remuneração dos trabalhadores e a compensação da outra parte – defendeu a adoção do mesmo entendimento no caso de greve prolongada dos servidores públicos, nas situações em que haja indícios de que o Poder Público esteja recusando-se a negociar, de modo a postergar injustificadamente a promoção de acordos e, ainda, na hipótese em que, por algum motivo, pareça beneficiar-se com a situação.

Quanto ao segundo caso, relativo ao direito de greve dos servidores integrantes de carreiras relacionadas à segurança pública, o Ministro Luís Roberto Barroso, seguindo decisões reiteradas do STF, e com fundamento nas normas internacionais de direitos humanos,[11] afastou a possibilidade de greve por autoridades policiais em geral. Entendeu que, sobretudo diante do atual cenário brasileiro, os direitos da sociedade à preservação da ordem pública, da incolumidade dos bens públicos e da integridade física das pessoas devem prevalecer sobre o direito de greve dos policiais.

Ressaltou que, em razão da restrição desse direito fundamental aos policiais, é indispensável que essa categoria possa vocalizar as suas reivindicações de alguma forma. Propôs, assim, com fundamento no art. 165 do Código de Processo Civil, a faculdade de instauração de uma instância de mediação com a intervenção do Poder Judiciário.

---

[11] Citou: (i) Relatório da Comissão Interamericana da Organização dos Estados Americanos, que prevê que "Em princípio, as restrições que os sistemas legais que os Estados-membros fazem ao exercício do direito de greve dos membros da Polícia não são violação ao artigo 9º da Convenção Internacional do Trabalho nº 87"; (ii) Pacto Internacional dos Direitos Econômicos, Sociais e Culturais, que em seu artigo 8º determina aos Estados-membros que garantam o direito de greve, mas ressalta que a previsão "não impedirá que se submeta a restrições legais o exercício desses direitos pelos membros das forças armadas, da política ou da administração pública".

3.4 Conclusão

Percebe-se, assim, que os votos proferidos pelo Ministro Luís Roberto Barroso nos casos mais emblemáticos relativos ao Direito Administrativo apresentam racionalidade, fundamentação e avaliação do impacto da decisão.

Com efeito, uma mesma linha de pensamento é seguida pelo Ministro Luís Roberto Barroso na solução das controvérsias ora em análise, qual seja (i) a deferência, regra geral, às decisões políticas; (ii) a proteção das minorias não representadas pelos agentes públicos responsáveis pela elaboração e implementação de políticas públicas; e (iii) a primazia do interesse público sobre os interesses individuais, salvo nos casos de flagrante arbitrariedade.

Na solução do conflito entre o princípio da publicidade dos atos administrativos e o direito à privacidade e à intimidade (MS nº 28.178), por exemplo, concluiu-se, pela existência do dever de fornecer ao veículo de comunicação impetrante da ação cópia dos comprovantes do uso da verba indenizatória pelos Senadores da República, em prestígio ao princípio da publicidade e com fundamento no interesse público de divulgação do uso das verbas públicas.

Seguindo o mesmo raciocínio de primazia do interesse público primário e de prestígio aos princípios constitucionais próprios da Administração Pública, concluiu que a atribuição às guardas municipais do exercício de poder de polícia de trânsito não viola comando constitucional que prevê como prerrogativa exclusiva das entidades policiais as funções de promoção da segurança pública (art. 144, CF). Ressaltou a importância de considerarem-se as diferentes realidades sociais e orçamentárias dos Estados e Municípios brasileiros e, à luz do princípio constitucional da eficiência, interpretou sistematicamente as normas relativas à segurança pública, ao poder de polícia e à divisão de competências entre os entes federativos (RE nº 658.570-RG).

No julgamento do RE nº 592.581-RG, em que se assentou a legitimidade das decisões judiciais que impõem à Administração Pública obrigação de fazer para dar efetividade ao postulado da dignidade da pessoa humana, foi de grande relevância o destaque feito pelo Ministro Luís Roberto Barroso quanto à importância de adotar-se uma postura de deferência às escolhas da Administração Pública. Enfatizou que a judicialização das questões sociais não pode ter por objetivo a substituição da política, ressaltando que aquele caso comportava excepcional ingerência do Poder Judiciário, tendo em conta a patente omissão do Poder Público na promoção de medidas que assegurassem aos presos condições mínimas de vida digna.

Percebe-se que a Corte constitucional não tem a pretensão de transformar o Judiciário em um poder soberano em relação aos demais, mas apenas de dar máxima efetividade aos valores constitucionais, sobretudo quando está em jogo o direito de minorias não representadas pelos agentes políticos responsáveis pela formulação e implementação de políticas públicas.

Por outro lado, como bem ressaltado pelo Ministro Luís Roberto Barroso, ainda no voto proferido no RE nº 592.581-RG, o Judiciário não tem a visão sistêmica das demandas e é preparado para fazer a justiça do caso concreto. Daí a importância de ingerência nas funções típicas dos demais poderes apenas em hipóteses excepcionais.

Esse é o seu entendimento também em relação às controvérsias atinentes a concursos públicos, nas quais vem adotando entendimento que preserva a discricionariedade da Administração Pública. Foi sua posição, por exemplo, no julgamento do RE nº 837.311, sob a sistemática da repercussão geral, no qual, sob a relatoria do Ministro Luiz Fux, o Tribunal fixou a tese de que, em regra, o surgimento de novas vagas ou abertura de novo concurso para o mesmo cargo, durante o prazo de validade do certame anterior, não gera direito à nomeação dos candidatos aprovados fora das vagas previstas no edital.

Igualmente, em caso da sua relatoria (ADC nº 41), assentou a constitucionalidade da Lei nº 12.990/2014, que reserva aos negros 20% das vagas oferecidas em concursos públicos para provimento de cargos e empregos públicos na Administração Pública Federal. Decidiu que a norma é constitucional, uma vez que prestigia o princípio da isonomia, ante a necessidade de superação do racismo estrutural e institucional existente na nossa sociedade. Ressaltou também que a incorporação do fator "raça" nos concursos públicos representa, em verdade, fator de prestígio ao princípio da eficiência, na medida em que possibilita a constituição de um serviço público "representativo".

Nas hipóteses em que propôs a superação da decisão da Administração Pública pelo Poder Judiciário, foi com fundamento na necessária efetividade dos princípios constitucionais. Essa foi a posição que adotou, por exemplo, no voto-vista proferido no julgamento do RE nº 608.482-RG, em que apresentou relevante entendimento quanto à aplicabilidade do princípio da proteção da confiança também no âmbito judicial, uma vez que decisões do Estado-juiz são igualmente passíveis de gerar expectativas legítimas nos cidadãos.

Em temas afetos à responsabilidade civil do Estado, também tem apresentado posições que prestigiam o interesse público primário, salvo nos casos de flagrante violação aos direitos individuais.

No julgamento de controvérsia relativa à demora na nomeação de candidato aprovado em concurso público que tivera reconhecido judicialmente o seu direito, o Tribunal, por maioria e com fundamento no voto do Ministro Luís Roberto Barroso, assentou que o pagamento de indenização referente a período em que não houve prestação de serviços configuraria enriquecimento sem causa. Concluiu que a mera aprovação em concurso público não gera direito a nomeação, posse e efetivo exercício do cargo público. Ressalvou, por outro lado, que poderá haver dano indenizável nas situações de *arbitrariedade qualificada* por parte do Poder Público.

Similar entendimento foi adotado no julgamento do RE nº 580.252-RG, em que se assentou a obrigação de ressarcimento dos danos causados aos presos em decorrência de arbitrariedade flagrante do Poder Público, qual seja, o descumprimento do dever estatal de garantir condições dignas de encarceramento. Nesse julgado, apresentou voto-vista em que propôs uma forma inovadora de indenização, consistente na adoção de "um mecanismo de reparação alternativo, que confira primazia ao ressarcimento *in natura* ou na forma específica dos danos, por meio da remição de parte do tempo de execução da pena, em analogia ao art. 126 da Lei de Execução Penal". No entanto, a utilização desse novo método de reparação de danos não foi ratificada pela maioria dos membros da Corte, tendo sido acompanhado somente pelos Ministros Celso de Mello e Luiz Fux.

Em relação aos servidores públicos, destacam-se os julgamentos de casos relativos à greve no setor público (RE nº 693.456 e nº 654.432), nos quais se assentou (i) a possibilidade de descontos dos dias de paralisação decorrentes do exercício do direito de greve pelos servidores públicos; e (ii) a impossibilidade de greve por autoridades policiais em geral.

No julgamento do RE nº 693.456, demonstrou-se a preocupação com os efeitos da decisão do Supremo Tribunal Federal (MIs nºs 670, 708 e 712) que determinou a aplicação da lei de greve dos trabalhadores privados aos servidores públicos. O Ministro Luís Roberto Barroso, em voto-vista, acompanhou o relator quanto à possibilidade de corte do ponto dos servidores públicos, em respeito ao interesse público na continuidade dos serviços públicos. Apresentou, por outro lado, solução para o caso de arbitrariedade do Poder Público, qual seja a possibilidade de corte de apenas parte dos dias de paralisação e a compensação dos demais.

A primazia do interesse público também foi prestigiada para a fixação da tese quanto à impossibilidade de exercício do direito de greve dos servidores integrantes de carreiras relacionadas à segurança pública. Naquela assentada, o Ministro Luís Roberto Barroso, seguindo decisões reiteradas do STF e com fundamento nas normas internacionais de direitos humanos, concluiu que os direitos da sociedade à preservação da ordem pública, da incolumidade dos bens públicos e da integridade física das pessoas devem prevalecer sobre o direito de greve dos policiais. Do mesmo modo, apresentou alternativa para não vulnerar os direitos dos servidores dessa categoria, propondo a faculdade de instauração de uma instância de mediação com a intervenção do Poder Judiciário.

Pelo exposto, desde a sua posse no Supremo Tribunal Federal, o Ministro Luís Roberto Barroso tem desenvolvido novas teorias e reelaborado antigos conceitos, sempre na busca da solução mais correta, justa e legítima ao caso concreto, de modo a possibilitar que os direitos constitucionais passem a ser não apenas garantidos, mas também vivenciados pelos seus destinatários. E esse modo de pensar e decidir as questões atinentes ao Direito Administrativo, como demonstrado, não importa em violação à separação dos poderes, na medida em que se adota como regra a deferência às escolhas das demais instâncias.

Por outro lado, cabe ao Poder Judiciário ultrapassar as barreiras de sua atuação nas hipóteses de omissão inconstitucional das funções típicas dos demais poderes. Tal postura é justificada pelo dever, atribuído ao Judiciário pela Constituição Federal de 1988, de dar máxima efetividade aos valores constitucionais, sobretudo, quando em jogo o direito de grupos não representados pelas instâncias responsáveis pela formulação e execução das escolhas da Administração Pública. E esse tem sido o papel exercido pelo Ministro Luís Roberto Barroso no seu quinquênio como membro do Supremo Tribunal Federal.

Referências

BARCELLOS, Ana Paula de. Voltando ao básico. Precedentes, uniformidade, coerência e isonomia. Algumas razões sobre o dever de motivação. In: MENDES, MARINONI, WAMBIER (Coord.). *Direito Jurisprudencial.* volume II. São Paulo: Revista dos Tribunais, 2014.

BARROSO, Luís Roberto. *Constituição, democracia e supremacia judicial*: Direito e política no Brasil contemporâneo. Disponível em: <http://www.luisrobertobarroso.com.br/wp-content/uploads/2017/09/constituicao_democracia_e_supremacia_judicial.pdf>.

BARROSO, Luís Roberto. *Contramajoritário, Representativo e Iluminista*: Os papéis dos tribunais constitucionais nas democracias contemporâneas. Disponível em: <http://www.e-publicacoes.uerj.br/index.php/revistaceaju/article/view/30806>.

BARROSO, Luís Roberto. *Curso de Direito Constitucional Contemporâneo*. 5. ed. São Paulo: Saraiva, 2015.

BRANDÃO, Rodrigo. *Supremacia judicial* versus *diálogos constitucionais*: a quem cabe a última palavra sobre o sentido da Constituição? Rio de Janeiro: Lumen Juris, 2012.

MENDONÇA, Eduardo. A jurisdição constitucional como canal de processamento do autogoverno democrático. In: SARMENTO, Daniel (Coord.). *Jurisdição Constitucional e Política*. Rio de Janeiro: Forense, 2015.

MEIRELLES, Hely Lopes. *Direito Administrativo brasileiro*. 29. ed. São Paulo: Malheiros, 2004.

MELLO, Patrícia Perrone Campos. *Nos bastidores do STF*. Rio de Janeiro: Forense, 2015.

Informação bibliográfica deste texto, conforme a NBR 6023:2002 da Associação Brasileira de Normas Técnicas (ABNT):

FLORES, Marluce Fleury. A constitucionalização do Direito Administrativo à luz da jurisprudência do STF: casos emblemáticos julgados após o ingresso do Ministro Luís Roberto Barroso na Corte. In: SARAIVA, Renata et al. *Ministro Luís Roberto Barroso*: 5 anos de Supremo Tribunal Federal: homenagem de seus assessores. Belo Horizonte: Fórum, 2018. p. 367-380. ISBN 978-85-450-0525-4.

CAPÍTULO 4

ALGORITMO OU DESTINO: A CONSTITUCIONALIZAÇÃO DO DIREITO DO TRABALHO A PARTIR DOS VOTOS DO MINISTRO LUÍS ROBERTO BARROSO

TERESA MELO

4.1 Nota prévia

Este artigo foi escrito em homenagem aos cinco anos da posse do Ministro Luís Roberto Barroso no Supremo Tribunal Federal. Minha admiração por ele, porém, é bem anterior ao último quinquênio e ao cargo de Ministro. Começou em 1999, quando participei do concurso de monitoria de Direito Constitucional da Universidade do Estado do Rio de Janeiro – UERJ, de cuja banca o Professor Luís Roberto Barroso participou como examinador e presidente. Havia apenas duas vagas – e como todos os candidatos queriam trabalhar com o *Professor Barroso* –, só teria chance se fosse aprovada em primeiro lugar. Meta alcançada, vi a felicidade transformar-se em decepção ao saber que o outro candidato aprovado fora indicado como monitor das suas turmas. Não pensei duas vezes em questionar o resultado: era a minha única chance e a meu favor estavam a colocação no concurso e a imaturidade da juventude. Ele me olhou no fundo dos olhos e sentenciou: "Você foi aprovada em primeiro lugar e tem o direito de escolher. Irá, então, trabalhar comigo". Era o início de uma longa parceria e o prenúncio do que eu viria a testemunhar todos os dias a partir de então: se é o certo, deve ser feito. No antigo escritório, na UERJ e no Supremo ele é a mesma pessoa: bem-humorado, exigente e republicano. Um verdadeiro ímã: atrai o bem e repele com equivalente força tudo que é do mal. Quem o conhece sabe que está sempre pensando o País e trabalhando (inclusive nas férias); que é atencioso e carinhoso com aqueles que o cercam; e que a vontade de fazer o bem e de acertar está presente em todas as suas decisões, pessoais ou nacionais. Sou muito feliz e grata por tê-lo há tantos anos na minha vida. E o STF é mais supremo desde a sua chegada, há cinco celebrados anos. Que venham mais cinco. E mais cinco como ele.

4.2 Introdução

O tema de fundo do presente trabalho é a constitucionalização do Direito do Trabalho, que será tratado a partir do exame dos votos do Ministro Luís Roberto Barroso em dois casos paradigmáticos julgados pelo Supremo Tribunal Federal: o que estabeleceu o prazo da licença-adotante e o que discutiu a validade de cláusula geral de quitação em plano de demissão incentivada. O objetivo é despertar o interesse para o estudo constitucionalizado do Direito do Trabalho que vem sendo realizado pelo STF, sem analisá-lo em profundidade ou em extensão. Para tanto, eis as duas hipóteses que chegaram ao Supremo – e suas respectivas protagonistas.

A Sra. Mônica de Araújo, servidora pública da justiça federal, obteve guarda provisória, para fins de adoção, de criança que contava com um ano, um mês e dias de vida. Requereu ao seu órgão de origem a fruição de licença-adotante, tendo-lhe sido deferido o prazo total de 45 dias – 30 dias com base no art. 210 da Lei nº 8.112/1990,[1] mais 15 dias por força da prorrogação estabelecida no Decreto nº 6.691/2008[2] e na Resolução nº 30/2008 do Conselho da Justiça Federal.[3] Mônica, então, impetra mandado de segurança pleiteando judicialmente o prazo total de 180 dias de afastamento – 120 dias a título de licença-maternidade, e 60 dias a título de prorrogação[4] –, sob o fundamento de que o art. 7º, XVIII, CF,[5] prevê o prazo *mínimo* de 120 dias de licença-maternidade e que seu art. 227, §6º, vedou o tratamento discriminatório entre filhos naturais e filhos adotivos,[6] presente na legislação infraconstitucional.

---

[1] Art. 210. À servidora que adotar ou obtiver guarda judicial de criança até 1 (um) ano de idade, serão concedidos 90 (noventa) dias de licença remunerada. Parágrafo único. No caso de adoção ou guarda judicial de criança com mais de 1 (um) ano de idade, o prazo de que trata este artigo será de 30 (trinta) dias.

[2] Art. 2º. Serão beneficiadas pelo Programa de Prorrogação da Licença à Gestante e à Adotante as servidoras públicas federais lotadas ou em exercício nos órgãos e entidades integrantes da Administração Pública federal direta, autárquica e fundacional. §3º O benefício a que fazem jus as servidoras públicas mencionadas no *caput* será igualmente garantido a quem adotar ou obtiver guarda judicial para fins de adoção de criança, na seguinte proporção: II – para as servidoras públicas em gozo do benefício de que trata o art. 210 da Lei nº 8.112, de 1990: b) quinze dias, no caso de criança com mais de um ano de idade.

[3] Art. 3º. Será garantida a prorrogação da licença também à magistrada ou à servidora que adotarem criança ou obtiverem guarda judicial para fins de adoção. §2º No caso de adoção ou guarda judicial de criança com mais de 1 (um) ano de idade serão concedidos 15 (quinze) dias de prorrogação.

[4] A prorrogação tem como fundamento o art. 2º da Lei nº 11.770/2008, confira-se: Art. 2º É a administração pública, direta, indireta e fundacional, autorizada a instituir programa que garanta prorrogação da licença-maternidade para suas servidoras, nos termos do que prevê o art. 1º desta Lei. Confira-se do art. 1º: É instituído o Programa Empresa Cidadã, destinado a prorrogar: I – por 60 (sessenta) dias a duração da licença-maternidade prevista no inciso XVIII do caput do art. 7º da Constituição Federal.

[5] Art. 7º São direitos dos trabalhadores urbanos e rurais, além de outros que visem à melhoria de sua condição social: XVIII – licença à gestante, sem prejuízo do emprego e do salário, com a duração de cento e vinte dias.

[6] Art. 227. É dever da família, da sociedade e do Estado assegurar à criança, ao adolescente e ao jovem, com absoluta prioridade, o direito à vida, à saúde, à alimentação, à educação, ao lazer, à profissionalização, à cultura, à dignidade, ao respeito, à liberdade e à convivência familiar e comunitária, além de colocá-los a salvo de toda forma de negligência, discriminação, exploração, violência, crueldade e opressão. §6º Os filhos, havidos ou não da relação do casamento, ou por adoção, terão os mesmos direitos e qualificações, proibidas quaisquer designações discriminatórias relativas à filiação.

A Sra. Cláudia Eberhardt adere voluntariamente a plano de demissão incentivada[7] do antigo Banco do Estado de Santa Catarina S.A. – BESC, sucedido pelo Banco do Brasil S.A., negociado com o sindicato da categoria, com ampla participação dos empregados. Assina termo de rescisão transacionando parcelas eventualmente pendentes de seu contrato de trabalho em troca da percepção de indenização imediata, outorgando ao banco quitação ampla de todas as parcelas que pudesse vir a fazer jus. Tempos depois, ajuíza reclamação trabalhista em face do antigo empregador, alegando que a quitação só produz efeitos quanto às parcelas e valores efetivamente constantes do recibo assinado, com base no art. 477, §2º, CLT,[8] na Súmula nº 330 do TST[9] e na Orientação Jurisprudencial nº 270 da Seção de Dissídios Individuais (SDI) do TST,[10] requerendo o pagamento das parcelas rescisórias não discriminadas no recibo.

Os casos citados envolvem a constitucionalização do Direito do Trabalho, mais do que nunca na pauta do Supremo Tribunal Federal – e na agenda do Ministro Luís Roberto Barroso: tanto o prazo da licença-adotante como a validade de cláusula geral de quitação em planos de demissão incentivada tiveram o mérito definitivamente julgado pelo STF, tendo o Plenário seguido o voto do Ministro Relator Luís Roberto Barroso, por maioria no RE nº 778.889/PE (licença-adotante), e por unanimidade no RE nº 590.415/SC[11] (plano de demissão incentivada). Se ampliarmos o foco para o *big picture*,

---

[7]   Não se desconhece que o termo "plano de demissão incentivada" é bastante questionado pela doutrina especializada, mas foi consagrado pelo uso e pelo julgado em estudo. A Min. Cármen Lúcia fez questão de pontuar a atecnia da expressão: "Presidente, eu também vou acompanhar o Ministro-Relator às inteiras. (…) Eu, portanto, fazendo os melhores elogios aos sempre brilhantes trabalhos do Ministro Barroso, mas, neste caso, tendo o cuidado de traçar em seu voto toda essa mudança de concepção constitucional e de definição de critérios interpretativos, dou adesão apenas perguntando ao Ministro-Relator, Presidente, se ele aceitaria ou se ponderaria sobre a mudança só de uma palavra constante do item 49, que é o da conclusão, quanto à tese; porque se tem ali: "a transação extrajudicial que importa a rescisão do contrato de trabalho, em razão de adesão voluntária do empregado a plano de demissão incentivada, enseja quitação, (…)". "Demissão", no Brasil, é sempre decorrente de pena. (…) A demissão incentivada é crime impossível, porque você não pode obrigar alguém a se demitir se a demissão é uma pena e não pode nunca ser voluntária. Eu sei que isso consta, tive o cuidado de ver nos documentos que constou que o Banco do Brasil não poderia ter feito realmente isso, porque aí, mesmo com o regime trabalhista, importa como ente da Administração Pública. Demissão é pena, portanto, não é voluntária. Se acontecer, vai ter que ser imposta e ninguém adere a algo que decorre de uma pena. Eu, sempre, nesses casos, mantenho o "D", porque, às vezes, eles colocam só ADI – Acordo de Demissão, Plano de Demissão Incentivada, PDV, que ficou muito famoso (…)".

[8]   Art. 477. É assegurado a todo empregado, não existindo prazo estipulado para a terminação do respectivo contrato, e quando não haja ele dado motivo para cessação das relações de trabalho, o direto de haver do empregador uma indenização, paga na base da maior remuneração que tenha percebido na mesma empresa (Redação dada pela Lei nº 5.584, de 26.6.1970). §2º. O instrumento de rescisão ou recibo de quitação, qualquer que seja a causa ou forma de dissolução do contrato, deve ter especificada a natureza de cada parcela paga ao empregado e discriminado o seu valor, sendo válida a quitação, apenas, relativamente às mesmas parcelas (Redação dada pela Lei nº 5.584, de 26.6.1970).

[9]   Súmula nº 330 do TST. QUITAÇÃO. VALIDADE (mantida) – Res. 121/2003, DJ 19, 20 e 21.11.2003. A quitação passada pelo empregado, com assistência de entidade sindical de sua categoria, ao empregador, com observância dos requisitos exigidos nos parágrafos do art. 477 da CLT, tem eficácia liberatória em relação às parcelas expressamente consignadas no recibo, salvo se oposta ressalva expressa e especificada ao valor dado à parcela ou parcelas impugnadas. I – A quitação não abrange parcelas não consignadas no recibo de quitação e, consequentemente, seus reflexos em outras parcelas, ainda que estas constem desse recibo. II – Quanto a direitos que deveriam ter sido satisfeitos durante a vigência do contrato de trabalho, a quitação é válida em relação ao período expressamente consignado no recibo de quitação.

[10] OJ nº 270 da SDI do TST. PROGRAMA DE INCENTIVO À DEMISSÃO VOLUNTÁRIA. TRANSAÇÃO EXTRAJUDICIAL. PARCELAS ORIUNDAS DO EXTINTO CONTRATO DE TRABALHO. EFEITOS. Inserida em 27.09.02. A transação extrajudicial que importa rescisão do contrato de trabalho ante a adesão do empregado a plano de demissão voluntária implica quitação exclusivamente das parcelas e valores constantes do recibo.

[11] No RE nº 778.889/PE, o Tribunal, por maioria e nos termos do voto do Relator Ministro Luís Roberto Barroso, apreciando o tema 782 da repercussão geral, deu provimento ao recurso extraordinário. Os Ministros Dias

a constitucionalização do Direito do Trabalho envolve, ainda, o deferimento da medida cautelar pleiteada no âmbito da ADC nº 48/DF,[12] sobre a possibilidade da terceirização de atividades-fim, e o início do julgamento da ADI nº 5.766/DF,[13] que questiona alguns dispositivos da Reforma Trabalhista – todos da relatoria do Ministro Luís Roberto Barroso. Isso significa que, em matéria de constitucionalização do Direito do Trabalho, muitos dos parâmetros estabelecidos pelo STF possuem a marca do Ministro Barroso, demonstrando objetivamente a importância do estudo de seus precedentes. O Direito do Trabalho não é tema de segunda categoria, apesar de ter permanecido latente por muitos anos: está na Constituição e tem impacto direto na vida das pessoas, das empresas e da economia – sendo certo que os três elementos dessa equação se encontram muitas vezes em conflito. Não há outra solução a não ser ler o Direito do Trabalho com os óculos da Constituição. Mãos à obra.

4.3 Constitucionalização do Direito do Trabalho: a contribuição do Ministro Luís Roberto Barroso

Luís Roberto Barroso, professor, escreveu em 2005 o artigo "Neoconstitucionalismo e constitucionalização do Direito",[14] desde então leitura obrigatória para todos os acadêmicos e profissionais da área jurídica. Luís Roberto Barroso, Ministro, tem aplicado na prática do Supremo Tribunal Federal a teoria que ajudou a difundir, aumentando a lista de precedentes indispensáveis ao conhecimento dos que atuam perante os tribunais. Como ele mesmo ensinou, o fenômeno envolve a irradiação do conteúdo material e axiológico da Constituição, com força normativa, a todo o ordenamento jurídico – inclusive sobre o Direito do Trabalho: "Os valores, os fins públicos e os comportamentos contemplados nos princípios e regras da Constituição passam a condicionar a validade e o sentido de todas as normas do direito infraconstitucional".[15] Não se confunde com a presença de normas de Direito Infraconstitucional na Constituição, mas impõe a reinterpretação de todo o Direito sob a ótica constitucional.

A repercussão do Direito Constitucional sobre a disciplina das relações de trabalho é ampla, direta e imediata, embora careça de análise abrangente e sistemática pela doutrina especializada. As relações de trabalho, em regra marcadas pela assimetria de poder entre as partes envolvidas, apresentam-se como um campo fértil para a expansão

---

Toffoli, Cármen Lúcia, Luiz Fux, Rosa Weber, Teori Zavascki, Luís Roberto Barroso e Edson Fachin votaram favoravelmente. Vencido, o Ministro Marco Aurélio. Ausentes, justificadamente, os Ministros Celso de Mello e Gilmar Mendes. Já no RE nº 590.415/SC, o Tribunal, apreciando o tema 152 da repercussão geral, por unanimidade e nos termos do voto do Relator Ministro Luís Roberto Barroso, deu provimento ao recurso extraordinário. Os Ministros Ricardo Lewandowski, Marco Aurélio, Gilmar Mendes, Cármen Lúcia, Luiz Fux, Teori Zavascki e Luís Roberto Barroso votaram favoravelmente. A Ministra Rosa Weber estava impedida. Ausentes, justificadamente, o Ministro Celso de Mello e o Ministro Dias Toffoli.

[12] STF, ADC nº 48, Rel. Min. Luís Roberto Barroso.

[13] STF, ADI nº 5.766, Rel. Min. Luís Roberto Barroso.

[14] BARROSO, Luís Roberto. Neoconstitucionalismo e constitucionalização do Direito (O triunfo tardio do direito constitucional no Brasil). *Revista de Direito Administrativo*, Rio de Janeiro, vol. 240, p. 1-42, abr. 2005. Disponível em: <http://bibliotecadigital.fgv.br/ojs/index.php/rda/article/view/43618>. Acesso em: 11 jan. 2018.

[15] BARROSO, Luís Roberto. Neoconstitucionalismo e constitucionalização do Direito (O triunfo tardio do direito constitucional no Brasil). *Revista de Direito Administrativo*, Rio de Janeiro, vol. 240, p. 1-42, abr. 2005. Disponível em: <http://bibliotecadigital.fgv.br/ojs/index.php/rda/article/view/43618>. Acesso em: 11 jan. 2018.

das normas constitucionais,[16] tanto sobre a validade e interpretação das normas trabalhistas quanto sobre a produção legislativa na matéria. Nas palavras do professor Mauricio Godinho, "ao constitucionalizar o Direito do Trabalho, o Texto Máximo de 1988 praticamente impôs ao restante do universo jurídico uma influência e inspiração justrabalhistas até então desconhecidas na história do País".[17]

Tomando como parâmetro o direito individual do trabalho, essa imposição significa que princípios como o da proteção, da norma mais favorável, da imperatividade das normas trabalhistas, da indisponibilidade dos direitos trabalhistas, da intangibilidade e da irredutibilidade salariais, ou os princípios da primazia da realidade sobre a forma e o da continuidade da relação de emprego, não constituem átomos isolados, mas fazem parte do universo constitucional e não sobrevivem fora dele. Não há realidade paralela à Constituição, como o STF bem respondeu ao apreciar o pedido de licença-adotante formulado pela Sra. Mônica de Araújo no âmbito do RE nº 778.889/PE.

O direito coletivo do trabalho não foge à regra. Foram constitucionalizados os princípios da liberdade associativa e sindical, da autonomia sindical, da interveniência sindical na negociação coletiva, além do reconhecimento pela doutrina. Tão importante quanto figurar no texto constitucional é interpretar tais princípios de modo a compatibilizá-los com o sistema constitucional. Ao lado dos princípios constitucionais, outras normas próprias ao direito coletivo do trabalho, como a lealdade e transparência na negociação coletiva, a equivalência entre os contratantes coletivos e a adequação setorial negociada, devem ser entendidas sob o filtro da Constituição. Isso significa que interpretações retrospectivas desses princípios, que os aproximem tanto quanto possível de uma visão estritamente legalista, são questionáveis à luz dos novos valores constitucionais. Ou que, no particular, incidências concretas de dispositivos legais podem ser afastadas caso provoquem resultado constitucionalmente indesejável. Sem dúvida, a constitucionalização do Direito do Trabalho interfere nos limites de atuação do legislador ordinário e na leitura empreendida pelo Poder Judiciário[18] – como, aliás, se verificou no julgamento do RE nº 590.415/SC, que envolveu o plano de dispensa incentivada ao qual a Sra. Cláudia Eberhardt voluntariamente aderiu.

Os julgados objeto deste pequeno estudo demonstram que o tema ainda não recebeu o carimbo de *outdated*. Se a constitucionalização do direito se deu tardiamente no Brasil, a constitucionalização do Direito do Trabalho ocorre a passos ainda mais lentos, embora a própria Constituição de 1988 tenha previsto regras e princípios trabalhistas logo em seu consagrado Título II. Ou talvez o pródigo rol de direitos e garantias seja uma das causas do problema: a ressignificação do Direito do Trabalho promovida pelos arts. 7º e 8º da CF exerce tamanho tropismo sobre os intérpretes e aplicadores do Direito

---

[16] SARMENTO, Daniel; GOMES, Fábio Rodrigues. A eficácia dos direitos fundamentais nas relações entre particulares: o caso das relações de trabalho. *Revista do Tribunal Superior do Trabalho*, São Paulo, v. 77, n. 4, p. 60-101, out./dez. 2011. Disponível em: <https://juslaboris.tst.jus.br/handle/1939/28342>. Acesso em: 11 jan. 2018.

[17] DELGADO, Mauricio Godinho. *Curso de Direito do Trabalho*. 16. ed. São Paulo: Ed. LTr, 2017. p. 134.

[18] Ver precedentes listados em: STF. *A Constituição e o Supremo*. 4. ed. Brasília: Secretaria de Documentação, 2011. Disponível em: <http://www.stf.jus.br/arquivo/cms/publicacaoLegislacaoAnotada/anexo/Completo.pdf>. Acesso em: 11 jan. 2018. Confira-se também: CARNEIRO FILHO, Roberto. *Efetividade dos direitos fundamentais laborais*: abertura do sistema jurídico por meio da jurisprudência (do positivismo ao pós-positivismo). Tese de Doutoramento em Direito no Programa de Estudos Pós-Graduados em Direito, Pontifícia Universidade Católica de São Paulo, São Paulo, 2016. Disponível em: <https://sapientia.pucsp.br/handle/handle/19594>. Acesso em: 11 jan. 2018.

Trabalhista, que muitas vezes os demais dispositivos da Constituição acabam sendo objeto de leitura transversal.

Estabelecidas essas premissas, os julgamentos realizados no âmbito do RE nº 778.889/PE e do RE nº 590.415/SC possuem entre si três semelhanças: (i) interpretam normas trabalhistas à luz de toda a Constituição, sendo exemplos de constitucionalização do Direito do Trabalho; (ii) superam conflitos de entendimento entre a justiça comum e a Justiça do Trabalho, ou entre o STF e a Justiça do Trabalho e, como já anunciado, (iii) foram distribuídos sob a relatoria do Ministro Luís Roberto Barroso. Mas até chegarem ao Supremo o caminho foi longo.

A Sra. Mônica de Araújo teve o pedido de liminar indeferido pela primeira instância da justiça federal e a ordem denegada, sob os fundamentos de que: (i) a licença-gestante, prevista na Constituição, e a licença-maternidade, normatizada pelo art. 210 da Lei nº 8.112/1990, são institutos diversos; (ii) a licença-gestante visa a preservar o interesse de adaptação e o reforço do vínculo entre a criança e a mãe, mas nela predomina o propósito de preservar a saúde da genitora, que pode se afastar de suas funções antes do parto ou após o parto, para recuperar-se das alterações físicas e psíquicas decorrentes da gravidez; e, (iii) no caso de adoção, a mãe não passa por tais eventos, tratando-se de situação substancialmente diversa, a justificar tratamento distinto. O TRF manteve a sentença denegatória da segurança por argumentos semelhantes. Mônica interpôs, então, recurso extraordinário por violação do art. 7º, XVIII, c/c art. 39, §3º, CF e do art. 227, §6º, CF e o tema teve a repercussão geral reconhecida.

A pretensão da Sra. Cláudia Eberhardt tampouco foi chancelada pelo juiz do trabalho e pelo TRT. A primeira instância reconheceu a validade da quitação plena outorgada pela reclamante, sentença que foi mantida pelo Tribunal Regional do Trabalho da 12ª Região. A reversão ocorreu no Tribunal Superior do Trabalho. Ao dar provimento ao recurso de revista da reclamante, o TST entendeu que: (i) a quitação somente libera o empregador das parcelas estritamente lançadas no termo de rescisão, a teor do art. 477, §2º, CLT; (ii) todos os termos de rescisão de contratos de trabalho com o BESC mencionavam as mesmas parcelas como quitadas, nos mesmos percentuais indenizatórios, o que demonstraria que não foram precisadas as verbas rescisórias efetivamente devidas a cada trabalhador e seus valores, tendo-se elaborado mero documento *pro forma*, com a inclusão de todas as possíveis parcelas trabalhistas e percentuais hipotéticos; (iii) a transação pressupõe concessões recíprocas a respeito de *res dubia*, elemento que inexistia no caso; (iv) a transação interpreta-se restritivamente; (v) os direitos trabalhistas são indisponíveis e, portanto, irrenunciáveis; (vi) deve-se tratar "com naturais reservas" a transação extrajudicial no plano do Direito do Trabalho, "máxime se firmada na vigência do contrato de emprego". Do acórdão do TST, o Banco do Brasil – sucessor do BESC – interpôs recurso extraordinário, admitido e com repercussão geral reconhecida.

Como de costume, as discussões constitucionais presentes no RE nº 778.889/PE e no RE nº 590.415/SC foram delimitadas pelo Ministro Relator a partir da formulação de indagações objetivas, a seguir respectivamente expostas. *Questão um*: a lei pode instituir prazos diferenciados para a licença-maternidade concedida às gestantes e às adotantes? E, entre filhos adotados, é legítima a diferenciação do prazo da licença em função da idade da criança adotada? *Questão dois*: o acórdão do Tribunal Superior do Trabalho que recusa validade a plano de demissão incentivada negociado com o sindicato e com ampla participação dos empregados enseja violação ao ato jurídico perfeito (art. 5º, XXXVI, CF) ou ao direito dos trabalhadores ao reconhecimento dos acordos coletivos (art. 7º, XXVI, CF)?

Antecipando a resposta à primeira pergunta, o julgamento do RE nº 778.889/PE materializou a vontade constitucional de que não há mães de segunda categoria e não há classes diferenciadas de filhos, ao contrário do que – ao menos indiretamente – foi decidido pelas instâncias da justiça federal. Ao dar provimento ao pedido formulado no RE nº 778.889/PE, o Supremo Tribunal Federal, por maioria,[19] faz história ao superar o precedente contrário firmado no RE nº 197.807, Rel. Min. Octávio Gallotti,[20] estabelecendo a seguinte tese: "Os prazos da licença-adotante não podem ser inferiores aos prazos da licença-gestante, o mesmo valendo para as respectivas prorrogações. Em relação à licença-adotante, não é possível fixar prazos diversos em função da idade da criança adotada".

O voto do Ministro Relator, em resumo, interpretou a legislação aplicável à luz da dignidade da pessoa humana, da igualdade entre filhos biológicos e adotados, da doutrina da proteção integral, do princípio da prioridade e do interesse do menor, para concluir que a licença-maternidade prevista no artigo 7º, XVIII, da Constituição, abrange tanto a licença-gestante quanto a licença-adotante, ambas asseguradas pelo prazo mínimo de 120 dias, independentemente da idade do filho adotado. Quanto a este último ponto, destacou que quanto mais velha a criança e quanto maior o tempo de internação compulsória em instituições (institucionalização), maior tende a ser a dificuldade de adaptação à família adotiva, aplicando ao caso o princípio da proporcionalidade na modalidade de vedação à proteção deficiente.[21]

Pelo menos dois pontos merecem destaque no voto do Ministro Luís Roberto Barroso. Primeiro: ao tratar da evolução das normas sobre licença-adotante, ressaltou que a regra constante do art. 392-A da CLT, com a redação alterada pela Lei Nacional de Adoção (Lei nº 12.010/2009), foi a primeira a consagrar a igualdade entre os prazos da licença-gestante e da licença-adotante, independentemente da idade da criança adotada. Vale dizer: a interpretação da Constituição também pode se inspirar na lei – desde que a lei traduza a vontade constitucional com mais precisão do que a própria Constituição.[22] Segundo: reconheceu que o caso envolve mutação constitucional, pois houve

---

[19] O Ministro Marco Aurélio votou pelo não provimento do pedido do recurso extraordinário. Afirmou que a atuação do STF é vinculada ao direito positivo e, portanto, não poderia substituir o legislador e assentar que estaria deficiente a normatividade aprovada pelos representantes do povo. Com efeito, destacou que o artigo 7º, XVIII, CF, versa sobre licença à gestante, o que pressupõe a gestação. Assim, segundo o Ministro Marco Aurélio, haveria uma dupla proteção: à mulher que engravida, que se tornará parturiente, e também à criança. Quanto ao art. 227, §6º, da Constituição Federal, apenas impede o tratamento diferenciado aos filhos, não dizendo respeito à situação jurídica nem da gestante, nem, muito menos, da adotante. Por fim, destaca que "houve uma opção normativa, e caminhou o legislador para previsão".

[20] STF, RE 197.807, Rel. Min. Octávio Gallotti, DJ 18.08.2000. Ementa: Não se estende à mãe adotiva o direito à licença, instituído em favor da empregada gestante pelo inciso XVIII do art. 7º, da Constituição Federal, ficando sujeito ao legislador ordinário o tratamento da matéria.

[21] Sobre o tema, ver GAVIÃO, Juliana Venturella Nahas. A proibição de proteção deficiente. *Revista do Ministério Público do Rio Grande do Sul*, n. 61, p. 93-111, maio/out. 2008. Disponível em: <http://www.amprs.org.br/arquivos/revista_artigo/arquivo_1246460827.pdf> Acesso em: 01 fev. 2018.

[22] Para alguns, o caso é de *interpretação da Constituição conforme as leis*. O tema foi objeto da análise de Joaquim José Gomes Canotilho, com várias ressalvas: "Como a própria expressão indica, estamos a encarar a hipótese da interpretação da constituição em conformidade com as leis e não a das leis em conformidade com a constituição. A expressão deve-se a LEISNER e com ela insinua-se que o problema da concretização da constituição poderia ser auxiliado pelo recurso a leis ordinárias. Nestas leis encontraríamos, algumas vezes, sugestões para a interpretação

alteração da realidade social e nova compreensão do alcance dos direitos do adotado. O Direito do Trabalho também deve ser interpretado de acordo com o contexto: se a mudança promovida na realidade for suficiente e bastante para justificar a alteração da interpretação de uma norma, e se o resultado dessa nova interpretação for constitucional, os juízes não devem estar presos ao passado. Dessa forma, a norma do art. 7º, XVIII, CF, ao referir-se à licença-*gestante*, possui comando literal *subinclusivo*, devendo ser interpretada sistematicamente com outros dispositivos da Constituição Federal, notadamente com o princípio da dignidade da pessoa humana.

Além de superar o entendimento anterior do STF sobre a matéria, o precedente é importante porque coloca fim a um verdadeiro conflito de decisões judiciais, inclusive dentro de um mesmo tribunal. Por um lado, o deferimento de prazos distintos de licença-gestante e de licença-adotante era reconhecido ao argumento de que: (i) a gestante precisa recuperar-se fisicamente da gestação e do parto e deve amamentar o bebê, circunstâncias que não estão presentes na experiência da adoção; além de (ii) ao Judiciário não ser legítimo estender benefício conferido pelo Regime Geral de Previdência a beneficiário do Regime Próprio de Previdência do Servidor Público, sob pena de atuar como legislador positivo. Há, neste sentido, além da antiga decisão do STF no RE nº 197.807, acórdãos do Superior Tribunal de Justiça,[23] do TRF-1,[24] do TRF-2,[25] TRF-3[26] e do TRF-5.[27] Por outro lado, as decisões que reconhecem o direito ao prazo isonômico de licença-adotante a empregadas públicas celetistas e servidoras públicas

---

das fórmulas condensadas e indeterminadas, utilizadas nos textos constitucionais. A utilidade da interpretação constitucional conforme as leis seria particularmente visível quando se tratasse de leis mais ou menos antigas, cujos princípios orientadores lograram posteriormente dignidade constitucional. A interpretação da constituição de acordo com as leis não aponta apenas para o passado. Ela pretende também abarcar as hipóteses de alterações do sentido da constituição, mais ou menos plasmadas nas leis ordinárias. Estas leis, que começaram por ser actuações ou concretizações das normas constitucionais, acabariam, em virtude da sua mais imediata ligação com a realidade e com os problemas concretos, por se transformar em «indicativos» das alterações de sentido e em operadores de concretização das normas constitucionais cujo sentido se alterou. Do direito infraconstitucional partir-se-ia para a concretização da Constituição. A interpretação da constituição conforme as leis tem merecido sérias reticências à doutrina. Começa por partir da ideia de uma constituição entendida não só como espaço normativo aberto mas também como campo neutro, onde o legislador iria introduzindo subtilmente alterações. Em segundo lugar, não é a mesma coisa considerar como parâmetro as normas hierarquicamente superiores da constituição ou as leis infraconstitucionais. Em terceiro lugar, não deve afastar-se o perigo de a interpretação da constituição de acordo com as leis ser uma interpretação inconstitucional, quer porque o sentido das leis passadas ganhou um significado completamente diferente na constituição, quer porque as leis novas podem elas próprias ter introduzido alterações de sentido inconstitucionais. Teríamos, assim, a *legalidade da constituição* a sobrepor-se à *constitucionalidade da lei*". CANOTILHO, José Joaquim Gomes. *Direito Constitucional e Teoria da Constituição*. 6. ed. Coimbra: Almedina, 1993. p. 236-237.

[23] STJ, 5ª Turma, RMS 12.504, rel. Min. Jorge Scartezzini, j. 25.11.2003, DJe, 08.03.2004; STJ, 1ª Turma, RMS 33.255, rel. Min. Benedito Gonçalves, j. 02.06.2011, DJe, 08.06.2011; STJ, 2ª Turma, RMS 41.796, rel. Min. Humberto Martins, j. 03.02.2015, DJe, 09.02.2015.

[24] TRF-1 (Distrito Federal e Estados do Acre, Amapá, Amazonas, Bahia, Goiás, Maranhão, Mato Grosso, Minas Gerais, Pará, Piauí, Rondônia, Roraima e Tocantins), 1ª Seção, Processo nº 0043378-31.2006.4.01.0000, rel. Des. Luiz Gonzaga Barbosa Moreira, DJ, 21.09.2007.

[25] TRF-2 (Estados do Rio de Janeiro e Espírito Santo), 6ª Turma Especializada, Processo nº 201451010087901, rel. Des. Guilherme Couto e Castro, j. 01.12.2014; 8ª Turma Especializada, Processo nº 201151010122080, rel. Des. Marcelo Pereira da Silva, j. 05.11.2014.

[26] TRF-3 (Estados de São Paulo e Mato Grosso do Sul), 5ª Turma, Processo nº 0015146-80.2009.4.03.6100, rel. Des. Luiz Stefanini, rel. p. acórdão Des. Antônio Cedenho, e-DJF3, 15.05.2012.

[27] TRF-5 (Estados de Alagoas, Ceará, Paraíba, Pernambuco, Rio Grande do Norte e Sergipe), 2ª Turma, Processo nº 08002626720144058400, rel. Des. Paulo Roberto de Oliveira Lima, j 10.06.2014; Processo nº 08000221320114058100, rel. Des. Francisco Wildo, j. 27.03.2013; Processo nº 00201108720114058300, rel. Des. Francisco Barros Dias, j. 09.10.2012.

possuem, em geral, os seguintes fundamentos: (i) o propósito da licença é, sobretudo, atender às necessidades da criança e assegurar o seu desenvolvimento saudável; e (ii) a diferenciação dos prazos da licença-gestante e da licença-adotante viola o direito à igualdade entre filhos biológicos e adotivos. Há, neste último sentido, duas decisões monocráticas proferidas pelo Ministro Joaquim Barbosa no STF,[28] bem como decisões do TRF-1,[29] do TRF-3,[30] do TRF-4[31] e do TRF-5.[32] Os precedentes da Justiça do Trabalho, majoritariamente, já aplicavam o entendimento igualitário e inclusivo.[33]

E não se diga que o tempo decorrido entre a impetração e o julgamento final retira a importância da decisão. Não se desconhecem os problemas relativos à morosidade da justiça, às estratégias protelatórias, a adiamentos de julgamentos etc. No caso, o mandado de segurança foi impetrado pela Sra. Mônica de Araújo quando a criança tinha um ano, um mês e alguns dias de vida, mas seu direito só foi reconhecido quando contava com seis anos, cinco meses e dez dias de idade, tendo o acórdão transitado em julgado um pouco antes de a criança completar sete anos,[34] em 8 de agosto de 2016. Apesar de a resposta judicial ter chegado tarde para a Sra. Mônica (que só depois de alguns anos pôde gozar do tempo remanescente da licença), do ponto de vista coletivo a tese igualitária firmada em repercussão geral evitou o sofrimento de várias outras mães e crianças. Além disso, repercutiu positivamente sobre o Executivo federal e o Conselho da Justiça Federal – CJF.

O julgado foi causa para a edição do Parecer nº 3/2016/CGU/AGU,[35] da Advocacia-Geral da União (AGU), aprovado com caráter normativo pelo Sr. Presidente da República

---

[28] STF, RE 203.851, rel. Min. Joaquim Barbosa, j. 06.05.2009, DJe, 27.05.2009; RE 640.216, rel. Min. Joaquim Barbosa, j. 05.10.2012, DJe, 22.10.2012.

[29] TRF-1 (Distrito Federal e Estados do Acre, Amapá, Amazonas, Bahia, Goiás, Maranhão, Mato Grosso, Minas Gerais, Pará, Piauí, Rondônia, Roraima e Tocantins), 1ª Turma, Processo nº 0042327-70.2002.4.01.3800, rel. Des. José Amilcar Machado, DJ, 15.05.2006.

[30] TRF-3 (Estados de São Paulo e Mato Grosso do Sul), 4ª Seção, Processo nº 0004433-80.2013.4.03.6108, rel. Des. Paulo Fontes, DJe, 21.01.2015; Processo nº 0019832-43.2013.4.03.0000, rel. Des. José Lunardelli, DJe, 24.10.2014.

[31] TRF-4 (Estados do Paraná, Santa Catarina e Rio Grande do Sul), 4ª Turma, Processo nº 5040161-76.2014.404.7000, rel. Des. Vivian Josete Pantaleão, DJe, 26.02.2015; 3ª Turma, Processo nº 5013914-09.2014.404.0000, rel. Des. Fernando Quadros da Silva, DJe, 11.09.2014; Processo nº 5001933-32.2014.404.7000, rel. Des. Marga Inge Barth Tessler, DJe, 26.08.2014.

[32] TRF-5 (Estados de Alagoas, Ceará, Paraíba, Pernambuco, Rio Grande do Norte e Sergipe), 4ª Turma, Processo nº 00057098320114058300, rel. Des. Ivan Lira de Carvalho, DJe, 05.07.2012; Processo nº 000693934201140500000, rel. Des. Margarida Cantarelli, DJe, 12.08.2011.

[33] Confira-se: TST, RR 233.891/95, Rel. Min. Lourenço Prado, DJ 26.09.97. Ementa: Salário-maternidade – Mãe adotiva – Inobstante a legislação trabalhista seja omissa acerca do direito à licença-maternidade da mãe adotante, negar tal direito a esta, contudo, importaria discriminação ao próprio filho adotivo, contrariando-se, assim, a Carta Magna que, ao instituir a licença-maternidade, visou resguardar o interesse social em que o novo ser humano alcance desenvolvimento pleno e satisfatório sob os aspectos físico e psicológico. Ao Estado, enquanto comunidade, interessa a formação de um ser humano hígido, saudável. E nisso é insubstituível o papel da mãe, especialmente nos primeiros meses, seja o filho natural, ou não. Recurso de Revista a que se dá provimento e TST, RR 240.925/96, Rel. Min. Gelson de Azevedo, DJ 11.12.98. Ementa: LICENÇA-MATERNIDADE. MÃE ADOTANTE. A mãe adotante de recém-nascido, cuja integridade objetivam a Constituição e a lei proteger, tem direito à licença-maternidade, em igualdade de condições com a mãe biológica. Inteligência do art. 227, §6º, da Constituição Federal. Recurso de revista a que se nega provimento.

[34] O mandado de segurança foi impetrado em 13 de junho de 2011, o recurso extraordinário foi julgado em 10 de março de 2016, seu acórdão publicado em 1º de agosto de 2016, com trânsito em julgado certificado em 8 de setembro de 2016.

[35] Disponível em: <http://www.agu.gov.br/atos/detalhe/1530156>. Acesso em: 16 jan. 2018. Consta do documento o seguinte trecho pertinente: "O presente parecer é elaborado com esse objetivo e tem em vista não apenas esse elemento formal ou autorizativo que deve revestir as decisões da Corte Suprema brasileira em relação aos

em 12 de dezembro de 2016, assegurando os mesmos prazos da licença-maternidade às servidoras adotantes, independentemente da idade da criança. O entendimento exarado no parecer, repita-se, é de observância obrigatória por todos os órgãos e entidades da Administração Pública Federal. Um grande passo. Por sua vez, convencido pela autoridade material da decisão, o Conselho da Justiça Federal editou a Resolução nº 452, de 30 de junho de 2017, para alterar o art. 21 da Resolução CJF nº 2, de 20 de fevereiro de 2008, e o art. 3º da Resolução nº 30, de 22 de outubro de 2008, este último mencionado como um dos fundamentos para a negativa do pedido da Sra. Mônica de Araújo. A Resolução CJF nº 452, de 30 de junho de 2017, refere-se expressamente ao prazo de cento e vinte dias de licença para os servidores que adotarem ou obtiverem guarda judicial (independentemente da idade da criança, até o limite de doze anos), além de garantir a prorrogação da licença nos mesmos moldes das gestantes. Uma revolução digna de nota.

O impacto da decisão também se estendeu aos estados.[36] O Estado do Espírito Santo aprovou a Lei Complementar nº 855/2017,[37] que reflete o entendimento do Supremo Tribunal Federal, e no Estado de Mato Grosso encontra-se em tramitação projeto de Lei Complementar com o mesmo objetivo.[38] Para finalizar os comentários ao primeiro julgado, eis as respostas do Ministro Luís Roberto Barroso às questões que delimitaram o julgamento do RE nº 778.889/PE: "(i) a lei não pode instituir prazos diferenciados de licença-gestante e adotante ou de suas prorrogações; e (ii) a lei não pode estipular prazo de licença-adotante inferior, nos casos de adoções tardias. Entendimento diverso contrariaria a proteção constitucional à maternidade (CF, art. 6º e 7º, XIII), a prioridade do superior interesse da criança, a doutrina da proteção integral (CF, arts. 226 e 227), o direito dos filhos adotados à igualdade de tratamento com filhos biológicos (CF, art. 227, §6º), o direito da mulher adotante à dignidade, à igualdade e à autonomia[39] (CF, art. 5º,

---

órgãos administrativos federais, mas igualmente a correção substancial e, portanto, a legitimidade material da decisão específica proferida pelo STF no RE 778.889/PE, na qual sobressaem também as razões substantivas que, no caso em análise, devem funcionar como elementos persuasivos no sentido do efetivo cumprimento pela Administração Pública Federal. Como se demonstrará no tópico seguinte, a decisão do STF faz uma adequada e correta interpretação da Constituição e, por isso, deve ser acatada e observada pelos órgãos públicos".

[36] O questionamento foi remetido a todas as Assembleias Legislativas e à Câmara Legislativa do Distrito Federal via Lei de Acesso à Informação. Apenas seis responderam até a finalização desse trabalho: Distrito Federal, Espírito Santo, Mato Grosso, Minas Gerais, Pernambuco e São Paulo. Dentre eles, como explicado no texto, apenas o Espírito Santo havia alterado sua legislação para adequar-se ao novo entendimento do Supremo, tendo o Estado de Mato Grosso iniciado projeto de lei com a mesma finalidade. No mais, embora o Estado do Rio de Janeiro não tenha respondido à indagação, a pesquisa detectou que a Lei n.º 3.693, de 26 de outubro de 2001 (e, portanto, anterior à discussão no Supremo), já previa igual licença para servidoras e adotantes, pelo prazo de 180 (cento e oitenta) dias.

[37] Lei Complementar nº 855/2017. Disponível em: <http://www.al.es.gov.br/antigo_portal_ales/images/leis/html/LC%20%20n%C2%BA%20855.htm>. Acesso em: 1º fev. 2018.

[38] O Projeto de Lei Complementar nº 35/2016 pretende alterar a Lei Complementar nº 04/1990, equiparando as licenças à gestante e à adotante, seguindo a decisão proferida pelo STF. Disponível em: <http://www.al.mt.gov.br/proposicao/?propTipoDoc=Projeto+de+lei+complementar&palavraChave=&propNum=35&ano=2016&autor=&dataInicio=&dataFinal=&search=>. Acesso em: 1º fev. 2018.

[39] Apesar de não ter sido objeto do pedido do recurso extraordinário, entendo que a mesma fundamentação (dignidade, igualdade e autonomia da mulher), bem como a proteção da família, permite a interpretação do art. 7º, XVIII, CF como fonte legítima para a *licença parental (ou compartilhada)*. O casal deve decidir, em conjunto, como fruir o tempo da licença. A igualdade de direitos entre homens e mulheres passa, necessariamente, pela igualdade de *deveres* em relação aos filhos, com imediato reflexo no mercado de trabalho. Note-se que, no caso concreto, a licença foi deferida para a mulher adotante, de modo que o fundamento para a licença-maternidade *não* é a amamentação. Daí a pertinência da indagação feita pelo Ministro Ricardo Lewandowski durante a discussão e votação do caso: "Vendo aqui essa tese, que Vossa Excelência formula com muito brilho, de repercussão geral, eu estou aqui refletindo se ela também não se estenderia eventualmente a um pai adotante". Embora defenda

caput e inc. III) e o princípio da proporcionalidade em sua vertente de proibição à proteção deficiente (CF, art. 5º, LV). Supero, assim, o entendimento afirmado no RE nº 197.807 e reconheço a ocorrência de mutação constitucional".[40]

-     Passando do direito individual para o direito coletivo, o segundo exemplo que reflete a constitucionalização do Direito do Trabalho corresponde ao voto condutor do Ministro Luís Roberto Barroso no julgamento do RE nº 590.415/SC, interposto pelo Banco do Brasil, seguido à unanimidade pelo Plenário do STF. Como relatado na *Introdução*, o caso envolve plano de dispensa incentivada aprovado em acordo coletivo de trabalho que contou com ampla participação dos empregados, bem como com quitação de toda e qualquer parcela decorrente da relação de emprego. Embora a Sra. Cláudia Eberhardt tenha optado voluntariamente por aderir ao plano, e outorgado quitação de todas as parcelas rescisórias ao ex-empregador, ajuizou reclamação trabalhista para pleitear as verbas não especificamente discriminadas no recibo. O pedido fora acolhido pelo Tribunal Superior do Trabalho, com base no art. 477, §2º, da CLT,[41] na Súmula nº 330 do

---

que a licença parental não demande alteração do texto da Constituição, tramita no Senado Federal a Proposta de Emenda à Constituição nº 16/2017, de autoria da Senadora Vanessa Grazziotin, que dá nova redação ao art. 10, §1º, do ADCT, para permitir o compartilhamento do período da licença-maternidade entre a mãe e o pai "até que a lei venha a disciplinar o disposto no art. 7º, XIX, da Constituição". Uma das justificativas da proposta é a de favorecer a inserção da mulher no mercado de trabalho, tal como já ocorre em países como Irlanda, Espanha, Noruega, Suécia e Finlândia. Disponível em: <https://www12.senado.leg.br/noticias/materias/2017/05/02/de-sua-opiniao-pec-permite-que-mae-e-pai-compartilhem-licenca-maternidade>. Acesso em: 11 jan. 2018.

[40] STF, RE nº 778.889/PE, Min. Rel. Luís Roberto Barroso, DJ 29.07.2016. Ementa: DIREITO CONSTITUCIONAL. EXTRAORDINÁRIO. REPERCUSSÃO EQUIPARAÇÃO DO PRAZO DA LICENÇA-ADOTANTE AO PRAZO DE LICENÇA-GESTANTE. 1. A licença-maternidade prevista no artigo 7º, XVIII, da Constituição abrange tanto a licença-gestante quanto a licença-adotante, ambas asseguradas pelo prazo mínimo de 120 dias. Interpretação sistemática da Constituição à luz da dignidade da pessoa humana, da igualdade entre filhos biológicos e adotados, da doutrina da proteção integral, do princípio da prioridade e do interesse superior do menor. 2. As crianças adotadas constituem grupo vulnerável e fragilizado. Demandam esforço adicional da família para sua adaptação, para a criação de laços de afeto e para a superação de traumas. Impossibilidade de se lhes conferir proteção inferior àquela dispensada aos filhos biológicos, que se encontram em condição menos gravosa. Violação do princípio da proporcionalidade como vedação à proteção deficiente. 3. Quanto mais velha a criança e quanto maior o tempo de internação compulsória em instituições, maior tende a ser a dificuldade de adaptação à família adotiva. Maior é, ainda, a dificuldade de viabilizar sua adoção, já que predomina no imaginário das famílias adotantes o desejo de reproduzir a paternidade biológica e adotar bebês. Impossibilidade de conferir proteção inferior às crianças mais velhas. Violação do princípio da proporcionalidade como vedação à proteção deficiente. 4. Tutela da dignidade e da autonomia da mulher para eleger seus projetos de vida. Dever reforçado do Estado de assegurar-lhe condições para compatibilizar maternidade e profissão, em especial quando a realização da maternidade ocorre pela via da adoção, possibilitando o resgate da convivência familiar em favor de menor carente. Dívida moral do Estado para com menores vítimas da inepta política estatal de institucionalização precoce. Ônus assumido pelas famílias adotantes, que devem ser encorajadas. 5. Mutação constitucional. Alteração da realidade social e nova compreensão do alcance dos direitos do menor adotado. Avanço do significado atribuído à licença parental e à igualdade entre filhos, previstas na Constituição. Superação de antigo entendimento do STF. 6. Declaração da inconstitucionalidade do art. 210 da Lei no 8.112/1990 e dos parágrafos 1º e 2º do artigo 3º da Resolução CJF nº 30/2008. 7. Provimento do recurso extraordinário, de forma a deferir à recorrente prazo remanescente de licença parental, a fim de que o tempo total de fruição do benefício, computado o período já gozado, corresponda a 180 dias de afastamento remunerado, correspondentes aos 120 dias de licença previstos no art. 7º, XVIII,CF, acrescidos de 60 dias de prorrogação, tal como estabelecido pela legislação em favor da mãe gestante. 8. Tese da repercussão geral: "Os prazos da licença-adotante não podem ser inferiores aos prazos da licença-gestante, o mesmo valendo para as respectivas prorrogações. Em relação à licença-adotante, não é possível fixar prazos diversos em função da idade da criança adotada.

[41] Art. 477. É assegurado a todo empregado, não existindo prazo estipulado para a terminação do respectivo contrato, e quando não haja ele dado motivo para cessação das relações de trabalho, o direto de haver do empregador uma indenização, paga na base da maior remuneração que tenha percebido na mesma empresa (Redação dada pela Lei nº 5.584, de 26.6.1970). §2º. O instrumento de rescisão ou recibo de quitação, qualquer que seja a causa ou forma de dissolução do contrato, deve ter especificada a natureza de cada parcela paga ao empregado e discriminado o seu valor, sendo válida a quitação, apenas, relativamente às mesmas parcelas (Redação dada pela Lei nº 5.584, de 26.6.1970).

TST[42] e na Orientação Jurisprudencial 270 da Seção de Dissídios Individuais (SDI) do TST,[43] sob o principal fundamento de que o termo de rescisão apenas libera o empregador das parcelas nele discriminadas. Na ocasião, o TST também entendeu que transações devem ser interpretadas restritivamente e que os direitos trabalhistas são indisponíveis.

O voto do Ministro Luís Roberto Barroso no RE nº 590.415/SC é paradigmático. Primeiro porque diferencia a situação de assimetria entre empregado e empregador no direito individual do trabalho daquela existente no direito coletivo do trabalho, o que tem reflexo não apenas sobre o caso concreto, mas também na interpretação de todo e qualquer acordo coletivo e convenção coletiva de trabalho legítima e validamente celebrados. Vale dizer, a fundamentação de que "a autonomia coletiva da vontade não se encontra sujeita aos mesmos limites que a autonomia individual" é base tanto para afastar a aplicação do art. 477, §2º, da CLT, ao caso da Sra. Cláudia Eberhardt, como para conformar a validade da incidência de normas trabalhistas tipicamente individuais a todo o direito coletivo do trabalho.

O afastamento da posição original de hipossuficiência seria suficiente para considerar o julgado um divisor de águas. Mas há mais. O STF entendeu, a partir do voto condutor do Ministro Luís Roberto Barroso, que o art. 7º, VI, XIII, XIV e XXVI; bem como o art. 8º, I, III, V, VI, VII e VIII, da CF, afastam o padrão corporativo-autoritário que inspirou o modelo brasileiro de normatização trabalhista. Como afirmou o Ministro Luís Roberto Barroso, reconheceu-se que a Constituição de 1988 *privilegia a autocomposição dos conflitos trabalhistas,* "acompanhando a tendência mundial ao crescente reconhecimento dos mecanismos de negociação coletiva, retratada na Convenção nº 98.1949 e na Convenção nº 154/1981 da Organização Internacional do Trabalho. O reconhecimento dos acordos e convenções coletivas permite que os trabalhadores contribuam para a formulação das normas que regerão a sua própria vida". Uma ode à autonomia, um *chega pra lá* no paternalismo.[44]

---

[42] Súmula nº 330 do TST. QUITAÇÃO. VALIDADE (mantida) – Res. 121/2003, DJ 19, 20 e 21.11.2003. A quitação passada pelo empregado, com assistência de entidade sindical de sua categoria, ao empregador, com observância dos requisitos exigidos nos parágrafos do art. 477 da CLT, tem eficácia liberatória em relação às parcelas expressamente consignadas no recibo, salvo se oposta ressalva expressa e especificada ao valor dado à parcela ou parcelas impugnadas. I – A quitação não abrange parcelas não consignadas no recibo de quitação e, consequentemente, seus reflexos em outras parcelas, ainda que estas constem desse recibo. II – Quanto a direitos que deveriam ter sido satisfeitos durante a vigência do contrato de trabalho, a quitação é válida em relação ao período expressamente consignado no recibo de quitação.

[43] OJ nº 270 da SDI do TST. PROGRAMA DE INCENTIVO À DEMISSÃO VOLUNTÁRIA. TRANSAÇÃO EXTRAJUDICIAL. PARCELAS ORIUNDAS DO EXTINTO CONTRATO DE TRABALHO. EFEITOS. Inserida em 27.09.02. A transação extrajudicial que importa rescisão do contrato de trabalho ante a adesão do empregado a plano de demissão voluntária implica quitação exclusivamente das parcelas e valores constantes do recibo.

[44] O Ministro Luís Roberto Barroso é peremptório ao condenar a postura paternalista por trás de algumas intepretações do Direito do Trabalho: "A concepção paternalista que recusa à categoria dos trabalhadores a possibilidade de tomar as suas próprias decisões, de aprender com seus próprios erros, contribui para a permanente atrofia de suas capacidades cívicas e, por consequência, para a exclusão de parcela considerável da população do debate público". Em outro trecho digno de nota, afirma: "Não socorre a causa dos trabalhadores a afirmação, constante do acórdão do TST que uniformizou o entendimento sobre a matéria, de que 'o empregado merece proteção, inclusive, contra a sua própria necessidade ou ganância'. Não se pode tratar como absolutamente incapaz e inimputável para a vida civil toda uma categoria profissional, em detrimento do explícito reconhecimento constitucional de sua autonomia coletiva (art. 7º, XXVI, CF). As normas paternalistas, que podem ter seu valor no âmbito do direito individual, são as mesmas que atrofiam a capacidade participativa do trabalhador no âmbito coletivo e que amesquinham a sua contribuição para a solução dos problemas que o afligem. É através do respeito aos acordos negociados coletivamente que os trabalhadores poderão compreender e aperfeiçoar a sua capacidade de mobilização e de conquista, inclusive de forma a defender a plena liberdade sindical. Para isso é preciso, antes de tudo, respeitar a sua voz".

O fundamento passou a ser utilizado no discurso político e repercutiu na imprensa como *a prevalência do negociado sobre o legislado*. Foi, inclusive, mencionado na Exposição de Motivos da Reforma Trabalhista, com referência expressa ao julgamento do RE nº 590.415/SC e ao voto do Ministro Relator Luís Roberto Barroso. O Deputado Federal e ex-Ministro do Trabalho Ronaldo Nogueira de Oliveira concluiu, na referida Exposição de Motivos, que "(e)ssas discussões demonstram a importância da medida ora proposta, de valorização da negociação coletiva, que vem no sentido de garantir o alcance da negociação coletiva e dar segurança ao resultado do que foi pactuado entre trabalhadores e empregadores".[45]

O discurso político, porém, só traz o *perfil de meia verdade*.[46] A autonomia coletiva não é absoluta, encontrando limite no *patamar civilizatório mínimo* representado pelo núcleo essencial dos direitos do trabalhador, formado por segurança, salário e repouso. Nas palavras do Ministro, "enquanto tal patamar civilizatório mínimo deveria ser preservado pela legislação heterônoma, os direitos que o excedem sujeitar-se-iam à negociação coletiva, que, justamente por isso, constituiria um valioso mecanismo de adequação das normas trabalhistas aos diferentes setores da economia e a diferenciadas conjunturas econômicas".

Se é certo que a natureza não absoluta da autonomia coletiva também constou expressamente da Exposição de Motivos da Reforma Trabalhista, em outras vezes a *prevalência do negociado sobre o legislado* é noticiada pela grande mídia como isenta de qualquer limitação, o que não corresponde ao voto do Ministro Luís Roberto Barroso no RE nº 590.415/SC. Ele mesmo afirma que: "Embora o critério definidor de quais sejam as parcelas de indisponibilidade absoluta seja vago, afirma-se que estão protegidos contra a negociação *in pejus* os direitos que correspondam a um 'patamar civilizatório mínimo', como a anotação da CTPS, o pagamento do salário mínimo, o repouso semanal remunerado, as normas de saúde e segurança do trabalho, dispositivos antidiscriminatórios, a liberdade de trabalho etc.".

A terceira lição presente nesse julgado corresponde à postura consequencialista cada vez mais presente nos votos do Ministro e nos julgamentos do Supremo Tribunal Federal. A análise prévia dos efeitos casuísticos e sistêmicos das decisões deve ser realizada criteriosamente e assumida pelos órgãos julgadores, embora não legítima para negar vigência a direitos fundamentais. Na hipótese, reconhecer que um plano de dispensa incentivada coletivamente negociado com o sindicato da categoria, aprovado pelos empregados e assinado voluntariamente pela reclamante só teria validade quanto às verbas especificamente discriminadas no recibo está mais próximo da chancela da má-fé do que da proteção de um hipossuficiente – além de desconsiderar a atuação do sindicato. Do ponto de vista sistêmico, o entendimento levaria ao desprestígio do instituto do plano de dispensa incentivada e, principalmente, da lógica da negociação coletiva, com impacto direto nas relações de trabalho – prejudicando, em última análise, os próprios empregados.

---

[45] Exposição de Motivos do Projeto de Lei nº 6.787/2016, assinada pelo Deputado Federal e ex-Ministro do Trabalho Ronaldo Nogueira de Oliveira, que deu origem à Lei nº 13.467/2017 (Reforma Trabalhista).

[46] Parte do verso de Carlos Drummond de Andrade em *Verdade*: "A porta da verdade estava aberta, mas só deixava passar meia pessoa de cada vez. Assim não era possível atingir toda a verdade, porque a meia pessoa que entrava só trazia o perfil de meia verdade".

Acordos legítimos devem ser observados e cumpridos com boa-fé e transparência, lembra o Ministro: "Quando os acordos resultantes de negociações coletivas são descumpridos ou anulados, as relações por eles reguladas são desestabilizadas e a confiança no mecanismo da negociação coletiva é sacrificada". Sim, porque ao direito coletivo do trabalho também se aplica o princípio geral da moralidade contratual. Se os princípios contratuais da obrigatoriedade e da autonomia da vontade podem ser atenuados nas relações trabalhistas na medida da hipossuficiência, não há como anular o valor moral decorrente de uma promessa digna de confiança, realizada voluntariamente e de maneira informada.[47] Se não houver vícios, o ato de empenhar a palavra transforma uma escolha moralmente neutra em uma moralmente exigível. Há, nesse sentido, uma moralidade ínsita aos contratos que, como regra geral, impõe o seu dever de cumprimento.

Uma última observação. O acordo é fruto de cálculos de ambas as partes: o banco acredita que é melhor assumir uma despesa no presente para ter menos despesas no futuro e os trabalhadores acreditam que sua perspectiva de futuro na atividade vale menos que a indenização imediata. Ao fim e ao cabo, como registrado no voto, "os planos de dispensa incentivada permitem reduzir as repercussões sociais das dispensas, assegurando àqueles que optam por seu desligamento da empresa condições econômicas mais vantajosas do que aquelas que decorreriam do mero desligamento por decisão do empregador". Nesse cenário também devem ser considerados os empregados não optantes, que deixam de aderir ao plano justamente por entender que, individualmente, o acordo (com *aquelas* cláusulas discutidas e aprovadas) não valeria a pena. Dessa forma, quando o Judiciário interfere no cálculo para promover a interpretação da CLT de forma isolada e sem correspondência com o sistema constitucional, aplicando ao direito coletivo do trabalho uma lógica que só é lógica nas relações individuais trabalhistas, acaba por negar vigência à negociação coletiva prevista na própria Constituição. Se para as empresas só houver perdas com a negociação coletiva, será mais vantajoso demitir os empregados sob a forma ordinária. Daí a advertência do Ministro: "É importante, por isso, assegurar a credibilidade de tais planos, a fim de preservar a sua função protetiva e de não desestimular o seu uso".

4.4 Conclusão: o que está por vir

A constitucionalização do Direito do Trabalho é um campo de estudo muito maior do que à primeira vista possa parecer. Há inúmeros casos aguardando julgamento no Supremo Tribunal Federal que traduzem possível conflito entre normas trabalhistas e normas constitucionais, apontando pela necessidade de releitura de institutos clássicos e de reconhecimento de mutações constitucionais. Os precedentes analisados demonstram que a ressignificação do Direito do Trabalho passa pela concretização do princípio da dignidade da pessoa humana, pela queda do padrão corporativo-autoritário que inspirou o modelo brasileiro de normatização trabalhista, pelo prestígio da autonomia da vontade coletiva, pelo afastamento da leitura paternalista da hipossuficiência e pela análise da realidade em todo o seu contexto, tendo como parâmetro a proteção do trabalhador. Um desafio e tanto.

---

[47] A ideia de contratos como promessas está presente em obra clássica de Charles Fried. FRIED, Charles. *Contract as Promise*. Cambridge: Harvard University Press, 1981.

Interessante notar que tanto o caso da licença-adotante quanto o do plano de dispensa incentivada foram apreciados em controle difuso de constitucionalidade, no âmbito de recursos extraordinários cujos temas foram reconhecidos como de repercussão geral. Algoritmo ou destino, há dois outros processos em curso no Supremo Tribunal Federal, também da relatoria do Ministro Luís Roberto Barroso, que dizem respeito às relações entre Direito do Trabalho e Constituição, mas agora em sede de controle concentrado: a ADI nº 5766, proposta pelo ex-Procurador-Geral da República, e a ADC nº 48, ajuizada pela Confederação Nacional do Transporte.

A ADC nº 48 visa a declarar a constitucionalidade da Lei nº 11.442/2007, que dispõe sobre o transporte rodoviário de cargas por terceiros e mediante remuneração. O referido diploma (i) regulamentou a contratação de transportadores autônomos de carga por proprietários de carga e por empresas transportadoras de carga; (ii) autorizou a terceirização da atividade-fim pelas empresas transportadoras; e (iii) afastou a configuração de vínculo de emprego nessa hipótese. No entanto, decisões da Justiça do Trabalho vêm negando aplicação ao diploma, ao fundamento de que o legislador ordinário não poderia predefinir uma relação como autônoma, sem considerar, em concreto, a existência (ou não) de vínculo de subordinação, o que afrontaria o valor social do trabalho e a proteção ao emprego.

Em 19 de dezembro de 2017, a medida cautelar na ADC foi deferida e todas as ações trabalhistas que discutem a incidência dos artigos 1º, *caput*;[48] 2º, §§1º e 2º;[49] 4º, §§1º e 2º;[50] e 5º, *caput*,[51] da Lei nº 11.442/2007, foram suspensas. O Ministro Luís Roberto Barroso reconheceu que é legítima a terceirização da atividade-fim de uma empresa, eis que a Constituição Federal não impõe uma única forma de estruturar a produção: ao contrário, o princípio constitucional da livre-iniciativa garante aos agentes econômicos liberdade para eleger suas estratégias empresariais dentro do marco vigente. Além disso,

---

[48] Art. 1º. Esta Lei dispõe sobre o Transporte Rodoviário de Cargas – TRC realizado em vias públicas, no território nacional, por conta de terceiros e mediante remuneração, os mecanismos de sua operação e a responsabilidade do transportador. (...).

[49] Art. 2º. A atividade econômica de que trata o art. 1º desta Lei é de natureza comercial, exercida por pessoa física ou jurídica em regime de livre concorrência, e depende de prévia inscrição do interessado em sua exploração no Registro Nacional de Transportadores Rodoviários de Cargas – RNTRC da Agência Nacional de Transportes Terrestres – ANTT, nas seguintes categorias: I – Transportador Autônomo de Cargas – TAC, pessoa física que tenha no transporte rodoviário de cargas a sua atividade profissional; II – Empresa de Transporte Rodoviário de Cargas – ETC, pessoa jurídica constituída por qualquer forma prevista em lei que tenha no transporte rodoviário de cargas a sua atividade principal. §1º. O TAC deverá: I – comprovar ser proprietário, coproprietário ou arrendatário de, pelo menos, 1 (um) veículo automotor de carga, registrado em seu nome no órgão de trânsito, como veículo de aluguel; II – comprovar ter experiência de, pelo menos, 3 (três) anos na atividade, ou ter sido aprovado em curso específico. §2º. A ETC deverá: I – ter sede no Brasil; II – comprovar ser proprietária ou arrendatária de, pelo menos, 1 (um) veículo automotor de carga, registrado no País; III – indicar e promover a substituição do Responsável Técnico, que deverá ter, pelo menos, 3 (três) anos de atividade ou ter sido aprovado em curso específico; IV – demonstrar capacidade financeira para o exercício da atividade e idoneidade de seus sócios e de seu responsável técnico. (...)

[50] Art. 4º. O contrato a ser celebrado entre a ETC e o TAC ou entre o dono ou embarcador da carga e o TAC definirá a forma de prestação de serviço desse último, como agregado ou independente. §1º. Denomina-se TAC-agregado aquele que coloca veículo de sua propriedade ou de sua posse, a ser dirigido por ele próprio ou por preposto seu, a serviço do contratante, com exclusividade, mediante remuneração certa. §2º. Denomina-se TAC-independente aquele que presta os serviços de transporte de carga de que trata esta Lei em caráter eventual e sem exclusividade, mediante frete ajustado a cada viagem.

[51] Art. 5º. As relações decorrentes do contrato de transporte de cargas de que trata o art. 4º desta Lei são sempre de natureza comercial, não ensejando, em nenhuma hipótese, a caracterização de vínculo de emprego. Parágrafo único. Compete à Justiça Comum o julgamento de ações oriundas dos contratos de transporte de cargas.

destacou que a terceirização pode constituir uma estratégia sofisticada para aumentar a eficiência econômica e promover a competitividade das empresas brasileiras, e que a proteção constitucional ao trabalho não impõe que toda e qualquer prestação remunerada de serviços configure relação de emprego, pois há alguma margem de conformação para o legislador ordinário. Por fim, fez o registro de que o art. 4º da Lei nº 13.467/2017 (Reforma Trabalhista) autorizou expressamente a terceirização da atividade principal da empresa, na mesma linha do que já havia feito a norma objeto da ADC. Apresentados os argumentos, um debate sincero e profícuo deve ser promovido, sem se esquecer do necessário envolvimento da sociedade, haja vista que a intepretação da Constituição não é tarefa apenas do STF.

Outro caso cujo julgamento já foi iniciado, embora não finalizado, refere-se à ADI nº 5.766, ajuizada pelo ex-Procurador-Geral da República Rodrigo Janot, contra o artigo 1º da Lei nº 13.467, de 13 de julho de 2017, que aprovou a Reforma Trabalhista, por violação dos artigos 1º, III e IV; 3º, I e III; 5º, *caput*, XXXV e LXXIV e §2º; e 7º a 9º da Constituição Federal. Segundo relata na petição inicial, houve *intensa* desregulamentação da proteção social do trabalho e redução de direitos materiais dos trabalhadores,[52] além da tentativa de reduzir o número de demandas perante a justiça a partir de "restrições inconstitucionais à garantia de gratuidade judiciária aos que comprovem insuficiência de recursos, na Justiça do Trabalho".

Com efeito, o PGR defende a gratuidade judiciária ao trabalhador como garantia inerente ao mínimo existencial e, por conseguinte, impugna a constitucionalidade (i) do pagamento de honorários periciais e sucumbenciais, quando tiverem obtido em juízo, inclusive em outro processo, créditos capazes de suportar a despesa; e (ii) do pagamento de custas, caso tenham dado ensejo à extinção da ação, em virtude do não comparecimento à audiência sem justificativa para tanto, condicionando a propositura de nova ação a tal pagamento.[53] Está em jogo saber se houve ou não violação do princípio constitucional da isonomia ao criar restrições maiores à gratuidade judiciária na Justiça do Trabalho do que na Comum e ao submeter o trabalhador carecedor de recursos à condição de profunda inferioridade de armas processuais em relação ao empregador. O Ministro Relator Luís Roberto Barroso votou pela constitucionalidade de todos os dispositivos com amparo na análise econômica do direito, tendo o Ministro Luís Edson Fachin divergido do Relator em toda a extensão. A discussão sobre a constitucionalidade da Reforma Trabalhista encontra-se, atualmente, suspensa por pedido de vista do Ministro Luiz Fux.

Se os precedentes aqui analisados já demonstravam a importância do estudo do Direito do Trabalho à luz da Constituição, a ADI nº 5.766 e a ADC nº 48 corroboram que o tema precisa deixar de voar abaixo do radar. Muitos são os direitos em jogo.

---

[52] Assinala-se que a Lei nº 13.467/2017 facilita o uso do trabalho autônomo (CLT, art. 442-B), amplia a contratação terceirizada de mão de obra (art. 2º), institui modalidades contratuais flexíveis, como o trabalho intermitente (CLT, art. 452-A), fomenta negociação coletiva com finalidade redutora de direitos de fonte legal (CLT, arts. 611-A e 611-B), inclusive em matérias relativas a saúde e segurança do trabalhador (CLT, art. 611-A, XII), flexibiliza a composição salarial (CLT, art. 457, §§2º e 4º) e a jornada de trabalho (CLT, arts. 59, §§5º e 6º, 59-A, 59-B, 611-A, I a III, e 611-B, parágrafo único), dificulta a equiparação salarial (CLT, art. 461, §§1º e 5º), entre outras medidas.

[53] Registre-se que o novo CPC, ao tratar da extinção do processo sem julgamento de mérito, atribui ao demandante desistente a responsabilidade pelo pagamento de custas e despesas processuais proporcionais, mas não imputa essa responsabilidade ao beneficiário da justiça gratuita.

Maiores ainda os interesses – e de todas as ordens: sociais, econômicos, políticos e civilizatórios. A justa medida entre eles só pode ser definida a partir da Constituição. Pode soar hiperbólico, mas esses julgamentos poderão interferir no curso da história – e da economia. Aguardemos as cenas dos próximos capítulos.

Referências

AMARAL, Júlio Ricardo de Paula. *Eficácia dos direitos fundamentais nas relações trabalhistas*. São Paulo: Ed. LTr, 2007.

BARROSO, Luís Roberto. Neoconstitucionalismo e constitucionalização do Direito (O triunfo tardio do direito constitucional no Brasil). *Revista de Direito Administrativo*, Rio de Janeiro, vol. 240, p. 1-42, abr. 2005. Disponível em: <http://bibliotecadigital.fgv.br/ojs/index.php/rda/article/view/43618>. Acesso em: 11 jan. 2018.

BRASIL. Advocacia-Geral da União. Parecer nº 3/2016/CGU/AGU. Disponível em: <http://www.agu.gov.br/atos/detalhe/1530156>. Acesso em: 16 jan. 2018.

_____. Senado Federal. Dê sua opinião: PEC permite que mãe e pai compartilhem licença-maternidade. Disponível em: <https://www12.senado.leg.br/noticias/materias/2017/05/02/de-sua-opiniao-pec-permite-que-mae-e-pai-compartilhem-licenca-maternidade>. Acesso em: 11 jan. 2018.

CANOTILHO, José Joaquim Gomes. *Direito Constitucional e Teoria da Constituição*. 6. ed. Coimbra: Almedina, 1993.

CARNEIRO FILHO, Roberto. *Efetividade dos direitos fundamentais laborais*: abertura do sistema jurídico por meio da jurisprudência (do positivismo ao pós-positivismo). Tese de Doutoramento em Direito no Programa de Estudos Pós-Graduados em Direito, Pontifícia Universidade Católica de São Paulo, São Paulo, 2016. Disponível em: <https://sapientia.pucsp.br/handle/handle/19594>. Acesso em: 11 jan. 2018.

DELGADO, Mauricio Godinho. *Curso de Direito do Trabalho*. 16. ed. São Paulo: Ed. LTr, 2017.

FRIED, Charles. *Contract as Promise*. Cambridge: Harvard University Press, 1981.

GAVIÃO, Juliana Venturella Nahas. A proibição de proteção deficiente. *Revista do Ministério Público do Rio Grande do Sul*, n. 61, p. 93-111, maio/out. 2008. Disponível em: <http://www.amprs.org.br/arquivos/revista_artigo/arquivo_1246460827.pdf>. Acesso em: 1º fev. 2018.

SARMENTO, Daniel; GOMES, Fábio Rodrigues. A eficácia dos direitos fundamentais nas relações entre particulares: o caso das relações de trabalho. *Revista do Tribunal Superior do Trabalho*, São Paulo, v. 77, n. 4, p. 60-101, out./dez. 2011. Disponível em: <https://juslaboris.tst.jus.br/handle/1939/28342>. Acesso em: 11 jan. 2018.

Informação bibliográfica deste texto, conforme a NBR 6023:2002 da Associação Brasileira de Normas Técnicas (ABNT):

MELO, Teresa. Algoritmo ou destino: a constitucionalização do Direito do Trabalho a partir dos votos do Ministro Luís Roberto Barroso. In: SARAIVA, Renata et al. *Ministro Luís Roberto Barroso*: 5 anos de Supremo Tribunal Federal: homenagem de seus assessores. Belo Horizonte: Fórum, 2018. p. 381-397. ISBN 978-85-450-0525-4.

CAPÍTULO 5

A EXTRADIÇÃO Nº 1462/DF:
O MINISTRO LUÍS ROBERTO BARROSO
E O DIREITO INTERNACIONAL

PAULO CESAR VILLELA SOUTO LOPES RODRIGUES

5.1 Introdução

No dia 28 de março de 2017, a Primeira Turma do Supremo Tribunal Federal, no julgamento da EXT nº 1462/DF, sob relatoria do Ministro Luís Roberto Barroso, autorizou, por maioria de votos, vencidos os Ministros Marco Aurélio e Edson Fachin, a entrega em extradição de Cláudia Cristina Sobral ao governo dos Estados Unidos da América.

A questão à época foi objeto de intenso debate, na medida em que Cláudia Cristina é nascida no Brasil, filha de pais brasileiros. Discutiu-se, portanto, se se tratava de extradição de uma brasileira nata, o que é vedado pela Constituição Federal, e chegou-se mesmo a noticiar que o Tribunal, pela primeira vez na história, teria autorizado a extradição de um nacional nato.

O que ocorreu, como se verá, é que Claudia perdera, em procedimento administrativo regular, a nacionalidade brasileira, daí por que, em verdade, o que fez o Tribunal foi autorizar a extradição de uma estrangeira, como ocorre em qualquer extradição.

A perda da nacionalidade não só é possível como é relativamente comum no Direito Comparado. O que o Direito Internacional veda é a supressão arbitrária de nacionalidade pelo Estado (art. XV, 1 e 2, da Declaração dos Direitos do Homem e art. 20, 1, 2 e 3, da Convenção Americana de Direitos Humanos), mas não a perda fundada em causas legítimas.

Todas as constituições brasileiras previram a possibilidade de perda da nacionalidade, observando-se alguma variação de critérios entre elas. A aquisição de outra nacionalidade por naturalização, contudo, foi um dos únicos critérios continuamente observados para a perda da nacionalidade. É assim no Direito brasileiro e é assim no Direito Comparado.

Em 1994, a Emenda Constitucional de Revisão nº 3 excepcionou a perda da nacionalidade brasileira por naturalização nas hipóteses em que o brasileiro adquirisse outra nacionalidade por imposição do Estado estrangeiro como condição de permanência em seu território ou para o exercício de direitos civis (art. 12, §4º, II, *b*, da CRFB/88).

Como estabelecido por maioria pela Primeira Turma, a situação concreta da extraditanda não se subsumia a nenhum destes requisitos, daí por que entendeu legítima a perda da nacionalidade e, consequentemente, possível a extradição.

5.1.1 A relação do Ministro Luís Roberto Barroso com o Direito Internacional

No turno da noite, do segundo semestre de 1982, começava nas salas de aula da Faculdade de Direito da Universidade do Estado do Rio de Janeiro a carreira do jovem professor Luís Roberto Barroso. A disciplina? Direito Internacional Privado, para onde fora levado pelas mãos do grande internacionalista Jacob Dolinger, então professor titular da disciplina, sucedendo a ninguém menos que Oscar Tenório. Na condição de professor auxiliar, o aluno aplicado, que frequentara o grupo de estudos de Direito Internacional – onde conheceu a Professora Carmen Tibúrcio, que hoje ocupa a cadeira do Professor Jacob –, passou à condição de mestre e começou a lapidar seu insuperável talento para a conquista de corações e mentes na formação de novos juristas.

A disciplina não foi escolha sua, mas das circunstâncias. Já tendo ministrado, na mesma condição de professor auxiliar, algumas aulas de Direito Constitucional, teve sua presença em sala de aula considerada "inconveniente" por "órgãos de informação" do regime militar. Dispensado unicamente por este motivo, foi acolhido pelo antigo professor de Direito Internacional, que, tendo vivido os horrores da discriminação e da perseguição religiosa, bem conhecia o horror de ser perseguido pelo que se é, não necessariamente pelo que se escolheu ser.[1]

Nessa altura, o Professor Luís Roberto Barroso já havia publicado *Direito Constitucional Brasileiro: o problema da federação*. No entanto, o livro que o faria conhecido nacionalmente apareceria somente dez anos depois, em 1996: *Interpretação e Aplicação da Constituição*. Já no primeiro capítulo, o leitor encontra um sofisticado estudo de *conflito de fontes*, notadamente no subitem 2, "a norma estrangeira e a Constituição", tema que se situa na interseção entre o Direito Constitucional e o Direito Internacional Privado, e que só poderia ter sido tratado com tal proficiência por alguém versado no Direito Internacional. Definitivamente, não se tratava de tema para iniciantes, mas para iniciados.

A esta obra, seguiram-se inúmeros artigos de Direito Internacional em obras coletivas. Anos mais tarde, já como Ministro do Supremo Tribunal Federal, publicou, em coautoria com a Professora Carmen Tibúrcio, um livro de Direito Internacional que marca a consagração de uma vida acadêmica também nesta específica disciplina, ainda que não seja a sua de eleição. Boa música não se faz necessariamente em um único tom. *Direito Constitucional Internacional*, de 2013, traz uma coleção de artigos sobre os mais variados temas de Direito Internacional, e seu estudo à luz da Constituição Federal.

---

[1] BARROSO, Luís Roberto. *O Novo Direito Constitucional Brasileiro*. 6. ed. São Paulo: Saraiva, 2017. p. 21-22.

Entre os temas tratados na obra está justamente o da nacionalidade, modos de aquisição e perda, que viria a ser uma das questões mais relevantes em matéria de Direito Internacional Constitucional sob sua relatoria na Suprema Corte. O tema é o maior elo entre o Direito Constitucional e o Direito Internacional.

5.1.2 O direito da nacionalidade no quadro geral do Direito e como tema de Direito Internacional

Não há consenso doutrinário quanto à posição da nacionalidade no quadro geral do Direito. Grandes obras sobre o tema se dedicam longamente a localizá-la.[2] Há tanto quem considere se tratar de tema próprio do Direito Internacional Privado como quem entenda ser tema tipicamente pertencente ao Direito Internacional Público. Sem prejuízo, muitos afirmam ser matéria eminentemente constitucional,[3] especialmente no Brasil; e ainda há mesmo quem defenda ser tema afeto ao estudo do Direito Civil.

Atualmente, o Direito Internacional Privado observa, na doutrina, variações sobre o seu alcance. O Direito alemão o identifica com o conflito de leis, limitando a este tema seu objeto de estudo. Na Inglaterra e nos Estados Unidos, a disciplina tem por objeto o estudo dos conflitos de leis e de jurisdição.[4] Para a escola anglo-saxônica, o Direito Internacional Privado se ocupa em responder: (i) em que local acionar (referente às questões processuais); (ii) qual a lei aplicável (utilização dos métodos de solução do conflito de leis); e (iii) como executar decisões estrangeiras (cooperação entre jurisdições).[5] Na França, o Direito Internacional Privado compreende o estudo de quatro grandes temas, a saber: (i) conflito de leis; (ii) conflito de jurisdição; (iii) nacionalidade; e (iv) condição jurídica do estrangeiro.[6]

---

[2] Ilmar Pena Marinho dedica todo o longo capítulo 2 do volume 1 de seu Tratado para demonstrar a sede própria para o estudo do direito da nacionalidade no quadro geral do Direito. Cf. MARINHO, Ilmar Pena. *Tratado sobre a Nacionalidade*: Volume Primeiro – Direito Internacional da Nacionalidade Rio de Janeiro: Departamento de Imprensa Nacional, 1956. p. 205-469.

[3] MIRANDA, Pontes de. *Nacionalidade de origem e naturalização no Direito brasileiro*. Rio de Janeiro: A. Coelho Branco Editores 1936. p. 21.

[4] DOLINGER, Jacob. *Direito Internacional privado*. Parte Geral. 7. ed. Rio de Janeiro: Renovar 2007. p. 2.

[5] ARAÚJO, Nadia. *Direito Internacional privado*. Teoria e prática brasileira. 4. ed. Rio de Janeiro: Renovar, 2008. p. 34.

[6] AUDIT, Bernard; D'AVOUT, Louis. *Droit Internacional privé*. 6. ed. Paris: Economica, 2010. p. 21: "Le Code Civil ne comportait en matière de conflits de lois et de jurisdictions que des dispositions très generales et incompletes: essentiellement l'art.3 sur le priemer point, les art. 14 et 15 sur la competence des tribunaux français; l'art. 2123 fait une simple mention des jugements étrangers. Le Code réglementait en qualques règles l'attribuition et la perte de la nacionalitè française (art. 7, 9, 10 et 12; 17 à 19, 21); en matière de statut des étrangers, il posait un principe général de réciprocité par traité (art. 11), lequel n'a jamais réelement exprimé le droit positif et a été répudie par la Cour de cassation à l'époque moderne (n. 1066). Les conflits de jurisdictions sont partagés entre le droit commun, essentiellement jurisprudentiel, des conventions internationales assez nombreuses et sourtout aujourd'hui deux règlements communautaires, d'application plus fréquente que le droit commun ou conventionel. Le droit de la nationalité, devenu de plus en plus précis et detaillé, fit l'objet d'un Code de la nationalite (Ord. du 19 oct. 1945, mod.) de quelque 130 articles; ses dispotions ont été réintroduites en 1993 dans le Code civil (art.17 à 33-2), aux pris d'une multiplication des numéros indiciaires. Le statut des étrangers fit à la même époque l'objet d'une ordonnance (2 novembre 1945) conçue pour rassembler la matière. Modifiée et completée par d'innombrables textes, elle a été abrogée et remplacée en 2004 par un 'Code des étrangers et du droit d'asile'. En ce qui concerne les conflits de lois et de jurisdictions, les textes sont demeurés inchangés nonobstant l'evolution des relations internationales. C'est donc là jurispridence qui a pour l'essentiel façonné le droit positif (un grand nombre de décisions y sont pour cette rainson connues du nom des parties)".

O conflito de leis se refere ao estudo da escolha da lei aplicável às causas multiconectadas[7] ou plurilocalizadas, quando se verifica, no caso concreto, a presença, na relação jurídica sob análise, de um elemento estrangeiro. O conflito de jurisdição[8] investiga qual jurisdição[9] podê ser provocada para apreciar e julgar uma causa que contenha um elemento estrangeiro e, sendo possível movimentar mais de uma, qual produzirá uma decisão apta a produzir efeitos em território distinto do seu.[10]

---

[7] ARAÚJO, Nádia, *Op. cit.* p. 32: "Cada Estado possui, inserido em seu ordenamento jurídico, um conjunto de regras para resolver as questões atinentes a essas situações multiconectadas".

[8] O estudo do conflito de jurisdição se divide, no Brasil, em linhas gerais, em: jurisdição direta e indireta. (i) A jurisdição direta é o estudo do sistema de jurisdição internacional previsto no Código de Processo Civil (CPC) brasileiro (arts. 21, 22, 23 e 24) ou em normas convencionais. É, portanto, saber quando a jurisdição brasileira, provocada, pode validamente solucionar a demanda em que se verifique a presença do elemento estrangeiro (art. 21), ainda que mesma demanda seja submetida a uma jurisdição estrangeira; ou quando só a jurisdição brasileira proferirá decisão apta a produzir efeitos no Brasil (art. 22 e 23). O sistema de jurisdição internacional da lei processual estabelece, ainda (art. 24), que a ação intentada no estrangeiro não induz litispendência (fenômeno processual que, identificando em uma demanda os mesmos pedidos, partes e causa de pedir, impõe a extinção, sem mérito, da demanda posterior, com o objetivo de evitar decisões conflitantes), nem constitui óbice a que a mesma demanda seja proposta no Brasil. O raciocínio é evidente: se se tratar de competência (jurisdição) concorrente (arts. 21, I, II e III; e 22, I, II e III), tanto uma como outra poderão produzir efeitos no Brasil: ou a sentença brasileira que transitar em julgado, ou a sentença estrangeira que for homologada, o que ocorrer primeiro; e, em se tratando de competência (jurisdição exclusiva) só a sentença brasileira produzirá efeitos no território nacional, por força de lei, ou seja, nunca se verificará a convivência de decisões conflitantes. (ii) A jurisdição indireta cuida das espécies do gênero cooperação jurídica internacional, a saber: em matéria cível e criminal, homologação de sentenças estrangeiras, cartas rogatórias, auxílio direto; e, exclusivamente em matéria penal, transferência de presos, transferência de processos e extradição.

[9] Jurisdição pode ser definida, em sentido amplo, como reunião de competências (legislativas, executivas ou administrativas e judiciárias) para o exercício do poder. Em sentido estrito, é poder, atividade e função de dizer o direito, no caso concreto, com força definitiva. Em ambos os casos, é territorial porque atributo da soberania, que, por sua vez, pode ser definida, em linhas gerais, como monopólio do uso da força no plano interno e insubmissão a Estado estrangeiro no plano externo. BROWNLIE, Ian. *Principles of a Public International Law*. 7. ed. Oxford: Oxford University Press, 2008. p. 289; 299: "The soverarity and equality of states represent the basic constitutional doctrine of the law of the nations, wich governs a community consisting primarily of states having a uniform legal personality [...] soverarity is in a major aspect a relation to other states (and organization of states) defined by law". "Jurisdiction refers to a particular aspects of general legal competence of states often referred to as 'sovereingnty'. Jurisdiction is an aspect of sovereignty and refers to judicial, legislative, and administrative competence". SHAW, Malcom. *Direito Internacional*. São Paulo: Martins Fontes, 2010. p. 513-514: "Até época bem recente, considerava-se que a soberania era atributo de um indivíduo particular dentro de um Estado, e não uma manifestação abstrata da existência e do poder do Estado. O soberano era uma pessoa definida, a quem se devia lealdade. Como parte integrante dessa mística, o soberano não podia ser sujeito aos processos judiciais de seu país. Consequentemente, não era de admirar que não pudesse ser julgado por tribunais estrangeiros. Se os tribunais pudessem exercer jurisdição sobre soberanos estrangeiros, a ideia do soberano pessoal seria, sem dúvida, minada. A personalização foi paulatinamente substituída pelo conceito abstrato de soberania do Estado, mas a mística permaneceu. Além disso, a independência e igualdade dos Estados tornou difícil, tanto do ponto de vista filosófico quanto do prático, admitir que tribunais locais de um país exercessem poder sobre Estados estrangeiros soberanos sem o consentimento destes".

[10] O que se faz, no Brasil, por meio da homologação de sentenças estrangeiras. Trata-se de espécie do gênero cooperação jurídica internacional, considerada a territorialidade da jurisdição. A ideia é a de que, se a jurisdição se presta a pacificar conflitos de interesse, e se alguns desses conflitos já se encontram pacificados pela solução dada por uma jurisdição estrangeira, óbice não haveria a que se aproveitasse esta pacificação do conflito, atribuindo ao ato de força de outra soberania (o poder, atividade e função de dizer o direito, no caso concreto, com força definitiva), aptidão para produzir efeitos em território nacional, desde que esta decisão, o seu conteúdo e o processo observado pela jurisdição estrangeira para proferi-la, não contrastem com o sistema de valores da ordem jurídica brasileira, ou seja, com a ordem pública brasileira. No Brasil, a competência para homologar sentenças estrangeiras é do Superior Tribunal de Justiça (STJ), desde o ano de 2004, quando promulgada a EC nº 45, que transferiu para este Tribunal competência que até então era do Supremo Tribunal Federal (STF). O pedido deve ser encaminhado pela parte interessada ao STJ (art. 3º, da Resolução nº 09/2005, do Tribunal), que, em exame perfunctório dos autos, a que se denomina delibação (do latim, *delibare* = tocar), verifica o preenchimento de requisitos formais e a compatibilidade com a ordem pública (artigo 5º, da mesma Resolução). Deferido o pedido, pode a parte interessada executar a decisão perante juiz federal (art. 515-N, inc. VIII, do CPC). Dispõe, em caráter transitório, sobre competência acrescida ao Superior Tribunal de Justiça pela Emenda Constitucional nº 45/2004.

A nacionalidade é o estudo do vínculo jurídico-político que liga uma pessoa, física ou jurídica, a um Estado soberano. E a condição jurídica do estrangeiro[11] estuda a situação regulada pelo direito de um estrangeiro (nacional de outro Estado soberano ou sem qualquer nacionalidade), regular ou irregular, em determinado território. Seu estudo se divide em: (i) direitos de entrada; (ii) direitos do estrangeiro admitido ou do irregular que se encontre no território; e (iii) saída compulsória do estrangeiro.

No Brasil, Eduardo Espínola e Amílcar de Castro[12] entendem que o objeto de estudo do Direito Internacional Privado se circunscreve ao estudo da solução dos conflitos de lei, embora admitam que o estudo da nacionalidade e da condição jurídica do estrangeiro sirva de pressupostos didáticos para o estudo da disciplina, na medida em que a nacionalidade – cujo conceito define, por oposição, o de estrangeiro – constitui importante elemento de conexão[13] entre sistemas jurídicos e, portanto, se presta à solução dos conflitos de leis.

Haroldo Valladão[14] e Clóvis Bevilácqua[15] concordam compor o objeto do Direito Internacional Privado o estudo da nacionalidade e da condição jurídica do estrangeiro ao lado do estudo dos conflitos de lei e de jurisdição. Na mesma linha, tem-se Henrique Kalthoff, para quem a nacionalidade é o grande elemento definidor da lei pessoal na solução do conflito de leis – tema, por excelência, do Direito Internacional Privado.[16] Para ele, o princípio da nacionalidade estende seus efeitos para relevantes fatos internacionais concernentes à família, à pessoa e às sucessões.[17]

---

[11] ESPÍNOLA, Eduardo; FILHO, Eduardo Espínola. *Tratado de Direito Civil brasileiro.* Volume VI – Da Condição Jurídica dos Estrangeiros no Brasil. Rio de Janeiro: Freitas Bastos, 1941. p. 179: "É preferível, para evitar confusões, manter a designação tradicional – condição jurídica do estrangeiro – para exprimir o gôzo dos direitos, reconhecido por um Estado aos indivíduos, que não tenham a sua nacionalidade, quer o fato do domicílio exerça alguma influência, quer não".

[12] DOLINGER, Jacob, *Op. cit.* p. 2.

[13] A solução do conflito de leis, quando se verifica, no caso concreto, um elemento estrangeiro, por exemplo, a presença de um estrangeiro na relação jurídica; o fato de um determinado bem se encontrar em território estrangeiro; ter a obrigação sido contraída do exterior, ou se contraída em território nacional, tiver de ser executada em outro país; ser a pessoa, nacional ou estrangeira, domiciliada no exterior etc., se dá, no método conflitual ou indireto (ou europeu continental) por meio de presunções legais de qual lei, nacional ou estrangeira, se encontra melhor posicionada para solucionar esse tipo de questão, a que se denomina multiconectada ou plurilocalizada. A utilização deste método consiste em dividir e classificar as relações jurídicas, em operação denominada qualificação, assim em pessoais (nome e capacidade civil), de família, obrigacionais, contratuais, reais e sucessórias, e, para cada uma delas, escolher a própria lei nacional, denominada de norma indireta, qual a lei substantiva (ou direta) é aplicável, nacional ou estrangeira e; se estrangeira, a de qual Estado, valendo-se, para tanto, de um elemento de relevo nessas relações jurídicas, que conecte a norma indireta à norma estrangeira substantiva, a que se dá o nome de elemento de conexão. Este elemento de conexão é, tradicionalmente, a nacionalidade ou o domicílio. Em 1848, Friedrich Carl von Savigny, no oitavo volume de seu *Sistema do Direito Romano Atual,* defendeu que o domicílio era o mais importante elemento da vida civil de um indivíduo, na medida em que representava onde queria se fixar, e, como consequência, por qual sistema jurídico gostaria de ter sia vida regrada. Pasquale Mancini, em 1859, no seu *Direito Internacional,* embora se utilize do mesmo método de solução de conflitos de lei, identifica na nacionalidade o mais relevante dado da vida de alguém, o que faz com que o indivíduo carregue consigo, para onde quer que vá, a intenção de ter suas relações jurídicas regradas pela lei de seu País.

[14] VALLADÃO, Haroldo. *Direito Internacional privado.* 4. ed. Rio de Janeiro: Livraria Freitas Bastos, 1974. v. I, p. 45.

[15] BEVILÁQUA, Clóvis. *Direito Internacional privado.* Ed. histórica. Rio de Janeiro: Editora Rio 1977. p. 154-156.

[16] KALTHOFF, Henrique. *Da nacionalidade do Direito Internacional privado e na legislação comparada.* São Paulo, 1935. p. 13.

[17] *Ibidem.* p. 27.

A questão que se coloca, no que concerne à alocação da nacionalidade e da condição jurídica do estrangeiro como temas de Direito Internacional Privado, diz respeito ao fato de que seria contraditório que dois temas eminentemente de Direito Público[18] – porque é a Constituição, em regra, que define quem são os nacionais e os estrangeiros[19] – compusessem o objeto de um ramo do Direito Privado.[20] Para esta indagação, a resposta da doutrina francesa é no sentido de que a questão da condição jurídica do estrangeiro acompanha, em geral, uma questão de conflito de leis, ou seja, saber se um estrangeiro pode exercer determinado direito no território. Quanto à nacionalidade, é a sua ligação com a condição jurídica do estrangeiro que a liga, como tema, ao Direito Internacional Privado.[21]

Pontes de Miranda[22] admite que a questão da nacionalidade se insira do estudo do Direito Internacional Privado, mas não sem uma observação crítica:

> A nacionalidade é matéria de direito público, o próprio ser, a substância viva do Estado, como o território é a sua substancia não-viva. A condição do estrangeiro, matéria de direito público ou privado. Mas tôdas as três (nacionalidade, territorialidade, capacidade de direito) são assuntos de direito substancial. O nosso Direito dá conta dos efeitos privados da nacionalidade, da situação territorial, da capacidade dos estrangeiros; todavia, só dos efeitos e com o propósito, que lhe é exclusivo e único, de descobrir, no espaço, qual a lei que preside ao nascimento e à vida e aos efeitos internacionais dos direitos privados.

E prossegue:

> O Direito internacional privado é conjunto de regras sobre as leis de direito privado. É um direito sôbre leis, quando tais leis são de direito privado. Nem existe, no Direito

---

[18] No Estado do Rio de Janeiro, por exemplo, a disciplina Direito Internacional Privado está, tanto na Universidade do Estado do Rio de Janeiro (UERJ) quanto na Faculdade Nacional de Direito (FND) da Universidade Federal do Rio de Janeiro (UFRJ), vinculada ao Departamento de Direito Civil. No passado, a FND não incluía a disciplina nem no Departamento de Direito Privado, nem no Departamento de Direito Público, mas em um departamento autônomo. VALLADÃO, Haroldo, *op. cit.*, p. 65: "a Faculdade Nacional de Direito, ao organizar os seus departamentos, não incluiu o DIP nem no Departamento de Direito Público, nem no Departamento de Direito Privado, nem no de Direito Penal, mas num Departamento autônomo, de Estudos Gerais, juntamente com Direito Romano e Introdução à Ciência do Direito, Regimento (publicado no D. Oficial de 14 de março de 1947), art.83, c, (15-B)".

[19] ESPÍNOLA, Eduardo; ESPÍNOLA FILHO, Eduardo. *Tratado de Direito Civil Brasileiro*. Volume V – Da Nacionalidade Brasileira. Rio de Janeiro: Freitas Bastos, 1940. p. 134.

[20] *Ibidem*, p. 135-136: "A Côrte de cassação de Paris, provocada a pronunciar-se sôbre a questão, declarou por memorável acórdão das camaras reunidas, a 2 de fevereiro de 1921 que – a nacionalidade é matéria de direito público, porque a questão primordial, que ela tem de resolver, é uma questão de soberania".

[21] BATTIFOL, Henri; LAGARDE, Paul. *Traité du Droit International privé*. 8. ed. Paris: Librairie Générale de Droit et de Jurispridence, 1993. p. 29: "Il est cependent une matière qui fait traditionnelment l'objet en France de développements propres au droit international privé, c'est celle qui est désignée sous le nom de 'condition des étrangers'. Il s'agit des règles qui refusent aux étrangers la jouissance de certains droits reconnus aux Fraçais, par exemple ceux de la législation sur les baux commerciaux ou ruraux. Ces refus établissent une différenciation fondée sur la seule qualité d'étranger, il s'agit donc une question générale propre au droit international, celle de savoir si l'étranger est apte à la jouissance des droits au même titre que le national. Son étude d'ensemble ne saurait trouver une place convenable dans aucun chapitre du droit civil ou comercial interne. De plus, la question de condition des étrangers accompange solvente celle du conflit de lois, ce qui justifie que leur étude relève de la même discipline. Quand un étranger veut exercer un droit en France, il faut déterminer selon quelle loi il l'exercera, question de conflit de lois, mais egalment s'il est admis à la jouissance de ce droit, question de condition des étrangers (…) Nationalité. Ces't son lien avec la condition des étrangers qui peut enfin expliquer d'un point de vue formel l'inclusion en France de la nationalité dans le droit international privé".

[22] MIRANDA, Pontes de. *Direito Internacional privado*. Tomo I. Fundamentos – Parte Geral. Rio de Janeiro: Livraria José Olympio Editora, 1935. p. 32.

internacional privado, qualquer norma sobre nacionalidade, nem as leis sôbre nacionalidade são, tão-pouco, de direito privado. Faltar-lhes-ia, portanto, qualquer dos dois caracteres das regras de direito internacional privado: serem regras sôbre regras, leis sôbre leis, direito sôbre direito; serem ainda tais leis, tal direito, direito privado. Não sendo uma coisa nem outra, as leis sobre nacionalidade (aquisição e perda) não pertencem ao direito internacional privado.[23]

Já como tema de Direito Internacional Público, as questões referentes à nacionalidade são, em princípio, questões referentes à soberania do Estado. E o Direito Internacional Público se ocupa de como o Estado exerce sua soberania neste tema, fiscalizando o fiel cumprimento, pelos Estados, das normas internacionais de índole convencional, costumeiras ou principiológicas. Tal orientação foi o que inspirou a construção da Convenção da Haia sobre Nacionalidade, em 1930. A Convenção estabelece em seu art. 1º:

> Cabe a cada Estado determinar, segundo a sua própria legislação, quem são os seus cidadãos. Essa legislação será reconhecida por outros Estados na medida em que seja compatível com as convenções internacionais, o costume internacional e os princípios de direito geralmente reconhecidos em matéria de nacionalidade.

A questão da nacionalidade possui dois aspectos: (i) um interno, regulado pelas leis do país, e como tal é tema tanto de Direito Constitucional como de Direito Internacional Privado; e, (ii) um externo, regulado por normas internacionais, tratados, costume e princípios de aceitação geral.[24] Assim, por se tratar de assunto com repercussão internacional, cabe aos Estados o estabelecimento de regras sobre o direito da nacionalidade em conformidade com o Direito Internacional. Embora cumpra ao direito interno dos Estados regrar livremente os critérios pelos quais concederá ou fará perder a nacionalidade, devem eles observar padrões mínimos de Direito Internacional.[25]

A nacionalidade também constitui tema de Direito Internacional Público na medida em que é considerada como parâmetro para aferição de inúmeras regras sobre direito da guerra, responsabilidade internacional dos Estados, extradição e exercício da jurisdição criminal.[26]

Já para uma parcela da doutrina: "No Brasil, a nacionalidade é um capítulo do Direito Constitucional".[27] "As leis sôbre nacionalidade são leis de direito público, e nunca de direito privado".[28] Em se tratando de direito fundamental, é a Constituição a sede própria para estabelecer as linhas gerais do regramento da nacionalidade. Desde a Constituição Imperial de 1824, o regramento da nacionalidade no Brasil se dá preponderantemente na Constituição.

---

[23] MIRANDA, Pontes de. *Nacionalidade de origem e naturalização no Direito brasileiro*. Rio de Janeiro: A. Coelho Branco Editores, 1936. p. 21.

[24] ACCIOLY, Hidelbrando. *Tratado de Direito Internacional público*. 3. ed. histórica. São Paulo: Quartier Latin, 2009. p. 445.

[25] MIRANDA, Pontes de Miranda. *Op. cit*. p. 24-25.

[26] BROWNLIE, Ian. *Op. cit*. 2008. 384.

[27] MIRANDA, Pontes de Miranda. *Op. cit*. p. 20.

[28] *Idem*.

Ao se conceituar a nacionalidade como vínculo jurídico-político que liga um indivíduo a um Estado soberano, tem-se que se trata de vínculo porque dele decorrem direitos e obrigações; vínculo qualificado como jurídico porque regulado pelo Direito; e como político porque apontar quem são os nacionais é uma escolha política. Esta escolha política é a que faz o constituinte originário no momento em que desenha o Estado. No caso brasileiro, tal escolha é juridicamente revelada no art. 12 da Constituição Federal.

A escolha originária, feita em 1987, não é inalterável e perpétua. Embora não possa retroceder para limitar ou restringir direitos, pode ser alterada para ampliá-los, como no caso da Emenda Constitucional (EC) nº 54, de 20 de setembro de 2007, que deu nova redação à alínea "c", inc. I, art. 12 da Constituição Federal, incluindo hipótese de concessão da nacionalidade originária.

No Direito Comparado, nota-se a relevância do tema para o Direito Constitucional. Nos EUA, embora a matéria não seja regulamentada na Constituição, são constitucionais algumas previsões relevantes, como a competência do Congresso para legislar sobre: (i) naturalização (art. I, seção 8); (ii) regras referentes à aptidão para exercer o cargo de Presidente da República (art. II, seção 1); e (iii) impossibilidade de restrições de garantias ligadas à nacionalidade (XIV Emenda, 1868).

As Constituições da África do Sul, Espanha e Polônia, embora remetam ao legislador ordinário a regulamentação da matéria, também veiculam disposições relevantes em tema de nacionalidade.[29]

Na América do Sul, as Constituições da Argentina e da Colômbia regulamentam as diretrizes centrais do direito da nacionalidade.

Como tema de Direito Civil, constata-se que, historicamente, o exercício de alguns direitos privados tem como pressuposto a condição de nacional. O exemplo mais conhecido é o do Direito Sucessório. Por séculos, os estrangeiros foram excluídos de todo direito sucessório. Embora já quase desaparecidas as distinções entre nacionais e estrangeiros, em algum grau, legislações dos mais variados países estabelecem diferenças entre nacionais e estrangeiros para temas como, por exemplo, "adoção", "direito de propriedade" ou "posições contratuais" (locador e/ou locatário).[30]

Na Espanha, o art. 11.1. da Constituição estabelece que a nacionalidade "se adquire, se conserva e se perde de acordo com a lei".[31] E a lei que a regulamenta inteiramente é o Código Civil Espanhol.

No Brasil, com a citação do art. 3º do Código Civil de 1916: "a lei não distinguirá entre nacionais e estrangeiros, quanto à aquisição e ao gozo dos direitos civis", Eduardo Espínola e Eduardo Espínola Filho iniciam o quinto volume do seu *Tratado de Direito Civil Brasileiro*, que se ocupa "Da Nacionalidade Brasileira".

Pontes de Miranda, por sua vez, indica que, no passado, muito se hesitou sobre a natureza do direito da nacionalidade, pensando-se tratar de tema de Direito Civil. Daí por que encartada no Código Civil francês, art. 8º e seguintes, a seu ver, equivocadamente,

---

[29] SARLET, Ingo Wolfang; MARINONI, Luiz Guilherme; MITIDIERO, Daniel. *Curso de Direito Constitucional*. 4. ed. Saraiva: São Paulo, 2015. p. 661.

[30] VERWILGHEN, Michel. *Conflits de nationalités. Plurinatioinalité et apatridie*. Academie de Droit International de La Haye. Tire à part du Recueil des Cours, Tome 277, 1999. Hors de Commerce. Martinus Nijhoff Publishers. The Hague, 2000. p. 118.

[31] "Artículo 11. 1. La nacionalidad española se adquiere, se conserva y se pierde de acuerdo con lo establecido por la ley".

como efetivamente vieram a constatar as Câmaras Reunidas da Corte de Cassação Francesa em fevereiro de 1921, ao afirmar que se tratava de tema afeto à soberania e, portanto, de Direito Público.[32]

Como se viu, o direito da nacionalidade se situa na interseção entre o Direito Constitucional e o Direito Internacional. Situa-se, portanto, na área de expertise do Ministro Luís Roberto Barroso, relator da EXT nº 1462/DF.

5.2 O caso concreto examinado pela Primeira Turma

Às 23h do dia 17 de janeiro de 2018, tocava o solo norte-americano, vindo de Brasília, um avião repleto de agentes da Interpol, fretado pelo governo dos Estados Unidos da América. A aeronave conduzia Cláudia Cristina Sobral, norte-americana naturalizada, nascida no Brasil, acusada de matar o marido também norte-americano, em março de 2007, na cidade de Newton Falls, Estado de Ohio. Era o desfecho de uma longa e acirrada batalha judicial travada entre o governo dos EUA – que desejava conseguir sua extradição para responsabilizá-la criminalmente pelo homicídio – e Cláudia Cristina Sobral, que tentava demonstrar sua condição de brasileira nata, impeditiva da extradição.

Segundo a nota verbal nº 436/2016, em que, pela segunda vez, foi pedida a extradição, Cláudia Sobral teria comprado, em 10 de março de 2007, um revólver *Smith&Wesson*, calibre 357 com visor a laser incorporado. No mesmo dia, teria comprado munição. Algum tempo antes, praticara tiro ao alvo em um polígono de tiro da cidade. No dia 12 de março, um vizinho viu Cláudia deixar sua residência para nunca mais voltar. Três dias depois, o corpo de seu marido, Karl Hoerig, herói de guerra, foi encontrado sem vida por policiais de Newton Falls. A causa da morte? Três ferimentos precisos à bala: dois nas costas e um na cabeça. Fragmentos de bala periciados indicaram tratar-se da munição comprada por Cláudia dias antes.

Investigações realizadas pela polícia norte-americana também revelaram que Cláudia teria, dois dias depois da morte de Karl, acessado um cofre pessoal em seu banco e teria depositado, no mesmo banco, a quantia de US$ 10.000,00, que foi, em seguida, transferida para o Brasil, para uma conta de titularidade de seu pai.

No dia 12 de março de 2007, Cláudia embarcou em Pittsburgh num voo para Nova Iorque e, de lá, para o Brasil.

Acusada formalmente pela morte do marido, Cláudia teve seu pedido de extradição formulado pelo governo norte-americano uma primeira vez em 2013. Este pedido foi inicialmente indeferido ao argumento de que aqui se discutia, em sede de mandado de segurança impetrado por ela, a validade de ato do Ministro de Estado da Justiça que decretara, de ofício, a perda de sua nacionalidade brasileira.

5.2.1 O Mandado de Segurança nº 33.864/DF

Em 4 de julho de 2013, era publicada no Diário Oficial da União a Portaria Ministerial nº 2.465, referente ao processo administrativo nº 08018.011847/2011-01, em

---

[32] MIRANDA, Pontes de. *Op. cit.* p. 19.

que decretada, de ofício, a perda da nacionalidade nata brasileira de Cláudia Cristina Sobral. O fundamento? A aquisição de outra nacionalidade, nos termos do art. 12, §4º, II, "b", da Constituição da República Federativa do Brasil, que dispõe perder a nacionalidade brasileira aquele que adquirir outra nacionalidade, de forma voluntária, por naturalização (o que se extrai da alínea "a", a *contrario sensu*[33]), salvo se esta aquisição se der "por imposição de naturalização pela norma estrangeira, ao brasileiro residente em Estado estrangeiro como condição para permanência em seu território ou para o exercício de direitos civis", nos termos da alínea "b".

Para o Ministério da Justiça, o fato de a então impetrante possuir visto de permanência nos Estados Unidos desde 1990, o chamado *greencard* – que lhe permitia viver e trabalhar no país –, tornava absolutamente desnecessária a aquisição da nacionalidade norte-americana, em 1999, por naturalização, exatamente como disposto no art. 12, §4º, II, "b", da Constituição Federal. Somava-se a isso o fato de que o compromisso formal por ela assumido naquele país, ao se naturalizar, expressamente estabelecia o dever de renunciar e abjurar total e absolutamente qualquer ligação ou fidelidade a qualquer monarca, Estado ou soberania a que sujeito o requerente à nacionalidade norte-americana anteriormente.[34]

Este fundamento foi acolhido pela Primeira Turma do Supremo Tribunal Federal, por maioria, para entender pela inocorrência de ilegalidade ou abuso de poder e denegar a segurança requerida, mantendo o ato que decretou a perda na nacionalidade brasileira.

Deste modo, perdida a nacionalidade brasileira, ainda que nata, a EXT nº 1462/DF seria examinada nos limites do conceito de extradição, quais sejam: entrega de um estrangeiro a uma jurisdição estrangeira para que ele seja nela jurisdicionado.

5.2.2 A Extradição nº 1462/DF

A Extradição nº 1462/DF foi julgada em 28 de março de 2017 pela Primeira Turma do Supremo Tribunal Federal. Por maioria de votos, entendeu o Tribunal autorizar a entrega, pelo Executivo, da norte-americana Claudia Cristina Sobral ao governo dos Estados Unidos da América. No dia 16 de janeiro de 2018, Cláudia foi efetivamente entregue e, dois dias depois, chegou aos Estados Unidos.

Cláudia Cristina Sobral nasceu no Rio de Janeiro, filha de pais brasileiros, e se radicou nos Estados Unidos da América. Em 1990, casou-se com o nova-iorquino Thomas Bolte, razão pela qual obteve, naquele mesmo ano, visto de permanência no País. Em 1999, quando ainda casada com Bolte, Cláudia requereu a nacionalidade norte-americana, conforme documento em que declarou "renunciar e abjurar fidelidade a qualquer Estado

---

[33] Em nossa tese de doutoramento em Direito Internacional *Renúncia à nacionalidade brasileira: direito fundamental à apatridia voluntária*, defendida em 20 de fevereiro de 2017 na Universidade do Estado do Rio de Janeiro, tivemos a oportunidade de apontar a incorreção técnica do texto constitucional. Considerado que se trata de outra nacionalidade originária, ela não será adquirida, mas somente reconhecida, por que sempre terá existido. Trata-se de condição jurídica que opera *ex tunc*.

[34] Artigo 337, do *Immigration and Nationality Act*: "(2) to renounce and abjure absolutely and entirely all allegiance and fidelity to any foreign prince, potentate, state, or sovereignty of whom or which the applicant was before a subject or citizen".

ou soberania".[35] Anos mais tarde, divorciada, casou-se novamente, agora com Karl Hoerig, que viria a ser morto em 2007.

Em 2007, foi acusada de matar o segundo marido e fugir em seguida para o Brasil. Foi então aberto de ofício aqui o procedimento administrativo que culminou com a decretação da perda da nacionalidade brasileira, veiculada em Portaria Ministerial. Em 2013, foi requerida pelos EUA a prisão da impetrante para fins de extradição. Neste contexto, foi impetrado o Mandado de Segurança nº 33.864/DF, sob relatoria do Ministro Luís Roberto Barroso, sustentando-se que a impetrante não poderia ser extraditada por ser brasileira nata.

O Tribunal entendeu que a Constituição, ao cuidar da perda da nacionalidade brasileira, estabeleceu somente as duas hipóteses, a saber: (i) o cancelamento judicial da naturalização, em virtude da prática de ato nocivo ao interesse nacional, o que somente alcança brasileiros naturalizados (art. 12, §4º, inc. I, da CRFB de 1988); e (ii) a aquisição de outra nacionalidade, exceto quando: (i) não se tratar de verdadeira aquisição de outra nacionalidade, mas do mero reconhecimento de outra nacionalidade originária, considerada a natureza declaratória deste reconhecimento (art. 12, §4º, inc. II, alínea "a", da CRFB de 1988); ou (ii) ter sido a outra nacionalidade imposta pelo Estado estrangeiro como condição de permanência em seu território ou para o exercício de direitos civis (art. 12, §4º, inc. II, alínea "b", da CRFB de 1988).

Deste modo, a Primeira Turma estabeleceu que a impetrante não se enquadrava em qualquer das duas exceções constitucionalmente previstas. E isso porque já detinha, desde muito antes da naturalização, o denominado *green card*, cuja natureza jurídica é a de visto de permanência e que confere, nos EUA, os direitos que alegava ter pretendido adquirir com a naturalização, quais sejam: a permanência em solo norte-americano e a possibilidade de viver e trabalhar naquele País.

Assim, a conclusão a que chegou o Tribunal foi a de que era desnecessária a obtenção da nacionalidade norte-americana para os fins que constitucionalmente constituem exceção à regra da perda da nacionalidade brasileira (alíneas "a" e "b", §4º, inc. II, art. 12, da CRFB de 1988), de modo que sua obtenção somente poderia se destinar, como de fato efetivamente se destinou, à integração da impetrante àquela outra comunidade nacional, o que justamente constitui a razão central do critério adotado pelo constituinte originário para a perda da nacionalidade brasileira – critério este não excepcionado pela EC de Revisão nº 03/1994, que introduziu as exceções previstas nas alíneas "a" e "b", §4º, inc. II, art. 12, da CRFB de 1988.

O acórdão prolatado nos autos do Mandado de Segurança nº 33.864/DF ainda teve o cuidado de salientar que não se cuidava, no caso sob exame, de nacionalidade concedida por Estado estrangeiro, com fundamento em seu próprio ordenamento jurídico, independentemente de qualquer manifestação de vontade, como ocorre, por exemplo com a nacionalidade concedida em razão do casamento em algumas legislações estrangeiras, o que, caso ocorresse, não teria o condão de provocar a perda da nacionalidade brasileira.

---

[35] Artigo 337, do *Immigration and Nationality Act*: "(2) to renounce and abjure absolutely and entirely all allegiance and fidelity to any foreign prince, potentate, state, or sovereignty of whom or which the applicant was before a subject or citizen".

Em verdade, a naturalização obtida pela impetrante se fundou em pedido expresso de aquisição de nacionalidade, veiculado em requerimento formal, e em que renunciada e abjurada a nacionalidade brasileira. Assim, tratando-se, como se tratava, de naturalização efetivamente requerida pela impetrante por manifestação livre de vontade, incluído no ato de naturalização juramento formal de que decorria o efetivo desejo de se integrar à comunidade nacional estrangeira, não observou o Tribunal qualquer ilegalidade ou abuso de poder que ferisse direito líquido e certo da impetrante na decisão administrativa prolatada nos autos do procedimento de perda de nacionalidade. Esta a razão pela qual denegada a segurança.

É importante destacar que a decisão não foi unânime. O Ministro Marco Aurélio ficou vencido porque concedeu a ordem para obstar a perda nacionalidade brasileira nata, ao fundamento de que a nacionalidade ostenta natureza jurídica de direito fundamental e que, por isso, não poderia, em hipótese alguma, ser perdida. É o que constou expressamente do voto que proferiu:

> Há mais, Presidente. Atrevo-me, contrariando até a doutrina de Francisco Rezek, a afirmar que o direito à condição de brasileiro nato é indisponível e que cumpre, tão somente, assentar se ocorreu, ou não, o nascimento – porque se trata dessa hipótese – daquele que se diz brasileiro nato na República Federativa do Brasil. E isso se mostra estreme de dúvidas. Dir-se-á que a alínea "a" do inciso II do §4o do artigo 12 versa a possibilidade de perda dessa condição – que entendo indisponível – pelo brasileiro nato, se não houver o reconhecimento, da nacionalidade originária, no país amigo. Será que a ordem jurídica constitucional brasileira se submete, em termos de eficácia, a uma legislação estrangeira? É o que falta nesses tempos muito estranhos que estamos vivenciando! Não se submete.

De todo modo, vencida a questão da perda da nacionalidade, discutida no Mandado de Segurança nº 33.864/DF, também sob relatoria do Ministro Luís Roberto Barroso, a Turma enfrentou o exame da EXT nº 1462/DF, para entender presentes os requisitos autorizadores da extradição, previstos na Lei nº 6.815/80, quais sejam: (i) estar o pedido juridicamente fundamentado em tratado, o Tratado de Extradição Brasil-Estados Unidos, de 1961, internalizado pelo Decreto nº 55.750/65; (ii) haver nos autos documento demonstrativo da existência de mandado de prisão da extraditanda no Estado requerente, expedido pelo Tribunal de Distrital do Condado de Trumbull, Estado de Ohio; (iii) descrição dos fatos a ela imputados; (iv) acusação formal; (v) desinteresse do Brasil em processar e julgar o crime; (vi) constituir a conduta crime no Brasil e no Estado requerente (dupla tipicidade) e (vii) não estar o crime prescrito em ambos os ordenamentos jurídicos (dupla punibilidade).

Um dos temores da defesa, que foi objeto de sua argumentação, era a efetiva possibilidade de a extraditanda vir a ser condenada à morte ou a uma pena de prisão perpétua. Por esta razão é que a Turma, considerando tratar-se a extradição de procedimento de cooperação jurídica internacional, em que se pode validamente impor à jurisdição com a qual se coopera condições para efetivar a cooperação, ao autorizar a extradição, condicionou a entrega à assunção do compromisso, pelo Estado requerente, de (i) não executar pena vedada pelo ordenamento brasileiro (art. 5º, XLVII, "a" e "b", da CRFB/88); (ii) observar o tempo máximo de cumprimento de pena possível no Brasil (art. 75, do CP) e (iii) detrair do cumprimento da pena a ser eventualmente imposta o tempo de prisão para fins de extradição no Brasil.

5.3 Conclusões

Como se afirmou, embora se tenha noticiado à época que o Supremo Tribunal Federal, pela primeira vez em sua história, teria extraditado um nacional nato, o que fez o Tribunal foi autorizar a extradição de um estrangeiro que em algum momento já havia sido brasileiro e que perdera, em processo administrativo regular, esta condição. Esta perda foi validada em revisão judicial em decisão que transitou em julgado, de modo que o Tribunal, ao contrário do que se disse na imprensa, não autorizou a extradição de brasileiro nato, mas de estrangeiro.

A perda da nacionalidade é possibilidade autorizada pelo Direito Internacional e a perda da nacionalidade brasileira sempre fora expressamente prevista em todas as constituições brasileiras. Entender de outro modo é negar vigência à regra da alínea "b", do inciso II, do §4º, do art. 12, da Constituição Federal.

Curiosamente, em umas das últimas petições de defesa da extraditanda, já em sede de embargos de declaração, pergunta-se o que será, a se entender pela perda de nacionalidade do brasileiro que adquire outra nacionalidade por naturalização, dos mais de 60 mil brasileiros naturalizados norte-americanos. A resposta parece bastante simples: se suas situações concretas não se subsumirem à exceção constitucionalmente prevista na alínea "b", do II, do §4º, do art. 12, da Constituição Federal, seu destino poderá ser o enfrentado pela extraditanda no caso examinado: a perda da nacionalidade brasileira, ainda que nata.

Referências

ACCIOLY, Hidelbrando. *Tratado de Direito Internacional público*. 3. ed. histórica. São Paulo: Quartier Latin, 2009.

ARAÚJO, Nadia. *Direito Internacional privado. Teoria e prática brasileira*. 4. ed. Rio de Janeiro: Renovar, 2008.

AUDIT, Bernard; D'AVOUT, Louis. *Droit Internacional privé*. 6. ed. Paris: Economica, 2010.

BARROSO, Luís Roberto. *O Novo Direito Constitucional Brasileiro*. 6. ed. São Paulo: Saraiva, 2017.

BATTIFOL, Henri; LAGARDE, Paul. *Traité du Droit International privé*. 8. ed. Paris: Librairie Générale de Droit et de Jurispridence, 1993.

BEVILÁQUA, Clóvis. *Direito Internacional privado*. Ed. histórica. Rio de Janeiro: Editora Rio 1977.

BROWNLIE, Ian. *Principles of a Public International Law*. 7. ed. Oxford: Oxford University Press, 2008.

DOLINGER, Jacob. *Direito Internacional privado. Parte Geral*. 7. ed. Rio de Janeiro: Renovar 2007.

ESPÍNOLA, Eduardo; ESPÍNOLA FILHO, Eduardo. *Tratado de Direito Civil Brasileiro*. Volume V – Da Nacionalidade Brasileira. Rio de Janeiro: Freitas Bastos, 1940.

_____. *Tratado de Direito Civil brasileiro*. Volume VI – Da Condição Jurídica dos Estrangeiros no Brasil. Rio de Janeiro: Freitas Bastos, 1941.

MARINHO, Ilmar Pena. *Tratado sobre a Nacionalidade*: Volume Primeiro – Direito Internacional da Nacionalidade Rio de Janeiro: Departamento de Imprensa Nacional, 1956.

MIRANDA, Pontes de. *Direito Internacional privado*. Tomo I. Fundamentos – Parte Geral. Rio de Janeiro: Livraria José Olympio Editora, 1935.

_____. *Nacionalidade de origem e naturalização no Direito brasileiro*. Rio de Janeiro: A. Coelho Branco Editores, 1936.

KALTHOFF, Henrique. *Da nacionalidade do Direito Internacional privado e na legislação comparada*. São Paulo, 1935.

SARLET, Ingo Wolfang; MARINONI, Luiz Guilherme; MITIDIERO, Daniel. *Curso de Direito Constitucional*. 4. ed. Saraiva: São Paulo, 2015.

SHAW, Malcom. *Direito Internacional*, São Paulo: Martins Fontes, 2010.

VALLADÃO, Haroldo. *Direito Internacional privado*. 4. ed. Rio de Janeiro: Livraria Freitas Bastos, 1974. v. I.

VERWILGHEN, Michel. *Conflits de nationalités. Plurinatioinalité et apatridie*. Academie de Droit International de La Haye. Tire à part du Recueil des Cours, Tome 277, 1999. Hors de Commerce. Martinus Nijhoff Publishers. The Hague, 2000.

Informação bibliográfica deste texto, conforme a NBR 6023:2002 da Associação Brasileira de Normas Técnicas (ABNT):

RODRIGUES, Paulo Cesar Villela Souto Lopes. A Extradição nº 1462/DF: o Ministro Luís Roberto Barroso e o Direito Internacional. In: SARAIVA, Renata et al. *Ministro Luís Roberto Barroso*: 5 anos de Supremo Tribunal Federal: homenagem de seus assessores. Belo Horizonte: Fórum, 2018. p. 399-412. ISBN 978-85-450-0525-4.

PARTE III

MUDANÇAS INSTITUCIONAIS
NO SUPREMO TRIBUNAL FEDERAL

CAPÍTULO 1

O CARÁTER COMPARATIVO-DISCRICIONÁRIO DO JUÍZO DE REPERCUSSÃO GERAL: INEXIGIBILIDADE DE SUA MOTIVAÇÃO ANALÍTICA[1]

FREDERICO MONTEDONIO REGO

1.1 Nota prévia

Tive a honra de integrar o gabinete do Min. Luís Roberto Barroso desde a sua posse no STF, em meados de 2013, até o início de 2017. Apesar da responsabilidade, o ambiente é leve e todos se preocupam apenas em "fazer o que é certo", como o Ministro costuma dizer. Nos últimos anos, o Ministro dedicou bastante atenção à repercussão geral.[2] Em seu gabinete, fui o responsável pelo monitoramento do Plenário Virtual durante cerca de dois anos e pude ver como o sistema funciona por dentro.

A forma que encontrei para homenagear o Ministro por ocasião dos cinco anos de sua posse no STF foi demonstrar uma das ideias por ele há muito defendidas: o caráter comparativo-discricionário do juízo sobre a existência ou não de repercussão geral. Em síntese, trata-se de reconhecer que, embora todas as questões jurídicas possuam algum grau de relevância – especialmente as de natureza constitucional –, isso não

---

[1] Este artigo é uma versão resumida do item III.1 do trabalho do autor intitulado *Os efeitos das decisões negativas de repercussão geral*: uma releitura do direito vigente. Dissertação de mestrado (UniCEUB), Brasília, 2017, 245 p. No prelo.

[2] V., *e.g.*, BARROSO, Luís Roberto. *O controle de constitucionalidade no direito brasileiro*. 7. ed. São Paulo: Saraiva, 2016. Do mesmo autor: *Reflexões sobre as competências e o funcionamento do Supremo Tribunal Federal*. Disponível em: <http://s.conjur.com.br/dl/palestra-ivnl-reflexoes-stf-25ago2014.pdf>. Acesso em: 25 set.2017. E ainda: *O Supremo Tribunal Federal em 2016*: o ano que custou a acabar. Disponível em: <http://www.migalhas.com.br/arquivos/2017/1/art20170109-01.pdf>. Acesso em: 25 set.2017. Mais recentemente, tive a honra de elaborar artigo acadêmico conjunto com o Ministro, intitulado *Como salvar o sistema de repercussão geral*: transparência, eficiência e realismo na escolha do que o Supremo Tribunal Federal vai julgar. Revista Brasileira de Políticas Públicas, 2017. No prelo.

significa que todas devam ser tratadas com o mesmo nível de prioridade, e essa gradação de importância envolve um juízo discricionário. O acolhimento dessas ideias independe de alterações legais e melhoraria substancialmente o funcionamento do STF.

1.2 O conceito ontológico de repercussão geral

É possível encontrar na doutrina brasileira uma espécie de "conceito ontológico" de repercussão geral, como se se tratasse de algo que preexiste no mundo e está apenas à espera de ser descoberto. Nesse sentido, Bruno Dantas afirma que:

> (...) *a decisão do STF tão somente declara o que a natureza das coisas determina.* As questões constitucionais têm ou não têm repercussão geral em razão de diversos *fatores concernentes à sua essência,* ao grupo social considerado, ao momento histórico, político e econômico vivenciado pelo grupo social etc., *e isso independe da vontade dos membros do STF.*
>
> A nosso ver, a repercussão geral tem o condão de reforçar a função do STF como poderoso catalisador de sentimentos da sociedade, pois, diante do novo instituto, seus membros têm, agora com ainda mais razão, o dever de manter aguda sensibilidade para *detectar* em casos corriqueiros questões de interesse fundamental da sociedade inteira ou de largos segmentos dela.
>
> De fato, pode efetivamente ocorrer – sem que, todavia, isso altere o que estamos a afirmar – de o STF *negar o que o mundo empírico lhe revela, reconhecendo repercussão geral onde não existe ou não a vislumbrando onde ela está presente.* Tratar-se-ia, à evidência, de decisão mais que *contra legem,* pois o texto violado é nada menos do que a Carta Política, e, embora possível em tese, não vem ao caso conjecturar como seria o mundo se o guardião máximo da Constituição fizesse tábula rasa dela.[3]

Trata-se de uma forma de defender o ponto de vista segundo o qual não há discricionariedade na apreciação do requisito: uma questão ou bem seria dotada de repercussão geral ou não seria, cabendo ao STF apenas "declarar", "detectar" ou "reconhecer" esse fato.[4] No entanto, há outra forma possível de ver o instituto.

1.3 A relevância inerente a todas as questões jurídicas

É preciso começar pela recordação de que o Direito, por definição, não cuida de assuntos irrelevantes: o contrário seria um contrassenso, até porque as sanções jurídicas em geral impõem-se coercitivamente, a partir do uso de um aparato estatal, o que evidencia sua relevância social. Essa constatação tem raízes ao menos tão antigas quanto a máxima latina *de minimis non curat lex* e é precisamente um dos argumentos invocados contra os filtros de relevância, como a repercussão geral. Ao manifestar-se contrariamente à antiga arguição de relevância do STF, afirmou Calmon de Passos:

---

[3] DANTAS, Bruno. *Repercussão geral.* 3. ed. São Paulo: Revista dos Tribunais, 2012, p. 231-232 (destaques acrescentados).

[4] Também no sentido da inexistência de discricionariedade na atividade de aplicação do requisito da repercussão geral *in concreto, v.g.*: MARINONI, Luiz Guilherme; MITIDIERO, Daniel. *Repercussão geral no recurso extraordinário.* 3. ed. São Paulo: Revista dos Tribunais, 2012, p. 41-42. OLIVEIRA, Pedro Miranda de. *Recurso extraordinário e o requisito da repercussão geral.* São Paulo: Revista dos Tribunais, 2013, p. 288-290. MANCUSO, Rodolfo de Camargo. *Recurso extraordinário e recurso especial.* 13. ed. São Paulo: Revista dos Tribunais, 2015, p. 211.

KELSEN, com sua genial acuidade, demonstrou que desde o momento em que uma norma de direito protege um interesse particular, esta proteção já constitui, por si mesma, um interesse geral, público, conseguintemente. Por outro lado, com referência a cada norma de Direito Administrativo ou Penal, tipicamente ramos do Direito Público, pode-se determinar a existência de um interesse particular cuja proteção é objeto da norma. Todo preceito jurídico, por conseguinte, é expressão de um interesse público e protege um interesse particular.

Assim sendo, a exata aplicação do direito objetivo ao caso concreto é interesse não dos sujeitos em conflito, interesse meramente particular ou exclusivamente privado, mas interesse, também, de ordem geral, interesse público. Por força disso, em boa teoria, toda injustiça num caso concreto, no sentido de inexata aplicação do direito ao fato reconstituído processualmente, ou inexata reconstituição do fato, toda má aplicação do direito é violação de interesse da comunidade, público, portanto, e de ordem geral.

(...)

Na verdade, perquirir-se da relevância da questão para admitir-se o recurso é consequência da irrelevância do indivíduo aos olhos do poder instituído. Considerar-se de pouca valia a lesão que se haja ilegitimamente infligido à honra, à vida, à liberdade ou ao patrimônio de alguém, ou a outros bens que lhe sejam necessários ou essenciais é desqualificar-se a pessoa humana.

Não há injustiça irrelevante! Salvo quando o sentimento de Justiça deixou de ser exigência fundamental na sociedade política. E quando isso ocorre, foi o Direito mesmo que deixou de ser importante para os homens. Ou quando nada para alguns homens – os poderosos.[5]

Sem prejuízo da correção teórica desse raciocínio e da eloquência da exposição, a implantação de filtros de relevância em várias Cortes no mundo deve-se à constatação de que, se *todos* os assuntos forem vistos como *igualmente* relevantes, nada poderá ser realmente tratado como relevante. Assim, embora todas as questões jurídicas possam ter a *sua* relevância, ou ser relevantes em alguma medida, isso não implica que cada uma delas deva ser tratada exatamente com o mesmo grau de prioridade de todas as outras.

Se é certo que o Direito em geral, por definição, não cuida de assuntos irrelevantes, isso é especialmente verdadeiro para o Direito Constitucional. Nada obstante, o requisito da repercussão geral refere-se a *questões constitucionais*, o que significa dizer que questões constitucionais podem ser qualificadas conforme se lhes atribua ou não repercussão geral. Essa também é uma das perplexidades que ronda o instituto, pois sua simples existência indicaria haver "questões constitucionais irrelevantes", o que seria como uma contradição em termos.[6] Não por outra razão, a antiga arguição de relevância não se aplicava a matérias constitucionais, entendimento que não se pode cogitar hoje, à luz do art. 102, §3º, da CF. Assim, a melhor maneira de conceber a repercussão geral não é equipará-la a uma ferramenta aniquiladora de questões constitucionais, mas de *graduação* da relevância que todas possuem, em maior ou menor grau, de modo a permitir o tratamento prioritário das mais importantes.

---

[5] PASSOS, J. J. Calmon de. Da arguição de relevância no recurso extraordinário. *Revista Forense*, v. 259, n. 889/891, p. 15-16, jul./set. 1977.

[6] DANTAS, Bruno. *Repercussão geral*. 3. ed. São Paulo: Revista dos Tribunais, 2012, p. 34.

1.4 O caráter comparativo da repercussão geral

É certo que nem tudo pode ser reconhecido como relevante, sob pena de desnaturar a própria razão de ser do filtro. Todo problema jurídico tem a *sua* relevância e pode ser mesmo relevantíssimo para o recorrente. No entanto, é requisito de conhecimento do recurso extraordinário a existência de repercussão *geral*. Enquanto o recorrente só tem a visão do seu caso – e o correspondente ônus de demonstrar a repercussão geral das questões constitucionais nele discutidas –, o Tribunal, por receber todos os recursos, tem a visão do conjunto, reunindo assim as condições e a competência para formular um juízo de relevância comparativo[7] que leve em conta o acervo recebido e os seus limites materiais de trabalho.

Não é por outra razão que, superado pela EC nº 45/2004 o debate sobre a conveniência ou não de instituir um filtro de relevância no Brasil, o art. 1.035, §9º, do CPC/2015 instituiu uma *preferência legal* para o julgamento dos recursos com repercussão geral reconhecida (ressalvados apenas os feitos com réu preso e os pedidos de *habeas corpus*), que deverá ocorrer em até um ano. Trata-se de uma exceção à regra geral do Código, segundo a qual os casos devem ser julgados, preferencialmente, conforme a ordem cronológica da conclusão (art. 12). Num sistema que preza pela celeridade e pela razoável duração do processo (CF, art. 5º, LXXVIII), esse senso de prioridade é reforçado pela suspensão de todos os processos, individuais ou coletivos, que versem sobre a questão com repercussão geral reconhecida e tramitem no território nacional (art. 1.035, §5º).

Inequivocamente, portanto, os casos com repercussão geral reconhecida mereceram do legislador um tratamento prioritário. Se assim é, e se todas as controvérsias jurídicas têm a *sua* relevância, conclui-se que a relevância de uma controvérsia deve ser analisada de forma comparativa,[8] para que se possa tratar prioritariamente aquilo que se considere mais relevante. Contrariamente, portanto, à noção aqui denominada de "ontológica", a repercussão geral não faz parte da "essência" ou da "natureza das coisas": ela não é um dado, mas um construído. Nada é relevante por si mesmo, e sim mais ou menos relevante do que outra coisa, sob determinado ponto de vista (econômico, político, social, jurídico etc.), em certo momento histórico.

1.5 O papel construtivo do STF na definição do que tem repercussão geral

Tal como dispunha o art. 543-A, §1º, do CPC/1973, o art. 1.035, §1º, do CPC/2015 prevê que "[p]ara efeito de repercussão geral, será considerada a existência ou não

---

[7] "Claro que se pode dizer que, para as partes envolvidas, *toda* causa seria 'relevante'. Se não fosse relevante, ela simplesmente não teria ido ao Judiciário, com todos os 'deleites' e custos que isso traz, por conta dela. Ainda mais se, nessa causa, supostamente houver a infringência a um comando constitucional! O ponto é, justamente, discutir-se se, para o resto do País, a causa também é relevante ou, mais do que isso, *o quanto* ela é relevante. A ninguém será lícito supor que *todas* as causas, apenas por ventilarem matéria constitucional, tenham exatamente *a mesma* relevância e exatamente *a mesma* repercussão no resto da Nação" (BRAGHITTONI, R. Ives. *Recurso extraordinário*: uma análise do acesso ao Supremo Tribunal Federal. São Paulo: Atlas, 2007, p. 78).

[8] Nesse sentido: "a repercussão geral deve ser atribuída dentro de um contexto comparativo" (BARROSO, Luís Roberto. Prefácio: quando menos é mais: repensando a jurisdição constitucional brasileira. In: GIACOMET, Daniela Allam e. *Filtros de acesso a Cortes Constitucionais*. Brasília: Gazeta Jurídica, 2017, p. IX).

de questões relevantes do ponto de vista econômico, político, social ou jurídico que ultrapassem os interesses subjetivos do processo". Trata-se de fórmula assemelhada à da antiga arguição de relevância, prevista no art. 327, §1º, do RI/STF (redação da ER nº 2/1985): "[e]ntende-se relevante a questão federal que, pelos reflexos na ordem jurídica, e considerados os aspectos morais, econômicos, políticos ou sociais da causa, exigir a apreciação do recurso extraordinário pelo Tribunal". Referindo-se à fórmula antiga, Barbosa Moreira diz que "se estava diante de uma definição circular: o tribunal só conheceria de casos em que se suscitasse questão relevante, e seria relevante a questão que exigisse o conhecimento do tribunal".[9]

Considerando que a repercussão geral é requisito de conhecimento do recurso extraordinário (CPC/1973, art. 543-A, *caput*, e CPC/2015, art. 1.035, *caput*), e que seus parâmetros de aferição são tão vagos quanto antes, algo daquela circularidade persiste. Em outras palavras: não há como negar o papel construtivo do STF na definição do que tem ou não tem repercussão geral. Em nome da negação de uma discricionariedade da Corte, tudo o que a concepção "ontológica" consegue fazer é remeter a uma "essência" ou "natureza das coisas" ainda mais obscuras, que não vêm impedindo o STF de exercer um filtro de relevância oculto.[10] Melhor é reconhecer, de forma transparente e desassombrada, que o STF *define* – e não só "declara" – o que tem e o que não tem repercussão geral, para que se possa controlar o trabalho da Corte por seus resultados.

1.6 A inexigibilidade de motivação analítica para negar repercussão geral

Nessa tarefa construtiva, que pressupõe um juízo comparativo da relevância das controvérsias que lhe são submetidas, é impraticável exigir uma demonstração analítica das comparações realizadas quando se está diante de dezenas de milhares de casos por ano. Em rigor, seria necessária a comparação não apenas entre as controvérsias que ingressaram num ano, mas entre essas e todas as que já passaram pelo tribunal antes. Ainda que essa tarefa fosse possível – o que está longe de ser o caso –, ela seria indesejável, porque comprometeria a qualidade dos julgamentos e sua celeridade.

Uma motivação analítica sobre a pouca relevância de milhares de controvérsias é tarefa no mínimo tão trabalhosa quanto a de decidir o seu mérito, o que subtrairia do filtro sua razão de ser. Referindo-se à Suprema Corte argentina, afirma Giannini:

> Em outros termos: se em cada um dos mais de 15.000 recursos que chega às barras de um tribunal merecesse que todos (ou a maioria) de seus juízes devam se envolver expressamente num *racconto* dos antecedentes do caso, do modo em que ele foi decidido pelos tribunais inferiores, dos argumentos trazidos pelas partes no recurso extraordinário, das razões pelas quais se entende que as questões respectivas atendem ou não aos elementos necessários para ser qualificadas como transcendentes (vg., explicar os conflitos jurisprudenciais atuais ou potenciais ante os tribunais inferiores sobre o tópico a decidir, avaliar o impacto

---

[9]   MOREIRA, José Carlos Barbosa. A Suprema Corte norte-americana: um modelo para o mundo? In: *Temas de direito processual*: oitava série. São Paulo: Saraiva, 2004, p. 249.

[10] Sobre o ponto: REGO, Frederico Montedonio. *Os efeitos das decisões negativas de repercussão geral*: uma releitura do direito vigente. Dissertação de mestrado (UniCEUB), Brasília, 2017, p. 64-87. No prelo.

que a futura sentença de mérito terá sobre uma porção relevante da comunidade, etc.), o "filtro" perderia boa parte de sua utilidade como mecanismo de descongestionamento e aperfeiçoamento do papel institucional da Corte. (…)

É por isso que, nesse âmbito, a limitação do princípio constitucional segundo o qual as sentenças judiciais devem ser motivadas chega ao seu ponto mais elevado, tolerando-se pronunciamentos de admissibilidade (não de mérito) que apenas se apoiem na citação de um preceito legal (…) ou que adicionem a tal referência normativa simplesmente a causa pela qual se inadmite o respectivo recurso. (…)

Em síntese, frente à impossibilidade de "nomear mais Cortes Supremas" para aliviar a carga de trabalho dos juízes de um órgão que, por suas características e missões, está destinado a ser único, o ordenamento termina desenhando distintos sistemas de seleção de causas. O critério qualitativo baseado na transcendência das questões debatidas autoriza as Cortes Supremas a *decidir que casos decidir*, levando em conta parâmetros qualitativos úteis para aperfeiçoar seu papel institucional, mas mais difíceis de avaliar em cada caso. Esta dificuldade se coloca no âmbito da motivação, conspirando contra a *ratio* do instituto, sendo possível afirmar que o tempo e esforço que demandaria uma explicação *in extenso* das razões da seleção seria muitas vezes similar ao exigido para resolver o caso no mérito (que é precisamente o que se tende a evitar com a consagração do filtro). Por isso, o dever de fundamentação das decisões dessa índole fica reduzido à mera introdução de breves citações legais, acompanhada às vezes de referências muito breves sobre a causa por que se aplica o "certiorari".

Pela localização institucional das Cortes Supremas, a limitação introduzida neste âmbito a respeito da motivação exigível das decisões sobre a admissibilidade dos recursos extraordinários tem sido considerada razoável pela jurisprudência, tanto em nosso país como no Direito comparado, e inclusive no sistema europeu de proteção internacional aos direitos humanos.[11]

---

[11] GIANNINI, Leandro. *El certiorari*: la jurisdicción discrecional de las Cortes Supremas. La Plata: Librería Editora Platense, 2016, t. I, p. 97-99. Tradução livre do autor. No original: "En otros términos, si cada una de las más de 15.000 presentaciones que arriban a los estrados de un tribunal mereciera que todos (o la mayoría) de sus jueces se deban embarcar expresamente en un *racconto* de los antecedentes del caso, del modo en que el mismo fue decidido por los tribunales de grado, de los argumentos llevados por las partes en el recurso extraordinario, de las razones por las que se entiende que las cuestiones respectivas cumplen o no con los elementos necesarios para ser calificadas como trascendentes (vg., explicar los conflictos jurisprudenciales actuales o potenciales ante los tribunales de grado sobre el tópico a decidir, evaluar el impacto que la futura sentencia de mérito tendrá sobre una porción relevante de la comunidad, etc.), el 'filtro' perdería buena parte de su utilidad como mecanismo de descongestión y perfeccionamiento del rol institucional de la Corte. (…) Es por ello que, en este ámbito, la limitación del principio constitucional según el cual las sentencias judiciales deben estar fundadas, llega a su punto más elevado, tolerándose pronunciamientos de admisibilidad (no de mérito) que sólo se apoyen en la cita de un precepto legal (…) o que adicionen a dicha referencia normativa simplemente la causal por la que se desestima el embate respectivo. (…) En síntesis, frente a la imposibilidad de 'nombrar más Cortes Supremas' para aliviar la carga de trabajo de los jueces de un órgano que, por sus características y misiones, está llamado a ser único, el ordenamiento termina diseñando distintos sistemas de selección de causas. El criterio cualitativo basado en la trascendencia de las cuestiones debatidas, autoriza a las Cortes Supremas a *decidir qué casos decidir* sobre la base de parámetros cualitativos más útiles para perfeccionar su papel institucional, pero más difíciles de juzgar en cada caso. Esta dificultad se traslada al ámbito de la motivación, conspirando contra la *ratio* del instituto, siendo posible afirmar que el tiempo y esfuerzo que demandaría una explicación *in extenso* de las razones de la selección, sería muchas veces similar a la que demandaría resolver el caso en el mérito (que es precisamente lo que se tiende a evitar con la consagración del filtro). Por ello, el deber de fundamentación de las decisiones de esa índole queda reducido a la mera introducción de breves citas legales, acompañada a veces con referencias muy breves a la causal por la que se aplica el 'certiorari'. Por el enclave institucional de las Cortes Supremas, la limitación introducida en este ámbito respecto de la motivación exigible a las resoluciones sobre admisibilidad de los recursos extraordinarios ha sido considerada razonable por la jurisprudencia, tanto en nuestro país como en el Derecho comparado, e incluso ante el sistema europeo de protección internacional de los derechos humanos".

Se a repercussão geral obrigasse a Corte a elaborar uma decisão analiticamente motivada com as razões pelas quais entende que determinada controvérsia é despida de "questões relevantes do ponto de vista econômico, político, social ou jurídico que ultrapassem os interesses subjetivos do processo", o instituto não justificaria sua existência, pois não permitiria ao STF se concentrar nas suas funções institucionais mais importantes. Seus recursos humanos e materiais seriam consumidos por análises econômicas, políticas, sociais e jurídicas, quase todas para afirmar o pouco impacto das controvérsias que lhe são submetidas para além das partes do processo. Seria mais fácil resolver o mérito de todos os casos, em vez de empreender, na análise prévia de sua admissibilidade, um debate exaustivo sobre a sua relevância. Não é esse, evidentemente, o fim para o qual se concebeu o instituto. A propósito, afirma Luís Roberto Barroso:

> [O] mecanismo, por sua própria natureza e funções, não comporta a exigência de fundamentação exaustiva. Na verdade, só é capaz de produzir os efeitos pretendidos – racionalizar a pauta do STF – se o juízo de admissibilidade não exigir o dispêndio excessivo de tempo. Do contrário, a adoção do requisito da repercussão geral acabaria por produzir efeito inverso ao pretendido, tornando ainda mais complexo o trabalho da Corte. É de exigir, portanto, que o Tribunal forneça apenas uma justificação simples e sucinta, cada vez mais apoiada em *standards* fixados em casos anteriores.[12]

A limitação da motivação das decisões negativas de repercussão geral também é necessária para que o filtro de relevância possa funcionar como instrumento de seleção qualitativa de recursos extraordinários, com efeitos limitados ao caso concreto, e não apenas de resolução de demandas repetitivas. O ponto é tratado em outro trabalho.[13]

1.7 O caráter inevitavelmente discricionário do juízo de repercussão geral

Se tal impossibilidade de motivação analítica de juízos comparativos de relevância implica conferir ao STF uma margem de discricionariedade na admissão ou não dos recursos extraordinários, o melhor a fazer é assumir e reconhecer a existência dessa discricionariedade com desassombro. Negar essa realidade não contribui para tornar a jurisdição do STF mais transparente, e sim o contrário: quando se defende que a atividade de classificar controvérsias como dotadas ou não de repercussão geral é de natureza eminentemente técnica, "mera" concretização de um conceito jurídico indeterminado, o que se produz é o obscurecimento do caráter inevitavelmente discricionário desse tipo de juízo. É o ponto desenvolvido a seguir.

Há ainda dificuldade de grande parte da doutrina em aceitar a existência de uma discricionariedade *judicial*, com base numa visão tradicional da separação de poderes e no pressuposto de que juízes "apenas aplicam" a lei. Nessa visão, a discricionariedade seria

---

[12] BARROSO, Luís Roberto. *O controle de constitucionalidade no direito brasileiro*. 7. ed. São Paulo: Saraiva, 2016, e-book, p. 81.

[13] Para uma defesa teórica da relação entre o alcance das decisões judiciais e sua motivação, com amparo em Frederick Schauer e Cass Sunstein, e como isso afeta o funcionamento dos filtros de relevância, v. REGO, Frederico Montedonio. *Os efeitos das decisões negativas de repercussão geral*: uma releitura do direito vigente. Dissertação de mestrado (UniCEUB), Brasília, 2017, p. 88-104 e 142-208. No prelo.

restrita ao administrador, que poderia realizar juízos de conveniência e oportunidade no espaço demarcado pela lei. Segundo Inocêncio Mártires Coelho, no entanto, hoje já se reconhece como inevitável a participação do juiz no processo de elaboração da norma, seja por "obscuridades e as imprecisões *involuntárias* das mensagens legislativas", seja por "vaguezas intencionais e positivas", casos em que há como que um "acordo tácito" entre o legislador e o juiz, pelo qual as normas jurídicas são "produzidas em dois tempos e a quatro mãos".[14]

1.7.1 Discricionariedade vs. conceitos jurídicos indeterminados

Cabe, portanto, investigar um pouco mais em que consiste a discricionariedade, "um dos conceitos mais plurissignificativos e difíceis da teoria do Direito".[15] É corrente a visão de que os conceitos jurídicos indeterminados se refeririam ao antecedente de aplicação da norma, mas não ao consequente: ou seja, haveria uma margem de apreciação quanto aos fatos pressupostos para a aplicação da norma, mas, uma vez definidos esses pressupostos, não haveria margem no que diz respeito à aplicação da consequência jurídica, ao contrário do que ocorre com a discricionariedade, que se referiria aos efeitos.[16] Assim, a interpretação de conceitos jurídicos indeterminados seria uma tarefa eminentemente técnico-jurídica, ao contrário da discricionariedade, sujeita apenas a variáveis de conveniência e oportunidade. Desse modo, a repercussão geral seria um conceito jurídico indeterminado também porque, embora discutível a configuração do requisito em relação a determinada controvérsia, haveria uma consequência inafastável na sua ausência: o não conhecimento do recurso.

No entanto, a diferença entre discricionariedade e conceitos jurídicos indeterminados muitas vezes é tênue e tem sido abandonada mesmo na Alemanha, onde surgiu. "[P]arece extremamente difícil – e provavelmente impossível – fixar critérios para definir-se onde termina o trabalho de interpretação e começa a discricionariedade".[17] De toda forma, Engisch, que se refere ao antecedente como "hipótese" e ao consequente como "estatuição",[18] afirma que "não devemos afastar a possibilidade de uma discricionariedade na hipótese legal, até porque entre esta hipótese e a estatuição e, consequentemente, também entre a discricionariedade naquela e nesta, subsiste uma conexão intrínseca".[19] Além disso, "[f]requentemente é apenas uma questão de técnica legislativa que depende acharem-se os conceitos discricionários integrados na 'hipótese' ou na 'estatuição'".[20]

---

[14] COELHO, Inocêncio Mártires. *Indeterminação do direito, discricionariedade judicial e segurança jurídica*, p. 15-16. Disponível em: <https://www.uniceub.br/media/491563/Anexo9.pdf> Acesso em: 25 jul. 2017.

[15] ENGISCH, Karl. *Introdução ao pensamento jurídico*. Lisboa: Calouste Gulbenkian, 2001, p. 214.

[16] MOREIRA, José Carlos Barbosa. Regras de experiência e conceitos juridicamente indeterminados. In: NOGUEIRA, Adalício et al. *Estudos jurídicos em homenagem ao professor Orlando Gomes*. Rio de Janeiro: Forense, 1979, p. 611-613.

[17] KRELL, Andreas. "Discricionariedade administrativa, conceitos jurídicos indeterminados e controle judicial". *Revista ESMAFE*: Escola da Magistratura Federal da 5ª Região, n. 8, p. 194, dez. 2004.

[18] ENGISCH, Karl. *Introdução ao pensamento jurídico*. Lisboa: Calouste Gulbenkian, 2001, p. 31-32.

[19] ENGISCH, Karl. *Introdução ao pensamento jurídico*. Lisboa: Calouste Gulbenkian, 2001, p. 226.

[20] ENGISCH, Karl. *Introdução ao pensamento jurídico*. Lisboa: Calouste Gulbenkian, 2001, p. 226-227.

1.7.2 Discricionariedade vs. vinculação

A discricionariedade também costuma ser definida em oposição à noção de vinculação. Enquanto a discricionariedade consistiria numa opção entre dois ou mais "indiferentes jurídicos"[21] – isto é, soluções diversas, mas igualmente aceitas pelo Direito –, a vinculação apontaria no sentido de uma única solução juridicamente possível. Daí por que a discricionariedade parece insuscetível de um controle jurídico (uma vez exercida dentro dos limites que lhe são próprios), ao contrário do que ocorre com a vinculação, sujeita a um controle jurídico integral, a partir da motivação do ato correspondente. Essa, no entanto, é uma visão simplista. Atualmente se reconhecem poderes mais amplos ao intérprete como algo natural, inevitável ou mesmo desejado.[22]

O que se passa com os filtros de relevância em geral, além da abertura semântica dos seus parâmetros – que apontam para uma delegação de poder do legislador para o juiz[23] –, é que, devido à sua dimensão intrinsecamente comparativa, é impraticável uma motivação analítica que permita o controle típico das vinculações. Assim, ainda quando se entenda que, em tese, o preenchimento da repercussão geral seja uma atividade predominantemente técnico-jurídica, não se pode deixar de reconhecer a impossibilidade de um controle a partir da motivação, pelo simples fato de que essa exigência em dezenas de milhares de decisões é inatingível. Também por isso, parece mais adequado reconhecer ao filtro um caráter discricionário, embora não arbitrário, como se verá a seguir. Arbitrário seria, por exemplo, um sistema para selecionar *aleatoriamente* alguns recursos em quantidade que a Corte possa julgar em prazo razoável, na imagem de Taruffo.[24] Mas existe um parâmetro qualitativo, ainda que amplo, para tal tarefa: a "repercussão geral", um conceito jurídico indeterminado.

---

[21] GARCÍA DE ENTERRÍA, Eduardo. La lucha contra las inmunidades del poder en el derecho administrativo (poderes discrecionales, poderes de gobierno, poderes normativos). *Revista de Administración Pública*, n. 38, p. 173, 1962. Disponível em: <https://dialnet.unirioja.es/descarga/articulo/2112627.pdf>. Acesso em: 29 jun. 2017.

[22] COELHO, Inocêncio Mártires. *Da hermenêutica filosófica à hermenêutica jurídica*: fragmentos. 2. ed. São Paulo: Saraiva, 2015, p. 362-363.

[23] Nesse sentido: "Como se percebe, o legislador preferiu, com acerto, não estabelecer detalhadamente critérios para a fixação do conceito [de repercussão geral], deferindo ao próprio STF o estabelecimento de seus contornos mais precisos" (BARROSO, Luís Roberto. *O controle de constitucionalidade no direito brasileiro*. 7. ed. São Paulo: Saraiva, 2016, e-book, p. 80).

[24] "Outra função importante da seleção dos recursos é a de limitar a quantidade de apelos admitidos para uma decisão de mérito. Esta é uma função de grande importância, mas – por assim dizer – não pode ser a única. Se assim fosse, aquela poderia ter lugar escolhendo *a caso* (ao azar ou por sorteio) um recurso a cada X recursos interpostos, segundo a quantidade de trabalho que se queira atribuir à Corte, mas é claro que um método deste tipo seria absurdo. A função quantitativa deve, portanto, ser combinada com critérios de seleção qualitativos, que permitam admitir ou excluir a decisão sobre o mérito do recurso em função da questão jurídica nele colocada, e da oportunidade que a Corte localizada no vértice do sistema se pronuncie expressamente sobre aquela" (TARUFFO, Michele. Prólogo. In: GIANNINI, Leandro. *El certiorari*: la jurisdicción discrecional de las Cortes Supremas. La Plata: Librería Editora Platense, 2016, t. I, p. 23. Tradução livre do autor. No original: "Otra función importante de la selección de los recursos es la de limitar la cantidad de recursos que son admitidos para una decisión de mérito. Ésta es una función de gran importancia, pero – por así decirlo – no puede ser la única. Si así fuera, aquélla podría tener lugar eligiendo *acaso* (al azar o echando suertes) un recurso cada X recursos interpuestos, según la cantidad de trabajo que se quiera atribuir a la Corte, pero es claro que método de este tipo sería absurdo, La función cuantitativa debe, por lo tanto, ser combinada con criterios de selección cualitativos, que permitan admitir o excluir la decisión sobre el mérito del recurso, en función de la cuestión jurídica planteada en él, y de la oportunidad que la Corte ubicada en el vértice del sistema se pronuncie expresamente sobre aquélla").

1.7.3 Conceitos normativos discricionários vs. cláusulas gerais (Engisch)

Após dizer que "se trata aqui, até certo ponto, de questões de terminologia que dependem do gosto de cada um",[25] Engisch afirma que os conceitos jurídicos indeterminados (aqueles "cujo conteúdo e extensão são em larga medida incertos") podem ser classificados em descritivos (independem de valoração, como "escuridão" ou "homem") ou normativos (carecem de valoração). Estes últimos podem ser discricionários (quando a valoração é subjetiva, isto é, depende do agente encarregado de aplicar o conceito – *e.g.*, quando se confere ao juiz a tarefa de aplicar uma pena, dentro de certos limites, conforme a culpabilidade do réu) ou cláusulas gerais (quando a valoração é objetiva, ou seja, depende de uma averiguação da concepção moral dominante na sociedade – *e.g.*, "ato indecoroso"). Devido a esse caráter objetivo, ao preencher as cláusulas gerais não há discricionariedade.[26] A diferença entre essas duas últimas espécies de conceitos é assim resumida pelo autor:

> Com efeito, não obstante o carácter "sintético" ou "concretizante" da aplicação dos conceitos normativo-objectivos, sempre se tratava neles, como vimos, de uma espécie de "conhecimento", de uma "averiguação" daquilo que é válido, de uma apreensão do univocamente recto em conformidade com a intenção e a ideia. As coisas passam-se de maneira diferente nos conceitos normativo-*subjectivos*, cujos protótipos são os genuínos conceitos discricionários, os quadros ou molduras da "livre" discrição. Estes autorizam o órgão aplicador do Direito a considerar como vinculante e "justa" a valoração por ele pessoalmente tida por justa. Nestes termos, cientemente se conformam com uma pluralidade de sentidos. *Eles esperam uma tomada de posição individual, confiando em que seguir honestamente uma linha de orientação pessoal é de molde a assegurar melhores decisões do que o tactear inseguro na procura de pontos de vista "objectivos".* Teremos ainda de voltar a falar destes actos de valoração jurídica que fazem do órgão aplicador do Direito, em sentido verdadeiro e próprio, um criador do Direito, que o tornam legislador do caso concreto.[27]

A noção de "repercussão geral" exige preenchimento valorativo, isto é, um juízo de relevância, e por isso se trata de um conceito normativo, na acepção citada. Mas esse juízo não consiste numa "valoração objetivamente válida" ou um "critério objetivo de valor", pois não remete a nenhuma "tradição moral firme" nem a "concepções morais dominantes pelas quais o juiz se deve deixar orientar", como são, por exemplo, as noções de "tratamento desumano ou degradante" (art. 5º, III, da CF), "bons costumes" (art. 13 do Código Civil) e "boa-fé" (art. 180 do Código Penal). "Repercussão geral", em si, é uma noção moralmente neutra, que dispensa uma averiguação ao final da qual o juiz seria forçado a aplicar o conceito de forma contrária ao seu entendimento pessoal. Isso é o que pode ocorrer nas cláusulas gerais, e por isso se diz que aí não há discricionariedade: um juiz ateu não pode deixar de eventualmente condenar alguém que tenha praticado um crime contra o bem jurídico "sentimento religioso" (art. 208 do Código Penal), pois o que está em jogo não é o sentimento religioso do juiz, mas o da sociedade. Ao contrário, a "repercussão geral" esgota-se num juízo de relevância feito pelo juiz, que pode e deve se valer de argumentos e até de impressões de atores sociais para decidir

---

[25] ENGISCH, Karl. *Introdução ao pensamento jurídico*. Lisboa: Calouste Gulbenkian, 2001, p. 211.

[26] ENGISCH, Karl. *Introdução ao pensamento jurídico*. Lisboa: Calouste Gulbenkian, 2001, p. 205-274.

[27] ENGISCH, Karl. *Introdução ao pensamento jurídico*. Lisboa: Calouste Gulbenkian, 2001, p. 241-242.

(CPC, art. 1.035, §4º), mas não faz exatamente uma investigação para entender o que é "repercussão geral" na moral vigente.

O conceito jurídico indeterminado de repercussão geral, portanto, envolve discricionariedade, pois a valoração exigida para preenchê-lo é subjetiva (referida ao agente encarregado de aplicá-lo), e não objetiva (referida à moral predominante). Ressalvando que se trata da sua "opção puramente terminológica-metodologicamente relevante", afirma Engisch:

> O autêntico "poder discricionário" é atribuído pelo direito e pela lei quando a *decisão última* sobre o justo (correcto, *conveniente*, apropriado) no caso concreto é confiada à responsabilidade de alguém, é deferida à concepção (em particular, à valoração) individual da personalidade chamada (*eventualmente "articulando" o seu ponto de vista com a deliberação tomada no seio de uma agremiação ou colégio*) a decidir em concreto, e isto não apenas porque não é possível excluir um "resto" de insegurança, mesmo através de regras, por mais minuciosas que estas sejam, mas porque se considera ser melhor solução aquela em que, dentro de determinados limites, *alguém olhado como pessoa consciente da sua responsabilidade, faça valer o seu próprio ponto de vista.*[28]

Por envolver um juízo discricionário, é coerente que a decisão última – por não haver instância superior – sobre a relevância das controvérsias constitucionais seja confiada ao órgão incumbido da "guarda da Constituição" (CF, art. 102). A fim de minimizar os riscos de arbítrio envolvidos nessa discricionariedade, foi instituído um *quorum* de dois terços dos ministros do STF,[29] permitindo-se assim que eles possam fazer "valer o seu próprio ponto de vista", pela confiança institucional de que cada um esteja "consciente da sua responsabilidade". Em contraste com a "concepção ontológica" da repercussão geral, essa vinculação pessoal produz "melhores decisões do que o tactear inseguro na procura de pontos de vista 'objectivos'".

Nesse sentido, embora defenda, para a Suprema Corte argentina, a existência de discricionariedade apenas para admitir recursos que não cumpram todos os requisitos legais, e não para inadmitir recursos que os atendam, Giannini reconhece que a diferença entre a discricionariedade e a interpretação de conceitos jurídicos indeterminados não é de natureza ontológica, mas de grau, ou mesmo apenas terminológica.[30] No entanto, há uma dificuldade para trabalhar eficazmente com esse tipo de nuance: o receio do arbítrio se faz ouvir de forma quase ensurdecedora na doutrina, a bradar pela expulsão de uma discricionariedade que, no entanto, permanece silenciosa onde sempre esteve. Pede-se um "esforço de objetivação"[31] numa situação-limite de subjetivismo: definir, entre dezenas de milhares de casos, quais os mais importantes para o País, quais devem ser julgados prioritariamente.

---

[28] ENGISCH, Karl. *Introdução ao pensamento jurídico*. Lisboa: Calouste Gulbenkian, 2001, p. 221-222 (destaques acrescentados).

[29] Para uma análise detalhada da razão de ser do *quorum* de dois terços para negar repercussão geral, v. REGO, Frederico Montedonio. *Os efeitos das decisões negativas de repercussão geral*: uma releitura do direito vigente. Dissertação de mestrado (UniCEUB), Brasília, 2017, p. 173-182. No prelo.

[30] GIANNINI, Leandro. *El certiorari*: la jurisdicción discrecional de las Cortes Supremas. La Plata: Librería Editora Platense, 2016, t. I, p. 148. No mesmo sentido: "o cerne da divergência atual entre os processualistas reside menos na tentativa de defesa de poderes absolutos concedidos pelo sistema ao juiz, e mais num debate terminológico" (DANTAS, Bruno. *Repercussão geral*. 3. ed. São Paulo: Revista dos Tribunais, 2012, p. 274).

[31] MARINONI, Luiz Guilherme; MITIDIERO, Daniel. *Repercussão geral no recurso extraordinário*. 3. ed. São Paulo: Revista dos Tribunais, 2012, p. 41.

Numa escala menor, isso seria como querer apontar "critérios objetivos" para que o Presidente do STF selecione, entre as centenas de casos liberados para a pauta por seus respectivos relatores, quais devem ser julgados na sessão da quarta-feira seguinte. É evidente que a elaboração da pauta envolve uma escolha, pois não há como julgar em uma única tarde todos os casos liberados. Pretende-se, enfim, alcançar uma "única solução correta"[32] nessa tarefa seletiva, tentando-se inutilmente um "controle interno" desse processo decisório, quando o mais proveitoso seria um "controle externo", isto é, a partir de seus resultados. Como afirma Ovídio Baptista:

> Como compreendemos o Direito através da epistemologia matemática, do "certo e do errado", habituamo-nos a pensar através de categorias lógicas binárias. Ou o juiz aplica a 'vontade da lei', ou, do contrário, será irremediavelmente arbitrário e despótico. Sendo assim, é preferível contar com um juiz 'subordinado' (Hobbes), do que submeter-nos aos caprichos de um juiz arbitrário, que se diz preconizado pela chamada "Escola do Direito Livre". Para nossa compreensão do Direito, ou o juiz é a "boca da lei" ou é arbitrário. O "termo médio" que poderia quebrar o pensamento "binário", a figura de um juiz não arbitrário, que se valesse, no entanto, de um poder apenas "discricionário", vai além da compreensão do sistema.[33]

1.8 O controle possível sobre o juízo discricionário de repercussão geral

Isso não significa que as decisões em matéria de repercussão geral ou os resultados das escolhas feitas pelo Tribunal não possam ser criticados. A agenda da Corte deve estar aberta ao controle social, inclusive para que eventuais escolhas questionáveis feitas no passado sejam evitadas no futuro. O fato de haver uma variedade de opções juridicamente possíveis ou fungíveis não deve levar à indiferença da sociedade e dos observadores do STF quanto às escolhas feitas, mas contribuir para que elas sejam melhores. Afirma Engisch:

> Essa fungibilidade ou justificabilidade não exclui naturalmente que se possam esgrimir argumentos e críticas sobre as razões por que precisamente esta ou aquela decisão é a melhor e "genuinamente" recta. Frequentemente o próprio autor da decisão não pode libertar-se das suas dúvidas, perguntando-se se "efectivamente" toma a decisão acertada; mas dirá de si para si que pelo menos considera correcta a decisão defensável. (...)
> Na realidade das coisas, dado como pressuposto que existe um "poder discricionário", seremos forçados a aceitar que aquilo que "em todo o caso" tem de ser reconhecido como defensável, deve valer como "caindo no espaço de manobra do poder discricionário" e, nessa medida, deve valer como "correcto" (e – permita-se-me o atrevimento de mais este excurso: – não deve ficar sujeito a reexame por uma outra instância, pelo menos quando esta não esteja em contacto tão estreito com o caso concreto e não seja essencialmente mais perita na matéria que a instância detentora do poder discricionário, mas apenas, na melhor das hipóteses, se julgue "mais sábia" que esta.[34]

---

[32] WAMBIER, Teresa Arruda Alvim; WAMBIER, Luiz Rodrigues. Repercussão geral: como transformá-la num instituto adequado à magnitude da missão de uma Corte Superior? In: FUX, Luiz; FREIRE, Alexandre; DANTAS, Bruno (Coord.). *Repercussão geral da questão constitucional*. Rio de Janeiro: Forense, 2014, p. 625.

[33] SILVA, Ovídio A. Baptista da. *Processo e ideologia*: o paradigma racionalista. 2. ed. Rio de Janeiro: Forense, 2006, p. 243.

[34] ENGISCH, Karl. *Introdução ao pensamento jurídico*. Lisboa: Calouste Gulbenkian, 2001, p. 250-251.

Assim, é possível questionar o STF, por exemplo, pela quantidade de repercussões gerais em matéria tributária reconhecidas, em detrimento de questões relacionadas a outros direitos fundamentais. Pode-se criticar conforme vários critérios, já que a repercussão geral admite ser observada por vários prismas. Mas também aqui há o limite do defensável: a repercussão *geral* não pode ser usada para resolver um problema *individual*. Não pode o STF, desvirtuando a transcendência inerente a seus pronunciamentos,[35] decidir uma matéria em repercussão geral de forma aparentemente geral e/ou abstrata, mas em verdade destinada a atingir uma única situação. E há pelo menos um caso de repercussão geral em que isto aconteceu.[36]

Seja como for, ressalvada a proibição de que a repercussão geral se preste à resolução de um caso individual, parece inócuo tentar construir parâmetros abstratos para um instituto que, não à toa, apenas pode ser aplicado por dois terços dos ministros do STF: os resultados dessas tentativas costumam ser apenas fórmulas igualmente genéricas, como a do CPC.[37] Desse modo, os debates sobre a natureza da aplicação do requisito da repercussão geral *in concreto* – se discricionária ou técnica – devem-se à impossibilidade material de motivação analítica de juízos comparativos de relevância em dezenas de milhares de decisões. Se assim é, seja qual for o enquadramento teórico-terminológico do instituto, a contenção do arbítrio não pode ocorrer por meio de uma exigência inatingível de motivação – exigência que, longe de tornar o processo controlável, resultou num "filtro oculto" com sérios efeitos colaterais –, mas apenas pode ser alcançada com mais transparência ao processo e controle dos resultados. Não se deve, portanto, ter uma visão fundamentalista do dever de fundamentação.[38]

É muito difícil fiscalizar adequadamente o que o STF faz de relevante e os critérios que de fato adota quando recebe cerca de 100 mil processos por ano e profere no mesmo

---

[35] REGO, Frederico Montedonio. *Os efeitos das decisões negativas de repercussão geral*: uma releitura do direito vigente. Dissertação de mestrado (UniCEUB), Brasília, 2017, p. 88-105. No prelo.

[36] Para uma análise crítica desse caso (ARE 859.251, Rel. Min. Gilmar Mendes), v.: REGO, Frederico Montedonio. *Os efeitos das decisões negativas de repercussão geral*: uma releitura do direito vigente. Dissertação de mestrado (UniCEUB), Brasília, 2017, p. 165-168. No prelo.

[37] Nesse sentido, em lição a propósito da antiga arguição de relevância, mas inteiramente aplicável à atual repercussão geral, afirmou o Min. Moreira Alves: "Pode-se dizer, genericamente, que relevantes são as questões que, no âmbito federal, têm importância jurídica, social, econômica, política. Mas esse enunciado não satisfaz à aspiração de uma perfeita delimitação do que venha a ser relevante. E isso se explica porque a aferição da relevância é julgamento de valor, havendo, pela natureza mesma de tais julgamentos, larga margem de subjetivismo daqueles a quem incumbe decidir sobre se ela ocorre, ou não. Definir é traçar limites objetivos, o que não se compadece com ideias de conteúdo impreciso porque dependente de análise subjetiva. Por isso mesmo não se exige sequer a concordância da maioria basta que se alcance o *quorum* de quatro vozes acordes em que a questão em causa é relevante. E – nota-se – uma mesma questão, conforme as circunstâncias, pode ser, ou deixar de ser, relevante para a Federação. (…) O que não é possível, no entanto, é pretender-se uma fórmula que encerre, objetivamente, todas as hipóteses em que pode ocorrer a relevância da questão federal. O movediço dos julgamentos de valor e a gama de circunstâncias que neles podem influir o impedem. E é utópico querer-se restringir o conceito, por delimitar, restringir – o que, por sua natureza mesma, é insuscetível de limites fixos" (ALVES, José Carlos Moreira. A missão constitucional do Supremo Tribunal Federal e a arguição de relevância de questão federal. *Revista do Instituto dos Advogados Brasileiros*, ano XVI, n. 58-59, p. 49 e 51, 1982).

[38] Vale notar que até mesmo Michele Taruffo – autor da clássica obra *La motivazione della sentenza civile*, que analisou com profundidade todas as nuances do dever de motivação e defendeu a tese de que a sentença não motivada é juridicamente inexistente, e não "meramente" nula – afirma a compatibilidade dos filtros de relevância com as garantias fundamentais do processo (TARUFFO, Michele. Prólogo. In: GIANNINI, Leandro. *El certiorari*: la jurisdicción discrecional de las Cortes Supremas. La Plata: Librería Editora Platense, 2016, t. I, p. 20). Também a Corte Europeia de Direitos Humanos validou o filtro de relevância exercido pela Corte de cassação francesa, à luz do dever de motivação protegido pela Convenção Europeia de Direitos Humanos (caso *Burg et autres c. France*, j. 28/1/2003, entre outros).

período mais de 100 mil decisões. As inconsistências são inevitáveis e prejudicam tanto os jurisdicionados quanto a Corte. No entanto, se o Tribunal apenas se debruçasse sobre um número limitado de casos por ano, ainda que segundo critérios discricionários, faria incidir sobre cada um desses casos uma luz muito maior do que a que pode iluminar dezenas de milhares de processos. O controle social seria muito mais efetivo: viabilizaria a observação dos assuntos mais recorrentes, com a correspondente crítica das escolhas do Tribunal; permitiria constatar uma eventual concentração de processos com repercussão geral representados por um mesmo advogado, a indicar que o prestígio do patrono tem tido mais peso que a relevância da causa; e outros possíveis controles. Reconhecer a impraticabilidade de uma motivação analítica de *todas* as decisões negativas de repercussão geral é um passo necessário para obter o grau de controle político-social possível. Nesse sentido, a ampla divulgação e a formação de bancos de dados sobre a repercussão geral são altamente salutares (RI/STF, art. 329).[39]

Esse reforço de transparência é uma das formas de compensar a impraticabilidade da motivação analítica de todas as decisões negativas de repercussão geral, já que a transparência é exatamente um dos objetivos que a motivação pretende alcançar. Não à toa, a motivação e a publicidade estão previstas no mesmo inciso IX do art. 93 da CF. Nada obstante o caráter genérico dos parâmetros levados em conta para a atribuição ou não da repercussão geral, sua mera enunciação cumpre o papel válido de assimilar a decisão a uma categoria de casos, conferindo, assim, algum grau de transparência ao processo. A propósito, afirma Giannini:

> No que diz respeito ao delicado problema da *motivação*, reconhece-se que *a limitação extrema da garantia de fundamentação das decisões judiciais é razoável, sempre que se assegure pelos melhores meios disponíveis a tais efeitos a transparência do processo.* Nessa ordem de considerações, parte-se da ideia de que a motivação não é o único recurso mediante o qual pode ser satisfeito o postulado da transparência. Pelo que um Tribunal Superior que tenha a sua disposição um instrumento para "decidir que casos decidir", sem necessidade de desenvolver os fundamentos de sua escolha em cada caso, deve, entre outras medidas tendentes a garantir aquela transparência: i) identificar ao menos a causa a que responde a decisão de inadmissão do recurso extraordinário (...); ii) oferecer elementos de acesso público à informação relevante sobre os antecedentes tidos em conta por tais tribunais na tarefa de seleção (v.g., enunciação geral dos parâmetros utilizados para medir a transcendência de um assunto ou para admitir discricionariamente recursos que versem sobre questões intranscendentes; sistematização e difusão das decisões relativas à aplicação do "filtro", para que possam ser conhecidos com mais precisão os antecedentes de cada litígio admitido ou inadmitido etc.).[40]

---

[39] No ponto, o Brasil é referência de transparência (GIANNINI, Leandro. *El certiorari*: la jurisdicción discrecional de las Cortes Supremas. La Plata: Librería Editora Platense, 2016, t. I, p. 103-104).

[40] GIANNINI, Leandro. *El certiorari*: la jurisdicción discrecional de las Cortes Supremas. La Plata: Librería Editora Platense, 2016, t. I, p. 28-29. Tradução livre do autor. No original: "Respeto del delicado problema de la *motivación*, se reconoce que *la limitación extrema del recaudo constitucional de fundamentación de las sentencias judiciales es razonable, siempre que se garantice por los mejores medios disponibles a tales efectos, la transparencia del proceso.* En ese orden de consideraciones, se parte de la idea de que la motivación no es el único resorte mediante el cual puede satisfacerse el postulado de transparencia. Por lo que un Tribunal Superior que tenga a su disposición un instrumento para 'decidir qué casos decidir', sin necesidad de desarrollar los fundamentos de su elección en cada caso, debe, entre otras medidas tendientes a garantizar aquella transparencia: i) identificar al menos la causal a la que responde la resolución desestimatoria del recurso extraordinario (...),; ii) brindar elementos de acceso público a la información relevante sobre los antecedentes tenidos en cuenta por dichos tribunales en la tarea de selección (v.g., enunciación general de los parámetros utilizados para medir la transcendencia de un

1.9 Conclusão

A repercussão geral tem uma dimensão intrinsecamente comparativa, já que, por definição, o Direito em geral e o Direito Constitucional em particular não cuidam de assuntos irrelevantes, de modo que toda controvérsia tem algüma relevância. No entanto, a instituição do requisito da repercussão geral pressupõe uma avaliação comparativa pelo STF das causas que lhe são apresentadas, o que não pode ser levado a cabo de maneira analítica, até porque isso seria impossível. Assim, a defesa doutrinária de que não haveria discricionariedade na aferição da repercussão geral, por mais que se reconheça a indeterminação da tarefa, parece refletir menos uma *realidade* e mais um *desejo*, particularmente o desejo de que o STF atribua repercussão geral às questões que cada um considera mais relevantes.

A exigência de motivação também é associada ao caráter supostamente vinculado da repercussão geral. No entanto, a instituição de filtros de relevância como a repercussão geral tem exatamente a finalidade de dispensar a Corte de motivar todos os casos que lhe são submetidos. Para que o STF possa decidir *apenas* o que é mais relevante, é preciso não decidir o que é menos relevante. Em que pese a importância do dever de motivação das decisões judiciais, ele não se presta, como nenhum outro pode legitimamente se prestar, a exigir o impossível (comparações detalhadas da relevância de dezenas de milhares de controvérsias), de modo que o seu cumprimento não pode inviabilizar o funcionamento do próprio STF. De todas as contribuições que o Min. Luís Roberto Barroso deu ao Supremo Tribunal Federal desde a sua posse, sua insistente defesa de melhorias nos processos de trabalho da Corte é uma das mais significativas.

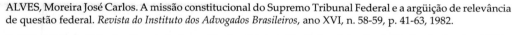

Referências

ALVES, Moreira José Carlos. A missão constitucional do Supremo Tribunal Federal e a argüição de relevância de questão federal. *Revista do Instituto dos Advogados Brasileiros*, ano XVI, n. 58-59, p. 41-63, 1982.

BARROSO, Luís Roberto. *O controle de constitucionalidade no direito brasileiro*. 7. ed. São Paulo: Saraiva, 2016.

_____. *Reflexões sobre as competências e o funcionamento do Supremo Tribunal Federal*. Disponível em: <http://s.conjur.com.br/dl/palestra-ivnl-reflexoes-stf-25ago2014.pdf>. Acesso em: 25 set. 2017.

_____. *O Supremo Tribunal Federal em 2016*: o ano que custou a acabar. Disponível em: <http://www.migalhas.com.br/arquivos/2017/1/art20170109-01.pdf>. Acesso em: 25 set. 2017.

_____; REGO, Frederico Montedonio. Como salvar o sistema de repercussão geral: transparência, eficiência e realismo na escolha do que o Supremo Tribunal Federal vai julgar. *Revista Brasileira de Políticas Públicas*, 2017. No prelo.

BRAGHITTONI, R. Ives. *Recurso extraordinário*: uma análise do acesso ao Supremo Tribunal Federal. São Paulo: Atlas, 2007.

COELHO, Inocêncio Mártires. *Da hermenêutica filosófica à hermenêutica jurídica*: fragmentos. 2. ed. São Paulo: Saraiva, 2015.

_____. *Indeterminação do direito, discricionariedade judicial e segurança jurídica*. Disponível em: <https://www.uniceub.br/media/491563/Anexo9.pdf>. Acesso em: 25 jul. 2017.

---

asunto o para admitir discrecionalmente recursos que versen sobre cuestiones intranscendentes; sistematización y difusión de las decisiones relativas a la aplicación del 'filtro', para que puedan conocerse con más precisión los antecedentes de cada litigio admitido o inadmitido, etc.)".

DANTAS, Bruno. *Repercussão geral*. 3. ed. São Paulo: Revista dos Tribunais, 2012.

ENGISCH, Karl. *Introdução ao pensamento jurídico*. Lisboa: Calouste Gulbenkian, 2001.

GARCÍA DE ENTERRÍA, Eduardo. La lucha contra las inmunidades del poder en el derecho administrativo (poderes discrecionales, poderes de gobierno, poderes normativos). *Revista de Administración Pública*, n. 38, p. 159-205, 1962. Disponível em: <https://dialnet.unirioja.es/descarga/articulo/2112627.pdf>. Acesso em: 29 jun. 2017.

GIACOMET, Daniela Allam e. *Filtros de acesso a Cortes Constitucionais*. Brasília: Gazeta Jurídica, 2017.

GIANNINI, Leandro. *El certiorari*: la jurisdicción discrecional de las Cortes Supremas. La Plata: Librería Editora Platense, 2016, 2 t.

KRELL, Andreas. Discricionariedade administrativa, conceitos jurídicos indeterminados e controle judicial. *Revista ESMAFE*: Escola da Magistratura Federal da 5ª Região, n. 8, p. 177-224, dez. 2004.

MANCUSO, Rodolfo de Camargo. *Recurso extraordinário e recurso especial*. 13. ed. São Paulo: Revista dos Tribunais, 2015.

MARINONI, Luiz Guilherme; MITIDIERO, Daniel. *Repercussão geral no recurso extraordinário*. 3. ed. São Paulo: Revista dos Tribunais, 2012.

MOREIRA, José Carlos Barbosa. Regras de experiência e conceitos juridicamente indeterminados. In: NOGUEIRA, Adalício et al. *Estudos jurídicos em homenagem ao professor Orlando Gomes*. Rio de Janeiro: Forense, 1979, p. 605-622.

_____. A Suprema Corte norte-americana: um modelo para o mundo? In: *Temas de direito processual*: oitava série. São Paulo: Saraiva, 2004, p. 239-251.

OLIVEIRA, Pedro Miranda de. *Recurso extraordinário e o requisito da repercussão geral*. São Paulo: Revista dos Tribunais, 2013.

PASSOS, J. J. Calmon de. Da arguição de relevância no recurso extraordinário. *Revista Forense*, v. 259, n. 889/891, p. 11-22, jul./set. 1977.

REGO, Frederico Montedonio. *Os efeitos das decisões negativas de repercussão geral*: uma releitura do direito vigente. Dissertação de mestrado (UniCEUB), Brasília, 2017, 245 p. No prelo.

SILVA, Ovídio A. Baptista da. *Processo e ideologia*: o paradigma racionalista. 2. ed. Rio de Janeiro: Forense, 2006.

WAMBIER, Teresa Arruda Alvim; WAMBIER, Luiz Rodrigues. Repercussão geral: como transformá-la num instituto adequado à magnitude da missão de uma Corte Superior? In: FUX, Luiz; FREIRE, Alexandre; DANTAS, Bruno (Coord.). *Repercussão geral da questão constitucional*. Rio de Janeiro: Forense, 2014, p. 615-631.

Informação bibliográfica deste texto, conforme a NBR 6023:2002 da Associação Brasileira de Normas Técnicas (ABNT):

REGO, Frederico Montedonio. O caráter comparativo-discricionário do juízo de repercussão geral: inexigibilidade de sua motivação analítica. In: SARAIVA, Renata et al. *Ministro Luís Roberto Barroso*: 5 anos de Supremo Tribunal Federal: homenagem de seus assessores. Belo Horizonte: Fórum, 2018. p. 415-430. ISBN 978-85-450-0525-4.

CAPÍTULO 2

O SUPREMO TRIBUNAL FEDERAL: UM TRIBUNAL DE TESES

PATRÍCIA PERRONE CAMPOS MELLO

2.1 Palavras iniciais: o Ministro e o Professor

Em 1999, um livro – *Interpretação e aplicação das normas constitucionais* – me levou definitivamente para o Direito Constitucional. O livro representava a construção de um espaço em que o direito e a arte se combinavam: um lugar de encontro entre o texto da Constituição e a construção de significados que atendessem às necessidades da comunidade que a Constituição regulava. Seu autor – Luís Roberto Barroso – já era, então, um professor muito querido na Universidade do Estado do Rio de Janeiro – UERJ. Era, ainda, um procurador do Estado destacado, que chefiava o Centro de Estudos Jurídicos da Procuradoria-Geral do Estado do Rio e que atuava no que havia de mais relevante para o Estado.

Alguns anos mais tarde, a advocacia no STF fez com que se mudasse para Brasília, mas não o afastou da UERJ. Lembro-me ainda, como aluna do programa de doutorado, das suas chegadas na faculdade, nas sextas-feiras de manhã, sempre puxando uma mala, na qual trazia leituras, computador, caderno de notas (amarelo), canetas marca-texto e um relógio (com o qual cronometrava rigorosamente as apresentações dos alunos nas aulas). Parecia ter uma vida atribuladíssima. Morava em outra cidade. No entanto, estava sempre na faculdade. A sua atuação como professor, como procurador e como advogado no STF inspirou muitas trajetórias e levou muitos jovens à UERJ e ao Direito Constitucional.

Quando veio a sua indicação para o Supremo Tribunal Federal, a cena parecia se repetir. A primeira entrevista a que assisti, após o anúncio do seu nome, foi curiosamente gravada no aeroporto. A primeira imagem da matéria trazia o professor e futuro Ministro puxando a mesma mala. Pensei: – "Está indo ou vindo de alguma aula". Creio mesmo que estava. Está sempre. Ainda hoje, Ministro do Supremo, toda quinta-feira, ao final das sessões plenárias, embarca para o Rio de Janeiro. Toda sexta-feira, pela manhã, dá aulas na UERJ. Também dá aulas no Centro Universitário de Brasília – UniCEUB. Faz palestras por todo o país e no exterior.

Esse é o meu retrato de Luís Roberto Barroso. Ele é, antes de tudo, um grande professor. O professor fez o procurador, construiu o advogado, criou o ministro; e coloca, no dia a dia, a sua formação a serviço da vida prática e das instituições concretas – para pensar o Judiciário, para estudar e testar soluções que possam aprimorar o Direito Constitucional, para refletir sobre o Brasil. A questão-problema que é objeto deste artigo, não é de surpreender, foi alvo de muitos debates em sala de aula, de estudos e de propostas que ganharam o espaço público, por meio da sua voz, e que acabaram modificando o jeito de decidir do Supremo Tribunal Federal. Essa é a marca registrada desses cinco anos do Ministro à frente do Tribunal: a inquietação quanto ao que precisa ser aprimorado, o recurso à academia para formular propostas de mudança e o esforço de empurrar uma agenda transformadora. Há certamente muito a ser feito, mas já contabilizamos alguns ganhos, como será possível constatar a seguir.

2.2 Introdução

A Constituição de 1988 ampliou substancialmente a abrangência do controle concentrado da constitucionalidade. Em primeiro lugar, estabeleceu um amplo rol de legitimados ativos para provocar essa modalidade de controle (na Constituição anterior, tal legitimidade se limitava ao Procurador-Geral da República).[1] Previu igualmente novos instrumentos para deflagrá-lo, dispondo sobre: a ação direta de inconstitucionalidade por ação, a ação direta de inconstitucionalidade por omissão e a arguição de descumprimento de preceito fundamental.[2] A Emenda Constitucional nº 3/1993 criou, ainda, a ação declaratória da constitucionalidade. Por fim, as Leis nº 9.868/1999 e nº 9.882/1999 regulamentaram o processo e o julgamento das ações diretas. Por determinação constitucional, as decisões proferidas no âmbito dessas ações produzem precedentes vinculantes e gerais para todos os demais órgãos do Judiciário e para a administração pública.[3] As decisões produzidas em controle concentrado constituem, portanto, há muito, um mecanismo que confere ao STF a possibilidade de firmar o significado da Constituição com efeitos obrigatórios e gerais.

O controle difuso da constitucionalidade, a seu turno, foi originalmente disciplinado pela Constituição como um mecanismo destinado a levar ao Supremo Tribunal Federal, por meio da interposição do recurso extraordinário, a revisão do julgamento de casos concretos. Não tinha propriamente a finalidade de gerar precedentes a serem

---

[1] De acordo com o art. 103 da Constituição de 1988, podem propor a ação direta de inconstitucionalidade: o Presidente da República, a Mesa do Senado Federal, a Mesa da Câmara dos Deputados, a Mesa de Assembleia Legislativa ou da Câmara Legislativa do Distrito Federal, o Governador de Estado ou do Distrito Federal, o Procurador-Geral da República, o Conselho Federal da Ordem dos Advogados do Brasil, partido político com representação no Congresso Nacional e confederação sindical ou entidade de classe de âmbito nacional.

[2] A arguição de descumprimento de preceitos fundamentais (ADPF) só teve seus contornos definidos com a edição da Lei nº 9.882/1999, que regulamentou o instituto. O art. 102, §1º, CF/1988 previa apenas que a ADPF seria apreciada pelo Supremo Tribunal Federal e remetia a regulamentação do instituto à lei.

[3] V. CF/1988, art. 102, §2º.

obrigatoriamente observados pelas demais instâncias.[4] Voltava-se precipuamente à satisfação dos interesses subjetivos das partes. Todavia, a reforma promovida pela Emenda Constitucional nº 45/2004 passou a exigir a presença de repercussão geral para que tal recurso fosse admitido. Promoveu, assim, uma espécie de "objetivação" do controle difuso. Com a alteração, a admissibilidade do recurso extraordinário passou a depender da demonstração da importância da questão nele debatida do ponto de vista coletivo, por tratar de uma questão política, jurídica, econômica ou social relevante para a comunidade.[5] O interesse subjetivo da parte foi remetido a segundo plano.

A Lei nº 11.418/2006, que regulamentou a repercussão geral, ainda introduziu no sistema o procedimento para julgamento de recursos repetitivos, contribuindo para reforçar a ideia de que, também nos julgamentos em sede difusa, a interpretação firmada pelo Supremo deveria ser observada por todo o Judiciário. Estava subjacente à sistemática de julgamento dos recursos repetitivos a ideia de que, diante de uma multiplicidade de recursos sobre o mesmo tema, caberia ao STF decidir a questão jurídica e às demais instâncias replicar nos casos idênticos a solução conferida pelo Supremo. Assim, com essas inovações, o STF passava a ter por missão, também no recurso extraordinário, a fixação de precedentes que deveriam ser observados pelas demais instâncias.[6]

A despeito disso, durante a vigência do CPC/1973 (e mesmo depois de alterado pela Lei nº 11.418/2006), o Tribunal manteve o entendimento de que o desrespeito às teses firmadas em sede de repercussão geral não possibilitava a propositura de reclamação diretamente perante o Supremo, para a cassação das decisões divergentes.[7] Ao decidir desse modo, a Corte privou os precedentes firmados em sede difusa de um mecanismo essencial para assegurar a sua efetividade.[8] Foi preciso aguardar até a Lei nº 13.105/2015, que editou o Código de Processo Civil de 2015 (CPC/2015), para que esse panorama se alterasse e para que se estabelecesse expressamente, por lei, o cabimento de reclamação para assegurar a aplicação da interpretação firmada pelo STF pelas demais instâncias.[9] A despeito disso, com a Emenda nº 45/2004 e com a Lei nº 11.418/2006 (que a regulamentou), o STF passou a ter por função precípua não mais a solução de casos concretos, mas a produção de precedentes que deveriam orientar as decisões do Judiciário em matéria constitucional.

É certo que essa função, em alguma medida, já era exercida pelo Supremo, no âmbito do controle concentrado da constitucionalidade. Entretanto, essa modalidade

---

[4]   Muito embora, por uma questão de coerência sistêmica, os entendimentos firmados pelo Supremo Tribunal Federal, em matéria constitucional, devessem ter sido observados por todas as demais instâncias, independentemente de qualquer previsão legal.

[5]   CPC/1973: "Art. 543-A. O Supremo Tribunal Federal, em decisão irrecorrível, não conhecerá do recurso extraordinário, quando a questão constitucional nele versada não oferecer repercussão geral, nos termos deste artigo. §1º Para efeito da repercussão geral, será considerada a existência, ou não, de questões relevantes do ponto de vista econômico, político, social ou jurídico, que ultrapassem os interesses subjetivos da causa".

[6]   BARROSO, Luís Roberto; MELLO, Patrícia Perrone Campos. Trabalhando com uma nova lógica: a ascensão dos precedentes no direito brasileiro. *Revista da AGU*, Brasília, v. 15, n. 3, p. 9-52, jul./set. 2016; MARINONI, Luiz Guilherme. *Precedentes obrigatórios*. 4. ed. São Paulo: Revista dos Tribunais, 2016.

[7]   STF. Pleno, Rcl 7569, rel. min. Ellen Gracie, *DJe*, 11.12.2009; Rcl 10.973, rel. min. Ellen Gracie, *DJe*, 06.06.2011; Segunda Turma, Rcl 17036 AgR, rel. min. Teori Zavascki, *DJe*, 27.04.2016; Segunda Turma, Rcl 16245 AgR-ED, rel. min. Gilmar Mendes, *DJe*, 01.09.2015; Segunda Turma, Rcl 17914 AgR, rel. min. Ricardo Lewandowski, *DJe*, 04.09.2014.

[8]   MELLO, Patrícia Perrone Campos. *Precedentes*: o desenvolvimento judicial do direito no constitucionalismo contemporâneo. Rio de Janeiro: Renovar, 2008.

[9]   CPC/2015, art. 988.

de controle nunca foi responsável por mais de 3% do acervo anual de processos da Corte. Os recursos extraordinários e agravos contra despacho denegatório dos recursos extraordinários, ao contrário, representavam mais de 80% do acervo do Tribunal. Portanto, alterar o critério de admissibilidade desses recursos e a função a ser desempenhada pelo Tribunal quando de seu julgamento significava alterar de maneira profunda o papel desempenhado pelo Supremo Tribunal Federal.[10]

Ocorre justamente que embora a função e a finalidade da atuação do STF tenham se alterado substancialmente desde a promulgação da Constituição de 1988, o modelo colegiado de decisão da Corte permanecera idêntico. Mesmo depois das alterações narradas, os onze ministros do Tribunal continuaram a se reunir, nas sessões plenárias, para apreciar os casos levados a julgamento, e a colher votos apenas acerca do dispositivo da decisão. Nos julgamentos de recursos extraordinários, os votos eram computados apenas para decidir qual parte tinha razão. Cada ministro continuava apresentando, contudo, os seus próprios fundamentos acerca das razões que justificavam a sua posição. Não havia preocupação em votar ou em explicitar a tese que servia de base para o desfecho do caso. Embora a função essencial do STF tivesse passado a ser a produção de precedentes sobre matéria constitucional, o procedimento colegiado adotado pela Corte permanecia focado no interesse subjetivo da parte. O processo e a missão da Corte estavam, portanto, descasados.

O presente artigo apresenta algumas propostas formuladas pelo Ministro Luís Roberto Barroso para ajustar o processo decisório do Supremo Tribunal Federal à sua nova missão. Com esse propósito, o trabalho examinará: (i) os diferentes modelos colegiados de decisão reconhecidos pela doutrina e a sua influência sobre a implementação de um sistema efetivo de precedentes vinculantes (item 1); (ii) as características do modelo colegiado de decisão adotado pelo Supremo Tribunal Federal, à luz dos mencionados modelos (item 2); (iii) as propostas para o aprimoramento do processo decisório do STF formuladas pelo Ministro (itens 3 e 4), consistentes: (a) na introdução do mecanismo de votação das teses que serviram de base à decisão, ao final de cada julgamento, e (b) na utilização de elementos da teoria dos precedentes para a delimitação de tais teses.

2.3 Os diferentes modelos colegiados de decisão

A doutrina classifica os modelos colegiados de decisão a partir de diferentes critérios. No que respeita à forma de alcançar a decisão colegiada, alude-se aos modelos deliberativo e agregativo. No que se refere à possibilidade de acompanhamento do processo decisório pelo público, fala-se nos modelos interno e externo de decisão. Finalmente, quanto à forma de expressar a decisão, faz-se menção aos formatos *per curiam* e *seriatim*. Esses modelos não necessariamente existem em sua concepção pura na realidade. Trata-se, em verdade, de modelos estilizados, cuja principal função é

---

[10] FALCÃO, Joaquim; CERDEIRA, Pablo de Camargo; ARGUELHES, Diego Werneck. *I relatório supremo em números*: o múltiplo Supremo. Rio de Janeiro: Escola de Direito do Rio de Janeiro da Fundação Getúlio Vargas, abr. 2011. Disponível em: <https://bibliotecadigital.fgv.br/dspace/bitstream/handle/10438/10312/I%20Relat%C3%B3rio%20 Supremo%20em%20N%C3%BAmeros%20-%20O%20M%C3%BAltiplo%20Supremo.pdf>. Acesso em: 24 jan. 2018.

possibilitar uma melhor compreensão dos processos reais de decisão e das implicações da adoção de determinados desenhos institucionais sobre as decisões proferidas pelas Cortes.[11]

Segundo tal esquema, *uma Corte pode decidir os casos que lhe são submetidos por um processo predominantemente deliberativo ou agregativo.* Há deliberação quando os diversos membros de um colegiado constroem conjuntamente uma decisão, em um processo que pressupõe a disposição de tais membros para argumentar, para defender seus pontos de vista, mas também para ouvir entendimentos divergentes, para enfrentá-los e para eventualmente se deixar convencer a adotar entendimentos diversos dos seus. Acredita-se que as decisões que são fruto de deliberação tendem a ser mais moderadas, em razão do confronto entre diferentes visões do problema submetido ao tribunal e de um esforço de acomodação das preocupações que elas suscitam.[12]

Quando os casos são decididos por agregação, há menor interação e acomodação de entendimentos entre os membros do colegiado. Em lugar de se construir conjuntamente uma decisão, o desfecho do caso é decidido pelo somatório dos votos dos julgadores em um ou em outro sentido. As decisões proferidas por agregação tendem a ser, por isso, menos moderadas. Podem mesmo gerar polarização de entendimentos, quer por conta da baixa interação entre membros que pensam diferentemente, quer por conta de um baixo esforço de acomodar diferentes perspectivas de um mesmo problema.

No que respeita à possibilidade de que terceiros acompanhem o processo decisório, o modelo colegiado de decisão pode ser *interno ou externo.* Quando for interno, o debate, o julgamento e a produção da decisão ocorrerão exclusivamente na presença dos membros da Corte. Não serão acompanhados por terceiros. Acredita-se que o processo decisório interno favorece a deliberação, a troca de argumentos e a mudança e acomodação de entendimentos. No contexto interno, os membros de um colegiado têm por interlocutores exclusivamente os seus colegas. Preocupam-se em ouvir e eventualmente em convencer apenas os demais magistrados. Mostram-se mais abertos às perspectivas dos demais. Sentem-se mais à vontade para mudar de posição. Têm menos preocupação com sua própria performance ou com criar uma imagem positiva para um público mais amplo.

Quando o processo decisório é externo, parte dele é aberto ao público e, portanto, se passa na presença de uma audiência. Os interlocutores dos magistrados deixam de ser apenas os demais colegas e passam a ser também aqueles presentes na sala de sessão ou, ainda, o grupo mais amplo de pessoas a quem os presentes poderão reportar as suas impressões sobre o julgamento. Há, por isso, uma tendência a que o foco da comunicação

---

[11] KORNHAUSER, Lewis A. Deciding together. *New York University Law and Economics Working Papers.* Paper 358. 2013. Disponível em: <http://lsr.nellco.org/nyu_lewp/358>. Acesso em: 5 dez. 2017; FRIEDMAN, Barry. The politics of judicial review. *Texas Law Review,* Austin, v. 84, p. 257, 2005, p. 284 e ss.; KORNHAUSER, Lewis A.; SAGER, Lawrence G. The one and the many. *California Law Review,* v. 81, n. 1, p. 1-61, jan. 1993; Ferejohn, John; Pasquino, Pasquale. Constitutional adjudication: Lessons from Europe. *Texas Law Review,* n. 82, p. 1671, jun. 2004; BARROSO, Luís Roberto. Constituição, democracia e supremacia judicial: direito e política no Brasil contemporâneo. In: *A judicialização da vida e o papel do Supremo Tribunal Federal.* Belo Horizonte: Fórum, 2018. p. 39-84.; MELLO, Patricia Perrone Campos Mello. *Nos bastidores do STF.* Rio de Janeiro: Forense, 2016. p. 57-147 e 171-184.

[12] SUNSTEIN, Cass R. Deliberative trouble? Why groups go to extremes. *Yale Law Journal,* New Haven, v. 110, p. 71, 2000; SUNSTEIN, Cass R. et al. *Are judges political?* An empirical analysis of the federal Judiciary. Washington: Brookings Institution, 2006; MELLO, Patricia Perrone Campos Mello. *Nos bastidores do STF.* Rio de Janeiro: Forense, 2016. p. 171-184;

dos membros do colegiado migre da interação interna para o público que os assiste.[13] O juiz tende a se preocupar mais com seu próprio desempenho e com a construção de uma imagem positiva a respeito de si e da sua atuação.[14] Esse tipo de preocupação pode dificultar a deliberação, o diálogo, as mudanças e acomodações de posição. Por isso, acredita-se que os julgamentos externos podem desfavorecer uma postura deliberativa e induzir a adoção de modelos agregativos de decisão.[15] São, contudo, uma forma de conferir maior visibilidade aos julgamentos de uma Corte e de possibilitar que o público saiba como votam e se portam cada qual dos seus membros. Nessa medida, os modelos externos de decisão favorecem o exercício do controle social sobre a Corte.[16]

No que respeita à forma de expressar a decisão, os modelos colegiados são classificados como per curiam *ou* seriatim. A decisão *per curiam* se consubstancia em um arrazoado único, que expressa o entendimento da Corte como instituição. Nas Cortes que adotam esse modelo é rara a apresentação de um voto vencido.[17] O tribunal fala por uma voz única. Em razão dessa característica, as teses e os entendimentos adotados como fundamento para decidir tendem a ser mais facilmente identificáveis. Trata-se, por essa razão, de uma forma de expressar a decisão que permite o desempenho eficaz do papel de Corte de Precedentes. A clareza dos posicionamentos adotados oferece uma orientação segura aos juízos vinculados.

Nos modelos de decisão em série (*seriatim*), ao contrário, cada membro do colegiado produz o seu próprio voto e, ao proferi-lo, fala por si e não em nome da Corte.[18] Nessas condições, a identificação da tese que serviu de base ao julgamento passa a depender do exame detido da fundamentação de todos os votos e da identificação de um eventual entendimento comum, que tenha sido chancelado pela maioria. Há menos clareza e mais margem para imprecisões na definição do alcance do precedente produzido pela Corte. A dificuldade de compreensão do entendimento adotado pela maioria pode frustrar o desempenho da função da Corte de Precedentes. Afinal, as instâncias inferiores só podem aplicar um entendimento se compreenderem, com precisão, seu alcance.

Na realidade concreta, como já observado, os modelos mencionados não necessariamente aparecem em sua versão pura e diversas combinações são possíveis. A título de ilustração, o modelo de decisão adotado pela Suprema Corte norte-americana combina características de diversos dos modelos descritos. O processo decisório da Suprema Corte tem início em uma reunião *interna*, a portas fechadas, de que participam apenas seus nove *justices*. Nessa reunião, há uma definição preliminar do entendimento da maioria

---

[13] BAUM, Lawrence. *Judges and their audiences:* a perspective on judicial behavior. Nova Jersey: Princeton University, 2008. p. 50 e ss.; MELLO, Patricia Perrone Campos Mello. *Nos bastidores do STF.* Rio de Janeiro: Forense, 2016. p. 57-147 e 171-184.

[14] GOFFMAN, Irving. *The presentation of self in everyday life.* New York: Double Day, 1959, p. 238 e ss.

[15] MELLO, Patricia Perrone Campos Mello. *Nos bastidores do STF.* Rio de Janeiro: Forense, 2016. p. 57-147 e 171-184.

[16] Sobre a relação entre "portas fechadas" e decisões "suspeitas" no imaginário social brasileiro, v. SELIGMAN, Felipe. Barroso: criatividade judicial em um mundo complexo. *Jota,* 19.11.2017. Disponível em: <https://www.jota.info/justica/barroso-criatividade-judicial-em-um-mundo-complexo-19112017>. Acesso em: 9 jan. 2018. Para percepção semelhante no direito estrangeiro, ELSTER, Jon. *Explaining social behavior*: more nuts and bolts for the social sciences. New York: Cambridge University, 2007. p. 406-409.

[17] KOMMERS, Donald P. Germany: Balancing rights and duties. In: GOLDSWORTHY, Jeffrey (Org.). *Interpreting constitutions: a comparative study.* New York: Oxford University, 2006. p. 161-214.

[18] MENDES, Conrado Hübner. *Constitutional Courts and Deliberative Democracy.* Oxford: Oxford University Press, 2013, p. 100 e ss.

acerca de como o caso deve ser decidido. A redação do entendimento majoritário é assinada a um juiz que integre tal maioria. O desafio do redator é ser o mais fiel possível ao entendimento dela e redigir um voto capaz de manter a adesão dos demais membros e de conquistar novas adesões, ampliando o quórum de decisão.[19]

Nessa linha, o redator da decisão produz uma primeira minuta e a circula entre os membros da Corte. Segue-se, geralmente, uma troca de memorandos por meio dos quais alguns *justices* sugerem mudanças e outros, eventualmente, condicionam a sua adesão a ajustes e a abrandamentos na minuta. Ao final, a maioria tende a se aglutinar em torno do voto majoritário, e a dissidência, em torno de um voto vencido. São possíveis, ainda, concorrências simples e qualificadas. As simples somam-se ao entendimento da maioria, mas são consequência da opção do *justice* por produzir um voto próprio. As qualificadas geralmente ocorrem quando um membro da Corte diverge sobre o desfecho do caso ou sobre os fundamentos que o justificam.[20]

O modelo decisório da Suprema Corte norte-americana tem, portanto, características do modelo agregativo. A decisão final é produto do somatório de votos dos seus membros e não propriamente de uma construção comum, mediante a interação e a troca de argumentos e pontos de vista entre os juízes.[21] Entretanto, a circulação de minutas e de memorandos amplia, em alguma medida, a interação entre seus integrantes e permite acomodações de entendimentos e mudanças de posição. O processo de decisão é essencialmente interno, tanto no que respeita à reunião entre os membros do colegiado quanto no que respeita à troca de minutas e de memorandos. Entretanto, cada juiz pode produzir um voto próprio e dar publicidade à sua divergência.

Embora a Suprema Corte admita a produção de votos em série, na prática, há uma tendência à votação em blocos – reunindo os membros que aderiram ao entendimento majoritário e ao entendimento vencido – ainda que votos concorrentes também possam ser apresentados. A produção de um voto majoritário faz com que, a despeito dos votos individuais e em série, haja um arrazoado que expresse o entendimento da maioria. A maioria tende, portanto, a falar por meio de uma única voz, a despeito de se tratar de um modelo predominantemente agregativo e de votação em série. A produção de um arrazoado único, que expressa a opinião da maioria, favorece a compreensão dos precedentes firmados pela Corte *porque as razões de decidir de tal maioria são consolidadas e explicitadas em tal documento.* Fica claro, portanto, que o desenho institucional das Cortes e o modelo colegiado de decisão que adotam podem interferir substancialmente sobre a efetividade de seus precedentes.

2.4 O modelo colegiado de decisão do Supremo Tribunal Federal

O Supremo Tribunal Federal adota um modelo de decisão agregativo, externo e em série. O conteúdo das decisões proferidas pelo Tribunal é definido pela aglutinação das

---

[19] EPSTEIN, Lee; KIGHT, Jack. *The choices justices make.* Washington: CQ Press, 1998; FRIEDMAN, Barry. The politics of judicial review. *Texas Law Review*, Austin, v. 84, p. 257, 2005.

[20] HETTINGER, Virginia A.; LINDQUIST, Stepanie A.; MARTINEK, Wendy L. Separate opinion writing on the United States Courts of Appeals. *American Politics Research*, v. 31, p. 215, 2003.

[21] Ao menos é como a própria academia norte-americana qualifica o processo decisório da Suprema Corte. Nesse sentido: FRIEDMAN, Barry. The politics of judicial review. *Texas Law Review*, Austin, v. 84, p. 257, 2005.

manifestações de voto de seus ministros. As decisões não são construídas conjuntamente pelos membros da Corte, por meio do diálogo, da troca de argumentos e de pontos de vista. Ao contrário, há pouca interação entre os seus membros, e pouca margem para a argumentação, o convencimento e a acomodação de entendimentos.[22] Geralmente os ministros chegam às sessões plenárias com votos individuais prontos a respeito dos casos que serão julgados. Como não sabem como o relator ou os demais ministros votarão, não podem simplesmente optar por aderir ao entendimento com o qual estão de acordo. Assim, mesmo quando há concordância entre os ministros, onze votos são produzidos, ainda que para manifestar entendimento idêntico.

O STF recebeu, nos últimos cinco anos, em média, mais de 87 mil novos processos anuais.[23] Julgou, no mesmo período, em média, mais de 100 mil processos por ano.[24] No entanto, seus ministros ainda atuam como juízos singulares. Falam apenas por si. E redigem votos como se fossem os relatores de todos os casos relevantes em que se manifestam, ainda que, frise-se, tão somente para concordar com a maioria.[25]

O Brasil adota o modelo externo de decisão judicial por expressa determinação constitucional. De acordo com o art. 93, IX, da Constituição de 1988 todos os julgamentos devem ser públicos, previsão que vem sendo interpretada como determinante de que as sessões de julgamentos sejam abertas ao público em geral. O Supremo Tribunal Federal adota, contudo, um tipo extremado de modelo externo. É que o pleno do Tribunal – órgão que reúne todos os seus ministros e que é responsável pelos julgamentos mais relevantes – tem as suas sessões televisionadas, ao vivo, e transmitidas, via satélite, em canal exclusivo para todo o país. Como não poderia deixar de ser, o televisionamento do pleno deu uma outra dimensão aos julgamentos do STF.

Em primeiro lugar, o televisionamento permitiu o acompanhamento quase que simultâneo de tudo quanto se passa nas sessões plenárias do Supremo e gerou uma espécie de espetacularização dos seus julgamentos.[26] A imprensa transmite em tempo real o que ocorre ali; critica os votos; avalia o desempenho de cada ministro; repercute os embates entre eles. Nessas circunstâncias, os interlocutores dos julgadores deixam de ser apenas os demais membros do colegiado e passam a ser toda a potencial audiência que os assiste. E a imprensa ganha relevo por produzir uma "primeira opinião" sobre

---

[22] SILVA, Virgílio Afonso da. Deciding without deliberating. *International Journal of Constitutional Law*, v. 11, n. 3, p. 557-584, jul. 2013; e O STF e o controle de constitucionalidade: deliberação, diálogo e razão pública. *Revista de Direito Administrativo*, Rio de Janeiro, n. 250, p. 197-227, 2009; MENDES, Conrado Hübner. Desempenho deliberativo de cortes constitucionais e o STF. In: MACEDO JR., Ronaldo Porto; BARBIERI, Catarina Cortada Barbieri (Org.). *Direito e interpretação. Racionalidade e instituições*. São Paulo: Saraiva, 2011, p. 337-361; BARROSO, Luís Roberto; MELLO, Patrícia Perrone Campos. Modelo decisório do Supremo Tribunal Federal e duas sugestões de mudança. In: BARROSO, Luís Roberto (Org.). Prudências, ousadias e mudanças necessárias ao STF. Disponível em: <http://www.conjur.com.br/2010-dez-28/retrospectiva-2010-prudencias-ousadias-mudancas-necessarias-stf>. Acesso em: 09 out. 2012

[23] Os números de processos protocolados são os seguintes: 103.456 processos em 2017; 89.971, em 2016; 93.502, em 2015; 79.943, em 2014; 72.072, em 2013. Disponível em: <http://www.stf.jus.br/portal/cms/verTexto.asp?servico=estatistica&pagina=movimentoProcessual>. Acesso em: 09 jan. 2018.

[24] Os números de processos julgados (monocrática e colegiadamente) são os seguintes: 118.524 processos, em 2017; 109.174, em 2016; 109.173, em 2015; 107.964, em 2014; 85.000, em 2013. Disponível em: <http://www.stf.jus.br/portal/cms/verTexto.asp?servico=estatistica&pagina=movimentoProcessual>. Acesso em: 09 jan. 2018.

[25] A exceção, quanto ao ponto, é o processo de julgamento de casos "em lista", espécie de julgamentos em lotes, em que, como regra, os ministros apenas acompanham os entendimentos do relator. Entretanto, os casos julgados com base nesse procedimento geralmente envolvem a reiteração de jurisprudência.

[26] MELLO, Patricia Perrone Campos Mello. *Nos bastidores do STF*. Rio de Janeiro: Forense, 2016. p. 360-371.

a performance de cada membro do colegiado que influencia fortemente a percepção do púbico a seu respeito.

É natural, portanto, que os ministros tendam a se preocupar com os impactos que seu comportamento pode gerar sobre a sua própria imagem ou com a avaliação que será produzida a seu respeito pela imprensa. Eventuais mudanças de entendimentos ou acomodações de julgamentos podem ser mal compreendidas e constituir um risco que precisa ser evitado. O modelo externo de decisão – sobretudo tal como praticado no Supremo Tribunal Federal – pode ser, por isso, fortemente limitador da efetiva troca de pontos de vista entre os julgadores ou da viabilização de uma Corte deliberativa.

A despeito de tais aspectos, acredita-se que o televisionamento das sessões plenárias constitui uma medida importante a ser preservada. O televisionamento conferiu grande visibilidade à Corte e à atuação de seus ministros. Se, por um lado, essa visibilidade é responsável por alguns incentivos institucionais que não são desejáveis, por outro lado aproximou o Tribunal da população, possibilitou que o cidadão comum compreendesse o que se passa ali e, sobretudo, permite o exercício de algum controle social sobre um Tribunal que tem sido chamado a julgar as matérias mais relevantes para o país, dentre elas questões atinentes à corrupção e à punição de altas autoridades, à tutela do funcionamento do processo democrático e à proteção de direitos fundamentais.

Por fim, o Supremo expressa as suas decisões segundo o modelo *seriatim*. Os acórdãos do Tribunal se compõem pelos votos individuais escritos de cada ministro, por seus votos orais e, ainda, pela transcrição dos debates travados entre eles. Em casos relevantes, as decisões somam centenas de páginas. Até bem pouco tempo, tais decisões dispunham expressamente apenas sobre o dispositivo do julgado, mas não sobre os fundamentos adotados pela maioria. Sem a explicitação de tais fundamentos, a efetividade de uma decisão como precedente vinculante dependia do exame de todos os votos da maioria, em busca de um entendimento ou de uma tese comum, que sustentasse a decisão e que servisse de orientação para a solução de casos futuros. Obviamente, esse modo de proceder frustrava a normatividade dos precedentes proferidos pela Corte.

2.5 A introdução da votação das teses no STF

Uma mudança importante no modo de operar do Supremo Tribunal Federal foi introduzida entre 2013 e 2014: a votação das teses que serviram de base para as suas decisões. Em lugar de se procurar interferir sobre o modelo agregativo de decisão ou sobre a produção de votos em série, defendeu-se uma alteração relativamente simples no modo de decidir do Tribunal. Cada ministro continuaria a votar individualmente e a deduzir os fundamentos do seu entendimento, conforme o procedimento já consolidado. Ao final do julgamento, e uma vez definido o seu desfecho, a Corte deveria determinar, em conjunto, a tese que servia de base ao julgamento proferido pela maioria. Esse pequeno ajuste do modo de decidir do Supremo permitiria ao menos que se explicitasse o entendimento que serviu de base à decisão, ou seja, permitiria que se esclarecesse a razão de decidir da Corte. A tese seria, portanto, uma síntese da interpretação definida pelo STF, aplicável a casos futuros idênticos.

Essa providência tornou mais claros os precedentes do Tribunal. Facilitou a sua observância pelos juízos vinculados. Favoreceu a sua compreensão pelos jurisdicionados em geral. Pelas mesmas razões, tornou mais evidente a inobservância de tais precedentes.

Deixou de ser necessário examinar em detalhe acórdãos de centenas de páginas proferidos pela Corte para buscar os argumentos comuns invocados na fundamentação dos votos de cada integrante da maioria, de modo a inferir o entendimento do STF. Em lugar disso, o próprio STF passou a oferecer uma síntese de tal entendimento, por meio da explicitação da tese do julgamento.

Obviamente, a formulação da tese não reduz a importância de compreender os fatos do caso, os elementos levados em consideração para a sua formulação ou os argumentos tecidos por cada ministro. Esses elementos são fundamentais para exercer um juízo crítico sobre a própria tese do tribunal e poderão se prestar, no futuro, à distinção de um novo caso que não guarde exatamente as mesmas características do caso anterior. A própria apreensão da tese, com maior profundidade, pressupõe uma compreensão mais detalhada do julgado em que foi afirmada. Portanto, a formulação da tese não neutraliza todos os problemas associados à adoção de um modelo de votação em série extremo (como é aquele adotado pelo Supremo) para fins de implementação de um sistema de precedentes vinculantes. Entretanto, a explicitação da tese tem, ao menos, a virtude de apresentar uma síntese que expressa a compreensão da Corte sobre a decisão que proferiu e, portanto, de fornecer um ponto de partida que facilite, aos juízes e aos jurisdicionados em geral, acessar as razões dos julgados.

Do mesmo modo, a formulação da tese não resolve os problemas associados à falta de deliberação ou de interação entre os ministros. Como se procurou demonstrar, o modelo colegiado de decisão por deliberação pressupõe que os ministros estejam abertos a diferentes pontos de vista e que se engajem verdadeiramente em uma atividade de construção de uma decisão comum. A deliberação significa pressupor que o saber de cada ministro pode contribuir para a construção de uma solução que é qualitativamente superior ao mero agregado de opiniões individuais. No atual modelo, contudo, o processo agregativo de tomada de decisão persiste.

No entanto, ao final de cada julgamento, a necessidade de produzir uma tese tem o aspecto positivo de impor algum nível de interação entre os membros do colegiado. Trata-se de uma interação bastante limitada, uma vez que o desfecho do caso já foi definido. A contribuição que pode oferecer não pode ser comparada aos benefícios de ter onze ministros engajados em uma atuação verdadeiramente deliberativa. Entretanto, permite a construção conjunta, ao menos, da tese que serve de base ao julgado. Impõe, nessa medida estreita, que os ministros acessem os fundamentos dos integrantes da maioria (ainda que não concordem com eles); que interajam a partir do voto apresentado por cada membro da Corte no pleno; e que construam conjuntamente ao menos esse conteúdo mínimo.

A votação da tese adotada pela maioria do STF era defendida pelo Ministro Luís Roberto Barroso desde 2010, ainda na condição de advogado atuante perante a Corte e de professor.[27] Os primeiros julgados em que o Supremo Tribunal Federal formulou teses explicitamente datam de 2013, ano de ingresso do Ministro no Tribunal.[28] A providência

---

[27] BARROSO, Luís Roberto; MELLO, Patrícia Perrone Campos. Modelo decisório do Supremo Tribunal Federal e duas sugestões de mudança. In: BARROSO, Luís Roberto (Org.). Prudências, ousadias e mudanças necessárias ao STF. Disponível em: <http://www.conjur.com.br/2010-dez-28/retrospectiva-2010-prudencias-ousadias-mudancas-necessarias-stf>. Acesso em: 9 jan. 2018.

[28] STF, Pleno, RE 627.815, rel. Min. Rosa Weber, j. 23.05.2013, *DJe*, 01.10.2013; ARE 728.188, rel. Min. Ricardo Lewandowski, j. 18.12.2013, *DJe*, 12.08.2014.

encontrava, contudo, resistência entre alguns ministros,[29] que acabou superada por um argumento literal: o art. 543-A, §7º, do CPC/1973 previa que *a súmula da decisão sobre a repercussão geral constaria de ata, que deveria ser publicada no Diário Oficial e valer como acórdão*. A partir desse dispositivo, defendeu-se que a tese firmada em repercussão geral deveria ser explicitada no julgamento e constar da respectiva ata, providência essencial para que as teses firmadas pela Corte produzissem efeitos vinculantes. Por volta do segundo semestre de 2014, a ideia de explicitar e votar a tese começou a se consolidar no processo decisório da Corte, como ilustra o diálogo travado entre os Ministros Toffoli, Lewandowski e Marco Aurélio Mello, após oposição do último à fixação da tese:[30]

> O SENHOR MINISTRO DIAS TOFFOLI (RELATOR): Mas eu penso que, como uma Corte constitucional – e com os instrumentos que a Emenda Constitucional nº 45 nos trouxe –, nós temos que fazer esse balizamento [definir a tese], dando maior eficiência, mais eficácia à prestação jurisdicional. Portanto, pedindo vênia ao Ministro Marco Aurélio, eu mantenho meu voto no sentido de estabelecer essas diretrizes, que são fundadas na jurisprudência.
> O SENHOR MINISTRO RICARDO LEWANDOWSKI (PRESIDENTE): E a impressão que tenho é que Vossa Excelência não criou nada de novo, extraiu do seu voto as consequências que acaba de explicitar, e que servirão, em sendo uma repercussão geral, de balizas para as Cortes brasileiras.
> O SENHOR MINISTRO DIAS TOFFOLI (RELATOR): Para não ficarem os fundamentos ao longo do voto e, depois, em razão da repercussão geral, não se saber o que pinçar. *Então, explicito as diretrizes de maneira objetiva, acatando a sugestão do Ministro Roberto Barroso.* (Grifou-se)

Ainda no final de 2014, a definição da tese e a sua inclusão em ata foram regularmente incorporadas como etapas finais do julgamento dos recursos extraordinários com repercussão geral, pelo então presidente do STF, Ministro Ricardo Lewandowski. Em 09.12.2015, promoveu-se, ainda, em sessão administrativa, a aprovação retroativa das teses de repercussões gerais julgadas até aquela data e ainda não explicitadas em ata, sob a invocação do mencionado art. 543-A, §7º, do CPC/1973.[31] Atualmente, a definição da tese, por votação de todos os membros do colegiado (e não apenas daqueles que integraram a maioria), é a praxe adotada em todos os julgamentos de recursos com repercussão geral.[32]

A votação da tese passou a ser adotada igualmente no controle concentrado de constitucionalidade, em que igualmente se começou a explicitar a razão de decidir dos julgados.[33] A providência foi incorporada, ainda, ao julgamento de outras classes processuais, cujos julgados são desprovidos de efeitos vinculantes e gerais.[34] Nesses

---

[29] Entre todos, destaca-se o Ministro Marco Aurélio, abertamente desfavorável à objetivação do controle difuso. V., a título ilustrativo, suas manifestações em: STF, Pleno, RE 596.962, rel. Dias Toffoli, *DJe*, 30.10.2014.

[30] STF, Pleno, RE 596.962, rel. Dias Toffoli, j. 21.08.2014, *DJe*, 30.10.2014. Na sequência dessa decisão: STF, Pleno, RE 596.663, rel. p/ acórdão Min. Teori Zavascki, j. 24.09.2014, *DJe*, 26.11.2014; RE 568.645, rel. Min. Cármen Lúcia, j. 24.09.2014, *DJe*, 13.11.2014; ARE 660.010, rel. Min. Dias Toffoli, j. 30.10.2014, *DJe*, 19.02.2015; RE 600.003, rel. p/ acórdão Min. Luís Roberto Barroso, j. 25.02.2015, *DJe*, 15.05.2015.

[31] Disponível em: <http://portal.stf.jus.br/textos/verTexto.asp?servico=legislacaoAtasSessoesAdministrativas&pagina=atasSessoesAdministrativas>. Acesso em: 13 dez. 2017.

[32] Disponível em: <http://www.stf.jus.br/portal/jurisprudencia/menuTese.asp?tese=TRG>. Acesso em: 13 dez. 2017.

[33] Disponível em: <http://www.stf.jus.br/portal/jurisprudencia/menuTese.asp?tese=TCC>. Acesso em: 13 dez. 2017.

[34] Disponível em: <http://www.stf.jus.br/portal/jurisprudencia/menuTese.asp?tese=TOP>. Acesso em: 13 dez. 2017.

últimos casos, a inovação não é menos importante. Tem o valor de explicitar o entendimento do Supremo Tribunal Federal sobre a matéria. Produz eficácia persuasiva sobre outros julgados. Gera um ônus argumentativo para as partes e para os julgadores que pretendam decidir de modo contrário. Favorece uma cultura de atenção aos precedentes produzidos pelo Supremo.

Por fim, a entrada em vigor do novo Código de Processo Civil (CPC/2015) também favoreceu a estabilização da explicitação das teses firmadas pelo STF. O novo Código atribuiu expressamente efeitos vinculantes e gerais às teses proferidas no controle concentrado da constitucionalidade, nos recursos extraordinários com repercussão geral reconhecida, nos incidentes de resolução de demandas repetitivas e nos incidentes de assunção de competência. E determinou que o desrespeito a tais teses ensejaria reclamação diretamente para o tribunal que a proferiu, que poderia cassar a decisão divergente. Nessas circunstâncias, a efetividade do sistema de precedentes vinculantes idealizado pelo CPC/2015 depende de e pressupõe uma clara definição das teses firmadas pelos tribunais.[35]

2.6 O encontro do STF com a teoria dos precedentes

Um segundo passo de extrema importância para a consolidação do Supremo Tribunal Federal como uma Corte de Precedentes em matéria constitucional foi a discussão sobre a metodologia a ser adotada na definição do conteúdo da tese e, portanto, do precedente vinculante. A discussão foi travada, originalmente, no RE nº 669.069, de relatoria do Ministro Teori Zavascki.[36] No caso, a União pretendia se ressarcir por danos gerados a um veículo federal, em razão de um acidente de trânsito, e o particular arguira a prescrição da pretensão. Em sua defesa, a União afirmou que a ação de reparação de danos ao erário público seria imprescritível, com base no art. 37, §5º, CF/1988.[37] Em segundo grau, o tribunal rejeitou a tese da imprescritibilidade, e a União interpôs recurso extraordinário para o Supremo, ao qual se conferiu repercussão geral.

Durante o julgamento, havia uma convergência entre os ministros no sentido de que, *no caso específico*, não havia que se falar em imprescritibilidade. A União argumentava que as ações de ressarcimento em favor do erário eram, de modo geral, imprescritíveis. O recorrido, a seu turno, defendia a prescritibilidade da ação voltada ao mero ressarcimento dos danos decorrentes de uma colisão de veículos e, portanto, de um mero ilícito civil. Para o recorrido, era irrelevante se outras ações de ressarcimento passíveis de propositura pela União seriam prescritíveis ou não. Por essa razão, centrava sua defesa nas ações para reparação de colisões de veículos. Para a União, importava a (im) prescritibilidade tanto da ação para reparação de danos decorrentes de ilícitos civis especificamente quanto das ações para reparação de todo e qualquer dano perpetrado em desfavor do poder público, *inclusive para danos decorrentes de atos de improbidade administrativa*.

---

[35] CPC/2015, art. 988, caput e §§4º e 5º. No caso de reclamação contra decisões divergentes de teses afirmadas em repercussão geral, o novo CPC condiciona o cabimento da reclamação à exaustão das instâncias ordinárias pela parte prejudicada.

[36] STF, Pleno, RE 669.069, rel. Min. Teori Zavascki, j. 03.02.2016, *DJe*, 28.04.2016.

[37] CF/1988. art. 37, §5º: "A lei estabelecerá os prazos de prescrição para ilícitos praticados por qualquer agente, servidor ou não, que causem prejuízos ao erário, ressalvadas as respectivas ações de ressarcimento".

No momento da definição da tese, o relator propôs que se afirmasse a prescritibilidade da ação para reparação da colisão de veículos, mas a imprescritibilidade da ação para a reparação de danos ao erário em decorrência de atos de improbidade administrativa. Estabeleceu-se, então, um debate no pleno. Era possível afirmar tal entendimento inclusive no que respeita a atos de improbidade, com força vinculante, a partir do caso concreto que se apreciava? Os fatos relevantes do caso concreto referiam-se à colisão entre um veículo da União e um veículo de um particular. Não havia ato de improbidade. A moldura fática do caso não gerava uma discussão jurídica tão ampla. Nessa linha, o Ministro Barroso observou:

> O SENHOR MINISTRO LUÍS ROBERTO BARROSO (…). Eu gostaria de adiantar, desde logo, que eu estou de acordo com o voto do Ministro Teori Zavascki naquilo em que decidiu a demanda posta. Portanto, acho que, nas ações de reparação de dano por ilícito civil, a prescritibilidade se impõe, e, no caso concreto, se impõe de acordo com os critérios que Sua Excelência apontou. De modo que não tenho nenhuma dúvida em acompanhá-lo na solução desta lide específica.
>
> Sua Excelência, no entanto, foi um pouco além, preocupado em sistematizar o tema, e, talvez, nós não estejamos ainda em condições de sistematizar o tema. Dentre outras razões, *porque a questão da imprescritibilidade em matéria de improbidade, ou mesmo em matéria de crime, ela não foi objeto – eu diria – de um contraditório neste processo.* Ou seja, nós não fomos expostos aos diferentes argumentos, alguns deles suscitados agora, pelo Ministro Toffoli e pelo Ministro Gilmar Mendes. E *eu não gostaria de ter um pronunciamento do Plenário sobre esta questão importante e delicada da imprescritibilidade, sem um contraditório em que nós pudéssemos considerar todos os argumentos.* (…). (Grifou-se)

De fato, a questão jurídica posta pelo caso aludia à (im)prescritibilidade de uma ação para ressarcimento de danos decorrentes de um ilícito civil. O réu debateu exclusivamente a prescritibilidade deste tipo de ação. O ilícito por improbidade administrativa não estava em causa e era-lhe indiferente. Assim, não havia parte interessada em defender a prescritibilidade das ações de reparação de atos de improbidade. Os argumentos em desfavor da imprescritibilidade dessas ações não foram deduzidos. Eventual decisão da Corte sobre esse ponto específico se produziria, portanto, sem o estabelecimento de um contraditório mínimo a respeito do assunto, sem a reunião de um nível seguro de informação a seu respeito e, em virtude dos efeitos gerais atribuídos às teses proferidas em repercussão geral, seria de observância obrigatória em casos de terceiros, que tampouco teriam a oportunidade de defender entendimento diverso.

O RE nº 669.069 se converteu, por isso, em um *leading case* sobre a definição do alcance das teses produzidas pelo STF e permitiu que algumas reflexões fossem desenvolvidas, à luz dos elementos da teoria dos precedentes.[38] Em primeiro lugar, como restou decidido, a tese emergente do julgamento, ou seja, a sua *ratio decidendi*, deve corresponder ao entendimento firmado pela maioria da Corte como uma premissa necessária para solucionar o caso concreto.[39] Os precedentes vinculantes são produto

---

[38] BARROSO, Luís Roberto; MELLO, Patrícia Perrone Campos. Trabalhando com uma nova lógica: a ascensão dos precedentes no direito brasileiro. *Revista da AGU*, Brasília, v. 15, n. 03, p. 09-52, jul./set. 2016.

[39] ALEXANDER, Larry. Constrained by precedent. *Southern California Law Review*, Los Angeles, v. 63, p. 1-64, nov. 1989; MONAGHAN, Henry Paul. Stare decisis and constitutional adjudication. *Columbia Law Review*, New York, v. 88, n. 4, maio 1988, p. 763-766. SCHAUER, Frederick. Precedent. *Stanford Law Review*, Palo Alto, v. 39, p. 571-

do exercício da jurisdição e, portanto, se sujeitam aos mesmos limites desse exercício. As decisões proferidas não podem versar sobre causas que não foram propostas (princípio da inércia da jurisdição), não podem cuidar de causa de pedir ou de pedido diverso daquele debatido (princípio da congruência), precisam assegurar às partes a possibilidade de deduzir todos os argumentos da forma mais ampla possível (princípio contraditório e ampla defesa) e decidir com nível informacional adequado à demanda proposta e aos argumentos deduzidos (princípio devido processo legal). Justamente em virtude disso, *a tese que vinculará novos casos só pode ser aquela que serviu de premissa para a decisão do caso concreto.*

Qualquer conteúdo que vá além da *ratio decidendi* – como considerações sobre questões próximas, mas desnecessárias para a solução específica do conflito submetido à Corte, opiniões veiculadas em votos vencidos ou discussões não apreciadas pela maioria – constitui mero *obiter dictum*. Trata-se de consideração marginal tecida por alguns membros da Corte, que pode desempenhar função argumentativa, inspirar novas teses e sinalizar entendimentos futuros do Tribunal. Entretanto, não produz precedentes vinculantes.[40] Esse era o caso do debate acerca da (im)prescritibibildade das ações de ressarcimento por ato de improbidade administrativa. Decidir sobre a (im)prescritibilidade em caso de improbidade não era necessário ou lançava qualquer luz sobre a situação concreta que deflagrara o debate constitucional na hipótese: uma mera colisão de veículos.

Não se trata de questão puramente formal. Decidir, em sede de repercussão geral, questão jurídica desnecessária à solução do conflito concreto significa decidir sem nível informacional adequado e atribuir à decisão efeitos vinculantes e gerais, violando direitos fundamentais, expondo a Corte ao erro e à possível necessidade de alteração do precedente afirmado, em prejuízo à sua credibilidade e ao sistema como um todo.

Portanto, esse é o alcance possível da tese firmada em um caso. Ela corresponderá à regra ou ao princípio de direito adotado pela maioria como uma premissa para a solução da questão posta pela ação. E será aplicável a uma nova ação sempre que essa tiver fatos relevantes semelhantes e, portanto, sempre que colocar questão jurídica idêntica. Fatos relevantes distintos suscitam questão jurídica diversa e não são regidos pelo precedente. Sujeitam-se, por isso, ao que a teoria dos precedentes convencionou denominar juízo de distinção.[41] Nessa linha, a prescritibilidade das ações de reparação por ilícito civil em face da Fazenda Pública já foi afirmada em precedente do Supremo. Todas as demais ações que se enquadrem nessa categoria devem ser decididas da mesma forma, pela

---

605, fev. 1987; ALVIM, Teresa Arruda. Precedentes e evolução do direito. In: ALVIM, Teresa Arruda (Org). *Direito jurisprudencial.* São Paulo: Revista dos Tribunais, 2012, p. 11-96; MELLO, Patrícia Perrone Campos. *Precedentes: o desenvolvimento judicial do direito no constitucionalismo contemporâneo.* Rio de Janeiro: Renovar, 2008. p. 113-174.

[40] MARSHALL, Geoffrey. What is binding in a precedent. In: MACCORMICK, D. Neil; SUMMERS, Robert S. (Org.). Interpreting precedents: a comparative study. England: Dartmouth Publishing Company Limited e Ashgate Publishing Limited, 1997. p. 503-518; MELLO, Patrícia Perrone Campos. *Precedentes:* o desenvolvimento judicial do direito no constitucionalismo contemporâneo. Rio de Janeiro: Renovar, 2008. p. 120-127; BUSTAMANTE, Thomas da Rosa. *Teoria do Precedente Judicial:* a justificação e a aplicação das regras jurisprudenciais. São Paulo: Noeses, 2012. p. 272-273.

[41] LLEWELYN, Karl N. *The common law tradition:* deciding appeals. Boston: Little, Brown and Company, 1960. p. 77 e ss.; GOODHART, Arthur L. Determining the ratio decidendi of a case. *Modern Law Review,* London, v. 22, p. 117-124, 1959; SCHAUER, Frederick. Rules, the rule of law, and the Constitution. *Constitutional commentary,* Minneapolis, v. 6, p. 69-85, 1989; MELLO, Patrícia Perrone Campos. *Precedentes:* o desenvolvimento judicial do direito no constitucionalismo contemporâneo. Rio de Janeiro: Renovar, 2008. p. 175-232.

prescritibilidade. Por outro lado, a tese da (im)prescritibilidade do dano decorrente de ato de improbidade administrativa ainda não foi apreciada pelo Tribunal. Não há, ainda, precedente vinculante sobre o assunto.

O debate travado no RE nº 669.069 expressa as potenciais dificuldades que um sistema jurídico sem tradição na operação com precedentes vinculantes enfrenta ao introduzir esse instrumento em sua prática. O Direito brasileiro tem origem romano-germânica e, portanto, tem a lei (e não as decisões judiciais) por principal fonte do Direito (diferentemente dos países do *common law*). De todo modo, ao final do julgamento, o STF se limitou a assentar tese a respeito das ações de ressarcimento de prejuízos gerados por ilícitos civis e, nesse sentido, corroborou a reflexão empreendida anteriormente sobre os limites a serem observados pela Corte na formulação das suas teses.

O RE nº 669.060 deu início, portanto, à definição das categorias e dos limites com os quais se deve operar na definição e aplicação dos precedentes. Esclarecer e conferir visibilidade a tais categorias é tão importante quanto explicitar as teses firmadas pelo Tribunal de forma clara: é uma medida fundamental para orientar as demais instâncias e a própria Corte no trato com precedentes.[42]

2.7 Conclusão

Desde a promulgação da Constituição de 1988, mudanças relevantes foram inseridas no controle de constitucionalidade. Essas mudanças resultaram na atribuição ao Supremo Tribunal Federal do papel de Corte de Precedentes em matéria constitucional. Apesar da efetivação de alterações tão substanciais no sistema de controle de constitucionalidade, o processo colegiado de decisão do Tribunal permaneceu essencialmente o mesmo, e esse processo entrava em choque com a missão atribuída à Corte. O modo de deliberar do Supremo, agregativo, externo e por votação em série, prejudica a compreensão dos precedentes e pode comprometer a sua eficácia normativa. Em boa hora, uma proposta simples – de votação da tese que servia de base para cada decisão proferida pelo colegiado – minimizou tais problemas e permitiu a definição do conteúdo das decisões do STF que vincularia o julgamento de casos subsequentes semelhantes.

A atribuição da função de Corte de Precedentes ao Supremo Tribunal Federal também lhe impôs a operação com novas categorias, às quais o Tribunal não estava habituado. Os debates travados no RE nº 669.069 e as reflexões que eles permitiram, em torno dos conceitos de *ratio decidendi, obiter dictum* e distinção entre casos, são um passo importante para conferir visibilidade ao raciocínio e aos limites a serem observados na operação com precedentes vinculantes. Ambas as iniciativas representam uma contribuição importante do Ministro Barroso para o aperfeiçoamento do processo decisório do Supremo Tribunal Federal e favorecem a construção de um caminho na direção de uma Corte de Precedentes.

---

[42] Não se ignora que a Corte tem, ainda, um importante caminho a percorrer no tema. Em alguns julgamentos, a tese aprovada pela maioria é excessivamente ampla. Em outros, há algum nível de politização na etapa de delimitação da tese, disso resultando certa incongruência entre o conteúdo que lhe é atribuído e os fundamentos efetivamente utilizados pela maioria como base para a decisão. V., nesse sentido, RE nº 846.854, red. p/ acórdão Min. Alexandre de Moraes, j. 01.08.2017, pendente de publicação. De todo modo, não há como negar a relevância do debate travado no RE nº 669.069, em que a questão começou a ser endereçada.

Referências

ALEXANDER, Larry. Constrained by precedent. *Southern California Law Review*, Los Angeles, v. 63, p. 1-64, nov. 1989.

ALVIM, Teresa Arruda. Precedentes e evolução do direito. In: ALVIM, Teresa Arruda (Org.). *Direito jurisprudencial*. São Paulo: Revista dos Tribunais, 2012, p. 11-96.

BARROSO, Luís Roberto. *A judicialização da vida e o papel do Supremo Tribunal Federal*. Belo Horizonte: Fórum, 2018.

_____. Constituição, democracia e supremacia judicial: direito e política no Brasil contemporâneo. Constituição, democracia e supremacia judicial: direito e política no Brasil contemporâneo. In: *A judicialização da vida e o papel do Supremo Tribunal Federal*. Belo Horizonte: Fórum, 2018. p. 39-84.

_____; MELLO, Patrícia Perrone Campos. Modelo decisório do Supremo Tribunal Federal e duas sugestões de mudança. In: BARROSO, Luís Roberto (Org.). Prudências, ousadias e mudanças necessárias ao STF. Disponível em: <http://www.conjur.com.br/2010-dez-28/retrospectiva-2010-prudencias-ousadias-mudancas-necessarias-stf>. Acesso em: 9 jan. 2018.

BAUM, Lawrence. *Judges and their audiences*: a perspective on judicial behavior. Nova Jersey: Princeton University, 2008.

BUSTAMANTE, Thomas da Rosa. *Teoria do precedente judicial*: a justificação e a aplicação de regras jurisprudenciais. São Paulo: Noeses, 2012.

ELSTER, Jon. *Explaining social behavior*: more nuts and bolts for the social sciences. New York: Cambridge University, 2007.

EPSTEIN, Lee; KNIGHT, Jack. *The choices justices make*. Washington: CQ Press, 1998.

FEREJOHN, John; Pasquino, Pasquale. Constitutional adjudication: Lessons from Europe. *Texas Law Review*, n. 82, p. 1671, jun. 2004.

FRIEDMAN, Barry. The politics of judicial review. *Texas Law Review*, [Austin], v. 84, p. 257, 2005.

GOFFMAN, Irving. *The presentation of self in everyday life*. New York: Double Day, 1959.

GOODHART, Arthur L. The ratio decidendi of a case. *Modern Law Review*, London, v. 22, p. 117-124, 1959.

HETTINGER, Virginia A.; LINDQUIST, Stepanie A.; MARTINEK, Wendy L. Separate opinion writing on the United States Courts of Appeals. *American Politics Research*, v. 31, p. 215, 2003.

KOMMERS, Donald P. Germany: Balancing rights and duties. In: GOLDSWORTHY, Jeffrey (Org.). *Interpreting constitutions*: a comparative study. New York: Oxford University, 2006. p. 161-214.

KORNHAUSER, Lewis A. Deciding together. *New York University Law and Economics Working Papers*. Paper 358. 2013. Disponível em: <http://lsr.nellco.org/nyu_lewp/358>. Acesso em: 5 dez. 2017.

_____.; SAGER, Lawrence G. The one and the many. *California Law Review*, v. 81, n. 1, p. 1-61, jan. 1993.

LLEWELYN, Karl. *The common law tradition*: deciding appeals. Boston: Little, Brown and Company, 1960.

MARINONI, Luiz Guilherme. *Precedentes obrigatórios*. 4. ed. São Paulo: Revista dos Tribunais, 2016.

MARSHALL, Geoffrey. What is binding in a precedent. In: MACCORMICK, D. Neil; SUMMERS, Robert S. (Org.). Interpreting precedents: a comparative study. England: Dartmouth Publishing Company Limited e Ashgate Publishing Limited, 1997. p. 503-518.

MELLO, Patrícia Perrone Campos. *Nos bastidores do STF*. Rio de Janeiro: Forense, 2016.

_____; BARROSO, Luís Roberto. Trabalhando com uma nova lógica: a ascensão dos precedentes no direito brasileiro. *Revista da AGU*, Brasília, v. 15, n. 3, p. 09-52, jul./set. 2016.

_____. *Precedentes*: o desenvolvimento judicial do direito no constitucionalismo contemporâneo. Rio de Janeiro: Renovar, 2008.

MENDES, Conrado Hübner. *Constitutional Courts and Deliberative Democracy*. Oxford: Oxford University Press, 2013.

_____. Desempenho deliberativo de cortes constitucionais e o STF. In: MACEDO JR., Ronaldo Porto; BARBIERI, Catarina Cortada (Org.). *Direito e interpretação, racionalidade e instituições*. São Paulo: Saraiva, 2011. p. 337-361.

MONAGHAN, Henry Paul. Stare decisis and constitutional adjudication. *Columbia Law Review*, New York, v. 88, n. 4, p. 723-773, maio 1988.

SCHAUER, Frederick. Rules, the rule of law, and the Constitution. *Constitutional commentary*, Minneapolis, v. 6, p. 69-85, 1989.

_____. Precedent. *Stanford Law Review*, Palo Alto, v. 39, p. 571-605, fev. 1987.

SILVA, Virgílio Afonso da. Deciding without deliberating. *International Journal of Constitutional Law*, v. 11, n. 3, p. 557-584, jul. 2013.

_____. O STF e o controle de constitucionalidade: deliberação, diálogo e razão pública. *Revista de Direito Administrativo*, Rio de Janeiro, n. 250, p. 197-227, 2009.

SUNSTEIN, Cass R. et al. *Are judges political?* An empirical analysis of the federal Judiciary. Washington: Brookings Institution, 2006.

_____. Deliberative trouble? Why groups go to extremes. *Yale Law Journal*, New Haven, v. 110, p. 71, 2000.

Informação bibliográfica deste texto, conforme a NBR 6023:2002 da Associação Brasileira de Normas Técnicas (ABNT):

MELLO, Patrícia Perrone Campos. O Supremo Tribunal Federal: um tribunal de teses. In: SARAIVA, Renata et al. *Ministro Luís Roberto Barroso*: 5 anos de Supremo Tribunal Federal: homenagem de seus assessores. Belo Horizonte: Fórum, 2018. p. 431-447. ISBN 978-85-450-0525-4.

CAPÍTULO 3

REFLEXÕES SOBRE A EVOLUÇÃO DO FUNCIONAMENTO DO SUPREMO TRIBUNAL FEDERAL*

RAFAEL GAIA EDAIS PEPE

3.1 Nota prévia: sobre o homenageado

Gosto de dizer que ter trabalhado como assessor do Ministro Luís Roberto Barroso, no Supremo Tribunal Federal, foi a experiência profissional mais enriquecedora que tive na vida. Não apenas pela possibilidade de absorver, dia após dia, um pouco do seu vasto conhecimento jurídico, mas principalmente pela oportunidade de testemunhar, de perto, o seu empenho em tornar o Brasil um lugar melhor. Luís Roberto Barroso é, sem dúvidas, uma das maiores fontes de inspiração e de formação intelectual para inúmeras gerações de advogados e magistrados brasileiros. Assim, nada mais justo do que homenageá-lo, demonstrando como algumas das suas ideias sobre o Supremo Tribunal Federal influenciam e continuarão a influenciar o funcionamento da mais alta Corte do país.

3.2 Introdução

Segundo o relatório "Supremo em Ação 2017", elaborado pelo Conselho Nacional de Justiça em parceria com o Supremo Tribunal Federal, 723.579 (setecentos e vinte e três mil, quinhentos e setenta e nove) processos tramitaram pelo STF no período de 2009 a 2016.[1] Esse número é impressionante. Diversos fatores podem explicar essa

---

* O autor agradece aos acadêmicos de Direito Bárbara de Sá Naves e Marcelo Gaia Edais Pepe pelo inestimável auxílio com a pesquisa.
[1] Conselho Nacional de Justiça. Supremo em Ação 2017, p. 10. Disponível em: <http://www.cnj.jus.br/pesquisas-judiciarias/supremo-em-acao>. Acesso em: 11 set. 2017.

circunstância, dentre eles o excesso de competências (originárias e recursais) do Supremo, a analiticidade da Constituição e a cultura de que a parte tem o direito subjetivo de ter o mérito do seu recurso extraordinário apreciado, desde que preenchidos os respectivos pressupostos de admissibilidade.[2] Seja como for, esse volume assombroso de demandas é um sintoma de que há alguma coisa errada, incompatível com o que se espera da mais alta Corte do país.

Diante de tal cenário, o Supremo tem buscado redefinir o seu próprio papel institucional, atribuindo a si, conforme destacado pelo saudoso Ministro Teori Zavascki, as funções de "uniformização da jurisprudência" e "nomofilácica"[3] (hoje internacionalmente identificada com "uma ideia de legalidade como proteção e promoção dos valores essenciais do sistema democrático, subjetivamente enraizados nos termos dos direitos fundamentais"[4]). Esse fato vem sendo destacado já há algum tempo pelo Professor e Ministro Luís Roberto Barroso, para quem "[o] Supremo Tribunal Federal não deve funcionar como a terceira ou quarta instância da justiça brasileira. Este não é o papel de nenhuma corte suprema ou tribunal constitucional do mundo. O papel do Supremo Tribunal Federal é o de julgar as grandes questões que afetam a sociedade brasileira, à luz da Constituição, bem como fornecer as linhas jurisprudenciais que vão orientar os demais juízes e tribunais do país".[5]

Não é simples, porém, concretizar essa mudança de paradigma. Em seu trabalho "Reflexões sobre as competências e o funcionamento do Supremo Tribunal Federal", objeto de uma palestra apresentada no Instituto Victor Nunes Leal, Luís Roberto Barroso apontou, especificamente, "três grandes gargalos" que acarretam uma "crise de funcionalidade" no órgão de cúpula do Poder Judiciário Brasileiro: *(i)* "o congestionamento do Plenário"; *(ii)* "o acúmulo de processos com repercussão geral reconhecida"; e *(iii)* "o volume de *habeas corpus*".[6] Naquela oportunidade, o Ministro sugeriu algumas providências para o equacionamento do problema, relacionadas aos itens *(i)* e *(ii)*,[7] dentre elas a transferência de competências para as Turmas e a expansão do Plenário Virtual; a reformulação da sistemática da repercussão geral; e um conjunto de outras medidas relacionadas à pauta, ao início das sessões, à circulação prévia dos votos, à fixação de tese nos julgamentos e à realização de reuniões entre os Ministros.

---

[2] Como bem realçado por Luís Roberto Barroso, "Outro fator relevante de exposição do Tribunal, este decorrente do arranjo institucional brasileiro, é o amplo acesso a ele dado pela Constituição. De fato, as ações diretas (com destaque para a ação direta de inconstitucionalidade – ADI e para a arguição de descumprimento de preceito fundamental – ADPF) podem ser propostas por um longo elenco de legitimados, que inclui os partidos políticos, as entidades de classe de âmbito nacional e as confederações sindicais, além do Procurador Geral da República e todos os Governadores. Este fato, somado a uma Constituição abrangente, que cuida de uma vasta multiplicidade de matérias, faz com que praticamente qualquer questão com um mínimo de relevância possa chegar ao Supremo Tribunal Federal. E, muitas vezes, sem o filtro de decisões das instâncias inferiores. Não há nada comparável no mundo" (cf. BARROSO, Luís Roberto. *O Supremo Tribunal Federal em 2016*: o ano que custou a acabar, p. 03. Disponível em: <http://s.conjur.com.br/dl/retrospectiva-2016-barroso-parte.pdf>. Acesso em: 12 set. 2017).

[3] Voto-vista do Min. Teori Zavascki na Rcl 4.335, Rel. Min. Gilmar Mendes, Plenário, DJe 21.10.2014.

[4] TARUFFO, Michele. As funções das Cortes supremas. Aspectos gerais. In: _____. *Processo Civil Comparado*: Ensaios. Apres., trad. e org. Daniel Mitidiero. São Paulo: Marcial Pons, 2013, p. 129.

[5] BARROSO, Luís Roberto. Estado, Sociedade e Direito: Diagnósticos e propostas para o Brasil. In: _____. *A Vida, o Direito e algumas ideias para o Brasil*. Ribeirão Preto: Migalhas, 2016, p. 154.

[6] BARROSO, Luís Roberto. Reflexões sobre as competências e o funcionamento do Supremo Tribunal Federal. In: _____. *Um outro país: transformações no direito, na ética e na agenda do Brasil*. Belo Horizonte: Fórum, 2018, p. 332-333.

[7] A temática do *habeas corpus*, por demandar "uma reflexão plural e criativa", não foi tratada naquele artigo.

Passados cerca de três anos desde aquela palestra, serão analisados os impactos de algumas das sugestões então alvitradas (relembrando que o equacionamento da repercussão geral já é objeto de um trabalho específico nesta mesma obra). Para tanto, serão utilizados alguns dados disponíveis tanto no relatório "Supremo em Ação 2017", já citado, quanto na seção de "Estatísticas" do site do STF. Assim, a Parte I do presente artigo tratará das estratégias adotadas para reduzir o tempo de tramitação dos processos no Supremo, tais como a ampliação da competência das Turmas, a diminuição da quantidade de feitos submetidos a julgamento presencial e a expansão do processo eletrônico. A Parte II, por sua vez, abordará a dinâmica das sessões de julgamento presencial no Plenário, aí incluída a prévia ciência das pautas, a duração das sessões e a importância da fixação de tese jurídica nos julgamentos que servirão como precedentes. Já a Parte III exporá algumas outras ideias que poderão reduzir a litigiosidade no Judiciário, e, por conseguinte, no Supremo Tribunal Federal. A Conclusão, por fim, sintetizará o resultado da análise realizada, demonstrando a relevância do pensamento de Luís Roberto Barroso para as transformações que o STF tem experimentado.

Antes de começar, porém, deixo claro que as linhas a seguir decorrem da minha interpretação dos textos em que o Professor Luís Roberto Barroso tratou da forma de atuação do Supremo Tribunal Federal. Como já disse o próprio Professor, ao escrever sobre o pensamento de Robert Alexy, "[a]ssim, dou a ele a chance de dizer: 'Esse doido pode achar o que quiser, mas eu não tenho nenhuma responsabilidade nisso'".[8]

3.3 Parte I: Celeridade processual

Quando se deseja imprimir celeridade aos processos que tramitam em órgãos colegiados, uma das primeiras ideias que vêm à mente é a criação de hipóteses que permitam a prolação de decisões monocráticas. O art. 21, §1º, do Regimento Interno do Supremo Tribunal Federal (RISTF), prevê que cabe ao relator "negar seguimento a pedido ou recurso manifestamente inadmissível, improcedente ou contrário à jurisprudência dominante ou a Súmula do Tribunal, deles não conhecer em caso de incompetência manifesta, encaminhando os autos ao órgão que repute competente, bem como cassar ou reformar, liminarmente, acórdão contrário à orientação firmada nos termos do art. 543-B do Código de Processo Civil".[9] O §2º do mesmo artigo permite que o relator dê provimento ao recurso extraordinário, desde logo, "em caso de manifesta divergência com a Súmula". Para além dessas previsões regimentais, o art. 932, V e VI, do Código de Processo Civil em vigor, também contém hipóteses em que o relator pode decidir monocraticamente determinado recurso.

Com base nesses dispositivos, o Supremo, hoje, julga muito mais de forma monocrática do que colegiada. Segundo as Estatísticas do STF, entre 2010 e 2017, o número de decisões colegiadas anuais oscilou entre 11.341 e 12.896 (atingindo o seu ápice em 2015, quando foram prolatadas 17.716 decisões colegiadas), enquanto o número de decisões

---

[8] BARROSO, Luís Roberto. Grandes transformações do Direito Contemporâneo e o pensamento de Robert Alexy. In: _____. *Um outro país: transformações no direito, na ética e na agenda do Brasil.* Belo Horizonte: Fórum, 2018, p. 28.

[9] Refere-se ao art. 543-B do CPC de 1973.

monocráticas variou entre 98.354 e 113.630.[10] Em seu texto "O Supremo Tribunal Federal em 2016: o ano que custou a acabar", Luís Roberto Barroso corretamente diagnosticou o excesso de julgamentos monocráticos como fruto do excessivo volume de processos que chegam à Corte, em comparação com o reduzido número de sessões plenárias realizadas anualmente: "o volume de processos é imenso e o STF realiza cerca de 80 sessões plenárias por ano. Isso significa uma capacidade máxima de julgar cerca de 250 processos anualmente, fazendo o cálculo otimista de três processos por sessão. Como há no estoque do final do ano que se encerrou 61.816 processos pendentes de decisão, só para julgá-los, admitindo-se, contrafactualmente, que não entrasse mais nenhuma causa nova, seriam necessários 247 anos para liquidar o passivo existente".[11]

O excesso de decisões singulares, porém, provoca uma consequência indesejável. Se já é difícil manter a coerência com os próprios julgamentos em cerca de quinze mil decisões colegiadas por ano, este objetivo é praticamente impossível quando se tem mais de cem mil decisões individuais. Além disso, ganha espaço a crítica relacionada à "monocratização qualitativa" do STF, "isto é, o crescente julgamento de casos de maior relevância política, econômica e social para o país de forma monocrática pelos Ministros do Supremo"[12] (não raro fazendo-se menção à metáfora das "onze ilhas", segundo a qual cada Ministro decide sozinho, de maneira independente em relação aos seus pares[13]). Por isso, uma ampliação ainda maior das competências monocráticas não parece ser uma saída desejável.

Outra medida com o intuito de promover uma maior fluidez dos processos no Supremo foi a transferência de determinadas competências, especialmente as originárias, do Plenário para as Turmas. Assim, consoante destacado por Luís Roberto Barroso, a Emenda Regimental nº 49, de 03 de junho de 2014, transferiu para as Turmas "a competência para julgar as seguintes matérias: (i) recebimento de denúncia ou queixa; (ii) ações penais contra deputados e senadores (à exceção dos Presidentes das Casas), ministros de Estado, comandantes das Forças Armadas, membros dos Tribunais Superiores, membros do TCU, chefes de missão diplomática de caráter permanente; (iii) ações contra o CNJ e o CNMP; e (iv) reclamações".[14] Havendo duas Turmas, cada uma delas composta por cinco Ministros – ou seja, dois colegiados, com menos da metade dos membros –, esperava-se uma maior rapidez nos julgamentos.

A mudança, aparentemente, surtiu o efeito pretendido. O número de processos de competência originária julgados pelas Turmas efetivamente aumentou no ano seguinte à Emenda Regimental. A Primeira Turma, em 2013, julgou 883 processos de competência originária, número que saltou para 1.317 em 2015. A Segunda Turma, que havia julgado 886 processos de competência originária em 2013, neles proferiu 1.734 decisões em 2015.

---

[10] Disponível em: <http://portal.stf.jus.br/textos/verTexto.asp?servico=estatistica&pagina=decisoesgeral>. Acesso em: 16 jan. 2018.

[11] BARROSO, Luís Roberto. *O Supremo Tribunal Federal em 2016*: o ano que custou a acabar, p. 06. Disponível em: <https://www.conjur.com.br/dl/retrospectiva-2016-barroso-parte.pdf>. Acesso em: 15 nov. 2017.

[12] BARROSO, *loc. cit.* Disponível em: <https://www.conjur.com.br/dl/retrospectiva-2016-barroso-parte.pdf>. Acesso em: 15 nov. 2017.

[13] Veja-se, e.g., o texto "Onze ilhas", de Conrado Hübner Mendes, disponível em: <http://www1.folha.uol.com.br/fsp/opiniao/fz0102201008.htm>. Acesso em: 15 nov. 2017.

[14] BARROSO, Luís Roberto. Reflexões sobre as competências e o funcionamento do Supremo Tribunal Federal. In: _____. *Um outro país: transformações no direito, na ética e na agenda do Brasil*. Belo Horizonte: Fórum, 2018, p. 333.

Isso sem prejuízo das decisões em recursos, que mantiveram o crescimento tanto na Primeira (de 4.727 para 5.798) quanto na Segunda Turma (de 5.161 para 6.047).[15] Durante o mesmo período, o Plenário pôde dedicar-se com maior afinco às ações de controle concentrado de constitucionalidade, cujo número de processos decididos passou de 51 para 130, e aos recursos, nos quais o número de julgados foi ampliado de 1.118 para 2.127.[16]

Em suma, ainda que o número de decisões do Plenário em outros processos de competência originária tenha caído de 1.207 em 2013 para 481 em 2015,[17] houve um aumento no total de julgamentos colegiados pelo Supremo no ano seguinte ao da alteração regimental. Coincidência ou não, não se pode ignorar essa melhora de performance.[18] A reboque, houve, ainda, o incremento no desempenho, pelo Plenário, daquelas funções mais afetas a uma Corte Constitucional. Luís Roberto Barroso coloca em evidência, ainda, a proposta de "se transferir do Plenário para a Turma o julgamento de todos os mandados de segurança, mandados de injunção e *habeas data*, bem como das ações envolvendo litígios entre Estados estrangeiros e a União, e também os conflitos federativos. Com esse conjunto de providências, consuma-se uma revolução profunda e silenciosa na dinâmica de atuação do Plenário, cujas competências ficarão cingidas às de uma corte constitucional: julgar, essencialmente, as ações diretas e as repercussões gerais".[19]

A expansão das sessões em meio eletrônico, inspirada no julgamento da repercussão geral em Plenário Virtual (arts. 323 a 324, do RISTF), também foi mais uma providência dirigida à duração razoável do processo no Supremo. Já em 2014, Luís Roberto Barroso defendia que "os agravos regimentais e embargos de declaração que, presentemente, são julgados em listas, também poderiam ser decididos em Plenário Virtual. Isso nos pouparia a todos dos julgamentos em listas, que quase significam a decretação de falência do modelo. No Plenário Virtual, seria possível ter acesso ao voto que foi proferido e acompanhá-lo – ou dele divergir – de maneira mais informada, com um prazo de alguns dias".[20] A Emenda Regimental nº 51/2016, disciplinada pela Resolução nº 587/2016, transformou essa ideia em realidade, permitindo o julgamento de agravos internos e embargos de declaração em sessões virtuais. Assim, de acordo com o §1º, do art. 2º, da referida Resolução, os demais Ministros terão acesso à ementa, ao

---

[15] Os Recursos em Habeas Corpus e os Recursos em Mandado de Segurança, apontados como de "competência originária" no site do Supremo, foram computados dentre os processos de competência recursal. Dados disponíveis em: <http://portal.stf.jus.br/textos/verTexto.asp?servico=estatistica&pagina=decisoes1aturma> e <http://portal.stf.jus.br/textos/verTexto.asp?servico=estatistica&pagina=decisoes2aturma>. Acesso em: 28 dez. 2017.

[16] Disponível em: <http://portal.stf.jus.br/textos/verTexto.asp?servico=estatistica&pagina=decisoesplenario>. Acesso em: 16 jan. 2018.

[17] Neste número foram descontados os Recursos em Habeas Corpus, apontados tanto como de "competência originária" quanto dentre as "classes recursais" no site do Supremo. Disponível em: <http://portal.stf.jus.br/textos/verTexto.asp?servico=estatistica&pagina=decisoesplenario>. Acesso em: 28 dez. 2017.

[18] De acordo com o site do Supremo, estes números não compreendem os julgamentos realizados no Plenário Virtual, com base nos arts. 323, 323-A e 324, do RISTF. Confira-se em: <http://portal.stf.jus.br/textos/verTexto.asp?servico=estatistica&pagina=decisoescolegiadas>. Acesso em: 28 dez. 2017.

[19] BARROSO, Luís Roberto. Reflexões sobre as competências e o funcionamento do Supremo Tribunal Federal. In: ____. *Um outro país: transformações no direito, na ética e na agenda do Brasil*. Belo Horizonte: Fórum, 2018, p. 334.

[20] BARROSO, Luís Roberto. Reflexões sobre as competências e o funcionamento do Supremo Tribunal Federal. In: ____. *Um outro país: transformações no direito, na ética e na agenda do Brasil*. Belo Horizonte: Fórum, 2018, p. 334.

relatório e ao voto das decisões inseridas em ambiente virtual, podendo manifestar-se no prazo de até 7 (sete) dias corridos.

Dessa forma, o julgamento virtual atinge casos que envolvem jurisprudência já consolidada no Supremo (agravos internos) ou mera retificação da decisão anterior (embargos de declaração). Sob o ponto de vista da celeridade processual, essa estratégia permite que o Ministro relator submeta aos seus pares uma grande quantidade de feitos de relativa simplicidade, sem depender de um espaço na pauta de julgamentos. Sob o ângulo da qualidade dos julgamentos, também há enorme vantagem em relação às "listas físicas", que exigem máxima atenção e preparo por parte dos Ministros, já que não há possibilidade de maiores reflexões durante a sessão. Sobre o julgamento das listas físicas, aliás, para aqueles que nunca assistiram, basta repetir o que foi dito por Luís Roberto Barroso: "as listas são votadas em segundos".[21]

Ao lado da ampliação do ambiente de julgamento virtual, a progressiva implantação do "processo eletrônico" no STF também deve ser encarada como um vetor para a melhoria do tempo de tramitação processual na Corte. Isso porque, para além da desnecessidade de espaço físico para transporte, manuseio e armazenamento dos documentos, a forma eletrônica reduz os chamados "tempos mortos" do processo, especialmente no que diz respeito à autuação e à transmissão de comunicações processuais.[22] Com efeito, a morosidade do Judiciário foi a principal justificativa apresentada no Relatório da Comissão de Legislação Participativa a propósito do PL nº 5.828/2001, que deu origem à Lei nº 11.419/2006 (Lei do Processo Eletrônico), para a imperativa informatização dos processos judiciais.[23] A Resolução nº 344/2007, que disciplinou aquela Lei no âmbito do Supremo, deu o pontapé inicial para a tramitação eletrônica dos feitos no STF. Dessa maneira, em 2016, 90,7% dos casos novos e 81,3% do estoque já tramitavam sob a forma eletrônica no Supremo Tribunal Federal.[24]

A celeridade processual, entretanto, não é um fim em si. Ela é uma característica necessária da prestação jurisdicional, que, em última análise, deve ser entregue com qualidade. Assim, ganha relevância a racionalidade do julgamento colegiado presencial, especialmente no Plenário do Supremo Tribunal Federal. Também aí, como se verá adiante, algumas das ideias de Luís Roberto Barroso foram e ainda são especialmente proveitosas.

3.4 Parte II: Dinâmica das sessões de julgamento do Plenário

As sessões de julgamento presencial são o ápice da rotina de trabalho no Supremo Tribunal Federal. Especificamente em relação ao Plenário, o colegiado reúne-se duas

---

[21] BARROSO, Luís Roberto. Reflexões sobre as competências e o funcionamento do Supremo Tribunal Federal. In: ____. Um outro país: transformações no direito, na ética e na agenda do Brasil. Belo Horizonte: Fórum, 2018, p. 334.

[22] Os "tempos mortos" do processo, "períodos em que nada acontece no processo", foram expressamente referidos como objeto de preocupação na Exposição de Motivos do novo Código de Processo Civil, elaborada pela Comissão de Juristas presidida pelo Professor e Ministro Luiz Fux. A íntegra da Exposição de Motivos encontra-se disponível em: <https://www.senado.gov.br/senado/novocpc/pdf/Anteprojeto.pdf>. Acesso em: 05 dez. 2017.

[23] A íntegra do PL nº 5.828/2001 está disponível em: <http://www.camara.gov.br/proposicoesWeb/fichadetramitacao?idProposicao=41619>. Acesso em: 05 dez. 2017.

[24] Conselho Nacional de Justiça. Supremo em Ação 2017, p. 50. Disponível em: <http://www.cnj.jus.br/pesquisas-judiciarias/supremo-em-acao>. Acesso em: 11 set. 2017.

vezes por semana, em uma sessão ordinária às quartas-feiras e em uma extraordinária às quintas-feiras. Nelas, presumidamente, são julgados os processos mais importantes do Tribunal, especialmente as ações de controle concentrado de constitucionalidade e os recursos extraordinários com repercussão geral reconhecida (além, é claro, de outras ações cujas peculiaridades requeiram manifestação do Plenário, nos termos do art. 22, do RISTF).

A primeira questão fundamental para o bom funcionamento do Plenário do Supremo é a divulgação da pauta de julgamento com certa antecedência. O art. 935, do CPC, exige que entre a data da publicação da pauta e a da sessão de julgamento tenham decorrido, ao menos, cinco dias. Este prazo, no entanto, é insuficiente para que os Ministros possam analisar detidamente todos os casos e estejam preparados para votar. Sem tempo hábil, como já destacou Luís Roberto Barroso, "a jurisdição constitucional, que deveria ser prestada com reflexão, acaba sendo feita no reflexo".[25] O ideal, portanto, é que "a pauta das Sessões Plenárias deva ser divulgada com pelo menos 30 dias de antecedência. Sem prejuízo de urgências e emergências serem incluídas em menor prazo".[26]

Nesse sentido, a Presidência da Ministra Cármen Lúcia tem adotado a diretriz de divulgar a pauta de julgamentos antes do início de cada mês, inserindo alguns processos urgentes em prazos mais exíguos. Ainda há, contudo, algumas particularidades. De acordo com uma pesquisa feita pelo veículo JOTA,[27] durante o primeiro ano da Presidência da Ministra Cármen Lúcia, apenas 277 dos 525 processos pautados (aí incluídos os que entraram em pauta por várias vezes) foram efetivamente submetidos a julgamento; e, destes, apenas 154 teriam sido definitivamente julgados. O mesmo estudo aponta, por exemplo, não existir um critério claro para a inclusão do processo na pauta de julgamento, sendo possível que um mesmo feito seja pautado várias vezes, não seja julgado e nem incluído no mês subsequente. Além disso, ainda segundo aquele estudo, "por alguma razão, a ordem da pauta nem sempre foi obedecida", quebrando a expectativa de partes e advogados que esperavam ver seu caso apreciado pelo Supremo.

Acerca da sessão de julgamento em si, Luís Roberto Barroso tem defendido "que as sessões iniciem no horário determinado, que atualmente é às 14 horas".[28] Deveras, o art. 123, do RISTF, prevê que "as sessões ordinárias do Plenário terão início às 14 horas e terminarão às 18 horas, com intervalo de trinta minutos, podendo ser prorrogadas sempre que o serviço o exigir". O início da sessão no horário predeterminado, mais do que um gesto de respeito para com os advogados e os Ministros pontuais, significa um compromisso com o cumprimento do Regimento Interno. Portanto, presente o quórum regimental de seis Ministros (art. 143, do RISTF), nada impede que os trabalhos tomem lugar, passando-se ao julgamento de processos que eventualmente não dependam de

---

[25] BARROSO, Luís Roberto. *Retrospectiva 2014*: Ano trouxe mudanças e amadurecimento do Supremo Tribunal Federal. 31.12.2014. Disponível em: <https://www.conjur.com.br/2014-dez-31/roberto-barroso-ano-sinaliza-mudancas-supremo-tribunal-federal>. Acesso em: 12 set. 2017.

[26] BARROSO, Luís Roberto. Reflexões sobre as competências e o funcionamento do Supremo Tribunal Federal. In: ____. *Um outro país: transformações no direito, na ética e na agenda do Brasil*. Belo Horizonte: Fórum, 2018, p. 341.

[27] A íntegra do estudo, inclusive esclarecendo os critérios metodológicos utilizados, encontra-se disponível em: <https://jota.info/colunas/supra/o-que-os-numeros-dizem-sobre-a-pauta-do-stf-de-carmen-12092017>. Acesso em: 06 dez. 2017.

[28] BARROSO, Luís Roberto. Reflexões sobre as competências e o funcionamento do Supremo Tribunal Federal. In: ____. *Um outro país: transformações no direito, na ética e na agenda do Brasil*. Belo Horizonte: Fórum, 2018, p. 342.

quórum qualificado para votação (havendo nesta hipótese, naturalmente, uma boa justificativa para a inversão da pauta).

A produtividade das sessões, entretanto, tem chamado mais a atenção do que o horário de começo ou de encerramento. Com efeito, já há estudos empíricos demonstrando que, após a criação da TV Justiça, através da Lei nº 10.461/2002, houve um aumento de 58,70% no tamanho médio dos acórdãos em ações diretas de inconstitucionalidade.[29] Supondo que, se não a maioria, boa parte dos Ministros lê o seu voto durante a sessão plenária, parte da demora das sessões poderia ser atribuída àquele fenômeno. Antes mesmo de se tornar Ministro, Luís Roberto Barroso, em artigo publicado na Folha de São Paulo, já defendia uma "revolução da brevidade" na vida forense. A seguinte passagem marca a necessidade de o Supremo comunicar-se objetivamente com os seus interlocutores e espectadores: "[o] fato é que, nas sessões plenárias, muitas vezes o dia de trabalho é inteiramente consumido com a leitura de um único voto. E a pauta se acumula. (...) Não há problema em que a versão escrita do voto seja analítica. A complexidade das questões decididas pode exigir tal aprofundamento. Mas a leitura em sessão deveria resumir-se a 20 ou 30 minutos, com uma síntese dos principais argumentos. Ou, em linguagem futebolística, um compacto com os melhores momentos".[30]

Também merece menção a proposta de circulação prévia dos votos pelo Ministro relator: "[a]té 48 horas antes do julgamento, os relatores deveriam circular a minuta do seu voto entre os demais, respeitado, naturalmente, casos excepcionais, a critério de cada ministro, bem como o direito dos que não concordam com a prática. Este procedimento tem sido adotado na Primeira Turma e, parcialmente, no Plenário, com inequívoco aumento da eficiência e da qualidade das deliberações".[31] É bem verdade que o art. 87, do RISTF, somente exige a distribuição de cópia do relatório – e, mesmo assim, em hipóteses específicas. Todavia, a circulação prévia dos votos poderá tranquilizar aqueles que possuem opinião convergente e convencer aqueles que ainda estão indecisos (se o argumento for bem construído). Em síntese, a sugestão de Luís Roberto Barroso somente traz vantagens para quem não está preocupado com a possibilidade de ficar vencido.

Destaca-se, por fim, a ideia de que o relator ou o redator para o acórdão "submeta, à maioria que se formou, a tese jurídica que constará da ementa do julgado. Isso daria clareza imediata ao que restou decidido pelo Colegiado, facilitando o trabalho do próprio relator e a compreensão pelos demais tribunais e pelo público em geral".[32] A fixação de tese jurídica, pelo menos em sede de repercussão geral, é implicitamente admitida pelo art. 327, do RISTF, ao prever a possibilidade de revisão da tese anteriormente firmada. Também há uma referência à fixação de tese no art. 1.039, do CPC, ao determinar que, após a decisão dos recursos extraordinários afetados no regime dos recursos repetitivos, os Tribunais "declararão prejudicados os demais recursos versando sobre matéria idêntica ou os decidirão aplicando a tese firmada". Essa tendência tem sido seguida pelo

---

[29] FONTE, Felipe de Melo. *Jurisdição constitucional e participação popular*: o Supremo Tribunal Federal na era da TV Justiça. Rio de Janeiro: Lumen Juris, 2016, p. 123.

[30] BARROSO, Luís Roberto. A revolução da brevidade. *Folha de S. Paulo*, São Paulo, 17.07.2008. Disponível em: <http://www1.folha.uol.com.br/fsp/opiniao/fz1707200808.htm>. Acesso em: 07 dez. 2017.

[31] BARROSO, Luís Roberto. Reflexões sobre as competências e o funcionamento do Supremo Tribunal Federal. In: ____. *Um outro país: transformações no direito, na ética e na agenda do Brasil*. Belo Horizonte: Fórum, 2018, p. 342.

[32] BARROSO, Luís Roberto. Reflexões sobre as competências e o funcionamento do Supremo Tribunal Federal. In: _____. *Um outro país: transformações no direito, na ética e na agenda do Brasil*. Belo Horizonte: Fórum, 2018, p. 342.

Plenário do Supremo, conforme se observa em recentes julgados envolvendo recursos extraordinários com repercussão geral reconhecida,[33] levando inclusive à confecção de um banco de dados contendo as respectivas teses jurídicas.[34]

Nunca é demais ressaltar que a importância dessa fixação expressa de tese jurídica foi alçada a um novo patamar após a entrada em vigor do Código de Processo Civil de 2015, que pretendeu estruturar um sistema de precedentes no seu art. 927.[35] Nesse contexto, é necessário que a tese jurídica sintetize, o mais fielmente possível, a *ratio decidendi* da decisão que se deve aplicar como precedente. Assim, será facilitado o trabalho do advogado ou do magistrado que precisa pesquisar, no conteúdo da decisão, os fatos relevantes, o raciocínio lógico-jurídico e o juízo decisório.[36] A relevância dessa fixação expressa da tese jurídica estende-se, também, às ações de controle concentrado: tais ações, inicialmente idealizadas para analisar abstratamente determinada norma jurídica com base na Constituição, hoje admitem eficácia transcendente aos seus motivos determinantes (art. 988, §4º, do CPC), cuja extensão ainda precisa ser definida pelo Supremo.

Se compreender a dinâmica do Plenário é imprescindível para entendermos o funcionamento da Corte, também é verdade que o próprio Supremo é parte integrante do Poder Judiciário como um todo. Isso significa dizer que a atuação do STF não está isolada dos demais Tribunais – a rigor, ela é profundamente afetada pelas instâncias de origem, especialmente no que toca ao excesso de litigiosidade. Como não poderia

---

[33] Dentre tantos outros exemplos, confira-se o julgamento do RE nº 870.947, Rel. Min. Luiz Fux, Plenário, DJe 17.11.2017, no qual foi fixada a seguinte tese jurídica após o julgamento do recurso extraordinário: "1) O art. 1º-F da Lei nº 9.494/97, com a redação dada pela Lei nº 11.960/09, na parte em que disciplina os juros moratórios aplicáveis a condenações da Fazenda Pública, é inconstitucional ao incidir sobre débitos oriundos de relação jurídico-tributária, aos quais devem ser aplicados os mesmos juros de mora pelos quais a Fazenda Pública remunera seu crédito tributário, em respeito ao princípio constitucional da isonomia (CRFB, art. 5º, caput); quanto às condenações oriundas de relação jurídica não-tributária, a fixação dos juros moratórios segundo o índice de remuneração da caderneta de poupança é constitucional, permanecendo hígido, nesta extensão, o disposto no art. 1º-F da Lei nº 9.494/97 com a redação dada pela Lei nº 11.960/09; e 2) O art. 1º-F da Lei nº 9.494/97, com a redação dada pela Lei nº 11.960/09, na parte em que disciplina a atualização monetária das condenações impostas à Fazenda Pública segundo a remuneração oficial da caderneta de poupança, revela-se inconstitucional ao impor restrição desproporcional ao direito de propriedade (CRFB, art. 5º, XXII), uma vez que não se qualifica como medida adequada a capturar a variação de preços da economia, sendo inidônea a promover os fins a que se destina".

[34] Disponível em: <http://www.stf.jus.br/portal/jurisprudenciaRepercussao/abrirTemasComTesesFirmadas.asp>. Acesso em: 28 dez. 2017.

[35] Para uma análise crítica sobre o tema, com enfoque nos precedentes em matéria tributária, cf. SILVA, Ricardo José da Rocha; PEPE, Rafael Gaia Edais. O sistema de precedentes no novo CPC e o processo tributário. In: RODRIGUES, Marco Antonio dos Santos; Bueno, Cássio Scarpinella (Coord.). *Processo Tributário*. Salvador: Juspodivm, 2017.

[36] É importante recordar que nunca se pode perder de vista os fatos que justificaram a edição do precedente. Nesse sentido, correta a advertência feita por Michele Taruffo: "Em especial, nem sempre se presta a devida atenção ao fato de que, em linha de princípio, o precedente se funda sobre a analogia que o segundo juiz vê entre os *fatos* do caso que ele deve decidir e os *fatos* do caso já decidido, porque somente com essa condição é que se pode aplicar a regra pela qual a mesma *ratio decidendi* deve ser aplicada a casos idênticos ou ao menos similares. Sendo essa a concepção correta do precedente, de modo que o juiz do caso posterior aplica a *ratio* do precedente somente se vislumbra essa analogia entre os fatos, deriva daí que se fala impropriamente em 'precedente' quando o raciocínio do juiz posterior prescinde de qualquer confronto entre os fatos dos dois casos" (cf. TARUFFO, Michele. As funções das Cortes supremas. Aspectos gerais. In: _____. *Processo Civil Comparado*: Ensaios. Apres., trad. e org. Daniel Mitidiero. São Paulo: Marcial Pons, 2013, p. 131). Ou seja, o intérprete, ao aplicar a tese jurídica, não pode ignorar os fatos subjacentes. É seu dever investigar a similaridade entre os fatos relevantes do caso posto e os do caso pretérito, justificando a idêntica conclusão.

deixar de ser, algumas ideias de Luís Roberto Barroso também encontraram eco nesse campo, consoante descrito no capítulo a seguir.

3.5 Parte III: Excesso de litigiosidade

O mar de processos que alcança o Supremo nada mais é do que um reflexo do imenso oceano de litígios que chegam ao Judiciário. A tão propalada crise dos Tribunais Superiores, portanto, tem como causa imediata, no Brasil, o elevado grau de litigiosidade em todas as instâncias. O relatório "Justiça em Números 2017", elaborado pelo Conselho Nacional de Justiça, corrobora essa assertiva: em 31.12.2016, havia cerca de 79,7 milhões de processos em tramitação no Poder Judiciário brasileiro, o que representa um crescimento de 3,6% em relação ao ano anterior.[37] Para debelar a crise, portanto, não basta uma reformulação do próprio Supremo, sendo imprescindível repensar o próprio sistema judicial.

Uma primeira sugestão, nesse contexto, é a busca de meios alternativos aos Tribunais para a solução de controvérsias. Como já afirmado por Luís Roberto Barroso, "a judicialização não pode ser vista como uma forma normal e corriqueira de solução de problemas".[38] Sendo assim, "em algum lugar do futuro próximo, vamos ter que viver uma onda de desjudicialização. A nova advocacia que se desenvolverá terá profissionais especializados em negociação, em como compor os interesses sem necessidade de ajuizamento de uma demanda".[39] Seguindo essa linha, o novo Código de Processo Civil, no §3º do seu art. 3º, apregoa um estímulo à conciliação, à mediação e a outros métodos de solução consensual de conflitos. Além disso, a Lei nº 13.140/2015 dispôs "sobre a mediação como meio de solução de controvérsias entre particulares e sobre a autocomposição de conflitos no âmbito da administração pública" (art. 1º), prevendo, inclusive, a criação de câmaras especializadas para a solução de conflitos no âmbito da Administração Pública (v. art. 32, da citada Lei, em linha com o art. 174, do CPC).

Nessa esteira, já são observadas algumas iniciativas voltadas para a ampliação do espectro de pessoas beneficiadas por esses meios consensuais de solução de litígios. Assim, por exemplo, foi noticiada recentemente a criação da primeira plataforma *online* de mediação de conflitos no Brasil.[40] Há mais a ser feito, porém. Para Luís Roberto Barroso, em breve "florescerá outro tipo de advogado: aquele a quem as partes irão recorrer para que resolva para elas o problema, arbitrando o conflito. Portanto, uma forma mais *light* e menos formal de arbitragem".[41] O desejado progresso na desjudicialização, de

---

[37] Conselho Nacional de Justiça. Justiça em Números 2017, p. 67. Disponível em: <http://www.cnj.jus.br/files/conteudo/arquivo/2017/12/b60a659e5d5cb79337945c1dd137496c.pdf>. Acesso em: 28 dez. 2017.

[38] BARROSO, Luís Roberto. Estado, Sociedade e Direito: Diagnósticos e propostas para o Brasil. In: _____. *A Vida, o Direito e algumas ideias para o Brasil*. Ribeirão Preto: Migalhas, 2016, p. 153.

[39] BARROSO, Luís Roberto. Estado, Sociedade e Direito: Diagnósticos e propostas para o Brasil. In: _____. *A Vida, o Direito e algumas ideias para o Brasil*. Ribeirão Preto: Migalhas, 2016, p. 153.

[40] Cf. BATISTOTI, Vitória. Empreendedoras criam primeira plataforma online de mediação de conflitos no Brasil. *Pequenas Empresas & Grandes Negócios*, 30.08.2017. Disponível em: <http://revistapegn.globo.com/Startups/noticia/2017/08/advogadas-criam-primeira-plataforma-online-de-mediacao-de-conflitos-no-brasil.html>. Acesso em: 09 dez. 2017.

[41] BARROSO, Luís Roberto. Estado, Sociedade e Direito: Diagnósticos e propostas para o Brasil. In: _____. *A Vida, o Direito e algumas ideias para o Brasil*. Ribeirão Preto: Migalhas, 2016, p. 153.

fato, requer o desenvolvimento de um mecanismo exógeno ao Judiciário, mas com poder de decisão. A arbitragem, entretanto, ainda é uma realidade distante para a maioria dos conflitos, seja em razão do custo envolvido, seja em decorrência da sua baixa penetração no tipo de litigância massificada que assoma ao Poder Judiciário.[42]

Além disso, é crucial "diminuir as possibilidades de recursos e coibir o uso abusivo deles".[43] A redução do número de recursos é um produto desejável da estabilidade, da integridade e da coerência da jurisprudência, preconizadas pelo art. 926, do CPC. Essa escalada da valorização da jurisprudência pode ser observada, sob uma perspectiva histórica, *(i)* na criação da Súmula da Jurisprudência Predominante do Supremo Tribunal Federal, *(ii)* passando pelos efeitos vinculantes das decisões proferidas em ações de controle concentrado de constitucionalidade, nos termos do art. 102, §2º, da Constituição, e *(iii)* chegando até as Súmulas Vinculantes previstas no art. 103-A, da CF/88.[44] Seguindo adiante nessa linha, o sistema de precedentes estruturado pelo novo Código de Processo Civil, ao evitar a famigerada "jurisprudência lotérica", reduz os incentivos para a interposição de recursos.

O Código de Processo Civil também incorporou algumas providências com o intuito de coibir o abuso do direito de recorrer. Assim, segundo o art. 1.021, §4º, impor-se-á ao agravante o pagamento de multa em favor do agravado, caso o agravo interno seja declarado "manifestamente inadmissível ou improcedente em votação unânime", condicionando a interposição de "qualquer outro recurso" ao depósito prévio daquele valor. O mesmo se diga em relação aos embargos de declaração meramente protelatórios, que se sujeitam a multa; e quando reiterados, "a multa será elevada a até dez por cento sobre o valor atualizado da causa, e a interposição de qualquer recurso ficará condicionada ao depósito prévio do valor da multa". No entanto, certamente a medida mais emblemática em desfavor do litigante contumaz foi a instituição de honorários recursais, nos termos do art. 85, §11, do CPC. Uma rápida pesquisa de jurisprudência no site do Supremo demonstra que este dispositivo tem sido largamente aplicado pela Corte, salvo quando o rito excluir os honorários[45] ou quando não tiver havido condenação no juízo de origem.[46]

Há, ainda, uma terceira ideia que merece menção: a de que, no modelo procedimental do futuro, "ao receber a inicial, o juiz fixará a data em que os autos irão conclusos para sentença. Digamos, seis meses. Este é o prazo que as partes terão para produzirem, por conta própria, suas provas e seus argumentos".[47] Esse resultado, em alguma medida,

---

[42] A Lei nº 13.129/2015 incluiu um §1º no art. 1º, da Lei nº 9.307/1996, para permitir expressamente a utilização da arbitragem pela Administração Pública Direta ou Indireta, "para dirimir conflitos relativos a direitos patrimoniais disponíveis". Considerando que os maiores litigantes no STF, tanto no polo passivo quanto no polo ativo, fazem parte da Administração Pública (cf. Conselho Nacional de Justiça. Supremo em Ação 2017, p. 51. Disponível em: <http://www.cnj.jus.br/pesquisas-judiciarias/supremo-em-acao>. Acesso em: 11 set. 2017), a propagação da arbitragem entre essas pessoas jurídicas poderá produzir uma redução sensível no número de processos que chega ao Supremo.

[43] BARROSO, Luís Roberto. Estado, Sociedade e Direito: Diagnósticos e propostas para o Brasil. In: _____. *A Vida, o Direito e algumas ideias para o Brasil*. Ribeirão Preto: Migalhas, 2016, p. 153.

[44] Sobre esta evolução, desde os assentos da Casa de Suplicação de Lisboa, cf. BARBOSA MOREIRA, José Carlos. Súmula, jurisprudência, precedente: uma escalada e seus riscos. In: _____. *Temas de Direito Processual*. 9ª série. São Paulo: Saraiva, 2007.

[45] ARE 1.051.335 AgR, Rel. Min. Marco Aurélio, Primeira Turma, DJe 21.11.2017.

[46] ARE 1.066.602 AgR, Rel. Min. Luiz Fux, Primeira Turma, DJe 24.10.2017.

[47] BARROSO, Luís Roberto. Estado, Sociedade e Direito: Diagnósticos e propostas para o Brasil. In: _____. *A Vida, o Direito e algumas ideias para o Brasil*. Ribeirão Preto: Migalhas, 2016, p. 153-154.

já pode ser alcançado pela via consensual. Com efeito, o art. 191, do CPC, prevê que "de comum acordo, o juiz e as partes podem fixar calendário para a prática dos atos processuais, quando for o caso". Da mesma maneira, de acordo com o §2º do art. 357, as partes podem apresentar uma "delimitação consensual das questões de fato e de direito a que se referem os incisos II e IV [do *caput* do art. 357], a qual, se homologada, vincula as partes e o juiz". Isso sem mencionar a convenção sobre a distribuição do ônus da prova, observadas as restrições previstas no §3º do art. 373, do CPC.

Especificamente no campo das provas, o CPC de 2015 contém dois dispositivos em prol da redução do oficialismo no processo. O art. 472, do CPC, equivalente ao art. 427 do Código revogado, permite que o magistrado dispense a prova pericial quando as partes já tiverem apresentado "pareceres técnicos ou documentos elucidativos que considerar suficientes". Já a ata notarial, mencionada no art. 7º, III, da Lei nº 8.935/1994, e incorporada ao art. 384, do CPC, permite que um tabelião ateste "a existência e o modo de existir de algum fato" a ser provado em juízo – fazendo constar, inclusive, "dados representados por imagem ou som gravados em arquivos eletrônicos". A correta aplicação desses dispositivos pouparia tempo e recursos do Poder Judiciário, reservando ao magistrado a tarefa de decidir o conflito.

O excesso de litigiosidade é, efetivamente, um mal. Todavia, fechar as portas do Judiciário a toda e qualquer demanda não é a saída correta. A solução deve ser o aprimoramento da engrenagem processual, através do desenvolvimento dos meios alternativos de solução de controvérsias, do desestímulo à instauração de incidentes protelatórios e de uma comparticipação das partes na condução do processo. A reformulação do modo de pensar o Direito Processual Civil deve levar em consideração, portanto, que "o Judiciário é uma instância patológica da vida: ele só atua quando há litígio, isto é, disputa e desentendimento. No normal da vida, as questões devem ser resolvidas amigável ou administrativamente".[48]

3.6 Conclusão

As novas fronteiras do papel institucional atribuído ao Supremo Tribunal Federal exigiram e exigem mudanças no *modus operandi* da Corte. Nesse contexto, o Professor e Ministro Luís Roberto Barroso tem defendido algumas ideias para debelar a "crise de funcionalidade" que atinge o Supremo. Essas propostas têm por escopo permitir que o Tribunal desempenhe com desenvoltura as suas funções de uniformização de jurisprudência e nomofilácica, e podem ser separadas em três conjuntos: (*i*) medidas ligadas à celeridade processual; (*ii*) medidas ligadas à dinâmica das sessões de julgamento do Plenário; e (*iii*) medidas ligadas ao excesso de litigiosidade. O intuito deste artigo foi, portanto, debater essas sugestões, muitas delas já incorporadas à legislação ou à prática do STF.

Em relação às medidas voltadas a imprimir maior celeridade processual no Supremo, o risco de decisões conflitantes e a "monocratização qualitativa" do STF tornam pouco recomendável a expansão das hipóteses em que é permitida a prolação de uma

---

[48] BARROSO, Luís Roberto. Estado, Sociedade e Direito: Diagnósticos e propostas para o Brasil. In: _____. *A Vida, o Direito e algumas ideias para o Brasil*. Ribeirão Preto: Migalhas, 2016, p. 153.

decisão singular pelos Ministros. Por outro lado, a ampliação das atribuições das Turmas tem se mostrado proveitosa: a transferência da competência para processar e julgar algumas ações originárias aos dois colegiados menores coincidiu com um aumento da produtividade do Tribunal, além de reservar ao Plenário as atividades mais afetas a uma Corte Constitucional. Nesse mesmo campo, o investimento em alternativas tecnológicas também tem produzido bons frutos. O julgamento de agravos internos e embargos de declaração em sessões virtuais, além de viabilizar um julgamento conjunto de feitos que envolvam jurisprudência consolidada ou mera retificação da decisão anterior, reduz o campo das antipáticas "listas físicas". Demais disso, a progressiva implantação do processo eletrônico economiza tempo na prática dos atos processuais, especialmente aqueles ligados à comunicação com as partes.

No que concerne à dinâmica das sessões presenciais do Plenário, a divulgação da pauta com certa antecedência é fundamental para que os Ministros possam se preparar adequadamente para o julgamento dos processos mais relevantes do Tribunal. A Presidência da Ministra Cármen Lúcia tem publicado as pautas antes do início de cada mês, embora ainda existam questionamentos relacionados aos próprios critérios que governam a sua confecção, bem como à ordem de julgamento. A circulação prévia de votos, por sua vez, incrementaria a qualidade da deliberação, já que os argumentos do relator seriam debatidos com maior tempo para reflexão. Acerca do horário e da duração das sessões, o ponto que tem despertado maior interesse é aquele relacionado à extensão dos votos, sendo necessário implantar, aqui, a tão aspirada "revolução da brevidade". Já a fixação de tese jurídica ao final dos julgamentos, mais do que uma questão de conveniência, parece ser um imperativo de sobrevivência do sistema de precedentes vinculantes estruturado pelo novo Código de Processo Civil.

Por fim, no que diz respeito ao excesso de litigiosidade, não se pode perder de vista que o Judiciário é uma "instância patológica da vida". Nesse sentido, o ordenamento processual tem convergido para um estímulo aos meios alternativos de solução de controvérsias, inclusive aquelas envolvendo a Administração Pública. Além disso, o Código de Processo Civil buscou coibir o abuso do direito de recorrer através de diversos mecanismos, especialmente os honorários recursais, que têm sido aplicados com rigor pelo Supremo. Ademais, a opção por uma comparticipação das partes na solução das controvérsias tem permitido a celebração de negócios jurídicos processuais e a redução do oficialismo no processo civil.

Haveria, a bem da verdade, outros pontos a abordar. Pensar o Brasil e o STF não é tarefa fácil. No entanto, esta breve exposição já é suficiente para demonstrar que muitas das ideias defendidas, de longa data, pelo Professor e Ministro Luís Roberto Barroso foram incorporadas com êxito à prática do Supremo, ao seu Regimento Interno ou à legislação.

Referências

BARBOSA MOREIRA, José Carlos. Súmula, jurisprudência, precedente: uma escalada e seus riscos. In: _____. *Temas de Direito Processual*. 9. série. São Paulo: Saraiva, 2007.

BARROSO, Luís Roberto. A revolução da brevidade. *Folha de S. Paulo*, São Paulo, 17.07.2008. Disponível em: <http://www1.folha.uol.com.br/fsp/opiniao/fz1707200808.htm>. Acesso em: 07 dez. 2017.

BARROSO, Luís Roberto. Estado, Sociedade e Direito: Diagnósticos e propostas para o Brasil. In: _____. *A Vida, o Direito e algumas ideias para o Brasil*. Ribeirão Preto: Migalhas, 2016.

BARROSO, Luís Roberto. Grandes transformações do Direito Contemporâneo e o pensamento de Robert Alexy. In: _____. *Um outro país*: transformações no direito, na ética e na agenda do Brasil. Belo Horizonte: Fórum, 2018.

BARROSO, Luís Roberto. *O Supremo Tribunal Federal em 2016*: o ano que custou a acabar. Disponível em: <https://www.conjur.com.br/dl/retrospectiva-2016-barroso-parte.pdf>. Acesso em: 12 set. 2017.

BARROSO, Luís Roberto. Reflexões sobre as competências e o funcionamento do Supremo Tribunal Federal. In: _____. *Um outro país*: transformações no direito, na ética e na agenda do Brasil. Belo Horizonte: Fórum, 2018.

BARROSO, Luís Roberto. *Retrospectiva 2014*: Ano trouxe mudanças e amadurecimento do Supremo Tribunal Federal. 31.12.2014. Disponível em: <https://conjur.com.br/2014-dez-31/roberto-barroso-ano-sinaliza-mudancas-supremo-tribunal-federal>. Acesso em: 12 set. 2017.

BATISTOTI, Vitória. Empreendedoras criam primeira plataforma on-line de mediação de conflitos no Brasil. *Pequenas Empresas & Grandes Negócios*, 30.08.2017. Disponível em: <http://revistapegn.globo.com/Startups/noticia/2017/08/advogadas-criam-primeira-plataforma-online-de-mediacao-de-conflitos-no-brasil.html>. Acesso em: 09 dez. 2017.

BRASIL. Supremo Tribunal Federal. ARE 1.051.335 AgR, Rel. Min. Marco Aurélio, Primeira Turma, DJe 21.11.2017.

BRASIL. Supremo Tribunal Federal. ARE 1.066.602 AgR, Rel. Min. Luiz Fux, Primeira Turma, DJe 24.10.2017.

BRASIL. Supremo Tribunal Federal. Rcl 4.335, Rel. Min. Gilmar Mendes, Plenário, DJe 21.10.2014.

BRASIL. Supremo Tribunal Federal. RE 870.947, Rel. Min. Luiz Fux, Plenário, DJe 17.11.2017.

CONSELHO NACIONAL DE JUSTIÇA. Justiça em Números 2017. Disponível em: <http://www.cnj.jus.br/files/conteudo/arquivo/2017/12/b60a659e5d5cb79337945c1dd137496c.pdf>. Acesso em: 28 dez. 2017.

CONSELHO NACIONAL DE JUSTIÇA. Supremo em Ação 2017. Disponível em: <http://www.cnj.jus.br/pesquisas-judiciarias/supremo-em-acao>. Acesso em: 11 set. 2017.

ESTEVES, Luiz Fernando Gomes. O que os números dizem sobre a pauta do STF de Cármen? *JOTA*, 12.09.2017. Disponível em: <https://www.jota.info/colunas/supra/o-que-os-numeros-dizem-sobre-a-pauta-do-stf-de-carmen-12092017>. Acesso em: 06 dez. 2017.

FONTE, Felipe de Melo. *Jurisdição constitucional e participação popular*: o Supremo Tribunal Federal na era da TV Justiça. Rio de Janeiro: Lumen Juris, 2016.

MENDES, Conrado Hübner. Onze ilhas. *Folha de S. Paulo*, São Paulo, 01.02.2010. Disponível em: <http://www1.folha.uol.com.br/fsp/opiniao/fz0102201008.htm>. Acesso em: 15 nov. 2017.

SILVA, Ricardo José da Rocha; PEPE, Rafael Gaia Edais. O sistema de precedentes no novo CPC e o processo tributário. In: RODRIGUES, Marco Antonio dos Santos; Bueno, Cássio Scarpinella (Coord.). *Processo Tributário*. Salvador: Juspodivm, 2017.

TARUFFO, Michele. As funções das Cortes supremas. Aspectos gerais. In: _____. *Processo Civil Comparado*: Ensaios. Apres., trad. e org. Daniel Mitidiero. São Paulo: Marcial Pons, 2013.

Informação bibliográfica deste texto, conforme a NBR 6023:2002 da Associação Brasileira de Normas Técnicas (ABNT):

PEPE, Rafael Gaia Edais. Reflexões sobre a evolução do funcionamento do Supremo Tribunal Federal. In: SARAIVA, Renata et al. *Ministro Luís Roberto Barroso*: 5 anos de Supremo Tribunal Federal: homenagem de seus assessores. Belo Horizonte: Fórum, 2018. p. 449-462. ISBN 978-85-450-0525-4.

SOBRE OS AUTORES

Adriana Cruz
Mestra em Direito Constitucional e Teoria do Estado pela PUC-Rio. Doutora em Direito Penal pela UERJ. Juíza Federal no Rio de Janeiro. Atuou como magistrada instrutora no gabinete do Ministro Luís Roberto Barroso no ano de 2015.

Aline Osorio
Mestra (LL.M.) em Direito pela Harvard Law School (2018). Mestra em Direito Público pela Universidade do Estado do Rio de Janeiro (2015). Professora de Direito Constitucional e Eleitoral do Centro Universitário do Brasília. Ex-assessora de Ministro do Supremo Tribunal Federal.

Alonso Freire
Professor adjunto da Universidade Federal do Maranhão e do Grupo Educacional CEUMA. Doutor em Direito Público pela UERJ. Mestre em Direito Constitucional pela UFMG. Atualmente, é também assessor de Ministro do Supremo Tribunal Federal.

Andre Luiz Silva Araujo
Assessor de Ministro do Supremo Tribunal Federal. Analista Judiciário. Especialista em Ciências Penais pela Universidade Anhanguera (UNIDERP). Especialista em Ordem Jurídica e Ministério Público pela Fundação Escola Superior do Ministério Público do Distrito Federal e Territórios. Participou do *Anti-corruption Program for Brazilian Government Officials*, evento ocorrido na cidade de Washington (EUA), no período de 30.04 a 11.05 de 2012, objeto de parceria entre a CGU e o Institute of Brazilian Issues da The George Washington University. Graduado em Direito pelo Centro Universitário de Brasília (2002). Exerceu o cargo de analista pleno na Controladoria do Banco do Brasil S.A. (1999 a 2000) e na Gerência de Operações Financeiras do Banco do Brasil S.A., no Rio de Janeiro (1997 a 1999).

Carina Lellis Nicoll Simões Leite
Mestra em Direito Público pela Faculdade de Direito da UERJ. Assessora do Ministro Luís Roberto Barroso.

Carolina Abreu
Advogada no escritório Bulhões & Advogados Associados. Professora de Direito Penal e Processo Penal no curso de pós-graduação *lato sensu* do Centro Universitário de Brasília (UniCEUB), onde também foi professora de Criminologia e Direito Penal no curso de graduação, no período de 2004 a 2016. Foi editora chefe da Revista da Faculdade de Direito do Centro Universitário de Brasília de 2007 a 2016. Foi assessora de Ministro do Supremo Tribunal Federal de março de 2007 a abril de 2012 e assessora processual da Presidência do Supremo Tribunal Federal de abril de 2012 a novembro de 2012. Foi assessora de Ministro do Supremo Tribunal Federal de agosto de 2013 a agosto de 2015.

Ciro Grynberg
Mestre em Direito Público pela UERJ. Procurador do Estado do Rio de Janeiro. Assessor do Ministro Luís Roberto Barroso.

Cristina Telles
Doutoranda em Direito Público pela UERJ. Assessora do Ministro Luís Roberto Barroso (2015 a 2017). Professora de Direito Constitucional. Advogada.

Estêvão Gomes
Mestre em Direito (LL.M.) pela Harvard Law School. Mestre em Direito Público pela UERJ. Advogado do Banco de Desenvolvimento Econômico e Social (BNDES). Ex-assessor de Ministro do Supremo Tribunal Federal.

Fabrício Antonio Soares
Juiz Federal Titular da 2ª Vara Federal de Niterói/RJ, especializada em matéria criminal.

Frederico Montedonio Rego
Mestre em Direito pelo Centro Universitário de Brasília (UniCEUB). Bacharel em Direito pela UERJ. Juiz federal substituto. Ex-juiz auxiliar e instrutor do Supremo Tribunal Federal (2013 a 2017).

Leonardo Cunha
Mestrando em Direito Público pela Universidade do Estado do Rio de Janeiro (UERJ). Assessor do Ministro Luís Roberto Barroso no Supremo Tribunal Federal. Procurador do Município de Mesquita.

Luísa Lacerda
Mestra em Direito Público pela Universidade do Estado do Rio de Janeiro. Servidora do Tribunal de Justiça do Estado do Rio de Janeiro. Assessora no Tribunal Superior Eleitoral.

Luis Felipe Sampaio
Procurador do Estado do Rio de Janeiro. Ex-assessor do Ministro Luís Roberto Barroso no STF. Ex-assessor jurídico especial na Secretaria de Fazenda do Estado do Rio de Janeiro (SEFAZ-RJ) e na Secretaria de Transportes do Estado do Rio de Janeiro (SETRANS-RJ). Ex-assessor jurídico-chefe da Secretaria de Proteção e Defesa do Consumidor do Estado do Rio de Janeiro (SEPROCON-RJ). Mestre em Direito Público pela Universidade do Estado do Rio de Janeiro. Professor na Escola da Magistratura do Estado do Rio de Janeiro (EMERJ), no Centro de Estudos da Advocacia Pública (CEAP).

Marcelo Costenaro Cavali
Juiz Federal. Doutor em Direito Penal pela Universidade de São Paulo. *Visiting Scholar* na Columbia Law School. Mestre em Ciências Jurídico-Econômicas pela Universidade de Coimbra.

Marcelo Leonardo Tavares
Professor de Direito Previdenciário da Faculdade de Direito da Universidade do Estado do Rio de Janeiro (UERJ), na graduação e no programa de pós-graduação *stricto sensu*, doutorado e mestrado. Doutor em Direito Público pela UERJ/Université Panthéon-Assas (Paris II), com pós-doutorado pela Université Lyon III. Juiz federal. Atuou como magistrado instrutor criminal no Supremo Tribunal Federal (2013/2014).

Marcus Vinicius Barbosa
Mestre em Finanças Públicas, Tributação e Desenvolvimento pela UERJ (2013). Professor visitante dos cursos de pós-graduação *lato sensu* da Faculdade de Direito da UERJ. Ex-procurador da Fazenda Nacional. Ex-assessor de Ministro do Supremo Tribunal Federal. Procurador do Estado e advogado no Rio de Janeiro.

Marluce Fleury Flores
Assessora de Ministro do Supremo Tribunal Federal.

Nina Pencak
Mestra em Direito, na linha de pesquisas de Finanças Públicas, Tributação e Desenvolvimento pela Universidade do Estado do Rio de Janeiro. Assessora do Ministro Luís Roberto Barroso no Supremo Tribunal Federal.

Patrícia Perrone Campos Mello
Professora do programa de mestrado e doutorado do Centro Universitário de Brasília (UniCEUB). Doutora e mestra pela Universidade do Estado do Rio de Janeiro (UERJ). *Visiting Scholar* no Max Planck Institute for Comparative Public Law and International Law. Procuradora do Estado do Rio de Janeiro. Assessora do Ministro Luís Roberto Barroso no Supremo Tribunal Federal.

Paulo Cesar Villela Souto Lopes Rodrigues
Doutor e mestre em Direito Internacional pela Universidade do Estado do Rio de Janeiro (UERJ). Leciona Direito Internacional no Centro Universitário de Brasília (UniCEUB) e na Faculdade de Direito da Universidade de Brasília (UnB). Juiz Federal na segunda região.

Pedro Henrique R. Sales
Mestrando em Direito pelo Instituto Brasileiro de Direito Público (IDP). Especialista em Direito Tributário pelo Instituto Brasileiro de Estudos Tributários (IBET). Analista Judiciário no Supremo Tribunal Federal. Ex-assessor de Ministro. Assessor parlamentar no Senado Federal.

Rafael Gaia Edais Pepe
Master of Laws pela Columbia University (EUA). Mestrando em Direito Processual na UERJ. Procurador do Estado do Rio de Janeiro e advogado. Ex-assessor do Ministro Luís Roberto Barroso no Supremo Tribunal Federal.

Rodrigo Brandão
Professor de Direito Constitucional da Universidade do Estado do Rio de Janeiro. Procurador do Município do Rio de Janeiro e advogado.

Teresa Melo
Mestranda em Direito Público na Universidade do Estado do Rio de Janeiro (UERJ). Assessora de Ministro do Supremo Tribunal Federal. Procuradora Federal.

Thiago Magalhães Pires
Mestre e doutor em Direito Público pela UERJ. Professor convidado do curso de pós-graduação em Direito Administrativo da EMERJ (2014/2015) e do curso de pós-graduação em Direitos Fundamentais do IBCCRIM em parceria com o Ius Gentium Conimbrigae (IGC) do Centro de Direitos Humanos da Universidade de Coimbra (Portugal). Advogado e consultor jurídico.

Esta obra foi composta em fonte Palatino Linotype, corpo 10
e impressa em papel Offset 75g (miolo) e Supremo 250g (capa)
pela Laser Plus Gráfica, em Belo Horizonte/MG.